I0355513

www.ingramcontent.com/pod-product-compliance
Lightning Source LLC
Chambersburg PA
CBHW070125080526
44586CB00015B/1561
9781617046414

ספר
מורה נבוכים
לרמב"ם
רבינו
משה בן מימון

ידוע כי אין בר בלי תבן, כך אין ספר בלי טעויות, ועוד יודע אני כי דל ועני אני, **ואין עני אלא בדעה**. לכן מבקש אני בכל לשון של בקשה אם יש לכל אחד שאלות, הערות, הארות, תיקונים, נא לשלוח ל - simchatchaim@yahoo.com והשתדל לענות, ולתקן את הצריך תיקון.

אין לעשות שימוש כל שהוא בחומר שבחלק זה לצורך מסחרי, אלא רק ללמוד וללמד.
להשיג ספר זה או ספרים אחרים לאינפורמציה
simchatchaim@yahoo.com

Copyright © All Rights reserved to Itzhak Hoki Aboudi

כל הזכויות שמורות למהדיר © יצחק חוגי עבודי

מהדורה ראשונה תשפ"ד 2023

מורה הקדמה קטנה נבוכים

בס"ד

ירפא **ה**מאציל **ו**יושיע **ה**בורא את כל חולי בני ישראל, וישלח להם רפואה שלימה, רפואת הנפש ורפואת הגוף, בכל אבריהם ובכל גידיהם לעבודתו יתברך.
בי"ב במנחם אב תשס"ה, הובהלתי לבית החולים, הרופאים לא נתנו לי סיכוי לחיות יותר מכמה שעות בגלל מספר תסבוכות. עם כל זאת בזכות התפילות של בני ישראל הקדושים, ברחמיו הרבים, ריחם עלי הקדוש ברוך הוא, ונשארתי בחיים.
עם כל זאת, הובחנה אצלי מחלה קשה בכליות, ונאמר לי שהצטרך למכונת דיאליזה. בשבילי זה היה שוק!!! אף פעם לא הייתי אצל רופא, או בבית חולים. כך בעל כרחי התחברתי למכונת דיאליזה, ומכונה זאת הייתה קשורה בי ככלב במשך שמונים חודשים בדיוק, כמניין יסוד, במשך 10-12 שעות ביום.
בשבת פרשת ויחי יעקב י"ב טבת תשע"ב, בזכות בני ישראל, שכולם אהובים כולם ברורים כולם גיבורים כולם קדושים... וכולם פותחים את פיהם באהבה שלוש פעמים ביום, ואומרים - ברוך אתה... רופא חולי עמו ישראל, וכללותם כל האברכים, תלמידי הישיבות, רבנים וחכמים, חסידים, מקובלים עם תינוקות של בית רבן, זקנים עם נערים, בחורים וגם בתולות, בארץ הקודש ובעולם.
ומצד שני בנות ישראל היקרות מפז, שהתפללו וקבלו עליהם כל מיני קבלות, מהפרשת חלה עד צניעות וכיסוי הראש, עם הרבנים, המנהלים, המורים, המורות והתלמידות של בית יעקב דטורונטו שכל יום התפללו, וכללו בתפילתם שבקעה את כל הרקיעים אותי, ונושעתי אני הקטן. הושתלה בי כליה. והתנתקתי ממכונת הדיאליזה.
אמר המלך דוד - לולי תורתך שעשעי אז אבדתי בעניי. מה שנתן לי חיות היא התורה הקדושה, בשעות הרבות שהיתי מחובר למכונת הדיאליזה (כ12 שעות ביום), ערכתי סדרתי, וכתבתי, פצחתי את ראשי התיבות וניקדתי [חלק מהספרים] במחשב את קונטרסים שלמדתי במשך שנים **ועד היום** ב"ה. וקונטרסים אלו הפכו לחיבורים, ואחרי התלבטויות ובקשות מבני גילי, החלטתי בעזרתו יתברך להדפיס קונטרסים אלו.

בברכה והצלחה בלימוד התורה הקדושה.
ובעיקר בפנימיות התורה, ותורת הרמב"ם

ורפואה שלימה לכל חולי ישראל.

היב"ש

מורה הקדמה קטנה נבוכים

תוכן הספר

דף	תוכן
3.	על הרמב"ם, וספרו מורה נבוכים
7.	פתיחת רבי שמואל אבן תיבון
12.	איגרת אל ר' יוסף ש"ץ בן רבי יהודה
13.	פתיחת הרמב"ם
21.	**חלק א'** - ובו ע"ו פרקים
149.	**חלק ב'** – ובו מ"ח פרקים
255.	**חלק ג'** – ובו נ"ד פרקים

2

רבינו משה בן מימון – הרמב"ם

רבי משה בן מימון נולד בשנת ד'תתצ"ה (1135) בעיר קורדובה שבספרד לאביו רבי מיימון, שהיה דיין בקורדובה. הוא נפטר במצרים בכ' טבת ד'תתקס"ה (1204). על פי מספר מסורות, שושלת היוחסין של הרמב"ם הגיעה עד לרבי יהודה הנשיא, חותם המשנה.

הרמב"ם החזיק במשנה שכלתנית מובהקת וחדשנית אשר הגיעה גם מחוץ לתחומי היהודים, עד כדי כך שהוא הוכר כפילוסוף גם בתרבות הערבית והאירופית. בערבית הוא מוכר כמוסא בן מימון

מדוע בעצם נתפס הרמב"ם כדמות חשובה במיוחד, נראה שהיקף הפעילות וההשפעה שלו הם שיצרו את מעמדו האיתן. הרמב"ם היה איש מדע ורופא, **מחשובי הפילוסופים** בימי הביניים, ואף מנהיג קהילות מצרים וסביבתה. הוא היה הדמות היהודית המפורסמת ביותר בדורו, ונחשב לאחד מגדולי הפוסקים בכל הדורות.

בעודו בן 13 עקרה משפחתו של הרמב"ם מקורדובה שבספרד, בעקבות רדיפת היהודים, והיטלטלה ברחבי ספרד ללא מנוחה. בהמשך הגיעה המשפחה לעיר פאס שבצפון אפריקה. גם שם הקנאות המוסלמית גברה, ורבי יהודה הכהן אבן שושן, רבו של הרמב"ם, אף נהרג במהלך הפרעות על קידוש השם. משם עלה הרמב"ם לארץ ישראל. כעבור זמן ירד למצרים והשתקע בה.

בזמן שהתגורר בעיר פוסטאט (קהיר העתיקה) נשא הרמב"ם את בתו של רבי מישאל הלוי בן רבי ישעיהו החסיד הלוי אלתקא (חתנו של רבי דוסא בן יעקב). זמן קצר לאחר מכן נולד שם נולד בנו היחיד, אברהם (1186 - 1238).

הרמב"ם שימש כמנהיג הדתי של קהילת קהיר, אך התפרנס שנים רבות מהשקעת כספים בידי אחיו **דוד**, שעסק במסחר באבנים ירקות, והיה בעל ספינה. בשנת 1,177 נהרג האח לאחר שספינתו טבעה, מה שהביא את הרמב"ם לאבל כבד שאף לווה בנפילה למשכב לאורך שנה תמימה. בהיעדר מקור הכנסה חלופי התמחה הרמב"ם בתחום הרפואה, והפך תוך זמן קצר לאחד מבכירי הרופאים בקהיר. בשנת 1,185 החל לשמש כרופאו של הווזיר אל-אלפאצ'ל שהיה המשנה למלך, וכעבור זמן נוסף הפך לרופאו של המלך צלאח א-דין ובנו אלפאצ'ל.

יהודי תימן עד היום הולכים לפי פסיקת הרמב"ם למרות שמעולם לא התגורר במקום, כבר נודע כי הרמב"ם נהג להשיב לקהילות רבות ביהדות התפוצות על שאלות רבות בהלכה ובאמונה. אחת הקהילות ששמרה על קשר מתמיד עם הרמב"ם הייתה יהדות תימן, שאף קיבלה אותו כפוסק

וכמנהיג, בעקבות הפרעות שנערכו בתימן הוא אף כתב לקהילה את "אגרת תימן" המפורסמת.
חיבוריו המפורסמים **מורה נבוכים**, **משנה תורה** שנקרא **היד החזקה**, פירוש **על המשנה**, וספרים נוספים, אולם לא רבים יודעים שבצעירותו כתב הרמב"ם מספר חיבורים שלא הספיק להגיהם ולהוציאם לאור. רובם אבדו, ונותרו רק חלקים מהם. בין החיבורים הלא גמורים: פירוש הלכות קשות שבכל התלמוד, הלכות הירושלמי, קונטרסי השגות על הרי"ף בסוגיות בודדות בתלמוד, מאמר העיבור - על נושא עיבור השנה והלוח העברי ועוד. בנוסף הוא כתב גם ספרי רפואה שראו אור, ביניהם - ספר הקצרת, פרקי משה, מאמר הטחורים, שמות התרופות, על קץ החיים, ועוד.
הרמב"ם אמנם נפטר במצרים אך הוא קבור בטבריה, ואין עוררין על כך. על זה העיד האר"י הקדוש על ידי תלמידו רבי חיים ויטאל. כך שמעיד רבי יוסף סמברי איש מצרים - וקברו אותו בבית המדרש שלו... במצרים, ומשם הוליכו אותו לארץ ישראל וקברוהו בטבריה.
בשער הגלגולים כותב ברב ז"ל בשם האריז"ל כי הרמב"ם לא זכה לידע את **חכמת הזוהר**, ומסביר את הטעם לכך על פי הקבלה ולעומת זאת הרמב"ן זכה אך בסוף ימיו.
לעומת זאת גדולי תורת החסידות, ובעיקר חסידות חב"ד, טוענים שהרמב"ם ידע קבלה, עד שהרבי מילובביץ זצוק"ל מוכיח ומציין במספר מקומות שמקורם של דברי הרמב"ם הוא מספר הזהר. דוגמא בולטת לכך הינה בדברי הרבי מילובביץ במקור דברי הרמב"ם בהתחלת הספר היד החזקה - **י**סוד **ה**יסודות **ו**עמוד **ה**חכמות לידע שיש שם מצוי ראשון, דיש לומר שהמקור הוא בדברי הזהר פרשת וארא - פקודא דא קדמאה דכל פקודין, למנדע ליה לקדיש ברוך הוא, דאית שליטא עלאה דאיהו רבון עלמין, וברא עלין כלהו שמיא, וארבע וכל חיליהון. והרי, לשון הרמב"ם הוא העתקה בלשון הקודש מלשון הזוהר. ומוסיף הרבי - ולהעיר מהידוע שכמה וכמה הלכות ברמב"ם מקורם בדברי הזוהר הקדוש.

בתורה נרמז שמו של הרמב"ם בספר שמות פרק יא פסוק ט - ....למען **ר**בות **מ**ופתי **ב**ארץ **מ**צרים. ראשי תיבות **רמב"ם**

<u>מורה נבוכים</u>

הספר **מורה נבוכים** נקרא גם מורה הנבוכים, בערבית יהודית נקרא – דלאלה' אלחאירין, התרגום המילולי הוא הוראת הנבוכים, אך מתרגמו הראשון של הספר, הרב שמואל בן תיבון, שינה את שמו בהתייעצות עם הרמב"ם למורה הנבוכים, הספר מכונה בקיצור גם **המורה**, הוא ספר

פילוסופיה שחיבר הרמב"ם בערבית יהודית במאה ה-12 שנועד ליישב את הסתירה בין האדם המאמין לאדם הרציונלי. **מורה נבוכים** הוא אחד מהחיבורים הפילוסופיים החשובים והבולטים ביותר בהגות היהודית בימי הביניים ובכלל, על אף שקמו לו מתנגדים רבים מבית, והוא אף תרם רבות להתפתחותה של הפילוסופיה המערבית. למעשה היצירה השפיעה באופן מכריע על כל הוגה יהודי שפעל לאחר יציאתה לאור.

הרמב"ם החל לכתוב את מורה נבוכים בשנת ד'תתקמ"ז (1187), וסיימו עד שנת ד'תתקנ"א (1191). ספרו זה, הכתוב בערבית יהודית, נכתב במקורו עבור תלמידו - רבי יוסף בן יהודה אבן שמעון. בספר מתווה הרמב"ם את הדרך לאדם **הנבוך**, שעיונו התורני והפילוסופי אינם מתחברים בידיו למקשה אחת, על מנת לספק הסברים והוכחות פילוסופיות לאמונה היהודית וטעמים רציונליים למצוות.

במורה נבוכים פורש הרמב"ם את שיטתו בנושאים רבים ובהם: שלילת הגשמות מהא"ל, נבואה, השגחה, טעמי המצוות, תורת המדינה, בריאת העולם, ומוסריות כלל אנושית. בכל הנושאים מטפל הרמב"ם באורח רציונלי, היינו, מציג הוכחות הגיוניות התומכות בטענותיו. הרציונליזציה של תוכני הדת היא אחד מסימני ההיכר הבולטים ביותר של מורה נבוכים.

במבוא לספר כותב הרמב"ם שבתוך הספר הוא טמן גופי ידע, שאותם הוא מבקש להסתיר מן הקורא הפשוט. הוא קורא למשכיל לנסות לפענח את סודותיו ולחשוף את הידע הנחשק המוסווה בתוך ספרו. לעומת משנה תורה ההלכתי, שבו ידע הרמב"ם לאסוף מקורות ידע ממכמני התלמודים ולגבש אותם למבנה ארכיטקטוני מסודר, עושה הרמב"ם במורה נבוכים את הפעולה ההפוכה, ומפזר נושאים באופן מכוון בחלקים השונים של ספרו, באופן שרק מי שיש לו בקיאות מעמיקה בספר, יכול לגבש את תפיסת הרמב"ם לגבי נושאים שונים.

שער ספר מורה נבוכים דפוס סביוניטה שנת ד'שיד 1553

מורה נבוכים

פתיחת רבי אבן תיבון

דברי שמואל בן יהודה אבן תיבון ז"ל, מעתיק המאמר הזה מלשון הגרי אל לשון עברי. אמר: מתנצל.

לא מהיותי חכם בעיניי השיאני לבבי לבוא במשעול ההעתקה הצר הלזה, אשר גדר מזה וגדר מזה, גדר צורך ידיעת הלשון המועתק ממנו ואופני שימושיו והבנת דברי הספר ועניניו מהימין, וגדר צורך ידיעת הלשון המועתק אליו וכל שורשיו וסעיפיו אמיריו וחורשיו מהשמאל. וזה מפני שההעתקה היא מעשה אחד וכל מעשה יש ארבע סיבות למציאותו ולהיעשותו, ולא ימלט מאחד מהם. והם הפועל והחומר והצורה והתכלית.

וצורה המלאכיית צריך פועלה אל כלים באשר יעשה אותה, כבנין הבית על דרך משל, שהוא אחד מן המעשים. וסיבת מציאותו הם: הבנאי אשר הוא הפועל, והאבנים והקורות והרעפים ויתר מה שצריך אל הבית בהבנותיו שהם החומר, ואז יעשה הבונה צורת הבית. ואמנם הוא צריך בעשותו אותה אל כלים רבים לתקן בהם האבנים והעצים הצריך אליו לבנינו עד שתעשה הצורה כרצונו, ואז יגיע אל התכלית המכוונת בבניין הבית שהוא לדור ולהתלונן בה. הנה אלו ארבע סיבות למציאות בניין הבית, כן ההעתקת המעתיק הוא הפועל ודברי הספר המועתק הם החומר, ואם לא ידעם המעתיק הינם לו כדברי הספר החתום וכאילו נעדרו ממנו, ולא יגיע אל ידיעתם רק בידיעת הלשון אשר בו חובר הספר ובמצוא חקריו ובהבנת ענייני הספר נגליו ונסתריו, והשבת עניני דברי הספר כאשר הם מבלי שינוי אל הלשון אשר יעתיקנו אליו - הוא צורת ההעתקה.

ולא יגיע המעתיק אל זה, כי אם בידיעת הלשון אשר יעתיק אליו גם הוא, וכל דקדוקיו ואופני שימושיו. והם לו ככלים אשר בהם תתוקן צורת ההעתקה ואז יגיע אל התכלית המכוונת בה שהיא הבנת אנשי הלשון המועתק אליו הספר את דבריו ואת ענייניו ולא יישאר להם מונע מצד הספר. וכבר גילה אבא מורי ז"ל כל זה בפתיחתו אשר עשה להעתקתו ספר חובת הלבבות, ועניינים אחרים זכר שם אשר בעבורם גם כן צריך להימנע ולירא מהעתיק. ומפני שהוא הרחיב בהם המאמר קצרתי אני לזכרם. ואני, לא נעלם ממני מהם מאומה, ויודע אני ומכיר במיעוט שלימותי בשתי הלשונות העברית והערבית, וכל שכן בלשון הערבית שידיעתי בה מעוטה, כי לא גדלתי בין אנשיה ובארצותיה, ולא באתי עד תכונותיה. ועוד כי ידעתי חסרוני הגדול בהבנת דברי הספר הנכבד הזה מאמר מורה הנבוכים ועניניו, מפני שרובם עניינים עמוקים מאוד והוא כולל חכמות רבות ורמות, מעיני רוב אנשי עמנו אשר בגבולנו זה נעלמות, ואולי מעיני כולם מפני שאינם מתעסקים בהם ואינם נמצאות איתם, ומעט מזער פקחתי עין בקצתם כי היו

אתי קצת ספריהם בלשון ערבי אשר אני יודע בה מעט, והעירני לבבי ללמוד מהם כיכולתי הקצרה.

ומכל אלה הפנים אשר זכרתי היה לי להימנע מהעתיק הספר הנכבד הזה, אבל כמו שהביאה תשוקת חכמי הארץ הזאת ונבוניה אותם, ובראשם החסיד הכהן רבי יהונתן נר"ו ויתר חכמי בקעת יריחו עיר מושבי, לשלוח אחרי הספר הנזכר אל מצרים בשמעם את שמעו, ויתחננו על פי כתביהם אל הרב הגדול הפילוסוף האלהי הנזר הטהור על ראש גליותנו מרנא ורבנא משה נר"ו בן כבוד הרב הגדול רבי מיימון ז"ל, הוא המחבר את הספר הזה, ויבקשו מאתו לשלחו אליהם מועתק אם יוכל או בלתי מועתק, והשתדלו בזה השתדלות גדולה, כן הביאה אותם תשוקתם להשתדל בהעתקתו בהגיעו אליהם בלתי מועתק, ועוד כי הוסיפו כוסף על תאותם בעמדם על קצת מעניני הספר.

ולי אני שמואל בן רבי יהודה ן' תיבון ז"ל קראו, ועלי שמו פניהם, מפני שידעוני שאני מבין קצת בלשון הערב, ומפני שאין בגבולם איש מאנשי הלשון ההוא. ויפצירו בי מאוד להעתיקו להם כיכולתי וכאשר תשיג ידי. ואף על פי שהודעתים את קצורי בהעתקה מן הפנים שזכרתי, אמרו לי אי אפשר בלתי שנקבל בה קצת תועלת, ואם תהיה ההעתקה חלושה ומעוטה מן התועלת בעניינים הנכבדים אשר יכללם הספר הזה - הוא הרבה בעינינו. ולא יכולתי להשיב פניהם ושמתי עצמי ככסיל מתעבר ובוטח, והעתקתיו עם קוצר השגתי.

ונשענתי בזה על שני דברים: האחד מהם שאעיין בכל מילה מסופקת בספרים שהעתיק אבי המעתיקים אבא מורי ז"ל ובספרי דקדוקי לשון הערבי ובספרי הערב הנמצאים אתי. והאחר, שאם יישאר לי אחר זה שום ספק אשלחנו אל הרב הגדול המחבר את הספר והמולידו ואשאל מאתו להאיר עיני בו, וכבר שאלתי ממנו שאלות רבות על פי כתבי בדברים סופק לי בהם וקצתם היו כשגגות שנמצאו בספר כי לא הוגה הספר המגיע אלינו. בשני הדברים האלה נסמכתי, אחרי הסמכי באלהי הסומך לכל הנופלים ומאתו אשאל לשמור פתחי פי משגיאה ולהצילני ממכשול על רוב חסדיו. ועל זכות הרב בטחתי שתעזרני אשר טרח והשתדל לחבר הספר הזה למען תתפשט תועלתו באומתנו, בהאיר עיניהם באמונת האל ובתורתיו ולהישיר לבבם להאמין האמת ולהרחיק השקר.

ועתה, מפיל אני תחינתי לפני כל מעיין בספר הזה אשר אם ימצא בהעתקה טעות או שגיאה בלשון או בדקדוק המלות או בין לשון זכר לנקבה ובין רבים ליחיד, שיתקננה וידינני לכף זכות, שהרבה פעמים יקרה במילה אחת שתהיה בלשון העברי על לשון זכר והיא בלשון הערבי על לשון נקבה, וכן יקרה בין רבים ליחיד. ועוד כי בלשון הערבי כשיקדימו הפעולה לפני השמות והנוהג מנהגם ואף על פי שיהיו השמות על לשון רבים ישימו הפעולה על לשון היחיד ברוב המקומות. וכבר בא מזה במקומות בלשוננו

עד שהוצרכו בעלי הלשון לפרש בפעולה המורה על היחיד שהוראתה על כל אחד ואחד מן הרבים הנכללים בשם הבא אחריה. וכל שכן שימצא זה בפעולת **היה** או מלת **הוא** אף על פי שתבא אחר השם, או בבניין פועל שלא הוזכר שם פועלו, או נפעל, או התפעל, שלא ירגישו בפעולה שהיא על לשון יחיד אם יהיו השמות המחוברים בה רבים.

ועוד, שאין הפרש בלשון הערבי בין סיפורם על הנקבה האחת והרבים הזכרים, ולא בלשון הרבים בין נקבות לזכרים, ועוד שמילות רבות הם בלשון הערבי עם קשר אחד ובלשון העברי עם קשר אחר, כמילת 'דמה' שנתקשרה בערבי בבי"ת ובעברי בלמ"ד או באל"ף, וכן 'קבל' נקשר בערבי בלמ"ד, כלומר "אקבל לו", ובעברי - "אקבל ממנו". וכן 'עשה' שיקשר בערבי במקומות בלמ"ד - עושה לדבר, ובעברי עושה הדבר.

וכן ישמשו בערבי בקצת עניינים במילות שלא ימצאו בעברי בעניינים ההם, כמילת **שם** שבערבי כשירצו החכמים לומר שיש בעולם או בנמצא דבר אחד יאמרו שיש שם דבר אחד, רומזים במילת **שם** אל המציאות, ואין זה נמצא בלשון עברי. וזולת זה עניינים ודברים רבים מאוד שיש הבדל בין שתי הלשונות.

גם יש מילה שהיא בלשון הערבי על הרוב ובעברי היא נהוגה מעט. הנה בערבי כשרוצים לומר: **לפי דעתי**, או **לפי דעתנו**, או **לפי זה העניין** אומרים **על דעתי** או **על דעתנו**. סוף דבר משימים מילת **על** במקום שמשימים בעברי מילת **לפי**, או **כפי** על הרוב. "והנה נמצא על דעתך כי לא ארשע" - רוצה, לפי דעתך זה בלבד אני זוכר בלשוננו בעניין הזה.

וכל זה יכשיל המעתיק כי ימשך אחר דרך הספר מפני טרדתו בהעתקתו ויטעה בין הזכר והנקבה והרבים והיחיד וזולתם מן הנזכרים ואשר לא נזכרו. או יקל בקצתם אחר שימצא כיוצא בהם בלשוננו ואם לא ימצא כי אם במקומות מעטים. ואני ירא מהכשל בכל אלה העניינים או ברובם בעת ההעתקה, ואף על פי שבליבי לשוב ולחזק את בדק ההעתקה אחרי השלימי אותה, אני ירא שיישארו מהן שלא ארגיש בהן.

ואיך לא אירא מהכשל בזה, והנה הרב הגדול מרנא ורבנא משה עבד האלהים כשרצה לדבר מעט בדברי חכמה בספר המדע ובמקומות אחרים מן החיבור ההוא נמשך אחר לשון הערבי בעניינים ההם. הנה שימש במילת שָׁם הנזכרת במקומות רבים - כתב בראש ספר המדע פרק ראשון מספר המדע: יסוד היסודות ועמוד החכמות לידע שיש שם מצוי ראשון, ובסוף הלכה שנית כלומר אין שם מצוי אמת מלבדו, ובכל זה נמשך אחר דברי החכמים בלשון הערבי, כי בעברי לא נמצא זה העניין, עד שמעט מאנשי הארץ הזאת ידעו לקרות אותו אך קראו אותו בציר"י תחת השי"ן והבינוהו כינוי לבורא יתברך, וכן נמצא לו בלשונות אחרות במילות אחרות. ואם המחבר בלשון עברי לא נמלט מהמשך אחר לשון אחד שגור בפיו בעניינים ההם, ואף על פי שאיננו בין עיניו ולא מעתיק אותו, איך ימלט מעתיק המילה

ההיא שהיא בין עיניו ובפיו והוא טרוד המחשבה בהעתקתו מהמשך אחר עניין הלשון שהוא מעתיק ממנו ואחר מילותיו. והמתקן אחרי יקבל שכרו מאלהיו בתקנו את מעוותי ובהסירו מכשול מספר שחובר להסיר המכשולים מדרך עמנו ולסקל מסילות לבבם.

ועוד אני מודיע כי במילות רבות שלא התבאר בלשוננו אם הוראתם הוראת זכר או נקבה אשמש בקצתם על לשון זכר ובקצתם על לשון נקבה כאשר יזדמן לי, לא אדקדק בהם, כמילות: איכות, וכמות, ומהות, והפעלות, והשתכלות, ושלמות, ותכלית ודעת והדומים להם. כי מפני שסופם אות תי"ו נוספת יסבלו להשתמש בהם בהוראת הנקבה, ומפני שנמצא בספרינו מילות במשקלם בהוראת הזכר - כמו: ואחזו[1] בשרי פלצות, וכמו: והיה[2] ראשיתך מצער ואחריתך ישגא מאד, - אשתמש בהם גם כן על לשון זכר. גם המילות שימצאו בספרינו בהוראת הזכר והנקבה יחד, כ"דרך" ו"רוח" וכיוצא בהן, אמשך בהם אחר דרך הספרים ואשמש בהם על שתי הלשונות כאשר יקרה רעיוני לפני. וגם במקומות אעתיק מילה אחת במקום אחד בלשון אחד, ובמקום אחר אעתיקנה על לשון אחר, כשתסבול המילה שתי הלשונות. גם במקומות אכתוב על מילה אחת לשון אחר מחוץ ולא אכתבנו עליה במקום אחר - בכל זה אמשך אחר אבא מורי ז"ל, כאשר אמשך אחריו בבנות בנינים שלא ימצאו בספרינו, כמו "נתפלסף" שאבננו מ"פילוסוף", להימשך בו אחר לשון הערבי שבנה אותו גם כן ממנו. וכן דרך מחברי ספרי החכמות לבנות בנינים לא נבנו לפניהם ולחדש מילות לא שערום ראשניהם, ולשאול מלות מלשון ההמון והעם ויפילום על עניין בלתי העניין אשר יפילום הם עליו, ובלבד שיהיה בין שני העניינים ההם ספוק דמיון, ואם אין דמיון על האמת. ולכל זה יביא קוצר כל לשון בדבר בענייני חכמות עמוקות. הלא גם נביאינו ע"ה הוצרכו לשאול השמות בדברם בשם ומלאכיו או בשאר הדברים הסתומים, כאשר הורנו הרב הגדול בספרו זה.

וגם במקומות רבים ארחק במליצה שהייתי יכול להרחיב בה ולנאותה מיראתי שלא אשנה העניין אשר רצהו המחבר. ואולי לא אזכור הלשון הנאות והערב בעת ההעתקה, או לא אדענו כאשר התודיתי מקיצורי בלשון, ואף לבקיאים וליודעים יקרה זה.

ומעט חדשתי אני בספר הזה מפני שנראתה לי תועלת בחידושו, והוא למנות הפרקים אשר בכל אחד מן החלקים ולכתוב בראש כל פרק מניינו. וכבר הודעתי זה אל הרב הגדול בעל הספר, ועל פי מנין הפרקים כתבתי לו שאלותיי להודיעו הפרק אשר בו שאלתי להקל מעליו טורח חיפוש המקום ולהקל מעלי מהאריך לכתוב בשאלה. וכן יקל למעיינים בספר הזה וללומדים אותו בכל מקום אשר יגיע לשאול האחד מחבירו מרחוק ומקרוב

---

[1] איוב כא ו

[2] איוב ח ז

בהודיע הפרק אשר בו ישאל, וזאת הייתה סיבה הגדולה אשר הביאתני אל זה:

ואחר הציעי דברי התנצלותי אלה למעיינים בספר הזה, אשר בגללם כתבתי הפתיחה הזאת בראשו, כי לא להתגדל באתי, ולזה לא חיברתי בו מליצות ומשקלים. ואחרי הודיעי אותם את אשר היה לי להודיעם, אחל בהעתקת הספר והכתב אשר לפני, פתיחתו אשר כתב מחברו לתלמידו החכם אשר העירו לחבר הספר הזה כאשר תראו בו. וזה אחר שאלי מאלהי להיות עם פי ולהורות אותי את אשר אני עושה:

נשלמה פתיחת רבי שמואל ן' תבון המעתיק ז"ל.

איגרת אל ר' יוסף ש"ץ בן רבי יהודה

בשם ה' א"ל עולם:

כתב הרב המחבר התלמיד החשוב רבי יוסף ש"צ בן רבי יהודה נשמתו עדן:
הנה מאז באת אלי וכוונת מקצות הארץ לקרות לפני גדלה מעלתך בעיני לרוב זריזותך על הדרישה ולמה שראיתי בשיריך מחוזק התשוקה לדברים העיוניים. והיה זה אחר הגיע אלי כתביך וחרוזיך מן האסכנדריה קדם שאבחון ציורך. והייתי אומר אולי תשוקתו גדולה מהשגתו, וכאשר קראת עמי מה שקראתו מחכמת התכונה ומה שקדם לך - ממה שאי אפשר מבלעדיו הצעה לה - מן החכמות הלמודיות הוספתי בך שמחה לטוב שכלך ומהירות ציורך. וראיתי תשוקתך לחכמות הלמודיות עצומה והנחתיך להתלמד בהם לדעתי מה אחריתך. וכאשר קראת עמי מה שקראתו ממלאכת ההגיון נקשרה תוחלתי בך וראיתיך ראוי לגלות לך סודות ספרי הנבואה עד שתשקיף מהם על מה שצריך שישקיפו עליו השלמים והחלתי לרמז לך ברמיזות. וראיתיך מבקש ממני תוספת באור ופוצר בי לבאר לך דברים מן העניינים ההם מופתיים ואם לא - מאיזו מלאכה הם. וראיתיך יודע מעט ממנו - מאשר למדת מזולתי. ואתה נבוך כבר דפקתך הבהלה ונפשך החשובה תבקש ממך **למצוא דברי חפץ**. ולא סרתי לדחותך מזה ולצוותך לקחת הדברים על הסדר; כונה ממני - שיתאמת לך האמת בדרכיו לא שיפול האמת במקרה. ולא נמנעתי כל ימי התחברך עמי כשהזכר **פסוק** או דבר מדברי **החכמים** שיש בו הערה על עניין זר לבארו לך:

וכאשר גזר האלוה בפרידה ופנית אל אשר פנית העירוני החיבורים ההם אל הסכמה כבר שקטה ועוררתני פרידתך לחבר המאמר הזה אשר חברתיו לך ולדומים לך - ואם הם מעט. ושמתיו פרקים מפרדים וכל מה שייכתב ממנו הוא יגיעך ראשון באשר תהיה. ואתה שלום:

פתיחת הרמב"ם

הודיעני[1] דרך זו אלך כי אליך נשאתי נפשי.

אליכם אישים אקרא וקולי אל בני אדם.
הט[2] אזנך ושמע דברי חכמים וליבך תשית לדעתי: המאמר הזה ענינו הראשון - לבאר עניני שמות באו בספרי הנבואה. מהשמות ההם - שמות משתתפים וייקחום הפתאים כפי קצת העניינים אשר יאמר עליהם השם ההוא המשתתף. ומהם - משאלים וייקחום גם כן כפי העניין הראשון אשר השאלו ממנו. ומהם - מספקים פעם יחשב בהם שהם יאמרו בהסכמה ופעם יחשב בהם שהם משתתפים. ואין הכונה במאמר הזה - להבינם כלם להמון ולא למתחילים בעיון ולא ללמד מי שלא יעיין רק בחכמת התורה - רצוני לומר תלמודה - כי עניין המאמר הזה כלו וכל מה שהוא ממינו הוא - חכמת התורה על האמת.
אבל כוונת המאמר הזה - להעיר איש בעל דת שהרגלה בנפשו ועלתה בהאמנתו אמיתת תורתנו והוא שלם בדתו ובמידותיו ועין בחכמות הפיסלוסופים וידע ענייניהם ומשכו השכל האנושי להשכינו במשכנו והציקוהו פשטי התורה ומה שלא סר היותו מבין מדעתו או הבינתהו זולתו מעניני השמות ההם המשתתפים או המשאלים או המספקים, ונשאר במבוכה ובהלה אם שימשך אחרי שכלו וישליך מה שידעהו מהשמות ההם ויחשוב שהוא השליך פנות התורה, או שיישאר עם מה שהבינו מהם ולא ימשך אחר שכלו אך ישליכהו אחרי גוו ויטה מעליו ויראה עם זה שהוא הביא עליו הפסד ונזק בתורתו, ויישאר עם המחשבות ההם הדמיוניות והוא מפניהם בפחד וכובד ולא יסור מהיות בכאב לב ובמבוכה גדולה:
ובכלל המאמר הזה - כונה שניה והיא - באור משלים סתומים מאד שבאו בספרי הנביאים ולא פרש שהם משל אבל יראה לסכל ולנבהל שהם כפישוטיהם ואין תוך בהם וכשיתבונן בהם היודע באמת וייקחם על פישוטיהם תתחדש לו גם כן מבוכה גדולה, וכשנבאר המשל ההוא או נעורר על היותו משל ימלט וינצל מן המבוכה ההיא. ולזה נקרא המאמר הזה מורה הנבוכים:
ואיני אומר כי המאמר הזה דוחה לכל ספק למי שיבינהו, אבל אמר שהוא דוחה לרב הספקות והגדולות שבהם. ולא יבקש ממני המשכיל ולא ייחל שאני - כשאזכר עניין מן העניינים - שאשלימהו או כשאתחיל לבאר עניין משל מן המשלים - שאשלים כל מה שנאמר במשל ההוא, זה אי אפשר

---

1 תהלים קמג ח
2 משלי כב יז

למשכיל לעשותו בלשונו למי שמדבר עמו פנים בפנים כל שכן שיחברהו בספר שלא ישוב מטרה לכל סכל - יחשוב שהוא חכם - יורה חצי סכלותו נגדו: וכבר בארנו בחיבורינו התלמודיים כללים מזה העניין והעירונו על עניינים רבים, וזכרנו בהם ש**מעשה בראשית** הוא חכמת הטבע. **ומעשה מרכבה** הוא חכמת האלוהות, ובארנו אמרם - ולא[3] במרכבה ביחיד אלא אם כן היה חכם ומבין מדעתו, מוסרים לו ראשי פרקים. אם כן לא תבקש ממני הנה זולת **ראשי פרקים**. ואפילו הראשים ההם אינם במאמר הזה מסודרים ולא זה אחר זה אבל מפזרים ומערבים בעניינים אחרים ממה שנבקש לבארו. כי כוונתי - שיהיו האמתיות משקפות ממנו ואחר ייעלמו עד שלא תחלק על הכונה האלוקית - אשר אין ראוי לחלק עליה - אשר שמה האמתיות המייחדות בהשגתו נעלמות מהמון העם, אמר - סוד[4] ה' ליראיו:

ודע - כי העניינים הטבעיים גם כן אין ראוי לגלותם בלמד קצת התחלותיהם כפי מה שהם בביאור. וכבר ידעת אמרם ז"ל - ולא במעשה בראשית בשנים, ואלו באר שום אדם העניינים ההם כלם בספר יהיו כאלו **דרש** לאלפים מבני אדם. ולזה הביאו העניינים ההם גם כן בספרי הנבואה במשלים ודברו בהם **החכמים ז"ל** בחידות ומשלים להמשך אחר דרך ספרי הקדש בעבור שהם עניינים ביניהם ובין החכמה האלוקית קרבה גדולה והם גם כן סודות מסודות החכמה האלוקית:

ולא תחשב שה**סודות** העצומות ההם ידועות עד תכליתם ואחריתם לאחד ממנו. לא כן אבל פעם יוצץ לנו האמת עד שנחשבנו יום, ואחר כן יעלימוהו הטבעיים והמנהגים עד שנשוב בליל חשך קרוב למה שהיינו תחלה ונהיה כמי שיברק עליו הברק פעם אחר פעם - והוא בליל חזק החשך: והנה יש ממנו מי שיברק לו הברק פעם אחר פעם במעט הפרש ביניהם עד כאלו הוא באור תדיר לא יסור וישוב הלילה אצלו כיום, וזאת היא מדרגת גדל הנביאים אשר נאמר לו - ואתה[5] פה עמד עמדי, ונאמר בו - כי[6] קרן עור פניו וכו'. ויש מי שיהיה לו בין ברק לברק הפרש רב - והיא מדרגת רב הנביאים. ומהם מי שיברק לו פעם אחת בלילו כלו - והיא מדרגת מי שנאמר בהם - ויתנבאו[7] ולא יספו. ומהם מי שיהיה בין בריקה לבריקה הפרשים רבים או מעטים: ויש מי שלא יגיע למדרגה שיאור חשכו בברק אבל בגשם טהור זך או כיוצא בו מן האבנים וזולתם אשר יאירו במחשכי הלילה. ואפילו האור ההוא הקטן אשר יזרח עלינו גם כן אינו תדיר אבל יציץ ויעלם כאלו הוא - להט[8] החרב המתהפכת.

---

[3] גמרא חגיגה יא ב
[4] תהלים כה יד
[5] דברים ה כז
[6] שמות לד כט
[7] במדבר יא כה
[8] בראשית ג כד

וכפי אלו העניינים יתחלפו מדרגות השלמים. אמנם אשר לא ראו אור כלל אפילו יום אחד אבל הם בלילה יגששו, והם אשר נאמר בהם - לא[9] ידעו ולא יבינו בחשכה יתהלכו, ונעלם מהם האמת כלו עם חזק הראותו כמו שאמר בהם - ועתה[10] לא ראו אור בהיר הוא בשחקים, והם המון העם - אין מבוא לזכרם הנה בזה המאמר:

ודע - כי כשירצה אחד מן השלמים כפי מדרגת שלמותו לזכר דבר ממה שהבין מאלו **הסודות** אם בפיו או בקולמוסו לא יוכל לבאר אפילו מעט השיעור אשר השיגהו באור שלם כסדר כמו שיעשה בשאר החכמות שלמודם מפרסם. אבל ישיגהו בלמדו זולתו מה שמצאהו בלימודו לעצמו - רצוני לומר מהיות העניין מתראה מציץ ואחר יתעלם, כאלו טבע העניין הזה - הרב ממנו והמעט כן הוא:

ובעבור זה כשכון כל חכם גדול אלוקי רבוני בעל אמת ללמד דבר מזה העניין לא דבר בו כי אם במשלים וחידות. והרבו המשלים ושמום מתחלפים במין ואף בסוג. ושמו ברבם העניין המכון להבינו - בראש המשל או באמצעיותו או בסופו כשלא ימצא משל שווה לעניין המכון מראשו ועד סופו. והושם העניין אשר יכון ללמדו למי ילמדהו - ואם הוא עניין אחד בעצמו - מפזר במשלים מרחקים. ויותר עמק מזה - היות המשל האחד בעצמו משל לעניינים רבים ישווה ראש המשל עניין אחד וישוה אחריתו עניין אחד. ופעם יהיה כלו משל לשני עניינים קרובים במין החכמה ההיא. עד שמי שירצה ללמד בלי המשל וחידות יבא בדבריו מן העמק וההעברה מה שיעמד במקום המשל והדבור בחידות. כאלו החכמים והיודעים נמשכים אחר העניין הזה ברצון האלוקי כמו שימשכום ענייניהם הטבעיים: הלא תראה - כי האלוה יתברך כשרצה להשלימנו ולתקן עניני המונינו בתורותיו המעשיות - אשר לא יתכן זה אלא אחר דעות שכליות תחילתם - השגתו יתברך כפי יכולתנו - אשר לא יתכן זה אלא בחכמת האלוהות - ולא תגיע החכמה האלוקית ההיא אלא אחר חכמת הטבע כי חכמת הטבע מצרנית לחכמת האלוהות וקודמת לה בזמן הלמוד כמו שהתבאר למי שעין בזה - ולזה שם פתיחת ספרו יתברך במעשה בראשית אשר הוא חכמת הטבע כמו שבארנו, ולעצם העניין ויקרתו והיות יכולתנו קצרה מהשיג עצם העניינים כפי מה שהם הגיד לנו העניינים העמקים ההם אשר הביא הכרח החכמה האלוקית להגידם לנו במשלים וחידות ובדברים סתומים מאד. כמו שאמרו ז"ל - להגיד כח מעשה בראשית לבשר ודם אי אפשר לפיכך סתם לך הכתוב - בראשית[11] ברא אלקים וגו', וכבר העירוך על היות אלו העניינים הנזכרים

---

[9] תהלים פב ה

[10] איוב לז כא

[11] בראשית א א

סתומות. וכבר ידעת מאמר שלמה - רחוק[12] מה שהיה ועמק עמק מי ימצאנו, ושם הדברים בכל זה בשמות המשתתפים בעבור שיבינם ההמון על עניין כשיעור הבנתם וחלשת ציורם וייקחם השלם שכבר ידע על עניין אחר: וכבר יעדנו בפרוש המשנה שאנחנו נבאר עניינים זרים בספר הנבואה ובספר ההשוואה - והוא ספר יעדנו שנבאר בו ספקות **הדרשות** כלם אשר הנראה מהם מרחק מאד מן האמת יוצא מדרך המשכל והם כלם משלים. וכאשר החלתי זה שנים רבים בספרים ההם וחברתי בהם מעט לא ישר בעינינו מה שנכנסנו בביאורו על הדרך ההיא, מפני שראינו שאם נעמד על המשל וההעלם למה שצריך העלמתו לא נהיה יוצאים מן הדרך הראשון ונהיה מחליפים איש באיש ממין אחד, ואם נבאר מה שצריך לבאר יהיה זה בלתי נאות בהמון העם, ואנחנו אמנם השתדלנו לבאר עניני **הדרשות** וגלויי הנבואה להמון. וראינו עוד - שהדרשות ההם אם יעיין בהם סכל מההמון הרבנים לא יקשה עליו מהם מאומה, כי לא ירחיק הסכל הנמהר הערם מן ידיעת טבע המציאות הנמנעות. ואם יעיין בהם שלם חשוב לא ימלט מאחד משני דברים אם שייקחם כמשמעם ויחשב רע באומר ויחשבהו לסכל - ואין בזה סתירה ליסודי האמונה, או שישים להם תוך וכבר נצל ויחשב טוב על האומר - יתבאר לו התוך שבמאמר ההוא או לא יתבאר. ואמנם עניין הנבואה ובאור מעלותיה ופרוש משלי ספריה יתבאר בזה המאמר בדרך אחר מן הביאור. ומפני אלה העניינים הנחתי מחבר שני הספרים ההם כפי מה שהיו, והספיק לי מזיכרון יסודות האמונה וכללי האמתות בקצור ורמזים קרובים לביאור מה שהזכרתיו בחבור הגדול **משנה תורה**:

אבל המאמר הזה, דברי בו עם מי שנתפלסף כמו שזכרתי וידע חכמות אמתיות והוא מאמין לדברים התורים נבוך בענייניהם אשר ערבבוהו בהם השמות המספקים והמשלים. והנה נביא פרקים בזה המאמר שלא יהיה בהם זיכרון שם משתתף אבל יהיה הפרק הצעה לזולתו, או יהיה הפרק ההוא מעורר על עניין מעניני שם משתתף איני רוצה לגלות זיכרון השם ההוא במקום ההוא, או יהיה הפרק ההוא מפרש משל מהמשלים או מעורר על עניין אחד שהוא משל, או יהיה הפרק כולל עניינים זרים שמאמינים בהם הפך האמת מפני שתוף השמות או מפני שאת המשל במקום הנמשל או שאת הנמשל במקום המשל:

ואחר שזכרתי המשלים אקדים הקדמה והיא זאת דע כי מפתח הבנת כל מה שאמרוהו הנביאים ע"ה וידיעת אמיתתו הוא - הבנת המשלים ועניניהם ופרוש מלותיהם. כבר ידעת אמרו יתברך וביד[13] הנביאים אדמה, וידעת אמרו - חוד[14] חידה ומשל משל, וידעת כי מרב עשות הנביאים המשלים אמר

[12] קהלת ז כד
[13] הושע יב יא
[14] יחזקאל יז ב

מורה נבוכים פתיחת הרמב"ם

הנביא המה[15] אמרים לי הלא ממשל משלים הוא. וכבר ידעת מה שפתח בו שלמה להבין[16] משל ומליצה דברי חכמים וחידתם, ואמרו **במדרש** - למה היו דברי תורה דומים עד שלא עמד שלמה, לבאר שהיו מימיה עמקים וצוננים ולא היה אדם יכול לשתות מהן - מה עשה פקח אחד, ספק חבל בחבל ומשיחה במשיחה ודלה ושתה, כך היה שלמה ממשל למשל ומדבר לדבר עד שעמד על בריה של תורה, - זהו דברם. ואיני רואה שאחד משלמי הדעות יחשב כי 'דברי תורה' הרמוז אליהם הנה אשר הערים בהבנתם בהבין עניני המשלים הם - משפטי עשית **סכה ולולב ודין ארבעה שומרים** וכל הדומה להם, אבל הכונה היא - הבנת העמקות והסתומות בלא ספק. ושם נאמר - רבנן אמרי זה שהוא מאבד סלע או מרגלית בתוך ביתו עד שהוא מדליק פתילה באיסר מוצא את המרגלית, כך המשל הזה אינו כלום ועל ידי המשל הזה אתה רואה את דברי התורה - זהו דברם גם כן. והתבונן באורם ז"ל כי תוכיות **דברי תורה** הם המרגליות ופשוטו של כל משל **אינו כלום** ודמותם הסתר העניין הנמשל בפשוטו של משל במי שנפלה לו מרגלית בביתו והוא בית אפל בלום ויש בו כלים רבים, והנה המרגלית בבית אפל אלא שהוא לא יראנה ולא ידע בה וכאלו יצאה מרשותו כי נמנעה ממנו תועלתה עד שידליק הנר כמו שזכר - אשר דומה לו הבנת עניין המשל, אמר החכם - תפוחי[17] זהב במשכיות כסף - דבר דבר על אפניו.

ושמע באור זה העניין אשר זכרו. כי **משכיות** הם הגופות המפתחים בפתוחים משבכים - רצוני לומר אשר בהם מקומות פתוחים דקי העיניים מאד כמעשי הצורפים - ונקראו כן מפני שיעבור בהם הראות תרגום **וישקף** - **ואתסכי**. ואמר כי משל תפוח זהב בשבכת כסף דקת הנקבים מאד הוא - הדבר הדבור על שני אופניו. וראה מה נפלא זה המאמר בתאר המשל המתקן וזה - שהוא אומר שהדבר שהוא בעל שני פנים - רצונו לומר שיש לו נגלה ונסתר - צריך שיהיה נגלהו טוב ככסף וצריך שיהיו תוכו טוב מנגלהו עד שיהיה תוכו בערך אל נגלהו כזהב אצל הכסף, וצריך שיהיה בגלויו מה שיורה המתבונן על מה שבתוכו - כמו זה התפוח של זהב אשר כסוהו בשבכת כסף דקת העיניים מאד וכשיראה מרחוק או מבלתי התבוננות יחשב הרואה בו שהוא תפוח של כסף וכשיסתכל איש חד הראות הסתכלות טובה יתבאר לו מה שבתוכו וידע שהוא זהב. וכן הם משלי הנביאים ע"ה נגליהם - חכמה מועילה בדברים רבים מכללם - תיקון עניני הקבוצים האנושיים כמו שיראה מגלויי **משלי** ומה שידמה להם מן הדברים, ותוכם - חכמה מועלת בהאמנת האמת על אמיתתה:

---

15 יחזקאל כא ה

16 משלי א ו

17 משלי כה יא

ודע - כי משלי הנבואה יש בהם שני דרכים. מהם - משלים שכל מלה שבמשל ההוא יש בה עניין, ומהם - מה שיהיה כל המשל מגיד על כל העניין ההוא ויבאו במשל ההוא הנמשל דברים רבים מאד אין כל מלה מהם מוספת עניין בעניין ההוא הנמשל אבל הם ליפות המשל וסדר הדברים בו או להפליג בהסתיר העניין הנמשל וימשכו הדברים כפי כל מה שראוי בגלויו של המשל
ההוא. והבן זה מאד:

אמנם דמיון המין הראשון ממשלי הנבואה אמרו - והנה[18] סלם מצב ארצה וגו', כי אמרו **סלם** יורה על עניין אחד ואמרו **מצב ארצה** יורה על עניין שני ואמרו **וראשו מגיע השמימה** יורה על עניין שלישי ואמרו **והנה מלאכי אלקים** יורה על עניין רביני ואמרו **עלים** יורה על עניין חמישי ואמרו **וירדים** יורה על עניין ששי ואמרו **והנה ה' נצב עליו** יורה על עניין שביעי - הנה כל מלה שבאה בזה המשל היא לעניין מוסיף בכלל הנמשל.

ואמנם דמיון המין השני ממשלי הנבואה אמרו - כי[19] בחלון ביתי בעד אשנבי נשקפתי וארא בפתאים אבינה בבנים נער חסר לב עובר בשוק אצל פנה ודרך ביתה יצעד בנשף בערב יום באישון לילה ואפלה, והנה אשה לקראתו שית זונה ונצרת לב המיה היא וסררת וגו' פעם בחוץ פעם ברחבת וגו' והחזיקה בו וגו' זבחי שלמים עלי וגו' על כן יצאתי לקראתך וגו' מרבדים רבדתי וגו' נפתי משכבי וגו' לכה נרוה דדים וגו' כי אין האיש בביתו וגו' צרור הכסף וגו', הטתו ברב לקחה בחלק שפתיה תדיחנו.

והעולה בידינו מזה הכלל הוא - האזהרה מהמשך אחר התאוות הגופניות והנאותיהם, ודמה החמר - אשר הוא סבת אלו התאוות הגשמיות כלם - **באשה זונה** והיא **אשת איש** גם כן - ועל זה המשל בנה ספרו כלו. והנה נבאר בפרקים מזה המאמר חכמתו בדמותו החמר **באשת איש זונה** ונבאר איך חתם ספרו זה בשבח האישה כשלא תזנה אבל מספקת לה בתיקון ביתה ועניין בעלה. וכל אלה המונעים אשר ימנעו את האדם משלמותו האחרון וכל חסרון שיגיע לאדם וכל מרי אמנם ישיגהו מצד החומר שלו לבד כמו שאבאר בזה המאמר. וזה הכלל הוא המובן מכל זה המשל - רצוני לומר שלא יהיה האדם נמשך אחר בהמיותו לבד - רצוני לומר החמר שלו, כי חמר האדם הקרוב הוא חמר שאר בעלי חיים הקרוב. ואחר שבארתי לך זה וגליתי לך סוד זה המשל לא תקוה למצא כל עניני המשל בנמשל בשתאמר מה תחת אמרו - זבחי[20] שלמים עלי היום שלמתי נדרי, ואיזה עניין יורה מרבדים[21] רבדתי ערשי, ואיזה עניין הוסיף בזה הכלל אמרו - כי[22] אין האיש

---

[18] בראשית כח יב

[19] משלי ז ו-כא

[20] משלי ז יד

[21] משלי ז טז

[22] משלי ז יט

בביתו, וכן שאר מה שבא בזאת **הפרשה** - כי זה כלו המשך הדברים כפי פשוטו של המשל, כי אלו העניינים אשר זכר הם מין עניין הזונים וכן אלו הדברים וכיוצא בהם הם מין דברי הזונים קצתם לקצתם: והבן זה ממני מאד כי הוא שרש גדול ועצום במה שארצה לבארו. וכשתמצא בפרק מפרקי זה המאמר שביארתי עניין משל מן המשלים והעירתיך על הכלל הנמשל מה הוא לא תבקש כל חלקי העניינים אשר באו במשל ההוא ותרצה שתמצא להם דבר נאות בדבר הנמשל. כי זה יוציאך לאחד משני עניינים או שיטך מן העניין המכון במשל או יטריחך לפרש עניינים אין פרוש להם ולא הושמו בו לפרשם. ותגיע מזאת ההטרחה לכמוה זאת ההזיה העצומה אשר יהזו בה ויחברו בה רב כתות העולם בזמננו זה להיות כל אחת מהם רוצה שתמצא עניינים למאמרים לא כוון בהם אומרם דבר ממה שירצוהו. אבל תהיה לעולם כוונתך ברב המשלים - ידיעת הכלל שידיעתו היא המכוונת ויספיק לך בקצת הדברים שתבין מדברי כי העניין הפלוני משל - ואם לא אבאר דבר יותר, ויהי אמרי שהוא משל - כמו שהסיר הדבר המבדיל בין הראות והנראה:

צוואת זה המאמר. כשתרצה להעלות בידך כל מה שכללו פרקי זה המאמר עד שלא יחסר לך ממנו דבר, השב פרקיו זה על זה, ולא תהיה כוונתך מן הפרק הבנת כלל עניינו לבד, אלא להעלות בידך גם כן עניין כל מילה שבאה בכלל הדברים ואף על פי שלא תהיה מעניין הפרק. כי המאמר הזה לא נפלו בו הדברים כאשר נזדמן, אלא בדקדוק גדול ובשקידה רבה והישמר מלחסר באור ספק. ולא נאמר בו דבר בזולת מקומו אלא לבאר עניין במקומו, ולא תרדפהו בזממיך, שתזיקני ולא תועיל עצמך, אבל צריך לך שתלמוד כל מה שצריך ללמדו, ועיין בו תדיר והוא יבאר לך הגדולות שבספקות הדת אשר יסופקו על כל משכיל. ואני משביע באלהי יתברך כל מי שיקרא מאמרי זה שלא יפרש ממנו אפילו דבר אחד, ולא יבאר ממנו לזולתו, אלא מה שהוא מבואר מפורש בדברי מי שיקדמני מחכמי תורתנו הידועים. אמנם מה שיבין ממנו ממה שלא אמרו זולתי מחכמינו לא יבארהו לזולתו, ולא יהרוס ויקפוץ להשיב על דברי, שאפשר שיהיה מה שהבינו מדברי חילוף מה שרציתיו, ויזיקני גמול תחת רצותי להועילו, ויהיה משלם רעה תחת טובה. אבל יתבונן בו כל מי שיבא לידו, ואם ירפא לו מדווה לבבו ואפילו בעניין אחד מכל מה שיסופק, יודה השם ויספיק לו מה שהבין. ואם לא ימצא בו דבר שיועילהו בשום צד יחשבהו כאלו לא חובר, ואם יראה לו בו שום הפסד כפי מחשבתו, יפרשהו וידין אותו לכף זכות, ואפילו בפירוש רחוק. כמו שחויב עלינו בחוק המונינו, כל שכן בחוק ידועינו וחכמי תורתנו המשתדלים להועילנו באמת כפי השגתם.

ואני יודע, כי כל מתחיל מבני אדם שאין לו מאומה מן העיון יקבל תועלת בקצת פרקי זה המאמר. אמנם השלם מן האנשים בעל הדת הנבוך כמו שזכרתי, הוא יקבל תועלת בכל פרקיו, מה מאד ישמח בהם ויערבו לו

לשמעם. ואמנם המבולבלים שמוחם מזוהם בדעות שאינם אמיתיות ובדרכים המטעים, ויחשבום חכמות אמיתיות, ויחשבו שהם בעלי עיון, ואין ידיעה להם כלל בדבר שיקרא חכמה על דרך האמת, הם יברחו מפרקים רבים ממנו. ומה מאד יקשו עליהם, מפני שאינם משיגים להם עניין, ובעבור שמתבאר מהם גם כן פיסלות דברים מזויפים אשר בידיהם אשר הם סגולתם וממונם המוכן לצרותיהם. והשם יתברך יודע שאני לא סרתי היותי מתיירא הרבה מאד לחבר הדברים אשר ארצה לחברם בזה המאמר, מפני שהם עניינים נסתרים, לא חובר כלל בהם ספר זולתי זה באומתנו בזמן הגלות הזה, ואיך אתחיל אני עתה ואחבר בהם. אבל נשענתי על שתי הקדמות. האחת מהם אומרם בכמו זה העניין, עת[23] לעשות לה' הפרו תורתך. והשנית אומרם, וכל מעשיך יהיו לשם שמים. ועל שתי הקדמות אלה נשענתי במה שחיברתי בקצת פרקי זה המאמר. סוף דבר אני האיש אשר כשיציקהו העניין ויצר לו הדרך ולא ימצא תחבולה ללמד האמת שבא עליו מופת אלא בשיאות לאחד מעולה ולא יאות לעשרת אלפים סכלים, אני בוחר לאמרו לעצמו, ולא ארגיש בגנות העם הרב ההוא, וארצה להציל המעולה האחד ההוא ממה שנשקע בו ואורה מבוכתו עד שישלם וירפא.

---

[23] תהלים קיט קכו

חלק א

הקדמה

סיבות הסתירה או ההפך הנמצא בספר מן הספרים או בחיבור מן החיבורים - אחת משבע סיבות:

הסיבה הראשונה היא - שיהיה המחבר ממי שקיבץ דברי אנשים ולהם דעות מתחלפות וחסר הבעלים ולא יחס כל מאמר לאומרו וימצא בחיבור ההוא סתירה או הפך להיות אחת משתי הגזרות דעת איש אחד והגזרה האחרת דעת איש אחר:

והסיבה השנית - היות לבעל הספר ההוא דעת ואחר כן שב ממנו ונכתבו מאמריו הראשון והשני:

והסיבה השלישית - היות המאמרים ההם אינם כולם כפי פשוטם אבל יהיה קצתם כפשוטם וקצתם - משל ויהיה לו תוך, או יהיו שתי הגזרות יחד הסותרות זו את זו לפי הנראה - משלים וכשיובנו כפי פשוטיהם יהיו סותרות זו את זו או זו הפך זו:

והסיבה הרביעית - שיהיה שם בעניין תנאי שלא פורש במקומו להכרח מה או יהיו שני הנושאים מתחלפים ולא התבאר אחד מהם במקומו - ותראה סתירה בדבר ואין שם סתירה:

והסיבה החמישית - צורך הלימוד וההבנה. והוא שיהיה עניין סתום קשה לצירו יצטרך לזכרו או ללקחו הקדמה בביאור עניין קל הציור צריך שיוקדם בלימוד לפני הראשון ההוא - להיות ההתחלה לעולם בקל - ויצטרך המלמד שיקל בהבנת העניין ההוא הראשון על אי זה דרך שיזדמן ובעיון גס ולא ידקדק באמיתתו אבל יונח כפי דמיון השומע עד שיובן מה שירצה בו עתה להבינו ואחר כן ידוקדק בעיון העניין הסתום ההוא ותתבאר אמיתתו במקום הנאות לו:

והסיבה הששית - התעלמות הסתירה והיותה בלתי מתבארת אלא אחר הקדמות רבות. וכל מה שיצטרך להראותה אל הקדמות יותר היא יותר נעלמת. ויעלם זה מן המחבר ויחשוב ששתי הגזרות הראשונות - אין סתירה ביניהם, וכשתלקח כל גזרה מהם ותחובר אליה הקדמה צודקת ויולד מהם מה שיתחיב וכן יעשה בכל תולדה תחובר אליה הקדמה צודקת ויולד מה שיתחייב - יגיע העניין אחר הקשות רבות אל סתירה בין שתי התולדות האחרונות או הפך, וכמו זה הוא שיעלם מן החכמים המחברים. אך כשיהיו שתי הגזרות הראשונות נראות הסתירה אלא ששכח הראשונה כשכתב האחרת במקום אחר מן החיבור - זאת היא פחיתות גדולה מאד ולא ימנה זה בכלל מי שיבחנו דבריו:

והסיבה השביעית - צורך הדברים בעניינים עמוקים מאוד יצטרך להעלים קצת ענייניהם ולגלות קצתם, ופעמים יביא הצורך כפי אמירה אחת להימשך

מורה נבוכים חלק א

הדברים בה כפי הנחת הקדמה אחת ויביא הצורך במקום אחר להימשך הדברים בה לפי הקדמה סותרת לראשונה, וצריך שלא ירגישו ההמון בשום פנים במקום הסתירה ביניהם ושיעשה המחבר תחבולה להעלים אותו בכל צד:

אמנם הסתירה הנמצאת ב**משנה** וב**בריתות** היא כפי הסיבה הראשונה. כמו שתמצאם אומרים תמיד **קשיא רישא אסיפא** ותהיה התשובה **רישא רבי פלוני וסיפא רבי פלוני**. וכן תמצאם יאמרו - ראה רבי דבריו של רבי פלוני בכך וכך וסתם לן כותיה וראה דבריו של רבי פלוני, בכך וכך וסתם לן כותיה. והרבה תמצאם אומרים **סתמא מני**, רבי פלוני היא, **מתניתן מני**, רבי פלוני היא, - וזה הרבה מלספור:

ואמנם הסתירה או החילוף הנמצא ב**תלמוד** הוא לפי הסיבה הראשונה והשנייה כמו שתמצאם תמיד אומרים - בכך וכך סבר ליה כרבי פלוני ובכך וכך סבר ליה כרבי פלוני, ויאמרו גם כן - סבר ליה כותיה בחדא ופליג עליה בחדא, ויאמרו - תרי אמוראי אליבא דרבי פלוני, וזה המין כולו הוא נוהג מנהג הסיבה הראשונה. ואמנם כפי הסיבה השנית הוא אמרם בביאור **הדר ביה רב מההיא, הדר ביה רבא מההיא**, - וייחקר אי זה משני המאמרים הוא המאוחר, וכן אמרם **מהדורא קמא דרב אשי אמר לן כך וכך ומהדורא בתרא אמר לן כך וכך**:

ואמנם הסתירה או ההפך הנראה בפשוטו של עניין בקצת מקומות מספרי הנבואה כולם הוא - כפי הסיבה השלישית והרביעית. ואל זה העניין הובאה ההקדמה הזאת כולה. וכבר ידעת רוב אמרם ז"ל - **כתוב אחד אומר כך וכתוב אחד אומר כך**, ומבארים הראות הסתירה ואחר כך יבארו שהעניין חסר תנאי או מתחלף הנושא, כאומרם - שלמה לא דיך שדבריך סותרין דברי אביך אלא שהן סותרין זה את זה וכו'. וזה הרבה בדברי ה**חכמים ז"ל** אבל רוב מה שדיברו בו הוא במאמרי הנבואה הנתלים בדינים או במוסר דרך ארץ. ואנחנו אמנם היה דעתנו להעיר על **פסוקים** שבהם סתירה בנראה בדעות ובאמונות. והנה אבאר מזה קצת בקצת פרקי זה המאמר כי זה העניין גם כן מ**סתרי תורה**. ואמנם אם תמצא בספרי הנביאים סתירה לפי הסיבה השביעית - יש בו מקום עיון וחקירה וצריך שלא יגזור אדם בזה בשיקול הדעת ובסברה מבלתי איזון וחיקור:

ואמנם החילוף הנמצא בספרי הפילוסופים האמיתיים מהם - הוא כפי הסיבה החמישית: ואמנם הסתירה אשר תמצא ברוב ספרי המחברים והמפרשים בלתי מה שזכרנו - היא לפי הסיבה הששית. וכן תמצא ב**מדרשות** ו**הגדות** סתירה רבה לפי זאת הסיבה - ולזה אמרו - אין מקשין בהגדה. ונמצא בהם גם כן סתירה לפי הסיבה השביעית: ואמנם אשר ימצא במאמר הזה מן החילוף - הוא לפי הסיבה החמישית והסיבה השביעית. ודע זה והבן אמיתתו וזכרהו מאד שלא תתערב בקצת פרקיו:

ואחר אלו ההקדמות אתחיל בזיכרון השמות אשר צריך להעיר על אמיתת עניינם המכוון בכל מקום כפי ענינו - ויהיה זה מפתח להיכנס במקומות סוגרו עליהם השערים. וכשיפתחו השערים ההם ויכנס אדם במקומות ההם ינוחו בהם הנפשות וייהנו העיניים וינפשו הגופות מעמלם ומייגעם:

פרק א

פתחו[1] שערים ויבוא גוי צדיק שומר אמונים.

צלם ודמות. כבר חשבו בני אדם כי **צלם** בלשון העברי יורה על תמונת הדבר ותארו, והביא זה אל הגשמה גמורה לאומרו - נעשה[2] אדם בצלמנו כדמותנו - וחשבו שהאלוה על צורת אדם - רצוני לומר תמונתו ותארו - והתחיבה להם ההגשמה הגמורה והאמינו בה, וראו שהם אם ייפרדו מזאת האמונה יכזיבו הכתוב וגם ישימו האלוה נעדר אם לא יהיה גוף בעל פנים ויד כמותם בתמונה ובתואר אלא שהוא יותר גדול ויותר בהיר לפי סברתם והחומר שלו גם כן אינו דם ובשר - זה תכלית מה שחשבוהו רוממות בחוק האלוה:

אמנם מה שצריך שיאמר בהרחקת הגשמות והעמיד האחדות האמיתית - אשר אין אמת לה אלא בהסרת הגשמות - הנה תדע המופת על כל זה המאמר אבל הערתנו הנה בזה הפרק היא - לבאר עניין צלם ודמות: ואומר כי הצורה המפורסמת אצל ההמון - אשר היא תמונת הדבר ותארו - שמה המיוחד בה בלשון העברי **תאר** אמר - יפה[3] תואר ויפה מראה, מה תארו, כתואר[4] בני המלך, ונאמר בצורה המלאכית - יתארהו[5] בשרד... ובמחוגה יתארהו - וזהו שם שלא ייפול על האלוה יתברך כלל - חלילה וחס:

אמנם **צלם** הוא נופל על הצורה הטבעית - רצוני לומר על העניין אשר בו נתעצם הדבר והיה מה שהוא והוא אמיתתו מאשר הוא הנמצא ההוא - אשר העניין ההוא באדם הוא - אשר בעבורו תהיה ההשגה האנושית. ומפני ההשגה הזאת השכלית נאמר בו - בצלם[6] אלוקים ברא אותו: ולכן נאמר - צלמם[7] תבזה - כי הבזיון דבק בנפש אשר היא הצורה המינית לא בתמונת האברים ותארם. - וכן אומר כי הסיבה בקריאת הצלמים צלמים - היות המבוקש מהם עניינם הנחשב לא תמונתם ותארם, וכן אומר בצלמי[8] טחוריהם, כי היה הנרצה מהם - עניין דחוק הנזק הטחורים לא תואר

1 ישעיהו כו ב
2 בראשית א כו
3 בראשית לט ו
4 שופטים ח יח
5 ישעיהו מד יג
6 בראשית א כז
7 תהלים עג כ
8 שמואל-א ו יא

הטחורים. ואם אי אפשר מבלתי היות צלמי טחוריהם וצלמים נקראים כן מפני התמונה והתואר יהיה אם כן צלם - שם משתתף או מסופק יאמר על הצורה המינית ועל הצורה המלאכית ועל כיוצא בה מתמונות הגשמים הטבעיים ותאריהם: ויהיה הנרצה באמרו - נעשה[9] אדם בצלמנו - הצורה המינית אשר היא ההשגה השכלית לא התמונה והתואר. הנה כבר בארנו לך ההפרך בין צלם ותואר ובארנו עניין צלם:

אמנם **דמות** הוא שם מן **דמה** והוא כן דמיון בעניין כאמרו - דמיתי[10] לקאת מדבר, לא שדמה לכנפיה ונוצתה אבל דמה אבלו לאבלה, וכן - כל[11] עץ בגן אלוקים לא דמה אליו ביופיו - דמיון בעניין היופי, חמת[12] למו כדמות חמת נחש, דמיונו[13] כאריה יכסוף לטרוף - כולם דמיון בעניין לא בתמונה ובתואר. וכן נאמר - דמות[14] כסא, דמות הכסא - דמיון בעניין ההתנשאות והרוממות לא בריבועו ועוביו ואריכות רגליו כמו שיחשבו העניים, וכן - דמות[15] החיות:

וכאשר יוחד האדם בעניין שהוא זר בו מאוד מה שאין כן בדבר מן הנמצאות מתחת גלגל הירח - והוא ההשגה השכלית - אשר לא ישתמש בה חוש ולא מעשה גוף ולא יד ולא רגל - דימה אותה בהשגת האלוה אשר אינה בכלי [ואם אינו דמיון באמת אבל לנראה מן הדעת תחילה]. ונאמר באדם מפני זה העניין - רצוני לומר מפני השכל האלוקי המדובק בו - שהוא **בצלם אלוקים ובדמותו** - לא שהאלוה יתברך גוף שיהיה בעל תמונה:

פרק ב

הקשה לי איש חכם זה לו שנים קושיה גדולה - צריך להתבונן בקושיא ובתשובתנו בפרוקה: וקודם שאזכור הקושיא ופרוקה אומר כי כבר ידע כל עברי כי שם **אלוקים** משתתף לאלוה ולמלאכים ולשופטים מנהיגי המדינות. וכבר באר **אונקלוס הגר** ע"ה [והאמת מה שבארו] כי אמרו - והייתם[16] כאלוקים יודעי טוב ורע, רוצה בו העניין האחרון, אמר - **ותהון כרברביא:** ואחר הצעת שתוף זה השם נתחיל בזיכרון הקושיא: אמר המקשה יראה מפשוטו של כתוב כי הכונה הראשונה באדם - שיהיה כשאר בעלי חיים אין שכל לו במחשבה. ולא יבדיל בין הטוב ובין הרע, וכאשר המרה הביא לו מריו זה השלמות הגדול המיוחד באדם והוא - שתהיה לו זאת ההכרה

---

9 בראשית א כו

10 תהלים קב ז

11 יחזקאל לא ח

12 תהלים נח ה

13 תהלים יז יב

14 יחזקאל א כו

15 יחזקאל א ה

16 בראשית ג ה

הנמצאת בנו אשר היא - הנכבד מן העניינים הנמצאים בנו ובה נתעצם. וזה - הפלא שיהיה ענשו על מריו תת לו שלמות שלא היה לו והוא - השכל! ואין זה אלא כדבר מי שאמר כי איש מן האנשים מרה והפליג בעול ולפיכך שנו בריתו לטוב והושם כוכב בשמים. - זאת הייתה כוונת הקושיא ועניינה ואף על פי שלא הייתה בזה הלשון: ושמע עניני תשובתנו. אמרנו אתה האיש המעין בתחילת רעיוניו וזממיו ומי שיחשוב שיבין ספר שהוא הישרת הראשונים והאחרונים בעברו עליו בקצת עתות הפנאי מן השתיה והמשגל כעברו על ספר מספרי דברי הימים או שיר מן השירים, התיישב והסתכל כי אין הדבר כמו שחשבתו בתחילת המחשבה אבל כמו שיתבאר עם ההתבוננות לזה הדבר. וזה - כי השכל אשר השפיע הבורא על האדם - והוא שלמותו האחרון - הוא אשר הגיע לאדם קודם מרותו, ובשבילו נאמר בו שהוא **בצלם אלוקים ובדמותו** ובגללו דיבר אתו וצוה אותו כמו שאמר - ויצו[17] ה' אלוקים וכו', - ולא תהיה הצואה לבהמות ולא למי שאין לו שכל. ובשכל יבדיל האדם בין האמת והשקר, וזה היה נמצא בו על שלמותו ותמותו. אמנם המגונה והנאה - הוא במפורסמות לא במושכלות, כי לא יאמר, השמים כדוריים - נאה ולא הארץ שטוחה - מגונה אבל יאמר אמת ושקר. וכן בלשוננו יאמר על הקושט ועל הבטל - **אמת ושקר** ועל הנאה והמגונה - **טוב ורע**, ובשכל ידע האדם האמת מן השקר, וזה יהיה בעניינים המושכלים כולם. וכאשר היה על שמות ענייניו ותמותם והוא עם מחשבתו ומושכליו אשר נאמר בו בעבורם - ותחסרהו[18] מעט מאלוקים, לא היה לו כוח להשתמש במפורסמות בשום פנים ולא השיגם - עד שאפילו הגלוי שבמפורסמות בגנות - והוא גלות הערוה - לא היה זה מגונה אצלו ולא השיג גנותו. וכאשר מרה ונטה אל תאוותיו הדמיוניות והנאות חושיו הגשמיות כמו שאמר - כי[19] טוב העץ למאכל וכי תאוה הוא לעיניים, נענש בשולל ההשגה ההיא השכלית ומפני זה מרה במצווה אשר בעבור שכלו צווה בה והגיעה לו השגת המפורסמות ונשקע בהתגנות ובהתנאות, ואז ידע שיעור מה שאבד לו ומה שהופשט ממנו ובאיזה עניין שב. ולזה נאמר - והייתם[20] כאלוקים יודעי טוב ורע, ולא אמר **יודעי שקר ואמת**, או **משיגי שקר ואמת** - ואין בהכרחי טוב ורע כלל אבל שקר ואמר. והתבונן אמרו - ותיפקחנה[21] עיני שניהם וידעו כי עירומים הם, לא אמר **ותפקחנה עיני שניהם ויראו** כי אשר ראה קודם הוא אשר ראה אחרי כן - לא היו שם סנוורים על העין שהוסרו, אבל נתחדש בו עניין אחר שגינה בו מה שלא היה מגנהו קודם:

---

17 בראשית ב טז

18 תהלים ח ו

19 בראשית ג ו

20 בראשית ג ה

21 בראשית ג ז

ודע כי זאת המילה - רצוני לומר פקוח - לא תיפול בשום פנים אלא על עניין גלות ידיעה לא ראות חוש יתחדש ויפקח[22] אלוקים את עיניה, אז[23] תפקחנה עיני עוורים, פקוח[24] אזנים ולא ישמע, כאמרו - אשר[25] עיניים להם לראות ולא ראו:

אבל אמרו על אדם משנה[26] פניו ותשלחהו - פרושו וביאורו כאשר שינה מגמת פניו - שולח [כי פנים שם נגזר מן פנה כי האדם בפניו יכון לדבר אשר ירצה כוונתו] ואמר כאשר שינה פנותו וכיון הדבר אשר קדם לו הצווי שלא יכון אליו - שולח מגן עדן. וזהו העונש הדומה למרי **מדה כנגד מדה** הוא הותר לאכול מן הנעימות ולהנות בנחת ובבטחה, וכאשר גדלה תאוותו ורדף אחרי הנאותיו ודמיוניו כמו שאמרנו ואכל מה שהוזהר מאכלו - נמנע ממנו הכל והתחייב לאכול הפחות שבמאכל אשר לא היה לו מקודם מזון ואף גם זאת - אחר העמל והטורח כמו שאמר - וקוץ[27] ודרדר תצמיח לך וכו' בזעת אפיך וכו', ובאר ואמר - וישלחהו[28] ה' אלקים מגן עדן לעבוד את האדמה, והשווהו כבהמות במזוניו ורוב ענייניו כמו שאמר - ואכלת[29] את עשב השדה, ואמר מבאר לזה העניין - אדם[30] ביקר בל ילין נמשל כבהמות נדמו: ישתבח בעל הרצון אשר לא תושג תכלית כוונתו וחכמתו:

פרק ג

יחשב שעניין **תמונה** ותבנית בלשון העברי - אחד ואינו כן. וזה כי תבנית - שם נגזר מן בנה וענינו - בניין הדבר ותכונתו - רצוני לומר תארו כריבוע והעיגול והשלוש וזולתם מן התארים. אמר - את[31] תבנית המשכן ואת תבנית כל כליו, ואמר - בתבניתם[32] אשר אתה מראה בהר, תבנית[33] כל צפור, תבנית[34] יד, תבנית[35] האולם - כל זה תואר. ולזה לא הפיל לשון העברים אלו המלות בתארים נתלים באלוה בשום פנים:

אמנם **תמונה** הוא שם נופל על שלושה עניינים בסיפוק. וזה שהוא יאמר על

---

22 בראשית כא יט

23 ישעיהו לה ה

24 ישעיהו מב כ

25 יחזקאל יב ב

26 איוב יד כ

27 בראשית ג יח

28 בראשית ג כג

29 בראשית ג יח

30 תהלים מט יג

31 שמות כה ט

32 שמות כה מ

33 דברים ד יז

34 יחזקאל ח ג

35 דברי הימים-א כח יא

צורת הדבר המושגת בחושים חוץ לשכל - רצוני לומר תארו, והוא אמרו - ועשיתם[36] פסל תמונת כל, כי[37] לא ראיתם כל תמונה, ויאמר על הצורה הדמיונית הנמצאת בדמיון מן האיש אחר העלמו מן החושים, והוא אמרו - בשעפים[38] מחזיונות לילה וכו', וסוף הדבר - יעמוד[39] ולא אכיר מראהו תמונה לנגד עיני, רצונו לומר דמיון לנגד עיני בשנה, ויאמר על העניין האמיתי המושג בשכל. ולפי זה העניין השלישי יאמר בו יתברך **תמונה** , אמר - ותמונת[40] ה' יביט, ענינו ופרושו ואמיתת האלוה ישיג:

פרק ד

דע כי **ראה והביט וחזה** - שלש המלות האלה נופלות על ראות העין והושאלו שלשתם להשגת השכל: אמנם זה **בראה** מפורסם אצל ההמון - ואמר - וירא[41] והנה באר בשדה. וזה - ראות עין, ואמר - ולבי[42] ראה הרבה חכמה ודעת. וזה השגה שכלית.

ולפי זאת ההשאלה הוא כל לשון ראיה שבאה באלוה יתברך כאמרוראיתי[43] את ה', וירא[44] אליו ה', וירא[45] אלוקים כי טוב, הראני[46] נא את כבודך, ויראו[47] את אלוקי ישראל, - כל זה השגה שכלית לא ראות עין ממש בשום פנים. כי לא ישיגו העיניים רק גוף ובצד וקצת מקריו גם כן - כלומר מראה הגוף ותארו וכיוצא בהם. וכן הוא יתברך לא ישיג בכלי כמו שיתבאר:

וכן **הביט** נופל על ההבטה בעין לדבר אל[48] תביט אחריך, ותבט[49] אשתו מאחריו, וניבט[50] לארץ. והושאל אל הבטת השכל והשקפתו על התבוננות הדבר עד שישיגהו, והוא אמרו לא[51] הביט און ביעקב, כי **האון** לא יראה בעין, וכן אמרו והביטו[52] אחרי משה, - אמרו החכמים ז"ל שבו עוד זה העניין ושהוא הגדה על היותם מדקדקים אחר פעולותיו ומאמריו ומסתכלים בהם,

---

36 דברים ד כה
37 דברים ד טו
38 איוב ד יג
39 איוב ד טז
40 במדבר יב ח
41 בראשית כט ב
42 קהלת א טז
43 מלכים א כב יט
44 בראשית יח א
45 בראשית א י
46 שמות לג יח
47 שמות כד י
48 בראשית יט יז
49 בראשית יט כו
50 ישעיהו ה ל
51 במדבר כג כא
52 שמות לג ח

מורה נבוכים חלק א

ומזה העניין אמרו - הבט[53] נא השמימה, כי זה היה **במראה הנבואה.** ועל זאת ההשאלה הוא כל לשון הבטה, שבאה באלוה יתברך, מהביט[54] אל האלקים, ותמונת[55] ה' יביט, והביט[56] אל עמל לא תוכל:

וכן **חזה** נופל על ראות העין - ותחז[57] בציון עינינו. והושאל להשגת הלב אשר[58] חזה על יהודה וירושלם, היה[59] דבר ה' אל אברם במחזה. ועל זאת ההשאלה נאמר - ויחזו[60] את האלהים. ודעהו:

פרק ה

כאשר החל ראש הפילוסופים לחקור ולעשות מופתים בעניינים עמוקים מאוד אמר מתנצל דבר זה ענינו שאין ראוי למעין בספריו שייחסהו במה שיחקור עליו לעזות או היותו משתבח ומתפאר והורס לדבר במה שאין ידיעה לו בו אבל ראוי לו שייחסהו לזריזות והשתדלות בהמציא והעמיד אמונות אמתיות כפי יכולת האדם:

וכן נאמר אנחנו כי צריך לאדם שלא יהרוס לזה העניין העצום הנכבד מתחילת המחשבה בלתי שירגיל עצמו בחכמות ובדעות ויזקק מידותיו זיקוק רב וימית תאוותיו ותשוקותיו הדמיוניות, וכאשר יבין הקדמות אמתיות וידעם וידע דרכי ההיקש ועשות המופת וידע אופני השמירה מהטעות השכל אז יקדים לחקירה בזה העניין, ולא יגזור בתחילת דעת שיעלה בליבו ולא ישלח מחשבותיו תחילה וישליטם להשגת האלוה אבל יבוש וימנע ויעמוד עד שיעלה ראשון ראשון:

ועל זה נאמר - ויסתר[61] משה פניו כי ירא מהביט אל האלוקים, [מחובר למה שיורה עליו הנראה מפחדו להסתכל ביאור הנראה] לא שהאלוה ישיגוהו העינים, יתעלה מכל חסרון עילוי רב, ושובח לו ע"ה הדבר הזה והשפיע עליו האלוה יתברך מטובו - מה שחייב לו שנאמר בו - ותמונת[62] ה' יביט, וזכרו החכמים ז"ל כי זה גמול **להסתירו פניו** תחילה מהביט[63] אל האלוקים: אמנם **אצילי בני ישראל** הם הרסו ושילחו מחשבותם והשיגו אבל השגה בלתי שלמה, ולזה אמר עליהם - ויראו[64] את אלוקי ישראל ותחת רגליו וכו',

---

[53] בראשית טו ה
[54] שמות ג ו
[55] במדבר יב ה
[56] חבקוק א יג
[57] מיכה ד יא
[58] ישעיהו א א
[59] בראשית טו א
[60] וַיֶּחֱזוּ אֶת הָאֱלֹהִים
[61] שמות ג ו
[62] במדבר ח יב
[63] שמות ג ו
[64] שמות כד י

ולא אמר **ויראו את אלוקי ישראל** לבד כי כלל המאמר אינו רק לדקדק עליהם ראיתם לא לתאר איך ראו. ואמנם דקדק עליהם תוכן השגתם אשר כללה מן הגשמות מה שכללה - חייב זה הרסם קודם שלמותם. והתחייבו **כליה** וייעתר להם ע"ה והאריך האלוה להם עד שנשרפו ב**תבערה** ונשרף נדב ואביהוא **באוהל מועד** לפי מה שבאה בו הקבלה האמיתית:

ואם היה זה בדינם כל שכן בדיננו אנחנו הפחותים ואשר למטה ממנו שצריך לכל אחד ממנו שיכון ויתעסק בהשלמת ההצעות והבנת ההקדמות המטהרות להשגה מטומאתה שהיא - הטעויות, ואז יבוא להביט אל המחנה הקדוש האלוקי כאשר אמר - וגם[65] הכהנים הנגשים אל ה' יתקדשו פן יפרוץ בהם ה'. וכבר ציווה שלמה ע"ה בשמירה הרבה כשישתדל האדם להגיע לזאת המדרגה ואמר ממשל ומזהיר - שמור[66] רגליך כאשר תלך אל בית האלוקים:

ואשוב להשלים מה שנכנסנו לבארו ואומר ש**אצילי בני ישראל** עם המכשולים שארעו להם בהשגתם נתבלבלו גם כן בעבורה פעולותיהם ונטו לעניינים הגופיים להשתבש ההשגה:

ולזה אמר - ויחזו[67] את האלוקים ויאכלו וישתו. אמנם סוף המאמר והוא, אמרו - ותחת[68] רגליו כמעשה לבנת הספיר וכו', הנה יתבאר בקצת פרקי זה המאמר:

והכונה כולה אשר כוננוה היא שכל **ראיה** או **חזיה** או **הבטה** שבאה בזה העניין היא השגה שכלית לא ראות עין - שאיננו יתברך נמצא שישיגוהו העיניים. ואם לא ירצה אחד מן המקצרים להגיע לזאת המדרגה אשר נשתדל עמו להעלותה וישים אלו המלות כולם אשר באו בזה העניין מורות על השגות חושיות לאורים ברואים אם מלאכים או זולתם אין הזק בזה:

<u>פרק</u>

איש ואשה - שני שמות הונחו תחילה לזכר ולנקבה מבני אדם. ואחרי כן הושאלו לכל זכר ונקבה משאר מיני בעלי החיים, אמר - מכל[69] הבהמה הטהורה תקח לך שבעה שבעה איש ואשתו, כאילו אמר **זכר ונקבה**. ואחר כך הושאל שם **אשה** לכל עניין מוכן ומזומן להתחבר לעניין אחר, אמר - חמש[70] היריעות תהיין חוברות אשה אל אחותה. כבר התבאר לך כי **אחות ואח** יאמרו גם כן בשיתוף מצד ההשאלה כאיש ואשה:

---

[65] שמות יט כב
[66] קהלת ד יז
[67] שמות כד יא
[68] שמות כד י
[69] בראשית ז ב
[70] שמות כו ג

פרק ז

ילד. העניין המובן מזאת המילה ידוע והוא, הלידה - וילדו[71] לו בנים. ואחר הושאלה זאת המילה להמצאת הדברים הטבעיים, בטרם[72] הרים יולדו. והושאלה גם כן לעניין הצמחת הארץ מה שתצמיח - דמות בלדה, אמר - והולידה[73] והצמיחה. והושאלה עוד לחידושי הזמן כאילו הם עניינים יולדו - כי[74] לא תדע מה ילד יום. והושאלה עוד לחידושי המחשבות ומה שיחייבוהו מן הדעות והסברות, כמו שאמר - וילד[75] שקר, וממנו נאמר - ובילדי[76] נכרים יספיקו - יספיק להם בדעותם כמו שאמר יונתן בן עוזיאל ע"ה בפרוש זה **ובנימוסי עממיא אזלין**.

ועל זה העניין מי שלימד איש עניין אחד והועילהו דעת - כאילו הוליד האיש ההוא באשר הוא בעל הדעת ההוא, ובזה העניין נקראו תלמידי הנביאים - **בני הנביאים** כמו שאבאר בשיתוף שם **בן**:

ובזאת ההשאלה נאמר באדם - ויחי[77] אדם שלושים ומאת שנה ויולד בדמותו כצלמו, וכבר קדם לך עניין **צלם אדם ודמותו** מה הוא, וכל מי שקדמו לו מן הבנים לא הגיעה אליהם הצורה האנושית באמת אשר היא - צלם אדם ודמותו, הנאמר עליה - בצלם אלוקים ובדמותו. אמנם **שת** כאשר לימדוהו והבינהו ונמצא שלם השלמות האנושי נאמר בו **ויולד בדמותו כצלמו**: וכבר ידעת כי כל מי שלא הגיעה לו זאת הצורה אשר בארנו עניינה הוא אינו איש אבל בהמה על צורת איש ותבניתו אבל יש לו יכולת על מיני ההיזק וחידוש הרעות מה שאין כן לשאר בעלי החיים, כי השכל והמחשבה שהיו מוכנים להגעת השלמות אשר לא הגיע ישתמש בהם במיני התחבולות המביאות לרע והולד הנזקים כאילו הוא דבר ידמה לאדם או יחקהו:

וכן היו בני אדם הקודמים לשת, ואמרו במדרש - כל[78] אותן מאה ושלושים שנה שהיה אדם נזוף בהן היה מוליד רוחות, רצונם לומר **שדים**, וכאשר רצהו האלוה הוליד בדמותו כצלמו - והוא אמרו - ויחי אדם שלושים ומאת שנה ויולד בדמותו כצלמו:

פרק ח

מקום. זה השם עיקר הנחתו למקום המיוחד ולכולל. ואחר כן הרחיבו הלשון ושמהו שם למעלת האיש וערכו - רצוני לומר לשלמותו בעניין אחד, עד

---

71 דברים כא טו

72 תהלים צ ב

73 ישעיהו נה י

74 משלי כז א

75 תהלים ז טו

76 ישעיהו ב ו

77 בראשית ה ג

78 גמרא עירובין יח ב

שיאמר - פלוני במקום פלוני, בעניין הפלוני. וכבר ידעת רוב עשות בעלי הלשון זה כאומרם - ממלא מקום אבותיו. והיה[79] ממלא מקום אבותיו בחכמה או ביראה, ואמרם - ועדין[80] מחלוקת במקומה עומדת, רצונו לומר במדרגתה. ועל זה הצד מן ההשאלה נאמר - ברוך[81] כבוד ה' ממקומו - רצונו לומר כפי מעלתו ועוצם חלקו במציאות. וכן כל זיכרון 'מקום' שבא באלוה אמנם הכונה בו - מדרגת מציאותו יתברך אשר אין ערוך לה ולא דומה כמו שיעמוד עליו המופת אחר זה:

ודע כי כל שם שנבאר לך שתופו בזה המאמר אין הכונה ממנו להעיר על מה שנזכרהו בפרק ההוא לבד, אבל אנחנו נפתח שער ונעירך על עניני השם ההוא המועילים לפי ענייננו לא לפי עניין מי שידבר בשפת בעלי לשון מן הלשונות, ואתה תתבונן בספרי הנבואה וזולתם מחיבורי בעלי החכמה ותבין השמות המשתמשים בהם כולם ותבין כל שם משתתף לפי עניין מענייניו הנאות בו כפי המאמר ההוא. וזה הדבר ממנו הוא מפתח זה המאמר וזולתו: והמשל עליו - מה שבארנוהו הנה מעניין **מקום** באמרו - ברוך[82] כבוד ה' ממקומו, שאתה תדע כי זה העניין בעצמו הוא עניין **מקום** באמרו - הנה[83] מקום אתי - מדרגת עיון והשקפת שכל לא השקפת עין - [מצורף אל המקום הרמוז אליו מן ההר אשר בו היה ההתבודדות והשגת השלמות].

פרק ט

כסא. עיקר הנחתו בלשון ידוע. ובעבור שהכסא אמנם ישבו עליו בעלי הגדולה והעוצם כמלכים והיה הכסא דבר נמצא מורה על גדולת הראוי לו ומעלתו ועוצם ענינו - נקרא **המקדש**, כסא להוראתו על עוצם מי שנגלה בו והשכין אורו וכבודו עליו, אמר - כסא[84] כבוד מרום מראשון וכו'. ומפני זה העניין נקראו השמים **כסא** להוראתם - אצל מי שידעם ויתבונן בהם - על עוצם ממציאם ומניעם ומנהיג העולם השפל בהשפעת טובם, ואמר - כה[85] אמר ה' השמים כסאי וכו', יאמר הם יורו על מציאותי ועצמתי ויכולתי כהוראת הכסא שהוא מוכן לגדול שהוא ראוי לו.

זהו אשר צריך שיאמינוהו המאמתים לא שיש גשם שינשא האלוה עליו [יתעלה עלוי רב] - כי הנה יתבאר לך במופתים שהוא יתברך אינו גוף ואיך יהיה לו מקום או משכן על גוף, ואמנם העניין הוא מה שהעירונו עליו כי כל מקום נישאו האלוה ויחדו ביאורו וזהרו כ'מקדש' או השמים נקרא **כסא**:

---

[79] גמרא כתובות קג ע"ב

[80] משנה מקוואות ד א

[81] יחזקאל ג יב

[82] יחזקאל ג יב

[83] שמות לג כא

[84] ירמיהו יז יב

[85] ישעיהו סו א

אבל מה שהרחיב בו הלשון באמרו - כי[86] **יד** על כס יה, הוא תיאור עוצמתו וגדולתו אשר אין צריך שיחשב דבר חוץ מעצמו ולא נברא מנבראיו עד שיהיה יתברך נמצא בלתי **כסא**, ונמצא עם כסא - זאת כפירה בלי ספק. וכבר פרש ואמר - אתה[87] ה' לעולם תשב כסאך לדור ודור, הורה שהוא דבר בלתי נפרד ממנו, ולזה ירצה ב**כסא** הנה ובכל מה שדומה לו גדולתו ועוצמתו אשר אינם דבר יוצא מעצמו - כמו שיתבאר בקצת פרקי זה המאמר:

__פרק י__

כבר קדם לנו אנחנו כשנזכור בזה המאמר שם מאלו השמות המשתתפים אין דעתנו שנזכיר כל עניין שיאמר עליו השם ההוא, כי אין זה המאמר בלשון, אבל נזכיר מן העניינים ההם מה שאנחנו צריכים לו בענינו לא דבר אחר. ומזה - **ירד ועלה**:

הירידה וה**עליה** - שני שמות מונחים בלשון העברי לעניין ידוע. כי כשיעתק הגוף ממקום אל מקום שפל ממנו יאמר **ירד** וכשיעתק ממקום אל מקום גבוה ממנו יאמר **עלה**. ואחר כן הושאלו שני השמות האלה לגדולה ולעוצם עד שכשתשפל מעלת האיש - יאמר **ירד** וכשתגבה מעלתו בגדולה - יאמר **עלה**, אמר האלוה יתברך - הגר[88] אשר בקרבך יעלה עליך מעלה מעלה ואתה תרד וכו', ואמר - ונתנך[89] ה' אלוקיך עליון על כל גויי הארץ, ואמר -ויגדל[90] ה' את שלמה למעלה, וכבר ידעת רוב עשותם ז"ל - מעלין[91] בקודש ולא מורידין: ועל זה הצד עוד יעשה בירידת העיון והיות האיש פונה במחשבתו אל עניין פחות מאוד, יאמר **שירד**, וכן כשיפנה במחשבתו אל עניין מעולה ונכבד - יאמר **עלה**:

וכאשר היינו - המון האנשים - למטה שבתחתיות במקום ובמעלת המציאה בערך לסובב והוא יתברך - במעלה שבעליונים לפי אמיתת מציאות וגדולה ועצמה [לא עליונות מקום] ורצה יתברך במה שרצה - הגיע חכמה ממנו והשפעת נבואה על קצתנו - קרא שרות הנבואה על הנביא או שכון השכינה במקום **ירידה** וקרא העלות עניין הנבואה ההיא מן האיש או סור השכינה מן המקום **עליה**,

וכל ירידה ועליה שתמצאם מיוחסות לבורא יתברך אמנם הרצון בהם - זה העניין: וכן כשתרד מכה באומה או באקלים כפי רצונו הקדום אשר יקדימו ספרי הנבואה - קודם ספר המכה ההיא - לספר שהאלוה פקד מעשיהם ואחר כן הוריד בהם העונש יכנה העניין הזה גם כן בירידה להיות האדם שפל

---

[86] שמות יז, טז

[87] איכה ה יט

[88] דברים כח מג

[89] דברים כח א

[90] דברי הימים-א כט כה

[91] גמרא מנחות לט ע"א

ונבזה שיפקדו מעשיו וייענש עליהם לולא הרצון. וכבר התבאר זה בספרי הנבואה ונאמר - מה[92] אנוש כי תזכרנו ובן אדם כי תפקדנו וכו'. - רומז על זה העניין.
ולזה כינה זה העניין **בירידה**, אמר - הבה[93] נרדה ונבלה שם שפתם, וירד[94] ה' לראות, ארדה[95] נא ואראה, והעניין כולו - בוא העונש באנשי השפל:
ואמנם העניין הראשון - רצוני לומר עניין הנבואה והכיבוד, הרבה - וירדתי[96] ודיברתי עמך, וירד[97] ה' על הר סיני, ירד[98] ה' לעיני כל העם, ויעל[99] מעליו אלוקים, ויעל[100] אלוקים מעל אברהם: אבל אמרו - ומשה[101] עלה אל האלוקים, הוא מן העניין השלישי [מצורף אל היותו גם כן **עולה אל ראש ההר** אשר ירד עליו האור הנברא] - לא שהאלוה יתברך יש לו מקום יעלה אליו העולה או ירד ממנו - יתעלה מדמיוני הסכלים עילוי רב:

<u>פרק יא</u>

ישיבה. תחילת הנחת זה השם בלשוננו, לישיבת האדם על המקום - ועלי[102] הכהן יושב על הכסא, ומאשר היה האדם היושב נח - עומד על השלם שבענייני עמידתו ומנחותו הושאלה זאת המילה לכל עניין עומד נח שלא ישתנה - אמר ביעוד ירושלים בעמידה ובקימות והיא במעלה העליונה וראמה[103] וישבה תחתיה, ואמר - מושיבי[104] עקרת הבית, - ענינו מעמידה ומקימה:
ומזה העניין האחרון נאמר עליו יתברך - אתה[105] ה' לעולם תשב, היושבי[106] בשמים, יושב[107] בשמים, הנצחי העומד אשר לא ישתנה בפנים מאפני השינוי לא שינוי עצם ואין לו שום עניין זולת עצמו שישתנה בו ולא ישתנה יחסו לזולתו כי אין יחס בינו ובין זולתו שישתנה ביחס ההוא כמו

---

[92] תהלים ח ה
[93] בראשית יא ז
[94] בראשית יא ה
[95] בראשית יח כא
[96] במדבר יא יז
[97] שמות יט כ
[98] שמות יט יא
[99] בראשית לה יג
[100] בראשית יז כב
[101] שמות יט ג
[102] שמואל-א א ח
[103] זכריה יד י
[104] תהלים קיג ט
[105] איכה ה יט
[106] תהלים קכג א
[107] תהלים ב ד

שיתבאר[108]. ובזה ישלם היותו בלתי משתנה כלל ולא בשום פנים כמו שבאר ואמר - כי[109] אני ה' לא שניתי, אין בי שינוי כל עיקר. ועל זה העניין יכונה **בישיבה**. באשר נזכרה לו יתברך: ואמנם תיוחס אל השמים ברוב המקומות להיות השמים - הם אשר אין שינוי בהם ולא התחלפות - רצוני לומר שלא ישתנו אישיהם כאשר ישתנו אישי הווי הארץ ונפסדיה.

וכן כשיוחס האלוה יתברך היחס ההוא הנאמר בשיתוף למיני הנמצאות ההוות הנפסדות יאמר עליו גם כן **יושב**, כי המינים ההם תדירים מסודרים עומד המציאה כמציאת אישי השמים, אמר - היושב[110] על חוג הארץ, המתמיד הקים על סבוב הארץ, רצונו לומר חלילותה רומז לעניינים ההווים בה חלילה.

ואמר - ה'[111] למבול ישב, רצונו לומר שעם השתנות עניני הארץ והפסדם לא יהיה אצלו יתברך שינוי יחס. אבל היחס ההוא שיש לו אל כל אחד מן העניינים ההם - והם הווים או נפסדים - יחס אחד קיים עומד כי היחס ההוא למיני הנמצאות לא לאישיהם. והתבונן כי כל לשון ישיבה שתמצאה לאלוה יתברך תמצאה בזה העניין:

<u>פרק יב</u>

קימה - שם משתתף. ואחד מענייניו - הקימה שהיא כנגד **הישיבה**, ולא[112] קם ולא זע ממנו. ובו עוד עניין קיום הדבר ואמיתתו - יקם[113] ה' את דברו, ויקם[114] שדה עפרון, וקם[115] הבית אשר בעיר, וקמה[116] בידך ממלכת ישראל. ובזה העניין נאמר כל **לשון קימה**, שבא באלוה יתברך עתה[117] אקום יאמר ה', - ירצה בו עתה אקים דברי ויעודי לטוב ולרע, אתה[118] תקום תרחם ציון - תקים מה שיעדתה בו לרחם עליה:

ומפני שהמסכים לעשות דבר יתעורר לעשותו בקימה נאמר לכל מי שיתעורר לאיזה עניין, שהוא **קם**, כי[119] הקים בני את עבדי עלי. והושאל זה העניין לעבור גזרת האל על עם שהתחייבו העונש לאבדם - וקמתי[120] על

---

108 פרק נו חלק ה
109 מלאכי ג ו
110 ישעיהו מ כב
111 תהלים כט י
112 אסתר ה ט
113 שמואל-א א כג
114 בראשית כג יז
115 ויקרא כה ל
116 שמואל-א כד כ
117 ישעיהו לג י
118 תהלים קב יד
119 שמואל-א כב ח
120 עמוס ז ט

בית ירבעם, וקם[121] על בית מרעים, ואפשר שיהיה אמרו **עתה אקום** מזה העניין, וכן - תקום[122] תרחם ציון, כלומר - תקום על אויביה, ומזה העניין באו פסוקים הרבה. לא שיש לו קימה או ישיבה - חלילה לו מהם, אמרו עליהם השלום - אין[123] למעלה לא ישיבה ולא עמידה, כי **עמד** יבוא פעמים בעניין **קם**:

פרק יג

עמידה - שם משתתף. ויהיה בעניין עמידת האדם וקימתו, בעומדו[124] לפני פרעה, אם[125] יעמוד משה ושמואל, והוא[126] עומד עליהם. ויהיה בעניין המנע וההפסק, כי[127] עמדו לא ענו עוד, ותעמוד[128] מלדת. ויהיה בעניין הקיום וההשאר - למען[129] יעמדו ימים רבים, ויכלת[130] עמוד, עמד[131] טעמו בו, התקים ונשאר ולא נשתנה - וצדקתו[132] עומדת לעד, קימת ונשארת. וכל **עמידה** שבאה באלוה יתברך, היא מזה העניין האחרון - ועמדו[133] רגליו ביום ההוא על הר הזיתים - ויתקיימו סבותיו כלומר מסובביו. והנה יתבאר זה בזכר שתוף **רגל**. ומזה העניין אמרו יתברך אל משה - ואתה[134] פה עמוד עמדי, ולפי זה - אנכי[135] עומד בין ה' וביניכם:

פרק יד

שתוף **אדם** הוא שם **אדם הראשון** - נגזר כמו שבא הכתוב שהוא נגזר **מאדמה**, ויהיה שם המין - לא[136] ידון רוחי באדם, מי[137] יודע רוח בני האדם,

---

121 ישעיהו לא ב
122 תהלים קב יד
123 גמרא חגיגה טו ע"א
124 בראשית מא מו
125 ירמיהו טו א
126 בראשית יח ח
127 איוב לב טז
128 בראשית כט לה
129 ירמיהו לב יד
130 שמות יח כג
131 ירמיהו מח יא
132 תהלים קיא ג
133 זכריה יד ד
134 בפרק כח חלק א'
135 דברים ה כז
136 בראשית ו ג
137 קהלת ג כא

ומותר[138] האדם מן הבהמה אין, ויהיה שם להמון, כלומר לפחותים מבלתי המיוחדים - גם[139] בני אדם גם בני איש.
ומזה העניין השלישי - ויראו[140] בני האלוהים את בנות האדם, אכן[141] כאדם תמותון:

פרק טו

נצב או **יצב** - ואף על פי שנשתנו שני השרשים, העניין אחד כמו שידעת בכל שמושיהם. וזה שם משתתף. פעמים יהיה בעניין הקימה וההתיצבות - ותתצב[142] אחותו מרחוק, יתיצבו[143] מלכי ארץ, יצאו[144] נצבים. ויהיה בעניין הקיום וההתמדה - דברך[145] נצב בשמים, כלומר קיים עומד.
וכל מה שבא מזה השם בחוק הבורא הוא מזה העניין - והנה[146] ה' נצב עליו, קיים עומד עליו - כלומר על **הסולם** אשר קצהו הראשון בשמים וקצהו האחרון בארץ ובו יעלה כל מי שיעלה עד שישיג מי שעליו בהכרח אחר שהוא עומד קיים על ראש הסולם: ומבואר הוא שמאמרי הנה **עליו** הוא כפי זה המשל הנשוא. ומלאכי אלוקים, הם הנביאים שנאמר בהם בפרוש - וישלח[147] מלאך, ויעל[148] מלאך ה' מן הגלגל אל הבוכים. ומה טוב אמרו **עולים ויורדים** - **העליה** קודם **הירידה** - כי אחר **העליה** וההגעה אל מעלות ידועות מן **הסולם** תהיה **הירידה** במה שפגש מן העניין, להנהגת אנשי הארץ ולימודם אשר בעבור זה כינה **בירידה** כמו שבארנו:
ואשוב אל ענינו כי **נצב עליו**, מתמיד קיים נשאר, לא שהוא התיצבות גשם. ומזה העניין - ונצבת[149] על הצור. כבר התבאר לך כי **נצב** ו**עמד** עניינם אחד בזה העניין. וכבר אמר - הנני[150] עומד לפניך שם על הצור בחורב:

פרק טז

צור - שם משתתף הוא שם ההר - והכית[151] בצור, והוא שם אבן קשה

[138] קהלת ג יט
[139] תהלים מט ג
[140] בראשית ו ב
[141] תהלים פב ז
[142] שמות ב ד
[143] תהלים ב ב
[144] במדבר טז כז
[145] תהלים קיט פט
[146] בראשית כח יג
[147] במדבר כ טז
[148] שופטים ב א
[149] שמות לג, כא
[150] שמות יז ו
[151] שמות יז, ו

כחלמיש - חרבות[152] צורים, והוא שם המקור אשר יחצבו ממנו אבני המקורים - הביטו[153] אל צור חוצבתם. ואחר כן הושאל מזה העניין האחרון זה השם לשורש כל דבר והתחלתו, ולזה אמר אחר אמרו **הביטו אל צור חוצבתם** - הביטו[154] אל אברהם אביכם וכו', כאילו באר שהצור **שחוצבתם** ממנו הוא **אברהם אביכם** על כן לכו בדרכיו והאמינו בתורתו והתנהגו במידותיו כי טבע המקור ראוי שיהיה נמצא במה שייחצב ממנו:

ולפי זה העניין האחרון נקרא האלוה יתברך **צור** כי הוא ההתחלה והסיבה הפועלת לכל אשר זולתו ונאמר - הצור[155] תמים פעלו, צור[156] ילדך תשי, צורם[157] מכרם, ואין[158] צור כאלוקינו, צור[159] עולמים. **ונצבת על הצור** - השען ועמוד על התבוננות היותו יתברך התחלה שהוא המבוא אשר הגיע ממנו אליו [כמו[160] שבארנו באמרו לו - הנה[161] מקום אתי]:

פרק יז

לא תחשוב כי החכמה האלוקית לבד היא הנמנעת מן ההמון אבל רוב חכמת הטבע. וכבר נכפל לך אמרנו **ולא**[162] **במעשה בראשית בשנים**. ואין זה אצל בעלי תורה לבד אבל אצל הפילוסופים וחכמי האומות מקדם היו מסתירים הדברים בהתחלות ומדברים בהם בחידות, ואפלטון ומי שקדם לו היה קורא החומר הנקבה והצורה - הזכר: ואתה יודע כי התחלות הנמצאות ההוות הנפסדות - שלוש החומר והצורה וההעדר המיוחד אשר הוא מחובר לחומר לעולם, ולולא התחברות ההעדר לחומר לא הגיע אליו הצורה - ובזה הצד היה העדר מן ההתחלות, ועם הגיע הצורה יסור ההעדר ההוא - כלומר העדר הצורה ההיא המגעת - ויחובר אליו העדר אחר וכן לעולם - כמו שהתבאר בחכמת הטבע:

ואם הם אשר אין הפסד עליהם בביאור היו שואלים השמות ולוקחים הדמיון בלמוד - כל שכן שראוי לנו אנחנו קהל בעלי הדת שלא נבאר דבר שיקשה על ההמון להבינו או תדמה להם אמיתת העניין - חלוף העניין שנרצה בו. ודע זה גם כן

152 יהושע ה ב

153 ישעיהו נא א

154 ישעיהו נא ב

155 דברים לב ד

156 דברים לב יח

157 דברים לב ל

158 שמואל-א ב ב

159 ישעיהו כו ד

160 בפרק ח

161 שמות לג כא

162 גמרא חגיגה יא ב

פרק יח

קרוב, ונגוע, ונגוש. אלו השלושה שמות - כלומר קריבה ונגיעה ונגישה - יהיו פעמים לעניין המגע והקרוב במקום, ופעמים יהיו לעניין הדבק המדע בידוע וכאילו ידמה לקרוב גשם בגשם. אמנם עניין **קריבה** הראשון הוא הקריבה במקום - כאשר[163] קרב אל המחנה, ופרעה[164] הקריב, וה**נגיעה** ענינה הראשון, נגיעת גשם בגשם - ותגע[165] לרגליו, ויגע[166] על פי. ועניין **נגישה** הראשון, בוא איש אל איש והתנועעו אליו - ויגש[167] אליו יהודה.

ועניין אלו שלושה השמות השני הוא - הדבק מדע ונגיעת השגה לא נגיעת מקום. אמר מן **הנגיעה** בעניין הדבק המדע - כי[168] נגוע אל השמים משפטה, ונאמר מן **הקריבה** - והדבר[169] אשר יקשה מכם תקריבון אלי, כאילו אמר תודיעוני אותו - הנה כבר נעשה בהודעת הידוע, ונאמר מן **הנגישה** - ויגש[170] אברהם ויאמר, והוא היה בעניין הנבואה והתרדמה הנבואית כמו שיתבאר[171] - יען[172] כי נגש העם הזה בפיו ובשפתיו כבדוני:

וכל לשון קריבה או נגישה אשר תמצאנה שבאה בספרי הנבואה בין האלוה יתברך ובין נברא מנבראיו הוא כולו מזה העניין האחרון. כי האלוה אינו גשם [כמו שיבוא עליו המופת בזה המאמר] ולא הוא יתברך יגע ולא יקרב לדבר ולא דבר מן הדברים יקרב לו או יגע בו יתברך, כי בהסתלק הגשמות - יסתלק המקום ותבטל כל קריבה ונגיעה או רחיקה או הדבק או התפרד או משוש או סמיכות:

ואיני חושב עליך שיסתפק לך אמרו - קרוב[173] ה' לכל קוראיו, קרבת[174] אלוקים יחפצון, קרבת[175] אלוקים לי טוב, שאלו כולם קריבת מדע - כלומר השגה מדעית - לא קריבת מקום, וכן אמרו - קרובים[176] אליו, קרב[177] אתה ושמע, ונגש[178] משה לבדו אל ה' והם לא יגשו. אלא אם תרצה שתשים מה

---

163 שמות לב יט

164 שמות לב יט

165 שמות ד כה

166 ישעיהו ו ז

167 בראשית מד יח

168 ירמיהו נא ט

169 דברים א יז

170 בראשית יח כג

171 חלק א פרק כא

172 ישעיהו כט יג

173 תהלים קמה יח

174 ישעיהו נח ב

175 תהלים עג כח

176 דברים ד ז

177 דברים ה כג

178 שמות כד ב

שנאמר במשה **ונגש** - שהוא יתקרב למקום מן ההר אשר שכל עליו האור - כלומר **כבוד ה'** - תוכל זה. אבל החזק בעיקר כי אין הפרש בין היות האיש במרכז הארץ או בעליון שבגלגל התשיעי אילו היה אפשר - שהוא לא ירחק מן האלוה הנה ולא יקרב לו שם, אבל הקריבה[179] אליו יתברך - בהשגתו והריחוק ממנו - למי שיסכלהו, וימצאו בקרוב ובריחוק מזה הצד מעלות רבות מאד זו למעלה מזו. והנה אבאר בפרק מפרקי זה המאמר איך הוא היתרון בהשגה:

אמנם אמרו - גע[180] בהרים ויעשנו, רוצה בו הגע דבריך בהם על צד המשל, כמו שאמר - וגע[181] אל עצמו, כלומר הבא מכתך בו:

וכן **הנגיעה** ומה ששמשו ממנו בלשון תפרשנו בכל מקום כפי ענינו, כי פעם ירצה בו נגיעת גשם בגשם ופעם הדבקות מדע והשגת עניין אחד. כאילו המשיג דבר אשר לא היה משיגו קודם - כבר קרב לדבר שהיה רחוק ממנו. והבן זה

פרק יט

מלא. זה השם משתתף. יעשוהו בעלי הלשון בגשם שיבוא בגשם וימלאהו - ותמלא[182] כדה, מלא[183] העומר ממנו - וזה הרבה. ויעשה הדבר בעניין תום זמן אחד משוער והשלמתו - וימלאו[184] ימיה ללדת, וימלאו[185] לו ארבעים יום. ויעשה בעניין השלמות בחשיבות והתכלית בה - ומלא[186] ברכת ה', מילא[187] אותם חכמת לב, וימלא[188] את החכמה ואת התבונה ואת הדעת:

ומזה העניין נאמר מלא כל הארץ כבודו, ענינו כל הארץ תעיד על שלמותו - כלומר תורה עליו. וכן אמרו - וכבוד[189] ה' מלא את המשכן. וכל לשון **מליאה** שתמצאה מיוחסת לאלוה היא מזה העניין, לא שיש שם גוף ימלא מקום. אלא אם תרצה שתשים כבוד ה', האור הנברא אשר יקרא **כבוד** בכל מקום והוא אשר - מלא[190] את המשכן - אין הזק בזה:

---

179 חלק א פרק נט-ס
180 תהלים קמד ה
181 איוב ב ה
182 בראשית כד טז
183 שמות טז לב
184 בראשית כה כד
185 בראשית נ ג
186 דברים לג כג
187 שמות לה לה
188 מלכים א ז יד
189 ישעיהו ו ג
190 שמות מ לד-לה

פרק כ

רם הוא שם משתתף לעניין רוממות המקום ועניין רוממות המעלה, כלומר הגדולה והכבוד והיקר. אמר - ותרם[191] התיבה מעל הארץ, וזה מן העניין הראשון. ואמר - הרימותי[192] בחור מעם, יען[193] אשר הרימותיך מן העפר, יען[194] אשר הרימותיך מתוך העם, מן העניין השני:

וכל מלת **הרמה** שתבוא באלוה יתברך היא מזה העניין השני - רומה[195] על השמים אלוקים: וכן **נשא** יהיה בעניין רוממות מקום ובעניין רוממות המדרגה ויתרון החלק - וישאו[196] את שברם על חמוריהם, מן העניין הראשון, וכמוהו הרבה בעניין המשא וההעתקה מפני שהיא נשיאה במקום. ומהעניין השני - ותנשא[197] מלכותו, וינטלם[198] וינשאם, ומדוע[199] תתנשאו. וכל לשון נשיאה שבאה מיוחסת לאלוה יתברך היא מזה העניין האחרון - הנשא[200] שופט הארץ, כה[201] אמר רם ונשא, גדולת מדרגה ומעלה ורוממות לא עליונות מקום:

ואולי יקשה עליך אמרי גדולת מדרגה ומעלה ורוממות, ותאמר איך תשים עניינים רבים מעניין אחד, הנה[202] יתבאר לך אחר זה שהאלוה יתברך אצל המשיגים השלמים לא יתואר בתארים רבים ושאלו התארים כולם הרבים המורים על העוצם והגדולה והיכולת והשלמות והטוב וזולתם כולם ישובו לעניין אחד והעניין ההוא הוא עצמו לא דבר יוצא חוץ לעצם: והנה יבואוך פרקים בשמות ובתארים, ואמנם הכונה בזה הפרק כי **רם ונשא** אין ענינו המובן ממנו - עליונות מקום אבל עליונות מעלה:

פרק כא

עבור. ענינו הראשון הוא בעניין העתק גוף במקום ועיקר הנחתו הראשונה - לתנועת בעלי החיים על רוחק אחד ישר - והוא[203] עבר לפניהם, עבור[204]

---

[191] בראשית ז יז
[192] תהלים פט כ
[193] מלכים-א טז ב
[194] מלכים-א יד ז
[195] תהלים נז ו
[196] בראשית מב כו
[197] במדבר כד ז
[198] ישעיה סג ט
[199] במדבר טז ג
[200] תהלים צד ב
[201] ישעיה נז טו
[202] חלק א פרק נח
[203] בראשית לג ג
[204] שמות יז ה

לפני העם, וזה הרבה. ואחר כן הושאל להמשך הקולות באויר - ויעבירו[205] קול במחנה, השמועה[206] אשר אנוכי שומע מעבירים עם ה':

ואחר כן הושאל לביאת האור והשכינה אשר יראום הנביאים **במראה הנבואה** אמר - והנה[207] תנור עשן ולפיד אש אשר עבר בין הגזרים האלה, והיה זה במראה הנבואה כי תחילת הסיפור אמר - ותרדמה[208] נפלה על אברהם וגו'. ולפי זאת ההשאלה נאמר - ועברתי[209] בארץ מצרים, וכל מה שידמה לו:

וכבר הושאל עוד למי שיעשה מעשה אחד ויפליג בו ויעבור גבולו אמר - וכגבר[210] עברו יין.

וכבר הושאל עוד למי שיחטיא כונה אחת ויכון כונה אחרת ותכלית אחרת - והוא[211] ירה החצי להעבירו. ולפי זאת ההשאלה הוא אצלי אמרו - ויעבור[212] ה' על פניו, ויהיה הכינוי **בפניו** שב לו יתברך וכן שמוהו החכמים כי פניו זה שב לו יתברך, ואם זכרו זה בכלל הגדות, אין זה מקומם אבל הוא חיזוק מעט לדעתנו ויהיה פניו כינוי **להקדוש ברוך הוא**. וביאור זה כפי מה שיראה לי שמשה ע"ה בקש השגה אחת - והיא אשר כינה אותה **בראית פנים** באמרו - ופני[213] לא יראו, ויעדהו בהשגה למטה ממה שביקש, והוא אשר כינה אותה **בראית אחור** באמרו - וראית[214] את אחורי. וכבר העירונו על זה העניין **במשנה תורה**. ואמר הנה כי האלוה יתברך העלים ממנו ההשגה ההיא המכונה בראית פנים והעבירו לעניין אחר, כלומר לידיעת הפעולות המיוחסות לו יתברך שיחשב בהם שהם תארים רבים, כמו שאבאר. ואמרי 'העלים ממנו' ארצה בו כי זאת ההשגה נעלמת נמנעת בטבעה ושכל אדם שלם עם הדבק שכלו במה שבטבעו שישיג ויבקש השגה אחרת אחריה תשתבש השגתו או תאבד - כמו שאבאר[215] בפרק מפרקי זה המאמר - אלא אם ילווה אליו עזר אלוקי - כמה שאמר - ושכותי[216] כפי עליך עד עברי:

אבל **התרגום** נהג מנהגו באלו העניינים וזה - כי כל דבר שימצאהו מיוחס אל האלוה וישיגהו גשמות או משיגי ההגשמה יחשבהו בחסרון המצטרף וישיגהו גשמות או משיגי ההגשמה יחשבהו בחסרון המצטרף וישים היחס

---

[205] שמות לו ו
[206] שמואל-א ב כד
[207] בראשית טו יז
[208] בראשית טו יב
[209] שמות יב יב
[210] ירמיה כג ט
[211] שמואל-א כ לו
[212] שמות לד ו
[213] שמות לג כג
[214] שמות לג כג
[215] חלק א פרק לב
[216] שמות לג כב

ההוא לעניין אחד מצטרף לאלוה - מחוסר. אמר באמרו - יצף[217] ה' ביני ובינך, יסך מימרא דה', - ועל זה המשיך פרושו ע"ה. וכן עשה באמרו - ויעבור[218] ה' על פניו ויקרא, ואעבר ה' שכינתיה על אפוהי וקרא, והנה יהיה הדבר אשר **עבר** אצלו נברא בלא ספק, ושם כנוי בפניו שב אל משה רבינו ויהיה פרוש על פניו, לפניו כמו - ותעבור[219] המנחה על פניו. וזה גם כן פרוש יפה וטוב. וממה שמחזק פרוש **אונקלוס הגר ז"ל**, מאמר הכתוב - והיה[220] בעבור כבודי, כבר באר כי הדבר העובר הוא דבר מיוחס לו יתברך לא עצמו יתברך שמו, ועל הכבוד ההוא אמר - עד עוברי, ויעבור[221] ה' על פניו:

ואם אי אפשר מבלתי חשוב מצטרף מחוסר כמו שיעשה אונקלוס תמיד פעם ישים המחוסר ההוא **יקרא** ופעם ישימהו **מימרא**. ופעם ישימהו **שכינה** כפי עניין כל מקום, הנה אנחנו גם כן נשים המצטרף המחוסור הנה **קול** - ויהיה העניין ויעבור קול ה' על פניו ויקרא, וכבר בארנו השאלת הלשון לקול עברה - ויעבירו[222] קול במחנה, ויהיה הקול הוא אשר קרא. ולא תרחיק היות הקריאה מיוחסת לקול כי באלו המילות בעצמם בא הסיפור על דבורו יתברך למשה אמר - וישמע[223] את הקול מדבר אליו, וכמו שיחס הדבור לקול כן יחס הנה הקריאה לקול. וכבר בא כמו זה בביאור - כלומר יחס האמירה והקריאה לקול. וכבר בא כמו זה בביאור, כלומר יחס האמירה והקריאה לקול, אמר קול[224] אומר קרא ואמר מה אקרא. ויהיה הפרוש לפי זה העניין כן - ויעבור[225] קול מלפני ה' ויקרא ה' | ה'. ויהיה כפל ה' - לקריאה כי הוא יתברך הנקרא כמו - משה[226] משה, אברהם[227] | אברהם. וזהו גם כן פרוש נאה מאוד:

ולא תרחיק היות זה העניין העמוק הרחוק להשיגו סובל פרושים רבים כי זה לא יזיק במה שאנחנו בו. ועליך לבחור אי זו מן ההאמנות שתרצה אם שיהיה המעמד הגדול ההוא כולו מראה נבואה בלא ספק וההשתדלות כולו, השגות שכליות אשר ביקש ואשר נמנע ממנו ואשר השיג, הכל שכלי אין חוש בו כמו שבארנו תחלה, או היה שם עם זה השגת חוש ראות אבל לדבר נברא בראיתו יגיע שלמות ההשגה השכלית כמו שפרש **אונקלוס זה**, אם

[217] בראשית לא מט
[218] שמות לד ו
[219] בראשית לב כב
[220] שמות לג כב
[221] שמות לד ו
[222] שמות לו ו
[223] במדבר ז פט
[224] ישעיהו מ ו
[225] שמות לד ו
[226] שמות ג ד
[227] בראשית כב יא

לא הייתה ההשגה המראית ההיא גם כן **במראה הנבואה** כמו שבא באברהם - והנה[228] תנור עשן ולפיד אש אשר עבר, או שהיה עם זה השגת חוש אוזן גם כן ויהיה הקול הוא אשר עבר על פניו אשר הוא נברא גם כן בלא ספק. בחר אי זו מן הדעות שתרצה כי הכונה כולה, שלא תאמין אמרו הנה **ויעבור** כמו - עבור[229] לפני העם, כי האלוה יתברך אינו גוף ולא תכשר עליו התנועה ואי אפשר שיאמר שהוא **עבר** לפי ההנחה הראשונה בלשון:

פרק כב

בא. הביאה בלשון העברי מונחת לביאת בעל החיים, כלומר בואו אל מקום אחד או אל איש אחר, אמר - בא[230] אחיך במרמה, והיא גם כן מונחת להיכנס בעל החיים במקום אחד אמר - ויבוא[231] יוסף הביתה, כי[232] תבואו אל הארץ. והושאל זה השם לבוא העניין שאינו גוף כלל - כי[233] יבוא דבריך וכבדנוך, מאשר[234] יבואו עליך, עד שהושאל לקצת העדרים - ויבוא[235] רע ואייחלה לאור ויבוא אופל. ולפי זאת ההשאלה אשר הושאל למה שאינו גשם כלל הושאל גם כן לבורא יתברך אם לבוא דברו או לבוא שכינתו. ולפי זאת ההשאלה נאמר - הנה[236] אנוכי בא אליך בעב הענן, כי[237] ה' אלוקי ישראל בא בו, וכל מה שידמה לזה ענינו בוא השכינה, ובא[238] ה' אלוקי כל קדושים עמך, בוא דברו כלומר קיום ייעודיו אשר יעד בהם על יד נביאיו, והוא אמרו - כל[239] קדושים עמך, כאלו אמר - ובא דבר ה' אלוהי על ידי כל קרודים עמך, כמדבר לישראל:

פרק כג

היציאה כנגד **הביאה**. נעשה זה השם ביציאת גשם ממקום שהיה נח בו למקום אחר - יהיה הגשם בעל חיים או זולת בעל חיים - הם[240] יצאו את

---

[228] בראשית טו יז
[229] שמות יז ה
[230] בראשית כז לה
[231] בראשית מג כו
[232] שמות יב כה
[233] שופטים יג יז
[234] ישעיה מז יג
[235] איוב ל כו
[236] שמות יט ט
[237] יחזקאל מד ב
[238] זכריה יד ה
[239] זכריה יד ה
[240] בראשית מד ד

העיר, כי[241] תצא אש. והושאל להוראת עניין שאינו גוף כלל - הדבר[242] יצא מפי המלך, כי[243] יצא דבר המלכה, רצונו לומר עבור הדבר - כי[244] מציון תצא תורה, וכן - השמש[245] יצא על הארץ, כלומר הראות האור:

ולפי זאת ההשאלה היא כל **לשון יציאה** שבאה מיוחסת לו יתברך - הנה[246] ה' יוצא ממקומו, יראה דברו הנסתר עתה ממנו, כלומר התחדש מה שנתחדש אחר שלא היה, כי כל מתחדש מאתו יתברך ייוחס לדברו - בדבר[247] ה' שמים נעשו וברוח פיו כל צבאם, דמות במעשים הבאים מאת המלכים אשר כליהם בהעביר רצוניהם הדיבר - והוא יתברך בלתי צריך לכלי יעשה בו אבל פעולתו ברצונו לבד ואין דבור גם כן בשום פנים כמו שיתבאר:

וכאשר הושאלה להראות פעולה מפעוליו **יציאה** כמו שבארנו באמרו - הנה[248] ה' יוצא ממקומו, הושאלה להעלות הפעולה ההיא כפי הרצון גם כן **שיבה** ואמר - אלך[249] אשובה אל מקומי, ענינו העלות השכינה אשר הייתה במה שבתוכנו מעלינו אשר נמשך אחריה העדר ההשגחה בנו, כמו שאמר מיעד רע - והסתרתי[250] פני מהם והיה לאכול, כי כשנעדרה ההשגחה הופקר ונשאר מטרה לכל מה שאפשר שיבוא ויקרה ויהיה טובו ורעתו כפי המקרה, ומה קשה זה היעוד, ובעבורו כינה באמרו -אלך אשובה אל מקומי:

פרק כד

ההליכה גם כן מכלל השמות המונחים לתנועות מיוחדות מתנועות בעל החיים, ויעקב[251] הלך לדרכו, וזה הרבה. וכבר הושאל זה השם להמשך הגופות אשר הם יותר דקות מגופות בעלי החיים, והמים[252] היו הלוך וחסור, ותיהלך[253] אש ארצה. ואחר כן הושאל להתפשט עניין אחד והראותו, ואם אינו גוף כלל, אמר - קולה[254] כנחש ילך, וכן אמרו - קול[255] ה' אלוקים מתהלך בגן, **הקול** הוא הנאמר עליו שהיה מתהלך:

---

241 שמות כד ה
242 אסתר ז ח
243 אסתר א יז
244 ישעיהו ב ג
245 בראשית יט כג
246 ישעיהו כו כא
247 תהלים לג ו
248 מיכה א ג
249 הושע ה טו
250 דברים לא יז
251 בראשית לב ב
252 בראשית ח ה
253 שמות ט כג
254 ירמיהו מו כב
255 בראשית ג ח

ולפי זאת ההשאלה הוא כל לשון הליכה שבאה באלוה יתברך - כלומר שהיא הושאלה למה שאינו גוף אם להתפשט העניין או לסור ההשגחה אשר דומה לו בבעל החיים סור מן הדבר אשר יהיה בבעל החיים **בהליכה**. וכמו שכינה הסתלק ההשגחה בהסתרת פנים באמרו - ואנוכי[256] הסתר אסתיר פני, כן כינה אותו **בהליכה** אשר הוא בעניין סור מן הדבר אמר - אלך[257] אשובה אל מקומי: אמנם אמרו - ויחר[258] אף ה' בם וילך, יש בו שני העניינים יחד, כלומר עניין הסתלק ההשגחה המכונה בהליכה ועניין התפשט הדבר והגלותו והראותו כלומר החרון אף הוא אשר **הלך** ונמשך אליהם ולזה שבה - מצורעת[259] כשלג: וכן הושאל לשון הליכה, להנהגה במנהגים החשובים מבלתי הנעת גוף כלל, אמר - והלכת[260] בדרכיו, אחרי[261] אלוקיכם תלכו, לכו[262] ונלכה ביאור ה':

פרק כה

שכון. ידוע כי עניין זאת המילה הוא התמדת העומד במקום אחד - והוא[263] שוכן באלוני ממרא, ויהי[264] בשכון ישראל בארץ ההיא, וזהו הידוע המפורסם. ועניין השכינה במקום הוא התמדת העומד במקום אחד במקום ההוא כי באריכות עמידת בעל החיים במקום כולל או מיוחד יאמר בו שהוא שכן במקום ההוא ואף על פי שהיה מתנועע בו בלא ספק.

והושאל זה למה שאינו בעל חיים אבל לכל עניין שהתיישב ושקד על דבר אחר יאמר בו גם כן **לשון שכינה** ואף על פי שלא היה הדבר אשר שקד עליו העניין ההוא, מקום ולא היה העניין ההוא גם כן בעל חיים, אמר - תשכון[265] עליו עננה, ואין ספק כי **העננה** אינה בעל חיים ולא **היום** גוף כלל אלא חלק זמן:

ולפי זאת ההשאלה הושאל לאלוה יתברך - כלומר להתמדת שכינתו או השגחתו באיזה מקום שהתמידה בו השכינה או בכל דבר שהתמידה בו ההשגחה, ונאמר - וישכון[266] כבוד ה', ושכנתי[267] בתוך בני ישראל, ורצון[268]

---

[256] דברים לא יח
[257] הושע ה טו
[258] במדבר יב ט
[259] שמות ד ו
[260] דברים כח ט
[261] דברים יג ה
[262] ישעיהו ב ה
[263] בראשית יד יג
[264] בראשית לה כב
[265] איוב ג ה
[266] שמות כד טז
[267] שמות כט מה
[268] דברים לג טז

שוכני סנה. וכל מה שבא מזאת הפעולה מיוחס לאלוה יתברך הוא בעניין התמדת שכינתו - כלומר אורו הנברא, במקום או התמדת ההשגחה בדבר אחד, כל מקום כפי ענינו:

פרק כו

כבר ידעת אמרתם הכוללת למיני הפרושים כולם התלויים בזה העניין והוא אמרם - דברה[269] תורה כלשון בני אדם. עניין זה - כי כל מה שאפשר לבני אדם כולם הבנתו וציורו בתחילת המחשבה הוא אשר שם ראוי לאלוה יתברך. ולזה יתואר בתארים מורים על הגשמות להורות עליו שהוא יתברך נמצא. כי לא ישיגו ההמון בתחילת המחשבה מציאות כי אם לגשם בלבד ומה שאינו גשם או נמצא בגשם אינו נמצא אצלם:

וכן כל מה שהוא שלמות אצלנו ייוחס לו יתברך - להורות עליו שהוא שלם במיני השלמיות כולם ואין עמו חסרון או העדר כלל. וכל מה שישיגו ההמון שהוא חסרון או העדר - לא יתואר בו, ולזה לא יתואר באכילה ושתיה ולא בשנה ולא בחלי ולא בחמס ולא במה שידמה לזה. וכל מה שיחשוב ההמון שהוא שלמות יתואר בו - ואף על פי שהדבר ההוא אמנם הוא שלמות בערך אלינו אבל בערך אליו יתברך אלו אשר נחשבם כולם שלמות הם תכלית החיסרון, אמנם אילו דימו העדר השלמות ההוא האנושי ממנו יתברך היה זה אצלם חסרון בחוקו:

ואתה יודע כי התנועה היא משלמות בעל החיים והכרחית לו בהשלמתו וכמו שהוא צריך לאכילה ושתיה להחליף מה שיותך כן הוא צריך לתנועה לכוון אל הטוב לו והמורגל לברוח מן הרע לו ומה שהוא כנגדו. ואין הפרש בין שיתואר יתברך באכילה ובשתייה או שיתואר בתנועה אבל לפי **לשון בני אדם** כלומר הדמיון ההמוני, היו האכילה והשתיה אצלם חסרון בחוק האלוה והתנועה אינה חסרון בחוקו ואף על פי שהתנועה אמנם הצריך אליה החיסרון. וכבר התבאר במופת כי כל מתנועע בעל גודל, מתחלק בלא ספק, והנה יתבאר אחר זה היותו יתברך בלתי בעל גודל ולא תמצא לו תנועה, ולא יתואר גם כן במנוחה כי לא יתואר במנוחה אלא מי שדרכו להתנועע. וכל אלה השמות המורים על מיני תנועות בעל החיים כולם יתואר בהם יתברך על הדרך שאמרנו כמו שיתואר בחיים כי התנועה, מקרה דבק לבעל החיים. ואין ספק כי בהסתלק הגשמות יסתלקו כל אלה כלומר **ירד ועלה והלך ונצב ועמד וסבב וישב ושכן ויצא ובוא ועבר** וכל מה שדומה לזה:

וזה העניין ההארכה בו, יתרון אלא מפני שהרגילוהו דעות ההמון לכן צריך לבארו לאשר לקחו עצמם בשלמות האנושי ולהסיר מהם אלו המחשבות המתחילות משני הנערות אליהם, במעט הרחבה כמו שעשינו:

[269] גמרא ברכות לא ע"ב

מורה חלק א נבוכים

פרק כז

אונקלוס הגר שלם מאוד בלשון העברית והארמית וכבר שם השתדלותו בסילוק ההגשמה וכל תואר יתארהו הכתוב שיביא אל הגשמות יפרשהו כפי ענינו. וכל מה שימצאהו מאלו השמות המורים על מין ממיני התנועה ישים עניין התנועה - הגלות והראות אור נברא, כלומר **שכינה** או השגחה. והנה תרגם - ירד[270] ה' - יתגלי ה', וירד[271] ה' - ואתגלי ה', ולא אמר ונחת ה', ארדה[272] נא ואראה - אתגלי כען ואדון, וזה נמשך בפרושו: אלא שהוא תרגם - אנכי[273] ארד עמך מצרימה - אנא אחות עמך למצרים, וזה דבר מופלא מאוד יורה על שלמות זה האדון וטוב פרושו והבנתו הדברים כפי מה שהם ופתח לנו בזה התרגום עניין גדול מעניני הנבואה.

והוא כי תחילת זה הספור אמר - ויאמר[274] אלוקים לישראל במראות הלילה ויאמר יעקב | יעקב וכו', ויאמר אנוכי האל וכו', אנוכי ארד עמך מצרימה, וכאשר כלל תחילת המאמר היותו ב**מראות הלילה** לא הרחיק אונקלוס שיסופר המאמר אשר נאמר ב**מראות הלילה** בלשונו. והוא - האמת כי זה ספור מה שנאמר, לא ספור עניין שקרה כמו - וירד[275] ה' על הר סיני, אשר הוא ספור מה שהתחדש בדברים הנמצאים ולזה כינה אותו בהראות והרחיק ממנו מה שיורה על מציאות התנועה, והדברים הדמיוניים, כלומר ספור מה שנאמר לו, הניחו כאשר היה - וזה מופלא:

ומכאן תתעורר כי יש הפרש גדול בין מה שיאמר בו **בחלום** או **במראות הלילה** ובין מה שיאמר בו **במחזה** ו**במראה** ובין מה שיאמר בו סתם - ויהי[276] דבר ה' אלי לאמר, או ויאמר[277] ה' אלי לאמר:

ואפשר עוד אצלי כי אונקלוס פרש **אלוקים** הנאמר הנה - מלאך, ולזה לא הרחיק שיאמר בו אנא אחות עמך למצרים. ולא תרחיק האמינו **אלוקים** הנה – מלאך, והוא יאמר לו - אנוכי[278] האל אלוקי אביך, כי זה המאמר יהיה בזה הלשון על ידי מלאך גם כן, הלא תראהו אומר - ויאמר[279] אלי מלאך האלוקים בחלום יעקב ואומר הנני, ובסוף ספור דבריו עמו - אנוכי[280] האל בית אל אשר משחת שם מצבה אשר נדרת לי שם נדר, ואין ספק כי יעקב נדר לאל ולא למלאך, אבל זה נמשך בדברי הנביאים - כלומר ספור הדברים

---

[270] שמות יט, יא
[271] שמות יט כ
[272] בראשית יח כא
[273] בראשית מו ד
[274] בראשית מו ב
[275] שמות יט כ
[276] יחזקאל לד א
[277] דברים ב ב
[278] בראשית מו ג
[279] בראשית לא יא
[280] בראשית לא יג

אשר יאמרם להם המלאך בעבור האלוה בלשון הדיבור האלוה להם, והם כולם בחסרון המצטרף כאילו אמר - אנכי שלוח אלוקי אביך, אנוכי שלוח האל הנגלה עליך בבית אל, וכיוצא בזה: והנה יבואו בנבואה ומעלותיה ובמלאכים דברים רבים כפי כוונת זה המאמר:

פרק כח

רגל - שם משתתף. הוא שם לרגל בעל החיים - רגל[281] תחת רגל. וייפול גם כן בעניין ההמשך אחר הדבר - צא[282] אתה וכל העם אשר ברגליך, ענינו הנמשכים אחריך. וייפול גם כן בעניין הסיבה - ויברך[283] ה' אותך לרגלי, בסיבתי, כלומר בגללי, כי העניין אשר הוא בגלל דבר אחר הדבר ההוא סיבה לעניין ההוא, וזה נעשה הרבה לרגל[284] המלאכה אשר לפני ולרגל הילדים".

אם כן אמרו - ועמדו[285] רגליו ביום ההוא על הר הזיתים, רצונו לומר קיום סבותיו, כלומר הנפלאות אשר יראו אז במקום ההוא אשר הוא יתברך סיבתם - כלומר עושם. ואל זה הפרוש נטה יונתן בן עוזיאל ע"ה אמר - ויתגלי בגבורתיה ביומא ההוא על טור זיתיא, וכן יתרגם כל מעשה מגע והעתק **גבורתיה** מפני שהרצון בכולם, הפעולות הבאות ברצונו:

אמנם אמרו - ותחת[286] רגליו כמעשה לבנת הספיר, פירש אונקלוס בו כמו שידעת - שהוא שם כנוי **רגליו** שב אל הכסא ואמר - **ותחות כורסי יקריה**. והבן והפלא מהרחקת אונקלוס ההגשמה וכל המביא אליה ואפילו בדרך רחוק - שהוא לא אמר **ותחות כורסיה** שאם היה מיחס הכסא לו על העניין המובן תחלה היה מתחייב היותו נסמך על גשם והתחייב הגשמות, ויחס הכסא ליקריה - כלומר ל**שכינה** אשר היא אור נברא. וכן אמר בתרגום - כי[287] יד על כס יה, מן קדם אלהא דשכינתיה על כורסי יקרא. וכן תמצא על לשון כל העם **כסא הכבוד**:

וכבר יצאנו מעניין הפרק לדבר שיתבאר בפרקים אחרים. ואשוב אל עניין הפרק: אמנם פרוש אונקלוס כבר ידיעתו, אלא שתכלית דברו - הרחק ההגשמה. ולא באר לנו אי זה דבר השיגו ולא אי זה דבר נרצה בזה המשל. וכן בכל מקום לא יכניס עצמו בזה העניין אך להרחיק הגשמות לבד כי הרחקת ההגשמה - דבר מופתי הכרחי באמונה וייגזר בו ויאמר כפי הצריך לזה, אבל ביאור עניין המשל הוא עניין מסופק אפשר שתהיה בו זאת הכונה

[281] שמות כא כד
[282] שמות יא ח
[283] בראשית ל ל
[284] בראשית לג יד
[285] זכריה יד ד
[286] שמות כד י
[287] שמות יז טז

או דבר אחר והם עוד דברים נסתרים מאוד ואין מיסודות האמונה הבנתם ולא השגתם קלה על ההמון - ולזה לא הכניס עצמו בזה העניין:

אבל אנחנו כפי עניין המאמר אי אפשר מבלתי שנפרש בו דבר. ואומר כי אמרו - ותחת רגליו, רוצה בו מסבתו ובגללו כמו שבארנו. ואשר השיגוהו הוא אמיתת החומר הראשון אשר הוא מאתו יתברך והוא סיבת מציאותו. והסתכל אמרו -כמעשה לבנת הספיר, ואילו הייתה הכונה המראה היה אומר - כלבנת הספיר, והוסיף **כמעשה** כי החומר כמו שידעת מקבל לעולם מתפעל לפי בחינת טבעו ואין פעולה לו כי אם במקרה - כמו שהצורה פועלת לעולם בעצמה מתפעלת במקרה כמו שהתבאר בספרים הטבעיים - ולזה אמר עליו - כמעשה. ואמנם לבנת הספיר, הוא לשון על הזוהר לא על המראה הלבן, כי לובן הספיר אינו מראה לבן אבל זוהר לבד - והזוהר אינו מראה כמו שהתבאר בספרים הטבעיים שאילו היה מראה לא היה מראה המראים כולם מאחוריו ומקבלם אך כאשר היה הגשם המזהיר נעדר המראים כולם יקבל מפני זה המראים כולם זה אחר זה, וזה כדמות החומר הראשון אשר הוא בבחינת אמיתתו נעדר הצורות כולם ולזה הוא מקבל הצורות כולם זו אחר זו. והייתה השגתם אם כן - החומר הראשון ויחוסו לאלוה והיותו ראש בריאותיו המחויבות ההויה וההפסד והוא מחדשו. והנה יבואו בזה העניין גם כן דברים:

ודע, שאתה צריך לכמו זה הפרוש ואפילו לפרוש אונקלוס אשר אמר **ותחות כורסי יקריה** - כלומר כי החומר הראשון הוא גם כן באמת תחת השמים הנקראים **כסא** כמו שקדם. ולא העירני אל זה הפרוש המופלא והמציא זה העניין אלא דבר מצאתי לרבי אליעזר בן הורקנוס תשמענו בקצת פרקי זה המאמר. והכונה כולה מכל משכיל - הרחקת ההגשמה מהאלוה יתברך והשם ההשגות ההם כולם שכליות ולא חושיות. והבן זה והתבונן בו:

פרק מט

עצב - שם משתתף. הוא שם הכאב והחיל - בעצב[288] תלדי בנים. והוא שם הכעס - ולא[289] עצבו אביו מימיו לאמר מדוע ככה עשית, ולא הכעיסו - כי[290] נעצב אל דוד כי הכלמו אביו, כעס בעבורו. והוא שם המרי - מרו[291] ועצבו את רוח קדשו, יעציבוהו[292] בישימון, אם[293] דרך עוצב בי, כל[294] היום דברי יעצבו עלי כל מחשבתם לרע:

[288] בראשית ג טז
[289] מלכים-א א ו
[290] שמואל-א כ לד
[291] ישעיהו סג י
[292] תהלים עח מ
[293] תהלים קלט כד
[294] תהלים נו ו

ולפי העניין השני או השלישי נאמר - ויתעצב[295] אל לבו. אמנם כפי העניין השני פרושו, כי האלוה כעס עליהם לרוע מעלליהם. ואמנם אמרו **אל לבו** וכן אמרו בעניין נח - ויאמר[296] ה' אל לבו, שמע ענינו והוא כי העניין אשר יאמר בעבורו באדם שהוא **אמר בליבו** או **אמר אל ליבו** הוא העניין אשר לא יהגה ולא יאמרהו לזולתו וכן כל עניין שרצהו האלוה ולא אמרו לנביא בעת ההיא אשר עבר בו המעשה ההוא כפי הרצון יאמר עליו **ויאמר ה' אל לבו** להדמותו בעניין ההוא האנושי על המשך **דברה תורה כלשון בני אדם** - וזה מבואר נגלה ומפני שמרי **דור המבול** לא התבאר **בתורה** שליחות שלוח להם בעת ההיא ולא הזהירם ולא יעדם במות, נאמר בעבורם כי האלוה כעס עליהם בליבו. וכן כשהיה רצונו בשלא יהיה עוד מבול, לא אמר לנביא לך והגד להם זה - ולזה נאמר אל ליבו:

אבל פרוש **ויתעצב אל לבו** כפי העניין השלישי יהיה פרושו ומרה האדם רצון האלוה בו, כי **לב** גם כן יקרא הרצון כמו שאבאר[297] בשיתוף שם לב:

פרק ל

אכול. זאת המילה הנחתה הראשונה בלשון - ללקיחת בעל החיים מה שיקחהו מן המזון, וזה - מה שאין צריך אלא משל. ואחרי כן ראה הלשון באכילה שני עניינים העניין האחד הוא אבדת הדבר הנאכל - כלומר ההפסד צורתו תחילה - והעניין האחר צמיחת בעל החיים במה שייקחהו מן המזון והתמדת עמידתו בו והתמדת מציאותו ותיקון כוחות הגוף כולם בו.

ולפי העניין הראשון הושאל **לשון אכילה** לכל אבדה והפסד ובכלל לכל השמט צורה - ואכלה[298] אתכם ארץ אויביכם, ארץ[299] אוכלת יושביה, חרב[300] תאכלו, תאכל[301] חרב, ותבער[302] בם אש ה' ותאכל בקצה המחנה, אש[303] אוכלה הוא, כלומר יאבד המורים בו כאיבוד האש למה שישלוט עליו - וזה הרבה.

ולפי העניין האחרון הושאל **לשון אכילה** לחכמה וללימוד ובכלל להשגות השכליות אשר יתמיד בהם הישארות הצורה האנושית על השלם שבעניינים כהתמדת הגוף במזון על הטוב שבענייניו - לכו[304] שברו ואכולו, שמעו[305]

[295] בראשית ו ו
[296] בראשית ח כא
[297] חלק א פרק לט
[298] ויקרא כו לח
[299] במדבר יג לב
[300] ישעיהו א כ
[301] שמואל-ב ב כו
[302] במדבר יא א
[303] דברים ד כד
[304] ישעיהו נה א
[305] ישעיהו נה ב

שמוע אלי ואכלו טוב, אכול[306] דבש הרבות לא טוב, אכול[307] בני דבש כי טוב ונופת מתוק על חכך כן דעה חכמה לנפשך.
וזה נעשה גם כן הרבה בדברי **החכמים**, כלומר שמכנים החכמה באכילה - תו[308] אכילו בשרא שמינא בי רבא, ואמרו - כל אכילה ושתיה האמורה בספר זה אינה אלא חכמה, ובקצת הנוסחאות **תורה**, וכן הרבה קראם החכמה, **מים** - הוי[309] כל צמא לכו למים":
ומאשר נעשה זה הרבה בלשון ונגלה עד ששב כאילו הוא ההנחה הראשונה נעשה גם כן לשון הרעב והצמא בהעדר החכמה וההשגה - והשלחתי[310] רעב בארץ לא רעב ללחם ולא צמא למים כי אם לשמוע את דברי ה', צמאה[311] נפשי לאלוקים לאל חי, וזה הרבה. ותרגם יונתן בן עוזיאל ע"ה - ושאבתם[312] מים בששון ממעיני הישועה - **ותקבלון אולפן חדת בחדוא מבחירי צדיקיא**. והסתכל פרושו **מים**, שהוא חכמה שתגיע בימים ההם, ושם **מעיני** כמו - מעיני[313] העדה, כלומר הראשים, והם החכמים, ואמר **מבחירי צדיקיא**, כי **הצדק** הוא **הישועה** האמיתית. וראה איך פרש כל מילה בזה הפסוק לעניין החכמה והלימוד. והבן זה:

פרק לא

דע, כי לשכל האנושי השגות בכוחו וטבעו שישיגם, ובמציאות - נמצאות ועניינים אין בטבעו שישיגם בשום פנים ולא בסיבה אבל שערי השגתם נעולים בפניו, ובמציאות דברים ישיג מהם עניין ויסכל עניינים, ואין בהיותו משיג מתחייב שישיג כל דבר. כמו שלחושים, השגות ולא ישיגום על איזה מרחק שיזדמן, וכן שאר הכוחות הגופניות שהאיש על דרך משל אף על פי שהוא יכול לשאת שני ככרים אינו יכול לשאת עשרה. ויתרון אישי המין זה על זה באלו ההשגות החושיות ושאר הכוחות הגופניות נגלה מבואר לכל אדם. אלא שיש לו גבול ואין העניין הולך אל אי זה מרחק שיזדמן ואי זה שיעור שיקרה.
וכן הדין בעצמו בהשגות השכליות האנושיות יש לאישי המין זה על זה בהם יתרון רב - וזה גם כן מבואר נגלה מאוד לבעלי החכמה - עד שעניין אחד יוציאהו איש מעיונו בעצמו ואיש אחר לא יוכל להבין העניין ההוא לעולם, ואפילו למדוהו לו בכל לשון ובכל משל ובזמן ארוך לא יגיע שכלו אליו

306 משלי כה כז
307 משלי כד יג
308 גמרא בבא בתרא כב ע"א
309 ישעיהו נה א
310 עמוס ח יא
311 תהלים מב ג
312 ישעיהו יב ג
313 במדבר טו כד

בשום פנים אך תקצר יד שכלו להבינו. וזה היתרון גם כן אינו ללא תכלה אבל לשכל האנושי גבול בלא ספק יעמוד אצלו: עד שיש דברים שיתבאר לאדם המנע השגתם ולא ימצא נפשו משתוקקת לידיעתם לשערו בהימנע זה ושאין פתח שיכנס ממנו להגיע אל זה כסכלנו מספר כוכבי השמים ואם הם זוג או נפרד וכסכלנו מספר מיני בעלי החיים והמקוריים והצמחים ומה שידמה לזה. ויש דברים ימצא האדם תשוקתו להשגתם עצומה והתגברות השכל לבקש אמיתתם ולחפשם נמצא בכל כת מעינת מבני אדם ובכל זמן. ובדברים ההם ירבו הדעות ותיפול המחלוקת בין המעיינים ויתחדשו הספקות מפני התלות השכל בהשגת הדברים ההם, כלומר התשוקה אליהם, והיות כל אדם חושב שהוא מצא דרך ידע בה אמיתת הדבר. ואין בכח השכל האנושי שיביא על הדבר ההוא מופת, כי כל דבר שנודעה אמיתתו במופת אין מחלוקת בו ולא הכזבה ולא מניעה אלא מסכל יחלוק המחלוקת אשר תקרא המחלוקת המופתית - כמו שתמצא אנשים חלקו בכדוריות הארץ והיות הגלגל עגול וכיוצא בזה, ואלו אין מבוא להם בזה העניין: ואלו העניינים אשר נפל בהם זה הבלבול - הרבה מאוד בעניינים האלוקיים ומעט בעניינים הטבעיים ונעדרים בעניינים הלימודיים: אמר אלכסנדר[314] האפרודיסי כי סבות המחלוקת בעניינים - שלש. אחת מהם, אהבת הרשות והניצוח המונעים האדם מהשגת האמת כפי מה שהוא. והשנית, דקות העניין המושג בעצמו ועמקו וקשי השגתו. והשלישית, סכלות המשיג וקוצר יד שכלו מהשיג מה שאפשר השגתו. כן זכר אלכסנדר. ובזמננו, סיבה רביעית לא זכרה שלא הייתה אצלם, והיא ההרגל והלימוד. כי האנשים בטבעם אוהבים מה שהורגלו בו ונוטים אליו, עד שאתה תראה אנשי הכפר - כפי מה שהם ממיעוט רחיצת ראשם וגופם והעדר ההנאות וצוק הפרנסה - ימאסו המדינות ולא ייהנו בהנאתם ויבחרו העניינים הרעים המורגלים על העניינים הטובים שאינם מורגלים ולא תנוח דעתם לשכינת ההיכלות ולא ללבישת המשי ולא להתעדן במרחץ ובשמנים וסממנים.

כן יתחדש לאדם בדעות אשר הורגל בהם וגדל עליהם מן האהבה והשמירה להם וההתרחק מזולתם: ולפי זאת הסיבה גם כן ימנע האדם מהשיג האמיתות ויטה אל מורגליו. כמו שקרה להמון בהגשמה ובעניינים רבים האלוקים כמו שנבאר, כל זאת מפני ההרגל והלימוד על כתובים שהתיישב להגדילם ולהאמין בהם יורו פישוטיהם על ההגשמה ועל דמיוניים אין אמיתות להם אבל נאמרו על צד המשל והחידה. והיה זה לסיבות שאני עתיד לזכרם: ולא תחשוב שזה שאמרנוהו מקוצר יד השכל האנושי והיות לו גבול יעמוד אצלו הוא מאמר נאמר כפי התורה לבד, אבל הוא עניין כבר אמרוהו הפילוסופים גם כן והשיגוהו השגה אמיתית מבלתי ניטות אל דעת ואל

---

[314] ממפרשי אריסטו

מורה נבוכים חלק א

סברה, והוא דבר אמיתי אין ספק בו אלא למי שיסכל הדברים שכבר בא עליהם המופת: וזה הפרק אמנם הקדמנוהו הצעה למה שיבוא אחריו

פרק לב

דע אתה המעיין במאמרי זה שהנה יקרה בהשגות השכליות - מפני שהן נתלות בחומר - דבר ידמה למה שיקרה להשגות החושיות. והוא - שאתה כשתעיין בעיניך תשיג מה שבכוח ראותך שתשיגהו, וכשתכריח עיניך ותפליג בעיון ותטרח לעין על רוחק גדול יותר ארוך ממה שבכוחך לעיין ברחקו או תסתכל בכתיבה דקה או פיתוח דק שאין בכוחך להשיגו ותכריח ראותך לאמתו - לא ייחלש ראותך על זה אשר לא תוכל עליו לבד אבל ייחלש גם כן על מה שבכוחך שתשיגהו וייחלש ראותך ולא תראה מה שהיית יכול להשיג קודם הפלגת ההבטה וההטרחה.

וכן ימצא כל מעין בחכמה מן החכמות ענינו בעניין המחשבה כי אם ירבה המחשבה ויטריח כל רעיוניו ייבהל ולא יבין אז אפילו מה שדרכו להבינו, כי עניין הכוחות הגופניות כולם בזה העניין - עניין אחד:

וכיוצא בזה יקרה לך בהשגות השכליות. והוא - שאתה אם תעמוד על הספק ולא תונה נפשך להאמין כי יש מופת במה שאין עליו מופת ולא תתחיל לדחות ולגזור בהכזיב מה שלא בא מופת על סותרו ולא תשתדל להשיג מה שלא תוכל להשיגו, עם זה כבר הגעת אל השלמות האנושי ותהיה במדרגת רבי עקיבה ע"ה אשר - נכנס[315] בשלום ויצא בשלום" בעיונו באלו העניינים האלוקיים. ואם תשתדל להשיג למעלה מהשגתך או תתחיל להכזיב העניינים אשר לא בא מופת על סותרם או שהם אפשריים ואפילו באפשר רחוק - תגיע **באלישע אחר**. ואינו - שלא תהיה שלם לבד אבל תשוב יותר חסר מכל חסר ותתחדש לך אז תגבורת הדמיוניים וניטות אחר החסרונות והמידות המגונות והרעות לטרידת השכל ולהיכבות אורו. כמו שיתחדש בראות מן הדמיוניים המכזבים מינים רבים עם חולשת הרוח הרואה בחולים ובאשר יפצרו בעיון לדברים המאירים או לדברים הדקים.

ובזה העניין נאמר - דבש[316] מצאת אכול דיך פן תשבענו והקאותו. וכן הביאוהו משל על **אלישע אחר**. ומה נפלא זה המשל, שהוא דימה החכמה במאכל כמו שאמרנו, וזכר הערב שבמזונות והוא הדבש - והדבש בטבעו כשירבו ממנו יעורר האיסטומכא ויבא הקיא - וכאילו אמר שטבע זאת ההשגה - עם גדולתה ועוצמתה ומה שבה מן השלמות - אם לא יעמדו בה אצל גבולה וילכו בה בשמירה תיהפך לחסרון כאוכל הדבש אשר אם יאכל בשיעור, יזון ויערב לו ואם יוסיף, יאבד הכל, לא אמר **פן תשבענו וקצת בו** אלא אמר **והקאותו**:

---

[315] גמרא חגיגה יד ב

[316] משלי כה כז

ואל זה העניין גם כן רמז באמרו אכול[317] דבש הרבות לא טוב וכו', ואליו רמז באמרו - ואל[318] תתחכם יותר למה תשומם, ואל זה רמז באמרו - שמור[319] רגליך כאשר תלך אל בית האלוקים וכו', ואל זה העניין רמז דוד באמרו - ולא[320] הלכתי בגדולות ובנפלאות ממני, ואל זה העניין כונו באמרם - במופלא[321] ממך אל תדרוש ובמכוסה ממך אל תחקור - במה שהורשית דרוש ואין לך עסק בנפלאות, רצו לומר שאתה לא תשלח שכלך אלא במה שאפשר לאדם להשיגו. אבל העניין אשר אין בטבע האדם להשיגו העסק בו מזיק מאוד כמו שבארנו. ואל זה כונו באמרם - כל[322] המסתכל בארבעה דברים וכו', והשלימו זה המאמר באמרם - כל שלא חס על כבוד קונו, - רמז למה שביארנוהו שלא יהרוס האדם לעין בדמיוניים המופסדים, וכשיתחדשו לו הספקות או לא ימצא מופת על העניין המבוקש לא יניחהו וישליכהו וימהר להכזיבו אבל יתיישב **ויחוס על כבוד קונו** וימנע ויעמוד. וזה העניין כבר התבאר:

ואין הרצון באלו הכתובים אשר אמרום הנביאים והחכמים ז"ל לסתום שער העיון לגמרי ולבטל השכל מהשיג מה שאפשר להשיגו כמו שיחשבו הפתאים והמתרשלים אשר ייטב להם שישימו חסרונם ופתיותם שלמות וחכמה ושלמות זולתם וחכמתו, חסרון ויציאה מן הדת **שמים חושך לאור ואור לחושך**. אבל הכונה כולה - להגיד שיש לשכל האנושי גבול יעמוד אצלו: ולא תדקדק מלות נאמרו בשכל בזה הפרק וזולתו כי הכונה - הישרה אל העניין המכון לא אמיתת מהות השכל, ולדקדוק זה - פרקים אחרים

פרק לג

דע - כי ההתחלה בזאת החכמה מזקת מאוד, רצוני לומר החכמה האלוקית, וכן ביאור עניני משלי הנבואה וההערה על ההשאלות הנעשות בספור אשר ספרי הנביאים מלאים מהם. אבל צריך לחנוך הקטנים וליישב קצרי התבונה כפי שיעור השגתם, ומי שיראה שלם בשכל מזומן לזאת המדרגה העליונה - רצוני לומר מדרגת העיון המופתי וההוראות השכליות האמיתיות, יעלוהו מעט מעט עד שיגיע אל שלמותו אם ממעורר שיעירהו או מעצמו: אמנם כשיתחיל בזאת החכמה האלוקית לא יתחדש לו בלבול לבד באמונות אבל בטול גמור. ואין המשל בו אצלי אלא כמי שיזון הנער היונק בלחם החיטה והבשר ושתית היין שהוא ימיתהו בלא ספק, לא שאלו המזונות רעים בלתי טבעיים לאדם אבל לחולשת לוקחם לעכלם עד שיגיע לקבל התועלת בהם.

---

[317] משלי כה כז
[318] קהלת ז טז
[319] קהלת ד יז
[320] תהלים קלא א
[321] גמרא חגיגה יג א
[322] גמרא חגיגה יא ב

כן אלו הדעות האמתיות לא העלימום ודברו בהם בחידות ולא עשה כל אדם חכם תחבולה ללמדם בבלתי ביאור בכל צד מן התחבולות מפני היות בהם דבר רע נסתר או מפני היותם סותרים ליסודות התורה כמו שיחשבו הפתאים אשר חשבו שהשיגו למדרגת העיון, אבל העלימום לקצור השכל בתחילה לקבלם וגילו בהם מעט שילמדם השלם. ולזה נקראו **סודות וסתרי תורה** כמו שנבאר:

וזאת היא הסיבה **בדברה התורה כלשון בני אדם** כמו שבארנו, להיותה מוכנת להתחיל בה וללמוד אותה הנערים והנשים וכל העם ואין ביכולתם להבין הדברים כפי אמיתתם, ולזה הספיקה עמהם הקבלה בכל עניין שהאמנתו נבחרת ובכל ציור, מה שיישיר השכל אל מציאותו לא אל אמיתת מהותו. וכשיהיה האיש שלם **ונמסרו לו סתרי תורה** אם מזולתו או מעצמו כשיעוררוהו קצתם אל קצתם יגיע למדרגה שיאמין בדעות האמיתיות ההם בדרכי ההאמנה האמיתית אם במופת, במה שאפשר בו מופת או בטענות החזקות - במה שאפשר בו זה, וכן יציר העניינים ההם אשר היו לו דמיונות ומשלים באמיתותיהם ויבין מהותם: וכבר נזכר פעמים רבות במאמרנו אמרם - ולא[323] במרכבה ביחיד אלא עם כן היה חכם ומבין מדעתו, ואז - מוסרין לו ראשי פרקים. ובעבור זה אין צריך להתחיל עם אדם בזה העניין אלא כשיעור שכלו ובשני התנאים האלה האחד מהם היותו **חכם**, כלומר שעלו בידו החכמות שיילקחו מהם הקדמות העיון, והשני שיהיה מבין משכיל זך הטבע ירגיש בעניין במעט רמז והוא עניין אמרם **מבין מדעתו**:

והנה אבאר לך הסיבות במנוע למוד ההמון בדרכי העיון האמיתיים והתחל עמהם בציור מהות העניינים כפי מה שהם והיות זה עניין ראוי, הכרחי שלא יהיה אלא כן - בפרק שאחר זה. ואומר

פרק לד

הסיבות המונעות לפתוח הלימוד באלוקיות ולהעיר על מה שראוי להעיר עליו ולהראות להמון - חמש סיבות:

הסיבה הראשונה - קשי העניין בעצמו ודקותו ועמקו אמר - רחוק[324] מה שהיה ועמוק עמוק מי ימצאנו, ונאמר - והחכמה[325] מאין תמצא, ואין ראוי שיתחילו בלימוד בקשה ובעמוק להבין. ומן המשלים הגלויים באומתנו, דמות החכמה במים, ובארו עליהם השלום במשל הזה עניינים מכללם - כי אשר ידע לשחות יוציא פנינים מקרקע הים ומי שיסכול השחייה יצלול ולזה לא יכניס עצמו לשחות אלא מי שהרגיל בלימודה:

---

[323] גמרא חגיגה יא ב

[324] קהלת ז כד

[325] איוב כח יב

והסיבה השנית - קיצור דעות האנשים כולם בהתחילותם. וזה - כי האדם לא ניתן לו שלמותו האחרון בתחילה אבל השלמות בו בכח והוא בתחילתו נעדר הפועל ההוא - ועיר[326] פרא אדם יולד, ואין כל איש שיש לו דבר אחד בכוח ראוי בהכרח שיצא הכוח ההוא אל הפועל אבל אפשר שיישאר על חסרונו אם למונעים אם למיעוט לימוד במה שיוציא הדבר ההוא אל הפועל, ובביאור נאמר - לא[327] רבים יחכמו ואמרו זיכרונם לברכה - ראיתי[328] בני עליה והם מועטים, כי המונעים מן השלמות רבים והמטרידים ממנו מרובים ומתי תמצא ההזמנה השלימה והפנאי ללימוד עד שיצא מה שבאדם ההוא ברוח אל הפועל:

והסיבה השלישית - אורך ההצעות. כי לאדם בטבעו - תאוה לבקשת התכליות והרבה פעמים יכבד עליו או יניח ההצעות. ודע - שאילו היה האדם מגיע אל אחת מן התכליות מבלתי ההצעות הקודמות לה לא היו ההצעות אבל היו טרדות ומותרים גמורים. וכל איש אפילו הפתי שבאנשים כשתעירהו כמו שמעירים הישן ותאמר לו הלא תכסוף עתה לידיעת אלו השמים כמה מספרם ואיך תמונתם ומה יש בהם, ומה הם המלאכים, ואיך נברא העולם כולו ומה תכליתו לפי סידורו קצתו עם קצתו, ומה היא הנפש ואיך התחדשה בגוף, ואם נפש האדם תיפרד, ואם תיפרד איך תיפרד, ובמה זה ואל מה זה, ומה שידמה לאלו החקירות - הוא יאמר לך כן בלא ספק ויכסוף לידיעת אלה הדברים כפי אמיתתם כוסף טבעי, אלא שהוא ירצה להניח הכוסף הזה ולהגיע לידיעת כל זה בדיבור אחד או שני דיבורים שתאמרם לו לבד. אלא שאתה אילו הטרחתו שיבטל עסקיו שבוע מן הזמן עד שיבין כל זה לא יעשה, אבל יספיק לו בדמיוניים מכזבים תנוח דעתו עליהם וימאס שיאמר לו שיש שם דבר צריך אל הקדמות רבות ואורך זמן בדרישה:

ואתה יודע כי אלו העניינים נקשרים קצתם בקצתם. והוא - שאין במציאה זולתי האלוה יתברך ומעשיו כולם, והם כל מה שכללה אותו המציאה בלעדיו, ואין דרך להשיגו אלא ממעשיו והם המורים על מציאותו ועל מה שצריך שיאמין בו - רצוני לומר מה שיחויב לו או ישלול ממנו יתברך. יתחייב אם כן בהכרח לבחון הנמצאות כולם כפי מה שהם עד שניקח מכל מין ומין הקדמות אמיתיות צודקות יועילונו בבקשותינו האלוקיות. וכמה הקדמות יילקחו מטבע המניין ומסגולות צורות התשבורת יורו לנו על עניינים נרחיקם ממנו יתברך. ותורנו הרחקתם על הרבה עניינים. אמנם עניני התכונה הגלגלית והחכמה הטבעית איני רואה שתספק בהיותם דברים הכרחיים בהשיג ערך העולם להנהגת האלוה איך היא לפי האמת לא כפי

---

326 איוב יא יב

327 איוב לב ט

328 גמרא סוכה מה ב

הדמיונות. ויש עניינים רבים עיוניים, ואף על פי שלא יילקחו מהם הקדמות לזאת החכמה, אלא שהם ירגילו השכל ויקנוהו קנין עשות המופת וידיעת האמת בעניינים העצמיים לו ויסירו השיבושים הנמצאים ברוב דעות המעיינים מהסתפקות העניינים המקריים בעצמיים ומה שיתחדש בעבור זה מהפסד הדעות מחובר אל ציור העניינים ההם כפי מה שהם גם כן, ואם לא יהיו שורש לחכמה האלוקית ואינם נמלטים מתועלות אחרות בעניינים מקרבים לחכמה ההיא. אי אפשר אם כן בהכרח למי שירצה השלמות האנושי מבלתי התלמד תחילה במלאכת ההיגיון ואחר כן בלימודיות לפי הסדר ואחר כן בטבעיות ואחר כן באלוקיות: וכבר מצאנו רבים ילאה שכלם בקצת אלו החכמות, וגם אם לא יקצר שכלם אפשר שיפסיק בהם המוות והם בקצת ההצעות. ואילו לא ניתן לנו דעת על צד הקבלה בשום פנים ולא הישירונו אל דבר במשל אלא שנחויב בציור השלם בגדרים העצמיים ובהאמין במה שירצה להאמין בו במופת וזה אי אפשר אלא אחר ההצעות הארוכות היה מביא זה למות רוב האנשים והם לא ידעו היש אלוה לעולם או אין אלוה כל שכן שיחויב לו דין או יורחק ממנו חסרון, ולא היה ניצל מזה המוות, אלא - אחד[329] מעיר ושנים ממשפחה.

אמנם האחדים, והם - השרידים[330] אשר ה' קורא, לא יתכן להם השלמות אשר הוא התכלית אלא אחר ההצעות. וכבר באר שלמה כי הצורך להצעות הכרחי ושאי אפשר להגיע אל החכמה האמיתית אלא אחר ההרגל, אמר - אם[331] קהה הברזל והוא לא פנים קלקל וחילים יגבר ויתרון הכשיר חכמה, ואמר - שמע[332] עצה וקבל מוסר למען תחכם באחריתך:

ויש הנה הכרח אחר ללמוד ולדעת ההצעות וזה, כי האדם יתחדשו לו ספקות רבות בעת הדרישה במהרה ויבין גם כן הקושיות במהרה, רצוני לומר סתירת מאמר מן המאמרים כי זה כדמות סתירת הבניין, אמנם קיום המאמרים והתר הספקות לא יתכן אלא בהקדמות רבות יילקחו מן ההצעות ההם. ויהיה המעיין מבלתי הצעה, כמי שילך על רגליו להגיע למקום ונפל בדרכו בבור עמוק שאין תחבולה לו לצאת ממנו עד שימות, ואילו חסר ההליכה ועמד במקומו היה יותר ראוי לו.

וכבר היטיב שלמה ב**משלי** בתאר עניני העצלים ועצלותם, והכל משל לעצלה מבקשת החכמה. ואמר בכוסף הכוסף לדעת התכליות ולא ישתדל להבין ההצעות המגיעות לתכליות ההם אבל יתאווה לבד - אמר - תאות[333] עצל תמיתנו כי מאנו ידיו לעשות כל היום התאוה תאוה וצדיק יתן ולא יחשוך, יאמר כי הסיבה בהיות תשוקתו ממיתה אותו שהוא לא ישתדל במה

[329] ירמיהו ג יד

[330] יואל ג ה

[331] קהלת י י

[332] משלי יט כ

[333] משלי כא כה

שיניח התשוקה ההיא אבל ירבה תאוותו לא זולת זה ויקווה למה שאין כלי אצלו להגיע אליו, ואילו הניח התשוקה ההיא היה יותר טוב לו. והתבונן סוף המשל איך באר על תחילתו באמרו - וצדיק[334] יתן ולא יחשך, ואין **צדיק** כנגד **עצל** אלא כפי מה שביארנוהו, שהוא אומר שהצדיק בבני אדם הוא אשר יתן לכל דבר חוקו, כלומר זמנו כולו לדרישה ולא ימנע מזמנו דבר לזולת זה, כאילו אמר - וצדיק יתן ימיו לחכמה ולא יחשוך מהם, דומה לאמרו - אל[335] תתן לנשים חילך.

ורוב החכמים, רצוני לומר המפורסמים בחכמה, נגועים בזה החלי, רצוני לומר בקשת התכליות והדיבור בהם מבלתי עיון בהצעותיהם, ומהם מי שיגיע בו הסכלות או בקשת השררה שיגנה ההצעות ההם אשר הוא מקצר להשיגם או מתרשל לבקשם וישתדל להראות שהם מזיקות או בלתי מועילות, והאמת עם ההסתכלות מבואר:

והסיבה הרביעית - ההכנות הטבעיות. וזה שכבר התבאר במופת כי מעלות המידות הם הצעות למעלות הדבריות ואי אפשר היות דבריות אמתיות, רצוני לומר מושכלות שלמות, אלא לאיש מלומד המידות בעל נחת וישוב. ויש אנשים רבים שיש להם מתחילת הבריאה תכונה מזגית אי אפשר עמה שלמות בשום פנים כמי שלבו חם מאוד מאוד בטבעו שהוא אינו ניצל מן הכעס ואפילו הרגיל עצמו הרגל גדול, וכמי שמזג הביצים ממנו חם ולח והם חזקות הבניין וכיסי הזרע מרבים להוליד הזרע כי זה רחוק שיהיה ירא חטא ואפילו הרגיל עצמו בתכלית ההרגל, כן תמצא מבני אדם אנשים בעלי קלות והמיה ותנועותיהם נבהלות מאוד בלתי מסודרות יורו על הפסד הרכבה ורוע מזג אי אפשר שיפורש, ואלו לא יראה להם שלמות לעולם וההשתדלות עמם בזה העניין, שטות גמורה מן המשתדל. כי זאת החכמה כמו שידעת אינה חכמת רפואות ולא חכמת תשבורת ואין כל אחד מוכן לה מן הפנים אשר אמרנו. ואי אפשר מבלתי הקדמת הצעת המידות הטובות עד שישוב האדם בתכלית היושר והשלמות - כי[336] תועבת ה' נלוז ואת ישרים סודו. ולזה רחקו למדה לבחורים, וגם אי אפשר להם לקבלה לרתיחת טבעיהם וטרדת דעותיהם בשלהבת הגדול והצמיחה, עד שתעדר השלהבת ההיא המערבבת ויהיה להם הנחת והישוב וייכנעו לביותם ויענו מצד המזג ואז יעלו עצמם לזאת המדרגה והיא השגתו יתברך, רצוני לומר החכמה האלוקית המכונה **במעשה מרכבה**, אמר - קרוב[337] ה' לנשברי לב, ואמר - מרום[338] וקדוש אשכון ואת דכא ושפל רוח וגו':

---

334 משלי כא כו

335 משלי לא ג

336 משלי ג לב

337 תהלים לד יט

338 ישעיהו נז טו

ולזה אמרו בתלמוד על אמרם - מוסרים[339] לו ראשי פרקים, אמרו - אין מוסרין ראשי הפרקים אלא לאב בית דין והוא שלבו דואג בקרבו, והכונה בזה הענוה וההכנעה ויראת חטא רבה מחובר אל החכמה: ושם נאמר - אין[340] מוסרין סתרי תורה אלא... ליועץ וחכם חרשים ונבון לחש, ואלו דברים אי אפשר בהם מבלתי הכנה טבעית. הלא תדע כי יש מבני אדם מי שהוא חלוש העצה מאוד אף על פי שהוא המבין שבאנשים, ומהם - מי שיש לו עצה נכונה וטוב הנהגה בדברים הצריכים לסדור בני אדם ולרעותם - והוא הנקרא **יועץ**, אלא שהוא לא יבין מושכל אף על פי שהוא קרוב למושכלים הראשונים אבל הוא סכל מאוד אין תחבולה עמו - למה[341] זה מחיר ביד כסיל לקנות חכמה ולב אין, ומן האנשים מי שהוא **נבון זך בטבע** יכול להעלים עניינים בלשון קצר ומתוקן, והוא אשר יקרא **נבון לחש** אלא שהוא לא התעסק ולא הגיע לו חכמות, ואשר עלו בידו החכמות בפועל הוא הנקרא **חכם חרשים**, אמרו - כיון שמדבר נעשו הכל כחרשים.

והתבונן איך התנו בספריהם שלמות האיש בהנהגות המדיניות ובחכמות העיוניות עם זכות טבע והבנה וטוב ספור הדברים להודיע העניינים ברמיזות ואז **מוסרין לו סתרי תורה**: ושם נאמר - אמר[342] ליה רבי יוחנן לרבי אלעזר תא ואגמרך מעשה מרכבה, אמר ליה אכתי לא קשאי, רוצה לומר לא זקנתי ועד עכשיו אני מוצא רתיחת טבע והמית הנערות. ראה איך התנו השנים, עוד - מחובר אל המעלות הטובות ההם, ואיך אפשר עם זה להכניס באלו העניינים המון העם **טף ונשים**:

והסיבה החמישית - העסק בצרכי הגופות אשר הם השלמות הראשון - ובלבד אם יחובר אליהם העסק באשה ובבנים, כל שכן אם יחובר לזה בקשת מותרי המחיה, שהם טבע חזק כפי המידות והמנהגים הרעים - שאפילו האדם השלם כמו שזכרנו כשירבו עסקיו באלו הדברים הצריכים וכל שכן שאינם צריכים, ותגדל תשוקתו אליהם יחלשו תשוקותיו העיוניות וישתקעו ויהיה בקשו אליהם בהפסק ורפיון ומיעוט השגחה ולא ישיג מה שבכוחו להשיג או ישיג השגה מבולבלת מעורבת מן ההשגה והקיצור: ולפי אלו הסיבות היו אלו העניינים נאותים מאוד ביחידי סגולה לא בהמון, ולזה ייעלמו מן המתחיל וימנע מהתעסק בהם כמו שימנע הנער הקטן מלקיחת המזונות העבים ומנשוא המשקלים

פרק לה

לא תחשוב כי כל מה שהצענוהו באלו הפרקים הקודמים מגדולת הדבר

---

339 גמרא חגיגה יג ע"א
340 גמרא חגיגה יג ע"א
341 משלי יז טז
342 גמרא חגיגה יג ע"א

והיסתרו ורוחק השגתו והיותו נמנע מן ההמון שהרחקת ההגשמה והרחקת ההפעליות נכנסת בזה אינו כן, אבל כמו שצריך שיחנכו הנערים ויתפשט בהמון על שהאלוה יתברך אחד ואין צריך שיעבד זולתו כן צריך שיימסר להם על דרך קבלה שהאלוה אינו גוף ואין דמיון בינו ובין ברואיו כלל בדבר מן הדברים ואין מציאותו כדמות מציאותם ולא חייו כדמות חיי החי ולא חכמתו כדמות חכמת מי שיש לו מהם חכמה ושאין החילוף בינו ובינם ברב ובמעט לבד אבל במין המציאה. רצוני לומר שצריך ליישב לכל שאין חכמתנו וחכמתו או יכולתנו ויכולתו מתחלפים ברב ובמעט ובחזק ובחלוש ומה שדומה לזה, כי החזק והחלוש מתדמים במין בהכרח ויקבצם גדר אחד, וכן כל ערך אמנם יהיה בין שני הדברים תחת מין אחד, כבר התבאר זה גם כן בחכמות הטבעיות, אבל כל מה שיערך אליו יתברך נבדל מתארינו מכל צד עד שלא יקבצם גדר כלל. וכן מציאותו ומציאות זולתו אמנם יאמר עליו מציאות בהשתתף השם כמו שאבאר.

וזה השיעור יספיק לקטנים ולהמון בישוב דעותיהם שיש נמצא שלם בלתי גשם ולא כח בגשם - הוא האלוה לא ישיגהו מין ממיני החיסרון ולכן לא ישיגהו ההפעלות כלל: אמנם הדברים בתארים ואיך ירוחקו ממנו ומה עניין התארים המיוחסים לו וכן הדברים בבריאתו מה שבראו ובתאר הנהגתו לעולם ואיך השגחתו בזולתו ועניין רצונו והשגתו וידיעתו בכל מה שידעהו וכן עניין הנבואה ואיך הם מעלותיה ומה עניין שמותיו המורים על אחד, ואם הם שמות רבים, אלו כולם עניינים עמוקים והם **סתרי תורה** באמת והם **הסודות** אשר יזכרו בספרי הנביאים תדיר ובדברי **החכמים ז"ל**, ואלו הם הדברים אשר אין צריך לדבר בהם אלא **בראשי הפרקים** כמו שזכרנו ועם האיש המתואר גם כן.

אמנם הרחקת ההגשמה והסרת הדימוי וההפעליות מהאלוה הוא עניין שראוי לבארו לכל אדם כפי מה שהוא ולמסרו בקבלה לקטנים ולנשים ולסכלים ולחסרי השכל, כמו שיימסר להם שהוא אחד ושהוא קדמון ושלא יעבד זולתו. כי אין יחוד כי אם בהסרת הגשמות כי הגשם אינו אחד אבל מורכב מחומר וצורה, שנים בגדר - והוא גם כן מתחלק מקבל החלוקה. וכשיקבלו זה ויגודלו עליו ויתבלבלו בכתבי ספרי הנביאים - יבואר להם עניינם ויפורשו להם ראשון ראשון ויעירו אותם על שתוף השמות והשאלותיהם אשר כלל אותם זה המאמר עד שתהיה אמיתת האמונה באחדות האלוה ובהאמין ספרי הנביאים - אמונה שלמה בידם.

ומי שיקצר שכלו להבין פרושי הפסוקים והבנת השווי בשם עם ההתחלפות בעניין יאמר לו שזה הפסוק פרושו מובן לחכמים אבל אתה הווה יודע שהאלוה יתברך אינו גוף ולא יתפעל כי ההפעלות - שינוי והוא יתברך לא ישיגהו שינוי, ולא ידמה לדבר מכל מה שזולתו ולא יקבצהו עם דבר מהם גדר מן הגדרים כלל, ושדבר הנבואה - אמת ויש לו פרוש - ויעמדו עמו על זה השיעור. ואין צריך שתתיישב דעת אדם על אמונת הגשמה או על אמונת

מורה חלק א נבוכים

משיג ממשיגי הגשמים כמו שאין צריך שיתיישב על אמונת העדר האלוה או השיתוף אליו או עבודת זולתו:

פרק לו

הנה אבאר לך בדברי בתארים על אי זה צד יאמר כי האלוה ירצה לו הדבר הפלוני או יכעיסהו ויקציפהו, אשר בעניין ההוא יאמר באישים מבני אדם כי האלוה רצה אותם או כעס עליהם או קצף. ואין זה העניין כוונת זה הפרק אבל כוונתו, מה שאומר בו: דע, שאתה כשתסתכל בכל **התורה** ובכל ספרי הנביאים לא תמצא **לשון חרון אף** ולא **לשון כעס** ולא **לשון קנאה** אלא **בעבודה זרה** לבד, ולא תמצא שיקרא **אויב ה'** או **צר** או **שונא** אלא **עובד עבודה זרה** לבד. אמר - ועבדתם[343] אלוקים אחרים וכו' וחרה אף ה' בכם, פן[344] יחרה אף ה' להכעיסו[345] במעשה ידיכם, הם[346] קנאוני בלא אל כיעסוני בהבליהם וכו', כי[347] אל קנא וכו', מדוע[348] הכעיסוני בפסיליהם, מכעס[349] בניו ובנותיו, כי[350] אש קדחה באפי, נוקם[351] ה' לצריו ונוטר הוא לאויביו, ומשלם[352] לשונאיו, עד[353] הורישו את אויביו, אשר[354] שנא ה' אלוקיך, כי[355] כל תועבת ה' אשר שנא, וזה הרבה משיספר אלא כאשר תעבור על כל מה שיש מזה העניין בכל הספרים תמצאהו:

ואמנם עשו ספרי הנבואה זה החיזוק הגדול להיות זה דעת בטל נתלה בו יתברך, כלומר עבודת **עבודה זרה**. כי מי שיאמין שראובן עומד בעת אשר היה בו יושב, אין נטייתו מן האמת כנטיית מי שיאמין שהאש תחת האויר או שהמים תחת הארץ או שהארץ שטוחה וכיוצא בזה. ואין נטית זה השני מן האמת כנטיית מי שיאמין שהשמש מן האש או שהגלגל חצי כדור וכיוצא בו. ואין נטית זה השלישי מן האמת כנטיית מי שהאמין שהמלאכים יאכלו וישתו וכיוצא בזה. ואין נטית זה הרביעי מן האמת כנטיית מי שהאמין חיוב עבודת דבר זולת האלוה. שכל אשר תהיה הסכלות והכפירה נתלית בעניין גדול, רצוני לומר במי שיש לו מדרגה חזקה במציאה - היא יותר גדולה

---

343 דברים יא יז

344 דברים ו טו

345 דברים לא כט

346 דברים לב כא

347 דברים ו טו

348 ירמיהו ח יט

349 דברים לב יט

350 דברים לב כב

351 נחום א ב

352 דברים ז י

353 במדבר לב כא

354 דברים טז כב

355 דברים יב לא

מהיתלותה במי שיש לו מדרגה למטה ממנו. ורצוני לומר בכפירה האמנת הדבר בחילוף מה שהוא, ורצוני לומר בסכלות סכלות מה שאפשר ידיעתו, אין סכלות מי שסכל מדת מחודד האצטונה או סכל כדוריות השמש, כסכלות מי שסכל אם האלוה נמצא או אין לעולם אלוה, ולא כפירת מי שחשב מחודד האצטונה, חציה או שהשמש, עיגולה ככפירת מי שחשב שהאלוה יותר מאחד: ואתה יודע שכל מי שעובד **עבודה זרה** לא יעבדה על דעת שאין אלוה בלעדיה ולא דימה מעולם כלל אדם מן העוברים ולא ידמה מן הבאים שהצורה אשר יעשה מן המתכת או מן האבנים והעצים שהצורה ההיא היא אשר בראה השמים והארץ והיא תנהיגם, אבל אמנם יעבדוה על צד שהיא דמיון לדבר שהוא אמצעי בינם ובין האלוה יתברך כמו שבאר ואמר - מי[356] לא יראך מלך הגוים וכו', ואמר - ובכל[357] מקום מוקטר מוגש לשמי וכו', רומז אל הסיבה הראשונה אצלם. וכבר בארנו זה בחבורנו הגדול, וזה ממה שלא יחלוק בו אחד מבעלי תורתנו:

אלא שהכופרים ההם עם היותם מאמינים מציאות האלוה אחר שנתלית כפירתם בחוק שהוא לו יתברך לבד - רצוני לומר העבודה וההגדלה, כמו שאמר - ועבדתם[358] את ה' וכו', בעבור שתתקיים מציאותו באמונת ההמון וחשבו החוק ההוא לזולתו ויהיה זה מביא להעדר מציאותו יתברך מהאמנת ההמון, כי לא ישיג ההמון אלא מעשה העבודות לא ענייניהם ולא אמיתת הנעבד בהם, חייבם הדבר ההוא המוות כמו שאמר הפסוק - לא[359] תחיה כל נשמה, ובאר העילה והיא - הסרת הדעת הזה הבטל שלא יפסיד בו זולתם כמו שאמר - למען[360] אשר לא ילמדו אתכם לעשות וכו', וקראם **אויבים ושונאים וצרים** ואמר שהעושה זה **מקנא ומכעיס ומעלה חמה**: ואיך יהיה עניין מי שנתלית כפירתו בעצמו יתברך והאמינו בחילוף מה שהוא, רצוני לומר שלא יאמין מציאותו או יאמינהו שנים או יאמינהו גשם או יאמינהו בעל הפעלויות או ייחס לו איזה חסרון שיהיה - כי זה בלי ספק רע **מעובד עבודה זרה** על שהיא אמצעית או **מיטיבה** או **מרעה** לפי מחשבתו:

ודע, שאתה כשתאמין הגשמה או עניין מעניני הגשם שאתה **מקנא ומכעיס וקודח אש חמה ושונא ואויב וצר** יותר קשה **מעובד עבודה זרה** במאוד. ואם יעלה בדעתך שמאמין ההגשמה יש לו התנצלות, בעבור שגדל עליה או לסכלותו וקוצר השגתו, כן ראוי שתאמין ב**עובד עבודה זרה** שהוא לא יעבוד אלא לסכלות או מפני שגדל על זה, **מנהג אבותיהם בידיהם**. ואם תאמר שפשוטי הכתובים ישליכום בזה הספק כן תדע ש**עובד עבודה זרה** אמנם הביאוהו לעבודתה דמיוניים וציורים חסרים. אין התנצלות אם כן למי

[356] ירמיהו י ז

[357] מלאכי א יא

[358] שמות כג כה

[359] דברים כ טז

[360] דברים כ יח

שלא יקבל מן המאמתים המעיינים אם יהיה מקצר מן העיון שאני לא אחשוב לכופר מי שלא יביא מופת על הרחקת הגשמות אבל אחשוב לכופר מי שלא יאמין הרחקתה, וכל שכן במצוא פירוש אונקלוס ופירוש יונתן בן עוזיאל עליהם השלום ירחקו מן ההגשמה כל מה שאפשר, וזאת הייתה כוונת זה הפרק:

פרק לז

פנים, שם משתתף ורוב שיתופו - על צד ההשאלה. הוא - שם הפנים מכל חי - ונהפכו[361] כל הפנים לירקון, מדוע[362] פניכם רעים, וזה הרבה. והוא שם הכעס - ופניה[363] לא היו לה עוד, ולפי זה העניין נעשה הרבה בעניין כעס האלוה וקצפו - פני[364] ה' חילקם, פני[365] ה' בעושי רע, פני[366] ילכו והניחותי לך, ושמתי[367] אני את פני באיש ההוא ובמשפחתו, וזה הרבה. והוא גם כן שם מציאות האיש ומעמדו - על[368] פני כל אחיו נפל, ועל[369] פני כל העם אכבד, ענינו במציאותם - אם[370] לא על פניך יברכך, בהיותך ובמציאותך, ולפי זה העניין נאמר - ודיבר[371] ה' אל משה פנים אל פנים, כלומר מציאות במציאות. מבלתי אמצעי כמו שנאמר - לכה[372] נתראה פנים, וכמו שאמר - פנים[373] בפנים דיבר ה' עמכם, ובאר במקום אחר ואמר - קול[374] דברים אתם שומעים ותמונה אינכם רואים זולתי קול וכינה זה **פנים בפנים**, כן אמרו - ודיבר[375] ה' אל משה פנים אל פנים, כינוי על אמרו בעניין סיפור הדברים - וישמע[376] את הקול מדבר אליו. הנה כבר התבאר לך כי שמיעת הקול מבלתי אמצעיות מלאך יכנה עליו **פנים בפנים**. ומזה העניין, ופני[377] לא יראו, אמיתת מציאותי כמות שהיא לא תושג:

---

[361] ירמיהו ל ו
[362] בראשית מ ז
[363] שמואל-א א יח
[364] איכה ד טז
[365] תהלים לד יז
[366] שמות לג יד
[367] ויקרא כ ה
[368] בראשית כה יח
[369] ויקרא י ג
[370] איוב א יא
[371] שמות לג יא
[372] מלכים-ב יד ח
[373] דברים ה ד
[374] דברים ד יב
[375] שמות לג יא
[376] במדבר ז פט
[377] שמות לג כג

ופנים גם כן הוא כלי מקום שענינו **לפניך** או **בין ידיך**, והרבה מה שנעשה כפי זה העניין באלוה יתברך **לפני ה'**. ולפי זה העניין גם כן הוא - ופני[378] לא יראו, כפרוש אונקלוס אמר **ודקמי לא יתחזון**, רומז שיש נבראות גם כן עצומות אי אפשר לאדם להשיגם כפי מה שהם והם - הדעות הנפרדות ויחסם לאלוה שהם לפניו ובין ידיו תדיר לחוזק ההשגחה בהם תמיד. ואמנם הדבר המושג אצלו - רצוני לומר אצל אונקלוס - על האמת הם עניינים אשר הם למטה מאלו במדרגת המציאות, רצוני לומר עצם החומר והצורה, ועליהם אמר - **ותחזי ית דבתראי**, כלומר הנמצאות אשר כאילו אני נוטה מהם ומשליכם אחרי על דרך משל לרחקם ממציאותו יתברך. והנה תשמע פרושי במה שביקש **משה רבינו** עליו השלום:

ופנים גם כן הוא כלי הזמן בעניין **קודם** או **לפני** - לפנים[379] בישראל, לפנים[380] הארץ יסדת:

ופנים גם כן שם ההזהר וההשגחה - לא[381] תשא פני דל, ונשוא[382] פנים, אשר[383] לא ישא פנים, וזה הרבה. ולפי זה העניין גם כן נאמר - ישא[384] ה' פניו אליך וישם לך שלום, רצונו לומר הלוות ההשגחה בנו:

פרק לח

אחור שם משתתף. הוא שם הגב - אחורי[385] המשכן, ותצא[386] החנית מאחריו. והוא גם כן כלי הזמן בעניין **אחר** - ואחריו[387] לא קם כמוהו, אחר[388] הדברים האלה, וזה הרבה.

ויהיה בעניין ההמשך אחר הדבר ולכת בדרכי מדות איש אחד - אחרי[389] ה' אלוקיכם תלכו, אחרי[390] ה' ילכו, רוצה לומר המשך אחר רצונו ולכת בדרכי פעולותיו והתנהג במידותיו -הלך[391] אחרי צו, ולפי זה העניין נאמר - וראית[392] את אחורי, תשיג מה שנמשך אחרי ונתדמה לי ונתחייב מרצוני,

---

378 שמות לג כג
379 שמואל-א ט ט
380 תהלים קב כו
381 ויקרא יט טו
382 ישעיהו ג ג
383 דברים י יד
384 במדבר ו כו
385 שמות כו יב
386 שמואל-ב ב כג
387 מלכים-ב כג כה
388 בראשית כב א
389 דברים יג ה
390 הושע יא י
391 הושע ה יב
392 שמות לג כג

כלומר בריאותי כולם, כמו שאבאר בקצת פרקי זה המאמר:

פרק לט

לב, שם משתתף. הוא שם האבר אשר בו התחלת חיי כל בעל לב - ויתקעם[393] בלב אבשלום.

וכאשר היה זה האבר באמצע הגוף הושאל לאמצע כל דבר - עד[394] לב השמים, בלבת[395] אש:

והוא שם מחשבה גם כן - לא[396] לבי הלך, רוצה לומר הייתי נמצא במחשבתי כשארע כך וכך, ומזה העניין - ולא[397] תתורו אחרי לבבכם, רוצה לומר רדיפת מחשבותיכם, אשר[398] לבבו פונה היום, מחשבתו סרה.

והוא שם העצה - כל[399] שארית ישראל לב אחד להמליך את דויד, כלומר על עצה אחת, וכן אמרו - ואוילים[400] בחסר לב ימותו, כלומר בחסרון עצה, וכן אמרו - לא[401] יחרף לבבי מימי, ענינו לא תטה עצתי מזה העניין כי ראש הדברים - בצדקתי[402] החזקתי ולא ארפה. ומעניין יחרף אצלי אמרו - שפחה[403] נחרפת לאיש, דומה לערבי **מונחרפת**, רוצים בה נוטה מקנין העבדות לקנין האישות:

והוא שם הרצון - ונתתי[404] לכם רועים כלבי, היש[405] את לבבך ישר כאשר לבבי, **עם לבבך**, כלומר רצונך ביושר כרצוני. וכבר הושאל לאלוה לפי זה העניין - כאשר[406] בלבבי ובנפשי יעשה, ענינו יעשה כפי רצוני, והיו[407] עיני ולבי שם כל הימים, השגחתי ורצוני:

והוא שם השכל - ואיש[408] נבוב ילבב, כלומר ישכיל, וכן - לב[409] חכם לימינו, שכלו בעניינים השלמים, וזה הרבה. ולפי זה העניין הושאל לאלוה בכל מקום, רצוני לומר שהוא מורה על השכל, אלא הזר שהוא מורה על הרצון,

---

393 שמואל-ב יח יד
394 דברים ד יא
395 שמות ג ב
396 מלכים-ב ה כו
397 במדבר טו לט
398 דברים כט יז
399 דברי הימים-א יב לט
400 משלי י כא
401 איוב כז ו
402 איוב כז ו
403 ויקרא יט כ
404 ירמיהו ג טו
405 מלכים-ב י טו
406 שמואל-א לה
407 מלכים-א ט ג
408 איוב יא יב
409 קהלת י ב

כל מקום כפי ענינו. וכן -והשבות⁴¹⁰ אל לבבך, ולא⁴¹¹ ישיב אל לבו, וכל מה שדומה לו, כולו בחינת שכל כמו שאמר - ולא⁴¹² נתן ה' לכם לב לדעת, כמו - אתה⁴¹³ הראית לדעת:

אמנם מאמר - ואהבת⁴¹⁴ את ה' אלוקיך בכל לבבך, פירושו אצלי בכל כוחות ליבך, כלומר כוחות הגוף כולם, כי התחלת הכל מן הלב, והעניין שתשים תכלית פעולותיך כולם, השגתו כמו שבארנו בפרוש ה**משנה** וב**משנה תורה**:

פרק מ

רוח, שם משתתף. הוא שם האויר, כלומר יסוד אחד מארבעה היסודות - ורוח⁴¹⁵ אלוקים מרחפת.

והוא גם כן שם הרוח המנשבת - ורוח⁴¹⁶ הקדים נשא את הארבה, רוח⁴¹⁷ ים, וזה הרבה.

והוא גם כן שם הרוח החיונית - רוח⁴¹⁸ הולך ולא ישוב, אשר⁴¹⁹ בו רוח חיים.

והוא גם כן שם הדבר הנשאר מן האדם אחר המוות אשר לא ישיגהו ההפסד - והרוח⁴²⁰ תשוב אל האלוקים אשר נתנה.

והוא גם כן שם השפע השכלי האלוקי אשר ישפיע על הנביאים ויתנבאו בו כמו שנבאר לך בדברינו בנבואה במה שראוי שיוזכר בזה המאמר - ואצלתי⁴²¹ מן הרוח אשר עליך ושמתי עליהם, ויהי⁴²² כנוח עליהם הרוח, רוח⁴²³ ה' דיבר בי, וזה הרבה.

והוא גם כן שם הכונה והרצון - כל⁴²⁴ רוחו יוציא כסיל, כוונתו ורצונו, וכמוהו - ונבקה⁴²⁵ רוח מצרים בקרבו ועצתו אבלע, יאמר יתפרדו כונותיו

---

⁴¹⁰ דברים ד לט
⁴¹¹ ישעיהו מד יט
⁴¹² דברים כט ג
⁴¹³ דברים ד לה
⁴¹⁴ דברים ו ה
⁴¹⁵ בראשית א ב
⁴¹⁶ שמות י יג
⁴¹⁷ שמות י יט
⁴¹⁸ תהלים עח לט
⁴¹⁹ בראשית ו יז
⁴²⁰ קהלת יב ז
⁴²¹ במדבר יא יז
⁴²² במדבר יא כה
⁴²³ שמואל-ב כג ב
⁴²⁴ משלי כט יא
⁴²⁵ ישעיהו יט ג

והנהגתו תתעלם, וכמוהו - מי[426] תיכן את רוח ה' ואיש עצתו יודיענו, יאמר מי הוא אשר ידע סדר רצונו או ישיג הנהגתו למציאה איך היא ויודיענו אותה כמו שנבאר בפרקים יבואו בהנהגה.

והנה כל **רוח** מיוחס לאלוה הוא לפי העניין החמישי וקצתו, לפי העניין האחרון אשר הוא הרצון כמו שבארנו, יפורש בכל מקום כפי מה שיורו עליו הדברים ההם

פרק מא

נפש - שם משותף. הוא שם הנפש החיה הכוללת לכל מרגיש - אשר[427] בו נפש חיה. והוא גם כן שם הדם - ולא[428] תאכל הנפש עם הבשר. והוא גם כן שם הנפש המדברת, כלומר צורת האדם - חי[429] ה' אשר עשה לנו את הנפש הזאת. והוא שם הדבר הנשאר מן האדם אחר המות - והייתה[430] נפש אדוני צרורה בצרור החיים. והוא שם הרצון - לאסור[431] שריו בנפשו, כלומר ברצונו, וכמוהו - ואל[432] תתנהו בנפש אויביו, כלומר אל תסגירהו לרצונם, וכמוהו אצלי - אם[433] יש את נפשכם לקבור את מתי, כלומר אם יש בדעתכם וברצונם, וכמוהו - אם[434] יעמוד משה ושמואל לפני אין נפשי אל העם הזה. ענינו אין רצון לי בהם, כלומר לא ארצה להעמידם. וכל זכר **נפש** שבא מיוחס אליו יתברך הוא בעניין הרצון כמו שקדם לנו באמרו - כאשר[435] בלבבי ובנפשי יעשה, כלומר ברצוני ובדעתי:

ולפי זה העניין יהיה פרוש -ותקצר[436] נפשו בעמל ישראל, פסק רצונו מענות **ישראל**. וזה **הפסוק** לא תרגמו יונתן בן עוזיאל כלל, שהוא הבינו לפי העניין הראשון ופגשו ממנו הפעלות ונמנע לפרשו אמנם כשיובן מזה העניין האחרון יהיה הפרוש מבואר מאוד שהמאמר קדם שהשגחתו יתברך הניחה אותם עד שמתו וצעקו לבקש תשועה ולא הושיעם, וכשהפליגו בתשובה ועצם דלותם וגבר האויב עליהם, ריחמם ופסק רצונו מהתמיד עמלם ודלותם. ודעהו שהוא מופלג! ותהיה הבי"ת באמרו **בעמל ישראל** מקום **מן** וכאילו אמר **מעמל ישראל**. וכבר מנו מזה בעלי הלשון הרבה -

---

426 ישעיהו מ יג
427 בראשית ב יט
428 דברים יב כג
429 ירמיהו לח טז
430 שמואל-א כה כט
431 תהלים קה כב
432 תהלים מא ג
433 בראשית כג ח
434 ירמיהו טו א
435 שמואל-א ב לה
436 שופטים י טז

והנותר⁴³⁷ בבשר ובלחם, אם מעט נשאר⁴³⁸ בשנים, בגר⁴³⁹ ובאזרח הארץ, וזה הרבה:

פרק מב

חי - שם הצומח המרגיש - כל⁴⁴⁰ רמש אשר הוא חי. והוא שם הרפואה מן החלי החזק מאוד - ויחי⁴⁴¹ מחליו, במחנה⁴⁴² עד חיותם, וכן - בשר⁴⁴³ חי". וכן **מות** - שם המיתה ושם החלי החזק - וימת⁴⁴⁴ לבו בקרבו והוא היה לאבן, כלומר חוזק חליו. ולזה באר בבן הצרפי תברך - ויהי⁴⁴⁵ חליו חזק מאוד עד אשר לא נותרה בו נשמה, שאילו אמר **וימת** היה סובל שיהיה חלי חזק קרוב למות כ'נבל' בשמעו את הדברים, ואמרו קצת האנדלוסין כי נתבטלה נשימתו עד שלא הושגה לו נשימה כלל כמו שיקרא לקצת חולי חלי השתוק ובהחנק הרחם עד שלא יודע אם הוא מת או חי, ויתמיד זה הספק יום או יומיים:וכבר הרבו גם כן לעשות זה השם בעניין קנות החכמה - ויהיו⁴⁴⁶ חיים לנפשך, כי⁴⁴⁷ מוצאי מצא חיים, כי⁴⁴⁸ חיים הם למוצאיהם, וזה הרבה. ולפי זה נקראו הדעות האמתיות **חיים** והדעות המופסדות **מות**. אמר יתברך - ראה⁴⁴⁹ נתתי לפניך היום את החיים ואת הטוב וכו', כבר באר כי **הטוב** הוא **חיים**, **והרע** הוא **מות**, ופרשם. וכן אפרש באמרו יתברך - למען⁴⁵⁰ תחיון, כפי מה שבא הפרוש המקובל באמרו - למען⁴⁵¹ ייטב לך וכו'. ולהתפשט זאת ההשאלה בלשון אמרו - **צדיקים**⁴⁵² אפילו במיתתם קרואים חיים ורשעים אפילו בחייהם קרואים מתים. ודע זה:

פרק מג

כנף - שם משותף ורוב שתופו מצד ההשאלה. הנחתו הראשונה לכנפי בעל

---

⁴³⁷ ויקרא ח לב
⁴³⁸ ויקרא כה נב
⁴³⁹ שמות יב יט
⁴⁴⁰ בראשית ט ג
⁴⁴¹ ישעיהו לח ט
⁴⁴² יהושע ה ח
⁴⁴³ ויקרא יג י
⁴⁴⁴ שמואל-א כה לז
⁴⁴⁵ מלכים-א יז יז
⁴⁴⁶ משלי ג כב
⁴⁴⁷ משלי ח לה
⁴⁴⁸ משלי ד כב
⁴⁴⁹ דברים ל טו
⁴⁵⁰ דברים ד א
⁴⁵¹ דברים ו יח
⁴⁵² גמרא ברכות יח ע"א

החיים הפורח - כל[453] צפור כל כנף, כל[454] צפור כנף אשר תעוף בשמים. ואחרי כן הושאל לכנפות הבגדים וזויותיהם - על[455] ארבע כנפות כסותך. ואחרי כן הושאל לקצוות המיושב מן הארץ ופאותיה הרחוקות ממקומותינו - לאחוז[456] בכנפות הארץ, מכנף[457] הארץ זמירות שמענו.
ואמר איבן גנאח שהוא יבוא גם כן בעניין ההסתר דומה לערבי אשר יאמר **כנפת אלשי**, בעניין **הסתרתיו**, ואמר בפרוש - ולא[458] יכנף עוד מוריך, ולא ייסתר ממך **מוריך** ולא יתעלם, וזה פרוש נאה. וממנו אצלי - ולא[459] יגלה כנף אביו, לא יגלה סתר אביו, וכן - ופרשת[460] כנפיך על אמתך, פרושו אצלי פרוש סתרך על אמתך: ולפי זה העניין אצלי הושאל **כנף** לבורא יתברך וכן למלאכים כי המלאכים אינם בעלי גופות לפי דעתנו כמו שאבאר. ואמרו - אשר[461] באת לחסות תחת כנפיו, פרושו אשר באת לחסות תחת סתרו. וכן כל **כנף** שבא במלאכים ענינו - הסתר. הלא תתבונן אמרו - בשתים[462] יכסה פניו ובשתים יכסה רגליו, כלומר שסבת מציאותו, רצוני לומר המלאך נסתרת נעלמת מאוד, והוא **פניו**, וכן הדברים אשר הוא סבתם, רצוני לומר המלאך אשר הם **רגליו**, - כמו[463] שביארתי בשיתוף **רגל**, הם גם כן נעלמים, כי פעולות השכלים נעלמות, לא יתבאר עניינם אלא אחר לימוד, וזה לשתי סיבות מצדם ומצדנו - רצוני לומר חולשת השגתנו וקשי השגת הנפרד מצד אמיתתו. ואמנם אמרו - **ובשתים יעופף** והנני עתיד לבאר בפרק בפני עצמו למה יחסו תנועות העופפות למלאכים:

פרק מד

עין - שם משותף. הוא שם עין המים - על[464] עין המים במדבר. והוא שם העין הרואה - עין[465] תחת עין. והוא שם ההשגחה, אמר על ירמיה - קחנו[466] ועיניך שים עליו, ענינו שם השגחתך עליו. ולפי זאת ההשאלה נאמר בחוק

---

453 בראשית ז יד
454 דברים ד יז
455 דברים כב יב
456 איוב לח יג
457 ישעיהו כד טז
458 ישעיהו ל כ
459 דברים כג א
460 רות ג ט
461 רות ב יב
462 ישעיהו ו ב
463 חלק א פרק כח
464 בראשית טז ז
465 שמות כא כד
466 ירמיהו לט יב

האלוה בכל מקום - והיו[467] עיני ולבי שם כל הימים, השגחתי וכוונתי כמו שהקדמנו - תמיד[468] עיני ה' אלוקיך בה, השגחתו בה, עיני[469] ה' המה משוטטים, השגחתו כוללת בכל מה שבארץ גם כן כמו שיוזכר בפרקים יבואו בהשגחה: אמנם כשיתחבר בעיניים מלת **ראיה** או **חזיה** כמו - פקח[470] עיניך וראה, עיניו[471] יחזו, יהיה עניין כולם ההשגה השכלית לא השגה הרגשית, כי כל הרגשה הפעלות כמו שידעת והוא יתברך פועל לא מתפעל כמו שאבאר:

פרק מה

שמע - מילה משותפת תהיה בעניין שמע האוזן ותהיה בעניין הקיבול. אמנם בעניין השמע - לא[472] ישמע על פיך, והקול[473] נשמע בית פרעה, וזה הרבה. וכמוהו בריבוי, גם כן **שמוע** בעניין הקיבול - ולא[474] שמעו אל משה, אם[475] ישמעו ויעבודו, ולכם[476] הנשמע, ולא[477] שמעו אל משה, אם[478] ישמעו ויעבודו, ולכם[479] הנשמע, ולא[480] ישמע את דבריך.
ויהיה בעניין הידיעה - גוי[481] אשר לא תשמע לשונו, פרושו לא תדע דברו: וכל מלת **שמיעה** שבאה בחק האלוה - אם יראה מפשוטו של כתוב שהוא מהעניין הראשון הוא סיפור על ההשגה והוא מהעניין השלישי - וישמע[482] ה', בשמעו[483] את תלונותיכם, כל זה השגת מדע, ואם נראה מפשוטו של כתוב שהוא מן העניין השני הוא סיפור על ענותו יתברך לצעקת הצועק למלא שאלתו או לא יענה לצעקתו ולא ימלא שאלתו - שמוע[484] אשמע

---

467 מלכים-א ט ג
468 דברים יא יב
469 זכריה ד י
470 דניאל ט יח
471 תהלים יא ד
472 שמות כג יג
473 בראשית מה טז
474 שמות ו ט
475 איוב לו יא
476 נחמיה יג כז
477 שמות ו ט
478 איוב לו יא
479 נחמיה יג כז
480 יהושע א יח
481 דברים כח מט
482 במדבר יא א
483 שמות טז ז
484 שמות כב כב

צעקתו, ושמעתי[485] כי חנון אני, הטה[486] ה' אזנך ושמע, ולא[487] שמע ה' בקולכם ולא האזין אליכם, גם[488] כי תרבו תפלה אינני שומע, כי[489] אינני שומע אותך, וזה הרבה:
והנה יבואך באלו ההשאלות והדמיונות מה שירוה צמאך ויבאר ספקך ויתבארו לך ענייניהם כולם עד שלא תספוק בדבר מהם:

פרק מה

כבר זכרנו בקצת פרקי זה המאמר כי הבדל גדול יש בין ההישרה למציאות הדבר ובין האמתת מהותו ועצמו. כי ההישרה למציאות הדבר תהיה אפילו במקריו ואפילו בפעולותיו ואפילו ביחסים רחוקים מאוד ממנו בינו ובין זולתו: והמשל בזה שאתה אילו תרצה שתודיע מלך אקלים אחד לאדם מבני ארצו אשר לא ידעהו יהיה הודיעך אותו והערתך על מציאותו בדרכים רבים. מהםף שתאמר לו - הוא האיש הארוך הלבן במראהו בעל השיבה, כבר הודעתו במקריו. או תאמר - הוא אשר תראה סבביו המון רבה מבני אדם רוכבים ורגלים וחרבות שלופות סבביו ונסים נשואים על ראשו וחצוצרות יתקעו לפניו, או - הוא אשר ישכון בהיכל בארץ הפלונית מזה האקלים, או - הוא אשר צווה בבניין זאת החומה או בעשות זה הגשר. וכיוצא בזה מפעולותיו ויחסו לזולתו. ואפשר שתורה על מציאותו בעניינים הם יותר נעלמים מאלו, כמו שישאלך שואל - היש לארץ הזאת מלך, תאמר לו - כן בלא ספק, ומה המופת על זה, תאמר לו - היות זה השולחני כאשר תראה איש חלוש קטון הגוף לפניו זה ההמון הרב מן הזהובים, וזה האיש האחר עצום הגוף החזק העני עומד לפניו ישאל ממנו שיעשה לו צדקה במשקל שיעורה ולא יעשה אבל יגער בו וידחהו מעליו בדבריו, ולולא פחד המלך היה ממהר בהריגתו או בדחותו ובקחת מה שבידו מן ההמון, וזאת ראיה על היות זאת המדינה בעלת מלך, הנה כבר הורית על מציאותו בסידור עניני המדינה אשר סבתו - פחד המלך ויראת ייסוריו. ואין בדבר מכל מה שהמשלנו בו מה שיורה על עצם המלך ואמיתת עצמותו מצד היותו מלך:
כן קרה בהודעת האלוה יתברך להמון בכל ספרי הנביאים ו**בתורה**. כי כאשר הביא הצורך להישירם כולם למציאותו יתברך ושיש לו השלמות כולם, רצוני לומר שאינו נמצא לבד כמו שהארץ נמצאת והשמים נמצאים אבל נמצא חי חכם יכול פועל ושאר מה שצריך שיאמינו במציאותו כאשר יתבאר אחר זה, הושרו דעות בני אדם שהוא נמצא בדמיון הגשמות ושהוא חי בדמיון התנועה. כי לא יראו ההמון דבר חזק המציאה אמת אין ספק בו כי

485 שמות כב כו
486 מלכים-ב יט טז
487 דברים א מה
488 ישעיהו א טז
489 ירמיהו ז טז

אם הגשם, וכל מה שאינו גשם אבל הוא בגשם הוא נמצא אצלם אבל הוא חסר המציאות מן הגשם להצטרכו במציאותו אל גשם, אמנם מה שאינו גשם ולא בגשם אינו דבר נמצא בשום פנים בתחילת ציור האדם ובלבד אצל הדמיון. וכן לא יצירו ההמון מעניין החיים זולת התנועה ומה שאינו מתנועע תנועה רצונית מקומית אינו חי אף על פי שהתנועה אינה מעצם החי אבל מקרה דבק בו: וכן ההשגה הנודעת אצלנו היא בחושים, רצוני לומר השמע והראות. וכן לא נדע ולא נצייר העתק העניין מנפש איש ממנו לנפש איש אחר אלא בדיבור והוא הקול אשר יחתכוהו השפה והלשון ושאר כלי הדיבור. וכאשר הושרו דעותינו גם כן אל היותו יתברך משיג ושיגיעו עניינים ממנו לנביאים להגיעם אלינו תארוהו לנו שהוא ישמע ויראה, ענינו שהוא משיג אלו הדברים הנראים והנשמעים וידעם, ותארוהו לנו שהוא מדבר, ענינו שיגיעו עניינים ממנו יתברך לנביאים, וזהו עניין הנבואה. והנה יתבאר זה תכלית ביאור. וכאשר לא נשכיל משהמציאנו זולתנו אלא בשנעשהו בנגיעה תארוהו שהוא פועל. וכן כאשר לא ישיגו ההמון דבר חי אלא בעל נפש תארוהו לנו גם כן שהוא בעל נפש, ואף על פי ששם הנפש משותף כמו שהתבאר, העניין שהוא חי:

וכאשר לא יושגו אלו הפעולות כולם בנו אלא בכלים גשמיים הושאלו לו אלו הכלים כולם אשר בהם תהיה התנועה המקומית, רצוני לומר הרגלים וכפותים, והכלים אשר יהיה בהם השמע והראות והריח והם, האוזן והעין והאף, והכלים אשר בהם יהיה הדיבור וחומר הדיבור והם, הפה והלשון והקול, והכלים אשר בהם יעשה העושה ממנו מה שיעשהו והם - הידיים והאצבעות והכף והזרוע. וביאור זה כולו שהוא, יתעלה מכל חסרון, הושאלו לו הכלים הגשמיים להורות בהם על פעולותיו והושאלו לו הפעולות ההם להורות בהם על שלמות אחד אינו עצם הפעולה ההיא. והמשל בו שהנה הושאלו לו העין והאוזן והיד והפה והלשון, להורות בהם על הראות והשמע והפעולה והדיבור והושאלו לו הראות והשמע, לראיה על ההשגה בכלל. ולזה תמצא לשון העברים יעשה השגת חוש אחד במקום השגת חוש אחר, אמר - ראו[490] דבר ה', כמו **שמעו** כי המכוון, השיגו עניין דברו. וכן - ראה[491] ריח בני, כאילו אמר **הרח ריח בני** כי המכוון, השגת ריחו. ולפי זה נאמר - וכל[492] העם רואים את הקולות, עם היות המעמד ההוא גם כן **מראה נבואה** כמו שהוא ידוע ומפורסם באומה. והושאלו לו יתברך הפעולה והדיבור, להורות על שפע השופע מאתו כמו שיתבאר: הנה כל כלי גשמי שתמצאהו בכל ספרי הנבואה הוא אם כלי תנועה מקומית להורות על החיים או כלי

---

[490] ירמיהו ב לא
[491] בראשית כז כז
[492] בראשית כז כז

הרגשה להורות על ההשגה או כלי המישוש להורות על הפעולה או כלי הדיבור להורות על השפעת השכלים על הנביאים כמו שיתבאר.
הנה תהיה הישרת ההשאלות ההם כולם, ליישב לנו שיש נמצא חי פועל לכל מה שזולתו משיג לפעלו גם כן. והנה נבאר כשנתחיל בהרחקת התארים איך ישוב זה כולו לעניין אחד והוא עצמו יתברך לבד, כי אין כוונת זה הפרק אלא לבאר עניין אלו הכלים הגשמיים המיוחסים לו, יתעלה מכל חסרון, ושהם כולם, להורות על פעולות הכלים ההם אשר הפעולות ההם, שלמות אצלנו בעבור שנורה על היותו שלם בכל מיני השלמות כמו שהעירונו באמרם 'דברה תורה כלשון בני אדם': אמנם כלי התנועה המקומית המיוחדים לו יתברך, כאמרו - הדום[493] רגלי, ואת[494] מקום כפות רגלי. ואמנם כלי המישוש המיוחסים לו - יד[495] ה', באצבע[496] אלוקים, מעשה[497] אצבעותיך, ותשת[498] עלי כפכה, וזרוע[499] ה' על מי נגלתה, ימינך[500] ה'. ואמנם כלי הדיבור המיוחסים לו - פי[501] ה' דיבר, ויפתח[502] שפתיו עמך, קול[503] ה' בכח, ולשונו[504] כאש אוכלת. ואמנם כלי ההרגשה המיוחסים לו - עיניו[505] יחזו עפעפיו יבחנו בני אדם, עיני[506] ה' משוטטות, הטה[507] ה' אזנך ושמע, קדחתם[508] באפי. ולא הושאלו לו מן האברים הפנימיים כי אם הלב להיותו שם משותף והוא שם השכל גם כן והוא התחלת חיי החי, כי אמרו - המו[509] מעי לו, המון[510] מעיך, רוצה בו גם כן הלב כי **מעי**, שם יאמר בכלל ובפרט הוא שם הדקים בפרט ושם כל אבר פנימי בכלל, ויהיה גם כן שם הלב, והראיה עליו אמרו - ותורתך[511] בתוך מעי, דומה לאמרו **בתוך לבי**, ולזה אמר בזה הפסוק **המו מעי**, **המון מעיך**, **ולשון המיה**, אמנם בא בלב משאר

---

493 ישעיהו סו א
494 יחזקאל מג ז
495 שמות ט ג
496 שמות לא יח
497 תהלים ח ד
498 תהלים קלט ה
499 ישעיהו נג א
500 שמות טו ו
501 ישעיהו א כ
502 איוב יא ה
503 תהלים כט ד
504 ישעיהו ל כז
505 תהלים יא ד
506 זכריה ד י
507 דניאל ט יח
508 ירמיהו יז ד
509 ירמיהו לא יט
510 ישעיהו סג טו
511 תהלים מ ט

האברים - הומה[512] לי לבי. וכן לא הושאל לו הכתף להיותו כלי העתקה במפורסם ושהוא גם כן יגע בו הדבר הנעתק. וכל שכן שלא יושאלו לו כלי המזון כי אלו, גלויי החיסרון בתחילת המחשבה: ומשפט הכלים כולם באמת, אחד הנראה מהם והפנימי, כולם כלים לפעולות הנפש המתחלפות. מהם, כלים לצורך עמידת האיש זמן כאברים הפנימיים כולם, ומהם, כלים לצורך עמידת המין ככלי ההולדה, ומהם, כלים לתיקון עניין האיש ושלמות פעולותיו כידוע והרגלים והעיניים, כולם לשלמות התנועה והמעשה וההשגה. אמנם צורך התנועה לבעלי החיים הוא לכוון אל הנאות ולברוח ממה שהוא כנגדו. ואמנם צורך החושים הוא להכיר מה שהוא כנגדו ומה שהוא נאות לו. וצורך האדם לפעולות המלאכותיות, להזמנת מזונו ולבושו ודירתו מפני שהוא מחויב לטבעו רצוני לומר שהוא צריך להזמין מה שיאות לו, והנה ימצאו קצת המלאכות גם כן לקצת בעלי חיים לצרכו למלאכה ההיא: ואיני רואה שום אדם יסופק לו שהאלוה יתברך בלתי צריך לדבר יתמיד מציאותו ולא יתקן ענינו - אם כן אין כלי לו, כלומר שהוא אינו גוף, ואמנם פעולותיו, בעצמו לא בכלי. והכוחות באין ספק מכלל הכלים, אם כן אינו בעל כח, כלומר שיהיה בו עניין זולת עצמו בו יעשה או ידע או ירצה. כי התארים הם כוחות שינו בהם השם, לא זולת זה. ואין זה כוונת הפרק: וכבר אמרו ז"ל מאמר כולל דוחה לכל מה שמראים אותו התארים ההם הגשמיים כולם אשר יזכירום הנביאים והוא מאמר יורה לך שהחכמים ז"ל לא עלה בדעתם ההגשמה כלל ולא היה אצלם עניין ישבש או יספק שום אדם ולזה תמצאם בכל **התלמוד והמדרשות** נמשכים כפי פשוטי דברי הנבואה לדעתם כי דבר זה בטוח הוא בו מן הספק ואין פחד עליו מטעות בו בשום פנים אבל הכל על צד המשל והורות השכל לנמצא. וכאשר התוודע המשל שהוא יתברך המושל במלך יצווה וישאיר ויענוש וייתן שכר טוב לאנשי ארצו ויש לו עבדים ושמשים יודיעו מצוותיו לעשותם ועושים לו מה שירצה לעשותו הלכו הם גם כן, כלומר החכמים, על זה המשל בכל מקום וידברו לפי מה שיתחייב מזה המשל מן הדיבור והמענה והחזרה בעניין ומה שינהג זה המנהג מפעולות המלכים, ובזה כולו הם בטוחים שלא יספק זה ולא יבלבל. והמאמר ההוא הכולל אשר רמזנו אליו הוא אמרם בבראשית רבה - גדול[513] כוחן של נביאים שהם מדמין את הצורה ליוצרה, שנאמר - ועל[514] דמות הכסא דמות כמראה אדם, כבר בארו כי אלו הצורות כולם אשר ישיגום הנביאים כולם **במראה הנבואה** הם צורות נבראות האלוה יתברך בוראם, והוא האמת כי כל צורה מדומה היא ברואה. ומה נפלא מאמרם **גדול כוחם**, כאילו הראו על עצמם עליהם השלום שהעניין

[512] ירמיהו ד יט
[513] בראשית רבה כז א
[514] יחזקאל א כו

ההוא קשה עליהם, כי כן יאמרו לעולם כשיקשה עליהם מאמר שנאמר או פועל שנפעל ויש בנראהו גנות, כמו שאמרו - רבי[515] פלוני עבד עובדא במוק ביחידי ובלילה, אמר רבי פלוני כמה רב גוברה דיעבד ביחידאה, ורב גוברה, הוא גדול כוחו, וכאילו הם אומרים מה גדול מה שהוצרכו הנביאים לעשותו בהיותם מורים על עצמו יתברך בעניינים הנבראים אשר בראם, והבן זה מאוד. כבר פרשו ובארו על עצמם הינקותם מהאמנת הגשמות ושכל צורה ותמונה שיראו **במראה הנבואה** הם עניינים נבראים, אמנם **דימו את הצורה ליוצרה** כמו שאמרו זיכרונם לברכה, ומי שירצה לחשוב רע עליהם אחר אלו המאמרים על צד הרע ולחסר מי שלא נראה ולא נודע ענינו, אין הזק עליהם זיכרונם לברכה בזה:

פרק מז

כבר זכרנו פעמים[516] כי כל מה שידמהו ההמון חסרון או אי אפשר לצירו בחוק האלוה יתברך לא השאילוהו ספרי הנבואה לא יתברך, ואף על פי שמשפטו משפט הדברים אשר הושאלו לו, מפני שאותם שיתואר בהם ידמו קצת שלמות או אפשר לדמותם.

וצריך לפי ההנחה הזאת שנבאר למה הושאלו לו יתברך השמע והראות והריח ולא הושאלו לו הטעם והמישוש, ומשפט רוממותו יתברך מן החושים החמישה, אחד והחושים כולם חסרון בבחינת ההשגה, ואפילו למי שלא ישיג אלא בהם, להיותם מתפעלים מתספקים כואבים כשאר הכלים. ועניין אמרינו שהוא יתברך רואה, כלומר ישיג הנראים ושומע, כלומר ישיג הנשמעים, וכן היה יכול לתארו בטעם ובמשוש ויפורש בו שהוא ישיג הנטעמים והממוששים כי משפט השגתם כולם, אחד ואם תשולל ממנו השגת אחד מהם תתחייב שלילת השגתם כולם, רצוני לומר החמשה חושים, ואם תחויב לו השגת אחד מהם, רצוני לומר השגת מה שישיגהו חוש מהם, יתחייב שישיג כל מושגיהם החמישה. ומצאנו ספרינו אמרו - וירא ה'[517], וישמע ה'[518], וירח ה'[519], ולא אמרו ויטעם ה', וימשש ה'. ונאמר שעילת זה, מה שהתיישב בדמיון כל אדם שהאלוה לא יפגוש הגשמים פגישת גשם לגשם שהרי אף בעיניהם לא יראוהו, ושני החושים האלה, רצוני לומר הטעם והמישוש, לא ישיגו מורגשיהם עד שימששום. אמנם חוש הראות והשמע והריח ישיגו מורגשיהם ואף על פי שהעצמים ההם הנושאים לאיכויות ההם רחוקים מהם, על כן היה נאות ליחסם לאלוה בדמיון ההמון. ועוד כי העניין והכונה בהשאלת אלה החושים לו יתברך, להורות על השיגו

---

515 גמרא יבמות קד ע"א

516 חלק א פרק כ"ו ומ"ו

517 בראשית יח א

518 דברים כו ז

519 בראשית ח כא

פעולותינו והשמע והראות מספיק בזה - רצוני לומר שישיג בו כל מה שיעשה זולתו או יאמר אותו, כמו שאמרו על צד ההזהרה והמניעה בכלל ההוכחה - דע[520] מה למעלה ממך עין רואה ואוזן שומעת:

ואתה יודע על דרך האמת כי משפט הכל, משפט אחד וכי בצד שיורחק ממנו השגת המישוש והטעם בצד ההוא בעצמו יורחקו הראות והשמע והריח כי הכל, השגות גשמיות והפעילויות ועניינים משתנים, אלא שקצתם יראה חסרונו מיד וקצתם יחשב בהם שלמות. כמו שיראה חסרון הדמיון ולא נראה חסרון ההסתכלות וההתבוננות, ולא הושאל לו **רעיון**, אשר הוא הדמיון והושאלו לו **מחשבה**, **ותבונה**, אשר הם ההסתכלות וההתבוננות - ונאמר אשר[521] חשב ה', ובתבונתו[522] נטה שמים. והנה ארע בהשגות הפנימיות גם כן כמו שארע בהשגות החושיות הנראות מהיות קצתם מושאלים וקצתם לא הושאלו וכל זה, **כלשון בני אדם** מה שחשבו בו שלמות, תארוהו בו ומה שהוא נראה החיסרון, לא תארוהו בו. ועל דרך האמת אין תואר עצמי אמיתי ראוי לו מוסף על עצמו כמו שיבוא עליו המופת:

פרק מח

כל מה שבא מעניין השמע מיוחס לאלוה יתברך תמצא **אונקלוס הגר** נשמר ממנו ופרש ענינו בהגיע המאמר ההוא אליו יתברך - כלומר שהוא השיגהו, ואם היה בכלל הצעקה והתפלה יפרש ענינו שהוא קבל או לא קיבל - ויאמר לעולם בתרגום **שמע ה'**- **שמיע קדם ה'**, ובעניין הצעקה תרגם **שמוע אשמע צעקתו** - **קבלא אקבל**. וזה נמשך בפרושו לא נטה מזה במקום מן המקומות. אמנם מה שבא מן הראיה מיוחס אליו יתברך פרש אונקלוס בן פרושים מופלאים לא התבאר לי כוונתו ודעתו. והוא, כי במקומות יפרש **וירא ה'** - **וחזא ה'**, ובמקומות יפרשהו **וגלי קדם ה'**. ואמנם פרשו **וחזא ה'** הוא ראיה מבוארת על היות **חזא** גם כן בלשון הארמי משותף ושהוא מורה על עניין השגת השכל כאשר יורה על השגת החוש. ואני תמה אחר שהעניין כן אצלו על מה ברח מן הקצת ופרשו **גלי קדם ה'**: וכאשר השתכלתי במה שמצאתיו מנוסחאות **התרגום**, עם מה ששמעתיו בעת הלמוד, ראיתיו כשימצא **הראיה** מחוברת בעול או הזק וחמס יפרשהו **גלי קדם ה'**. ואין ספק שמלת **חזא** בלשון ההוא גוזרת ההשגה ויישב הדבר המושג כפי מה שהושג, ולזה כשמצא הראיה נתלית בעול לא יאמר **וחזא** אבל **וגלי קדם ה'**: והנה מצאתי כל **ראיה** מיוחסת לאלוה בכל **התורה** פרשה **וחזא** זולת אלו אעשר אספר לך. כי[523] ראה ה' בעניי - **ארי גלי קדם ה'**

---

[520] משנה פרקי אבות ב א

[521] ירמיהו מט כ

[522] ירמיהו י יב

[523] בראשית כט לב

עולבני, כי[524] ראיתי את כל אשר לבן עושה לך - **ארי גלי קדמי**, עם היות המדבר מלאך לא יחס לו ההשגה המורה על ישוב העניין להיות עול, וירא[525] אלוקים את בני ישראל - **וגלי קדם ה' שיעבודא דבני ישראל**, ראה[526] ראיתי את עני עמי - **מגלא גלי קדמי ית שיעבודא דעמי**, וגם[527] ראיתי את הלחץ - **ואף גלי קדמי דחקא**, וכי[528] ראה את ענים - **וארי גלי קדמוהי שיעבודהון**, ראיתי[529] את העם הזה - **גלי קדמי עמא הדין**, שענינו ראיתי מרים כמו - וירא[530] אלוקים את בני ישראל, אשר ענינו ראה את ענים ועמלם, וירא[531] ה' וינאץ ה', כי[532] יראה כי אזלת יד - **ארי גלי קדמוהי**, וזה גם כן עניין עול להם והתגברות שונא. וזה כולו היה נמשך ונראה בו, והביט[533] אל עמל לא תוכל. ולזה כל **שעבוד** וכל מרי יתרגמהו **גלי קדמוהי** או **גלי קדמי**: אבל נפסד עלי זה הפרוש הטוב הנאה אשר אין ספק בו - בשלושה מקומות היה מחוקם לפי זאת הסברה שיפרשם **גלי קדם ה'**, ואני מוצא אותם בנוסחאות **וחזא ה'**. והם אלו - וירא[534] ה' כי רבה רעת האדם, וירא[535] אלוקים את הארץ והנה נשחתה, וירא[536] ה' כי שנואה לאה. והקרוב אצלי שיהיה זה טעות שנפל בנוסחאות. שאין אצלנו כתיבת אונקלוס בזה עד שנאמר שמא יש לו בזה פרוש.

האמנם פרשו אלוקים[537] יראה לו השה - **קדם ה' גלי אימרא**, שלא יביא זה לחשוב שהאלוה עתיד לבקשו ולהמציאו, או הוא גם כן מגונה בלשון ההוא התלות השגתו באחד מבעלי חיים בלתי מדברים.

וצריך שיבוקש הרבה בדקדוק הנוסחאות בזה, ואם תמצא אלו המקומות כמו שזכרנו לא אדע לו כונה בזה

פרק מט

המלאכים גם כן אינם בעלי גשמים אבל הם שכלים נבדלים מחומר, אמנם

---

524 בראשית לא י

525 שמות ב כה

526 שמות ג ז

527 שמות ג ט

528 שמות ד לא

529 שמות לב ט

530 שמות ב כה

531 דברים לב יט

532 דברים לב לו

533 חבקוק א יג

534 בראשית ו ה

535 בראשית ו יב

536 בראשית כט לא

537 בראשית כב ח

הם עשויים והאלוה בראם כמו שיתבאר. ובבראשית[538] רבה אמרו - להט[539] החרב המתהפכת, על שם – משרתיו[540] אש לוהט, **המתהפכת** שהם מתהפכים פעמים אנשים, פעמים נשים, פעמים רוחות, פעמים מלאכים, הנה כבר בארו בזה המאמר שהם אינם בעלי חומר ואין להם תמונה קיימת גשמית חוץ לשכל אבל הכל ב**מראה הנבואה** ולפי פועל הכח המדמה כמו שיזכר בעניין אמיתת הנבואה. ואמנם אמרם **פעמים נשים**, כי הנביאים גם כן כבר ראו המלאכים במראה הנבואה, **צורת נשים** רומז על מאמר זכריה - והנה[541] שתים נשים יוצאות ורוח בכנפיהם וכו': וכבר ידעת כי השגת הנקי מן החומר הערום מן הגשמות לגמרי כבדה מאוד על האדם אלא אחר לימוד רב, ובלבד למי שלא יבדיל בין המושכל והמדומה ורוב השענו - על השגת הדמיון לבד ויהיה כל מדומה אצלו נמצא או אפשר המציאה ומה שלא ייפול ברשת הדמיון - אצלו נעדר ונמנע המציאה, כי אלו האנשים, והם רוב המעיינים לא יתאמת להם עניין לעולם ולא יתבאר להם ספק: ולכובד זה גם כן הביאו ספרי הנבואה דברים שיראה מפשוטיהם גשמות המלאכים ותנועותיהם והיותם צורת האדם והיותם מצווים מהאלוה והם מודיעי דברו ועושים מה שירצה במצותו, כל זה להישיר השכל אל מציאותם ושהם חיים שלמים כמו שבארנו בחוק האלוה. אלא שאם יעמוד אדם בהם על זה הייתה דומה אמיתתם ועצמם, עצם האלוה בדמיון ההמון שכן גם באלוה נאמרו דברים יראה פשוטם שהוא גוף חי מתנועע על צורת אדם, והווישר השכל אל היות מעלת מציאותם למטה ממעלת האלוה בערבו בצורותיהם דבר מצורת בעל החיים אשר אינו מדבר, עד שיהיה המובן ממציאות הבורא יותר שלם ממציאותם כמו שהאדם יותר שלם מבעל החיים שאינו מדבר. ולא תחובר להם צורת בעל החיים בשום פנים אלא הכנפיים, כי לא יצויר מעופפות מבלתי כנפים כמו שלא תצויר הליכה מבלתי רגלים, כי אלו הכוחות לא תצויר מציאותם אלא באלו הנושאים בהכרח. ונבחרה תנועת המעופפות להורות על היותם חיים מפני שהיא השלמה שבתנועות בעל החיים שאינו מדבר המקומיות והנכבדת שבהם והאדם יחשבה שלמות גמור, עד שהאדם יתאוה שיעוף כדי שיקל עליו לברוח מכל מה שיזיקהו ויכון אל מה שיאות לו במהירות, ואם רחק, ועל כן יחסו להם זאת התנועה.

ועוד כי העוף יראה ואחר כן יעלם ויקרב ואחר כן ירחק בזמן מועט - ואלו כולם עניינים וצריך שתאמינם במלאכים כמו שיתבאר אחר זה: ולא יחסו זה השלמות המדומה, רצוני לומר תנועת המעופפות, לאלוה בשום פנים להיותה תנועת בעל חיים בלתי מדבר. ולא תטעה באמרו - וירכב[542] על כרוב

---

[538] בראשית רבה כא ט

[539] בראשית ג כד

[540] תהלים קד ד

[541] זכריה ה ט

[542] שמואל-ב כב יא

ויעוף, כי **הכרוב** הוא אשר **עף**, והכוונה במשל ההוא מהירות בוא העניין ההוא כמו שנאמר - הנה[543] ה' רוכב על עב קל ובא מצרים, רצונו לומר מהירות רדת זאת המכה בהם: ולא יטעך גם כן מה שתמצא ביחזקאל לבד בפני[544] שור ופני אריה ופני נשר וכף רגל עגל, כי יש לזה כולו פרוש אחר תשמעהו. ועוד שהוא אמנם לא תאר אלא **החיות**. והנה יתבארו אלה העניינים ברמיזות מספיקות בהערה:

אמנם תנועת המעופפות נמצאת בכתוב בכל מקום ולא תצויר כי אם בכנפיים, ויוחסו להם הכנפיים להישיר לעניין מציאותם לא לאמיתת מהותם: ודע כי כל מתנועע תנועה ממהרת מאד יתואר במעופפות להורות על מהירות התנועה, אמר - כאשר[545] ידאה הנשר, כי הנשר יותר ממהר המעופפות והמרוצה מכל העוף ולזה ימשיל בו. ודע עוד כי הכנפיים הם סבת המעופפות, ולזה יהיו הכנפיים אשר יראו על מספר סבות תנועת המתנועע. ואין זה כוונת זה הפרק:

פרק נ

דע אתה המעיין במאמרי זה כי ההאמנה אינה העניין הנאמר בפה אבל העניין המצויר בנפש כשיאמינו בו שהוא כן כמו שצויר. ועם יספיק לך מן הדעות האמיתיות או הנחשבות אמיתתם אצלך בשתספרם במאמר מבלתי שתצירם ותאמין בהם, כל שכן שתבקש בהם האמת, זה קל מאוד, כמו שתמצא רבים מן הפתאים ישמרו אמונות לא יצירו להם עניין בשום פנים.

אבל אם מלאך ליבך לעלות לזאת המדרגה העליונה, מדרגת העיון, ושיתאמת לך שהאלוה אחד אחדות אמיתית עד שלא תמצא לו הרכבה כלל ואין לחשוב בו שום חילוק בשום פנים - דע שאין לו יתברך תואר עצמי בשום פנים ולא בשום עניין וכמו שנמנע היותו גשם כן נמנע היותו בעל תואר עצמי: אמנם מי שהאמין שהוא אחד בעל תארים רבים כבר אמר שהוא אחד, במילתו והאמינו רבים במחשבתו, וזה כמאמר הנוצרים הוא אחד אבל הוא שלושה והשלושה אחד, כן מאמר האומר הוא אחד אבל הוא בעל תארים הרבה והוא ותאריו אחד, עם הסתלק הגשמות והאמנת הפשיטות הגמורה. כאילו כוונתנו וחיפושנו איך נאמר, לא איך נאמין, ואין אמונה אלא אחר ציור, כי האמונה היא ההאמנה במה שצויר שהוא חוץ לשכל כפי מה שצויר בשכל. ואם יהיה עם זאת האמונה שאי אפשר חילוף זאת האמונה בשום פנים ולא ימצא בשכל מקום דחיה לאמונה ההיא ולא לשער אפשרות חלופה תהיה אמיתית: וכשתפשיט מעליך התאוות והמנהגים ותהיה בעל תבונה ותתבונן מה שאומר אותו באלו הפרקים הבאים בהרחקת התארים

---

543 ישעיהו יט א

544 יחזקאל א י

545 דברים כח מט

יתאמת לך מה שאמרנו בהכרח ותהיה אז מי שיציר **יחוד השם** לא מי שיאמר אותו בפיו ולא יציר לו עניין ויהיה מכת הנאמר עליהם - קרוב[546] אתה בפיהם ורחוק מכליותיהם. אבל צריך שיהיה האדם מכת מי שיציר האמת וישיגהו - ואם לא ידבר בו, כמו שצוו החשובים ונאמר להם - אמרו[547] בלבבכם על משכבכם ודומו סלה:

פרק נא

במציאה עניינים רבים מבוארים גלויים מהם - מושכלים ראשונים ומורגשים, ומהם - מה שהם קרובים לאלו עד שאפילו הונח האדם כמו שהוא לא יצטרך עליהם מופת - כמציאות התנועה ומציאות היכולת לאדם והגלות ההויה וההפסד וטבעי הדברים הנראים לחוש כחום האש וקור המים וכיוצא באלו דברים רבים. אמנם כאשר יצאו דעות זרות אם מטועה או ממי שכוון זה לעניין אחד והלך בדעות ההם כנגד טבע הנמצא והרחיק המורגש או רצה שיביא לחשוב מציאות מה שאינו נמצא הצרכו אנשי החכמה להעמיד הדברים ההם הגלויים ולבטל מציאות הדברים ההם הנחשבים, כמו שנמצא אריסטו יקים התנועה בעבור שהורחקה ויביא מופת על בטול החלק שאינו מתחלק בעבור שקיימו מציאותו.

ומזה הכת היא הרחקת התארים העצמיים מהאלוה יתברך: וזה, כי העניין מושכל ראשון והוא שהתואר בלתי עצם המתואר ושהוא עניין אחד לעצם ואם כן הוא מקרה. ואם היה התואר הוא עצם המתואר יהיה תואר כפל במאמר לבד כאילו תאמר שהאדם הוא האדם, או יהיה פרוש שם כאילו תאמר האדם הוא החי המדבר, כי החי המדבר הוא עצם האדם ואמיתתו ואין שם עניין שלישי זולת החי והמדבר הוא האדם והוא המתואר בחיים ובדיבור, אבל עניין זה התואר, פרוש שם לא זולת זה, כאילו תאמר שהדבר אשר שמו אדם הוא הדבר המורכב מן החיים והדיבור: הנה כבר התבאר כי התואר לא ימלט מאחד משני דברים אם שיהיה הוא עצם המתואר ויהיה פרוש שם, ואנחנו לא נמנע זה בחוק האלוה מזה הצד אבל מצד אחר, כמו שיתבאר, או שיהיה התואר בלתי המתואר אבל הוא עניין מוסף על המתואר וזה יביא להיות התואר ההוא מקרה לעצם ההוא. ולא בשלילת שם המקרה מתארי הבורא ישולל ענינו כי כל עניין מוסף על העצם הוא משיג אותו בלתי משלים אמיתתו, וזהו עניין המקרה מחובר אל מה שיתחייב מהיות דברים רבים קדומים אם יהיו התארים רבים. ואין אחדות כלל אלא בהאמין עצם אחד פשוט אין הרכבה בו ולא ריבוי עניינים אבל עניין אחד מאיזה צד שתביט בו ובאיזו בחינה שתבחנהו, תמצאהו אחד לא יחלק לשני עניינים

546 ירמיהו יב ב

547 תהלים ד ה

בשום פנים ולא בשום סיבה ולא ימצא בו ריבוי לא חוץ לשכל ולא בשכל כמו שיבוא עליו המופת בזה המאמר:

וכבר הגיע המאמר באנשים מבעלי העיון באמרם כי תאריו יתברך אינם עצמו ולא דבר יוצא מעצמו. וזה כמאמר אחרים - העניינים רוצים בזה העניינים הכלליים אינם נמצאים ולא נעדרים. וכמאמר אחרים - העצם הפרדי אינו במקום אבל יטריד הגבול, והאדם אין לו פועל כלל אבל יש לו הקניה. ואלו כולם דברים יאמרו לבד והם נמצאים במלות לא בדעות, כל שכן שתהיה להם מציאה חוץ לשכל. אבל הם כמו שידעת וידע כל מי שלא יטעה עצמו, ישמרו ברוב הדברים ובהמשלים מוטעים ומאומתים בצעקות ובהוצאת רבות והרחקות ובפנים רבים מורכבים ממחלוקת ניצוח והטעאה, וכשישוב אומרם ומעמידם באלו הדרכים עם נפשו לאמונתו לא ימצא דבר זולתי הבלבול וקצרת יד השכל, שהוא ישתדל להמציא מה שאינו בנמצא ולברוא אמצעי בין שני הפכים אין אמצעי ביניהם כלל היש בין הנמצא ושאינו נמצא אמצעי, או בין היות שני הדברים האחד האחד מהם הוא האחר או הוא זולתו אמצעי: ואמנם הצריך לזה מה שאמרנו משמירת הדמיונות והיות המצויר תמיד מכל הגשמים הנמצאים שהם קצת עצמים וכל עצם מהם בעל תארים בהכרח ולא נמצא לעולם עצם גשם מופשט במציאותו מבלתי תואר, ונמשכו אחר זה הדמיון וחשבו שהוא יתברך כן מורכב מעניינים חלוקים עצמו והעניינים המוספים על העצם. ואנשים נמשכו אחר הדמוי והאמינוהו גשם בעל תארים, ואנשים סרו מזה הדרך והרחיקו הגשם והשאירו התארים. כל זה הביאה אליו רדיפת פשוטי ספרי התורה כמו שאבאר בפרקים יבואו בזה העניין

פרק נב

כל מתואר שיחויב לו תואר ויאמר שהוא כך וכך לא ימלט התואר ההוא מהיותו מאחד מאלו החלקים החמשה:

החלק הראשון - שיתואר הדבר בגדרו כמו שיתואר האדם בשהוא החי המדבר. וזה התואר הוא המורה על מהות הדבר ואמיתתו כבר בארנו שהוא פרוש שם לא דבר אחר. וזה המין מן התואר מרוחק מן האלוה אצל כל אדם - שהוא יתברך אין לו סבות קודמות שהם סבת מציאותו ויוגבל בהם, ולזה הוא מפורסם אצל כל אחד מן המעינים המבררים למה שיאמרוהו כי האלוה לא יגדר:

והחלק השני - שיתואר הדבר בחלק גדרו כמו שיתואר האדם בחיות או בדבור, וזה ענינו - החיוב - שאנחנו כשנאמר - כל אנוש מדבר, אמנם ענינו כי כל מי שימצא לו האנושות ימצא בו הדבור. וזה המין מן התארים מרוחק מן האלוה יתברך אצל כל אדם, שאם היה לו חלק מהות תהיה מהותו מורכבת ושקרות זה החלק בחוקו כשקרות אשר לפניו:

והחלק השלישי - שיתואר דבר בעניין יוצא מאמיתתו ועצמו עד שיהיה העניין ההוא אינו ממה שיושלם בו העצם ויתקיים, ויהיה העניין ההוא אם כן איכות אחד בו, והאיכות והוא הסוג העליון, מקרה מן המקרים. ואם היה נמצא לו יתברך תואר מזה החלק היה הוא יתברך נושא המקרים, ויספיק בזה רוחק מאמיתתו ועצמו - רצוני לומר שיהיה בעל איכות. והתמה מהיות האומרים בתארים מרחיקים ממנו יתברך הדימוי והאיוך, ואיך עניין אמרם - לא יתאיך, אלא שאינו בעל איכות. וכל תואר שיחויב לעצם אחד חיוב עצמי הוא אם מקים לעצם - והוא הוא או איכות לעצם ההוא:

וסוגי האיכות ארבעה כמו שידעת. ואני אמשיל לך משל על דרך התואר מכל סוג מהם שיתבאר לך המנע מציאות זה המין מן התארים לאלוה יתברך:

המשל הראשון - כתארך האדם בקניין מקנייניו העיוניים או המידתיים או התכונות אשר ימצאו לו באשר הוא בעל נפש כאמרך, פלוני הנגר, או הנזהר מחטא, או החולה. ואין הבדל בין אמרך הנגר, או אמרך החכם, או הרופא, הכל תכונה בנפש. ואין הבדל בין אמרך הנזהר מחטא, או אומרך הרחמן, כי כל מלאכה וכל חכמה וכל מידה חזקה היא תכונה בנפש. וזה כולו מבואר למי שהשתדל במלאכת ההיגיון והשתדלות מעט:

והמשל השני - כתארך הדבר בכוח טבעי בו או לא כח טבעי כאמרך - הרך והקשה. ואין הבדל בין אמרך - הרך והקשה, ובין אמרך החזק והחלש, הכל הכנות טבעיות:

והמשל השלישי - כתארך האדם באיכות המתפעלת ובהפעלויות כאמרך - פלוני הכעסן, או הקוצף, או הפחדן, או הרחמן, כשלא יתחזקו המידות. ומזה הסוג תארך הדבר במראה ובטעם ובריח ובחום ובקור וביובש ובלחות:

והמשל הרביעי - כתארך הדבר במה שישיגהו מצד הכמות באשר הוא כמות כאמרך - הארוך והקצר והמעות והישר, ומה שדומה לזה:

וכשמסתכל בכל אלו התארים והדומים להם תמצאם נמנעים בחוק האלוה שאינו בעל כמות שתשיגהו איכות המשגת הכמות באשר הוא כמות, ואינו מתפעל שתשיגהו איכות ההתפעלויות, ואין לו ההכנות שישיגהו הכוח וכיוצא בו, ואינו יתברך בעל נפש שתהיה לו תכונה וישיגוהו הקניינים כענווה וכבושת וכיוצא בהם ולא מה שישיג בעל הנפש באשר הוא בעל נפש כבריאות והחולי. הנה כבר התבאר לך כי כל תואר שישוב לסוג האיכות העליון לא ימצא לו יתברך: הנה אלו השלושה חלקים מן התארים, והם מה שיורה על מהות או על חלק מהות או על איכות אחת נמצאת במהות כבר התבאר המנעם בחוקו יתברך מפני שהם כולם מורים על ההרכבה אשר נבאר במופת המנעה בחוק האלוה:

והחלק הרביעי - מן התארים הוא שיתואר הדבר בייחוסו לסולתו כמו שייוחס לזמן או למקום או לאיש אחר - כתארך ראובן שהוא אבי פלוני או שותף פלוני או שוכן במקום הפלוני או אשר היה בזמן הפלוני. וזה המין מן

התארים לא יחייב ריבוי ולא שינוי בעצם המתואר, כי זה ראובן הנרמז אליו הוא שותף שמעון ואבי חנוך ואדון לוי ורע יהודה ושוכן בבית אשר הוא כך והוא אשר נולד בשנת כך, ואלו עניני היחס אינם עצמו ולא דבר בעצמו כאיכויות. ויראה בתחילת המחשבה שיהיה נכון שיתואר האלוה יתברך בזה המין מן התארים, אמנם עם ההתאמתות ודקדוק העיון יתבאר המנע זה: אמנם שהאלוה יתברך אין יחס בינו ובין הזמן והמקום זה מבואר, כי הזמן מקרה דבק לתנועה, כשיביטו בה עניין הקדימה והאיחור ותהיה נספרת, כמו שהתבאר במקומות הנפרדים לזה העניין, והתנועה ממשיגי הגשמים והאלוה יתברך אינו גשם ואין יחס בינו ובין הזמן, וכן אין יחס בינו ובין המקום: ואמנם מקום החקירה והעיון היש בינו יתברך ובין דבר מברואיו מן העצמים קצת יחס אמיתי שיתואר בו, אמנם שאין הצטרפות בינו ובין דבר מברואיו, זה מבואר בתחילת עיון כי מסגולות שני המצטרפים, ההתהפך בשווי והוא יתברך - מחויב המציאה ומה שזולתו, אפשר המציאה כמו שנבאר אין הצטרפות אם כן. אמנם שיהיה ביניהם קצת יחס, הוא דבר שיחשב בו שאפשר ואינו כן שאי אפשר שיצויר יחס בין השכל והמראה, ושניהם תכללם מציאה אחת בדעתנו, ואיך יצויר יחס בין מי שאין בינו ובין מה שזולתו עניין שיכללם בשום פנים כי המציאה אמנם תאמר אצלנו עליו יתברך ועל זולתו בשיתוף גמור. אם כן אין יחס בשום פנים באמת בינו ובין דבר מברואיו. כי היחס אמנם ימצא לעולם בין שני דברים שתחת מין אחד קרוב בהכרח, אמנם כשיהיו תחת סוג אחד אין יחס ביניהם. ולזה לא יאמר - זאת האדמימות היא יותר חזקה מזאת הירקות או יותר חלושה ממנה או שווה לה. אף על פי ששניהם תחת סוג אחד והוא, המראה. אמנם כשיהיו שני הדברים תחת שני סוגים אין יחס ביניהם בשום פנים ולא בתחילת הדעת המשותף ואף על פי שיעלו לסוג אחד. והמשל בו שאין יחס בין המאה אמות ובין החום אשר בפלפל כי זה מסוג האיכות וזה מסוג הכמות, ואין יחס גם כן בין החכמה ובין המתיקות או בין הענוה והמרירות ואף על פי שכל אלו תחת סוג האיכות העליון. ואיך יהיה יחס בינו יתברך ובין דבר מברואיו, עם ההפרש הגדול באמיתת המציאות אשר אין הפרש יותר רחוק ממנו, ואילו היה ביניהם יחס היה מתחייב שישיגהו מקרה היחס, ואף על פי שאין זה מקרה בעצמו יתברך אלא שהוא בכלל קצת מקרה. והנה לא תנצל בחיוב תואר לו ואפילו מצד היחס על האמת אלא שהוא הראוי שבתארים אשר צריך שיקלו בתאר האלוה בו מפני שלא יחייב ריבוי הקדמון ולא יחייב שינוי בעצמו יתברך בהשתנות המיוחסים:

והחלק החמישי מתארי החיוב הוא - שיתואר הדבר בפעולתו. ואינו רוצה **בפעולתו**, קנין המלאכה אשר בו כאמרך הנגר, או הנפח, כי הם ממין האיכות כמו שזכרנו, אבל ארצה **בפעולתו**, הפעולה אשר פעלה כאמרך - ראובן הוא אשר חרש את הדלת ובנה החומה הפלונית וארג זה הבגד. וזה המין מן התארים רחוק מעצם המיוחס, ולזה ראוי שיתואר בהם האלוה

יתברך, אחר אשר תדע שאלו הפעולות המתחלפות לא יתחייב שיעשו בעניינים מתחלפים בעצם הפועל כמו שיתבאר, אבל כל פעולותיו יתברך המתחלפות כולם בעצמו לא בעניין מוסף על עצמו. כמו שבארנו:
ויהיה ביאור מה שבזה הפרק שהוא יתברך אחד מכל הצדדים אין ריבוי בו ולא עניין מוסף על העצם ושהתארים חלוקי העניינים הרבים הנמצאים בספרים המורים עליו יתברך הם מצד ריבוי פעולותיו לא מפני ריבוי בעצמו וקצתם, להורות על שלמותו כפי מה שנחשבהו שלמות כמו שבארנו. ואמנם אם אפשר שיהיה העצם האחד הפשוט אשר אין ריבוי בו עושה מעשים מתחלפים - הנה יתבאר זה במשלים

פרק נג

אשר הביא המאמינים מציאות תארים לבורא להאמין בהם, קרוב לאשר הביא מאמיני ההגשמה להאמין בה. וזה, כי מאמין ההגשמה לא הביאהו אליה עיון שכלי אבל נמשך אחר פשוטי הכתוב, וכן העניין בתארים. כאשר נמצאו ספרי הנביאים וספרי התורה שתארוהו יתברך בתארים לוקח העניין על פשוטו והאמינוהו בעל תארים. וכאילו הם רוממוהו מן הגשמות ולא ירוממוהו מעניני הגשמות והם המקרים, רצוני לומר התכונות הנפשיות אשר הם כולם איכויות, וכל תואר שיחשוב מאמין התארים שהוא עצמי לאלוה יתברך אתה תמצא ענינו עניין האיכות, ואף על פי שלא יבארוהו דומה במה שנהגוהו מעניני כל גשם בעל נפש חיה. ועל הכל נאמר **דברה תורה כלשון בני אדם**. ואמנם הכונה בכולם, לתארו בשלמות לא בעצם העניין ההוא אשר הוא שלמות לבעל הנפש מן הנבראות, ורובם תארי פעולותיו המתחלפות: ולא בהתחלף הפעולות יתחלפו העניינים הנמצאים בפועל. ואני אמשול לך משל בזה מן העניינים הנמצאים אתנו - רצוני לומר שיהיה הפועל אחד ויתחייבו ממנו פעולות מתחלפות, ואף על פי שלא יהיה בעל רצון, כל שכן אם היה פועל ברצון והמשל בו, האש תתיך קצת הדברים ותקפיא קצתם ותבשל ותשרוף ותלבין ותשחיר, ואילו יתאר האדם האש בשהיא המלבנת והמשחרת והשורפת והמבשלת והמקפיאה והמתיכה היה אומר אמת, ויהיה מי שלא ידע טבע האש חושב שיש בה ששה עניינים מתחלפים עניין בו ישחיר ועניין אחר בו ילבין ועניין שלישי בו יבשל ועניין רביעי בו ישרוף ועניין חמישי בו יתיך ועניין ששי בו יקפיא, ואלו כולם פעולות זו הפך זו אין עניין פעולה מהם עניין האחרת. אמנם אשר ידע טבע האש ידע שבאיכות אחת פועלת תפעל כל אלו הפעולות והיא, החום. ואם היה זה נמצא במה שיעשה בטבע כל שכן בחוק הפועל ברצון וכל שכן בחוקו יתברך, אשר התעלה על כל סיפור, כאשר השגנו ממנו יחסים מתחלפי העניינים - כי עניין החכמה בלתי עניין היכולת בנו ועניין היכולת בלתי עניין הרצון - איך נחייב מזה שיהיו בו עניינים מתחלפים עצמיים לו עד שיהיה בו עניין בו ידע ועניין בו ירצה ועניין בו יוכל, כי זה הוא עניין

התארים אשר יאמרו אותם. והנה יבאר קצתם בזה וימנה העניינים המוספים על העצם וקצתם לא יבאר בזה אלא שהוא מבואר באמונה - ואם לא יפרש אותו בדבור מובן כמאמר קצתם יכול לעצמו חכם לעצמו חי לעצמו רוצה לעצמו: ואני אמשיל לך בכוח המדבר הנמצא באדם שהוא כוח אחד אין ריבוי בו ובו ידע החכמות והמלאכות ובו בעצמו יתפור, ויינגר, ויארוג, ויבנה, וידע התשבורת וינהיג המדינה, ואלו פעולות מתחלפות מחויבות מכח אחד פשוט אין ריבוי בו, והפעולות המתחלפות ההם רבות מאוד כמעט שאין תכלית למספרם - רצוני לומר מספר המלאכות אשר יוציאם הכח המדבר. ואין רחוק אם כן בחוק האלוה יתברך שיהיו אלו הפעולות המתחלפות באות מעצם אחד פשוט אין ריבוי בו ולא עניין מוסף כלל. ויהיה כל תואר נמצא בספרי האלוה יתברך הוא תואר פעולתו לא תואר עצמו, או מורה על שלמות מוחלט לא שיש שם עצם מורכב מעניינים מתחלפים - שלא בהיותם בלתי מתירים מלת ההרכבה יבטל ענינה מן העצם בעל התארים:

אלא שהנה מקום הספק אשר הביאם לזה והוא זה שאבארהו לך. והוא שאלו אשר האמינו בתארים לא האמינום מפני רוב הפעולות אבל יאמרו אמת כי העצם האחד יפעל פעולות מתחלפות אמנם התארים העצמיים לו יתברך אינם מפעולותיו שאי אפשר שהאלוה ברא עצמו: והם בתארים ההם אשר קראו אותם **עצמיים** חלוקים, רצוני לומר במספרם, כי הכל נמשכים אחר כתוב מן הכתובים. ואזכר לך מה שהכל מסכימים עליו ויחשבו שהוא מושכל ושלא ימשכו בו אחר לשון דברי נביא, והם ארבעה תארים חי יכול חכם רוצה. ואמרו שאלו עניינים שונים ושלמויות אשר מן השקר שיהיה האלוה נעדר מהם מאומה ואי אפשר שיהיו אלו מכלל פעולותיו. וזה ביאור דעתם: ואשר תדעהו, כי עניין החכמה בו יתברך הוא כעניין החיים להיות כל משיג עצמו חי וחכם בעניין אחד, זה כשנרצה **בחכמה** - השגת עצמו. והעצם המשיג הוא בעצמו העצם המושג בלי ספק שאינו לפי דעתנו מורכב משני דברים דבר ישיג ודבר אחר לא ישיג כאדם המורכב מנפש משגת וגוף בלתי משיג. וכשנרצה באמרנו 'חכם' - משיג עצמו יהיו החכמה והחיים עניין אחד. והם לא יביטו זה העניין אבל יביטו השיגו לברואיו: וכן בלא ספק היכולת והרצון אין כל אחד מהם נמצא לבורא בבחינת עצמו שהוא לא יוכל על עצמו ולא יתואר ברצותו עצמו - וזה מה שלא יצירהו אדם. אבל אלו התארים אמנם יחשבום בבחינת יחסים מתחלפים בין האלוה יתברך ובין ברואיו וזה - שהוא יכול שיברא מה שיברא ורוצה להמציא הנמצא כפי מה שהמציאו ויודע במה שהמציע. הנה כבר התבאר לך שאלו התארים גם כן אינם בבחינת עצמו אבל בבחינת הברואים:

ולזה נאמר אנחנו קהל המייחדים באמת כמו שאנחנו לא נאמר שבעצמו - עניין נוסף בו ברא השמים ועניין אחר בו ברא היסודות ועניין שלישי בו ברא השכלים - כן לא נאמר שבו - עניין נוסף בו יוכל ועניין אחר בו ירצה ועניין שלישי בו ידע ברואיו, אבל עצמו אחד פשוט ואין עניין נוסף עליו

בשום פנים - העצם ההוא ברא כל מה שברא וידע - לא בעניין נוסף כלל, ושאלו התארים המתחלפים אין הפרש בין שיהיו כפי הפעולות או כפי יחסים מתחלפים בינו ובין הפעולים וכפי מה שבארנוהו גם כן מאמיתת הייחוד ושהוא כפי מחשבת בני אדם: זה הוא אשר צריך שיאמן בהם בתארים הנזכרים בספרי הנביאים או שיאמן בקצתם שהם תארים יורו בהם על שלמות על צד הדמיון בשלמויותינו המובנות אצלנו כמו שנבאר:

פרק נד

דע, כי אדון החכמים **משה רבינו** ע"ה ביקש שתי בקשות ובאתהו התשובה על שתי הבקשות. הבקשה האחת היא בקשו ממנו יתברך שיודיעהו עצמו ואמיתתו, והבקשה השנית והיא אשר ביקש תחלה שיודיעהו תאריו. והשיבו יתברך על שתי השאלות בשיעד לו בהודיעו אותו תאריו כולם ושהם - פעולותיו, והודיעו כי עצמו לא יושג לפי מה שהוא אלא שהוא העירו על מקום עיון ישיגו ממנו תכלית מה שאפשר לאדם שישיגהו, ואשר השיגו הוא ע"ה לא השיגו אדם לפניו ולא לאחריו: אמנם בקשו ידיעת תאריו הוא אמרו - הודיעני[548] נא את דרכיך ואדעך וגו'. והסתכל מה שנכנס תחת זה המאמר מעניינים נפלאים. אמרו **הודיעני נא את דרכיך ואדעך**, מורה על היותו יתברך נודע בתאריו כי כשידע **הדרכים**, ידעהו. ואמרו - למען[549] אמצא חן בעינים, מורה על שמי שידע האלוה הוא אשר ימצא חן בעיניו' לא מי שיצום ויתפלל לבד, אבל כל מי שידעהו הוא הנרצה המקורב ומי שסכלו הוא הנקצף בו המרוחק, וכפי שיעור החכמה והסכלות יהיה הרצון והקצת והקרוב והריחוק. וכבר יצאנו מכוונת הפרק ואשוב אל העניין:

וכאשר בקש ידיעת התארים וביקש מחילה על האומה ונענה במחילתם וביקש אחר כן השגת עצמו יתברך והוא אמרו, הראני[550] נא את כבודך, נענה על המבוקש הראשון, והוא **הודיעני נא את דרכיך**, ונאמר לו - אני[551] אעביר כל טובי על פניך, ונאמר לו במענה השאלה השניה - לא[552] תוכל לראות את פני וכו'. אמנם אמרו **כל טובי**, הוא רמז להראות אותו הנמצאות כולם הנאמר עליהם - וירא[553] אלוקים את כל אשר עשה והנה טוב מאוד, רצוני לומר ב**הראות אותם לו**, שישיג טבעם והקשרם קצתם בקצת וידע הנהגתו להם איך היא בכלל ובפרט. ואל זה העניין רמז באמרו - בכל[554] ביתי נאמן הוא, כלומר שהוא הבין מציאות עולמי כולו הבנה אמיתית

[548] שמות לג יג
[549] שמות לג יג
[550] שמות לג יח
[551] שמות לג יט
[552] שמות לג כ
[553] בראשית א לא
[554] במדבר יב ז

קיימת, כי הדעות שאינם אמיתיות לא יתקיימו, אם כן השגת הפעולות ההם הם תאריו יתברך אשר יודע מצידם. והראיה על שהדבר אשר יעדו בהשיגו אותו הם פעליו יתברך היות הדבר אשר הודיעו, תארי פעולות גמורים - רחום[555] וחנון ארך אפים, הנה כבר התבאר כי **הדרכים** אשר ביקש ידיעתם והודיעוהו אותם הם הפעולות הבאות ממנו יתברך. וה**חכמים** יקראום **מידות** ויאמרו **שלוש עשרה מדות**, וזה השם נופל בשימושם על מדות האדם - ארבעה[556] מידות בנותני צדקה, ארבע[557] מידות בהולכי לבית המדרש, וזה הרבה. והעניין הנה אינו שהוא בעל מידות אבל פועל פעולות דומות לפעולות הבאות מאתנו ממידות, רצוני לומר מתכונות נפשיות, ולא שהוא יתברך בעל תכונות נפשיות: ואמנם הספיק לו זיכרון אלו ה**שלוש עשרה מידות**, ואף על פי שכבר השיג **כל טובו**, רצוני לומר כל פעולותיו, כי אלו הפעולות הבאות ממנו יתברך בחוק המצאת בני אדם והנהגתם. וזאת הייתה אחרית כוונת שאלתו כי סוף המאמר, ואדעך[558] למען אמצא חן בעיניך וראה כי עמך הגוי הזה, כלומר אשר אני צריך להנהיגם בפעולות אלך בהם בדרך פעולותיך בהנהגתם: הנה כבר התבאר לך כי ה**דרכים** וה**מידות**, אחד והם, הפעולות הבאות מאתו יתברך בעולם,

וכל אשר הושגה פעולה מפעולותיו תואר הוא יתברך בתואר אשר יבוא ממנו הפועל ההוא ונקרא בשם הנגזר מן הפועל ההוא. והמשל בו - כי כשהושגה דקות הנהגתו בהוות עובר בעל החיים והמציא כוחות בו ובמי שיגדלהו אחר לידתו שימנעוהו מן המוות ומן האבדון וישמרוהו מכל הזק ויועילוהו בשימושיו ההכרחיים, וכיוצא בפעולה הזאת ממנו לא תבוא אלא אחר הפעלות והמית רחמים והוא עניין הרחמנות, נאמר עליו יתברך **רחום**, כמו שנאמר - כרחם[559] אב על בנים, ואמר - וחמלתי[560] עליהם כאשר יחמול איש על בנו, ולא שהוא יתברך יפעל ויהמו רחמיו אלא כפועל ההוא אשר יבוא מן האב על הבן אשר הוא נמשך לחמלה ורחמנות והפעלות גמור יבוא ממנו יתברך בחוק חסידיו לא להפעלות ולא לשינוי. וכמו שאנחנו כשניתן דבר למי שאין לו חוק עלינו יקרא זה בלשוננו **חנינה** כמו שאמר - חנונו[561] אותם, אשר[562] חנן אלוקים, כי[563] חנני אלוקים, וזה הרבה. והוא יתברך ימציא וינהיג מי שאין לו חוק עליו להמציאו והנהיגו, ולזה נקרא **חנון**. וכן

---

[555] שמות לד ו

[556] משנה פרקי אבות ה יג

[557] משנה פרקי אבות ה יד

[558] שמות לג יג

[559] תהלים קג יג

[560] מלאכי ג יז

[561] שופטים כא כב

[562] בראשית לג ה

[563] בראשית לג יא

נמצא בפעולותיו הבאות בבני אדם ממכות גדולות ירדו בקצת אישים להמיתם או עניין כולל ממית משפחות או אקלימים יכלו הבן ובן הבן ולא יניחו לו מקום זרע ולא נודל, כהשקע מקומות וכרעש וכזוועות הממיתות וכתנועת עם על אחרים לאבדם בסיף ולמחות זכרם, והרבה מאלה הפעולות אשר לא יבואו מאחד ממנו לאחר אלא מכעס גדול או קנאה עצומה או בקשת גאולת דם - ונקרא לפי אלו הפעולות - קנוא[564] ונוקם ונוטר ובעל חמה, רצונו לומר כי הפעולות אשר כיוצא בם יבואו ממנו מתכונה נפשית - והיא הקנאה או בקשת גדולת הדם או הנקמה או הכעס, יבואו ממנו יתברך לפי התחייב הנענשים לא מהיפעלות בשום פנים, יתעלה מכל חסרון. וכן הפעולות כולם הם פעולות דומות לפעולות הבאות מבני אדם מהפעלויות ותכונות נפשיות והם באות מאתו יתברך לא מעניין מוסף על עצמו כלל: וצריך למנהיג המדינה כשיהיה נביא שיתדמה באלו התארים ויבואו מאתו אלו הפעולות כשיעור וכפי הדין לא לרדיפת ההפעלות לבד ולא ישלח רסן הכעס ולא יחזק מדות ההפעלויות בו, כי כל הפעלות, רע. אבל ישמר מהם כפי כח האדם. ויהיה בקצת הפעמים ולקצת האנשים **רחום וחנון** ולא לעניין הרחמנות והחמלה לבד אלא כפי מה שיהיה ראוי. ויהיה בקצת הפעמים ולקצת האנשים **נוטר ונוקם ובעל חמה** כפי התחייבם לא לעניין הכעס לבד, עד שיצווה בשרפת איש והוא בלתי כועס ולא קוצף עליו ולא מואס בו אבל כפי מה שיראהו מהתחייבו ויביט מה שתביא הפעולה הזאת מן התועלת העצומה בעם רב: הלא תסתכל בכתובי **התורה** כאשר צווה לאבד **שבעה עממים** ואמר - לא[565] תחיה כל נשמה, סמך לו מיד - למען[566] אשר לא ילמדו אתכם לעשות ככל תועבותם אשר עשו לאלוקיהם וחטאתם לה' אלוקיכם, יאמר לא תחשוב שזו אכזריות, או בקשת גאולת דם אבל הוא פועל שיגזור אותו הדעת האנושי שיוסר כל מי שיטה מדרך האמת ויורחקו המונעים כולם אשר ימנעו מן השלמות אשר הוא השגתו יתברך: ועם זה כולו צריך שיהיו פעולות הרחמנות והמחילה והחמלה והחנינה באות ממנהיג המדינה יותר הרבה מפעולות העונש. שאלו **השלוש עשרה מדות** כולם **מדות רחמים**, בלתי אחת והיא - פוקד[567] עון אבות על בנים, כי אמרו - נקה[568] לא ינקה, ענינו ושרש לא ישרש כאמרו - ונקתה[569] לארץ תשב: ודע כי אמרו **פוקד עון אבות על בנים**, אמנם חטא בחטא של **עבודה זרה** לבד לא בחטא אחר. והראיה על זה אמרו בעשרת הדברות - על[570] שלשים ועל

[564] נחום א ב
[565] דברים כ טז
[566] דברים כ יח
[567] דברים ה ח
[568] שמות לד ז
[569] ישעיהו ג כו
[570] שמות כ ד

רבעים לשונאיו, ולא יקרא **שונא** אלא **עובד עבודה זרה** לבד - כי[571] כל תועבת ה' אשר שנא. ואמנם הספיק לו **רבעים** כי תכלית מה שאפשר לו לאדם לראות מזרעו הוא **דור רביעי**. וכשיהרגו אנשי המדינה **עובדי עבודה זרה** ייהרג הזקן ההוא **העובד**, ובן, בן בנו, שהוא הולד הרביעי, וכאילו סיפר שמכלל מצוותיו יתברך, שהם מכלל פעולותיו בלא ספק, שייהרג זרע **עובדי עבודה זרה**, אף על פי שהם קטנים בתוך אבותם ואבות אבותם. וזאת המצוה מצאנוה נמשיכך בתורה בכל מקום כמו שצותה **בעיר הנדחת** - החרם[572] אותה ואת כל אשר בה, כל זה למחות הרושם ההוא המביא להפסד הגדול כמו שבארנו: וכבר יצאנו מעניין הפרק אבל בארנו למה הספיק לו הנה מזיכרון פעולותיו זיכרון אלה לבד והוא - מפני שהוא צריך אליהם בהנהגת המדינות. כי תכלית מעלת האדם, ההדמות בו יתברך כפי היכולת, כלומר שנדמה פעולותינו בפעולותיו, כמו שבארו בפרוש - קדושים[573] תהיו, אמרו - מה[574] הוא חנון אף אתה היה חנון, מה הוא רחום אף אתה היה רחום, והוכנה כולה, כי התארים המיוחסים לו יתברך הם תארי פעולותיו לא שהוא יתברך בעל איכות:

פרק נה

כבר קדם לנו במקומות רבים מזה המאמר כי כל מה שמחייב גשמות ראוי בהכרח להרחיקו ממנו וכן כל הפעלות יורחק ממנו כי כל ההפעלויות יחייבו שינוי ושהפועל להפעלויות ההם, בלתי המתפעל בלא ספק, ואילו היה הוא יתברך מתפעל בשום פנים מאפני ההפעלות היה זולתו עושה בו ומשנה אותו. וכן ראוי בהכרח שיורחק ממנו כל העדר ושלא יהיה שום שלמות נעדר ממנו פעם אחת ונמצא פעם אחרת, שאם הונח זה היה שלם בכח וכל כח יחובר אליו העדר בהכרח וכל מה שיצא מן הכח אל הפועל, אי אפשר לו מבלתי מוציא זולתו נמצא בפועל שיוציאהו, ולזה יתחייב שיהיו שלמויותיו כולם נמצאות בפועל ולא יהיה לו דבר בכוח בשום צד. וממה שראוי בהכרח שיורחק ממנו גם כן הדימוי לשום דבר מן הנמצאות, וזה דבר כבר הרגיש בו כל אדם וכבר גולה בספרי הנביאים בהרחקת הדימוי ואמר - ואל[575] מי תדמיוני ואשווה, ואמר - ואל[576] מי תדמיון אל ומה דמות תערכו לו, ואמר - מאין[577] כמוך ה', וזה הרבה: כללו של דבר, כי כל דבר מביא לאחד מאלו המינים הארבעה ראוי בהכרח להרחיקו ממנו במופת

---

571 דברים יב לא
572 דברים יג טז
573 ויקרא יט ב
574 גמרא סוטה דף יד ע"א
575 ישעיהו מ כה
576 ישעיהו מ יח
577 ירמיהו י ו

המבואר, והוא - כל מה שיביא לגשמות, או מה שיביא להפעלות ושינוי, או מה שיביא להעדר, כמו שלא יהיה לו דבר בפועל ואחר כן ישוב בפועל, או מה שיביא לדמיון דבר מבריאותיו. ואלו מכלל תועלות חכמת הטבע בידיעת האלוה, כי כל מי שלא ידע החכמות ההם לא ידע בחסרון ההפעלויות ולא יבין עניין מה שבכח ומה שבפועל ולא ידע התחייב ההעדר לכל מה שבכח ושאשר בכח יותר חסר מן המתנועע ליציאת הכח ההוא לפועל והמתנועע חסר גם כן בהצטרפו למה שבעבורו התנועע עד שיגיע בפועל. ואם ידע אלו הדברים ולא ידעם במופתיהם לא ידע הפרטים המתחייבים מאלו ההקדמות הכלליות חיוב הכרחי, ולזה לא יהיה אצלו מופת במציאות האלוה ולא בהתחייב הרחקת אלו המינים ממנו:

ואחר הקדימי זאת ההצעה אתחיל בפרק אחר אבאר בו שקרות מה שיחשבוהו מאמיני התארים העצמיים לו. ואמנם יבינהו מי שקדמה לו הידיעה במלאכת ההיגיון ובטבע המציאות:

<u>פרק נו</u>

דע, כי ההידמות הוא יחס אחד בין שני דברים, וכל שני דברים שלא ישוער ביניהם יחס כן לא יצויר ביניהם דמיון, וכן כל מה שאין דמיון ביניהם אין יחס ביניהם. והמשל בו, שלא יאמר זה החום דומה לזה המראה ולא זה הקול דומה לזה המתיקות. וזה דבר מבואר בעצמו. וכאשר הסתלק היחס בניהו ובינו יתברך, רצוני לומר בינו ובין זולתו, התחייב הסתלק הדמיון גם כן. ודע, כי כל שני דברים שהם תחת מין אחד, רצוני לומר שתהיה מהות שניהם אחת אלא שהם מתחלפים בגודל ובקטנות או בחוזק ובחולשה או כיוצא בזה - הנה שניהם מתדמים בהכרח ואף על פי שהם מתחלפים זה המין מן החילוף. והמשל בו, כי גרגר החרדל וגלגל הכוכבים הקיימים מתדמים ברחקים והשלשה, ואף על פי שזה בתכלית הגודל וזה בתכלית הקטנות עניין מציאות הרחקים בהם אחד. וכן השעוה הנתכת בשמש ויסוד האש מתדמים בחום ואף על פי שהחום ההוא בתכלית החוזק וזה החום בתכלית מן החולשה אלא שעניין הראות זה האיכות בשניהם יחד, אחד: וכן היה ראוי שיבין מי שיאמין שיש תארים עצמיים יתואר בהם הבורא יתברך, והם שהוא נמצא וחי ויכול ויודע ורוצה, שאין אלו העניינים מיוחסים אליו ואלינו בעניין אחד ויהיה החילוף בין התארים ההם ובין תארינו בגדול או בשלם או במתמיד או בקים עד שיהיה מציאותו יותר קיימת ממציאותנו וחייב יותר מתמידים מחיינו ויכולתו יותר גדולה מיכולתנו וחכמתו יותר שלמה מחכמתנו ורצונו יותר כולל מרצוננו, ויכלול שני העניינים גדר אחד כמו שיחשבו הם. אין העניין כן בשום פנים כי עניין **יותר מכך** אמנם יאמר בין הדברים אשר יאמר עליהם העניין ההוא בהסכמה ואם היה כן, התחייב הדמיון, ולפי דעתם אשר יראו שיש לו תארים עצמיים, כמו שהתחייב שיהיה עצמו יתברך בלתי דומה לעצמים כן ראוי שיהיו תאריו העצמיים

מורה חלק א נבוכים

אשר יחשבום בלתי דומים לתארים ולא יקבצם גדר אחד, ולא כן יעשו, אבל יחשבו שיקבצם גדר אחד ושאין דמיון ביניהם: הנה כבר התבאר למי שיבין עניין הדמיון שהוא יתברך אמנם יאמר עליו ועל זולתו **נמצא** בשיתוף גמור. וכן אמנם הותרו החכמה והיכולת והרצון והחיים עליו יתברך ועל כל בעל חכמה ויכולת ורצון וחיים, בהשתתפות גמור אשר אין דמיון עניין ביניהם כלל: ולא תחשוב שהם יאמרו בסיפוק, כי השמות אשר יאמרו בהסתפק הם אשר יאמרו על שני דברים שביניהם דמיון בעניין אחד והעניין ההוא, מקרה בהם ואינו מעמיד עצם כל אחד מהם, ואלו הדברים המיוחסים לו יתברך אינם מקרים אצל אחד מבעלי העיון ואלו התארים אשר לנו הם כולם מקרים לפי דעת המדברים. ואני תמה מאין נפל הדמיון עד שיקבצם גדר אחד ויהיו נאמרים בהסכמה כמו שיחשובו, זה מופת חותך על היות התארים המיוחסים לו אין בין ענייניהם ועניין אלו הנודעים אצלנו שתוף בשום פנים ולא בשום עניין ואמנם השיתוף, בשם ולא בדבר אחר: ואחר שהוא כן אין ראוי שתאמין עניינים מוספים על העצם כדמות אלו התארים אשר הם נוספים על עצמנו בעבור שהשתתפו בשם. וזה העניין, גדל המעלה אצל היודעים. ושמרהו והבינהו הבנה טובה להיות מזומן למה שארצה להבינך אותו:

<u>**פרק נז**</u>

בתארים. יותר עמוק מן הקודם: ידוע כי המציאות הוא מקרה קרה לנמצא ולזה הוא עניין נוסף על מהות הנמצא. זהו הדבר המבואר הראוי לכל מה שלמציאותו סיבה שמציאותו, עניין נוסף על מהותו. אמנם מי שאין סיבה למציאותו, והוא האלוה יתברך ויתברך לבדו כי זה הוא עניין אמרנו עליו יתברך שהוא מחויב המציאות, תהיה מציאותו עצמו ואמיתתו ועצמו מציאותו ואינו עצם קרה לו שנמצא ותהיה מציאותו עניין נוסף עליו שהוא, מחויב המציאה תמיד אין מתחדש עליו ולא מקרה קרה לו. ואם כן הוא נמצא לא במציאות וכן חי, לא בחיים ויכול, לא ביכולת וחכם, לא בחכמה, אבל הכל שב לעניין אחד אין ריבוי בו כמו שיתבאר: וממה שצריך שיודע עוד כי האחדות והריבוי, מקרים קרו לנמצא באשר הוא רב או אחד, כבר התבאר זה בספר הנקרא מה שאחר הטבע. וכמו שהמניין אינו עצם המנויים כן אין האחדות עצם הדבר המתאחד כי אלו כולם - מקרים מסוג הכמות המתפרק ישיגו הנמצאות המזומנות לקבל כיוצא באלו המקרים.

אמנם המחויב המציאות הפשוט באמת אשר לא תשיגהו הרכבה כלל, כמו שהוא מן השקר עליו מקרה הריבוי כן הוא מן השקר עליו מקרה האחדות, רצוני לומר כי אין האחדות עניין נוסף על עצמו אבל הוא אחד, לא באחדות: ולא יבחנו אלו העניינים הדקים שכמעט יבצרו מן השכל במילות הנהוגות אשר הם הסיבה הגדולה בהטעאה כי יצר בנו הדיבור מאוד מאוד בכל לשון עד שלא נצייר העניין ההוא אלא בהקל בדיבור. וכאשר השתדלנו להורות על היות האלוה לא הרבה לא יוכל האומר לאמר אלא **אחד**, ואף על פי

שהאחד וההרבה ממבדילי הכמות. ולזה נבין העניין ונורה השכל לאמיתת הדבר באמרנו אחד, לא באחדות:
כמו שנאמר קדמון, להורות על שהוא בלתי מחודש ובאמרנו **קדמון**, מן ההקל מה שהוא מבואר נגלה, כי הקדמון אמנם יאמר למי שישיגהו הזמן אשר הוא מקרה לתנועה הנמשכת אחר הגוף, והוא גם כן משער המצטרף כי אמרך **הקדמון** במקרה הזמן, כמאמרך - **הארוך והקצר** במקרה הקו, וכל מי שלא ישיגהו מקרה הזמן לא יאמר עליו באמת לא **קדמון** ולא **חדש**, כמו שלא יאמר במתיקות לא **מעוותת**, ולא **ישרה** ולא יאמר בקול לא **מליח** ולא **תפל**: ואלו הדברים אין העלם בהם למי שהרגיל בהבנת העניינים כפי אמיתתם ובחנם בהשגת השכל להם והשפטתו אותם לא בכללות אשר יורו עליו המלות. וכל מה שתמצאהו בספרים שיתארו האלוה יתברך ב**ראשון ואחרון** הוא כתאריו יתברך בעין ובאוזן. והכונה בזה שהוא יתברך לא ישיגהו שינוי ולא יתחדש לו עניין בשום פנים, לא שהוא יתברך נופל תחת הזמן שיהיה קצת הקש בינו ובין זולתו ממה שבזמן ויהיה **ראשון ואחרון**. ואמנם אלו המילות כולם **כלשון בני אדם**: כן אמרנו **אחד** ענינו שהוא אין דמיון לו לא שעניין האחדות דבק לעצמו:

__**פרק נח**__

יותר עמוק מן הקודם: דע כי תיאור האלוה יתברך בשלילות הוא התאור האמיתי אשר לא ישיגהו הדבר מן ההקל ואין בו חסרון בחוק האלוה כלל ולא בשום עניין. אמנם תארו בחיובים יש בו מן השיתוף והחיסרון מה שכבר ביארנוהו: וצריך שנבאר לך תחילה, איך הם השוללים תארים על צד אחד ובאי זה הדבר יבדלו מתארי החיוב, ואחרי כן אבאר לך, איך אין לנו דרך בתארו אלא בשוללים לא בזולתם: ואומר כי התואר אינו אשר יחד המתואר לבד עד שלא ישתתף בתואר ההוא עם זולתו, אבל התואר יהיה גם כן תואר למתואר, ואם הוא משתתף בו עם זולתו ולא יהיה בו התייחדות. והמשל בו אם ראית איש מרחוק ותשאל ותאמר מה זה הנראה, ויאמר לך בעל חיים, זה יהיה תואר בלא ספק לזה הנראה, ואף על פי שלא יחדהו מכל מה שזולתו אלא הגיע בו קצת יחוד והוא, שזה הנראה אינו גוף ממין הצמחים ולא ממין המקורים. כן עוד כשיהיה בזה הבית אדם ותדע שבו, גוף אחד אלא שאתה לא תדע מה הוא ותשאל ותאמר מה בזה הבית, ויאמר לך העונה אין בו מחצב ולא גוף צמח - כבר הגעת בו קצת התייחדות ותדע שבו בעל חיים - ואם לא תדע אי זה בעל חיים הוא. והנה בזה הצד ישתתפו תארי השלילה לתארי החיוב, שאי אפשר שלא ייחדו קצת התייחדות - ואף על פי שלא יהיה בהם מן ההתייחדות אלא הסרת מה ששללו מכלל מה שהיינו חושבים אותו בלתי משולל. ואמנם הצד אשר נבדלו בו תארי השלילה מתארי החיוב שתוארי החיוב, אף על פי שלא ייחדו, הם מורים על חלק מכלל הדבר המבוקש ידיעתו, אם חלק מעצמו או מקרה ממקריו, ותארי

השלילה לא יודיעונו דבר בשום פנים מן העצם המבוקש ידיעתו, מה הוא אלא אם היה זה במקרה כמו שהמשלנו:

ואחר זאת ההקדמה אומר שהאלוה יתברך, כבר בא המופת שהוא מחויב המציאה אין הרכבה בו כמו שנעשה עליו מופת ולא נשיג אלא ישותו בלבד לא מהותו, אם כן מן השקר שיהיה לו תואר חיוב, מפני שאין ישות חוץ למהותו ויורה התואר על אחת מהם כל שכן שתהיה מהותו מורכבת ויורה התואר על שני חלקיה כל שכן שיהיו לו מקרים ויורה התואר גם כן עליהם, ואם כן אין לו תואר חיוב בשום פנים: אמנם תארי ההרחקה הם אשר צריך שיעשו, להישיר השכל למה שצריך שיאמינו בו יתברך, מפני שלא יגיע מצדם ריבוי בשום פנים והם יישירו השכל לתכלית מה שאפשר שישיגהו האדם ממנו יתברך. והמשל בו, שהנה התבאר לנו במופת חיוב מציאות דבר אחד זולת אלו העצמים המושגים בחושים ואשר כלל ידיעתם השכל, ואמרנו על זה שהוא נמצא העניין, כי מן השקר העדרו, ואחר כן השגנו שזה הנמצא אינו כמציאות היסודות על דרך משל אשר הם גופות מתות, ואמרנו שהוא חי העניין, שהוא יתברך אינו מת, ואחר כן השגנו שזה הנמצא גם כן אינו כמציאות השמים אשר הם גוף חי, ואמרנו שהוא אינו גוף, ואחר כן השגנו שזה הנמצא אינו כמציאות השכל אשר אינו גשם ולא מת אבל הוא עלול, ואמרנו שהוא יתברך קדמון העניין, אין לו סיבה המציאתו, ואחר כן השגנו שזה הנמצא, אין מציאותו אשר הוא עצמו מספיק לו אמנם שיהיה נמצא בלבד אבל שופעות מאתו מציאויות רבות, ואין זה כשפע החום מן האש ולא כחיוב האור מן השמש אבל שפע שימשיך להם תמיד עמידה וקיום וסידור בהנהגה מתוקנת כמו שנבאר, ואמרנו בו מפני אלו העניינים שהוא יכול וחכם ורוצה והכונה באלו התארים, שאינו לואה ולא סכל ולא נבהל או עוזב, ועניין אמרנו **לא לואה**, שמציאותו יש בה די להמצאת דברים אחרים זולתו ועניין אמרנו **לא סכל**, שהוא משיג, כלומר חי כי כל משיג חי, ועניין אמרנו **לא נבהל ולא עוזב**, כי כל אלה הנמצאות הולכות על סדר והנהגה לא נעזבות והוות כאשר יקרה אלא כהיות כל מה שינהיגהו הרוצה, בכוונה ורצון. ואחר כן השגנו כי זה הנמצא אין אחר כמוהו, ואמרנו **הוא אחד** העניין, הרחקת הריבוי:

הנה כבר התבאר לך כי כל תואר שנתארהו בו הוא, אם תואר פעולה או יהיה ענינו, שלילת העדרו אם הייתה הכונה בו, השגת עצמו לא פעולתו. ולא תעשה גם כן אלו השלילות ולא תתיירם עליו יתברך אלא בפנים אשר כבר ידעת, שפעמים ישולל מהדבר מה שאין דרכו שימצא לו כמו שנאמר בכותל **לא רואה**: ואתה האיש המעיין במאמרי זה יודע כי זה הרקיע והוא גשם מתנועע שכבר ידענו זרתותיו ואמותיו וידענו שיעור חלקים ממנו ורוב תנועותיו נלאו שכלינו כל הלאות מהשיג מהותו, עם היותנו יודעים שהוא בעל חומר וצורה בהכרח אלא שאינו זה החומר אשר בנו, ולזה לא נוכל לתארו אלא בשמות הבלתי מקימים לא בחיוב המקיים, שאנחנו נאמר כי

השמים לא קלים ולא כבדים ולא מתפעלים ולזה לא יקבלו פעולה ואינם בעלי טעם ולא בעלי ריח וכיוצא באלו השלילות, כל זה לסכלותנו בחומר ההוא. ואיך יהיה עניין שכלנו כשישתדלו להשיג הנקי מהחומר הפשוט בתכלית הפשיטות המחויב המציאות אשר אין עילה לו ולא ישיגהו עניין מוסף על עצמו השלם, אשר עניין שלמותו, שלילת החסרונות ממנו כמו שבארנו, שאנחנו לא נשיג זולת ישותו לבד ושיש נמצא לא ידמה לו דבר מכל הנמצאות אשר המציאם ולא ישתתף להם בעניין בשום פנים ואין ריבוי בו ולא לאות להמציא מה שזולתו ושיחסו לעולם יחס רב החובל לספינה ואין זה גם כן יחס אמיתי ולא דמיון אמיתי אבל הוא להישיר השכל, שהוא יתברך מנהיג הנמצאות, העניין שהוא יתמידם וישמור סידורם כמו שצריך, והנה יתבאר זה העניין ביותר רחב מזה: ישתבח מי אשר בהשקיף השכלים עצמו, תשוב השגתם קיצור השגה וידיעה וכשישקיפו חיוב פעולותיו מרצונו, תשוב ידיעתם סכלות וכשישתדלו הלשונות להגדילו בתארים, תשוב כל הפלגת דברים לאות וקיצור:

<u>פרק נט</u>

יש לשואל שישאל ויאמר אחר שאין תחבולה בהשגת אמיתת עצמו והמופת מכריח שהדבר המושג הוא שהוא נמצא לבד ותארי החיוב כבר נמנעו כמו שבא עליו המופת, באי זה דבר ייפול היתרון בין המשיגים, אם כן אשר השיגו משה רבינו ע"ה ושלמה הוא אשר ישיג האיש האחד מקצת דורשי החכמה, וזה אי אפשר בו תוספת, ומן המפורסם אצל בעלי התורה וגם אצל הפילוסופים כי היתרון בזה הרבה. דע כי העניין כן ושהיתרון בין המשיגים עצום מאוד כי כמו כל אשר יוסיפו בתארי המתואר, יתייחד יותר ויקרב המתאר להשגת אמיתתו כן כל מה שתוסיף בשלילה ממנו יתברך, תקרב אל ההשגה ותהיה יותר קרוב אליו ממי שלא שלל מה שכבר התבאר לך במופת שלילתו: ולזה יטרח אדם אחד שנים רבות בהבנת חכמה אחת ואמת הקדמותיה עד שייקחה אמת תהיה תולדת החכמה ההיא, כולה שנשלול מהאלוה עניין אחד נודע במופת שהוא שקר שיוחס לו העניין ההוא, ואחר מן המקצרים בעיון לא יתבאר לו זה במופת ויהיה העניין אצלו מסופק, הימצא העניין ההוא לאלוה או לא ימצא לו, ואחר מחשוכי העיניים יחייב לו העניין ההוא אשר התבאר שלילתו. כמו שאביא המופת שהוא אינו גשם, ואחר יספוק ולא ידע אם גשם או לא גשם, ואחר יגזור שהוא גשם ויקדם פני האלוה בזאת האמונה, ראה כמה בין שלושת האנשים מן ההבדל הראשון בלא ספק יותר קרוב אל האלוה והשני רחוק ממנו והשלישי יותר רחוק. כן כשנניח רביעי התבאר אצלו במופת המנע ההפעליות בחוקו יתברך והראשון אשר הרחיק הגשמות לא התבאר לו זה, יהיה הרביעי בלא ספק יותר קרוב אל האלוה מן הראשון וכן תמיד. עד אשר אם ימצא איש שיתבאר אצלו במופת המנע דברים רבים ממנו יתברך הם אצלנו אפשר שימצאו לו או

יבואו מאתו, כל שכן אם נאמין זה מחויב, יהיה האיש ההוא יותר שלם ממנו בלא ספק: הנה כבר התבאר לך כי כל אשר התבאר לך במופת שלילת דבר אחד ממנו, תהיה יותר שלם וכל אשר תחייב לו דבר מוסף, תהיה מדמה ותרחק מידיעת אמיתתו. ובאלו הפנים צריך שיתקרבו להשגתו בדרישה ובחקירה עד שיודע שקרות כל מה שהוא עליו שקר, לא שתחייב לו דבר על צד שהוא עניין מוסף על עצמו או שהעניין ההוא - שלמות בחוקו באשר תמצאהו שלמות בחוקנו, שהשלמויות כולם הם קצת קניינים ולא כל קנין ימצא לכל בעלי קנין.

ודע שאתה כשתחייב לו דבר אחר רחקך ממנו בשני פנים האחד, להית כל מה שתחייבהו הוא שלמות לנו והשני, שהוא אינו בעל דבר אחר אבל עצמו הוא שלמיותיו כמו שבארנו: וכאשר הרגיש כל אדם שאי אפשר להגיע אל השגת מה שבכוחנו שנשיג כי אם בשלילה והשלילה לא תודיע דבר מאמיתת העניין אשר נשלל ממנו הדבר אשר נשללהו, בארו בני אדם כולם העוברים והבאים שהאלוה יתברך לא ישיגוהו השכלים ולא ישיג מה הוא אלא הוא ושהשגתו היא הלאות מתכלית השגתו. וכל הפילוסופים אומרים נצחנו בנעימותו ונעלם ממנו לחוזק היראותו כמו שיעלם השמש מן העיניים החלושים להשיגו. וכבר האריכו בזה במה שאין תועלת לשנותו הנה. והמפולג שנאמר בזה העניין אמרו בתהלים - לך[578] דומיה תהילה, פרושו השתיקה אצלך היא השבח. וזה המרצת דברים עצומה מאוד בזה העניין, שאנחנו כל דבר שנאמר אותו שנכון בו הגדלה ושבח, נמצא בו מעמס אחד בחוקו יתברך ונשקיף בו קצת חסרון, אם כן השתיקה יותר ראויה וההסתפקות בהשגת השכלים כמו שצוו השלמים ואמרו - אמרו[579] בלבבכם על משכבכם ודומו סלה: וכבר ידעת אמרתם המפורסמת אשר מי יתן והיה כל המאמרים כמותה, ואני אזכרה לך בלשונה ואף על פי שהיא ידועה להעירך על עניניה. אמרו - ההוא[580] דנחת קמיה דרבי חנינה אמר האל הגדול הגיבור והנורא האדיר והחזק היראוי והעזוז אמר ליה סימתינהו לכולהו שבחי דמרך, השתא אנן תלת קמיתא אלמלא דאמרינהו משה רבינו ביאורייתא ואתו אנשי כנסת הגדולה ותקינונהו בתפילה אנן לא יכילנן למימרנהו - ואנת אמרת ואזלת כולי האי. משל למה הדבר דומה - למלך בשר ודם שהיו לו אלף אלפים דינרי זהב, ומקלסין אותו בשל כסף, והלא גנאי הוא לו, עד הנה הגיע מאמר זה החסיד: והסתכל תחילה שתקו ומאסו ריבוי תארי החיוב. והתבונן איך הראה כי התארים אילו הונחו לשכלינו לבד לא אמרנום לעולם ולא דברנו בדבר מהם, ואמנם כאשר הצריך הכרח הדיבור לבני אדם במה שיתקיים להם מעט ציור, כמו שאמרו **דברה תורה**

[578] תהלים סה ב

[579] תהלים ד ה

[580] גמרא מגילה כה א

מורה נבוכים חלק א

כלשון בני אדם, שיתואר להם האלוה בשלמיותיהם תכליתנו, שנעמוד על המאמרים ההם ולא נקרא שמו בהם אלא בקראנו אותם **בתורה** לבד, אמנם כאשר באו גם **אנשי כנסת הגדולה**, והם הנביאים, וסדרו זכרם בתפלה תכליתנו, שנאמרם לבד. ועיקר זה המאמר, בארו ששני הכרחיים נזדמנו בהתפללנו בהם האחד, מפני שבאו **בתורה** והשני, סדר הנביאים התפלה בהם, ולולא ההכרח הראשון, לא זכרנום ולולא ההכרח השני לא הסירונום ממקומם ולא התפללנו בהם, ואתה מרבה בתארים: הנה כבר התבאר לך גם כן מאלו הדברים שאין כל מה שתמצאהו מן התארים המיוחסים לאלוה בספרי הנביאים ראוי לנו שנתפלל בהם ונאמרם - שהוא לא אמר - אלמלא דאמרנהו משה רבנו לא יכילנן למימרנהו, אלא תנאי אחר **ואתו**[581] **אנשי כנסת הגדולה ותקנינהו בתפלה** - ואז מותר לנו להתפלל בהם ולא כמו שעשו הפתאים באמת אשר המריצו בשבחים והאריכו והרבו דברים בתפילות חיברום ומליצות קבצום להתקרב בהם לאלוה לפי מחשבתם יתארו בהם האלוה בתארים אילו יתואר בהם אחד מבני אדם היה זה חסרון בחוקו, שהם לא הבינו אלו העניינים הגדולים והחשובים הזרים משכלי ההמון ולקחו האלוה יתברך מדרס ללשונותם ותארוהו וסיפרוהו בכל מה שיחשבוהו ראוי וימריצו לשבח בזה עד שיעוררוהו להפעל במחשבתם, וכל שכן אם ימצאו כתוב בדברי נביא בזה יהיה העניין מותר להם שיבואו לכתובים שצריך לפרשם על כל פנים וישיבום לפשוטיהם ויגזרו מהם ויעשו להם סעיפים ויבנו עליהם מאמרים. וירבה התר זה אצל המשוררים והמליצים ואצל מי שיחשוב שהוא עושה שיר עד שחוברו דברים קצתם, כפירה גמורה וקצתם, יש בהם מן השטות והפסד הדמיון מה שראוי לאדם שישחק עליו לפי טבעו כשמעו ויבכהו עם ההתבוננות איך נאמרו הדברים ההם בחוק האלוה יתברך. ולולא חמלתי על חסרון האומרים הייתי מגיד מהם מעט עד שתתעורר על מקום החטא בהם אלא שהם מאמרים חסרונם נראה מאד למי שיבין: וצריך שתתבונן ותאמר אם היה **לשון הרע והוצאת שם רע**, מרי עצום כל שכן התרת הלשון בחוק האלוה יתברך ותארו בתארים, יתעלה מהם, ולא אומר שהם מרי אבל **חרוף וגידוף בשגגה** מן ההמון השומעים ומן הפתי ההוא האומר. אמנם מי שהשיג חסרון המאמרים ההם ויאמרם הוא אצלי מכלל מי שנאמר בהם - ויחפאו[582] בני ישראל דברים אשר לא כן על ה' אלוקיהם, ונאמר - ולדבר[583] אל ה' תועה. ואם תהיה ממי **שיחוס על כבוד קונו** אין צריך לך שתשמעם בשום פנים כל שכן שתאמרם וכל שכן שתעשה כמותם. וכבר ידעת שיעור אשמת מי **שיטיח דברים כלפי מעלה**. ואין צריך לך בשום פנים שתכניס עצמך לתארי האלוה בחיוב

---

[581] גמרא ברכות לג ב

[582] מלכים ב יז ט

[583] ישעיהו לב ו

להגדילו במחשבתך ולא תצא ממה שסידרוהו **אנשי כנסת הגדולה** בתפילות ו**בברכות**, ובזה די לפי ההכרח ויותר מדי כמו שאמר רבי חנינה. אמנם שאר מה שבא בספרי הנביאים יקרא בעבור עליו אבל יאמינו בו מה שכבר בארנו שהם תארי פעולותיו או להורות על שלילת העדרם. וזה העניין גם כן לא יפורסם להמון אבל זה המין מן העיון ראוי ביחידים אשר הגדלת הבורא אצלם אינה שיאמרו מה שאין ראוי אבל שישכילו במה שראוי:

ונשוב אל השלמת ההערה על דברי רבי חנינה וחכמותיו. לא אמר - משל למה הדבר דומה, למלך בשר ודם שהיו לו אלף אלפים דינרי זהב, ומקלסין אותו במאה דינרין, שהיה מורה זה המשל על ששלמיותיו יתברך יותר שלמות מאלו השלמויות אשר יוחסו לו רק הם ממינים, ואין העניין כן כמו שבארנו במופת. אבל חכמת זה המשל הוא אמרו - דינרי זהב ומקלסין אותו בשל כסף, להורות שאלו אשר הם אצלנו שלומיות אין אצלו יתברך ממינם דבר אלא כולם חסרון בחוקו כמו שבאר ואמר בזה המשל - **והלא גנאי הוא לו**.

הנה כבר הודעתיך שכל מה שתחשבהו מאלו התארים שלמות הוא חסרון בחוקו יתברך כשיהיה ממין מה שאצלנו. וכבר הישירנו שלמה לזה העניין במה שבו די ואמר - כי[584] האלהי"ם בשמים ואתה על הארץ על כן יהיו דבריך מעטים:

פרק ס

אני רוצה למשול לך משלים בזה הפרק, תוסיף בהם לדעת שראוי להרבות תאריו בשלילות, ותוסיף בהם הרחקה מהאמנת תארי חיוב לו יתברך. הנה שאיש אחד התאמת לו שהספינה נמצאת ולא ידע זה השם על מה הוא נופל אם על עצם אחד או על מקרה, ואחר כך התבאר לאיש אחר שאינה מקרה, ואחר כך התבאר לאיש אחר שאינה מחצב, ואחר כך התבאר לאחר שאינה בעל חיים, ואחר כך התבאר לאחר שאינה צמח מחובר לארץ, ואחר כך התבאר לאחר שאינה גוף אחד מחובר חיבור טבעי, ואחר כך התבאר לאחר שאינה בעלת צורה שטוחה כקרשים והדלתות, ואחר כך התבאר לאחר שאינה כדור, ואחר כך התבאר לאחר שאינה חדודית והתבאר לאחר שאינה עגולה ולא בעלת צלעות שוות והתבאר לאחר שאינה מקשה, הנה הוא מבואר שזה האחרון כמעט שהגיע לציור הספינה כפי מה שהיא באלו התארים השוללים וכאילו הושווה למי שצירה שהיא גשם מעץ חלול ארוך מחובר מעצים רבים אשר כבר צירה בתארי החיוב. אמנם הקודמים אשר המשלנו בהם כל אחד מהם יותר רחוק מציור הספינה מאשר אחריו עד שהראשון במשלנו לא ידע רק השם לבד: הנה כן יקרבוך תארי השלילה לידיעת האלוה יתברך והשגתו. והשמר מאד שתוסיף שלילת מה שתשלול,

---

[584] קהלת ה א

במופת לא שתשלול בדיבור בלבד כי כל אשר תתבאר לך במופת שלילת הדבר שיחשב מציאותו לאלוה ממנו תקרב אליו מדרגה בלא ספק.
ובאלו הפנים היו אנשים קרובים אליו מאד ואחרים בתכלית הרוחק - לא שיש לאלוה מקום ויקרב אליו האדם וירחק ממנו כמו שיחשבו עורי העיניים. והבן זה מאוד ודעהו והיה בו שמח. הנה ככר התבארה לך הדרך אשר אם תלך בה - תקרב אליו יתברך - ולך בה אם תרצה: אמנם תארו יתברך במחייבות יש בו סכנה גדולה. כי ככר התבאר שכל מה שנחשבהו שלמות אפילו אם היה השלמות ההוא נמצא לו לדעת האומרים בתארים, שאינו ממין השלמות אשר נחשבהו אבל בהשתתף יאמר לבד כפי מה שבארנו. הנה בהכרח תצא לעניין השלילה. שאתה אם תאמר - יודע במדע אחד במדע ההוא שאינו משתנה ולא מתרבה ידע הדברים הרבים המשתנים התדירים להתחדש מבלתי שיתחדש לו מדע וידיעתו בדבר, קודם היותו ואחר היותו נמצא ואחר העדרו מן המציאות, ידיעה אחת אין שינוי בה, הנה כבר גילת שהוא יודע לא במדע כמדענו. וכן יתחייב שהוא נמצא ולא בעניין המציאות בנו. הנה כבר באת בשוללות בהכרח ולא עמדת על אמיתת תואר עצמי אבל עמדת על הריבוי והיותך מאמין שהוא עצם אחד יש לו תארים נסכלים שאלו שתחשוב לחייבם לו אתה תרחיק מהם הדמיון באלו התארים הידועים אצלנו ואם כן, אינם ממינם. וכאילו הוציאך העניין בחייב התארים שאמרת שהאלוה יתברך נושא אחד יינשאו עליו קצת נשואים לא הנושא ההוא כאלו הנושאים ולא הנשואים ההם כאלו הנשואים ויהיה תכלית השגתנו בזאת האמונה, השיתוף לא דבר אחר. כי כל נושא בעל נשואים בלא ספק והוא שנים בגדר, ואם הוא אחד במציאות, כי עניין הנושא בלתי עניין הנשוא עליו. והנה יתבאר לך בפרקים מזה המאמר המופת על המנע ההרכבה בו יתברך אבל הפשיטות הגמורה בתכלית האחרונה:
ואיני אומר שמחייב תארים לאלוה יתברך מקצר בהשגתו או משתף או השיגו בחילוף מה שהוא, אבל אומר הרחיק מציאות האלוה מאמונתו והוא לא ירגיש. וביאור זה כי המקצר בהשגת אמיתת דבר אחד הוא המשיג קצתו ויסכול קצתו כמי שישיג מעניין האדם חיובי החיות ולא ישיג חיובי הדיבר, והאלוה יתברך אין ריבוי באמיתת מציאותו שיובן ממנו דבר ויוסכל דבר אחר, וכן המשתף לעניין אחד הוא אשר יציר אמיתת עצם אחד כפי מה שהוא וחייב כאמיתות ההוא לעצם אחר - ואלו התארים לפי דעת מי שיחשבם אינם עצם האלוה אבל עניינים נוספים על העצם. וכן עוד אשר ישיג הדבר בחילוף מה שהוא אי אפשר בהכרח מבלתי שישיג ממנו דבר אחד כמה שהוא, אמנם מי שיציר שהטעם, כמות איני אומר שהוא ציר הדבר על חלוף מה שהוא אבל אומר סכל מציאות הטעם ולא ידע זה השם על מה זה נופל. וזה עיון דק מאד, והבינהו: ולפי זה הביאור תדע כי המקצר בהשגת האלוה והרחוק מידיעתו הוא אשר לו תתברר לו שלילת עניין מן העניינים אשר התבאר לזולתו שלילתם ממנו, אם כן כל מי שמעטו שלילותיו הוא

יותר מקצר ההשגה כמו שבארנו בראש זה הפרק. אמנם אשר יחייב לו תואר, לא ידע דבר רק השם לבד אמנם הדבר אשר ידמה שנפל עליו זה השם הוא עניין בלתי נמצא אבל בדוי שקרי, וכאילו הפיל זה השם על עניין נעדר שאין במציאות דבר שהוא כן. והמשל בו שאדם שמע בשם הפיל וידע שהוא בעל חיים וביקש לדעת צורתו ואמיתתו ואמר לו הטועה או המטעה - הוא בעל חיים בעל רגל אחת ושלוש כנפים עומד בעמקי הים גשמו בהיר ולו פנים רחבים כפני האדם וצורתו ותמונתו וידבר כאדם ופעם יעוף באויר ופעם ישוט כדג, איני אומר כי זה ציר הפיל בחילוף מה שהוא ולא שהוא מקצר בהשגת הפיל אבל אומר שזה הדבר אשר דימהו בזה התואר, בדוי שקרי ואין במציאות דבר שהוא כך אבל זה דבר נעדר קרא לו שם דבר נמצא כעזניה נפלאה וסוס אדם וכיוצא בזה מן הצורות הדמיוניות אשר הושם להם שם דבר מן הנמצאות אם שם אחד או שם מורכב. וכן העניין הנה בזוה. וזה, כי האלוה, ישתבח שמו, הוא נמצא בא המופת על מציאותו שהוא מחויב ומה שמתחייב מחיוב המציאות, הפשיטות הגמורה כמו שאבאר. אמנם היות העצם ההוא הפשוט המחויב המציאות כמו שנאמר בעל תארים ועניינים אחרים ישיגוהו הוא דבר בלתי נמצא בשום פנים כמו שהתבאר במופת. וכשנאמר שזה העצם הנקרא אלוה על דרך משל הוא עצם בו עניינים רבים יתואר בהם, כבר שמנו זה השם על העדר גמור והסתכל, כמה יש מן הסכנה בחיוב התארים לו: ואשר צריך שיאמן במה שבא מן התארים בספר התורה או בספרי הנביאים, שהם כולם להישיר לשלמותו יתברך לא לדבר אחר או תואר פעולות הבאות מאתו כמו שבארנו:

<u>פרק סא</u>

כל שמותיו יתברך הנמצאים בספרים כולם נגזרים מן הפעולות, וזה מה שאין העלם בו, אלא שם אחד והוא - **יו"ד ה"א וא"ו ה"א** שהוא שם מיוחד לו יתברך ולזה נקרא שם **מפורש**, ענינו שהוא יורה על עצמו יתברך הוראה מבוארת אין השתתפות בה. אמנם שאר שמותיו הנכבדים מורים בשיתוף להיותם נגזרים מפעולות ימצא כמותם לנו כמו שבארנו. עד שהשם המכונה בו **יו"ד ה"א וא"ו ה"א** הוא גם כן נגזר מן האדנות - דיבר[585] האיש אדוני הארץ. וההפרש בין אמרך **אדוני** בחיריק **הנון** ובין אמרך אותו בקמצות **הנון**, כהפרש בין אמרך - **שרי** אשר ענינו השר שלי ובין אמרך - שרי[586] אשת אברם, שבזה הידור וכללות לאחרים, וכבר נאמר למלאך - אדוני[587]... אל נא תעבור. ואמנם בארתי לך זה **באדוני** לבד המכונה בו להיותו המיוחד שבשמות המפורסמים לו יתברך, אמנם שאר שמותיו **כדיין**

585 בראשית מב ל
586 בראשית טז ג
587 בראשית יח ג

וצדיק ו**חנון** ו**רחום** ו**אלוהי"ם**, כולם הם מבוארי הכללות והגזירה. אך **השם** שאותיותיו **יו"ד ה"א וא"ו ה"א** לא יודע לו גזרה ידועה ולא ישתתף בו זולתו. ואין ספק שזה השם העצום אשר לא ידובר בו כמו שידעת אלא **במקדש** ו**כוהני הוי"ה המקודשים** לבד **בברכת כהנים** ו**כהן גדול ביום הצום**, יורה על עניין אחד אין השתתפות בינו יתברך ובין זולתו בעניין ההוא. ואפשר שיורה כפי הלשון אשר אין אתנו היום ממנה אלא דבר מועט וכפי מה שיקרא גם כן על עניין חיוב המציאות. סוף דבר - גדולת זה השם והשמירה מלקרוא אותו - להיותו מורה על עצמו יתברך מאשר לא ישתתף אחד מן הברואים בהוראה ההיא כמו שאמרו עליו ז"ל **שמי** - המיוחד לי: אמנם שאר השמות הם כולם מורים על תארים לא על עצם לבד רק על עצם בעל תארים מפני שהם נגזרים, ולזה יביאו לחשוב הריבוי, רצוני לומר יביאו לחשוב מציאות תארים ושיש עצם ועניין נוסף על העצם כי כן היא הוראת כל שם נגזר כי הוא מורה על עניין ועל נושא לא באר אותו התחבר בו העניין ההוא. וכאשר התבאר במופת כי האלוה יתברך אינו נושא התחברו בו עניינים ידענו שהשמות הנגזרים הם לפי יחס הפועל אליו או לפי ההישרה לשלמותו.

ולזה היה כועס רבי חנינה מאמרו - **הגדול הגיבור והנורא**, לולא שני הכרחיים אשר זכר להיות אלו מביאים לחשוב תארים עצמיים, רצוני לומר שהם שלמויות נמצאות בו. וכאשר רבו אלו השמות הנגזרים מן הפעולות לו יתברך הביאו קצת בני אדם לחשוב שיש לו תארים רבים כמספר הפעולות אשר נגזרו מהם, ולזה יעד בהגיע לבני אדם השגה שתסיר מהם זה הספק ואמר - ביום[588] ההוא יהיה הוי"ה אחד ושמו אחד, רצונו לומר שכמו שהוא אחד כן יקרא אז בשם אחד לבד והוא המורה על העצם לבד לא שהוא נגזר. ובפרקי רבי אליעזר אמרו - עד[589] שלא נברא העולם היה הקדוש ברוך הוא ושמו בלבד, הסתכל איך גילה שאלו השמות הנגזרים כולם נתחדשו אחר חידוש העולם, וזה אמת שהם כולם שמות הונחו לפי הפעולות הנמצאות בעולם. אמנם כשתבחן עצמו נקי מופשט מכל פועל לא יהיה לו שם נגזר בשום פנים אבל שם אחד מיוחד להורות על עצמו ואין אצלנו **שם** בלתי נגזר אלא זה והוא - **יו"ד ה"א וא"ו ה"א**, אשר הוא **שם המפורש** גמור, לא תחשוב זולת זה: ולא יעלה במחשבתך שגעון כותבי **הקמיעות**, ומה שתשמעהו מהם או תמצאהו בספריהם המשונים משמות חברום לא יורו על עניין בשום פנים ויקראו אותם **שמות** ויחשבו שהם צריכים **קדושה וטהרה**, ושהם יעשה נפלאות, כל אלה דברים לא יאות לאדם שלם לשמעם כל שכן שיאמינם: ואינו נקרא **שם המפורש** כלל זולת זה השם **בן ארבע אותיות**, הנכתב אשר לא יקרא כפי אותיותיו. ובפרוש

---

[588] זכריה יד ט

[589] פרקי דרבי אליעזר פרק ג

אמרו בספרי - כה[590] תברכו את בני ישראל, **כה**, בלשון הזה כהוי"ה **בשם המפורש**, ושם נאמר - במקדש[591] ככתבו ובמדינה בכנויו, ובתלמוד נאמר – כהוי"ה[592] בשם המפורש, אתה אומר בשם המפורש או אינו אלא בכנויו, תלמוד לומר, ושמו את שמי, שמי המיוחד לי: הנה כבר התבאר לך כי **שם המפורש** הוא זה **שם בן ארבע אותיות** ושהוא לבדו הוא המורה על העצם מבלתי שיתוף עניין אחר, ולזה אמרו עליו **המיוחד לי**.

ואני אבאר לך הדבר אשר הביא האנשים למה שיאמינוהו מעניין **השמות**. ואבאר לך עיקר זאת השאלה ואגלה לך מסתורה עד שלא יישאר לך בה ספק אלא אם תרצה להטעות את עצמך, בפרק אחר זה:

<u>פרק סב</u>

צוונו **בברכת כהנים** ובה שם האלוה ככתבו, אשר הוא **שם המפורש**. ולא היה נודע אל כל אדם איך יהיה הדיבור בו ובאי זו תנועה יניע כל אות מאותיותיו או ידגש קצת אותיותיו אם הייתה אות מקבלת דגשות. אבל אנשי החכמה היו מוסרים אותו זה לזה, רצוני לומר תואר הדיבור בו, ולא היו מלמדים אותו לאדם אלא **לתלמיד הגון פעם אחת בשבוע**. ואני סובר שזה שאמרו - שם[593] בן ארבע אותיות חכמים מוסרין אותו לבניהם ולתלמידיהם פעם אחת בשבוע, אין זה איך יהיה הדיבור בו לבד אלא ללמד גם העניין אשר בעבורו יוחד זה השם ויהיה בו סוד אלוקי:

עוד שם שהיה אצלם שם בן שתי עשרה אותיות והוא **בקדושה** למטה מזה **השם בן ארבע אותיות**. והקרוב אצלי שלא היה שם אחד אלא שני שמות או שלושה כלל אותיותיהם, שתים עשרה והיו מכנים בו בכל מקום שהיה מזדמן להם בקריאה **שם בן ארבע אותיות** כמו שנכנה אנחנו היום **באל"ף דל"ת**. וזה השם גם כן אשר הוא שם בן שתים עשרה אותיות, אין ספק שהיה מורה על עניין יותר מיוחד מהוראת **אל"ף דל"ת**. ולא היה נמנע ומעולם מאחד מבני החכמה אלא כל מי שיבקש ללמדו, ילמדוהו, ולא כן שם בן ארבע אותיות שלא למדהו מעולם אדם ממי שידעו אלא לבנו ולתלמידו פעם אחת בשבוע. כאשר היו אנשים פרוצים לומדים זה **השם בן שתים עשרה אותיות** ומפסידים בו אמונות, כמו שיקרה לכל מי שאינו שלם כשידע שהדבר אינו כמו שהיה מדמה אותו תחילה, הסתירו זה **השם** גם כן ולא היו מלמדים אותו אלא **לצנועים שבכהונה** לברך בו בני אדם במקדש, שכבר פסקו מלזכור **השם המפורש** במקדש גם כן להפסד האנשים, אמרו - משמת[594] שמעון הצדיק בטלו אחיו הכהנים מלברך בשם,

---

[590] ספרי על במדבר ו כה

[591] גמרא סוטה ז ו

[592] גמרא סוטה לח א

[593] קידושין עא א

[594] גמרא מנחות קט ע"ב

אלא היו מברכים בזה **שם בן שתים עשרה אותיות**, אמרו בראשונה[595] שם בן שתים עשרה אותיות היו מוסרין אותו לכל אדם, משרבו הפריצים היו מוסרין אותו לצנועין שבכהונה והצנועים שבכהונה היו מבליעיין אותו בנעימות אחיהם הכהנים, אמר[596] רבי טרפון פעם אחת עליתי אחר אבי אימא לדוכן, והטיתי אזני אצל כהן ושמעתי שהבליעו בנעימות אחיו הכהנים:

והיה אצלם גם כן **שם בן שתים וארבעים אותיות**. וידוע אצל כל בעל ציור שאי אפשר בשום פנים שיהיו שתים וארבעים אותיות מלה אחת, ואמנם היו אלו מילים רבות כלל אותיותיהם, שתים וארבעים. ואין ספק שהמלות ההם מורות על עניינים בהכרח העניינים ההם יקרבו לאמיתת ציור עצמו יתברך בפנים אשר אמרנו. ואמנם נקראו אלו המילות הרבות האותיות **שם** להיותם מורים על עניין אחד לבד כשאר השמות המיוחדים. ואמנם רבו המילות להבנת העניין כי העניין האחד אפשר שיובן במילות רבות. והבן זה: ודע שזה הדבר אשר ילומד היה לימוד העניינים שמורים עליהם השמות ההם לא הדיבור לבד באותיות הערומות מכל ציור. ולא נקרא כלל **שם בן שתים עשרה אותיות** זה, ולא **שם בן ארבעים ושתים אותיות**, **שם המפורש**, אבל שם המפורש הוא **השם המיוחד לו** כמו שבארנו. אמנם אלו השנים האחרים היו מלמדים קצת חכמה אלוקית בהכרח. והראיה על היותו מלמד חכמה, אמרה עליו - שם[597] בן ארבעים ושתים אותיות קדוש ומקודש ואין מוסרין אותו אלא למי שהוא צנוע ועומד בחצי ימיו ואינו כועס ואינו משתכר ואינו מעמיד על מידותיו ודיבורו בנחת עם הבריות, וכל היודעו וזהיר בו ומשמרו בטהרה אהוב למעלה ונחמד למטה ואימתו מוטלת על הבריות ותלמודו מתקיים בידו ונוחל שני עולמים, העולם הזה והעולם הבא, זה כתוב בתלמוד. ומה מאוד רחוק מה שיובן מזה המאמר מכוונת אומרו וזה - כי הרוב יחשבו שהם אותיות ידובר בהם - לא דבר אחר - ולא יפורש להם עניין ויגיעו בהם אל אלה העניינים העצומים וצריך להם להכנות המדיות האלו וההזמנה הרבה אשר זכר. ומבואר הוא שזה כולו אינו רק הודעת עניינים אלוקיים מכלל העניינים שהם **סתרי תורה** כמו שבארנו, וכבר התבאר בספרים המחוברים, בחכמה האלוקית שזאת החכמה אי אפשר לשכחה, רצוני לומר השגת השכל הפועל, והוא עניין אמרו - ותלמודו[598] מתקיים בידו:

וכאשר מצאו האנשים הרעים הפתאים אלו הדברים התרחב להם הכזב והמאמר שיקבצו איזה אותיות שירצה ויאמרו שזה הוא **שם** יעשה ויפעל כשייכתב או כשיאמר על תואר כך. ואחר כך נכתבו הכזבים ההם אשר

---

[595] גמרא קידושין עא ע"א
[596] גמרא קידושין עא ע"א
[597] גמרא קידושין עא ע"א
[598] גמרא קידושין כט ע"ב

באדם הרע הפתי הראשון, ונעתקו הספרים ההם לידי הטובים רכי הלבב הסכלים אשר אין אצלם מאזנים ידעו בהם האמת מן השקר והסתירום ונמצאו בעזבונותם ונחשב בהם שהם אמת. וסוף דבר - פתי[599] יאמין לכל דבר:

וכבר יצאנו מענייננו הנכבד ועיוננו הדק אל העיון בביטול שגעון יראה בטולו לכל מתחיל בעיון, אלא שהביא לזה הכרח זכרנו **השמות** ועניניהם ומה שהתפרסם אצל ההמון מעניינם. ואשוב אל עניני: כבר העירונו שכל שם שיש לו יתברך הוא נגזר אלא **שם המפורש**. וצריך שנדבר בזה השם והוא **אהיה אשר אהיה** בפרק נפרד למה שבזה מן העניין הדק אשר אנחנו בו, רצוני לומר הרחקת התארים:

פרק סג

נקדים הצעה ונאמר, שזה אשר אמרו משה עליו השלום - ואמרו[600] לי מה שמו מה אומר אליהם, איך הייתה לעניין ההוא ראויה זאת השאלה עד שיבקש במה זה ישיב עליה, אמנם אמרו - והן[601] לא יאמינו לי ולא ישמעו בקולי כי יאמרו לא נראה אליך הוי"ה, הוא מבואר מאוד שכן ראוי שיאמר לכל מי שיתפאר בנבואה עד שיביא מופת. ועוד אם היה העניין כמו שיראה שהוא, שם ידובר בו לבד לא ימלט הדבר מהיות **ישראל** כבר ידעו השם ההוא או לא שמעוהו כלל, ואם היה נודע אצלם, אין טענה לו בהגידו אותו כי ידיעתו בו כידיעתם, ואם היה בלתי נשמע אצלם - מה הראיה שזה שם האל אם הייתה ידיעת שמו ראיה, ועוד שהוא אחר שלמדו יתברך זה השם אמר לו - לך[602] ואספת את זקני ישראל... ושמעו לקולך, ואחר זה ענה הוא ע"ה ואמר - והן[603] לא יאמינו לי ולא ישמעו בקולי, וכבר קדם אמרו יתברך לו **ושמעו לקולך**, ואמר לו יתברך אחר כך - מזה[604] בידך ויאמר מטה: ואשר תדעהו ויבאר לך כל זה הספק הוא מה שאומר לך. כבר ידעת פרסום דעות האצבה בזמנים ההם והיות בני אדם כולם אלא יחידים עובדי עבודה זרה, רצוני לומר האמנת הרוחניות והורדת הרוחות ועשית הטלסמאות. והיה דבר כל מתפאר בזמנים ההם כולם אם שיתפאר שעלה בידו עיון ומופת הורהו שיש אלוה לעולם בכללו כאברהם או יתפאר שירדה עליו רוחניות כוכב או מלאך וכיוצא בזה, אבל איש שיתפאר בנבואה לאמר שהאלוה דיבר אליו ושלחו לא נשמע זה כלל קודם משה רבינו. ואל יטעך מה שבא **באבות** מזיכרון דבר האלוה להם והראותו אליהם, שאתה לא תמצא העניין ההוא

---

599 משלי יד טו
600 שמות ג יג
601 שמות ד א
602 שמות ג טז
603 שמות ד א
604 שמות ד ב

מן הנבואה לקרוא לבני אדם או להישיר זולתם עד שיאמר אברהם או יצחק או יעקב או מי שקדמם לבני אדם, אמר לי האלוה עשו כך, או לא תעשו, או - שלחני[605] אליכם, זה לא היה כלל, אבל היה הדיבור להם במה שהיה מיוחד להם לא דבר אחר, רצוני לומר בשלמותם והישירה למה שיעשו ובשרם במה שיגיע אליו עניין זרעם לא זולת זה, והם היו מישרים בני אדם על דרך עיון ולמוד, כמו שהתבאר אצלנו באמרו - ואת[606] הנפש אשר עשו בחרן: וכאשר נראה יתברך אל משה רבינו ע"ה וצווהו שיקרא לבני אדם ויגיע אליהם זאת השליחות אמר תחילת מה שישאלוני, שאמת להם שיש אלוה לעולם נמצא ואחר כך אומר שהוא שלחני. מפני שכל בני אדם אז אלא יחידים לא היו מרגישים במציאות האלוה ותכלית עיונם לא היה עובר הגלגל וכוחותיו ופעולותיו, שהם לא היו נבדלים מן המורגש ולא הושלמו שלמות שכלי. ולמדהו האלוה אז מדע שיגיעהו אליהם יאמת אצלם מציאות האלוה והוא - **אהיה**[607] **אשר אהיה**, וזה שם נגזר מן **היה** והוא המציאות, כי **היה** מורה על עניין ההויה ואין הפרש בין אמרך **היה** או **נמצא** בלשון העברי. והסוד כולו הוא בשנותו המילה בעצמה המורה על המציאות בעניין התואר, כי **אשר** גוזר זיכרון התואר הנדבק בו שהוא שם חסר צריך אל חיבור כעניין **אלדי ואלתי** בערבי, והושם השם הראשון, והוא המתואר **אהיה** והשם השני אשר תארו בו **אהיה** והוא הוא בעצמו, וכאילו הראה שהמתואר הוא התואר בעצמו. והיה זה ביאור עניין שהוא נמצא לא במציאות, ובא ביאור העניין ההוא ופרושו כן הנמצא אשר הוא הנמצא, כלומר המחויב המציאות. וזה אשר יביא אליו המופת בהכרח שיש דבר מחויב המציאות לא נעדר ולא יעדר כמו שאבאר מופתו:

וכאשר הודיעהו יתברך הראיות אשר יתקיים בהם מציאותו אצל חכמיהם, כי אחר זה בא - **לך**[608] **ואספת את זקני ישראל**, ויעד לו שהם יבינו מה שהודעתיו לך ויקבלוהו, והוא אמרו - ושמעו[609] לקולך, השיבו ע"ה ואמר, הנה הם יקבלו שיש אלוה נמצא באלו המופתים השכליים מה תהיה ראיתי שזה האלוה הנמצא שלחני, ואז ניתן לו האות. הנה כבר התבאר שעניין אמרו **מה שמו**, אמנם ענינו מי הוא אשר תחשוב ששלחך, ואמנם אמר **מה שמו**, לגדלו ולהדרו בסיפור כאילו אמר שעצמך ואמיתתך, לא יסכול אותה אדם ואם אשאל על שמך איזה דבר הוא העניין אשר יורו עליו בשם, ואמנם הרחיק שיאמר לאלוה יתברך שיש מי שיסכול זה הנמצא ושם סכלותם לשמו לא לנקרא בשם ההוא: וכן שם **י"ה** הוא מעניין נצחיות המציאה.

---

[605] שמות ג יד

[606] בראשית יב ה

[607] שמות ג יד

[608] שמות ג טז

[609] שמות ג יח

ושד"י בו גזרה מן **די**, - והמלאכה[610] הייתה דים, **והשין** בעניין **אשר** כמו **שכבר**, ויהיה ענינו **אשר די**, הכונה בזה שהוא לא יצטרך במציאות מה שהמציא ולא בהתמידו לזולתו אבל מציאותו מספקת בו. וכן שם **חסין** נגזר מן הכח - וחסון[611] הוא כאלונים. וכן **צור** הוא שם משותף כמו שבארנו: הנה כבר התבאר לך שהשמות כולם נגזרים, או יאמרו בשיתוף **כצור ודומהו** ואין **שם** לו יתברך בלתי נגזר זולתי **שם בן ארבע אותיות**, והוא **השם המפורש** להיותו בלתי מורה על תואר אבל על מציאות לבד לא דבר אחר. ובכלל המציאות המוחלט, שיהיה תמיד, רצוני לומר מחויב המציאות: והבן מה שהגיע אליו המאמר:

פרק סד

דע כי **שם הוי"ה** רוצים בו פעמים השם לבד כאמרו - לא[612] תשא את שם הוי"ה אלוקיך לשוא, ונוקב[613] שם הוי"ה, וזה הרבה משיסופר. ופעמים רוצים בו עצמו יתברך ואמיתתו כמו - ואמרו[614] לי מה שמו. ופעמים רוצים בו דברו יתברך עד שיהיה אמרנו **שם הוי"ה**, כאילו אמרנו **דבר הוי"ה** או **מאמר הוי"ה**, כמו שאמר - כי[615] שמי בקרבו, ענינו **דברי בקרבו** או **מאמרי בקרבו**, העניין שהוא כלי לרצוני וחפצי. והנה אבאר הדברים בשיתוף **מלאך**: וכן **כבוד הוי"ה** פעמים רוצים בו האור הנברא אשר ישכינהו האלוה במקום להגדלה על דרך המופת - וישכון[616] כבוד הוי"ה על הר סיני ויכסכו וכו', וכבוד[617] הוי"ה מלא את המשכן. ופעמים רוצים בו עצמו יתברך ואמיתתו כמו שאמר - הראני[618] נא את כבודך, ובא המענה - כי[619] לא יראני האדם וחי, מורה כי **הכבוד** הנאמר הנה עצמו, ואמרו **כבודך** להגדיל כמו שבארנו באמרו **ואמרו לי מה שמו**. ופעמים רוצים **בכבוד** הגדלת האנשים כולם את האלוה ואף כל מה שזולתו יתברך יגדילהו כי הגדלתו האמיתית היא השגת גדולתו, הנה כל מי שהשיג גדולתו ושלמותו כבר הגדילו כשיעור השגתו והאדם לבד יגדיל במאמרים, להורות על מה שהשיג בשכלו, ויפרסם בו לזולתו. ומי שאין השגה לו כדומם כאילו הם מגדילים גם כן בהיותם מורים בטבעם על יכולת ממציאם וחכמתו ויהיה זה מביא להגדלת הבוחן

610 שמות לו ז
611 עמוס ב ט
612 שמות כ ו
613 ויקרא כד טז
614 שמות ג יג
615 שמות כג כא
616 שמות כד טז
617 שמות מ לה
618 שמות לג יח
619 שמות לג כ

מורה חלק א נבוכים

אותם, ידבר בלשונו או לא ידבר אם הוא מי שאין ראוי עליו הדיבור. וכבר הרחיב הלשון העברי בזה עד שהתירו על זה העניין לשון **אמירה**, ויאמרו על מי שאין השגה לו שהוא שיבח ואמר - כל[620] עצמותי תאמרנה הוי"ה מי כמוך, סיפר על היותם מחיבות זאת האמונה שהם אשר בעבורם נודע זה גם כן. ולפי קרוא זה העניין **כבוד**, **נאמר** - מלא[621] כל הארץ כבודו, דומה לאמרו ותהלתו[622] מלאה הארץ, כי השבח יקרא **כבוד**, כבר נאמר - תנו[623] להוי"ה אלוקיכם כבוד, ונאמר - ובהיכלו[624] כולו אומר כבוד, ובא ממנו הרבה. והבן זה השיתוף גם כן ב**כבוד** ופרשהו בכל מקום כפי ענינו ותמלט מספקות גדולות:

__פרק סה__

איני רואה אותך אחר הגיעך לזאת המדרגה ואמתך שהוא יתברך נמצא לו במציאות ואחד לא באחדות צריך שיבואר לך הרחקת תואר הדיבור ממנו, וכל שכן בהסכים כל אומתנו ש**התורה** ברואה, הכונה בזה שדברו המיוחס לו, נברא. ואמנם יוחס אליו להיות המאמר ההוא אשר שמעו משה רבינו ע"ה האלוה בראו וחידשו כמו שברא כל מה שבראו וחידשו. והנה יבואו לך בנבואה דברים רבים, ואמנם הכונה הנה - שתוארו בדבור כתוארו בפעולות כולם הדומות לפעולותינו, והוישרו השכלים כולם שיש מדע אלוקי ישיגוהו הנביאים באמרם שהאלוה דבר עמהם ואמר להם - עד שנדע שאלו העניינים אשר יגיעו לנו מאת האלוה הם לא ממחשבתם וזממם לבד כמו שיתבאר. וכבר קדם לנו זיכרון זה העניין: ואמנם כוונת זה הפרק, כי **הדיבור** ו**האמירה** מלה משותפת נופלת על הדיבור בלשו כאמר - משה[625] ידבר, ויאמר[626] פרעה, ונופלת על העניין המצויר בשכל מבלתי שידובר בו, אמר - אמרתי[627] אני בליבי, ודיברתי[628] בלבי, וליבך[629] ידבר, לך[630] אמר לבי, ויאמר[631] עשו בלבו, וזה הרבה, ותיפול על הרצון - ויאמר[632] להכות את דוד,

620 תהלים לה י
621 ישעיהו ו ג
622 חבקוק ג ג
623 ירמיהו יג טז
624 תהלים כט ט
625 שמות יט יט
626 בראשית מא מד
627 קהלת ב א
628 קהלת ב טו
629 משלי כג לג
630 תהלים כז ח
631 בראשית כז מא
632 שמואל-ב כא טז

כאילו אמר **ורצה להרגו**, כלומר חשב בו להרגו, הלהרגני[633] אתה אומר, פירושו ועניינו התרצה להרגני, ויאמרו[634] כל העדה לרגום אותם באבנים, וזה גם כן הרבה:

וכל **אמירה** ו**דיבור** שבאו מיוחסים לאלוה הם משני העניינים האחרונים, רצוני לומר שהם אם כנוי על הרצון והחפץ או כינוי על העניין המובן מאת האלוה, והוא אחד אם נודע בקול נברא או נודע בדרך מדרכי הנבואה אשר אבארם, לא שהוא יתברך דיבר באותיות וקול, ולא שהוא יתברך בעל נפש שיוחקו העניינים בנפשו ויהיו בעצמו עניין נוסף על עצמו, אבל התלות העניינים ההם בו וייחוסם אליו כיחס הפעולות כולם: ואמנם הכינוי על הרצון והחפץ ב**אמירה** ו**דיבור** הוא כמו שביארתיו מענייני שתוף זאת המילה, ועוד על צד הדמיון לנו כמו שהעירונו במה שקדם. כי לא יבין האדם בתחילת מחשבה איך יעשה הדבר אשר ירצה הרוצה לעשותו ברצון לבד, אבל אי אפשר בתחילת הדעת מבלתי שיעשה הרוצה הדבר אשר ירצה להמציאו או יצווה לזולתו לעשותו:

ולזה הושאל לאלוה הצווי בהיות מה שרצה היותו ונאמר שהוא צוה שיהיה כך, והיה כל זה על צד הדמיון בפעולותינו, מחובר אל היות זאת המילה גם כן מורה על עניין רצה כמו שבארנו. וכל מה שבא במעשה בראשית, **ויאמר ויאמר**, עניינו רצה או חפץ. וכבר זכר זה זולתנו והתפרסם מאד. והמופת עליו - רצוני לומר שאלו ה**מאמרות** אמנם הם רצוניים לא מאמרים, כי מאמרי הצווי אמנם יהיו לנמצא יקבל הצווי ההוא. כן אמרו - בדבר[635] הוי"ה שמים נעשו, כמו - וברוח[636] פיו כל צבאם, כמו **שפיו** ו**רוח פיו**, השאלה כן **דברו** ו**מאמרו**, השאלה והעניין, שהם נמצאו בכוונתו וברצונו. וזה ממה שלא יסכלהו אדם מחכמינו הידועים. ואיני צריך שאבאר שה**אמירה** וה**דיבור** בלשון העברי בעניין אחד גם כן - כי[637] היא שמעה את כל אמרי הוי"ה אשר דבר:

פרק סו

והלוחות[638] מעשה אלוקים המה, רוצה שמציאותם טבעית לא מלאכותית. כי כל הדברים הטבעיים יקראו **מעשה הוי"ה** - המה[639] ראו מעשי הוי"ה, וכאשר זכר הדברים הטבעיים כולם מצמח ובעל חיים ורוחות ומטר וכיוצא

---

633 שמות ב יד
634 במדבר יד י
635 תהלים לג ו
636 תהלים לג ו
637 יהושע כד כז
638 שמות לב טז
639 תהלים קז כד

בהם אמר - מה[640] רבו מעשיך הוי"ה, ויותר מופלג מזה אמרו - ארזי[641] לבנון אשר נטע, בעבור היות מציאותם טבעית לא מלאכותית אמר שהאלוה נטעם: וכן אמרו מתהב אלוקים, כבר באר יחס המכתב ההוא לאלוה איך הוא באמרו כתובים -באצבע[642] אלוקים. ואמנם אמרו באצבע אלוקים הוא, כמו שאמר על השמים - מעשה[643] אצבעותיך, אשר התבאר שהם נעשו **באמירה** - בדבר[644] הוי"ה שמים נעשו, הנה כבר התבאר לך כי הכתוב ישאיל למציאות הדבר לשון **אמירה** ו**דיבור**, ושהדבר ההוא בעצמו אשר נאמר עליו ש**נעשה בדיבור**, נאמר עליו **מעשה אצבע**. כן אמרו - כתובים[645] באצבע אלוקים, דומה לאמרו **בדבר אלוקים** ואילו אמר **בדבר אלוקים** היה דומה לאמרו **כתובים בחפץ אלוקים**, כלומר ברצונו וחפצו: אמנם אונקלוס נטה בזה העניין אל פרוש זר ואמר - כתיבין באצבעא דהוי"ה, שהוא שם **אצבע**, דבר אחד מצטרף לאלוה ופרש **אצבע הוי"ה** כמו **הר הוי"ה** ו**מטה הוי"ה**, רוצה בזה שהוא כלי נברא חקק הלוחות ברצון האלוה. ואינו יודע מה הביאו לזה, והיה יותר קרוב מזה - כתיבין במימרא דהוי"ה, כמו שאמר - בדבר[646] הוי"ה שמים נעשו, התראה מציאות הכתב בלוחות יותר מופלא ממציאות הכוכבים בגלגלים, כמו שזה ברצון ראשון לא בכלי עשאם כך יהיה זה הכתב הכתוב, ברצון ראשון לא בכלי. וכבר ידעת דבר המשנה - בעשרה[647] דברים נבראו בין השמשות, ומכללם **הכתב והמכתב** מורה על היות העניין המוסכם עליו אצל המון העם ש**המכתב הלוחות** כשאר מעשה בראשית כולו, כמו שבארנו בפרוש המשנה:

<u>פרק סז</u>

כאשר הושאל לשון **אמירה** לרצון בכל מה שנברא בששת ימי בראשית, ונאמר **ויאמר** – **ויאמר**, הושאלה לו ה**שביתה** ביום השבת כאשר לא הייתה שם בריאה ונאמר - וישבות[648] ביום השביעי, כי העמידה מן הדיבור גם כן תקרא **שביתה** כמו שנאמר - וישבתו[649] שלשת האנשים האלה מענות את איוב: וכן העמידה מן הדיבור בא בה **לשון ניחה** והוא אמרו - וידברו[650] אל נבל ככל הדברים האלה בשם דוד וינוחו, ענינו אצלי ועמדו מדבר עד

[640] תהלים קד כד
[641] תהלים קד טז
[642] שמות לא יח
[643] תהלים ח ד
[644] תהלים לג ו
[645] שמות לא יח
[646] תהלים לג ו
[647] משנה פרקי אבות ה ו
[648] בראשית ב ב
[649] איוב לב א
[650] שמואל-א כה ט

שישמעו המענה כי לא קדם להם זיכרון טורח בשום פנים עד שאפילו טרחו היה אומרו **וינוחו** זר כספור מאד, ואמנם סיפר שהם סדרו כלל זה המאמר אשר בו מרכות אמרים מה שאתה רואה ושתקו, כלומר לא הוסיפו על זה המאמר עניין אחר ולא פועל מחייב שיהיה מענהו מה שאמר להם, כי כוונת הסיפור ההוא, לספר גנותו בעבור שהיה בתכלית הגנות: ולפי זה העניין גם כן נאמר - וינח[651] ביום השביעי.

אבל **החכמים** וזולתם מן המפרשים שמוהו מעניין המנוחה ושמוהו פועל מתעבר, אמרו החכמים ז"ל - וינח לעולמו ביום השביעי, רצונו לומר הפסק הבריאה בו:

ואפשר שיהיה מעלולי הפ"א או עלולי הלמ"ד ויהיה ענינו הניח או הנחה או המשיך המציאות כפי מה שהוא ביום השביעי, יאמר כי בכל יום מן הששה היו מתחדשים חידושים יוצאים מזה הטבע המונח הנמצא עתה במציאות בכללו וביום השביעי נמשך העניין והונח כפי מה שהוא עתה. ולא יסתור מאמרנו היום שימושו אינו כשמוש העלולי הפ"א או הלמ"ד כי כבר הוזרו שמושים ובאו על בלתי הקש, וכל שכן באלו הפעלים העלולים, והסרת כמו זה העניין המטעה לא יבוטל בדרכי שמוש לשון, עם דעתנו שאנחנו היום בלתי יודעים לשוננו ושדרכי כל לשון רוביים. וכבר מצאנו בזה השורש גם כן העלול העי"ן עניין התשומה וההנחה והוא אמרו **והוניחה שם**, וכן - ולא[652] נתנה עוף השמים לנוח עליהם, ומזה העניין גם כן אצלי - אשר[653] אנוח ליום צרה:

אבל אמרו **וינפש**, הוא הפעלות מן **נפש** וכבר בארנו שתוף **נפש** ושהוא בעניין הכונה והרצון ויהיה ענינו, השלם רצונו והווית כל חפצו:

פרק סח

כבר ידעת פרסום זה המאמר אשר אמרוהו הפילוסופים באלוה יתברך והוא אמרם שהוא השכל והמשכיל והמושכל ושאלו השלשה עניינים בו יתברך הם עניין אחד אין ריבוי בו. וכבר זכרנו אנחנו זה גם כן בחיבורנו הגדול משנה תורה שזה פנת דתנו כמו שבארנו שם, רצוני לומר היותו אחד לבד ולא יצורף אליו דבר אחר, רצוני לומר שאין דבר קדמון זולתו. ולזה יאמר - חי[654] הוי"ה, ולא יאמר חי הוי"ה, מפני שאין חייו דבר זולת עצמו כמו שבארנו בהרחקת התארים: ואין ספק כי כל מי שלא עיין בספרים המחוברים בשכל ולא השיג עצם השכל ולא ידע מהותו ולא יבין ממנו אלא כמו שיבין מעניין הלובן והשחרות תקשה עליו הבנת זה העניין מאד ויהיה

---

651 שמות כ י

652 שמואל-ב כא י

653 חבקוק ג טז

654 ירמיהו ה ב

אמרנו, שהוא השכל והמשכיל והמושכל, אצלו כאילו אמרנו הלובן והמתלבן והמלבין דבר אחד, וכמה פתאים ימהרו לסתור דברינו בזה המשל וכיוצא בו וכמה ממי שיחשוב שהוא חכם יקשה עליו זה ויראה שידיעת אמיתת חיוב זה הוא עניין יבצר מן הדעות. וזה העניין הוא עניין מופתי מבואר כפי מה שבארוהו הפילוסופים האלוקים. והנני אבינך מה שהביאו עליו מופת: דע כי האדם קודם שישכיל דבר הוא משכיל בכח, וכשישכיל דבר אחד, כאילו תאמר כשהשכיל צורת זה האילן הרמוז אליו והפשיט צורתו מהחומר שלו וציר הצורה מופשטת, שזהו פועל השכל, אז הוא משכיל בפועל, והשכל אשר עלה בידו בפועל הוא צורת האילן המופשטת אשר בשכלו כי אין השכל דבר זולת הדבר המושכל. הנה כבר התבאר לך כי הדבר המושכל הוא צורת האילן המופשטת והוא השכל ההווה בפועל ואינו שני דברים שכל וצורת האילן המושכלת כי אין השכל בפועל דבר זולת מה שהושכל. והדבר אשר בו הושכלה צורת האילן והופשטה אשר הוא המשכיל הוא השכל ההווה בפועל בלא ספק, כי כל שכל פעלו הוא עצמו ואין השכל בפועל דבר אחד ופעלו דבר אחר, כי אמיתת השכל ומהותו היא ההשגה. ולא תחשוב כי השכל בפועל, דבר אחד נמצא לבדו נבדל מן ההשגה וההשגה, עניין אחר בו אבל גוף השכל ואמיתתו, השגה וכשתניח שכל נמצא בפועל הוא ההשגה למה שהושכל, וזה מבואר מאד למי שהרגיל משלי זה העיון: הנה כבר התבאר לך, כי השכל פעלו, אשר הוא השגתו, הוא אמיתתו ועצמו, ואם כן הדבר אשר בו הופשטה צורת זה האילן והושגה - אשר הוא השכל, הוא המשכיל, כי השכל ההוא בעצמו הוא אשר הפשיט הצורה והשיגה וזהו פעלו אשר בעבורו נאמר בו שהוא משכיל ופעלו הוא עצמו ואין לזה אשר הונח שכל בפועל אלא צורת זה האילן. הנה כבר התבאר כי כשהיה השכל נמצא בפועל שהשכל הוא הדבר המושכל והתבאר שכל שכל פעלו, אשר הוא היותו משכיל, הוא עצמו ואם כן השכל והמשכיל והמושכל, דבר אחד בעצמו לעולם בכל מה שיושכל בפועל: אמנם כשהונח בכח הוא שני דברים בהכרח השכל בכח והדבר המושכל בכח, כאילו תאמר זה השכל ההיולני אשר בראובן הוא שכל בכח וכן זה האילן הוא מושכל בכח, ואלו שני דברים בלא ספק. וכשיצא לפועל והייתה צורת האילן מושכלת בפועל אז תהיה הצורה המושכלת היא השכל, ובשכל הוא בעצמו אשר הוא שכל בפועל הופשטה והושכלה כי כל מה שיש לו פועל נמצא הוא נמצא בפועל: והנה כל שכל בכח ומושכל בכח הם שנים, וכל מה שהוא בכח אי אפשר לו מבלתי נושא סובל הכח ההוא, כאדם על דרך משל, ויהיו הנה שלושה דברים האדם הנושא הכח ההוא, והוא המשכיל בכח והכח ההוא, והוא השכל בכח והדבר המזומן שיושכל, והוא המושכל בכח, כאילו אמרת בזה המשל האדם והשכל ההיולני וצורת האילן, ואלו שלשה עניינים חלוקים. וכשהגיע השכל בפועל. יהיו השלושה עניינים אחד. ולא תמצא לעולם השכל דבר אחד והמושכל דבר אחר אלא כשילקחו בכח: וכאשר בא

המופת שהאלוה יתברך הוא שכל בפועל ואין כח בו כלל כמו שהתבאר וכמו שיבוא עליו המופת ולא יהיה פעם ישיג ופעם לא ישיג אבל הוא שכל בפועל תמיד התחייב שיהיה הוא והדבר ההוא המושג דבר אחד - והוא עצמו - ופעולת ההשגה עצמה אשר בה יאמר משכיל היא גוף השכל - אשר הוא עצמו, אם כן הוא משכיל ושכל ומושכל לעולם:

הנה כבר התבאר כי היות השכל והמשכיל והמושכל אחד במספר אינו בחוק הבורא לבד אבל בחוק כל שכל. ובנו גם כן המשכיל והשכל והמושכל דבר אחד כשיהיה לנו שכל בפועל, אבל אנחנו נצא מן הכח אל הפועל עת אחר עת. והשכל הנפרד גם כן, רצוני לומר השכל הפועל, פעמים יהיה לו מונע מפעלו, ואף על פי שאין המונע מעצמו אבל חוצה לו היא תנועה אחת לשכל ההוא במקרה. ואין הבנת זה העניין מכוונת עתה. אבל הכוונה שהעניין אשר הוא לו יתברך לבדו ומתייחד בו, הוא היותו שכל בפועל תמיד ואין מונע לו מן ההשגה לא מעצמו ולא מזולתו, ולזה ראוי שיהיה משכיל ושכל ומושכל תמיד לעולם ועצמו הוא המשכיל והוא המושכל והוא השכל כמו שיתחייב בכל שכל בפועל:

וכבר השיבונו זה העניין בזה הפרק פעמים להיות דעות בני אדם רחוקות מזה הציור מאד. ואיני רואה אותך מי שיתערב לו הציור השכלי בדמיון ולקיחת משל המוחש בכח הדמיוני, שזה המאמר לא חובר אלא למי שנתפלסף וידע מה שכבר התבאר מעניין הנפש וכל כוחותיה:

<u>פרק סט</u>

הפילוסופים כמו שידעת יקראו האלוה יתברך העילה הראשונה והסיבה הראשונה. ואלו הידועים במדברים יברחו מזה השם מאד ויקראו אותו הפועל ויחשבו כי הפרש גדול יש בין אמרנו **סיבה ועילה**, ובין אמרנו **פועל**. שהם יאמרו אם נאמר שהוא עילה יתחייב המצא העלול, וזה מביא לקדמות העולם ושהעולם מאתו על דרך החיוב, ואם נאמר **פועל** לא יתחייב מזה מציאות הפעול עמו, כי הפועל אפשר שיקדם לפעלו גם לא יצירו עניין היות הפועל פועל אלא ושיקדם לפעלו: וזה, מאמר מי שלא יבדיל בין מה שבכח ובין מה שבפועל. ואשר תדעהו, שאין הפרש בין אמרך **עילה** או **פועל** בזה העניין. וזה, שאתה כשתיקח העילה גם כן בכח תהיה היא קודמת לעלולה בזמן, אמנם כשתהיה עילה בפועל יהיה עלולה נמצא במציאותה עילה בפועל בהכרח. וכן כשתיקח הפועל פועל בפועל יהיה מתחייב מציאות פועלו בהכרח כי הבונה קודם שיבנה הבית אינו בונה בפועל אבל הוא בונה בכח, כמו שחומר הבית ההוא קודם שיבנה הוא בית בכח, וכשיבנה אז הוא בונה בפועל ויתחייב מציאות דבר נבנה אז בהכרח. ולא הרווחנו דבר בהגדיל שם פועל על שם עילה וסיבה. והכונה הנה אמנם היא, להשוות בין שני השמות ושהוא כמו שנקראהו פועל ואף על פי שפעולו נעדר אחר שאין

מונע לו ואין חושך לו מעשות כשירצה כן ראוי שנקראהו עילה וסיבה בזה העניין בעצמו ואף על פי שהעלול נעדר:

ואשר הביא הפילוסופים לקראו יתברך עילה וסיבה ולא יקראוהו **פועל**, אינו מפני דעתם המפורסם בקדמות העולם אבל מפני עניינים אחרים הנני אומרם לך בקצרה. כבר התבאר בחכמה הטבעית המצא הסיבות לכל מה שיש לו סיבה ושהם ארבע החומר והצורה והפועל והתכלית ושמהם קרובים ומהם רחוקים וכל אחד מאלו הארבעה יקרא סיבה ועילה. ומדעותם אשר לא אחלוק אני אליהם, ושהאלוה יתברך הוא הפועל והוא הצורה והוא התכלית. ולזה אמרו שהוא יתברך עילה וסיבה שיכללו אלו השלש סבות והוא, שיהיה הוא פועל העולם וצורתו ותכליתו. וכוונתי בזה הפרק, שאבאר לך על אי זה צד נאמר בו יתברך שהוא הפועל והוא צורת העולם והוא תכליתו גם כן. ולא תטריד שכלך הנה בעניין חידושו לעולם או התחייבו ממנו לפי דעתם - שהנה יפלו בזה דברים רבים נאותים בזה העניין: ואמנם הכונה הנה - היותו יתברך פועל לפרטי הפעולות הבאות בעולם כמו שהוא עושה העולם כולו כמות שהוא. ואומר כבר התבאר בחכמה הטבעית שאלו הארבעה מינים מן הסיבות צריך שתבוקש לכל סיבה מהם סיבה גם כן וימצאו לדבר המתהווה אלו הארבעה סיבות הקרובות לו וימצאו להם גם כן סיבות ולסיבות, סיבות עד שיגיע לסיבות הראשונות. כמו שזה הדבר הפעול ופועלו הוא כך ולפועל ההוא פועל, ולא יסור זה עד שיגיע אל מניע ראשון הוא הפועל באמת לאלו האמצעיות כולם. וזה, כי כשתהיה אות אל"ף תניעה אות בי"ת ובי"ת תניעה אות גימ"ל וגימ"ל תניעה אות דל"ת ודל"ת תניעה אות ה"א, וזה מה שלא ילך אל לא תכלית ונעמוד אצל הה"א על דרך משל, ואין ספק כי הה"א היא המניעה לאל"ף ולבי"ת ולגימ"ל ולדל"ת, ובאמת נאמר בתנועת האל"ף שהה"א עשאה. ובזה הצד ייוחס כל פועל שבמציאות לאלוה, ולו פעלו מי שפעלו מן הפועלים הקרובים כמו שנבאר, הנה הוא הסיבה הרחוקה מצד היותו פועל: וכן הצורות הטבעיות ההוות הנפסדות נמצאם כשנחפשם כולם שאי אפשר שלא תקדם להם צורה אחרת תכין החומר הזה לקבלת זו הצורה והצורה השנית ההיא תקדם לה גם כן אחרת עד שנגיע לצורה האחרונה אשר היא הכרחית במציאות אלו הצורות האמצעיות אשר האמצעיות ההם הם סיבת זאת הצורה הקרובה, והצורה האחרונה ההיא בכל המציאות הוא האלוה יתברך ולא תחשוב שאמרנו בו, שהוא הצורה האחרונה לכל העולם הוא רמז לצורה האחרונה אשר יאמר אריסטו עליה בספר הנקרא מה שאחר הטבע שהיא בלתי הווה ולא נפסדת - כי הצורה ההיא הנזכרת שם טבעית לא שכל נפרד. כי אין אמרנו עליו יתברך שהוא צורת העולם האחרונה על דמיון היות הצורה בעלת החומר צורה לחומר ההוא עד שיהיה הוא יתברך צורה לגשם. לא על אלו הפנים נאמר, אבל כמו שכל נמצא בעל צורה אמנם הוא מה שהוא בצורתו וכשתפסד צורתו, תפסד הווייתו ותבטל כן כמו זה היחס בעצמו יחס האלוה

לכל התחלות המציאות הרחוקות, כי במציאות הבורא - הכל נמצא והוא מתמיד עמידתו בעניין אשר יכונה **בשפע** כמו שנבאר בקצת פרקי זה המאמר, ואילו היה אפשר העדר הבורא היה נעדר המציאות כולו ותבטל מהות הסיבות הרחוקות ממנו והמסובבות האחרונות ומה שביניהן. אם כן הוא לו כדמות הצורה לדבר אשר יש לו צורה אשר בה הוא מה שהוא ובצורה תתקיים אמיתתו ומהותו, כן יחס האלוה לעולם. ובזה הצד נאמר בו שהוא הצורה האחרונה, ושהוא **צורת הצורות**, כלומר שהוא אשר מציאות כל צורה בעולם וקיומה נסמך באחרונה אליו ובו קיומה כמו שהדברים בעלי הצורות מתקיימים בצורתם. ומפני זה העניין נקרא בלשוננו **חי העולם**, ענינו שהוא חיי העולם כמו שיתבאר: וכן עוד העניין בכל תכלית כי הדבר אשר לו תכלית יש לך לבקש לתכלית ההיא תכלית. כאילו אמרת על דרך משל שהכסא החומר שלו, העץ ופועלו, הנגר וצורתו, הריבוע על תמונת כך ותכליתו, לשבת עליו, ועליך שתשאל ומה תכלית הישיבה על הכסא. ויאמר לך העונה בעבור שיתנשא היושב עליו ויתעלה מן הארץ, ותשאל עוד ותאמר ומה תכלית ההתנשאות מן הארץ? ותענה להגדיל היושב בעין מי שיראהו, ותשאל ותאמר ומה תכלית הגדלתו אצל מי שיראהו, ותענה כדי שייראו ויפחדו ממנו, ותשאל ותאמר ומה תכלית היותו נורא, ותענה לגדל מצוותו, ותבקש מה תכלית הגידול למצותו, ותענה למנוע הזק בני אדם קצתם מקצתם, ותבקש עוד מה תכלית מניעת הזק קצתם מקצתם, ותענה להתמיד מציאותם מסודר. וכן יתחייב תמיד בכל תכלית מתחדשת עד שיגיע העניין לרצונו לבד יתברך לפי אחת מן הדעות כמו שיתבאר, עד שיהיה המענה באחרונה כן רצה יתברך, או לגזרת חכמתו לפי דעת אחרים כמו שאבאר, עד שיהיה המענה באחרונה כן גזרה חכמתו ולזה יגיע סידור כל תכלית אל רצונו ואל חכמתו לפי שתי הדעות האלה אשר התבאר לפי דעתנו שהם עצמו ושאין רצונו וחפצו או חכמתו דברים יוצאים חוץ לעצמו - רצוני לומר שיהיו זולת עצמו. ואם כן הוא יתברך תכלית כל דבר האחרון, ותכלית הכל גם כן, ההדמות בשלמותו כפי היכולת, והוא עניין רצונו אשר הוא עצמו כמו שיתבאר. ובזה נאמר בו שהוא תכלית התכליות:

הנה כבר ביארתי לך על איזה פנים נאמר בו יתברך שהוא פועל וצורה ותכלית. ולזה קראוהו סיבה ולא קראוהו פועל לבד: ודע כי קצת בעלי העיון מאלה המדברים הגיע בהם הסכלות וההתגברות עד שאמרו שאילו היה אפשר העדר הבורא לא התחייב העדר זה הדבר אשר המציאו הבורא - רצוני לומר העולם - שלא יתחייב שיפסיד הפעול כשיעדר הפועל אחרי אשר פעלו. ואשר זכרוהו הוא אמת אילו היה פועל לבד ולא היה לדבר ההוא הפעול צורך אליו בהמשך עמידתו, כמו שלא יפסיד האוצר במות הנגר מפני שלא היה מתמיד לו עמידתו. אמנם בהיותו יתברך צורת העולם גם כן כמו שבארנו והוא ימשיכהו העמידה וההתמדה, מן השקר שיאבד הממשיך ויישאר הנמשך אשר אין עמידה וקיום לו אלא במה שיקבל ממנו מן העמידה

והקיום: ראה גודל השגגה אשר הביא אליה אמרם שהוא פועל לבד לא תכלית ולא צורה

פרק ע

רכוב, זאת המילה משותפת. הנחתה הראשונה ענינה, רכיבת האדם על הבהמות כמנהג - והוא[655] רוכב על אתונו. ואחר כך הושאלה לשולטנות על הדבר כי הרוכב, מושל שולט על מורכבו, והוא אמרו - ירכיבהו[656] על במתי ארץ, והרכבתיך[657] על במתי ארץ, ענינו שאתם תשלטו על עליוני הארץ - ארכיב[658] אפרים, אמשילהו ואשליטהו. ולפי זה העניין נאמר באלוה יתברך - רוכב[659] שמים בעזרך, פרושו השליט על השמים, וכן - לרוכב[660] בערבות, ענינו השליט על **ערבות** והוא הגלגל העליון המקיף בכל. ובדברי החכמים ז"ל, הנכפלים בכל מקום שהם **שבעה רקיעים**, ו**שערבות** הוא העליון המקיף בכל. ולא תרחיק היותם מונים הרקיעים שבעה, ואם הם יותר, כי פעמים ימנה הכדור אחד ואף על פי שבו גלגלים הרבה כמו שהוא מבואר למעיינים בעניין זה וכמו שאבאר. אמנם המכון הנה היראותם תמיד ש**ערבות** הוא למעלה מן הכל ועל **ערבות** נאמר **רוכב שמים בעזרך**: ולשון חגיגה אמרו - ערבות[661] רם ונישא שוכן עליו שנאמר סולו לרוכב בערבות, ומנא לן דאיקרי שמים, כתיב הכא **לרוכב בערבות** וכתיב התם רוכב שמים, הנה כבר התבאר כי הרמז כולו לגלגל אחד והוא המקיף בכל אשר תשמע מענינו מה שתשמע. והסתכל אמרם **שוכן עליו** ולא אמרו **שוכן בו**, שאילו אמרו **שוכן בו** היה מחייב לאלוה מקום או שיהיה האלוה כח בגלגל, כמו שדימו כיתות הצאבה שהאלוה רוח הגלגל, ובאמרם **שוכן עליו** הראו שהוא יתברך נבדל מן הגלגל ואינו כח בו: ודע כי הושאל לו יתברך **רוכב שמים** לדמיון הזר המופלא וזה כי הרוכב יותר מעולה מן הנרכב, ולא יאמר **יותר מעולה** אלא בהקל מן המאמר, שאין הרוכב ממין הנרכב, והרוכב גם כן הוא אשר יניע הבהמה ויוליכנה כאשר ירצה והיא כלי לו ישתמש בה כרצונו והוא נקי ממנה בלתי נדבק בה אבל חוצה לה. כן האלוה יתעלה שמו, הוא מניע הגלגל העליון אשר בתנועתו יתנועע כל מתנועע בו והוא יתברך נבדל ממנו ואינו כח בו: ובבראשית רבה אמרו בפרשם למאמרו יתברך מעונה[662]

---

655 במדבר פרק כב כב

656 דברים לב יג

657 ישעיהו נח יד

658 הושע י יא

659 דברים לג כו

660 תהלים סח ה

661 גמרא חגיגה יב ע"ב

662 דברים לג כז

אלוקי קדם, אמרו - הוא[663] מעון עולמו ואין עולמו מעונו, וסמכו לזה אמרם - הסוס[664] טפלה לרוכב ואין הרוכב טפלה לסוס - הדא הוא דכתיב - כי[665] תרכב על סוסיך. זה הוא לשונם והסתכל בו ותבין איך בארו יחסו יתברך לגלגל ושהוא כלי לו אשר בו ינהיג המציאות. כי כל מה שתמצא לחכמים ז"ל, כי השמים הפלוניים בהם כך וכך והשמים הפלוניים בהם כך וכך אין ענינו, שבשמים הגשמים אחרים בלתי השמים אבל ענינו, שהכוחות המהוות העניין הפלוני והשומרות סידורו יבואו מן השמים ההם. והראיה על מה שאמרתי לך, אמרם - ערבות[666] שבו צדק וצדקה ומשפט וגנזי חיים וגנזי שלום וגנזי ברכה ונשמותן של צדיקים ונשמות ורוחות שעתידים להבראות וטל שעתיד הקב"ה להחיות בו המתים, ומבואר הוא שכל מה שמנאוהו הנה אין מהם דבר שהוא גשם שיהיה במקום, כי **הטל** אינו טל כפשוטו. והתבונן איך אמרו בזה **שבו**, רצוני לומר שהם **בערבות** ולא אמרו שהם עליו, וכאילו הגידו שאלו הדברים הנמצאים בעולם אמנם הם נמצאים מכוחות יבואו **מערבות** האלוה יתברך שמהו התחלה להם ונטעם בו אשר מכללם, **גנזי חיים** וזה הוא הנכון והאמת הגמור כי כל חיים נמצאים בחי אמנם הם מן החיים ההם כמו שאזכור אחר זה. והתבונן איך מנו **נשמותן של צדיקים ונשמות ורוחות שעתידים להבראות**, ומה נכבד זה העניין למי שיבינהו, כי **הנשמות** הנשארות אחר המות אינם הנשמה ההווה באדם כשיתהוה, שזאת ההווה בעת התהוותו היא כח ההכנה לבד והדבר הנבדל אחר המות הוא הדבר המגיע בפועל, ולא **הנשמה** גם כן ההווה היא **הרוח** ההווה, ולה מנו בהוות **נשמות ורוחות**, אמנם הנבדלות הם דבר אחד לבד. וכבר בארנו שיתוף **רוח**, ובארנו עוד בסוף ספר מדע מה שנפל באלו השמות מן השיתוף: והסתכל איך אלו העניינים המופלאים האמיתיים אשר אליהם הגיע עיון המעולים שבפילוסופים מפוזרים **במדרשות** כשיעיין בהם האיש החכם שאינו מודה על האמת בתחילת עיון ישחק מהם למה שיראהו בפישוטיהם מההבדל מאמיתות המציאות. ועילת זה כולו, דברם בחידות באלו העניינים לזרותם מהבנת ההמון כמו שהגדנו פעמים.

ואשוב להשלים מה שנכנסתי להבינו ואומר שהם ז"ל התחילו להביא ראיות מדברי פסוקים על היות אלו הדברים המנויים **בערבות**, בשאמרו **צדק ומשפט** דכתיב - צדק[667] ומשפט מכון כסאך. וכן הביאו ראיה על אותם שמנאום שהם מיוחסים לאלוה יתברך שהם אצלו, והבן זה. ובפרקי רבי אליעזר אמרו - שבעה[668] רקיעים ברא הקדוש ברוך הוא ומכולם לא בחר

663 בראשית רבה סח ט
664 רש"י על בראשית רבה סח ט
665 חבקוק ג ח
666 גמרא חגיגה דף יב ע"ב
667 תהלים פט טו
668 פרקי דרבי אליעזר יח

כסא כבוד למלכותו אלא ערבות שנאמר סולו[669] לרוכב בערבות, אלו דבריו, והבינם גם כן:

ודע כי כלל הבהמות הנרכבות יקרא **מרכבה** וזה נכפל הרבה - ויאסור[670] יוסף מרכבתו, במרכבת[671] המשנה, מרכבות[672] פרעה, והראיה על היות זה השם נופל על הרבה בהמות, אמרו - ותעלה[673] ותצא מרכבה ממצרים בשש מאות כסף וסוס בחמישים ומאה, וזאת הראיה על היות שם **מרכבה** נופל על ארבעה מן הסוסים. ולזה אומר כי כאשר נאמר לפי מה שנאמר **שכסא הכתוב** נושאות אותו **ארבע חיות** קראוהו החכמים ז"ל **מרכבה**, לדמות **במרכבה** אשר היא ארבעה אישים: וזה שיעור מה שנתגלגלו אליו הדברים בזה הפרק. ואי אפשר מבלתי הערות אחרות גם כן רבות בזה העניין. אמנם המכון בזה הפרק אשר עדיו הייתה השבת הדברים כי אמרו **רוכב שמים**, ענינו מסבב הגלגל המקיף ומניעו ביכולתו ורצונו. וכן אמרו בסוף הפסוק **ובגאותו שחקים**, אשר **בגאותו** סיבב **השחקים** הוציא זה הראשון, אשר הוא **ערבות** כמו שביארנו, במילת **רכיבה** ושאריתם, במילת **גאוה** כי בתנועת הגלגל העליון זאת התנועה היומית יתנועעו הגלגלים כולם כתנועת החלק בכול, וזאת היא היכולת העצומה אשר הניעה הכל ולזה קראה **גאוה**: ויהיה זה העניין נמצא תמיד בשכלך למה שאני עתיד לאמרו שהיא הגדולה שבראיות שנודעה מציאות האלוה בה, רצוני לומר הקף הגלגל, כמו שאביא עליו המופת. והבינהו:

<u>פרק עא</u>

דע, כי החכמות הרבות אשר היו באומתנו בהאמתת אלו העניינים אבדו ביאורך הזמן ובשלוט האומות הסכלות עלינו ובהיות העניינים ההם בלתי מותרים לבני אדם כולם כמו שבארנו. ולא היה הדבר המותר לבני אדם כולם אלא דברי הספרים לבד, וכבר ידעת שאפילו התלמוד המקובל לא היה מחובר בספר מקודם לעניין המתפשט באומה - דברים[674] שאמרתי לך על פה אי אתה רשאי לאמרם בכתב, והיה זה תכלית החכמה בדת שהוא ברח ממה שנפל בו באחרונה, רצוני לומר רוב הדעות והשתרגם וספקות נופלות בלשון המחובר בספר ושגגה תתחבר לו והתחדש המחלוקת בין האנשים ושובם חבורות והתחדש הבלבול במעשים. אבל נמסר הדבר בזה כולו ל'בית דין הגדול' כמו שבארנו בחיבורינו התלמודיים וכמו שיורה עליו דבר **התורה**.

---

[669] תהלים סח ה

[670] בראשית מו כט

[671] בראשית מא מג

[672] שמות טו ד

[673] מלכים-א י כט

[674] גמרא גיטין ס ע"ב

ואם התורה שבעל פה נפלה בה הקפדה משאירה לעד בחיבור מפורסם לבני אדם כולם למה שיגיע בזה מן ההפסד כל שכן שיחובר דבר מאלו 'סתרי התורה' ויפורסם לבני אדם כולם אבל היו נמסרים מיחידי סגולות ליחידי סגולות כמו שבארתי לך מאמרם - אין מוסרים סתרי תורה אלא ליועץ חכם חרשים וכו'. וזאת היא הסיבה המחייבת להפסק אלו השורשים העצומים מן האומה ולא תמצא מהם אלא הערות קטנות ורמיזות באו **בתלמוד** ו**במדרשות** והן גרגירי לב מעטים עליהם קליפות רבות עד שהתעסקו בני אדם כולם בקליפות ההם וחשבו שאין תחתם לב בשום פנים:

אמנם זה המעט מזער שתמצאהו מדברי עניין היחוד ומה שנתלה בזה העניין לקצת **הגאונים** ואצל הקראים הם עניינים לקחום מן המדברים מן הישמעאלים והם מעט מזער כנגד מה שחיברוהו הישמעאלים בו. ונזדמן עוד שתחילת התחלת הישמעאלים בזה הדרך היו כת אחת שנקרא שמם מועתזילה ולקחו מהם חברינו מה שלקחו והלכו בדרכם. ולזמן אחר כן נתחדשה בישמעאלים כת אחרת שנקרא שמם כת האשעריה ונתחדשו להם דעות אחרות לא תמצא עם חברינו מן הדעות ההם דבר, לא שהם בחרו הדעת הראשון על הדעת השני אבל למה שנזדמן שלקחו הדעת הראשון וקבלוהו וחשבוהו עניין מופתי. אמנם האנדלוסיים מאנשי אומתנו כולם יחזיקו בדברי הפילוסופים ויטו לדעותם מה שלא היה סותר פינת דת, ולא תמצאם שילכו בדבר מדרכי המדברים, ולזה נטו בדברים רבים לצד דעתנו בזה המאמר בעניינים המעטים הנמצאים לאחרוניהם: ודע, כי כל מה שאמרוהו הישמעאלים בעניינים ההם והם המועתזילה והאשעריה הם כולם דעות בנויות על גזרות והקדמות לקוחות מספרי היונים והארמים אשר השתדלו לחלוק על דעות הפילוסופים ולבטל מאמריהם. והייתה סיבת זה, כי כאשר כללה האומה הנוצרית האומות ההם וטענו הנוצרים מה שכבר נודע והיו דעות הפילוסופים מתפשטות באומות ההם ומהם נולדה הפילוסופיה ונתחדשו מלכים שומרים הדת, ראו חכמי הדורות ההם מן היונים והארמים שאלו, טענות יסתרו אותם הדעות הפילוסופיות סתירה גדולה מבוארת והולידו חכמת הדברים הזאת והתחילו להעמיד הקדמות מועילות להם באמונתם וישיבו על הדעות ההם הסותרות פינות תורתם.

וכאשר באה אומת ישמעאל ונעתקו אליהם ספרי הפילוסופים נעתקו אליהם גם כן התשובות ההם אשר חוברו על ספרי הפילוסופים ומצאו דברי יחי המדקדק ואיבן עדי וזולתם באלו העניינים והחזיקו בהם והגיעו אל בקשה עצומה לפי דעתם. ובחרו גם כן מדעות הפילוסופים הראשונים כל מה שיראהו הבוחר אותו שהוא מועיל לו, ואף על פי שהפילוסופים האחרונים כבר הביאו מופת בביטולו כחלק והריקות, וראו שאלו עניינים משתתפים והקדמות יצטרך אליהם כל בעל תורה. ואחר כן פשטו הדברים וירדו אל דרך אחרת נפלאות לא נחלו בה כלל המדברים מן היונים וזולתם שאותם היו קרובים לפילוסופים. ואחר כך יצאו עוד בישמעאלים מאמרים תוריים

מיוחדים בהם הוצרכו בהכרח לשמרם ונפלה ביניהם גם כן מחלוקת בדברים ההם וקימה כל כת מהם הקדמות מועילות לה לשמור דעתה:

ואין ספק כי יש בהם דברים שכוללים שלשתנו, רצוני לומר היהודים והנוצרים והישמעאלים, והם המאמר בחידוש העולם אשר בהתאמתו יתאמתו הנפלאות וזולתו. אמנם שאר הדברים אשר עמסו על עצמם שתי האומות האלה העסק בהם כעסק האנשים ההם בעניין השילוש וכעסק קצת כתות אלו בדיבור עד שהוצרכו לקיים הקדמות יקימו בהקדמות ההם אשר בחרום הדברים אשר נשקעו בהם והדברים המיוחדים בכל אומה מהם ממה שהוצע בהם אין צורך לנו אליהם כלל: סוף דבר, כי כל המדברים הראשונים מן היונים המתנצרים ומן הישמעאלים לא נמשכו אחר הנראה מעניין המציאות תחילה בהקדמותיהם אבל יסתכלו איך צריך שיהיה המציאות עד שתהיה ממנו ראיה על אמיתת זה הדעת או לא יסתרהו, וכשיתאמת הדמיון ההוא יחייבו שהמציאות הוא על צורת כך ויבואו להביא ראיות לקים הטענות ההם אשר יילקחו מהם ההקדמות אשר יתאמת בהם הדעת או לא ייסתר. כן עשו המשכילים אשר הנהיגו זאת ההנהגה תחילה וחיברוה בספרים ואמרו שגוף העיון הביאם אל זה מאין נשוא פנים לדעת קודם. אמנם האחרונים אשר יעינו בספרים ההם לא ידעו דבר מזה עד שהם ימצאו בספרים ההם הקדומים ראיות גדולות והשתדלות חזקה לקיים דבר אחד או לבטל דבר אחד ויחשבו שהדבר ההוא אין צורך בשום פנים לקימו או לבטלו במה שיצטרך אליו מפינות התורה ושהראשונים לא עשו כן רק לבלבל דעות הפילוסופים לא לדבר אחר ולהראות ספק במה שחשבוהו מופת. ואלו האומרים זה המאמר לא שיערו ולא ידעו שאין הדבר כמו שחשבו אבל אמנם טרחו הקדמונים לקיים מה שיבוקש קיומו ולבטל מה שיבוקש ביטולו בעבור מה שיגיע ממנו מן ההפסד בדעת אשר ירצו לאמתו ואפילו אחר מאה הקדמות, והסירו אותם הראשונים מן המדברים החלי מעיקרו וכלל אומר לך, כי הדבר כמו שאמרו תמיסטאיוס, ואמר אין המציאות נמשכת אחר הדעות אבל הדעות האמתיות נמשכות אחר המציאות:

וכאשר עיינתי בספרי אלה המדברים כפי שנזדמן לי כמו שעיינתי בספרי הפילוסופים גם כן כפי יכולתי מצאתי דרך המדברים כולם דרך אחד במין ואף על פי שיחלק המין ההוא לחלקים. והוא כי פינת הכל, שאין בחינה במה שעליו המציאות מפני שהוא מנהג אפשר בשכל חילופו, והם גם כן במקומות רבים ימשכו אחר הדמיון ויקראוהו שכל. וכאשר הקדימו ההקדמות ההם אשר אשמיעך אותם פסקו הדין במופתיהם כי העולם מחודש, וכשהתקיים העולם מחודש התקיים בלא ספק שיש לו עושה חידשו, ואחר כך יביאו ראיות על העושה כי הוא אחד, אחר כך יקימו בהיותו אחד שאינו גוף. זה דרך כל מדבר מן הישמעאלים בדבר מזה העניין, וכן המחקים להם מאומתנו אשר דרכו דרכיהם. אמנם אפני ראיותיהם והקדמותיהם בקיום חידוש

העולם או בביטול קדמותו הם חלוקים. אך העניין הכולל את כולם, קיום חידוש העולם תחילה ובחידושו יתאמת שהבורא נמצא: וכאשר הסתכלתי זה הדרך רחקה נפשי ממנו ריחוק גדול מאוד וראוי לו שיורחק. כי כל מה שיחשבו שהוא מופת על חידוש העולם, ישיגוהו הספקות ואינו מופת גוזר אלא אצל מי שלא ידע ההבדל בין המופת ובין מחלוקת הניצחון ובין ההטעאה, אמנם אצל מי שידע אלו המלאכות העניין מבואר נגלה שהראיות ההם כולם יש בהם ספקות ונעשו בהם הקדמות לא בא עליהם מופת: ותכלית יכולת המאמת אצלי מבעלי התורה, שיבטל מופתי הפילוסופים על הקדמות, ומה נכבד זה כשאופשר עליו. וכבר ידע כל מעין זך השכל מאמת שלא יטעה נפשו שזאת השאלה, רצוני לומר קדמות העולם או חידושו, לא יגיעו אליה במופת חותך ושהיא מעמד שכלי והנה נדבר בזה הרבה. ויספיק לך מזאת השאלה שפילוסופי הדורות חולקים בה מהיום שלושת אלפים שנה אל זמננו זה במה שנמצא מחיבוריהם ודבריהם.

ואחר שהעניין בזאת השאלה כך איך נקחה הקדמה נבנה עליה מציאות האלוה, ויהיה אם כן מציאות האלוה מסופק בו אם העולם מחודש, יש אלוה ואם הוא קדמון, אין אלוה, אם שיהיה העניין כן לנו בספק או נאמר שעשינו המופת על חידוש העולם ונכריח בני אדם בכח הזרוע לקבל ממנו זה כדי שנוכל לומר שאנחנו ידענו האלוה במופת, וזה כולו רחוק מן האמת: אבל הפנים האמיתיים אצלי, והוא הדרך המופתי אשר אין בו ספק, שיקוים מציאות האלוה ואחדותו והרחקת הגשמות בדרכי הפילוסופים אשר הדרכים ההם נבנים על קדמות העולם, לא שאני מאמין בקדמות העולם או אקבל מהם זה אבל בעבור שבדרך ההוא יתאמת המופת ויגיע האמת השלם באלה השלושה דברים, רצוני לומר במציאות האלוה יתברך ושהוא אחד ושהוא בלתי גשם, מבלתי הבטה אל גזרת המשפט בעולם אם הוא קדמון או מחודש, וכשיתאמתו אלינו אלו השלוש בקשות הנכבדות העצומות במופת האמיתי נשוב אחר כך לחידוש העולם ונאמר בו כל מה שאפשר לטעון בו: ואם תהיה ממי שיספיק לו מה שאמרוהו המדברים ותאמין שכבר התבאר המופת על חידוש העולם אני אוהב זה, ואם לא יתבאר אצלך במופת אבל תיקח היותו מחודש מן הנביאים קבלה אין הזק בזה. ולא תאמר איך תתאמת הנבואה אם העולם קדמון, עד שתשמע דברינו בנבואה בזה המאמר, ואין אנחנו עתה בזה העניין. וממה שראוי שתדעו שההקדמות אשר יסדום וישבום השורשיים, רצוני לומר המדברים, לקיים חידוש העולם יש בהם מ**היפוך עולם** ומשינוי סדרי בראשית מה שתשמעו, שאי אפשר לי שלא אזכר לך ההקדמות שלהם ואפני הבאת ראיותיהם: אמנם דרכי זה הוא כמו שאגיד לך כללו עתה. וזה, שאני אומר העולם לא ימלט מהיותו קדמון או מחודש, ואם הוא מחודש יש לו מחדש בלא ספק, וזה מושכל ראשון כי המחודש לא יחדש עצמו אבל מחדשו זולתו ומחדש העולם הוא האלוה, ואם היה העולם קדמון ראוי בהכרח במופת כך שיש נמצא אחד מבלתי גשמי

מורה נבוכים חלק א

העולם כולם שאינו גשם ולא כח בגשם והוא אחד תמידי נצחי אין עילה לו ואי אפשר השתנותו והוא האלוה, הנה כבר התבאר לך כי מופתי מציאות האלוה ואחדותו והיותו בלתי גשם אמנם צריך שיילקחו לפי הנחת הקדמות. ואז יעלה בידינו במופת השלם יהיה העולם קדמון או מחודש. ולזה תמצאני לעולם במה שחברתיו בספרי התלמוד כשיזדמן לי זיכרון יסודות הדת ואבוא לדבר בקיום מציאות האלוה שאני אקיימה במאמרים נוטים לצד הקדמות, אין זה שאני מאמין בקדמות אמנם אני רוצה שאקים מציאותו יתברך באמונתנו בדרך מופתי שאין מחלוקת בו בשום פנים, ולא נשים זה הדעת האמיתי גדל הערך נשען ליסוד כל אדם יקעקענו ויבקש לסותרו ואחר יחשוב שהוא לא נבנה כלל. וכל שכן בהיות המופתים ההם הפילוסופיים על אלו השלוש בקשות נלקחים מטבע המציאות הנראה אשר לא יוכחש אלא מפני שמירת קצת דעות. ואמנם ראיות המדברים הם נלקחות מהקדמות שהם כנגד טבע המציאות הנראה עד שהם יצטרכו לקים מה שאין טבע לדבר כלל: והנה אפריד לך בזה המאמר פרק בדברי בחידוש העולם אבאר לך בו קצת ראיה על חידוש העולם ואגיע אל התכלית אשר השתדל עליה כל מדבר מבלתי שאבטל טבע המציאות ולא אחלוק על אריסטו בדבר ממה שהביא עליו מופת. כי הראיה אשר יביאוה קצת המדברים על חידוש העולם, והיא החזקה שבראיותיהם, אשר לא הונחה להם עד שביטלו טבע המציאות כולו וחלקו על כל מה שביארוהו הפילוסופים, הנני אגיע לכמות הראיה ההיא ולא אחלוק על טבע המציאות ולא אצטרך להתגבר על המורגשות: וראיתי שאזכר לך הקדמות המדברים הכוללות אשר יקימו בהם חידוש העולם ומציאות האלוה ואחדותו והרחקת הגשמות ואראך דרכם בזה ואבאר לך מה שמתחייב מכל הקדמה מהם ואחר כך אזכור הקדמות הפילוסופים הקרובות בזה ואראך דרכם.

ולא תשאלני בזה המאמר לאמת ההקדמות ההם הפילוסופיות אשר אומר אותם לך בקצרה שזה הוא רוב חכמת הטבע והאלוהות, כמו שלא תוחיל שאשמיעך בזה המאמר טענות המדברים על אמיתת הקדמותיהם שבזה כלו ימיהם ויכלו ימי הבאים אחריהם ורבו ספריהם כי כל הקדמה מהם אלא המעט סותר אותה הנראה מטבע המציאות ויתחדשו עליה הספקות ויצטרכו לחיבורים והתווכחות בקים ההקדמה ההיא והתר הספקות המתרגשות עליה ודחיות הנראה הסותר לה אם אי אפשר בזה תחבולה. ואלו ההקדמות הפילוסופיות אשר אומר אותם לך בקצרה למופת על שלושת הבקשות האלה, רצוני לומר מציאות האלוה ואחדותו והרחקת הגשמות, רובם הקדמות שיעלה בידך אמיתתם בתחילת שמיעתם והבנת ענייניהם וקצתם יורוך על מקומות מופתם מן הספרים הטבעיים או ספר מה שאחר הטבע ותכון אל מקומו ותאמת מה שהוא צריך לאמת:

וכבר הודעתיך שאין זולת האלוה יתברך וזה הנמצא, ואין ראיה עליו יתברך אלא מזה הנמצא מכללו ומפרטיו, ויתחייב בהכרח שיבחן זה הנמצא כפי מה

שהוא ויילקחו ההקדמות ממה שיראה מטבעו, ולזה ראוי שתדע צורתו וטבעו הנראה ואז אפשר שתביא ממנו ראיה על זולתו. ולזה ראיתי שצריך תחילה שאביא פרק אפרש לך בו כלל המציאות על צד ההגדה במה שכבר בא עליו המופת והתאמת אמת אין ספק בו, ואחר כך אביא לך פרקים אחרים אזכור בהם הקדמות המדברים ואבאר דרכיהם אשר יבארו בהם הבקשות ההם הארבע, ואחר כך אביא פרקים אחרים אבאר לך בהם הקדמות הפילוסופים ודרכי ראיותיהם על הבקשות ההם, ואחר כך אבאר לך הדרך אשר אני הולך בה כמו שהגדתי לך באלה הארבע בקשות

פרק עב

דע, כי זה הנמצא בכללו הוא איש אחד לא זולת זה, רצוני לומר כי כדור הגלגל הקיצון בכל מה שבו הוא איש אחד בלא ספק כראובן ושמעון באישות. והשתנות עצמיו, רצוני לומר עצמי זה הכדור בכל מה שבו, כהשתנות עצמי איש איש מבני אדם על דרך משל. וכמו שראובן על דרך משל הוא איש אחד והוא מחובר מאברים מתחלפים כבשר והעצמות, ומלחות משתנות ומרוחות כן זה הכדור בכללו מחובר מן הגלגלים ומן היסודות הארבעה ומה שהורכב מהם. ואין ריקות בו כלל אלא מקשה מלא נקודת מרכזו, כדור הארץ והמים מקיפים בארץ והאויר מקיף במים והאש מקיף באויר והגשם החמישי מקיף באש, והוא כדורים רבים אחד תוך שני אין פנוי ביניהם ולא ריקות כלל אלא הקפתם מתוקנת מדובקים אחד באחד, כולם מתנועעים תנועה סיבובית שווה אין מהירות בדבר מהם ולא איחור, רצוני לומר כי כל כדור מהם לא ימהר פעם ויאחר פעם אחרת אבל כל אחד דבק לטבעו במהירותו ואפני תנועתו. אלא אלו הכדורים קצתם יותר ממהר התנועה מקצתם. והממהרת תנועה מכולם היא תנועת הגלגל המקיף בכל והוא אשר יתנועע התנועה היומית ויניעם כולם עמו תנועת החלק בכל שהם כולם, חלקים בו. ונקודות מרכזי אלו הגלגלים משתנות מהם, מי שמרכזו מרכז העולם ומהם מי שמרכזו יוצא ממרכז העולם, ומהם מי שיתנועע תמיד תנועתו המיוחדת בו מן המזרח אל המערב ומהם מי שיתנועע תמיד מן המערב אל המזרח. וכל כוכב שבאלו הכדורים הוא חלק מן הגלגל אשר הוא בו עומד במקומו. ואין לו תנועה מיוחדת בו אולם יראה מתנועע בתנועת הגשם אשר הוא חלק ממנו. וחומר זה הגשם החמישי בכללו המתנועע בסיבוב אינו כחומר גשמי הארבעה יסודות אשר בתוכו.

ומספר אלו הכדורים המקיפים בעולם אי אפשר בשום פנים ולא בשום עניין שיהיה פחות משמונה עשר כדור, ואמנם אם מספרם יותר הוא אפשר ויש בו עיון. אמנם אם יש שם גלגלי הקפות והם אשר אינם מקיפים את העולם יש בו עיון:

ובתוך זה הכדור הקרוב אשר הוא סמוך לנו חומר אחד מתחלף לחומר הגשם החמישי, קיבל ארבע צורות ראשונות ושב בארבעתם ארבעה גופים

הארץ והמים והאויר והאש. וכל אחד מאלו הארבעה יש לו מקום טבעי מיוחד בו לא ימצא בזולתו והוא מונח עם טבעו. והם גופים מתים אין חיים בהם ולא השגה, ולא יתנועעו מעצמם אבל הם שוכני במקומותיהם הטבעיים, ואם יוציאו אחד מהם ממקומו הטבעי בהכרח, בסור המכריח יתנועע לשוב למקומו הטבעי, כי הנה יש בו זאת ההתחלה אשר בה יתנועע לשוב למקומו על יושר ואין בו התחלת שינוי בה ולא שיתנועע בה על בלתי יושר. והתנועות הישרות הנמצאות לאלה הארבעה יסודות כשיתנועעו לשוב למקומתם, שתי תנועות תנועה אל צד המקיף, והיא לאש ולאויר, ותנועה אל נקודת המרכז, והיא למים ולארץ, כשיגיע כל אחד מהם למקומו הטבעי ינוח.

אבל הגופים ההם העגולים הם חיים בעלי נפש בה יתנועעו ואין התחלת מנוחה בהם כלל ולא שינוי ישיגם אלא בהנחה בהינותם מתנועעים בסיבוב, אבל אם יש להם שכל שיצירו בו אין זה מבואר אלא אחר עיון דק. וכשיתנועע הגשם החמישי בסיבוב בכללו תמיד תתחדש ביסודות מפני זה תנועה הכרחית יצאו בגללה ממקומותם, רצוני לומר באש ובאויר, וידחו אל המים ויעברו כולם בגוף הארץ אל עמקה ויתחדש ליסודות ערוב, ואחר כך יתחילו להתנועע לשוב למקומותם ויצאו חלקים מן הארץ גם כן מפני זה ממקומותם בחברת המים והאויר והאש. והם בזה כולו פועלים קצתם בקצתם ומתפעלים קצתם מקצתם וייפול ההישתנות במעורב, עד שיתהוה מהם תחילה הקיטורים כפי מיניהם החלוקים ואחר כן המחצבים כפי מיניהם החלוקים ומיני הצמחים כולם ומינים רבים מבעלי חיים כפי מה שגוזר מזג המעורב. וכל הוה נפסד אמנם יתהוה מן היסודות ואליהם יפסד וכן היסודות יתהוו קצתם מקצתם ויפסדו קצתם אל קצתם. שחומר הכל, אחד ואי אפשר המצא חומר מבלי צורה ולא תמצא צורה טבעית מאלו ההווים הנפסדים מבלי חומר. יהיה העניין אם כן בהווייתם והפסדם והיות כל מה שיתהוה מהם ויפסיד אליהם חוזר חלילה, כדמות סיבוב הגלגל עד שתהיה תנועת החומר הזה בעל הצורה בבוא בו הצורות זו אחר זו כתנועת הגלגל באנה בהישנות ההנחות בעצמם לכל חלק ממנו:

וכמו שבגוף האדם אברים ראשיים ואברים שהם תחת יד הראשיים צריכים בעמידתם להנהגת האבר הראש אשר ינהיגם כן בעולם בכללו, חלקים ראשיים, והוא הגשם החמישי המקיף, וחלקים שתחת יד הראשיים צריכים למנהיג, והם היסודות ומה שיורכב מהם:

וכמו שהאבר הראש, אשר הוא הלב, מתנועע תמיד והוא, התחלת כל תנועה שתמצא בגוף ושאר אברי הגוף תחת ידו והוא ישלח אליהם כחותם אשר יצטרכו אליהם לפעולותיהם בתנועתו כן הגלגל הוא המנהיג לשאר חלקי העולם בתנועתו והוא ישלח לכל מתהווה כוחותיו הנמצאות בו. הנה כל תנועה שתמצא בעולם התחלתה הראשונה, תנועת הגלגל וכל נפש שתמצא לבעל נפש בעולם התחלתה - נפש הגלגל.

ודע כי הכוחות המגיעות מן הגלגלים לזה העולם כפי מה שהתבאר, ארבע כוחות כח יחייב הערוב וההרכבה, ואין ספק שזה מספיק בהרכבת המחצבים, וכח ייתן הנפש הצומחת לכל צמח וכח ייתן הנפש החיה לכל חי וכח ייתן הדברי לכל מדבר, וכל זה במיצוע האור והחושך הנמשכים אחר אורם והיקפם סביב הארץ:

וכמו שאם ינוח הלב כהרף עין ימות האיש ויבטלו כל תנועותיו וכל כוחותיו כן אילו ינוחו הגלגלים יהיה בו מיתת העולם בכללו ובטול כל מה שבו:

וכמו שהחי אמנם הוא חי כולו בתנועת לבו ואף על פי שבו אברים נחים לא ירגישו כעצמות והאליל וזולתם כן זה המציאות כולו הוא איש אחד חי בתנועת הגלגל, אשר הוא בו כדמות הלב מבעלי הלב, ואף על פי שבו גופים רבים נחים מתים: הנה כן צריך לך שתצייר כל זה הכדור, איש אחד חי מתנועע בעל נפש כי זה המין מן הציור הכרחי מאוד כלומר מועיל מאד במופת על היות האלוה אחד כמו שיתבאר, ובזה הציור יתבאר גם כן שהאחד אמנם ברא אחד:

וכמו שאי אפשר שימצאו אברי האדם בפני עצמם והם אברי אדם באמת, רצוני לומר שיהיה הכבד בפני עצמו או הלב בפני עצמו או בשר בפני עצמו, כן אי אפשר שימצאו חלקי העולם קצתם מבלתי קצתם בזה המציאות המיושב אשר דברינו בו עד שימצא אש מבלתי ארץ או ארץ מבלתי שמים או שמים מבלתי ארץ:

וכמו שבאדם כח אחד יקשור אבריו קצתם בקצתם וינהיגם וייתן לכל אבר מה שצריך שישמור עליו תיקונו וידחה ממנו מה שיזיקהו, והוא אשר בארו אותו הרופאים ואמרו **הכח המנהיג גוף החי** והרבה פעמים יקראוהו **טבע**, כן בעולם בכללו כח יקשור קצתו בקצתו וישמור מיניו שלא יאבדו וישמור אישי מיניו גם כן מדת מה שאפשר לשמרם וישמור גם כן קצת אישי העולם. זה הכח, יש בו עיון אם הוא במיצוע הגלגל אם לא:

וכמו שבגוף איש האדם, דברים מכוונים מהם, מה שכוון בהם עמידת אישו ככלי המזון ומהם, מה שכוון בהם עמידת מינו ככלי ההולדה ומהם, מה שכוון בהם צרכו אשר הוא צריך אליו במזונותיו וזולתם כידיים וכעיניים, ובו גם כן דברים בלתי מכוונים לעצמם אבל הם דבקים ונמשכים אחר מזג האברים ההם אשר המזג ההוא המיוחד הכרחי בהתקיים הצורה ההיא לפי מה שהיא עד שיעשו הפעולות ההם המכוונות, ונמשכו אחר הווייתו המכוונת לפי הכרח החומר דברים אחרים כשער הגוף ומראהו, ולזה לא ימשך עניין אלו על סדר והרבה פעמים יעדר קצתם וימצא היתרון גם כן בהם בין האישים רב מאד, מה שלא יהיה זה באברים שאתה לא תמצא איש יהיה לו כבד עשרה כפלי כבד איש אחר ותמצא איש נעדר הזקן או שער מקומות מן הגוף או שיהיה לו זקן עשרה כפלי זקן איש אחר או עשרים כפל, וזה הרבה בזה הכת, רצוני לומר יתרון השער והמראים, כן במציאות בעצמו, מינים מכוונים מן ההוויה קיימים נמשכים על סדר אין הבדל ביניהם

אלא מעט לפי רוחב המין ההוא בכמותו ואיכותו ומינים בלתי מכוונים אבל נתחייבו לטבע ההויה וההפסד הכולל כמו מיני התולעים המתיילדים מן האשפות ומיני בעלי חיים המתיילדים בפרות כשיתעפשו ומה שתיילד מעיפוש הלחויות והתולעים המתיילדים במעיים וכיוצא בהם, סוף דבר יראה לי כי כל דבר שלא ימצא בו כח הולדה לדומה לו הוא מזה הכת, ולזה לא תמצאם שומרים סדר, ואף על פי שאי אפשר מבלעדיים כמו שאי אפשר מבלתי מראים משתנים ואי אפשר מבלתי מיני שער בבני אדם:

וכמו שבבני אדם, גשמים אישיהם עומדים כאברים השורשיים וגשמים עומדים במין לא באיש כלחות הארבע, כן במציאות בכללו, גשמים קיימים עומדים באיש והוא הגשם החמישי בכל חלקיו וגשמים עומדים במין כיסודות ומה שיורכב מהם:

וכמו שכוחות האדם המחייבות להווייתו ועמידתו מדת עמידתו הם בעצמם המחייבות להפסדו ואבדו כן סיבות ההויה הם בעצמם סיבות ההפסד בכל עולם ההויה וההפסד. והמשל בו שאלו הארבע כוחות הנמצאות בגוף כל ניזון והם, הכוח המושך והמחזיק והמעכל והדוחה אילו היה אפשר שיהיו אלו הכוחות ככוחות השכליות עד שלא יעשו אלא מה שראוי ובעת הראוי ובשיעור הראוי היה אדם ניצל ממכות גדולות עד מאוד וחלאים רבים, אמנם בעבור שלא היה זה אפשר אבל הם עושים מעשים טבעיים מבלתי מחשבה והסתכלות ואינם משיגים מה שיעשוהו כלל התחייב שיתחדשו בעבורם חלאים גדולים ומכות גדולות, ואף על פי שהיו הם הכלי בהוויית האדם ובעמדו המידה אשר יעמוד. וביאור זה כי הכח המושך על דרך משל אילו לא היה מושך אלא הדבר הנאות מכל צדדיו והשיעור הצריך אליו לבד היה נמלט האדם מחלאים ומכות רבות, אבל בעבור שאין העניין כן אבל ימשך אי זו לחה שתזדמן מסוג משיכתו, ואף על פי שהלחה ההיא נוטה מעט בכמותה ואיכותה, יתחייב מזה שימשוך הלחה אשר היא יותר חמה ממה שצריך או יותר קרה או יותר עבה או יותר דקה או ימשוך יותר ממה שצריך ויחנקו בזה הגידים ויתחדש הסיתום והעיפוש ויפסיד איכות הלחות וישתנה כמותם ויתחדשו חלאים כגרב והחיכוך והיבלות או נגעים גדולים כמורסה שקוראים סרטן והצרעת והאיכל עד שתפסד צורת האבר או האברים. וכן העניין גם כן בשאר הכוחות הארבע. כן העניין בעצמו בכל המציאות העניין המביא להיות מה שיתהוה והמשך מציאותו מדה אחת, והוא ערוב היסודות בכוחות הגלגליות המניעות אותם המפוזרות בהם, הוא הסיבה בעצמה בהתחדש סיבות מזיקות במציאות כזרמים והמטר הסוחף והשלג והברד והרוחות החזקות והרעמים והברקים ועיפוש האויר או התחדש סיבות ממיתות מאוד יכלו ארץ או ארצות או אקלים כהשקע מקומות והרעש והזוועות והמים השופעים מן הימים והתהומות:

ודע כי זה שאמרנוהו כולו מדמות העולם בכללו באיש מבני אדם לא מפני זה נאמר באדם שהוא עולם קטן, כי זה הדמיון כולו נמשך בכל איש מאישי

בעל החיים השלם באבריו ולא שמעת כלל אחד מן הראשונים יאמר כי החמור או הסוס, עולם קטן ואמנם נאמר באדם זה מפני הדבר שיוחד בו האדם והוא הכח המדבר, רצוני לומר השכל שהוא השכל ההיולני, אשר זה העניין לא ימצא באחד ממיני בעל החיים זולתו. וביאור זה כי כל איש מאישי בעל החיים לא יצטרך בהמשכת מציאותו אל מחשבה והסתכלות והנהגה אבל ילך ויעשה לפי טבעו ויאכל מה שימצא ממה שייטב לו וישכון באי זה מקום שיזדמן לו וישכב עם אי זו נקבה שימצא בשעת הערת חמומות אם יהיו לו עיתיות הערת חימום ויתמיד בזה אישו המידה אשר יתמיד וימשך מציאות מינו ואינו צריך כלל לאיש אחר ממינו יעזרהו ויסמכהו על עמידתו עד שיעשה לו דברים לא יעשם הוא בעצמו. אמנם האדם לבד אילו ישוער איש ממנו לבדו נמצא שיהיה נעדר ההנהגה ושב כבהמות, היה אובד לשעתו ולא היה מתקיים אפילו יום אחד אלא במקרה, רצוני לומר שימצא במקרה דבר יזון בו, והוא בעבור שמזונותיו אשר בהם עמידתו צריכים אל מלאכה ארוכה לא תשלם אלא במחשבה והסתכלות ובכלים רבים ובאישים רבים יתייחד כל אחד מהם בעסק אחד, ולזה הוא צריך למי שינהיגם ויקבצם עד שיסודר קיבוצם וימשך להיעזר קצתם בקצתם, וכן השמרו מן החום בזמן החום ומן הקור בזמן הקור והסתרו מן המטר והשלג ונשיבת הרוחות צריך לזימון הכנות רבות לא תשלם אחת מהם אלא במחשבה והסתכלות. ומפני זה נמצא בו זה הכח הדברי אשר בו יחשוב ויסתכל ויעשה ויכין ויזמן במינים מן המלאכות מזונותיו וכנו ולבושו ובו ינהיג כל אברי גופו עד שיעשה מהם הראש מה שיעשה ויתנהגו האברים אשר תחת יד האברים הראשיים במה שיתנהגו. ובעבור זה אילו דימת בנפשך אחד מבני אדם נשלל זה הכח מונח עם הכח החיוני לבד היה אובד לשעתו. וזה הכח נכבד מאד יותר נכבד מכל כחות בעל החיים, והוא גם כן נעלם מאד לא תובן אמיתתו בתחילת הדעת המשתתף כהבנת שאר הכוחות הטבעיות.

כן במציאות, דבר אחד הוא המנהיג לכללו המניע לאברו הראש הראשון אשר נתן לו כח ההנעה עד שהנהיג מה שזולתו, ואילו ידמה האדם בנפשו ביטול העניין ההוא בטל מציאות זה הכדור בעצמו הראש ממנו ואשר תחת יד הראש, ובדבר ההוא ימשך מציאות הכדור בכל חלק ממנו, והדבר ההוא הוא האלוה יתעלה שמו. ולפי זה העניין לבד נאמר באדם לבדו שהוא עולם קטן מפני שבו, התחלה אחת היא המנהיגה לכולו. ומפני זה העניין נקרא האלוה יתברך בלשוננו חי העולם ונאמר - וישבע[675] בחי העולם:

ודע, כי זה הדימוי אשר דמינו העולם בכללו באיש מבני אדם לא יתחלף בדבר ממה שזכרנו אלא בשלושה דברים:

האחד מהם, שהאבר הראש מכל בעל חיים שיש לו לב יקבל תועלת באברים שתחת ידו ותשוב עליו תועלתם, ואין במציאות הכללי דבר כן אבל כל מי

[675] דניאל יב ז

שישפיע הנהגה או ייתן כח לא ישוב אליו תועלת כלל מאשר תחת ידו אבל נתינתו מה שיתנהו כנתינת המיטיב החונן אשר יעשה זה לנדיבות טבעיים ולמעלתם לא לתוחלת, כל זה להידמות לאלוה יתברך:

והשני כי הלב מכל בעל חיים שיש לו לב, באמצעיותו ובתוכו ושאר האברים אשר תחת ידו מקיפים בו בעבור שתכללהו תועלתם בשמירתו והיסתרו בהם עד שלא ימהר אליו הזק מחוץ, והעניין בעולם בכללו בהפך הנכבד שבו מקיף בפחותו בעבור שבטוח עליו מלקבל המעשה מזולתו ואפילו אם היה מקבל אין נמצא חוצה לו גשם אחר יעשה בו, והוא ישפיע על מה שבתוכו ולא יגיעהו מעשה כלל ולא כח מזולתו מן הגשמים. ויש הנה גם כן קצת דמיון והוא כי האבר הראש בבעל החיים כל מה שירחק ממנו מן האברים הוא קטן במעלה מן הקרוב לו, וכן העניין בעולם בעצמו כל אשר יקרבו הגשמים לנקודת המרכז יתעכרו והתעבה עצמם וכבדה תנועתם וסר אורם ובהירותם לרחקם מן הגוף הנכבד המאיר הבהיר המתנועע הדק הפשוט, רצוני לומר הגלגל וכל אשר יקרב לו גשם יקנה ממנו מעט מאלו המידות כפי קרבתו ותהיה לו קצת מעלה על מה שאחריו:

והשלישי כי זה הכח המדבר הוא כח בגוף ובלתי נפרד ממנו והאלוה יתברך אינו כח בגוף העולם אבל נפרד מכל חלקי העולם והנהגתו יתברך והשגחתו מחוברת לעולם בכללו חיבור תעלם ממנו תכליתו ואמיתתו וכוחות בני אדם מקצרות לדעתו, כי המופת יעמוד על הבדלו יתברך מן העולם והינקותו ממנו והמופת יעמוד על מציאות מעשי הנהגתו והשגחתו בכל חלק מחלקיו ואפילו הדק הפחות, ישתבח מי שניצחנו שלמותו:

ודע שראוי היה שנדמה יחס האלוה יתברך לעולם, יחס השכל הנקנה לאדם אשר אינו כח בגוף והוא נבדל מן הגוף הבדל אמיתי ושופע עליו ויהיה דמיון הכח הדברי בשכלי הגלגלים אשר הם בגופות, אמנם עניין שכלי הגלגלים ומציאות השכלים הנפרדים וציור השכל הנקנה אשר הוא נפרד גם כן הם דברים יש בהם עיון וחקירה וראיותיהם נעלמות, ואף על פי שהם אמתיות, ויתחדשו בהם ספקות רבות ולטוען בהם טענות ולמערער בהם ערעורים. ואנחנו אמנם בחרנו תחילה שתצייר המציאות בצורה המבוארת אשר לא יכחיש דבר ממה שזכרנוהו זיכרון סתם אלא אחד משני האנשים אם סכל בדבר הברור כמו שיכחיש מי שאינו מהנדס דברים לימודיים בא עליהם המופת או מי שיבחר להחזיק בדעת אחד קודם ויטעה עצמו. אבל מי שירצה שיעיין עיון אמיתי ילמד עד שיתברר לו אמיתת כל מה שהגדנו בו וידע שזאת היא צורת זה הנמצא המיושב המציאות בלא ספק, ואם ירצה לקבל זה ממי שידע המופתים בכל מה שיש עליו מופת, יקבל ויבנה על זה הקשיו וראיותיו, ואם לא יבחר בקבלה אפילו באלה ההתחלות ילמד ואחר כך

יתבאר לו כי העניין כן הוא - הנה[676] זאת חקרנוה כן היא שמענה ואתה דע לך:
ואחר זאת ההזמנה וההצעה אתחיל בזיכרון מה שיעדנו בזכרו וביאורו:

פרק עג

ההקדמות הכוללות אשר הציעום המדברים לפי התחלף דעותם ורוב דרכיהם, והם הכרחיות בקיום מה שירצו לקיימו באלו הארבע בקשות, שתים עשרה הקדמות הנני זוכרים לך ואחר כך אבאר לך עניין כל הקדמה מהם ומה שיתחייב ממנה:

ההקדמה הראשונה - לקים העצם הפרדי.

ההקדמה השנית - מציאות הריקות.

ההקדמה השלישית - שהזמן מחובר מעתות.

ההקדמה הרביעית - שהעצם לא ימלט ממקרים רבים.

ההקדמה החמישית - שהעצם הפרדי תשלם מציאותו ועמידתו במקרים אשר אני מספרם ולא ימלט מהם.

ההקדמה השישית - שהמקרה לא יעמוד שני זמנים.

ההקדמה השביעית - שדין הקניות דין העדרם ושהם כולם מקרים נמצאים צריכים לפועל.

ההקדמה השמינית - שאין בכל הנמצא בלתי עצם ומקרה, רצונם לומר הבריאות כולם, ושהצורה הטבעית גם כן מקרה.

ההקדמה התשיעית - שהמקרים לא ישאו קצתם את קצתם.

ההקדמה העשירית - שאפשר לא יבחן בהסכים זה המציאות לציור ההוא.

ההקדמה האחת עשרה - שאין הפרש בשקרות מה שאין תכלית לו בין שיהיה בפועל או בכח או במקרה, רצוני לומר שאין הפרש בין שיהיו הדברים שאין להם תכלית נמצאים יחד או משוערים מן המציאות וממה שכבר נעדר, וזה הוא אשר במקרה, כל זה אמרו שהוא שקר.

ההקדמה השתים עשרה - היא אמרם שהחושים יחטיאו ויבצר מהם הרבה ממושגיהם ולזה אין למדים מהם דין ולא ילקחו מוחלטים התחלות מופת:

ואחר מנינם אתחיל לבאר ענייניהם ולבאר מה שיתחיב מהם אחת אחת:

ההקדמה הראשונה - עניינה שהם חשבו שהעולם בכללו, רצוני לומר כל גשם שבו, הוא מחובר מחלקים קטנים מאוד לא יקבלו החלוקה לדקותם. ולא לחלק האחד מהם כמות כלל וכשיתקבצו קצתם אל קצתם, יהיו המקובץ בעל כמות והוא אז גשם, ואילו חובר מהם שני חלקים, יהיה כל חלק אז גשם ויהיה שני גשמים כמאמר קצתם. וכל החלקים ההם דומים שווים אין חילוק בהם בשום פנים. ואמרו שאי אפשר שימצא גשם בשום פנים אלא מורכב מאלה החלקים השוים הרכבת שכנות, עד שההוויה אצלם הוא

[676] איוב ה כז

הקיבוץ וההפסד פרוד, ולא יקראוהו הפסד אבל יאמרו ההוויות הם, קבוץ ופרוד ותנועה ונוח. ויאמרו כי אלו החלקים אינם נמצאים מאז כמו שהיה חושב אפיקורס וזולתו מן המאמינים בחלק שאינו מתחלק, אבל יאמרו שהאלוה יתברך יברא אלו העצמים תמיד כשירצה והם גם כן אפשר העדרם. והנני אשמיעך דעותם בהעדר העצם:

ההקדמה השנית - המאמר בריקות. השורשיים מאמינים גם כן שהריקות נמצא והוא, רוחק אחד או רחקים אין דבר בהם כלל אלא ריקים מכל גוף נעדר מהם כל עצם. וזאת ההקדמה היא הכרחית להם להאמינם ההקדמה הראשונה וזה שאם יהיה העולם מלא מן החלקים ההם איך יתנועע המתנועע? ולא יצויר הכנס הגשמים קצתם בקצתם ואי אפשר התקבץ החלקים ההם ופירודם אלא בתנועתם. הנה בהכרח יצטרכו לקיים הריקות עד שיוכלו החלקים ההם להתקבץ ולהתפרד ותתכן תנועת המתנועע בריקות ההוא אשר אין גשם בו ולא עצם מהעצמים ההם:

ההקדמה השלישית - היא אמרם שהזמן מחובר מעתות, רוצים בזה שהם זמנים רבים לא יקבלו החלוקה לקוצר מדתם. וזאת ההקדמה גם כן הכרחית להם מפני ההקדמה הראשונה. וזה שהם ראו בלא ספק מופתי אריסטו אשר הביא ראיה בהם שהדרך והזמן והתנועה המקומית שלשתם שווים במציאות, רצוני לומר שערך קצתם אל קצתם ערך אחד הוא ובהחלק אחד מהם יחלק האחר ועל ערכו, וידעו בהכרח שאם היה הזמן נדבק ויקבל החלוקה אל לא תכלית יתחייב בהכרח שיתחלק החלק אשר שכמוהו בלתי מתחלק, וכן כשתשים הדרך מדובקת יתחייב בהכרח התחלק העתה מן הזמן אשר הושם בלתי מתחלק כמו שבאר אריסטו בספר הנקרא השמע הטבעי. ולזה חייבו שהדרך בלתי מתדבק אבל מחובר מחלקים אליהם תכלה החלוקה וכן הזמן יגיע אל עתות לא יקבלו החלוקה. והמשל בו שהשעה האחת על דרך משל, ששים דקים והדק, ששים שניים והשני, ששים שלישיים ויגיע באחרונה העניין אצלם אל חלקים, אם עשיריים על דרך משל או יותר דקים מהם, לא יחלקו כלל ולא יקבלו החלוקה כמו הדרך. הנה שב הזמן אם כן בעל הנחה וסדר ולא יאמתו מהות הזמן כל עיקר. ובדין להם זה, שאם מהירי הפילוסופים כבר בלבלם עניין הזמן וקצתם לא השכילו ענינו עד שגלינוס אמר שהוא עניין אלוקי לא הושג אמיתתו, כל שכן אלה אשר לא יביטו לטבע מן הדברים:

ושמע מה שהתחייב להם לפי אלו השלוש הקדמות והאמינוהו. אמרו התנועה היא העתק עצם פרדי מן החלקים ההם מעצם פרדי אל עצם הפרדי סמוך לו, ויתחייב שלא תהיה תנועה ממהרת מתנועה לפי זאת ההנחה אמרו זה שתראה שני מתנועעים ילכו שני דרכים מתחלפים בזמן אחד אין עילתו, היות תנועת זה ההולך הדרך הארוך יותר ממהרת אבל עילתו שזאת התנועה אשר נקראה מאוחרת נכנסו בינה מנוחות יותר וזאת אשר נקראה ממהרת נכנסו בינה מנוחות יותר מעט. וכאשר הוקשה להם בחץ אשר הושלך מן

הקשת החזקה אמרו וזה גם כן נכנסו בתוך תנועותיו מנוחות וזה אשר תחשבהו מתנועע תנועה מדובקת, הוא מחטא החושים כי החושים יבצר מהם הרבה ממושגיהם כמו שהניחו בהקדמה השתים עשרה. ונאמר להם הראיתם כשיתנועע הרכב סיבוב שלם הלא החלק אשר במקיפו הלך דרך העגולה הגדולה בזמן ההוא בעצמו אשר הלך בו החלק אשר הוא קרוב לנקודת מרכזו העגולה הקטנה, אם כן תנועת המקיף יותר ממהרת מתנועת העגולה הפנימית. ואי אפשר לכם לומר שזה החלק נכנסו בתוך תנועותיו מנוחות יותר להיות הגשם כולו גשם אחד ומדובק, רצוני לומר גשם הרכב. והיה תשובתם כי יתפוצצו חלקיו עם הסיבוב ויהיו המנוחות אשר נכנסו בתנועת כל חלק שיקוף קרוב למרכז יותר מן המנוחות אשר יכנסו בתנועת החלק אשר הוא יותר רחוק. ונאמר להם איך נראה הרכב, גשם אחד לא ישבר בפטישים וכשייסוב, יתפוצץ ועם מנוחותיו, יתאחד ויתדבק וישוב כמו שהיה ואיך לא יושגו חלקיו מתפוצצים. והשיבו על זה, ההקדמה השתים עשרה בעצמה והוא שלא תתבונן השגת החושים אבל עד השכל: ולא תחשוב שזה אשר זכרתי לך הוא יותר מגונה מכל מה שיתחייב מאלו השלש הקדמות, אבל אשר יתחייב מהאמנת מציאות הריקות, יותר מופלא ויותר מגונה, ואין זה אשר זכרתי לך מעניין התנועה יותר מגונה מהיות אלכסון המרובע שווה לצלעו לפי זה הדעת, עד שאמר קצתם כי המרובע דבר בלתי נמצא, סוף דבר כי לפי ההקדמה הראשונה יבטלו כל מופתי ההנדסה. ויחלק העניין בה אל שני עניינים דקצתה יהיה בטל לגמרי כסגולות ההבדל וההשתתפות בקווים ובשטחים והיות קוים מדוברים וקוים בלתי מדוברים וכל מה שכלל אותו המאמר העשירי מאקלידס והדומה לזה, וקצתה יהיה מופתיה בלתי מוחלטים כשאמרנו נרצה שנחלק קו בשני חצאים שווים שאם היה מספר עצמיו בלתי זוגי לא יתכן חילוקו לפי הנחתם. ודע כי לבני שאכר ספר התחבולות הנודע יש בו יותר ממאה תחבולות כולם נעשו עליהם מופתים ויצאו לפועל. ואילו היה הריקות נמצא לא תתכן מהם אפילו אחת, והיו בטלים הרבה ממעשי הגרת המים. ובטעון על קיום אלו ההקדמות וכיוצא בהם כלו הימים. ואשוב לבאר שאר הקדמותיהם הנזכרות:

ההקדמה הרביעית - היא אמרם כי המקרים הנמצאים והם עניינים נוספים על עניין העצם ולא ימלט גשם מן הגשמים מאחד מהם. וזאת ההקדמה אילו הספיק להם בה זה השיעור הייתה הקדמה אמיתית מבוארת גלויה אין ספק בה, אלא שהם אמרו כי כל עצם אם לא יהיה בו מקרה החיים אי אפשר מבלתי היות לו מקרה המוות כי כל שני ההפכים, לא ימלט המקבל מאחד משניהם. אמרו וכן יהיו לו מראה וטעם ותנועה או נוח וקיבוץ או פרוד. ואם היה בו מקרה החיים אי אפשר מבלתי סוגים אחרים מן המקרים כחכמה או הסכלות או הרצון או הפכו או היכולת או הלאות או ההשגה או אחד מהפכיה, סוף דבר כל מה שימצא לחי אי אפשר מבלעדיו או מאחד מהפכיו:

ההקדמה החמישית - היא אמרם שהעצם הפרדי תשלם עמידת מציאותו במקרים ההם ולא ימלט מהם. וביאור זאת ההקדמה וענינה שהם יאמרו שאלו העצמים הפרדיים, אשר יבראם האלוה, כל עצם פרדי מהם, בעל מקרים לא ימלט מהם, כמראה והריח והתנועה או הנוח, אלא הכמות כי כל עצם מהם אינו בעל כמות כי הכמות אצלם, לא יקראוהו מקרה ולא ישכילו עניין המקרה בו. ולפי זאת ההקדמה יראו כי כל מקרים שימצאו בגשם מן הגשמים לא יאמר שמקרה מהם מיוחד בכלל הגשם ההוא אבל המקרה ההוא אצלם נמצא בכל עצם פרדי מן העצמים אשר יחובר מהם הגשם ההוא. והמשל בו זאת החתיכה מן השלג אין הלובן נמצא בכלל כולו לבד אבל כל עצם ועצם מעצמי זה השלג הוא לבן ולכן נמצא הלובן במקובץ מהם. וכן אמרו בגשם המתנועע כל עצם פרדי מעצמיו הוא המתנועע ולזה יתנועע כולו. וכן החיים מצואיים אצלם בכל חלק וחלק מעצמי הגוף החי. וכן החוש כל עצם פרדי שבכלל ההוא המרגיש הוא מרגיש אצלם כי החיים והחוש והשכל והחכמה, אצלם מקרים כשחרות והלובן כמו שנבאר מדעותם. אמנם הנפש הם בה חולקים החזק שבדבריהם, שהיא מקרה נמצא בגשם אחד פרדי מכלל העצמים אשר הרכב מהם האדם על דרך משל - ונקרא הכלל בעל נפש מפני היות העצם הפרדי ההוא בו, ומהם, מי שאמר שהנפש גשם מורכב מעצמים דקים והעצמים ההם הם בלי ספק בעלי מקרה אחד התייחדו בו והיו נפש ואמרו שהעצמים ההם מעורבים לעצמי הגוף, הנה לא ימלטו מהיות עניין הנפש מקרה אחד. אמנם השכל ראיתים שהסכימו שהוא מקרה בעצם פרדי מן הכלל המשכיל. ובמדע אצלם בלבול אם הוא מקרה נמצא בכל עצם ועצם מעצמי הכלל היודע או בעצם אחד לבד, ויתחייבו משני הדברים דברים מגונים: וכאשר הוקשה עליהם בהיותנו מוצאים המתכות והאבנים רובם בעלי מראה חזק וכשישוחקו, יסור המראה ההוא, שאנחנו כשנשחוק הפטדה הירוקה ביותר תשוב אבק לבן והוא ראיה שזה המקרה ישלם מציאותו בכלל לא בכל חלק ממנו, ויותר מבואר מזה, כי החלקים כשיתחככו מן החי אינם חיים והוא ראיה שזה העניין ישלם מציאותו בכלל לא בכל חלק ממנו, אמרו בפרוק הקושיה ההיא המקרה, אין קיום לו ואמנם יברא תמיד, כמו שאבאר מדעתם בהקדמה אשר אחר זאת:

ההקדמה הששית - היא אמרם שהמקרה לא יעמוד שני זמנים. עניין זאת ההקדמה שהם חשבו שהאלוה יתברך יברא העצם ויברא בו איזה מקרה שירצה יחד בבת אחת ולא יתואר יתברך ביכולת על ברוא עצם מבלתי מקרה כי זה נמנע. ואמיתת המקרה וענינו שלא יישאר ולא יתקיים שני זמנים, רצונם לומר שתי עתות, וכשיברא המקרה ההוא, יאבד ולא יישאר ויברא האלוה מקרה אחר ממינו ויאבד גם כן האחר ההוא ויברא שלישי ממינו, כן תמיד כל אשר ירצה האלוה להתמיד מן המקרה ההוא. וכשירצה האלוה שיברא מן מקרה אחר בעצם ההוא, יברא ואם ימנע מן הבריאה ולא יברא מקרה, יעדר העצם ההוא. זהו דעת קצתם, והם הרוב, וזהו בריאת

המקרים אשר יאמרו אותה. אמנם קצתם מן המועתזילה יאמרו כי קצת המקרים יישארו מדה אחת וקצתם לא יישארו שני זמנים. ואין להם בזה סדר ישובו אליו עד שיאמרו מן המקרה הפלוני יישאר והמין הפלוני לא יישאר: ואשר הביאם לזה הדעת הוא, שלא יאמר שיש טבע נמצא כלל ושזה הגשם גוזר טבעו שישיגהו מן המקרים כך וכך אבל רוצים לומר שהאלוה יתברך ברא אלו המקרים עתה בלתי אמצעות טבע ומבלתי דבר אחר, וכשיאמר זה יתחייב אצלם בהכרח שלא יישאר זה המקרה. ושאתה אם תאמר יעמוד מדה ואחר כך יעדר, תתחייב השאלה אי זה דבר העדירו. ואם תאמר שהאלוה העדירו כשרצה, זה לא יתכן לפי דעתם כי הפועל לא יעשה ההעדר כי ההעדר אינו מחוסר פועל אבל כשיעמוד הפועל מן הפעולה, יהיה העדר הפעולה ההיא, וזה אמיתי על צד אחד. ומפני זה הביא אותם רצונם שלא יהיה שם טבע מחייב מציאות דבר או העדרו, שאמרו בבריאת המקרים זה אחר זה וכשירצה האלוה לפי דעת קצתם שיעדר העצם, לא יברא בו מקרה ויעדר. אמנם קצתם אמרו כי כשירצה האלוה להפסיד העולם, יברא מקרה הכיליון לא בנושא ויהיה הכיליון ההוא כנגד מציאות העולם: ולפי זאת ההקדמה אמרו שזה הבגד אשר בצענוהו אדום במחשבתנו אין אנחנו הצובעים כלל אבל האלוה חידש המראה ההוא בבגד בהתחברו לצבע האדום. אשר נחשוב אנחנו שהצבע ההוא נכנס בבגד, ואמרו שאין העניין כן. ולא זו בלבד אמרו אבל אמרו גם כן שהנהיג האלוה יתברך המנהג שלא יתחדש זה המראה השחור על דרך משל אלא בהתחבר הבגד ההוא לאיסטיס ולא יישאר זה השחרות אשר בראו האלוה בהתחבר המשתחר אל השחרות אבל יאבד לשעתו ויברא שחרות אחר, וכבר הנהיג האלוה גם כן מנהג שלא יברא אחר סור זה השחרות, אדמימות או ירקות אבל שחרות כמותו.

וחייבו לפי זאת ההנחה שאלו הדברים אשר נדעם עתה אינם ידיעותינו אשר ידענום אתמול אבל נעדרו המדעים ההם ונבראו מדעים אחרים כמותם, אמרו כן הוא כי המדע, מקרה. והנפש גם כן יחייב מי שיאמינה מקרה, שיבראו לכל בעל נפש מאה אלף נפש על דרך משל בכל רגע, כי הזמן אצלם כמו שידעת מחובר מעתות לא יחלקו: ולפי זאת ההקדמה אמרו שהאדם, כשיניע הקולמוס, לא האדם הניעו כי זה הנענוע אשר התחדש בקולמוס הוא מקרה בראו האלוה בקולמוס וכן תנועת היד המניעה לקולמוס במחשבתנו, מקרה בראו האלוה ביד המתנועעה. ואמנם הנהיג האלוה המנהג בשתחובר תנועת היד לתנועת הקולמוס, לא שיש ליד מעשה כלל ולא סיבה בתנועת הקולמוס, כי אמרו שהמקרה לא יעבור נושאו. ובהסכמה מהם אמרו שזה הבגד הלבן אשר הושם ביורת האיסטיס ונצבע לא האיסטיס השחירו כי השחרות, מקרה בגשם האיסטיס לא יעבור לזולתו ולא ימצא גשם שיש לו פועל כלל, ואמנם הפועל האחרון הוא האלוה והוא אשר חידש השחרות בגוף הבגד בהתחברו לאיסטיס כי כן הנהיג המנהג. וסוף דבר, לא יאמר **זה סיבת כך** כלל, זה דעת המונם, וקצתם אמר בסבה וגינוהו: ואמנם פעולות

האדם, הם חולקים בהם. דעת רובם והמון האשעריה הוא, כי בהניע זה הקולמוס ברא האלוה ארבעה מקרים אין מקרה מהם סיבה לאחר אבל הם מחוברים במציאות לא זולת זה. המקרה הראשון, רצוני להניע הקולמוס והמקרה השני, יכולתי על הנעתו והמקרה השלישי, גוף התנועה האנושית, רצוני לומר תנועת היד, והמקרה הרביעי, תנועת הקולמוס. שהם חשוב שהאדם כשירצה דבר ויעשהו במחשבתו, כבר נברא לו הרצון ונבראה לו היכולת לעשות מה שירצה ונברא לו הפועל, שהוא לא יעשה ביכולת הנבראת בו ואין מעשה לה בפועל. אמנם המועתזילה אמרו שהוא יעשה ביכולת הנבראת בו וקצת האשעריה אמרו שיש ליכולת הנבראת בפועל קצת מעשה ויש לה בו התלות, אבל רובם גינו זה הדעת. והרצון הזה הנברא לפי דעת כולם והיכולת הנבראת וכן הפועל הנברא לפי דעת קצתם, כולם מקרים אין מעמד להם. ואמנם האלוה יברא בזה הקולמוס ניענוע אחר ניענוע וכן תמיד כל עוד שהקולמוס מתנועע וכשינוח, לא ינוח עד שיברא בו גם כן מנוחה ולא יסור מברוא בו מנוחה אחר מנוחה כל עוד שהקולמוס נח: הנה אם כן בכל עתה מן העתות ההם, רצוני לומר מן הזמנים הפרדיים, יברא האלוה מקרה בכל אישי הנמצאות ממלאך וגלגל וזולתם כן תמיד בכל רגע. ואמרו שזאת היא ההאמנה האמיתית בשהאלוה פועל, ומי שלא יאמין שכן יעשה האלוה הנה הכחיש היות האלוה פועל לפי דעתם. ובכמו אלה האמונות יאמר אצלי ואצל כל בן דעת - אם[677] כהתל באנוש תהתלו בו, שזהו גוף **ההיתול** באמת:

ההקדמה השביעית - היא, האמינם שהעדרי הקניינים הם עניינים נמצאים בגוף נוספים על עצמו והם, מקרים נמצאים גם כן והנה הם יבראו תמיד כל אשר יאבד דבר, יברא דבר. וביאור זה, שהם לא יראו כי המנוחה היא העדר התנועה ולא שהמות, העדר החיים ולא שהעיוורון, העדר הראות ולא כל מה שדומה לזה מהעדרי הקניינים, אבל דין התנועה והמנוחה אצלם, דין החום והקור וכמו שהחום והקור, שני מקרים נמצאים בשני הנושאים החום והקור כן התנועה, מקרה נברא במתנועע והמנוחה, מקרה יבראהו האלוה בנח, ולא יעמוד שני זמנים גם כן כמו שקדם בהקדמה אשר לפני זאת. הנה זה הגשם הנח אצלם כבר ברא האלוה המנוחה בכל חלק מחלקיו וכל אשר תעדר מנוחה, יברא מנוחה אחרת כל זמן שהדבר הנח נח. והוא ההיקש בעצמו אצלם בחכמה ובסכלות שהסכלות אצלם נמצא והוא מקרה ולא יסור סכלות יאבד וסכלות יברא תמיד כל עוד שיתמיד הסכל סכל בדבר אחד. והוא ההיקש בעצמו בחיים ובמות ששניהם אצלם מקרים, והם יאמרו בביאור שהחיים יאבדו וחיים יבראו כל ימי אשר החי חי, וכשירצה האלוה מותו יברא בו מקרה המוות ואחר סור מקרה החיים אשר לא יעמוד שני זמנים. אמנם זה כולו הם אומרים אותו בביאור, ויתחייב בהכרח לפי זאת

[677] איוב יג ט

ההנחה שמקרה המות אשר יבראהו האלוה הוא גם כן יעדר לשעתו ויברא האלוה מות אחר ולולא זה לא היה מתמיד המות, אבל כמו שיבראו חיים אחר חיים כן יברא מות אחר מות. ואני תמה עד מתי יברא האלוה מקרה המות במת הכל ימי אשר צורתו עומדת או כל ימי אשר עצם מעצמיו עומד. כי מקרה המות אשר יבראהו האלוה אמנם יבראהו לפי רצונם בכל עצם פרדי מן העצמים ההם, ואנחנו נמצא שני מתים להם אלפים מן השנים והיא ראיה, שהאלוה לא העדיר העצם ההוא אם כן הוא בורא בו מקרה מות כל האלפים האלה כל אשר סר מות ברא מות. זה דעת המונם: וקצת המועתזילה אומר כי קצת העדרי הקניינים אינם עניינים נמצאים, אבל יאמר שהלאות, העדר היכולת והסכלות, העדר החכמה, ולא ימשיך זה בכל העדר ולא יאמר כי החושך, העדר האור ולא שהמנוחה, העדר התנועה אבל ישים מאלו ההעדרים קצתם נמצאים וקצתם, העדר קנין כפי הטוב לו באמונתו, כמו שעשו בעמידת המקרים קצתם יעמוד זמן גדול וקצתם לא יעמוד שתי עתות, כי כוונת הכל, לחייב מציאות שיסכים טבעו לדעותינו ואמונתנו:

ההקדמה השמינית - היא אמרם שאין נמצא אלא עצם ומקרה ושהצורות הטבעיות גם כן מקרים. וביאור זאת ההקדמה, כי הגשמים כולם עצלם מחוברים מעצמים מתדמים, כמו שבארנו בהקדמתם הראשונה, ואמנם התחלף קצתם מקצתם, במקרים לא דבר אחר. ויהיה החיות אצלם והאנושות וההרגשה והדיבור, כל אלה מקרים כדמות השחרות והלובן והמרירות והמתיקות. עד שיהיה הפרש איש זה המין מאיש מין אחר, כהפרש איש מאיש ממין אחד, עד שגשם השמים וגם גשם המלאכים ואף גשם כסא הכבוד, לפי מה שידומה, וגשם אי זו תולעת שתרצה מתולעי הארץ או אי זה צמח שתרצה, הכל עצם אחד. ואמנם התחלפו במקרים לא בזולת זה ועצמי הכל הם, העצמים הפרדיים:

ההקדמה התשיעית - היא אמרם כי המקרים לא יישאו קצתם את קצתם, ולא יאמר אצלם שזה המקרה נשוא על מקרה אחר והאחר על העצם אבל המקרים כולם אמנם הם נשואים נשיאות ראשונית על העצם בשווה. וברחם מזה מפני שהיה מתחייב שלא ימצא המקרה ההוא האחרון בעצם אלא אחר קדמית המקרה הראשון והם ימאנו זה בקצת המקרים וירצו שימציאו אפשרות מציאות קצת המקרים באי זה עצם שיזדמן מבלתי שייחדהו מקרה אחר לפי מה שיראו שהמקרים כולם הם אשר ייחדו. ומפנים אחרים גם כן כי הנושא אשר יינשא עליו הנשוא צריך שיהיה קיים תמיד מדת זמן אחד ואם המקרה לא יעמוד שני זמנים אצלם, רצוני לומר שתי עתות, איך יוכל לפי היסוד הזה שיישא זולתו:

ההקדמה העשירית - היא זאת ההעברה אשר יזכרוה, וזהו עמוד חכמת הדברים ושמע ענינה. הם יראו כי כל מה שהוא מדומה עובר אצל השכל, כמו שישוב כדור הארץ גלגל סובב וישוב הגלגל כדור הארץ, ואפשר היותו בבחינת השכל, וכמו שיתנועע כדור האש לצד נקודת המרכז ויתנועע כדור

הארץ לצד המקיף ואין זה המקום יותר ראוי בזה הגשם מן המקום האחר לפי ההעברה השכלית. אמרו וכן כל דבר מן הנמצאות הנראות היות דבר מהם יותר גדול ממה שהוא או יותר קטן או בחילוף מה שהוא נמצא עליו מתמונה ומקום כמו שיהיה איש אדם כשיעור ההר הגדול בעל ראשים רבים יפרח באויר או שימצא פיל כשיעור כינה וכינה כשיעור פיל, כל זה אמרו שהוא עובר אצל השכל, ועל זה הצד מן ההעברה ימשך העולם כולו. ואי זה דבר שיניחוהו מזה המין, אמרו - **כי הוא ראוי שיהיה כך ואפשר שיהיה כך ואין היות העניין הפלוני כך יותר ראוי מהיותו כך**, מבלתי הבטה לשיווי המציאות למה שיניחוהו. אמרו כי זה הנמצא אשר לו צורות ידועות ושיעורים מסוימים ועניינים מחויבים שלא ישתנו ולא יתחלפו אמנם היותו כך הוא כפי המשך המנהג. כמו שמנהג המלך שלא יעבור בשוקי המדינה אלא רוכב ולא נראה מעולם אלא כן, ולא ימנע אצל השכל שילך רגלי במדינה אבל זה אפשר בלי ספק ועובר אצל השכל היותו. כן אמרו שהיות הארץ מתנועעת לנקודת המרכז והאש למעלה או היות האש מחממת והמים מקררים, הוא משיכת המנהג ולא ימנע בשכל שישתנה זה המנהג ויקרר האש ויתנועע אל התחתית והוא אש וכן יחממו המים ויתנועעו למעלה והם מים. ועל זה נבנה העניין כולו: והם עם זה מסכימים שהתקבץ שני ההפכים בנושא אחד ובעתה אחת, שקר לא יתכן ולא יעבירהו השכל. וכן יאמרו גם כן כי היתול עצם אין מקרה בו כלל או מקרה לא בנושא בדברי קצתם, נמנע לא יעבירהו השכל. וכן יאמרו שההפך העצם מקרה או ההפך המקרה עצם, לא יתכן, ולא הכנס גשם בגשם יתכן, אבל יודו שאלו נמנעות מן השכל: אמנם היות כל מה שמנוהו מן הנמנעות בלתי מצויר בשום פנים והיות מה שקראוהו אפשר מצויר, הוא מאמר אמיתי. אלא שהפילוסופים אומרים שזה אשר קראתם אותו נמנע להיותו בלתי מדומה ואשר קראתם אותו אפשר להיותו מדומה וזה האפשר אצלכם הוא אפשר בדמיון לא אצל השכל, הנה אתם בזאת ההקדמה תבחנו המחויב והאפשר והנמנע פעם בדמיון לא בשכל ובפעם בתחילת הדעת המשותף כמו שזכר אבונצר בזכרו העניין אשר יקראוהו המדברים **שכל**: הנה כבר התבאר כי המדומה אצלם הוא אפשר, יסכים עמו המציאות או לא יסכים עמו, וכל מה שלא ידומה הוא הנמנע. וזאת ההקדמה לא תתאמת אלא בתשע ההקדמות אשר קדם זכרם ובעבורה בלא ספק היה צריך להקדימם. וביאור זה, כפי מה שאתאר לך ואגלה לך מתווכות אלו העניינים על דרך מחלוקת נפלה בין המדבר והפילוסוף:

אמר המדבר לפילוסוף למה מצאנו גשם הברזל הזה בתכלית הקשי והחוזק והוא שחור וגשם החמאה הזה בתכלית הרכות והוא לבן: ענהו הפילוסוף בשאמר כי כל גשם טבעי יש לו שני מינים מן המקרים מקרים ישיגוהו מצד החומר שלו כמו שיבריא האדם ויחלה ומקרים ישיגוהו מצד צורתו כתימהון האדם וצחקו, והחומרי הגשמים המורכבים הרכבה אחורנית חלוקים מאד כפי

הצורות המיוחדות לחומרים עד שהיה עצם הברזל בחילוף עצם החמאה ונמשך אחריהם מן המקרים אחר חילוק צורתם והשחרות והלובן שהם מקרים נמשכים אחר חילוק חומרם האחרון: וסתר המדבר זאת התשובה כולה בהקדמות ההם אשר לו כפי מה שאספר. וזה שהוא אומר אין צורה נמצאת כלל כמו שתחשוב מקימת לעצם עד שתשימם עצמים שונים אבל הכל, מקרים כמו שבארנו ממאמרם בהקדמה השמינית. אחר כך הוא אומר אין חילוק בין עצם הברזל לעצם החמאה והכל מחובר מעצמים פרדיים דומים כמו שבארנו מדעיותם בהקדמה הראשונה אשר יתחייב ממנה בהכרח ההקדמה השנית והשלישית כמו שבארנו. וכן ההקדמה השתים עשרה צריך אליה, לקיים העצם הפרדי. וכן לא יתכן אצל המדבר שיהיו קצת מקרים מייחדים זה העצם עד שיהיה בו מזומן מוכן לקבל מקרים שניים כי לא יישא אצלו מקרה מקרה כמו שבארנו בהקדמה התשיעית. ואין למקרה קיום כמו שהתבאר בהקדמה השישית. וכשנתאמת למדבר כל מה שירצה לפי הקדמותיו ועלה בידו מזה שעצמי החמאה והברזל, עצמים אחדים דומים ויחס כל עצם מהם אל כל מקרה, יחס אחד ואין זה העצם יותר ראוי בזה המקרה מזה, וכמו שזה העצם הפרדי אינו יותר ראוי שיתנועע ממה שהוא ראוי לנוח כן אין עצם מהם יותר ראוי לקבל מקרה החיים או מקרה השכל או מקרה החוש, מעצם אחר וריבוי העצמים או מיעוטם לא יוסיף בזה דבר מפני שהמקרה אמנם מציאותו בכל עצם ועצם מהם כמו שבארנו ממאמרם בהקדמה החמישית ויתחייב לפי אלו ההקדמות כולם שאין האדם יותר ראוי להשכיל מן העטלף ויתחייב מה שאמרוהו מן ההעברה בזאת ההקדמה. ומפני זאת ההקדמה היה השתדלות כולו מפני הוא החזק שבדברים בקיום כל מה שירצה לקיימו כמו שיתבאר:

הערה. דע אתה האיש המעיין בזה המאמר שאם ידעת הנפש וכוחותיה והתאמת לך בה כל דבר לפי אמיתת מציאותו, הנה תדע כי הדמיון נמצא לרוב בעלי החיים, אמנם בעלי החיים השלמים כולם, רצוני לומר אשר להם לב, מציאות הדמיון להם מבואר, ושהאדם לא הובדל בדמיון. ואין פועל הדמיון, פועל השכל אבל הפכו, וזה כי השכל יפרק המורכבות ויבדיל חלקיהם ויפשיטם ויצירם באמיתתם ובסיבותם וישיג מן הדבר האחד עניינים רבים מאוד שביניהם הפרש אצל השכל כהפרש שני אישים מבני אדם אצל הדמיון במציאות. ובשכל יבדיל העניין הכללי מן העניין האישי ולא יתאמת מופת מן המופתים אלא בכללי. ובשכל יודע הנשוא העצמי מן המקרי. ואין לדמיון פועל דבר מאלו הפעולות, שהדמיון לא ישיג אלא האישי המורכב בכללו לפי מה שהשיגוהו החושים או ירכיב הדברים המפוזרים במציאות וירכיב קצתם על קצתם והכל, גשם או כח מכוחות הגשם כמו שידמה המדמה איש אדם וראשו, ראש סוס ולו כנפים וכיוצא בזה, וזהו הנקרא הבדוי השקר שלא ישווה לו נמצא כלל. ולא יוכל הדמיון

בשום פנים להימלט בהשגתו מן החומר ואפילו הפשיט צורה אחת בתכלית ההפשט, ולכן אין בחינה בדמיון:

ושמע מה שהועילונו החכמות הלימודיות ומה גדול מה שלקחנו מהם מן ההקדמות: דע כי יש דברים כשיבחנם האדם בדמיונו לא יצירם כלל אבל ימצא המנע דמיונם, כהימנע התקבץ שני ההפכים. ואחר כך התאמת במופת מציאות הדבר ההוא הנמנע לדמותו והוציאהו המציאות. וזה שאם תדמה כדור גדול אי זה שיעור שתרצה ואפילו דמית אותו כשיעור כדור הגלגל המקיף, ואחר כך תדמה בו קוטר יעבור על נקודת מרכזו, ואחר כך תדמה שני אנשים עומדים על שתי קצות הקוטר עד שתהיה הנחת רגליהם על ישרון הקוטר וישוב הקוטר והרגלים בקו אחד ישר, לא ימלט מהיות הקוטר נכחי לאופק או בלתי נכחי, ואם היה נכחי, יפלו שניהם יחד ואם היה בלתי נכחי, ייפול אחד מהם והוא התחתון ויעמוד האחר. כן ישיג הדמיון. וכבר התבאר במופת שהארץ כדורית ושמן המיושבת, על שתי קצוות הקוטר וכל איש משוכני שתי הקצוות, ראשו אל השמים ורגליו לצד רגלי האחר שהוא בראש הקוטר האחר ואי אפשר נפילת אחד מהם כלל ולא יצויר מפני שאין אחד מהם למעלה ואחד למטה אבל כל אחד משניהם למעלה ולמטה בהצטרף אל האחר. וכן התבאר במופת במאמר השני מספר החרוטים יציאת שני קוים יהיה ביניהם בתחילת יציאתם רוחק אחד וכל אשר ירחקו, יחסר הרוחק ההוא ויקרב אחד מהם אל האחר ולא יתכן הפגשם לעולם ואפילו יוצאו לבלתי תכלית ואף על פי שכל אשר ירחקו יתקרבו, וזה לא יתכן שידומה ולא שייפול בשבכת הדמיון כלל, ושני הקוים ההם האחד מהם ישר והאחד מעוקם כמו שהתבאר שם. הנה כבר התבאר מציאות מה שלא ידומה ולא ישיגהו הדמיון אבל הוא נמנע אצלו, וכן התבאר במופת המנע מה שיחייבהו הדמיון והוא היות האלוה יתברך גשם או כח בגשם, שאין נמצא אצל הדמיון אלא גשם או דבר בגשם:

הנה כבר התבאר שיש בנמצא דבר אחר בו יבחן הראוי והעובר והנמנע ואינו הדמיון. ומה טוב זה העיון ומה גדולה תועלתו למי שירצה שינצל מזה החושך, רצוני לומר ללמוד מן הדמיון: ולא תחשוב שהמדברים לא ישערו בדבר מזה אבל ישערו בו קצת משער וידעוהו ויקראו מה שידומה והוא נמנע כמו היות האלוה גשם, עולה על רוח ודמיון, והרבה פעמים יבארו שהעולות על רוח, כוזבות. ולזה הוצרכו לתשע ההקדמות אשר זכרנו עד שאימתו בהם זאת ההקדמה העשירית והיא, העברת מה שרצו העברתו מן המדומים מפני התדמות העצמים והשתוות המקרים במקריות כמו שבארנו:

והתבונן אתה המעיין וראה שהנה יצא דרך עיון עמוק מאד. וזה שאלו, קצת ציורים יאמר איש שהם ציורים שכליים ואחר יאמר שהם ציורים דמיוניים ונרצה שנמצא דבר יבאר לנו המושכלות מן המדומות. ואם יאמר הפילוסוף שהמציאות עדי, כמו שיאמר ובו אבחון הראוי והעובר והנמנע, יאמר לו בעל הדת ובזה היא המחלוקת שזה הנמצא אומר אני שנעשה ברצון לא

שהתחייב וכשנעשה בזה התואר, היה אפשר שיעשה בחילופו אלא אם יגזור הציור השכלי שאי אפשר חילוף זה כמו שתחשוב:

ושער ההעברה הזה יש לי בו דברים תשמעם במקומות מזה המאמר ואינו עניין ימהר האדם לדחותו כולו ברגע קטן:

ההקדמה האחת עשרה - היא אמרם שמציאות מה שאין תכלית לו הוא שקר על כל עניין. וביאור זה כי כבר התבאר המנע מציאות גשם אחד אין תכלית לו או מציאות גשמים אין תכלית למספרם, ואף על פי שכל אחד מהם גשמו בעל תכלית, ובתנאי שיהיו אלו שאין להם תכלית נמצאים יחד בזמן. וכן מציאות עילות אין להם תכלית שקר, רצוני לומר שיהיה דבר עילה לדבר ולדבר ההוא עילה אחרת ולעילה, עילה וכן אל לא תכלית עד שיהיו מנויים אין תכלית להם נמצאים בפועל, יהיו גשמים או נבדלים אלא שקצתם עילה לקצתם. וזהו הסידור הטבעי העצמי אשר התבאר במופת המנע מה שאין תכלית לו בו: אמנם מציאות מה שאין תכלית לו בכח או במקרה, ממנו מה שכבר התבאר מציאותו במופת כמו שהתבאר במופת החלק הגשם אל לא תכלית בכח והחלק הזמן אל לא תכלית, וממנו מה שבו מקום עיון והוא, מציאות מה שאין תכלית לו בבוא זה אחר סור זה והוא אשר יקרא מה שאין תכלית לו במקרה והוא, שיהיה דבר אחר העדר דבר אחר והאחר ההוא אחר העדר אחר שלישי וכן אל לא תכלית, ובזה הוא העיון העמוק מאוד.

ומי שיתפאר שבאר במופת קדמות העולם יאמר כי הזמן בלתי כלה ולא יתחייב לו מזה שקר להיות הזמן כל מה שיגיע ממנו חלק יעדר לפניו חלק אחר. וכן בא המקרים זה אחר זה אצלו על החומר אל לא תכלית ולא יתחייב לו שקר להיותם בלתי נמצאים כלם יחד אבל בבא זה אחר סור זה, וזה מה שלא בא מופת על המנעו. אמנם המדברים אין הפרש אצלם בין שתאמר שגשם אחד נמצא אין תכלית לו או תאמר שהגשם והזמן יקבל החלוקה אל לא תכלה, ואין הפרש אצלם בין מציאות דברים אין תכלית למספרם מסודרים יחד, כאילו תאמר אישי האדם הנמצאים עתה, או אמרך שדברים הגיעו במציאות אין למספרם תכלית ואף על פי שנעדרו ראשון ראשון, כאילו אמרת ראובן בן יעקב ויעקב בן יצחק ויצחק בן אברהם כן אל לא תכלה, זה גם כן אצלם שקר כראשון. ואלו הארבעה חלקים ממה שאין תכלית לו הם אצלם שווים. וזה החלק האחרון קצתם ישתדל לאמתו, רצוני לומר לבאר המנעו, בדרך אבארו לך בזה המאמר וקצתם אומר שזה מושכל בעצמו וידוע בתחילת מחשבה ואין צריך עליו מופת. ואם היה מן השקר המבואר שיהיו דברים אין תכלית להם על צד בא האחד אחר סור האחר ואף על פי שהנמצא מהם עתה בעל תכלה הנה יהיה שקר קדמות העולם מתחילת מחשבה ולא יצטרך אל הקדמה אחרת כלל. ואין זה מקום החקירה על זה העניין:

ההקדמה השתים עשרה - אמרם שהחושים לא יתנו האמת תמיד. וזה כי

המדברים חשדו השגת החושים משני פנים. אחד מהם, שהם אמרו כי הרבה ממוחשיהם יבצר מהם אם לדקות גשם המושג, כמו שיזכרו בעצם הפרדי ומה שיתחייב ממנו כמו שבארנו, ואם לרחקם מן המשיג להם, כמו שלא יראה האדם ולא ישמע ולא יריח על רוחק מילים רבים וכמו שלא תושג תנועת השמים. והצד השני, אמרו שהם יחטאו במושגיהם כמו שיראה האדם הדבר הגדול קטן כשירחק ממנו ויראה הקטן גדול כשיהיה במים ויראה המעוקם ישר כשיהיה קצתו במים וקצתו חוץ למים, וכן בעל ירקון יראה הדברים ירוקים ואשר שוקה לשונו מרה אדומה יטעם הדברים המתוקים מרים, וימנו דברים רבים מזה הכת ואמרו שמפני זה אין לבטוח בהם שיילקחו התחלות מופת: ולא תחשוב שהמדברים הסכימו על זאת ההקדמה לבטלה כמו שיחשבו רוב אלו האחרונים כי השתדלות קדמוניהם לקיים החלק אין צורך לו, אבל כל מה שהקדמנוהו ממאמרם, הכרחי וכשתפסיד הקדמה אחת מהם תבטל הכונה כולם. ואמנם זאת ההקדמה האחרונה היא הכרחית מאד, שאנחנו כשנשיג בחושינו עניינים סותרים מה שהניחוהו יאמרו אז אין להשגיח בחושים אחר שנתבאר במופת העניין אשר חשבו כי עד השכל הורה עליו, כאומרם בתנועה המדובקת שנכנסו בתוכה מנוחות וכהתפוצץ הרכב בעת הסיבוב וכאמרם שלובן זה הבגד נעדר עתה וזה לובן אחר, ואלו דברים חילוף הנראה, ודברים רבים יתחייבו ממציאות הריקות כולם יכזיבם החוש, ויהיה מענה זה כולו שזה, דבר יבצר מן החוש, במה שאפשר שיענו בו כן, ובדברים יענה בהם שזה, טעות מכלל טעויות החוש: וכבר ידעתי שאלו כולם, דעות קדמוניות היו מתפארים בהם הסופיסטנים ואומרים שהם אמרום תחילה כמו שזכר גלינוס בספרו בכוחות הטבעיות על אותם שהיו מכזיבים החוש וסיפר דברים כבר ידעתם:

ואחר הקדימי אלו ההקדמות אתחיל לבאר דרכיהם באלו הארבע בקשות:

פרק עד

זה הפרק אכלל לך בו סיפור ראיות המדברים על היות העולם מחודש. ולא תבקש ממני לספרם בלשונותם ולא באריכותם אבל אגיד לך כוונת כל אחד מהם ודרך הוראותיו לקיים חידוש העולם או לבטל קדמותו ואעירך על ההקדמות אשר נעזר בהם בעל דרך ההוא בקצרה.

ואתה כשתקרא בספריהם הארוכים וחיבוריהם הידועים לא תמצא כלל עניין נוסף על מה שתבינהו מדברי אלה בהביאם ראיה על זה העניין אלא שאתה תמצא דברים יותר רחבים ולשונות נאים ויפים, ואולי אוזנו בשירים ונשקלו במליצות ונבחר להם צחות דברים, ואולי נאמרו בלשון סתום וכוון בזה - להבהיל השומע ולהפחיד המתבונן ותמצא בחיבוריהם גם כן מהישנות העניינים והפיל הספקות והתירם לפי מחשבתם ועמוד כנגד מי שחלק עליהם הרבה מאד:

הדרך הראשון חשבו קצתם שבמחודש האחד יש ראיה שהעולם מחודש כאילו תאמר כי ראובן שהיה טיפת זרע ואחר כך נעתק עניין אחר עניין עד שהגיע אל שלמותו - מן השקר שיהיה הוא אשר שינה עצמו והעתיקו מעניין אל עניין אבל יש לו משנה חוץ ממנו, הנה כבר התבאר צרכו אל עושה תיקן בנינו והעתיקו מעניין אל עניין וכן ההקש באילן התמר הזה וזולתו ואמרו שכן ההקש בעולם בכללו. הנה אתה רואה שזה יאמין שאי זה דין שימצא לגשם אחד יתחיב שידונו בו על כל גשם:

דרך שני אמרו גם כן שבהתחדש איש מן האישים הנולדים יתבאר במופת שהעולם כולו מחודש. וביאור זה שראובן זה לא היה ואחר כך היה ואם אי אפשר היותו אלא מיעקב אביו - הנה אביו גם כן מחודש ואם אי אפשר היות אביו אלא מיצחק זקנו - והנה יצחק גם כן מחודש, והנה ילך זה אל לא תכלית - וכבר הניחו שמציאות מה שאין תכלית לו על זה הדרך - שקר כמו שבארנו באחת עשרה מהקדמותיהם. וכן אלו הגעת על דרך משל לאיש ראשון' אין אב לו והוא 'אדם' תתחיב השאלה ממה זה נתהוה 'אדם' זה? ותאמר על דרך משל מן העפר, וראוי שישאל והעפר ההוא ממה נתהוה? ויענה על דרך משל מן המים, וישאל והמים ההם ממה זה נתנוו? - ואמרו שעל כרחך ילך זה אל לא תכלית והוא שקר, או תגיע בסוף למציאות דבר אחר ההעדר הגמור וזהו האמת אצלו תפסק השאלה. ואמרו שזה מופת על שהעולם נמצא אחר העדר הגמור המוחלט:

דרך שלישי אמרו עצמי העולם לא ימלטו בשום פנים מהיותם מקובצים או מפורדים או שיקובצו מהם עצמים פעם וייפרדו פעם אחרת. ומבואר נגלה הוא שלפי בחינת עצמם אין ראוי להם קיבוץ לבד או פירוד לבד, שאילו היה עצמם וטבעם גוזר שיהיו נפרדים לבד, לא התקבצו לעולם וכן אלו היה עצמם ואמיתתם גוזר שיהיו מקובצים לבד - לא התפרדו לעולם, ואם כן אין הפרוד יותר ראוי בהם מן הקיבוץ ולא הקיבוץ יותר ראוי בהם מן הפרוד, יהיה אם כן היות קצתם מתקבצים וקצתם מתפרדים וקצתם ישתנו עליהם העניינים - פעם יתקבצו ופעם יתפרדו - ראיה על היות העולם מחודש. הנה כבר התבאר לך שבעל זה הדרך נעזר בהקדמה הראשונה מהקדמותיהם וכל המתחייב ממנה:

דרך רביעי אמרו העולם כולו מורכב מעצם ומקרה ולא ימלט עצם מן העצמים ממקרה או מקרים, והמקרים כולם מחודשים - ויתחיב שיהיה העצם הנושא להם מחודש כי כל מחובר למחודשים ולא ימלט מהם הוא מחודש, אם כן העולם בכללו מחודש. ואם יאמר אומר אולי העצם בלתי מחודש והמקרים הם המתחדשים הבאים עליו זה אחר סור זה אל לא תכלית? אמרו אם כן יתחיב שיהיו מחודשים אין תכלית להם - וזה כבר שמוהו שקר. וזה הדרך הוא החזק שבדרכים והטוב שבהם אצלם עד שרבים חשבוהו מופת: וכבר קבלו בזה הדרך שלוש הקדמות יצטרכו אל מה שאינו נעלם מבעלי העיון. האחת מהם שמה שאין לו תכלית על צד בוא האחד אחר

סור האחר - שקר. והשנית שכל מקרה - מחודש ובעל דיננו האומר בקדמות העולם יכחישנו במקרה מן המקרים והוא התנועה הסיבובית - שאריסטו יחשוב שהתנועה הסיבובית בלתי הוה ולא נפסדת ולזה יהיה אצלו זה המתנועע אשר נמצאה לו התנועה הזאת בלתי הוה ולא נפסד. ואין תועלת לנו בקיום חידוש שאר המקרים אשר בעל דיננו לא ירחיק לנו חידושם ויאמר שהם באים זה אחר סור זה על בלתי מחודש בסיבוב וכן יאמר בזה המקרה לבדו והוא התנועה הסיבובית - רצוני לומר תנועת הגלגל - שהוא בלתי מחודש ואינו ממין מקרה מן המקרים המחודשים. הנה המקרה ההוא לבדו צריך שייחקר עליו ויבואר חידושו. וההקדמה השלישית אשר קבלה בעל זה הדרך היא - שאין נמצא מוחש בלתי העצם והמקרה - רצוני לומר העצם ההוא הפרדי ומה שיאמינהו ממקריו. אמנם אם היה הגשם מרכב מחומר וצורה כפי מה שבאר במופת בעל דיננו צריך שיתבאר במופת היות החומר הראשון והצורה הראשונה הוות נפסדות ואז יתבאר מופת חידוש העולם:

דרך חמישי והוא דרך ההתייחד. זאת הדרך יבחרוה מאד מאד וענינה שב למה שבארתי לך בהקדמתם העשירית וזה שהוא יכון במחשבתו אל העולם בעצמו או לאי זה חלק שירצה מחלקיו ויאמר זה עובר שיהיה לפי מה שהוא מן התואר והשיעור ובאלו המקרים הנמצאים בו ובזה הזמן והמקום אשר נמצא בו ועובר שיהיה יותר גדול או יותר קטן או בחילוף זה התואר או במקרים כך או ימצא קודם זמן מציאותו או אחריו או בזולת זה המקום, אם כן התייחדו בתמונה אחת או בשיעור או במקום או במקרה מן המקרים ובזמן מיוחד עם העברת חלופם כולם הוא ראיה על מיחד בוחר רצה אחד משני אלה העוברים, ואם כן צורך העולם בעצמו או אי זה חלק מחלקיו למיחד - ראיה על היותו מחודש - שאין הפרש בין אמרך 'מיחד' ובין אמרך 'פועל' או 'בורא' או 'ממציא' או 'מחדש' או 'מכון' - הכל ירצה בו עניין אחד: ויעשו לדרך הזה סעיפים רבים מאד כוללים ומיוחדים עד שיאמרו אין היות הארץ תחת המים יותר ראוי מהיותה על המים - ומי ייחד לה זה המקום? ואין היות השמש עגולה יותר ראוי מהיותה מרובעת או משולשת שיחס התארים כולם לגשמים בעלי התארים יחס אחד - אם כן מי ייחד השמש בזה התואר? וכן יבחנו פרטי העולם כולו - עד שהם כשיראו פרחים חלוקי המראים יפלא בעיניהם ותחזק אצלם זאת הראיה. ואמרו הנה זאת ארץ אחת ומים אחדים ולמה היה זה הפרח ירוק וזה אדום? - אין זה כי אם במיחד והמיחד ההוא הוא האלוה, אם כן העולם כולו צריך למי שייחדהו כולו וכל חלק מחלקיו באחד מן הפרטים: וזה כולו יתחייב בקבלת ההקדמה העשירית, מצורף אל היות קצת מי שיחשוב קדמות העולם לא יחלוק עלינו בהתיחדות כמו שאבאר. וסוף דבר - זה אצלי הטוב שבדרכים ולי בו דעת תשמעהו:

דרך ששי חשב אחד מן האחרונים שהוא מצא דרך טובה מאד יותר טובה

מכל דרך שקדמה והיא הכרעת המציאות על ההעדר. אמר העולם - אפשר המציאות אצל כל אדם שאילו היה מחויב המציאות - היה הוא האלוה ואנחנו אמנם נדבר עם מי שיקים מציאות האלוה ויאמר בקדמות העולם, והאפשר הוא - שאפשר שימצא ואפשר שלא ימצא ואין המציאות יותר ראוי בו מן ההעדר, אם כן היות זה האפשר המציאות נמצא - עם השתוות דין מציאותו והעדרו - הוא ראיה על מכריע הכריע מציאותו על העדרו. וזה דרך מספיק מאד והוא סעיף מסעיפי ההתייחדות הקודם אלא שהחליף מלת 'מיחד' ב'מכריע' והחליף עניני הנמצא במציאות הנמצא עצמו, והטענו או טעה בעניין מאמר האומר - העולם אפשר המציאות, כי בעל דיננו המאמין קדמות העולם יפיל שם האפשר - באמרו העולם אפשר המציאות, על בלתי העניין אשר יפילהו עליו המדבר כמו שנבאר. ועוד שמאמרו שהעולם צריך למכריע יכריע מציאותו על העדרו - מקום ספק גדול מאוד כי ההכרעה וההתייחדות אמנם יהיו לנמצא אחד מקבל לכל אחד משני ההפכים או לכל אחד משני המתחלפים בשווה ויאמר אחר שמצאנוהו בעניין הפלוני ולא נמצאהו בעניין האחר - היא ראיה על פועל מכון. כאילו אמרת שזה הנחושת אינו בקיבול צורת המחם יותר ראוי מאשר הוא בקבול צורת המנורה, וכאשר מצאנוהו מנורה או מחם ידענו בהכרח שמייחד ומכון כון אחד משני אלו העוברים - שכבר התבאר שהנחשת נמצא ושני העוברים המיוחסים לו נעדרים ממנו קודם הכרעת המכריע. אמנם הדבר הנמצא הנחלק עליו אם מציאותו כן לא סרה ולא תסור או נמצא אחר העדר הנה לא יצויר בו בשום פנים זה העניין ולא יאמר מי הכריע מציאותו על העדרו? אלא אחר ההודאה בשהוא נמצא אחר ההעדר - וזהו העניין הנחלק עליו. ואם ניקח מציאותו והעדרו מחשבי כבר שבנו להקדמה העשירית בעצמה והיא התבוננות הדמיונות והמחשבות לא התבוננות הנמצאות והמושכלות - כי הבעל דין אשר יאמין קדמות העולם יראה שדמותנו העדרו כדמותנו כל נמנע שייפול בדמיון ואין הכונה - לסתור מאמריהם, ואמנם בארתי לך שזה הדרך אשר חשבו בה אשר היא דרך זולת מה שקדם אינו אמת אבל דינה כדין מה שלפניה משיעור זאת ההעברה הידועה:

דרך שביעי אמר גם כן אחד מן החדשים שהוא יקיים חידוש העולם במה שיאמרו אותו הפילוסופים מהשאר הנפשות. אמר אם היה העולם קדמון יהיו האנשים אשר מתו במה שלא סר - אין תכלית למספרם, הנה נמצאו אם כן נפשות אין תכלית למספרם והם נמצאות יחד, וזה ממה שנתבאר במופת בטולו בלא ספק - רצוני לומר מציאות מנויים אין תכלית למספרם יחד. וזה - דרך מופלא שהוא באר הדבר הנעלם במה שהוא יותר נעלם ממנו ובזה יאמר באמת המשל המפורסם אצל הארמיים 'ערבך ערבא צריך'. כאילו זה כבר התבאר אצלו השאר הנפשות וידע על אי זו תוצה יישארו ומה הוא הדבר הנשאר עד שיביא ממנו ראיה. אמנם אם הייתה כוונתו לחיב הספק לבעל דינו המאמין קדמות העולם עם האמינו השאר הנפשות - היה

זה מתחיב אם היה הבעל דין גם כן מודה למשים הספק הזה מה שידמהו מדברו בהשאר הנפשות: אמנם קצת אחרוני הפילוסופים התירו זה הספק בשאמרו הנפשות הנשארות אינם גשמים שיהיה להם מקום והנחה שימנע במציאותם האין תכלית. ואשר תדעהו - כי אלו העניינים הנבדלים - רצוני לומר שאינם גשמים ולא כח בגשם אבל הם שכלים - ולא יצויר בהם רבוי כלל ולא בשום עניין אלא אם יהיו קצתם סיבת מציאות קצתם וייפול ההפרש בהיותם זה עילה וזה עלול ואין הדבר הנשאר מראובן עילה ולא עלול לנשאר משמעון ולזה יהיה הכל אחד במספר כמו שבאר אבובכר אבן אלצאיג הוא ומי שנחלץ לדבר באלו העמוקות. סוף דבר לא מכיוצא באלו העניינים הנעלמים אשר תקצרנה המחשבות מציורם ילקחו הקדמות לבאר בהם עניינים אחרים: ודע כי כל מי שישתדל לקים חידוש העולם או לבטל קדמותו באלו הדרכים הדבריים אי אפשר לו מבלתי העזרו באחת משתי ההקדמות האלה או בשתיהן והיא - ההקדמה העשירית - רצוני לומר ההעברה המחשבית עד שיקיים המיחד - או ההקדמה האחת עשרה והיא - לשום שקר מה שאין תכלית לו על צד בא זה אחר סור זה. וזאת ההקדמה יאמתוה בפנים. אם בשיכוון בעל הראיה אל אחד מהמינים אשר אישיהם הוים נפסדים וישים מגמתו וכוונתו אל זמן עובר ויתחיב לפי אמונת הקדמות כי כל איש מהמין ההוא מן הזמן הפלוני אל מה שלפניו מקודם - אין תכלית להם וכן כל איש מזה המין בעצמו מאחר אותו הזמן המונח באלף שנה על דרך משל אל מה שלפניו מקודם - אין תכלית להם, וזה הכלל האחרון יותר מן הכלל הראשון במספר הנולדים באלף שנה ההם, ויחיבו במחשבתם בזאת הבחינה שיהיה מה שאין תכלית יותר ממה שאין תכלית. וכיוצא בזה יעשו בסיבובי הגלגל גם כן ויחייבו מהם במחשבתם שסיבובים אין תכלית להם יותר מסיבובים אין תכלית להם. והם מקישים גם כן בין סיבובי גלגל אחד וסיבובי גלגל אחר יותר מאחר ממנו וכל אחד מהם אין תכלית לו. וכן יעשו בכל מקרה מהמקרים המתחדשים שהם ימנו אישיהם הנעדרים וידמו כאילו הם נמצאים וכאילו הם דברים שיש להם התחלה מסוימת ואחר כך יוסיפו על הנחשב ההוא או יחסרו ממנו, וכל אלו עניינים מחשביים לא נמצאים. וכבר הכה אבונצר אלפאראבי על קדקד זאת ההקדמה וגילה מקומות הספק בכל פרטיה כמו שתמצאהו מבואר נגלה עם ההתבוננות המופשט מן התאוה בספרו הידוע בנמצאות המשתנות: אלו הם אמהות דרכי המדברים בקיום חידוש העולם. וכאשר התקים אצלם באלו הראיות שהעולם מחודש התחיב בהכרח שיש לו פועל חידשו בכוונה ורצון ובחירה. ואחר כך בארו שהוא אחד - בדרכים אבארם לך בזה הפרק:

פרק עה

אני אבאר לך גם כן בזה הפרק מופתי היחוד לפי דעת המדברים אמרו שזה

אשר הורה המציאות על היותו פועלו וממציאו - הוא אחד. ואמהות דרכיהם בקיום האחדות שתי דרכים דרך ההמנעות ודרך ההשתנות:

הדרך הראשון והוא דרך ההמנע, הוא אשר יבחרהו המונם. וענינו - כי הוא אומר שאילו היו לעולם שני אלוהות היה מתחייב שיהיה העצם אשר לא ימלט מאחד משני ההפכים אם ארום משניהם יחד - וזה שקר, או יתקבצו שני ההפכים יחד בזמן אחד ונושא אחד - וזה גם כן שקר. והמשל בו שהעצם או העצמים אשר ירצה זה עתה שיחממם ירצה זה שיקררם ויתחיב מזה שלא יתחממו ולא יתקררו להמנע שתי הפעולות - וזה שקר כי כל גשם מקבל לאחד משני ההפכים, או יהיה זה הגשם חם קר יחד וכן כשירצה אחד מהם שיניע זה הגשם יתכן שירצה האחר להניחו - ויתחיב שלא ינוע ולא ינוח או יהיה נע נח יחד. וזה המין מן הראיה נבנה על שאלת העצם הפרדי אשר הוא ראש הקדמותיהם ועל הקדמת בריאת המקרים ועל הקדמת היות העדרי הקנינים עניינים נמצאים צריכים לפועל. שאילו יאמר האומר שהחומר התחתון אשר עליו יבואו ההויה וההפסד זה אחר סור זה לפי דעת הפילוסופים בלתי החומר העליון - רצוני לומר נושאי הגלגלים - כמו שהתבאר זה במופת, ויאמר אומר שיש שני אלוהות האחד - מנהיג החומר התחתון ואין התלות לפעלו בגלגלים והשני - מנהיג הגלגלים ואין התלות לפעלו בהיולי כמו שחשבו המשנים - היה זה הדעת בלתי מחיב המנעות כלל. ואם יאמר אומר שזה חסרון בחוק כל אחד מהם להיותו בלתי משתמש במה שישתמש בו האחר יאמר לו אין זה חסרון בחוק אחד משניהם כי הדבר ההוא אשר אין התלות לפעלו בו נמנע בחוקו ואין חסרון בפועל בהיותו בלתי יכול על הנמנע, כמו שאין חסרון אצלנו קהל המיחדים באחד בהיותו בלתי מקבץ בין שני ההפכים בנושא אחד, ולא תתלה יכלתו בזה ולא במה שדומה לו מן הנמנעות: וכאשר שיערו בחולשת זה הדרך ואף על פי שהביאם אליו מביא סרו אל דרך אחר:

הדרך השני אמרו אילו היו שני אלוהות היה מתחייב שיהיה לשניהם עניין אחד שישתתפו בו ועניין נמצא לאחד מהם ולא נמצא לאחר בו נפלו החילוק והחילוף. וזהו דרך פילוסופי מופתי כשימשך האדם אחריו ויתבארו הקדמותיו. והנה אבארם כשאזכור דעות הפילוסופים בזה העניין. וזה הדרך עוד לא ימשך לפי דעת כל מי שיאמין בתארים שהקדמון יתברך אצלו יש בו עניינים חלוקים רבים ועניין החכמה בלתי עניין היכולת אצלו וכן עניין היכולת אצלו בלתי עניין הרצון, אם כן לא ימנע לפי הדעת ההוא שיהיה כל אחד משני האלוהות בעל עניינים מהם - מה שישותף בהם עם האחר ומהם - מה שיבדל ממנו בהם:

דרך שלישי הנה גם כן דרך צריך אל הקדמה מהקדמות בעלי אלו הדרכים. והוא שקצתם - והם קדמוניהם - יאמינו שהאלוה רוצה ברצון הרצון ההוא אינו עניין נוסף בעצם הבורא אבל הוא רצון לא בנושא. ולפי אלו ההקדמות אשר בארונם אבל ציורם רחוק כפי מה שתראהו אמרו הרצון האחד אשר

לא בנושא לא יהיה לשנים כי לא תהיה עילה אחת מחיבת שני דינים לשני עצמים. וזה כמו שהודעתיך ביאור הנעלם במה שהוא נעלם ממנו - כי הרצון אשר יזכרוהו לא יצויר והוא אצל קצתם נמנע ואצל מי שיאמינהו יתחדשו עליו ספקות שאי אפשר למנותם - והם יקחוהו מופת על האחדות:

דרך רביעי אמרו מציאות הפעולה מורה על פועל בהכרח ולא יורנו על רוב פועלים, ואין הפרש בין טענת הטוען שהאלוה שנים או שלושה או עשרים או אי זה מספר שיזדמן. וזה מבואר נגלה. ואם תאמר שזאת ראיה לא תורה על המנע הריבוי באלוה רק היא מורה על סכלות המספר ואפשר היותו אחד ואפשר היותו רבים, והשלים זה ראייתו בשאמר ומציאות האלוה אין אפשרות בו אבל הוא מחויב המציאות - ובטל אם כן אפשרות הריבוי. כן שם ראייתו בעל הראיה הזאת. וזה מבואר הטעות מאד - שמציאותו יתברך הוא אשר אין אפשרות בו אמנם דעתנו בו יהיה בו האפשרות כי האפשר בידיעה בלתי האפשר במציאות. ואולי כמו שיחשבו הנוצרים שהוא שלשה - ואינו כן כן נחשוב אנחנו שהוא אחד ואין העניין כן. וזה מבואר למי שהרגיל בידיעת התחייב התולדות מהקדמותיהם:

דרך חמישי אחד מן האחרונים חשב שכבר מצא דרך מופתי על היחוד והוא - הצורך וביאורו כך. אמר אם יוכל האחד לעשות אלו הנמצאות יהיה השני מותר לא יצטרך אליו, ואם לא ישלם זה המציאות ולא יסודר אלא בשניהם יחד יחובר לכל אחד מהם לאות להתטרכו לאחר והנה אינו מספיק בעצמו. וזה אמנם הוא סעיף מן ההמנעות: ויש להקשות על זה המין מן הראיה בשיאמר לא כל מי שלא יפעל מה שאין בעצמו שיפעלהו יקרא לואה, שאנחנו לא נאמר על אחד מבני אדם שהוא חלוש להיותו בלתי מניע אלף ככר ולא ניחס לאלוה יתברך לאות להיותו בלתי יכול להגשים עצמו או לברוא כמותו או לברוא מרובע צלעו שווה לאלכסונו. כן לא נאמר שהוא לואה להיותו בלתי בורא לבדו - שחיוב מציאותם הוא שיהיו שנים - ולא יהיה זה צורך אבל הכרח והפכו הוא הנמנע. כמו שלא נאמר שהאלוה יתברך לואה להיותו בלתי יכול להמציא גשם אלא בברוא עצמים פרדיים וקבצם במקרים יברא בהם לפי דעתם, ולא נקרא זה הצורך ולא לאות שחילוף זה - נמנע. כן יאמר המשתף נמנע שיעשה האחד לבדו - ואין זה לאות בחוק אחד מהם שמציאותם - המחייב שיהיו שנים: וכבר הלאו התחבולות קצתם עד שאמרו שהייחוד מקובל מן הדת, וגינו המדברים זה ופחתו אומרו. אמנם אני רואה שאומר זה מהם - איש חזק הדעת מאד רחוק מקבל ההטעאה שהוא כאשר לא ישמע מדבריהם דבר הוא מופת באמת ומצא נפשו שלא תנוח למה שחשבו שהוא מופת - אמר שזה דבר יילקח בקבלה מן הדת. כי אלו האנשים לא הניחו למציאות טבע מיושב כלל שתובא ממנו ראיה אמיתית ולא הניחו לשכל ידיעה מוטבעת ישרה שיולידו בה תולדות אמתיות. כל זה נעשה בכונה עד שנניח מציאות שנעשה ממנו מופת על מה שלא ימצא לו מופת והביאהו זה לקצר ממופתי מה שימצא בו מופת. ואין להתרעם אלא

מורה נבוכים חלק א

לאל ולמודים על האמת מאנשי השכל:

פרק ער

בהרחקת הגשמות לפי דעת המדברים: דרכי המדברים וטענותיהם על הרחקת הגשמות חלושות מאד יותר חלושות מראיותיהם על היחוד. כי הרחקת הגשמות אצלם כאילו הוא סעיף מחויב לשורש היחוד - אמרו הגשם אינו אחד. אמנם מי שהרחיק הגשמות מפני שהגשם מורכב מחומר וצורה וזאת - ההרכבה ומבואר המנע ההרכבה בחוק עצם האלוה - זה אצלי אינו מדבר, ואין זאת הראיה נבנית על שרשי המדברים אבל הוא מופת אמיתי נבנה על אמונת החומר והצורה וציור עניינם, וזה - דעת פילוסופי אזכרהו ואבארהו בזכרי מופתי הפילוסופים על זה. וכוונתנו בזה הפרק אמנם היא לזיכרון ראיות המדברים על הרחקת הגשמות כפי הקדמותיהם ודרכי ראיותיהם:

הדרך הראשון - אמרו, אם היה האל גשם, לא ימלט לעניין האלהות ואמתתה מבלתי שיתוקן בו שתשלם מציאותו בעצם אחד מעצמי הגשם ההוא, ואם תשלם מציאותו בעצם פרדי אחד, מה התועלת שאר החלקים ההם, ואין עניין למציאות זה הגשם, ואם תשלם מציאותו בכל חלק וחלק מחלקי זה הגשם, יהיו אלו אלוהות רבות לא אלוה אחד, וכבר בארו שהוא אחד. וזאת הראיה כשתסתכל בה תמצאה נבנית על ההקדמה הראשונה והחמישית מהקדמותיהם, ואילו יאמר להם שגשם האל אינו מחובר מחלקים לא יחלקו, ר"ל שאינו מחובר מכמות העצמים אשר יבראם כמו שאמרתם, אבל הוא גשם אחד מדובק לא יקבל החלוקה אלא במחשבה, ואין בחינה במחשבה, שאתה כן תדמה שגשם השמים יקבל הקרע והבקוע, והפילוסוף יאמר שזה פעל הדמיון והקש מן הנראה והם הגשמים הנמצאים אתנו על הנסתר:

הדרך השני - והוא גדול אצלם המנע ההדמות. שהוא לא ידמה לדבר מבריאותיו, ואם היה גשם היה דומה לגשמים. והם יאריכו מאד בזה השער ויאמרו אם נאמר **גשם** אינו כגשמים כבר סתרת עצמך כי כל גשם דומה בכל גשם מצד הגשמות ואמנם יחלקו הגשמים קצתם מקצתם בעניינים אחרים, רצונם לומר המקרים. ויתחייב גם כן אצלם שכבר ברא כמותו: וזאת הראיה תפסיד בשני פנים. האחד מהם, שיאמר האומר לא אקבל העדר ההדמות, ואי זה מופת יעמד לך שאי אפשר שידמה האלוה לדבר מברואיו בדבר מן הדברים, האלוקים אם לא תתלה בזה בדברי ספר נבואה, רצוני לומר הרחקת ההדמות בדבר, ותהיה הרחקת הגשמות מקובלת לא מושכלת. ואם תאמר שאם היה דומה לדבר מברואיו כבר ברא כמותו? יאמר החולק אינו כמותו מכל הצדדים, ואני לא ארחיק שיהיה באלוה עניינים רבים ולא צדדים, כי מאמין ההגשמה לא יברח מזה: ופנים אחרים והם יותר נאותים וזה כי כבר התקיים והתאמת אצל מי שנתפלסף והעמיק בדעות הפילוסופים

כי הגלגלים אומנם יאמר עליהם **גשם** ועל אלו הגשמים החומריים בשיתוף גמור שאין זה החומר, החומר ההוא ולא אלו הצורות, הצורה ההיא, אבל החומר והצורה נאמרים עוד על אשר הנה ועל הגלגלים בשיתוף, ואף על פי שהגלגל בלא ספק בעל מרחקים, שאין גוף המרחקים הוא הגשם אבל הגשם הדבר המורכב מחומר וצורה. ואם נאמר זה בחוק הגלגל כל שכן שיאמר אותו המגשים באלוה. שהוא יאמר הוא גשם בעל מרחקים אלא שעצמו ואמיתתו ועצמותו לא ידמה לו דבר מגשמי הנבראים ואמנם יאמר עליו ועליהם **גשם**, בשיתוף כמו שיאמר עליו ועליהם **נמצא**, בשיתוף אצל המאמתים. ולא יקבל הטוען בהגשמה, היות הגשמים כולם מחוברים מחלקים דומים, אבל יאמר האלוה בורא אלו הגשמים כולם והם מתחלפים העצם והאמיתות, וכמו שאין גשם הצואות אצלו הוא גשם כדור השמש כן יאמר שאין גשם האור הנברא, רצוני לומר **השכינה**, הוא גשם הגלגלים והכוכבים ולא גשם **השכינה** או **עמוד הענן** הנברא הוא גשם האלוה יתברך אצלו. אבל יאמר הגשם ההוא הוא העצם השלם הנכבד אשר לא הרכב כלל ולא השתנה ואי אפשר השתנותו אבל כן התחייב מציאות זה הגשם חיוב מתמיד והוא יפעל כל מה שזולתו כפי רצונו וחפצו. ואיך ייסתר זה הדעת העלול בדרכיהם המופלאות אשר הודעתיך אותם:

הדרך השלישי - הוא זה, אמרו אילו היה האלוה גשם היה לו תכלה, וזה אמת, ואם היה לו תכלה היה לו שיעור ידוע וצורה ידועה עומדת, וזה גם כן חיוב אמיתי ואמרו כי כל שיעור וכל צורה יתכן שיהיה האלוה יותר גדול מן השיעור ההוא או יותר קטן ועל חילוף הצורה ההיא מאשר הוא גשם, יהיה אם כן התייחדו בשיעור אחד וצורה אחת צריך אל מייחד. וזאת הראיה גם כן שמעתים מגדילים אותה והיא יותר חלושה מכל מה שקדם שהיא נבנית על ההקדמה העשירית אשר כבר בארנו שיעור מה שבה מן הספקות בחוק שאר הנמצאות כשישוערו על חלוף טבעם - וכל שכן בחוק האלוה. ואין הפרש בין זה ובין אמרם בהכרעת מציאות העולם על העדרו שהוא מורה על פועל הכריע מציאותו על העדרו לאפשרות מציאותו. ואם יאמר להם למה לא ימשך זה בחק האלוה יתברך ויאמר אחר שהוא נמצא יתחייב שיהיה לו מכריע למציאותו על העדרו? והוא יענה בלא ספק בשיאמר שזה מביא אל ההשתלשלות ואי אפשר מבלתי הגיע בסוף למחויב המציאות אין אפשרות בו ולא יצטרך לממציא. וזה המענה בעצמו יתחייב בצורה ובשיעור כי כל הצורות והשיעורים האפשריים המציאות, כלומר שלא היה נמצא ואחר כך נמצא הוא אשר יאמר בו היה יכול שיהיה יותר גדול או יותר קטן ממה שהוא נמצא עליו ובחלוף זאת הצורה והוא צריך למייחד בהכרח. אמנם צורת האלוה ושיעורו, יתעלה מכל חסרון ודמות הנה יאמר המגשים שלא היה נעדר ואחר כך נמצא לא יצטרך למייחד ולא למכריע מציאות על העדר שאין אפשרות העדר בו, כן לא יצטרך למייחד צורה ושיעור כי כן התחייב מציאותו:

והסתכל אתה המעיין, אם תבחר לבקש האמת ותשליך התאווה והקבלה והנטייה למה שהנהגתו להגדילו ולא תטעה נפשך, בעניין אלו המעיינים ומה שקרה להם ומהם שהם כבורח מן הרמץ אל האש וזה שהם בטלו טבע המציאות ושינו בריאת השמים והארץ בחשבם שבהקדמות ההם יביאו מופת על היות העולם מחודש ולא לחידוש העולם הראו מופת ואיבדו עלינו מופתי מציאות האלוה יתברך ואחדותו והרחקת הגשמות, כי המופתים אשר יתבארו בהם כולם אמנם יילקחו מטבע המציאות הנח המפורסם המושג בחושים ובשכל:

ואחר שהשלמנו תכלית דבריהם נתחיל גם כן בזיכרון ההקדמות הפילוסופיות וזיכרון מופתיהם על מציאות האלוה ואחדותו והמנע היותו גשם עם מה שאקבל מהם מקדמות העולם ואף על פי שלא נאמינהו. ואחר כך אראך דרכנו אנחנו במה שהישירתנו אליו אמיתת העיון מהשלמת המופת על אלו השלש שאלות. ואחר כך אשוב להיכנס עם הפילוסופים במה שאמרוהו מקדמות העולם - בעזרת שד"י:

נשלם החלק הראשון
ממורה נבוכים

חלק ב

הקדמה

בשם הוי"ה אל עולם: ההקדמות שצריך אליהם בקיום מציאות האלוה יתברך ובמופתים על היותו לא גוף ולא כח בגוף ושהוא יתברך שמו.

אחד - חמש ועשרים הקדמות כולם בא עליהם המופת אין ספק בדבר מהם כבר עשה אריסטו ומי שאחריו מן המשאיים מופת על כל אחת מהם, והקדמה אחת נודה להם בה כי בזה יתבארו מבוקשינו במופת כמו שאבאר, וההקדמה ההיא היא קדמות העולם:

ההקדמה הראשונה - שמציאות בעל שיעור אחד אין תכלית לו, שקר:

השנית - שמציאות בעלי שיעור אין תכלית למספרם שקר, והוא שיהיו נמצאים יחד:

השלישית - שמציאות עילות ועלולים אין תכלית למספרם - שקר ואף על פי שלא יהיו בעלי שיעור, והמשל בו שיהיה השכל הזה על דרך משל סבתו, שכל שני וסיבת השני - שלישי וסיבת השלישי, רביעי כן אל לא תכלית, זה גם כן שקר מבואר:

הרביעית - היא שהשינוי ימצא בארבע מאמרות, במאמר העצם וזה השינוי ההווה בעצם הוא ההוויה וההפסד, וימצא במאמר הכמה והוא הצמיחה וההיתוך, וימצא במאמר האיכות והוא ההשתנות, וימצא במאמר האנה והוא תנועת ההעתקה ועל זה השינוי באנה תאמר התנועה בפרט:

החמישית - היא שכל תנועה, שינוי ויציאה מן הכח אל הפועל:

השישית - כי התנועות, מהם בעצם ומהם במקרה ומהם בהכרח ומהם בחלק והוא מין ממה שבמקרה, אמנם אשר בעצם, כהעתק הגשם ממקום למקום, ואשר במקרה, כמו שיאמר בשחרות אשר בזה הגשם שנעתק ממקום למקום, ואשר בהכרח, כתנועת האבן אל מעלה במכריח יכריחנה על זה, ואשר בחלק, כתנועת המסמר בספינה כי כשתתנועע הספינה נאמר שכבר התנועע המסמר גם כן, וכן כל מחובר שיתנועע בכללו יאמר שחלקו כבר התנועע:

השביעית - היא שכל משתנה מתחלק, ולזה כל מתנועע מתחלק והוא גשם בהכרח וכל מה שלא יתחלק לא יתנועע ולזה לא יהיה גשם כלל:

השמינית - כי כל מה שיתנועע במקרה, ינוח בהכרח מפני שאין תנועתו בעצמו ולזה אי אפשר שיתנועע התנועה ההיא המקרית תמיד:

התשיעית - כי כל גשם שיניע גשם, אומנם יניעהו כשיתנועע גם הוא בעת הנעתו:

העשירית - כי כל מה שיאמר שהוא בגשם, יתחלק אל שני חלקים אם שתהיה עמידתו בגשם כמקרים או שתהיה עמידת הגשם בו כצורה הטבעית ושניהם כח בגשם:

האחת עשרה - כי קצת הדברים אשר עמידתם בגוף יחלקו בהחלק הגוף ויהיו נחלקים במקרה, כמראים ושאר הכוחות המתפשטות בכל הגוף, וכן קצת המעמידים לגוף לא יחלקו בשום פנים כנפש וכשכל:
השתים עשרה - כי כל כח שימצא מתפשט בגוף הוא בעל תכלית להיות הגשם בעל תכלית:
השלש עשרה - שאי אפשר שיהיה דבר ממיני השינוי מדובק כי אם תנועת ההעתקה בלבד והסיבובית ממנה:
הארבע עשרה - כי תנועת ההעתקה היא הקודמת שבתנועות והראשונה שבהם בטבע, כי ההוויה וההפסד יקדם להם השתנות וההשתנות תקדם לו קירבת המשנה אל המשתנה ואין צמיחה ואין חסרון מבלתי שיקדם להם ההוויה וההפסד:
החמש עשרה - כי הזמן, מקרה נמשך אחר התנועה ודבק עמה ולא ימצא אחד משניהם מבלתי האחר לא תמצא תנועה כי אם בזמן ולא יושכל זמן אלא עם התנועה וכל מה שלא תמצא לו תנועה אינו נופל תחת הזמן:
השש עשרה - כי כל מה שאינו גוף לא יושכל בו מנין אלא אם כן יהיה כח בגוף, וימנו אישי הכוחות ההם בהמנות החומרים שלהם או נושאיהם, ובעבור זה העניינים הנבדלים אשר אינם גוף ולא כח בגוף לא יושכל בהם מנין כלל אלא בהיותם עילות ועלולים:
השבע עשרה - כי כל מתנועע יש לו מניע בהכרח, אם חוץ ממנו כאבן שתניעה היד או יהיה מניעו בו כגוף בעל החיים שהוא מחובר ממניע וממתנועע ולזה כשימות ויעדר ממנו המניע, והוא הנפש, יישאר המתנועע, והוא הגוף לשעתו כמה שהיה אלא שלא יתנועע התנועה ההיא, ולהיות המניע הנמצא במתנועע נסתר בלתי נראה לחוש חשבו בבעל החיים שהוא מתנועע מבלתי מניע, וכל מתנועע שיהיה מניעו בו הוא הנקרא המתנועע מעצמו, ענינו שהכח המניע למה שיתנועע ממנו בעצם נמצא בכללו:
השמונה עשרה - כי כל מה שיצא מן הכח אל הפועל, מוציאו זולתו והוא חוץ ממנו בהכרח, שאילו היה המוציא בו ולא יהיה שם מונע לא היה נמצא בכח בעת מן העיתים אבל יהיה בפועל תמיד, ואם היה מוציאו בו והיה לו מונע והוסר אין ספק שמסיר המונע הוא אשר הוציא הכח הוא אל הפועל. והבן זה:
התשע עשרה - כי כל מה שלמציאותו סבה הוא אפשר המציאות בבחינת עצמו שאם ימצאו סבותיו, ימצא ואם לא ימצאו או יעדרו או ישתנה ערכם המחייב למציאותו, לא ימצא:
העשרים - שכל מחויב המציאות בבחינת עצמו אין סיבה למציאותו כלל ולא בשום עניין:
האחת ועשרים - כי כל מורכב משני עניינים, אמנם ההרכבה ההיא היא סיבת מציאותו כפי מה שהוא בהכרח, אם כן אינו מחויב המציאות בעצמו כי מציאותו, במציאות שני חלקיו ובהרכבתם:

השתים ועשרים - כי כל גשם הוא מורכב משני עניינים בהכרח וישיגוהו מקרים בהכרח, אמנם שני העניינים המעמידים אותו החומר שלו וצורתו, ואמנם המקרים המשיגים אותו הכמות והתכונה וההנחה:

השלוש ועשרים - כי כל מה שהוא בכח ויש בעצמו אפשרות אחת, יתכן בעת אחת שלא ימצא בפועל:

הארבע ועשרים - כי כל מה שהוא בכח דבר אחד הוא בעל חומר בהכרח כי האפשרות הוא בחומר לעולם:

וחמש ועשרים - שהתחלות העצם המורכב האישי, החומר והצורה ואי אפשר מבלתי פועל רצוני לומר מניע הניע הנושא עד שהכינו לקבל התורה והוא המניע הקרוב המכין חומר איש אחד. ויתחייב מכאן העיון בתנועה ובמניע ובמתנועע, וכבר התבאר בכל זה מה שראוי לבארו. ותורף דברי אריסטו החומר לא יניע עצמו. וזאת היא ההקדמה הגדולה המביאה לחקור על מציאות המניע הראשון:

ואלו החמש ועשרים הקדמות אשר הקדמתים לך, מהם מה שהוא מבואר במעט התבוננות והקדמות מופתיות ומושכלות ראשונות או קרוב מהם במה שביארנוהו מסידורם, ומהם מה שיצטרך למופתים והקדמות רבות אלא שכבר התבארו כולם במופת אין ספק בו קצתם בספר השמע ופרושיו וקצתם בספר מה שאחר הטבע ופרושו. וכבר הודעתיך שאין כוונת המאמר הזה להעתיק ספרי הפילוסופים בו ולבאר הרחוקות שבהקדמות אבל לזכור ההקדמות הקרובות הצריך אליהם לפי ענייננו:

ואחבר אל מה שקדם מן ההקדמות הקדמה אחת תחייב הקדמות ויחשוב אריסטו שהיא אמיתית ויותר ראויה מכל מה שיאמן וניתנה לו על דרך ההנחה עד שיתבאר מה שכוננו לבארו. וההקדמה ההיא היא:

השש ועשרים - והיא אמרו שהזמן והתנועה נצחיים תמידיים נמצאים בפועל, ולזה יתחייב אצלו בהכרח לפי זאת ההקדמה שיש גשם מתנועע תנועה נצחית נמצאת בפועל והוא הגשם החמישי, ולזה יאמר שהשמים לא הווים ולא נפסדים, כי התנועה אצלו לא הווה ולא נפסדת, שהוא יאמר שכל תנועה תקדם לה תנועה בהכרח אם ממינה או מזולת מינה ושמה שיחשב בבעל החיים שלא תקדם לתנועתו המקומית תנועה אחרת כלל, אינו אמיתי. כי הסיבה בתנועתו אחר המנוחה תגיע אל עניינים מביאים לתנועה ההיא המקומית והם, אם שינוי מזג יחייב תאוה לבקש הנאות או לברוח ממה שהוא כנגדו או דמיון או עצה תתחדש לו ויניעהו אחד מאלו השלושה וכל אחד מהם יחייבהו תנועות אחרות. וכן יאמר כי כל מה שיתחדש יהיה אפשרות חידושו קודם על חידושו בזמן ויחייב מזה דברים לאמת הקדמתו. ולפי זאת ההקדמה יהיה המתנועע בעל התכלית מתנועע על אורך בעל תכלית פעמים אין תכלית להם בחזור על האורך ההוא חלילה, וזה אי אפשר כי אם בתנועה הסיבובית כמו שיתבאר במופת בהקדמה השלש עשרה מאלו ההקדמות ועל

פיה יתחייב מציאות מה שאין תכלית לו על צד בוא זה אחר סור זה לא שימצא זה יחד:

וזאת ההקדמה היא אשר יחשוב אריסטו להעמידה תמיד. ויראה לי שהוא לא יגזור שראיותיו עליה, מופת אבל הם הראויות והנכונות אצלו. ויאמרו הנמשכים אחריו ומפרשי ספריו שהיא מחויבת לא אפשרית ושכבר התבארה כולה במופת. ויחשוב כל מדבר מן המדברים לקיים שהיא נמנעת ויאמרו שלא יצויר איך יתחדשו מתחדשים אין תכלית להם בבוא זה אחר סור זה, וכח דבריהם, שהיא אצלם מושכל ראשון. ואשר יראה לי אני שזאת ההקדמה אפשרית לא מחויבת כמו שיאמרו המפרשים לדברי אריסטו ולא נמנעת כמו שיאמרו המדברים. ואין הכוונה עתה לבאר ראיות אריסטו ולא היראותנו הספק עליו ולא לבאר דעתי בחידוש העולם, אבל הכונה במקום הזה, לזכור ההקדמות אשר מצטרך אליהם במבוקשינו השלשה. ואחר הקדים אלו ההקדמות ונתינתם, אתחיל לבאר מה שיתחייב מזה:

פרק א

יתחייב לפי ההקדמה החמש ועשרים שיש מניע הוא אשר הניע חומר זה ההווה הנפסד עד שקיבל הצורה. וכשיבוקש המניע ההוא הקרוב מה הניעו, יתחייב בהכרח שימצא לו מניע אחר אם ממינו או מזולת מינו. כי התנועה תמצא בארבעה מאמרות והנה תאמר עליהם התנועה בכלל כמו שזכרנו בהקדמה הרביעית. וזה לא ילך אל לא תכלית כמו שזכרנו בהקדמה השלישית. ומצאנו כל תנועה תכלה אל תנועת הגשם החמישי ואצלה תעמוד, ומן התנועה ההיא יסתעף ואליה ישתלשל כל מניע ומכין בעולם התחתון כולו. והגלגל מתנועע תנועת העתקה והיא הקודמת שבתנועות כמו שזכרנו בהקדמה הארבע אשרה. וכן עוד כל תנועת העתקה אמנם תגיע בסוף לתנועת הגלגל. כאילו אמרת שזאת האבן אשר התנועעה, הניעה המקל והמקל, הניעתו היד והיד, הניעוה המיתרים והמיתרים, הניעום העורקים והעורקים, הניעום העצבים והעצבים, הניעם החום הטבעי והחום הטבעי, הניעתו הצורה אשר בו והוא המניע הראשון בלא ספק והמניע ההוא, חייבתו להניע עצה על דרך משל והוא שיביא האבן ההיא בהכות המקל לה אל חור כדי לסתמו עד שלא תכנס לו ממנו זו הרוח הנושבת ומניע הרוח ההיא ומוליד נשיבתה היא תנועת הגלגל. וכן תמצא כל סבת הויה והפסד מגעת בסוף לתנועת הגלגל: וכאשר הגענו באחרונה לזה הגלגל המתנועע התחייב שיהיה לו מניע כפי מה שקדם בהקדמה השבע עשרה, ולא ימלט מהיות מניעו בו או חוץ ממנו, וזו חלוקה הכרחית, ואם היה חוץ ממנו לא ימלט מהיותו גשם או שיהיה בלתי גשם ולא יאמר בו אז שהוא חוץ ממנו אבל יאמר נבדל ממנו, כי מה אינו גשם לא יאמר שהוא חוץ לגשם אלא בהרחבה במאמר, ואם היה מניעו בו - רצוני לומר מניע הגלגל - לא ימלט מהיות מניעו כח מתפשט בכל גופו ומתחלק בהתחלקו כחום באש או

יהיה כח בו בלתי מתחלק כנפש וכשכל, כמו שקדם בהקדמה העשירית. אם כן אי אפשר בהכרח מבלתי שיהיה מניע הגלגל, אחד מאלו הארבעה אם גשם אחר חוץ ממנו או נבדל או כח מתפשט בו או כח בלתי מתחלק:

אמנם הראשון, והוא שיהיה מניע הגלגל גשם אחר חוץ ממנו, הוא שקר כמו שאגיד. כי אחר שהוא גשם יתנועע כשינע כמו שנזכר בהקדמה התשיעית, ואחר שזה הגשם השישי גם כן יתנועע כשיניע יתחייב שיניעהו גשם שביעי וזה גם כן יתנועע, ויתחייב מציאות גשמים אין תכלית למספרם ואז יתנועע הגלגל, וזה שקר כמו שקדם בהקדמה השנייה:

ואמנם הפנים השלישיים, והוא שיהיה מניע הגלגל כח מתפשט בו, הם גם כן שקר כמו שאספר. כי הגלגל, גשם והוא מגיע אל תכלה בהכרח כמו שקדם בהקדמה הראשונה, ויהיה כוחו בעל תכלית כמו שנזכר בשתים עשרה אחר שיתחלק בהתחלקו כמו שנזכר באחת עשרה, ולא יניע אל לא תכלית כמו שהנחנו בהקדמה השש ועשרים:

ואמנם הפנים הרביעיים, והוא שיהיה מניע הגלגל כח בו בלתי מתחלק כנפש האדם באדם, זה גם כן שקר שיהיה זה המניע לבדו סיבה בתנועה התדירה ואף על פי שהיא בלתי מתחלקת. וביאור זה, שאם היה זה מניעו הראשון יהיה זה המניע מתנועע במקרה כמו שנזכר בהקדמה השישית. ואני אוסיף הנה ביאור כי האדם על דרך משל כשתניעהו נפשו, אשר היא צורתו עד שעלה מן הבית אל העלייה גופו הוא שהתנועע בעצם והנפש היא המניע הראשון בעצם, אלא **שכבר התנועעה במקרה** כי בהעתק הגוף מן הבית לעליה נעתקה הנפש שהייתה בבית ושבה בעליה, ואם תנוח הנעת הנפש ינוח המתנועע בעבורה והוא הגוף, ובנוח הגוף תסור התנועה המקרית ההווה לנפש, וכל מתנועע במקרה ינוח בהכרח כמו שנזכר בשמינית וכשינוח, ינוח המתנועע בעבורו. יתחייב אם כן שתהיה למניע ההוא הראשון סבה אחרת בהכרח חוץ מן הכלל המורכב ממניע וממתנועע כשתמצא הסיבה ההיא אשר היא התחלת התנועה יניע המניע הראשון אשר בכלל ההוא את המתנועע ממנו ואם לא תמצא ינוח. ולזאת הסיבה לא ינועו גופות בעלי החיים תמיד ואף על פי שבכל אחד מהם מניע ראשון לא יחלק כי מניעם אינו מניע תמיד בעצם אבל המביאים אותו להניע הם עניינים יוצאים חוץ ממנו, אם בקשת נאות או בריחה ממה שהוא כנגדו או דמיון או ציור, במי שיש לו ציור ואז יניע, וכשיניע יתנועע במקרה ואי אפשר מבלתי שינוח כמו שזכרנו ואילו היה מניע הגלגל בו על אלו הפנים לא היה יכול להתנועע לנצח: ואם הייתה זאת התנועה תדירה נצחית כמו שזכר בעל דיננו, וזה אפשר כמו שנזכר בהקדמה השלש עשרה, יתחייב בהכרח לפי זה הדעת שתהיה הסיבה הראשונה לתנועת הגלגל על הפנים השניים, רצוני לומר נבדל מן הגלגל כמו שחייבתו החלוקה:

הנה כבר התבאר במופת שמניע הגלגל הראשון אם תנועתו נצחית תדירה יתחייב שיהיה לא גוף ולא כח בגוף כלל עד שלא תהיה למניעו תנועה לא

בעצם ולא במקרה ולזה לא יקבל חלוקה ולא שינוי כמו שנזכר בהקדמה השביעית והחמישית, וזהו האלוה יתגדל שמו רצוני לומר הסיבה הראשונה המניעה לגלגל:

והוא מן השקר היותו שנים או יותר לשקריות המנות העניינים הנבדלים אשר אינם גוף אלא בהיותו אחד מהם עילה והאחר - עלול כמו שנזכר בשש עשרה. וכבר התבאר שאינו נופל תחת הזמן גם כן להימנע התנועה בחוקו כמו שנזכר בחמש עשרה:

הנה כבר יצא לנו מן העיון הזה במופת שהגלגל, מן השקר שיניע עצמו תנועה נצחית ושהסיבה הראשונה בתנועתו אינה גשם ולא כח בגשם ושהוא אחד לא ישתנה שאין מציאותו מחוברת אל זמן. ואלו הם השלש שאלות אשר עשו עליהם מופת חשובי הפילוסופים:

עיון שני להם. הקדים אריסטו הקדמה והיא כשימצא דבר מורכב משני דברים וימצא אחד משני הדברים בפני עצמו חוץ מן הדבר ההוא המורכב התחייב מציאות האחר בהכרח חוץ מן הדבר ההוא המורכב גם כן. שאילו היה מציאותם מחייב שלא ימצאו אלא יחד כחומר והצורה הטבעית לא היה נמצא אחד מהם בלתי האחר בשום פנים, יהיה אם כן מציאות אחד מהם בפני עצמו מורה על העדר החיוב והנה ימצא האחר בהכרח. והמשל בו כשימצא הסכנין וימצא גם כן הדבש לבדו יתחייב בהכרח המצא החומץ לבדו. ואחר בארו זאת ההקדמה אמר שאנחנו נמצא דברים רבים מרכבים ממניע ומתנועע, רצונו לומר שהם יניעו זולתם ויתנועעו מזולתם בעת שיניעו, וזה מבואר באמצעיות בהנעה כולם, ונמצא מתנועע לא יניע כלל, והוא המתנועע האחרון, יתחייב בהכרח שימצא מניע לא יתנועע כלל וזהו המניע הראשון, ומאשר אי אפשר בו תנועה הוא בלתי מתחלק ולא גוף ואינו נופל תחת הזמן כמו שהתבאר במופת הקודם:

עיון שלישי פילוסופי בזה העניין לקוח מדברי אריטסו ואף על פי שהביאו בעניין אחד. וזה סדר המאמר. אין ספק שיש עניינים נמצאים והם אלו הנמצאות המושגות בחוש, ולא ימלט העניין משלשה חלקים - והיא חלוקה הכרחית - והוא אם שיהיו הנמצאות כולם בלתי הוות ולא נפסדות או יהיו כולם הוות נפסדות או יהיה קצתם הוה נפסד וקצתם בלתי הוה ולא נפסד. אמנם החלק הראשון הוא שקר מבואר שאנחנו נראה לעין נמצאות רבות הוות נפסדות. והחלק השני הוא שקר גם כן וביאורו שאם היה כל נמצא נופל תחת ההוויה וההפסד יהיו הנמצאות כולם כל אחד מהם אפשר ההפסד והאפשר במין אי אפשר בהכרח מבלתי היותו כמו שידעת וראוי שיפסידו, רצוני לומר הנמצאות כולם, בהכרח וכשיפסידו כולם, מן השקר שימצא דבר כי לא יישאר מי שימציא דבר ולזה יתחייב שלא יהיה דבר נמצא כלל, ואנחנו נראה דברים נמצאים והנה אנחנו נמצאים. אם כן יתחייב בהכרח בזה העיון אחר שיש נמצאות הוות נפסדות כמו שנראה שיהיה נמצא אחד

לא הווה ולא נפסד וזה הנמצא שאינו לא הווה ולא נפסד אין אפשרות הפסד בו כלל אבל הוא מחויב המציאות לא אפשר המציאות:

אמר עוד שלא ימלט היותו מחויב המציאות המיותיו זה בבחינת עצמו או בבחינת סיבתו עד שיהיה מציאותו והעדרו אפשר בבחינת עצמו ומחויב בבחינת סבתו ותהיה סבתו היא המחויבת המציאות כמו שנזכר בתשע עשרה. הנה כבר התבאר שאי אפשר בהכרח מבלתי שיהיה נמצא מחויב המציאות בבחינת עצמו ולולא הוא, לא היה נמצא כלל לא הווה נפסד ולא מה שאינו לא הווה ולא נפסד אם יש דבר נמצא כן כמו שיאמר אריסטו - רצוני לומר שאינו הווה ולא נפסד להיותו עלול בעילה מחויבת המציאות. וזה מופת אין ספק בו ולא דחיה ולא מחלוקת אלא למי שיסכול דרך המופת:

אחר כן נאמר כי כל מחויב המציאות בבחינת עצמו ראוי בהכרח שלא תמצא למציאותו סיבה כמו שנזכר בהקדמה העשרים, ולא יהיה בו ריבוי עניינים כלל כמו שנזכר בהקדמה האחת ועשרים, ולזה יתחייב שלא יהיה גוף ולא כח בגוף כמו שנזכר בהקדמה העשרים ושתים. הנה כבר התבאר במופת לפי זה העיון שיש נמצא מחויב המציאות בבחינת עצמו בהכרח והוא אשר אין סיבה למציאותו ואין בו הרכבה ולזה לא יהיה גוף ולא כח בגוף וזהו הוי"ה - יתגדל שמו:

וכן יתבאר במופת בקלות שחיוב המציאות בבחינת העצם מן השקר הוא שימצא לשנים כי יהיה מין חיוב המציאות עניין נוסף על עצם כל אחד משניהם ולא יהיה אחד משניהם מחויב המציאות בעצמו לבד אבל מחויב בעניין ההוא אשר הוא מין חיוב המציאות אשר נמצא לזה ולזולתו, והנה יתבאר בפנים רבים כי המחויב המציאות אי אפשר בו השניות כלל לא דומה ולא הפך. עילת זה כולו, הפשיטות הגמורה והשלמות הגמורה אשר לא יעדיף ממנו דבר חוץ מעצמו ממינו ונעדר העילה והסיבה מכל צד. אם כן אין השתתפות כלל:

עיון רביעי פילוסופי גם כן ידוע שאנחנו נראה תמיד עניינים יהיו בכח ויצאו אל הפועל, וכל מה שיצא מן הכח אל הפועל, יש לו מוציא חוצה לו כמו שנזכר בהקדמה השמונה עשרה. ומבואר הוא גם כן שהמוציא ההוא היה מוציא בכח ואחר כן שב מוציא בפועל, ועילת היותו אז בכח, אם למונע מעצמו או ליחס אחד היה נעדר מקודם בינו ובין מה שהוציאו וכשהיה לו היחס ההוא - הוציא בפועל. וכל אחד מאלו השנים יחייב מוציא או מסיר מונע בהכרח, וכן ראוי שיאמר במוציא השני או מסיר המונע, וזה לא ילך אל לא תכלית, ואי אפשר מבלתי הגיע אל מוציא מכח אל פועל יהיה נמצא לעולם על עניין אחד אין כח בו כלל רצוני לומר שלא יהיה בו בעצמו דבר בכח, שאם היה בו בעצמו אפשרות היה נעדר כמו שנזכר בשלש ועשרים. ומן השקר שיהיה זה בעל חומר אבל נבדל כמו שנזכר בארבע ועשרים, והנבדל אשר אין אפשרות בו כלל אבל הוא נמצא בעצמו הוא האלוה. וכבר התבאר שאינו גוף, אם כן הוא אחד כמו שנזכר בהקדמה השש עשרה:

ואלו כולם דרכים מופתיים על מציאות אלוה אחד לא גוף ולא כח בגוף עם האמין קדמות העולם:

והנה גם כן דרך מופתי על הרחקת הגשמות והעמיד האחדות. וזה שאילו היו שני אלוהות היה מתחייב בהכרח שיהיה להם עניין אחד שישתתפו בו והוא העניין אשר בו היה ראוי כל אחד משניהם שיהיה אלוה, ולהם עניין אחר בהכרח בו נפל ההפרש והיו שנים, אם שיהיה בכל אחד משניהם עניין בלתי העניין אשר באחר ויהיה כל אחד משניהם מורכב משני עניינים ואין אחד משניהם סיבה ראשונה ולא מחויב המציאות בבחינת עצמו אבל כל אחד משניהם בעל סיבות כמו שהתבאר בתשע עשרה ואם שיהיה עניין ההפרש נמצא באחד משניהם ויהיה זה אשר בו שני העניינים בלתי מחויב המציאות בעצמו:

דרך אחר ביחוד. כבר התבאר במופת כי הנמצא כולו באיש אחד נקשר קצתו בקצתו ושכוחות הגלגל מתפשטות בזה החומר התחתון ומכינות אותו. ומן השקר עם זה אשר התבאר שיהיה האלוה האחד מתעסק לבדו בחלק מחלקי זה הנמצא והאלוה השני יתעסק לבדו בחלק אחר, מפני שזה נקשר בזה. ולא יישאר בחלוקה אלא שיהיה זה עושה עת אחת וזה עושה עת אחרת או שיהיו שניהם יחד עושים כאחד תמיד עד שלא תשלם פעולה מן הפעולות אלא משניהם יחד. אמנם היות זה עושה עת וזה עושה עת אחרת, הוא שקר מפנים רבים שאם היה הזמן אשר יעשה בו האחד משניהם אפשר שיעשה בו האחר מה הסיבה המחייבת שיעשה זה ויבטל זה, ואם היה הזמן אשר יעשה האחד מהם נמנע על האחר לעשות בו תהיה שם סיבה אחרת היא אשר חייבה אפשרות הפועל לזה והמנעו מזה אחר שהזמן כולו אין חילוף בו והנושא למעשה נושא אחד נקשר קצתו בקצתו כמו שבארנו, ועוד שכל אחד משניהם יהיה נופל תחת הזמן אחר שמעשהו מחובר בזמן, ועוד שכל אחד משניהם יצא מן הכח אל הפועל בזמן עשותו מה שיפעל וצריך כל אחד משניהם אל מוציא מן הכח אל הפועל, ועוד יהיה בעצם כל אחד משניהם אפשרות. ואמנם אם יהיו שניהם יחד עושים תמיד כל מה שבמציאות עד שלא יעשה אחד מהם בלתי האחר, זה גם כן שקר כמו שאספר, וזה שכל כלל שלא ישלם פועל אחד אלא בכולו, אין אחד ממנו פועל בבחינת עצמו ואין אחד ממנו גם כן סיבה ראשונה לפועל ההוא אבל הסיבה הראשונה, התחבר הכלל, וכבר התבאר במופת שמחויב המציאות ראוי בהכרח שלא תהיה לו סיבה. ועוד שהתקבץ הכלל, פעולה אחת והיה צריכה סיבה אחרת והיא מקבצת הכלל, ואם היה המקבץ לכלל ההוא אשר לא ישלם הפועל אלא בו אחד יהיה הוא האלוה בלא ספק, ואם היה המקבץ לכלל ההוא גם כן כלל אחר התחייב לכלל השני כמו שהתחייב לכלל הראשון, ואי אפשר מבלתי הגיע לאחד הוא הסיבה במציאות זה הנמצא האחד על איזה דרך שהוא אם על דרך חידושו אחר העדר או על דרך החיוב. הנה כבר התבאר לך גם כן בזה הדרך שהיות הנמצא כולו אחד הורנו על שממציאו אחד:

דרך אחר בהרחקת הגשמות. כל גשם מורכב כמו שנזכר בשתים ועשרים, וכל מורכב אי אפשר לו מבלתי פועל הוא הסיבה למציאות צורתו בחומר שלו, ומבואר הוא מאד שכל גשם מקבל חלוקה ויש לו רחקים, אם כן הוא נושא למקרים בלא ספק, אין הגשם אם כן אחד לא מצד חלוקתו ולא מצד הרכבתו, רצוני לומר היות שנים במאמר, כי כל גשם אמנם הוא גשם אחד מפני עניין אחד מוסף בו על היותו גשם, אם כן הוא בעל שני עניינים בהכרח, וכבר התבאר במופת שהמחויב המציאות אין הרכבה בו בשום פנים:

ואחר הקדים אלו המופתים אתחיל לבאר דרכנו כמו שיעדנו:

פרק ב

זה הגשם החמישי, והוא הגלגל לא ימלט מיהותו אם הווה נפסד והתנועה גם כן הווה נפסדת או יהיה בלתי הווה ולא נפסד כמו שיאמר בעל הריב. ואם היה הגלגל הווה נפסד יהיה ממציאו אחר ההעדר הוא האלוה יתברך שמו, וזה מושכל ראשון כי כל מה שנמצא אחר ההעדר יש לו ממציא בהכרח ומן השקר שימציא עצמו. ואם היה זה הגלגל לא סר ולא יסור היותו כן מתנועע תנועה תדירית נצחית יתחייב לפי ההקדמות אשר קדמו שיהיה מניעו זאת התנועה הנצחית לא גוף ולא כח בגוף והוא האלוה יתברך שמו. הנה כבר התבאר לך שמציאות האלוה יתברך והוא המחויב המציאות אשר אין סיבה לו ולא אפשרות למציאותו בבחינת עצמו הורו המופתים החותכים האמתיים על מציאותו, יהיה העולם מחודש אחר העדר או יהיה בלתי חדש אחר העדר הכל שווה. וכן הורו המופתים על היותו אחד ובלתי גוף כמו שהתקדמנו כי המופת על היותו אחד ובלתי גוף הנה יתבאר, יהיה העולם מחודש אחר העדר או לא יהיה כן הכל שווה כמו שבארנו בדרך השלישי מן הדרכים הפילוסופיים וכמו שבארנו הרחקת הגשמות והעמד האחדות בדרכים הפילוסופיים:

והנה טוב אצלו שאשלים דעות הפילוסופים ואבאר ראיותיהם במציאות השכלים הנפרדים ואבאר הסכים זה ליסודות תורתנו, רצוני לומר מציאות המלאכים. ואשלים זה העניין ואחר כך אשוב למה שידעתיו מהביא ראיות על חידוש העולם, כי החזקות שבראיותינו עליו לא יתאמתו ולא יתבארו אלא אחר ידיעת מציאות השכלים הנפרדים ואיך אביא ראיה על מציאותם. ואי אפשר מבלתי הקדים לפני כל זה הקדמה היא נר מאיר תעלומות זה המאמר כולו מה שקדם מפרקיו ומה שיתאחר. והיא זאת ההקדמה:

הקדמה. דע כי מאמרי זה לא הייתה כוונתי בו שאחבר דבר בחכמה הטבעית או אבאר עניני החכמה האלוקית לפי קצת דעות או אביא מופת על מה שבא עליו המופת מהם, ולא היה כוונתי בו שאבאר ואגזור תכונת הגלגלים ולא שאגיד מספרם כי הספרים המחוברים בכל זה מספיקים, ואם לא יהיו מספיקים בעניין מן העניינים לא יהיה מה שאומר אני אותו בעניין ההוא

טוב מכל מה שנאמר. ואמנם הייתה הכונה בזה המאמר - מה שכבר הודעתיך אותו בפתיחתו והוא ביאור ספקות הדת והראות אמיתות נסתרה אשר הם נעלים מהבנת ההמון. ולזה ראוי לך כשתראני מדבר בהעמיד השכלים הנפרדים ובמספרם או במספר הגלגלים ובסיבות תנועותיהם או באמת עניין החומר והצורה או בעניין השפע האלוקי וכיוצא באלו העניינים שלא תחשוב או יעלה בליבך שאני אמנם כוונתי לאמת העניין ההוא הפילוסופי לבד כי אלו העניינים כבר נאמרו בספרים רבים ובא המופת על עמיתת רובם, אבל אמנם אכוון לזכור מה שיתבאר ספק מספקי התורה בהבנתו ויותרו קשרים רבים בידיעת העניין ההוא אשר אבארהו: וכבר ידעת מפתיחת מאמרי זה שקטבו אמנם יסוב על ביאור מה שאפשר להבינו מ**מעשה בראשית ומעשה מרכבה** וביאור ספקות נתלות בנבואה ובידיעת האלוה. וכל פרק שתמצאני מדבר בו בביאור עניין כבר בה המופת עליו בחכמת הטבע או עניין כבר התבאר במופת בחכמה האלוקית או התבאר שהוא הראוי מכל מה שיאמן או עניין נתלה במה שהתבאר בלימודים - דע שהוא מפתח בהכרח להבנת דבר מספרי הנבואה, רצוני לומר ממשליהם וסודותם, ומפני זה זכרתיו ובארתיו והראיתיו למה שיועילנו מידיעת **מעשה מרכבה** או **מעשה בראשית** או לבאר עיקר בעניין הנבואה או בהאמין דעת אמיתית מן האמונות התוריות: ואחר הקדים זאת ההקדמה אשוב להשלים מה שנכנסנו בו:

פרק ג

דע כי אלו הדעות אשר יראם אריסטו בסיבות תנועת הגלגלים אשר מהם הוציא מציאות שכלים נפרדים ואף על פי שהם טענות שלא יעמוד עליהם מופת אמנם הם יותר מעטות ספק מכל הדעות שנאמרו ויותר הולכות על סדר מכולם כמו שיאמר אלכסנדר בספר הנקרא **התחלות הכל**. והם גם כן מאמרים מסכימים למאמרים רבים ממאמרי התורה וכל שכן לפי מה שנתבאר ב**מדרשות** המפורסמות אשר אין ספק שהם ל**חכמים** כמו שאבאר. ולזה אביא דעותיו וראיותיו עד שאלקט מהם מה שהוא נאות לתורה מסכים לדברי החכמים זיכרונם לברכה:

פרק ד

אמנם היות הגלגל בעל נפש, הוא מבואר עם ההשתכלות. אבל יחשוב השומע שזה עניין קשה להשיג, או ירחיקהו גם כן להיות מדמה שאמרנו בעל נפש, שהוא כנפש האדם או החמור והשור. ואין זה עניין המאמר אבל עניין המאמר שתנועתו המקומות מורה על היות בו התחלה בה יתנועע בלא ספק וההתחלה ההיא היא נפש בלא ספק. וביאור זה כי מן השקר שתיה תנועתו הסיבובית כתנועת האבן הישרה למטה או כתנועת האש למעלה עד שתהיה התחלת התנועה ההיא טבע לא נפש, כי אשר יתנועע זאת התנועה

הטבעית, אמנם תניעהו ההתחלה ההיא אשר בו כשיהיה בזולת מקומו לבקש מקומו וכשיגיע למקומו ינוח, וזה הגלגל מתנועע במקומו בעצמו בסיבוב. ולא מפני היותו בעל נפש גם כן, יתחייב שיתנועע כן כי כל בעל נפש אמנם יתנועע מפני טבע או מפני ציור, רצוני באמרי הנה **טבע** לכוון אל הנאות ולברוח ממה שהוא בלתי נאות, ואין הפרש בין שיהיה מניעו לזה מחוץ כברוח בעל החיים מחום השמש וכונו אל מקום המים כשיצמא או יהיה מניעו, דמיון כי בדמיון מה שהוא כנגד ומה שיאות יתנועע גם כן החי. וזה הגלגל לא יתנועע לברוח ממה שהוא כנגד או לבקש הנאות כי מה שאליו יתנועע, ממנו יתנועע וכל מה שממנו יתנועע אליו יתנועע. ועוד שאילו הייתה תנועתו מפני זה היה מתחייב שיהיה מגיע אל מה שיתנועע אליו וינוע, כי אם יתנועע לבקש דבר או לברוח מדבר ולא יוכל למצאו לעולם תהיה אם כן התנועה לבטלה. הנה זאת התנועה הסיבובית אם כן תהיה בציור אחד יחייב לו הציור ההוא שיתנועע כן. ולא יהיה ציור כי אם בשכל, אם כן הגלגל הוא בעל שכל. ואין כל מי שיש לו שכל שיציר בו עניין אחד ותהיה לו נפש בה יוכל להתנועע מתנועע כשיציר כי הציור לבדו לא יחייב תנועה. כבר התבאר זה **בפילוסופיה הראשונה**, והוא מבואר. שאתה תמצא מעצמך שתצייר עניינים רבים ואתה יכול להתנועע אליהם אך לא תתנועע אליהם בשום פעם עד שתתחדש לך תשוקה בהכרח לעניין ההוא אשר ציירתו ואז תתנועע להגיע אל מה שציירתו. הנה כבר התבאר גם כן שאין הנפש אשר בה תהיה התנועה ולא השכל אשר בו יצויר הדבר מספיקים בהתחדש כמו זאת התנועה עד שתחובר אל זה תשוקה לעניין ההוא המצויר. ויתחייב גם כן מזה שיהיה לגלגל תשוקה למה שיציירהו והוא הדבר האהוב והוא האלוה יתעלה שמו. ובאלו הפנים אמר שיניע האלוה הגלגל, רצוני לומר בהיות הגלגל כוסף להדמות במה שהשיג והוא העניין ההוא המצויר אשר הוא בתכלית הפשיטות ואין שינוי בו כלל ולא התחדשות עניין והטוב ממנו שופע תמיד ואי אפשר זה לגלגל מאשר הוא גשם אלא אם תהיה פעולתו תנועת סיבוב לא דבר אחר - כי זה תכלית מה שאפשר בגשם שתתמיד פעולתו עליו והיא הפשוטה שבתנועות ההוות בגוף ולא יהיה בעצמו שינוי ולא בשפע מה שיתחייב מתנועתו מן הטובות:

וכאשר התברר לאריסטו זה כולו שב והסתכל ומצא הגלגלים רבים במופת ותנועת זה מתחלפת לתנועת זה במהירות ובאיחור ובצד התנועה ואף על פי שתכללם כולם התנועה הסיבובית והתחייב לפי העיון הטבעי שיאמין שהעניין אשר ציירהו זה הגלגל עד שיתנועע התנועה הממהרת ביום אחד - בלתי העניין אשר ציירהו הגלגל אשר יתנועע תנועה אחת בשלושים שנה, ופסק הדין שיש שכלים נפרדים כמספר הגלגלים כל גלגל מהם יכסוף לשכל ההוא אשר הוא התחלתו והוא מניעו זאת התנועה המיוחדת בו והשכל ההוא הוא מניע הגלגל ההוא. ולא גזר אריסטו ולא זולתו שמספר השכלים עשרה או מאה אבל זכר שהם על מספר הגלגלים עד שהיו חושבים בזמנו

שהגלגלים חמישים ואמר אריסטו אם העניין כן השכלים הנפרדים גם כן חמישים, כי היו הלימודים בזמנו מעטים ולא היו שלמים - והיו חושבים שכל תנועה צריכה גלגל ולא היו יודעים שמנטיית הגלגל האחד יתחדשו תנועות נראות רבות, כאילו תאמר תנועת האורך ותנועת הנטייה והתנועה הנראית גם כן בעגולת האופק ברוחב המזרחיים והמערביים. ואין זה כוונתנו ונשוב אל מה שהיינו בו:

אמנם מאמר האחרונים מן הפילוסופים שהשכלים הנפרדים עשרה, מפני שהם מנו הכדורים שיש בהם כוכבים והמקיף ואף על פי שבקצת הכדורים ההם גלגלים רבים, והכדורים במספרם תשעה המקיף בכל וגלגל הכוכבים העומדים וגלגלי השבעה כוכבים. והשכל העשירי הוא השכל הפועל אשר הורה עליו צאת שכלנו מן הכח אל הפועל והווית צורות הנמצאות ההוות הנפסדות אחר שלא היו בחומרים שלהם אלא בכח וכל מה שיצא מן הכח אל הפועל יש לו מוציא בהכרח חוץ ממנו וצריך שיהיה המוציא ממין המוצא, כי הנגר לא יעשה האוצר באשר הוא אומן אבל מאשר בשכלו צורת האוצר וצורת האוצר אשר בשכל הנגר היא אשר הוציאה צורת האוצר לפועל ושמה אותה בעץ. כן בלא ספק נותן הצורה - צורה נבדלת וממציא השכל - שכל והוא השכל הפועל, עד שיהיה יחס השכל הפועל ליסודות ומה שיורכב מהם - יחס כל שכל נבדל המיוחד בכל גלגל לגלגל ההוא ויחס השכל בפועל נמצא בנו אשר הוא משפע השכל הפועל ובו נשיג השכל הפועל - יחס שכל כל גלגל הנמצא בו אשר הוא משפע הנבדל ובו ישיג הנבדל ויציירהו ויכסוף להדמות בו ויתנועע: וימשך לו גם כן העניין אשר כבר התבאר במופת והוא שהאלוה יתברך לא יעשה הדברים בקרביה כי כמו שהוא שורף באמצעות האש והאש יתנועע באמצעות תנועת הגלגל כן הגלגל גם הוא יתנועע באמצעות שכל נבדל ויהיו השכלים הם המלאכים המתקרבים אשר באמצעותם יתנועעו הגלגלים. ומפני שאי אפשר בנבדלים המניין בשום פנים מצד התחלף עצמיהם שהם לא גוף התחייב לפי זה אצלו שיהיה האלוה יתברך הוא אשר המציא השכל הראשון אשר השכל ההוא מניע הגלגל הראשון על הצד אשר בארנו, והשכל אשר יניע הגלגל השני אמנם עילתו והתחלתו, השכל הראשון, וכן עד שיהיה השכל אשר יניע הגלגל הסמוך לנו, הוא עילת השכל הפועל והתחלתו ואצלו תכלה מציאות הנבדלים, כמו שהגשמים גם כן יתחילו מן הגלגל העליון ויכלו אצל היסודות ומה שהורכב מהם ולא יתכן שיהיה השכל המניע הגלגל העליון הוא המחויב המציאות שכבר השתתף עם השכלים האחרים בעניין אחד והוא הנעת הגשמים ונבדל כל אחד מן האחר בעניין והיה כל אחד מן העשרה בעל שני עניינים, אם כן אי אפשר מבלתי סיבה ראשונה לכל:

זהו מאמר אריסטו ודעתו. וראיותיו על אלו העניינים מבוארות כפי סבלם בספרי הנמשכים אחריו. והעולה מדבריו כולם הוא שהגלגלים כולם גשמים חיים בעלי נפש ושכל יצירו וישיגו האלוה וישיגו התחלותיהם ושבמציאות

מורה נבוכים חלק ב

שכלים נפרדים לא בגשם כלל כולם שופעים מהאלוה יתברך והם האמצעיים בן האלוה ובין אלו הגשמים כולם:
והנני אבאר לך מה שבתורתנו ממה שמסכים לאלו הדעות ומה שבא ממה שהוא כנגדם - בפרקים הבאים:

פרק ה

אמנם שהגלגלים חיים משכילים - רצוני לומר משיגים - זה אמת נכון גם מצד התורה ושאינם גשמים מתים כאש וכארץ כמו שחשבו הסכלים אבל הם כמו שאמרו הפילוסופים בעלי חיים עובדים את אדוניהם ישבחוהו ויהללוהו שבח גדול ומהללים עצומים, אמר - השמים[1] מספרים כבוד אל וגו'. ומה רחוק מציור האמת מי שיחשוב שזה לשון העניין. וזה כי **לשון הגדה וסיפור** לא יפילום העברים יחד אלא על בעל שכל. והמופת המבואר על היותו מתאר עניינים בעצמם - רצוני לומר עניין הגלגלים - לא עניין בחינת האנשים בהם, אמרו - אין[2] אומר ואין דברים בלי נשמע קולם, הנה כבר באר ופרש שהוא מתאר עצמם שהם משבחים האלוה ומגידים נפלאותיו בלא דברי שפה ולשון. והוא האמת - כי אשר ישבח בדברים אמנם יספר מה שציר ועצם הציור ההוא הוא השבח האמיתי, אמנם ההגיה בו היא להבין האחרים או להראות על עצמו השיג, כבר אמר - אמרו[3] בלבבכם על משכבכם ודומו סלה, כמו שבארנו. וזו ראיה תוריה לא יכחישנה רק סכל או מתעקש:
אמנם דעת **החכמים** בזה איני רואה אותו צריך לביאור ולא לראיה. התבונן סדורם ב**ברכת הירח** ומה שנכפל בתפילות ותורף **המדרשות** באמרו - ובצבא[4] השמים לך משתחוים, ובאמרו - ברן[5] יחד כוכבי בוקר ויריעו כל בני אלוקים, וזה בדבריהם הרבה. ובבראשית רבה אמרו באמרו יתברך - והארץ[6] הייתה תוהו ובוהו, אמרו - תוהא[7] ובוהא, רצונו לומר תאבל ותצעק על רוע חלקה, רצוני לומר הארץ, אמרה **אני והן נבראנו כאחת**, רצונו לומר הארץ והשמים - העליונים[8] חיים והתחתונים מתים, הנה כבר גילו גם כן בהיות השמים גשמים חיים לא גשמים מתים כיסודות:
הנה כבר התבאר לך כי אשר אמרו אריסטו גם כן בהיות הגלגל משיג מציר, מסכים לדברי נביאינו וחכמי תורתנו והם החכמים ז"ל: ודע כי כל

---

[1] תהלים יט ב
[2] תהלים יט ד
[3] תהלים ד ה
[4] נחמיה ט ו
[5] איוב לח ז
[6] בראשית א ב
[7] בבראשית רבה ב א
[8] ספר ילקוט שמעוני, בראשית א ד

הפילוסופים מסכימים על היות הנהגת זה העולם התחתון נשלמת בכוחות השופעות עליו מן הגלגל כמו שזכרנו שהגלגלים משיגים למה שינהיגוהו יודעים בו. וזה גם כן נכתב **בתורה** ונאמר - אשר[9] חלק הוי"ה אלוקיך אותם לכל העמים, רצונו לומר שהוא שמם אמצעיים להנהגת הברואים לא שיעבדו. ואמר בפרוש - ולמשל[10] ביום ובלילה ולהבדיל וגו', ועניין **המשילה** השלטון בהנהגה והוא עניין מוסף על עניין האור והחושך אשר הוא עילת ההוויה וההפסד הקרובה, כי עניין האור והחושך הוא הנאמר עליו -ולהבדיל[11] בין האור ובין החושך, ומן השקר שיהיה המנהיג דבר אחד לא ידע הדבר ההוא אשר ינהיגהו כשתודע אמיתת ההנהגה על מה זה תפול הנה: והנה נרחיב בזה העניין מאמר אחר:

פרק ו

אמנם שהמלאכים נמצאים, זה ממה שאין צריך שתובא עליו ראיה תוריה כי זה כתוב **בתורה** במקומות רבים. וכבר ידעת כי **אלוקים**, שם השופטים - עד[12] האלוקים יבוא דבר שניהם, ולזה הושאל השם למלאכים ולאלוה, להיות שופט על המלאכים, ולזה אמר - כי[13] הוי"ה אלוקיכם, וזה סיפור למין האדם כולו, ואחר כך אמר - הוא אלוקי האלוקים, רצונו לומר אלוה המלאכים, ואדוני האדונים, אדון הגלגלים והכוכבים שהם **אדונים** לכל גוף זולתם. זהו העניין לא שיהיה **אלוקי** **ואדונים** ממין האדם שהם יותר פחותים מזה, וכל שכן שאמרו **אלוקיכם** כולל כל מין האדם ראשיו ולעבדיו. ואי אפשר שיהיה הנרצה בו גם כן שהוא יתברך אדון על כל מה שיחשב בו אלוהות מאבן ועץ שאין הגדלה וכבוד בהיות האלוה אדון האבן והעץ וחתיכת מתכת, ואמנם הנרצה, שהוא יתברך השופט על השופטים, רצוני לומר המלאכים, ואדון הגלגלים:

וכבר קדם לנו בזה המאמר פרק בביאור המלאכים אינם גופות. וזה גם כן הוא מה שאמרו אריסטו, אלא שהנה - התחלפות שם הוא יאמר שכלים נפרדים ואנו נאמר **מלאכים**. ואמנם אמרו הוא שאלו השכלים הנפרדים הם גם כן אמצעיים בין האלוה יתברך ובין הנמצאות ושבאמצעותם יתנועעו הגלגלים אשר הוא סיבת היות ההוות, זה גם כן כתוב בכל הספרים שאתה לא תמצא כלל פועל שיעשהו האלוה אלא **על ידי מלאך**. וכבר ידעת שעניין **מלאך** שליח וכל עושה מעשה מצוה הוא **מלאך** עד שתנועות בעלי החיים ואפילו שאינם מדברים סיפר הכתוב עליהם שהם על ידי מלאך כשתאוות התנועה ההיא לכוונת האלוה אשר שם בו כח יניעהו התנועה ההיא. אמר -

---

[9] דברים ד יט

[10] בראשית א יח

[11] בראשית א יח

[12] שמות כב ח

[13] דברים י יז

אלוקי[14] שלחני מלאכה וסגר פום אריותא ולא חבלוני, ותנועות **אתון בלעם** כולם **על ידי מלאך**, עד שהיסודות יקראו גם כן מלאכים - עושה[15] מלאכיו רוחות משרתיו אש לוהט. והנה יתבאר לך **שמלאך** יאמר על השליח מן האנשים - וישלח[16] יעקב מלאכים, ויאמר על הנביא - ויעל[17] מלאך הוי"ה מן הגלגל אל הבוכים, וישלח[18] מלאך ויוציאנו ממצרים, ויאמר על השכלים הנפרדים שיראו לנביאים **במראה הנבואה**, ויאמר על הכוחות החיוניות כמו שנבאר:

ודברינו הנה אמנם הוא **במלאכים** אשר הם שכלים נפרדים שתורתנו לא תכחיש היותו יתברך מנהיג זה המציאות באמצעות **המלאכים**. וכתבו **החכמים** במאמר התורה - נעשה[19] אדם בצלמנו, ואמרו - הבה[20] נרדה, אשר זה **לשון רבים**, אמרו - כביכול[21] שאין הקדוש ברוך הוא עושה דבר עד שמסתכל בפמליא של מעלה. והתמה מאמרם **מסתכל**, כי בזה הלשון בעצמו יאמר אפלטון שהאלוה יעיין בעולם השכלים וישפיע ממנו המציאות. ובמקומו אמרו כן מחלט - אין הקדוש ברוך הוא עושה דבר עד שנמלך בפמליא של מעלה. **ופמליא** הוא המחנה בלשון יון. ובבראשית רבה, גם כן נאמר ובמדרש קהלת - את[22] אשר כבר עשוהו, **עשהו** לא נאמר אלא **עשוהו**, כביכול הוא ובית דינו נמנו על כל אבר ואבר שבך והושיבו אותו על כנו שנאמר - הוא[23] עשך ויכוננך. ובבראשית רבה גם כן אמרו - כל[24] מקום שנאמר והוי"ה הוא ובית דינו: ואין הכונה באלו המאמרים כולם מה שיחשבוהו הפתאים שיש לו יתברך דברים או מחשבה או התבוננות אל שאלת עצה והעזר בדעת אחרים, ואיך ייעזר הבורא במה שברא, אבל כולו ביאור שאפילו חלקי המציאות עד בריאת האברים מבעלי החיים כפי מה שהם, כל זה באמצעות מלאכים - כי הכוחות כולם מלאכים. ומה מאד רע עוורון השכלות ומה מאוד מזיק - אילו אמרת לאיש אחד מאשר יחשבו שהם חכמי ישראל שהאלוה ישלח מלאך שיכנס בבטן האשה ויציר שם העובר ייטב לו זה מאוד ויקבלהו ויראה זה עוצם ויכולת בחוק האלוה וחכמה ממנו יתברך - עם האמינו גם כן **שהמלאך**, גוף מאש שורפת שיעורו כשליש העולם כולו, ויראה זה כולו אפשר בחק האלוה, אמנם אם תאמר לו שהאלוה

---

[14] דניאל ו יא
[15] תהלים קד ד
[16] בראשית לב ד
[17] שופטים ב א
[18] במדבר כ טז
[19] בראשית א כו
[20] בראשית יא ז
[21] גמרא סנהדרין לח ע"ב
[22] קהלת ב יב
[23] דברים לב ו
[24] פירש רש"י על בראשית יט כד

שם בזרע כח מציר יעשה תמונת אלו האברים ויתארם והוא **המלאך** או ההצורות כולם מפעולת השכל הפועל והוא, **המלאך** והוא **שרו של עולם** אשר יזכרוהו **החכמים** תמיד, יברח מזה כי לא יבין עניין זה העוצם והיכולת האמיתיים והוא, המצאת הכוחות הפועלות בדבר אשר לא יושגו בחוש. כבר בארו החכמים ז"ל למי שהוא **חכם** כי כל כח מן הכוחות הגופניות **מלאך** כל שכן הכוחות המפוזרות בעולם ושכל כח יש לו פעולה אחת מיוחדת ולא יהיו לו שתי פעולות. בבאשית רבה - תנא[25] אין מלאך אחד עושה שתי שליחויות ואין שני מלאכים עושין שליחות אחת, וזהו עניין כל הכוחות. וממה שיחזק אצלו היות הכוחות האישיות הטבעיות והנפשיות נקראות **מלאכים** אמרם במקומות רבים ועיקרו בבראשית רבה - בכל[26] יום הקדוש ברוך הוא בורא כת של מלאכים ואומרים לפניו שירה והולכים להם. וכאשר הוקשה זה המאמר במאמר מורה על היות המלאכים עומדים וכן התבאר פעמים שהמלאכים **חיים וקיימים**, היה המענה שמהם קיים ומהם אבד. וכן העניין באמת כי אלו הכוחות האישיות הוות נפסדות על ההמשך ומיני הכוחות ההם נשארים לא יפסידו. ושם נאמר בעניין **יהודה ותמר** - אמר[27] רבי יוחנן ביקש לעבור וזימן לו הקדוש ברוך הוא מלאך שהוא ממונה על התאוה, רצונו לומר כח הקושי, הנה כבר קרא הכח הזה גם כל **מלאך**. וכן תמצאם תמיד אומרים **מלאך שהוא ממונה על כך וכך**, כי כל כח שמינהו האלוה יתברך על עניין מן העניינים הוא **מלאך הממונה על אותו דבר**. וכתוב במדרש קהלת - בשעה[28] שאדם ישן נפשו אומרת למלאך ומלאך לכרוב, הנה כבר בארו למי שיבין וישכיל שהכח המדמה גם כן יקרא **מלאך** ושהשכל יקרא **כרוב**. ומה מאד נאה זה למי שידע ומה מאד הוא נמאס לפתאים:

אבל היות כל צורה שיראה בה המלאך **במראה הנבואה** כבר אמרנו בזה. שאתה תמצא נביאים יראו **המלאך** כאילו הוא איש נורא מפחיד, אמר - ומראהו[29] כמראה מלאך האלוקים נורא מאד, ומהם מי שיראהו אש - וירא[30] מלאך הוי"ה אליו בלבת אש, ושם נאמר - אברהם[31] שהיה כחו יפה נדמו לו כדמות אנשים לוט שהיה כוחו רע נדמו לו כדמות מלאכים, וזה סוד נבואי גדול, והנה יבואי הדברים בנבואה במה שראוי. ושם נאמר - עד שלא עשו שליחותן אנשים ומשעשו שליחותן לבשו מלאכות, והסתכל איך באר מכל צד שעניין **מלאך** הוא פעולה אחת ושכל **מראה מלאך** אמנם הוא **במראה**

[25] בראשית רבה נ ב
[26] בראשית רבה לב עח
[27] בראשית רבה פה ח
[28] מדרש קהלת י כג
[29] שופטים יג ו
[30] שמות ג ב
[31] בראשית רבה נ ב

הנבואה ולפי עניין המשיג.

ואין במה שזכרו אריסטו גם כן דבר שיחלוק בזה העניין על התורה. אבל אשר יחלוק עלינו בזה כולו היותו מאמין אלו הדברים כולם קדומים. ושהם עניינים מחויבים ממנו יתברך כן, ואנחנו נאמין שכל זה נברא ושהאלוה ברא השכלים הנפרדים, ושם בגלגל כח התשוקה להם, והוא אשר ברא השכלים והגלגלים ושם בהם אלו הכוחות המנהיגות, בזה נחלוק עליו.

והנה תשמע דעתו ודעת התורה האמיתית בחידוש העולם:

פרק ז

כבר בארנו שיתוף שם **מלאך** ושהוא כולל השכלים והגלגלים והיסודות כי כולם עושים מצוה. אבל לא תחשוב שהגלגלים או השכלים, כדמות שאר הכוחות הגשמיות אשר הם טבע ולא ישיגו פעולתם, אבל הגלגלים והשכלים משיגים פעולותיהם ובוחרים ומנהיגים אבל לא כבחירתנו והנהגתנו אשר היא כולה בעניינים מתחדשים. כבר סיפרה **התורה** עניינים העירונו על זה - אמר **המלאך** אל לוט - כי[32] לא אוכל לעשות דבר וגו', ואמר לו להנצלו - הנה[33] נשאתי פניך גם לדבר הזה, ואמר - השמר[34] מפניו ושמע בקולו אל תמר בו כי לא ישא לפשעכם כי שמי בקרבו. ואלו כולם יורוך על השגתם לפעולותיהם והיות להם רצון ובחירה במה שהושפע להם מן ההנהגה כמו שיש לנו רצון במה שהושפע לנו ונוכל עליו בעיקר הויתנו, אלא שאנחנו נעשה הפחות ויקדם להנהגתנו ופעולתנו ההעדר, אבל השכלים והגלגלים אינם כן אבל יעשו הטוב לעולם ואין אצלם כי אם הטוב כמו שנבאר בפרקים וכל מה שיש להם הוא נמצא בשלמות ובפועל תמיד מעת שנמצאו:

פרק ח

מן הדעות הקדומים המתפשטים אצל הפילוסופים ורוב האנשים שלתנועת הגלגלים קולות נוראים ועצומים מאוד והייתה ראיתם על זה, אמרם שהגרמים הקטנים אשר אתנו כשיתנועעו תנועה ממהרת ישמע להם קיעקוע עצום וצליל מרעיד, כל שכן גרמי השמש והירח והכוכבים לפי מה שהם מן הגודל והמהירות. וסיעת פיתגורס כולה תאמין שיש להם קולות ערבים נערכים עם גדלם כערך ניגוני המוסיקה, ויש להם מתת עילות להיותנו בלתי שומעים הקולות ההם הנוראים העצומים. וזה הדעת מפורסם באומתנו גם כן. הלא תראה **החכמים** יתארו גודל קול השמש בעת מרוצתה בכל יום בגלגל, וכן ראוי לכולם. אמנם אריסטו ימאן זה ויבאר שאין קול להם, ואתה תמצא זה בספרו בשמים, ומשם תבין זה. ולא תרחיק היות דעת אריסטו

---

[32] בראשית יט כב

[33] בראשית יט כא

[34] שמות כג כא

חולק על דעת החכמים ז"ל בזה כי זה הדעת, רצוני לומר היות להם קולות, אמנם הוא נמשך אחר האמנת **גלגל קבוע ומזלות חוזרים**, וכבר ידעת הכרעתם דעת חכמי אומות העולם על דעתם בענייני התכונה האלו, והוא אמרם בפרוש - ונצחו[35] חכמי אומות העולם. וזה אמת, כי העניינים העיוניים אמנם דיבר בהם כל מי שדיבר כפי מה שהביא אליו העיון ולזה יאמן מה שהתאמת מופתו:

פרק ט

כבר בארנו לך שמספר הגלגלים לא דוקדק בזמן אריסטו ושהמונים הגלגלים בזמננו תשעה - אמנם מנו הכדור האחד הכולל גלגלים רבים וחשבוהו לאחד כמו שיתבאר למי שעין בחכמת התכונה. ולזה לא תרחיק עוד מאמר קצת החכמים ז"ל - שני[36] רקיעים הם שנאמר הן[37] להוי"ה אלוקיך השמים ושמי השמים, כי אומר זה המאמר מנה כדור הכוכבים כולם אחד, רצוני לומר הגלגלים אשר בהם כוכבים, ומנה כדור הגלגל המקיף אשר אין כוכבים בו כדור שני, ואמר **שני רקיעים הם**:

ואני אקדים לך הקדמה נצטרך אליה בעניין כוונתנו בזה הפרק, והיא זאת: דע כי גלגל נוגה וכוכב יש מחלוקת בהם בין הראשונים מאנשי הלמודים אם הם למעלה מן השמש או תחת השמש מפני שאין שם מופת יורנו על סדור שני הכדורים האלו. והיה דעת הראשונים כולם שכדורי נוגה וכוכב למעלה מן השמש. ודע זה והבינהו מאוד. ואחר כך בא בטלמיוס והכריע היותם מתחת ואמר שהוא הנאות בעניין הטבעי שיהיה השמש באמצע ושלושה כוכבים למעלה ממנו ושלושה תחתיו. ואחר כך באו אנשים האחרונים באנדלוס חכמו בלימודים מאוד ובארו לפי ההקדמות בטלמיוס כי נוגה וכוכב למעלה מן השמש. וכבר חייבר בזה איבן אפלח האשבילי [אשר התחברתי עם בנו] ספר מפורסם. אחר כך השתדל בזה העניין הפילוסוף המעולה **אבו בכר אבן אלצאיג** [אשר קראתי עם אחד מתלמידיו] והראה אפני ראיות כבר העתקנום ממנו ירחיק בהם שיהיו נוגה וכוכב למעלה מן השמש, אבל זה אשר זכרו אבו בכר הוא ראית הרחקת זה לא ראית מניעתו. סוף דבר יהיה העניין כן או לא יהיה, הנה הראשונים כולם היו מסדרים נוגה וכוכב למעלה מן השמש. ולזה היו מונים הכדורים חמשה כדור הירח הסמוך לנו בלא ספק וכדור השמש אשר הוא למעלה ממנו בהכרח וכדור החמשה כוכבים הנבוכים וכדור הכוכבים העומדים והגלגל המקיף בכל אשר אין כוכב בו, ויהיה מספר הכדורים במצוירים, רצוני לומר כדורי הצורות אשר בהם כוכבים, כי כן היו הראשונים קוראים הכוכבים

---

35 גמרא בפסחים צד ע"ב

36 גמרא חגיגה יב ע"ב

37 דברים י יד

צורות כמו שהוא מפורסם בספריהם, יהיה מספרם ארבעה כדורים כדור הכוכבים העומדים וכדור הכוכבים הנבוכים החמישה וכדור השמש וכדור הירח, ולמעלה מכולם גלגל אחד חלק אין כוכב בו. וזה המספר הוא אצלי שורש גדול מאד לעניין עלה בדעתי לא ראיתיו לאחד מן הפילוסופים בביאור ואולם מצאתי בדברי הפילוסופים ודברי **החכמים** דברים העירוני על זה, והנני אזכרהו בזה הפרק ואבאר העניין:

פרק י

ידוע מפורסם בכל ספרי הפילוסופים כשידברו בהנהגה אמרו כי הנהגת זה העולם התחתון, רצוני לומר עולם ההוויה וההפסד, אמנם היא בכוחות השופעות מן הגלגלים. וכבר זכרנו זה פעמים. וכן תמצא החכמים ז"ל אומרים - אין[38] לך כל עשב ועשב מלמטה שאין לו מזל ברקיע מכה אותו ואומר לו גדל, שנאמר - הידעת[39] חוקות שמים אם תשים משטרו בארץ. **ומזל** יקראו גם כן **הכוכב**, תמצא זה מבואר בראש בראשית רבה שם אמרו - יש[40] מזל שהוא גומר הילוכו לשלושים יום ויש מזל שהוא גומר הילוכו לשלושים שנה, הנה כבר בארו בזה המאמר שאפילו אישי ההוויה יש להם כוחות כוכבים מיוחדים להם, ואף על פי שכל כוחות הגלגל מתפשטות בכל הנמצאות אבל יהיה גם כן כח כוכב אחד מיוחד במין אחד כעניין בכוחות הגשם האחד, כי המציאות כולו, איש אחד כמו שזכרנו. וכן זכרו הפילוסופים שלירח כח מוסף ומיוחד ביסוד המים, והראיה על זה תוספת הימים והנהרות בתוספת הירח וחסרונם בחסרונו והיות המשך בימים עם הקדים הירח והחיסרון בשובו לאחור, רצוני לומר עלייתו וירידתו ברבעי הגלגל כפי מה שהוא מבואר נגלה למי שהשקיף על זה. אמנם היות ניצוץ השמש מניע יסוד האש, זה מבואר מאד כמו שתראהו מהתפשט החום במציאות עם השמש ותגבורת הקור ברחקו ממקום או בהעלימו ממנו. וזה מבואר אין להאריך בזכרו: ועלה בדעתי כאשר ידעתי זה כי אלו הארבעה כדורים המצוירים אף על פי ששופעות מכולם כוחות בכל המתהוות והם עילותם יש לכל כדור יסוד מהארבע יסודות הכדור ההוא, התחלת כוחות היסוד ההוא לבד והוא המניע אותו תנועת ההוויה בתנועתו. ויהיה כדור הירח מניע המים וכדור השמש מניע האש וכדור שאר הכוכבים הנבוכים מניע האויר, ולרוב תנועתם והתחלפם ושובם וישרונם ועמידתם ירבה הצטייר האויר והתחלפו והתקבצו והתפשטו במהירות, וכדור הכוכבים העומדים מניע הארץ, ואולי בעבור זה התאחרה תנועתה לקבלת ההפעלות וההימזגות לאיחור הכוכבים העומדים בתנועה, וכבר העירו על התייחדות

---

[38] בראשית רבה י ו

[39] איוב לח לג

[40] בראשית רבה י ד

הכוכבים העומדים בארץ באמרם שמספר מיני הצמחים כמספר אישי כוכבים מכלל הכוכבים:

וכן אפשר שיהיה הסידור שיהיו הכדורים ארבעה והיסודות המתנועעות מאתם, ארבע והכוחות הבאות תחלה מאתם במציאות בכלל, ארבע כוחות כמו שבארנו. וכן סיבות כל תנועה גלגלית, ארבע סיבות והם צורת הגלגל, רצוני לומר כדוריותו ונפשו ושכלו אשר בו יציר [כמו שבארנו] והשכל הנבדל אשר הוא חישוקו, והבן זה מאד. וביאורו כי לולא היות צורתו זאת הצורה לא היה יכול בשום פנים להתנועע תנועה סיבובית על הדבקות מפני שאי אפשר דבקות תנועה בחזור חלילה אלא בתנועת הסיבוב לבד, אבל התנועה הישרה - אף על פי שישוב המתנועע בדרך ההוא בעצמו פעמים, לא תדבק התנועה כי בין כל שתי תנועות זו הפך זו מנוחה כמו שהתבאר במופת במקומו. הנה כבר התבאר שמהכרח דבקות התנועה בחזרות בדרך אחד בעצמו, שיהיה המתנועע מתנועע בסיבוב, ולא יתנועע רק בעל נפש, הנה יתחייב מזה מציאות הנפש, ואי אפשר מבלתי מביא לתנועה והוא - ציור וכוסף למה שצויר כמו שזכרנו, וזה לא יהיה הנה כי אם בשכל אחר שאינו בריחה ממה שהוא כנגד ולא בקשת נאות, ואי אפשר מבלתי נמצא אחד הוא אשר צויר והיה הכוסף אליו כמו שבארנו: הנה אלו ארבע סיבות לתנועת הגלגל וארבעה פנים מן הכוחות הכוללות הבאות תחלה מאתו אלינו והם כח הווית המחצבים וכח הנפש הצומחת וכח הנפש החיה וכח הנפש המדברת כמו שבארנו. ועוד שאתה כשתבחן פעולות אלו הכוחות תמצאם שני מינים הווית כל מה שיתהווה ושמירת המתהווה ההוא, רצוני לומר שמירת מינו תמיד ושמירת אישיו זמן מה, וזהו עניין הטבע אשר יאמר שהוא חכם מנהיג משגיח בהמצאת החי במלאכה כמחשבית משגיח בשמירתו והתמדתו בהמציא כוחות נותנות צורה הם סיבת מציאותו וכוחות זנות הם סיבת עמידתו ושמירתו הזמן שאפשר. הכונה, הוא זה העניין האלוקי המגיע ממנו שתי הפעולות האלו באמצעות הגלגל:

ומספר הארבעה הזה הוא נפלא ומקום התבוננות. במדרש[41] רבי תנחומא אמרו - כמה מעלות היו בסולם ארבע, רצונו לומר אמרו - והנה[42] סולם מוצב ארצה. ובכל **המדרשות** ייזכר **שארבע מחנות של מלאכים הם** והושב זה פעמים. וראיתי בקצת הנוסחאות - כמה מעלות היו בסולם, שבע. אבל הנוסחאות כולם וכל **המדרשות** מסכימים **שמלאכי אלוקים** אשר ראה **עולים ויורדים** אמנם היו ארבעה לא זולת **שנים עולים ושנים יורדים**, ושהארבעה נקבצו במדרגה אחת ממדרגות **הסולם**, והיו הארבעה בשורה אחת, והשנים **העולים** והשנים **היורדים**, עד שהם למדו מזה שרוחב **הסולם** היה שיעור עולם ושליש **במראה הנבואה** כי רוחב **המלאך** האחד **במראה**

---

[41] בכל נוסחי התנחומא שבידנו אין לשון זה.

[42] בראשית כח יב

הנבואה, שיעור שליש העולם לאמרו - וגויתו[43] כתרשיש, ויהיה רוחב הארבעה אם כן עולם ושליש. ובמשלי זכריה בתארו - ארבע[44] מרכבות יוצאות מבין שני ההרים וההרים הרי נחושת, אמר בפרוש זה - אלה[45] ארבע רוחות השמים יוצאות מהתיצב על אדון כל הארץ, והם עילת כל מה שיתחדש. ואמנם זיכרון **נחשת** וכן אמרו - נחשת[46] קלל, הראה בו קצת השתתפות, והנה תשמע אחר זה בזה הערה.

ואמנם אמרם ש**המלאך** שליש העולם, והוא אמרם בבראשית רבה בזה הלשון - שהמלאך[47] שלישו של עולם, הוא מבואר מאוד וכבר בארנו זה בחייבורנו הגדול בתלמוד. כי הנבראות כולם, שלשה חלקים השכלים הנפרדים - והם המלאכים, והשני גופות הגלגלים, והשלישי החומר הראשון, רצוני לומר הגופות המשתנות תמיד אשר תחת הגלגל:

כן יבין מי שירצה להבין חידות הנבואה וייעור משנת השכחה וינצל מים הסכלות ויעלה אל העליונים. אמנם מי שייטב לו שישוט בימי סכלותו **וירד מטה מטה** לא יצטרך שיטריח גופו ולא לבו יניח התנועה והוא ירד למטה בטבע: והבן כל מה שנזכר והסתכל בו:

פרק יא

דע כי עניני התכונה האלו הנזכרים כשיקראם ויבינם איש למודי לבד יחשוב שהם מופת חותך על שצורת הגלגלים ומספרם כך, ואין העניין כן ואין זה המבוקש בחכמת התכונה. אבל מהם עניינים מופתיים שהם כן כמו שהתבאר במופת שדרך השמש, דרך נוטה מן הקו השווה, וזה מה שאין ספק בו, אבל אם יש לו גלגל יוצא חוץ למרכז או גלגל הקף, לא התבאר במופת וזה ממה שלא ירגיש עליו בעל התכונה. כי כוונת החכמה הזאת, להניח תכונה שיתכן עמה שתהיה תנועת הכוכב אחת סיבובית אין מהירות בה ולא איחור ולא שינוי ויהיה המתחייב מן התנועה ההיא נאות למה שיראה, וישתדל עם זה שימעט התנועות ומנין הגלגלים כל מה שיוכל, כי על דרך משל כשנוכל להניח תכונה שיתכן עמה הנראה מתנועות זה הכוכב בשלושה גלגלים ותכונה אחרת שיתכן עמה זה בעצמו בארבעה גלגלים מן הראוי שנסמוך על התכונה שמספר תנועותיה מעט, ולזה בחרנו בשמש יציאת המרכז על גלגל סיבוב כמו שזכר בטלמיוס. ולפי זה העניין כאשר השגנו תנועות הכוכבים העומדים כולם - תנועה אחת לא תתחלף ולא ישתנו הנחותיה קצתם מקצתם הסכמנו על היותם כולם בגלגל אחד. ולא ימנע שיהיה כל כוכב מהם בגלגל ויהיו תנועותיהם כולם אחת והגלגלים ההם כולם על

---

[43] דניאל י ו

[44] זכריה ו א

[45] זכריה ו ה

[46] יחזקאל א ז

[47] בראשית רבה סח יז

קטבים אחדים. ויהיה אז השכלים לפי מספר הכוכבים כמו שנאמר - היש[48] מספר לגדודיו, רצונו לומר לריבוים, כי השכלים וגרמי השמים והכוחות כולם, הכל **גדודיו**, ואי אפשר מבלתי שיכלול מיניהם מספר עד שאילו היה העניין כן לא היה נפסד עלינו סדרנו במנותנו גלגל הכוכבים העומדים כדור אחד כמו שמנינו חמשת גלגלי הכוכבים הנבוכים עם רוב גלגליהם כדור אחד. כי הכונה, כבר הבינות אותה שאמנם נמנה כל הכח אשר השגנוהו במציאות השגה כוללת מבלתי שנזהר לגבול אמיתת השכלים והגלגלים: אבל המכון כולו, שהנמצאות מתחת הבורא יתברך יחלקו לשלושה חלקים האחר מהם, השכלים הנפרדים, והשני הגופות הגלגליות אשר הם נושאים לצורות עומדות לא תעתק הצורה בהם מנושא לנושא ולא ישתנה הנושא ההוא בעצמו, והשלישי אלו הגשמים ההווים הנפסדים אשר יכללם חומר אחד, ושההנהגה שופעת מהאלוה יתברך על השכלים כפי סדרם ומן השכלים ישפעו מהם ממה שהוחן להם טובות ואורים על גופות הגלגלים וישפעו מן הגלגלים כוחות וטובות על זה הגוף ההווה הנפסד ברב מה שהוחנו מהתחלותיהם: ודע כי כל משפיע טוב אחד בזה הסדר אין מציאות המועיל ההוא וכוונתו ותכליתו, להועיל זה המקבל התועלת לבד כי יתחייב מזה השקר הגמור וזה כי התכלית יותר נכבד מן הדברים אשר הם בגלל התכלית והיה מתחייב אם כן שיהיה מציאות העליון והשלם והנכבד מפני הפחות ולא ידמה זה משכיל. אבל העניין, כמו שאספר וזה כי הדבר השלם בצד אחד מן השלמות אפשר שיהיה השלמות ההוא בו בגבול שישלים עצמו ולא יעבור ממנו שלמות לזולתו ואפשר שיהיה שלמותו בגבול שיותר ממנו שלמות לזולתו, כאילו תאמר על דרך משל שיהיה איש יש לו מן הממון מה שיספיק לצרכיו לבד ולא יותר ממנו מה שיועיל בו לזולתו ואחר יש לו מן הממון יוותר לו ממנו מה שיעשיר אנשים רבים עד שייתן לאיש אחד שיעור שיהיה בו האיש ההוא גם כן עשיר ויוותר לו מה שיעשיר בו איש שלישי. כן העניין במציאות שהשפע המגיע ממנו יתברך להמציא שכלים נפרדים ישפע מן השכלים ההם גם כן להמציא קצתם את קצתם עד השכל הפועל ואצלו תפסק המצאת הנפרדים, וכל נפרד תשפע ממנו גם כן המצאה אחת עד שיגיעו הגלגלים אל גלגל הירח ואחריו זה הגוף ההווה הנפסד, רצוני לומר החומר הראשון ומה שהורכב ממנו, וכל גלגל יגיעו מאתו כוחות אל היסודות עד שישלם שפעם אל תכלית ההויה וההפסד:

ואלו העניינים כולם כבר בארנו שאינם סותרים דבר ממה שזכרוהו נביאינו וחכמי תורתנו כי אומתנו - אומה חכמה שלמה כמו שבאר יתברך על ידי האדון אשר השלימנו ואמר - רק[49] עם חכם ונבון הגוי הגדול הזה. אך כאשר אבדו טובותינו רשעי האומות הסכלות ואבדו חכמותינו וחיבורינו והמיתו

---

[48] איוב כה ג

[49] דברים ד ו

חכמינו עד ששבנו סכלים כמו שיעדנו רע בעונותינו ואמר - ואבדה[50] חכמת חכמיו ובינת נבוניו תסתתר, והתערבנו בהם ונעתקו אלינו דעותיהם כמו שנעתקו אלינו מדותיהם ופעולותיהם כמו שאמר בדמין המעשים - ויתערבו[51] בגוים וילמדו מעשיהם, כן אמר בהעתק דעות הסכלים אלינו - ובילדי[52] נכרים ישפיקו, תרגמו יונתן בן עוזיאל - **ובנימוסי עממיא יהכון**. וכאשר גדלנו על מנהג דעות הסכלים שבו אלו העניינים הפילוסופיים כאילו הם נכרים מתורתנו כזרותם מדעות הסכלים - ואין העניין כן:

ואחר שנכפל בדברינו זיכרון השפע מהאלוה ומהשכלים צריך שנבאר לך אמיתתו - רצוני לומר העניין אשר יכונה בשפע - ואחר כך אתחיל לדבר בחידוש העולם:

פרק יג

מבואר הוא שכל מחודש יש לו סיבה פועלת בהכרח היא אשר חידשתיו אחר שלא היה נמצא. והפועל ההוא הקרוב לא ימלט מיהותו גשם או לא גשם, וכל גשם לא יעשה מאשר הוא גשם ואמנם יעשה מעשה אחד מאשר הוא גשם אחד, רצוני לומר בצורתו, והנה אדבר בזה אחר כן. והפועל ההוא הקרוב המחדש לדבר המחודש אפשר היותו גם כן מחודש, וזה לא ילך אל לא תכלית אבל אי אפשר לנו בהכרח אם יש דבר מחודש מבלתי שנגיע למחדש קדמון בלתי מחודש הוא אשר חידשו. ונשאר לשאול על מה חידש עתה ולא חידש זה מקודם אחר שהוא נמצא, ואי אפשר בהכרח מבלתי שיהיה הימנעות הפעולה ההיא המחודשת קודם חידושה אם מהעדר ערך אחד בין הפועל והפעול, אם היה הפועל גשם או מפני העדר הכנת החומר - אם היה הפועל בלתי גשם: וזאת ההצעה כולה כפי מה שיחייבהו העיון הטבעי מבלתי שנשגיח עתה לקדמות העולם או חידושו כי אין זה כוונת זה הפרק:

וכבר התבאר בחכמת הטבע כי כל גוף שיעשה מעשה אחד בגוף אחר לא יעשה בו רק כשיפגשהו או יפגוש מה שיפגשהו, אם היה מעשה הפועל ההוא באמצעיים. דמיון זה כי זה הגוף אשר הוחם עתה אמנם הוחם בפגוש אותו גוף האש או שהאש חיממה לאויר והאויר המקיף בגוף ההוא חממו ויהיה הפועל הקרוב לחימום הגוף ההוא, גוף האויר החם. עד שהאבן השואבת אמנם תמשוך הברזל מרחוק בכח שהתפזר ממנה באויר הפוגש הברזל ולזה לא תמשך על אי זה רוחק שיזדמן, כמו שלא יחמם זה האש על אי זה רוחק שיזדמן אבל על רוחק שישתנה האויר אשר בינו ובין הדבר המתחמם מכוחו אבל כשיפסק חום האויר מזה האש תחת זאת השעוה לא תותך ממנו, כן

---

[50] ישעיהו כט יד
[51] תהלים קו לה
[52] ישעיהו ב ו

העניין במה שימשוך. וזה אשר לא היה חם ואחר כך נתחמם אי אפשר לו בהכרח מבלתי סבה מחממת התחדשה אם אש התחדשה או שהייתה ממנו על רוחק אחד והשתנה הרוחק ההוא והערך ההוא הוא אשר היה נעדר ואחר כך התחדש. וכן נמצא סבות כל מה שיתחדש במציאות ממחודשים תהיה סבתם, הימזגות היסודות אשר הם גשמים פועלים קצתם בקצתם ומתפעלים קצתם מקצתם, רצוני לומר שסיבת חידושם, קירבת גוף אל גוף או רוחק גוף מגוף. אמנם מה שנמצאנו ממחודשים שאינם נמשכים אחר מזג, והם הצורות כולם, אי אפשר להם גם כן מבלתי פועל, רצוני לומר נותן הצורה, והוא בלתי גשם כי פועל הצורה, צורה לא בחומר, כמו שהתבאר במקומותיו. וכבר העירונו על ראית זה במה שקדם. וממה שיבאר לך זה גם כן כי כל מזג מקבל התוספת והחיסרון והוא יתחדש ראשון ראשון, והצורות אינם כן שהם לא יתחדשו ראשון ראשון ולזה אין תנועה בהם ואמנם יתחדשו או יפסידו בלא זמן. אינם אם כן מפעולת המזג אבל המזג מכין החומר לקבל הצורה לבד. ופועל הצורה, דבר לא יקבל החלוקה כי פעולתו ממינו. ולזה מבואר שפועל הצורה, רצוני לומר נותנה, צורה בהכרח והיא נבדלת. וזה הפועל אשר הוא בלתי גוף מן השקר שיהיה מעשהו למה שיעשהו בערך אחד אחר שאינו גוף שיקרב או ירחק או יקרב גשם לו או ירחק ממנו מפני שאין ערך רוחק בין הגוף ובין מה שאינו גוף ובהכרח תהיה עילת העדר הפעולה ההיא - העדר הכנת החומר ההוא לקבלת פעולת הנבדל: הנה כבר התבאר שפעולת הגשמים כפי צורתם קצתם בקצתם תחייב הכנת החומרים לקבלת פעולת מי שאינו גוף אשר הפעולות ההם הם הצורות. וכאשר היו מעשי השכל הנפרד מבוארים גלויים במציאות והם, כל מתחדש בלתי מתחדש מגוף המזג לבד ידענו בהכרח שזה הפועל לא יעשה בנגיעה ולא על רוחק מיוחד מפני שאינו גשם. ויכונה לעולם פועל הנבדל **בשפע**, על צד ההידמות בעין המים אשר ישפע מכל צד ואין לו צד מיוחד שימשך ממנו או ימשיך לזולתו אבל מכולו הוא נובע ולכל הצדדים ירוה הקרובים אליו והרחוקים ממנו תמיד. כן זה השכל לא יגיע אליו כח מצד אחד ומרוחק אחד ולא יגיע כוחו לזולתו גם כן מצד מיוחד ועל רוחק מיוחד ולא בעת בלתי עת, אבל פעולתו תמיד כל אשר יזדמן דבר יקבל הפועל ההוא הנמצא על התמידות אשר כונה בשם **שפע**. כן הבורא יגדל שמו כאשר התבאר שהוא בלתי גוף והתקיים שהכל פעלו ושהוא סבתו הפועלת כמו שבארנו וכמו שנבאר נאמר שהעולם, משפע האלוה ושהוא השפיע עליו כל מה שיתחדש בו, וכן יאמר שהוא השפיע חכמתו על הנביאים, העניין כולו שאלו הפעולות, פעולת בלתי גוף והוא אשר יקרא פעלו **שפע**. וזה השם, רצוני לומר ה**שפע**, כבר התירהו הלשון העברי גם כן על האלוה יתברך מפני ההידמות בעין המים השופע כמו שזכרנו, מפני שלא ימצא להדמות פעולת הנבדל יותר נאה מזה הלשון, רצוני לומר ה**שפע**. שלא נוכל על אמיתת שם שתסכים לאמיתת העניין כי ציור פעולת

הנבדל כבד מאוד ככבדות ציור מציאות הנבדל. וכמו שהדמיון לא יציר נמצא כי אם גוף או כח בגוף כן לא יציר הדמיון היות פעולה רק בקריבות פועל או על רוחק אחד ומצד מיוחד. ובעבור זה כאשר התאמת אצל קצת ההמון היות האלוה לא גוף או שהוא לא יקרב למה שיעשהו דמו שהוא יצווה המלאכים, והמלאכים יעשו הפעולות ההם בקריבות ובנגיעת גשם בגשם כמו שנעשה אנחנו במה שנעשהו ודימו המלאכים גם כן גשמים. ומהם מי שיאמין שהוא יתברך יצווה הדבר בדיבור כדבורינו, רצוני לומר באותיות וקול - ויפעל הדבר ההוא. כל זה המשך אחר הדמיון אשר הוא גם כן **יצר הרע** באמת, כי כל חסרון בדיבר או במידות הוא פועל הדמיון או נמשך אחר פעלו. ואין זה עניין הפרק אבל הכונה, להבין עניין **השפע** הנאמר בחוק האלוה ובחוק השכלים, רצוני לומר , להיותם בלתי גשמים ויאמר בכוחות הגלגליים גם כן שהם ישפיעו במציאות ויאמר **שפע הגלגל** אף על פי שפעולותיו יבואו מגשם, ולזה יעשו הכוכבים ברוחק מיוחד, רצוני לומר קרבתם למרכז ורחקם ממנו, וערך קצתם לקצתם. ומהנה נכנס למשפטי הכוכבים:

אבל מה שזכרנוהו שספרי הנביאים השאילו עניין השפע גם כן לפועל האלוה, הוא אמרו - אותי[53] עזבו מקור מים חיים, רצונו לומר שפע החיים, כלומר המציאות אשר הוא החיים בלא ספק וכן אמרו - כי[54] עמך מקור חיים, רוצה בו שפע המציאות וכן השלמת המאמר והוא אמרו - ביאורך[55] נראה אור, הוא העניין בעצמו כי בשפע השכל אשר שפע ממך נשכיל ונתיישר ונשיג השכל. והבינהו:

פרק יג

דעות האנשים בקדמות העולם או חידושו לכל מי שיאמין שיש שם אלוה נמצא הם שלש דעות:

הדעת הראשון, הוא דעת כל מי שהאמין תורת משה רבינו ע"ה הוא שהעולם בכללו, רצוני לומר כי כל נמצא מלבד האלוה יתברך, האלוה המציאו אחר ההעדר הגמור המוחלט ושהאלוה יתברך לבדו היה נמצא ולא דבר בלעדיו לא מלאך ולא גלגל ולא מה שבתוך הגלגל, ואחר כן המציא כל אלה הנמצאות כפי מה שהם ברצונו וחפצו לא מדבר, ושהזמן עצמו גם כן מכלל הנבראים, כי הזמן נמשך אחר התנועה והתנועה, מקרה במתנועע, והמתנועע ההוא בעצמו אשר הזמן נמשך אחר תנועתו - מחודש והיה אחר שלא היה, ושזה אשר יאמר היה האלוה קודם שיברא העולם - אשר תורה מלת **היה** על זמן, וכן כל מה שיעלה בשכל מהמשך מציאותו קודם בריאת

[53] ירמיהו ב יג
[54] תהלים לו י
[55] תהלים לו י

העולם המשך אין תכלית לו, כל זה שיעור זמן או דמות זמן לא אמיתת זמן, כי הזמן מקרה בלא ספק והוא אצלנו מכלל המקרים הנבראים כשחרות וכלובן ואף על פי שאינו ממין האיכות אלא שהוא בכלל, מקרה דבק לתנועה כמו שהתבאר למי שהבין דברי אריסטו בביאור הזמן ואמיתת מציאותו:

ונבאר הנה עניין, ואף על פי שאינו מכוונת מה שאנחנו בו אלא שהוא מועיל בו, והוא שאשר חייב העלם עניין הזמן מהרבה מאנשי החכמה עד שערבבם ענינו, היש לו אמיתות במציאות או אין אמיתות לו? כגלינוס וזולתו הוא היותו מקרה במקרה, כי המקרים הנמצאים בגשמים מציאות ראשונה כמראים וכטעמים הם יובנו בתחילת מחשבה ויצוירו ענייניהם, ואמנם המקרים אשר נושאיהם מקרים אחרים, כלהט במראה והנטייה וההיקף בקו, יעלם עניינם מאד ובלבד כשיחובר אל זה שיהיה המקרה הנושא בלתי עומד על עניין אחד אך ישתנה מעניין אל עניין, יעלם הדבר יותר. ונקבצו בזמן שני העניינים יחד שהוא מקרה דבק לתנועה והתנועה מקרה למתנועע, ואין התנועה כדמות השחרות והלובן אשר הם עניין מיושב אבל אמיתת התנועה ועצמותה - שלא תתיישב על עניין ואפילו כהרף עין, וזה ממה שחייב העלם עניין הזמן.

והכונה שהוא אצלנו דבר נברא מתהווה כשאר המקרים והעצמים הנושאים למקרים ההם. ולזה לא תהיה המצאת האלוה לעולם בהתחלה זמנית כי הזמן מכלל הנבראים: והתבונן זה העניין מאד בעבור שלא תתחייב התשובות אשר אין לנטות מהם למי שיסכל זה. כי כשתקים זמן קודם העולם תחויב להאמין הקדמות כי הזמן, מקרה ואי אפשר לו מבלתי נושא ויתחייב מציאות דבר קודם מציאות זה העולם הנמצא עתה, ומזה היא הבריחה:

וזו היא אחת הדעות והיא, יסוד תורת **משה רבינו** ע"ה בלי ספק והיא שניה ליסוד היחוד, לא יעלה בדעתך זולת זה. **ואברהם אבינו** ע"ה התחיל לגלות זה הדעת אשר הביאו אליו העיון, ולזה היה קורא - בשם[56] הוי"ה אל עולם. וכבר הראה זה הדעת באמרו - קונה[57] שמים וארץ:

והדעת השני, הוא דעת כל מי ששמענו ענינו וראינו דבריו מן הפילוסופים וזה שהם אומרים כי מן השקר שימציא האלוה דבר לא מדבר ואי אפשר גם כן אצלם שיפסיד דבר אל לא דבר - רצוני לומר שאי אפשר שיתהווה נמצא אחד בעל חומר וצורה מהעדר החומר ההוא העדר גמור ולא יפסיד אל העדר החומר ההוא העדר גמור, ותאר האלוה אצלם בשהוא יכול על זה כתאריו בשהוא יכול לקבץ בין שני ההפכים בעתה אחת או יברא כמותו יתברך או יתגשם או יברא מרובע קטרו שווה לצלעו ומה שדומה לזה מן הנמנעות. והמובן מדבריהם, שהם אומרים כמו שאין לאות בחוקו להיותו בלתי ממציא הנמנעות, כי לנמנע טבע קים אינו מפעולת פועל ולזה אי אפשר לשנותו, כן

---

[56] בראשית כא לג
[57] בראשית יד יט

אין לאות בחוקו בשלא יוכל להמציא דבר מלא דבר שזה מכת הנמנעות כולם. ולזה יאמינו שיש חומר אחד נמצא קדמון כקדמות האלוה לא ימצא הוא זולת החומר ולא החומר ימצא זולתו. ולא יאמינו שהחומר בבמעלתו יתברך במציאות אבל הוא סיבת מציאותו והוא לא על דרך משל כחומר ליוצר או הברזל לנפח והוא אשר יברא בו מה שירצה פעם יציר ממנו שמים וארץ ופעם יציר ממנו זולת זה. ובעלי זה הדעת מאמינים כי השמים גם כן הווים נפסדים אלא שאינם הווים מלא דבר ולא נפסדים אל לא דבר אבל כמו שאישי החי הווים נפסדים מחומר נמצא אל חומר נמצא כן השמים יתהוו ויפסידו והיותם והפסדם כשאר הנמצאות אשר תחתיהם:

ואנשי זאת הכת יחלקו אל כתות אין תועלת לזיכרון כתותיהם ודעותיהם בזה המאמר, אבל שורש זאת הכת הכולל, מה שזכרתי לך. ואפלטון גם כן זו היא אמונתו, אתה תמצא אריסטו יספר עליו בספר השמע שהוא מאמין, רצוני לומר אפלטון, כי השמים הווים נפסדים, וכן תמצא דעתו מבואר בספרו לטימאוס, אלא שהוא לא יאמין אמונתנו כמו שיחשוב מי שלא יבחון הדעות ולא ידקדק העיון וידמה שדעתנו ודעתו שווה, ואין העניין כן שאנחנו נאמין היות השמים לא מדבר אלא אחר ההעדר המוחלט והוא יאמין שהם נמצאים הווים מדבר, וזהו הדעת השני:

והדעת השלישי, הוא דעת אריסטו והנמשכים אחריו ומפרשי ספריו, וזה שהוא אומר מה שאמרוהו אנשי הכת שקדם זכרה - והוא שלא ימצא בעל חומר מלא חומר כלל - ויוסיף על זה ויאמר כי השמים אינם נופלים תחת ההוויה וההפסד בשום פנים. וביאור דעתו בזה הוא זה יחשוב שזה הנמצא כולו כפי מה שהוא לא סר ולא יסור היותו כן ושהדבר הקיים אשר לא ייפול תחת ההוויה וההפסד, והוא השמים לא סר היותו כן ושהזמן והתנועה עולמיים תמידיים לא הווים ולא נפסדים, ושהדבר ההווה הנפסד והוא מה שתחת גלגל הירח, לא סר היותו כן רצוני לומר, שהחומר ההוא הראשון לא הווה ולא נפסד בעצמו אבל הצורות יבואו בו זו אחר סור זו ויפשוט צורה וילבש אחרת, ושזה הסדר כולו העליון והתחתון לא יפסיד ולא יבטל ולא יתחדש בו מתחדש ממה שאין בטבעו שהוא חוץ להיקש בשום פנים: אמר ואף על פי שלא אמרו בזה הלשון אבל העולה מדעתו, שהוא משער הנמנע אצלו שישתנה לאלוה רצון או יתחדש לו חפץ ושכל זה המציאות כפי מה שהוא האלוה המציאו ברצונו אבל לא פעל אחר העדר, וכמו שהוא משער הנמנע שיעדר האלוה או ישתנה עצמו כן יחשוב שהוא משער הנמנע שישתנה לו רצון או יתחדש לו חפץ, ויתחייב שיהיה זה הנמצא כולו כפי מה שהוא עתה כן היה במה שלא סר וכן יהיה עדי עד:

זה ביאור אלו הדעות ואמיתתם. והם דעות מי שהתבאר אצלו במופת מציאות האלוה לזה העולם. אבל מי שלא ידע מציאות האלוה יתברך ויתברך אבל חשב שהדברים הווים ונפסדים בהתקבץ ובהתפרד כפי המקרה ושאין שם מנהיג ולא מסדר מציאות, והוא אפיקורוס וסיעתו והדומים לו

כמו שיספר אלכסנדר אין תועלת לנו בזיכרון הכתות ההם. כי כבר התבאר במופת מציאות האלוה וזכרנו דעות אנשים בנו עניינם על יסוד כבר התבאר סותרו במופת אין תועלת לנו בו. וכן השתדלנו עוד לאמת מאמר בעלי הדעת השני, רצוני לומר היות השמים הווים נפסדים, אין תועלת לנו בו מפני שהם מאמינים בקדמות. ואין הפרש אצלנו בין מי שיאמין שהשמים הווים מדבר בהכרח ונפסדים אל דבר או אמונת אריסטו אשר יאמין שהם בלתי הווים ולא נפסדים - כי כוונת כל נמשך אחר תורת **משה רבינו ואברהם אבינו** או מי שילך בדרכיהם אמנם היא אמונה שאין דבר קדמון כלל עם האלוה ושהמצאת הנמצא מהעדר בחוק האלוה אינה מכת הנמנע אבל יחשבו עוד קצת אנשי העיון שהוא מחויב:

ואחר שישבנו הדעות אתחיל בביאור ראיות אריסטו על דעתו ומה הביאו אל זה:

פרק יד

לא אצטרך להשיב בכל פרק שזה המאמר אמנם חברתיו לך לדעתי מה שעלה בידך, ושאני לא אצטרך שאביא לשון דברי הפילוסופים בכל מקום אבל ענייניהם, לא אאריך אבל אעירך על הדרכים אשר יכונו אליהם כמו שעשיתי לך בדעות המדברים. ולא אשגיח למי שדיבר זולת אריסטו מפני שדעותיו הם הראויים להתבונן, ואם תתקיים התשובה עליו או הסיפוק במה שנשיב או נספק עליו בדבר מהם יהיה זה בחוק זולתו מכל מי שחלק על יסודי התורה יותר ראוי ויותר חזק:

ואומר כי אריסטו יאמר כי התנועה לא הווה ולא נפסדת, רצונו לומר התנועה המחלטת, שהוא יאמר אם התנועה התחדשה, וכל מתחדש תקדם לו תנועה והיא צאתו לפועל והתחדשו אחר שלא היה, תהיה התנועה אם כן נמצאת והיא התנועה אשר בה נמצאה זאת התנועה האחרונה, אם כן התנועה הראשונה קדומה בהכרח או ילך העניין אל לא תכלית. ולפי זה השורש גם כן יאמר כי הזמן לא הווה ולא נפסד כי הזמן נמשך לתנועה ודבק לה ואין תנועה אלא בזמן ולא יושכל הזמן אלא בתנועה כמו שהתבאר במופת. זאת דרך לו יחייב בה קדמות העולם:

דרך שני לו יאמר החומר הראשון המשותף ליסודות הארבע לא הווה ולא נפסד, שאם היה החומר הראשון הווה יהיה לו חומר ממנו נתהווה וראוי שיהיה זה המתהווה בעל צורה שהיא אמיתת ההוויה, ואנחנו הנחנוהו חומר לא בעל צורה, אם כן הוא בהכרח בלתי הווה מדבר והוא אם כן קדמון לא יאבד. וזה גם כן יחייב קדמות העולם:

דרך שלישי לו יאמר כי חומר הגלגל בכללו אין בו דבר מן ההיפוך כי התנועה הסיבובית אין הפך לה כמו שהתבאר במופת, ואמנם ההיפוך הוא בתנועה הישרה כמו שהתבאר במופת. אמר, וכל מה שיפסיד אמנם סיבת הפסדו, מה שבו מן ההתהפכות, ואחר שהגלגל אין בו התהפכות אינו אם כן

נפסד ומה שאינו נפסד אינו אם כן מתהווה, ויחליט גזרות ויבארם והם שכל הווה נפסד וכל נפסד, הווה וכל מה שלא יתהווה לא יפסיד וכל מה שלא יפסיד לא יתהווה. זה גם כן דרך יחייב בו מה שירצהו מקדמות העולם:

דרך רביעי אמר כל מתחדש תהיה אפשרות חידושו קודמת על חידושו בזמן, וכן כל משתנה אפשרות שינויו קודמת לו בזמן. ובזאת ההקדמה חייב התמדת התנועה הסיבובית ושאין לה תכלה ולא התחלה. ובזאת ההקדמה בארו האחרונים מן הנמשכים אחריו קדמות העולם ואמרו העולם קודם שהיה לא ימלט מהיות חידושו אפשר או מחויב או נמנע, ואם היה חידושו מחויב הנה לא סר היותו נמצא, ואם היה חידושו נמנע לא יתכן שימצא לעולם, ואם היה אפשר מי נושא האפשרות ההוא? אי אפשר אם כן מבלתי דבר נמצא הוא נושא האפשרות ובו יאמר לדבר ההוא שהוא אפשר. וזה דרך חזק מאד בקיום העולם: וחשב קצת משכילי האחרונים מן המדברים שהוא התיר זה הספק ואמר האפשרות הוא אצל הפועל לא בדבר המתפעל. וזה אינו כלום מפני שהם שני אפשרים כי כל דבר מחודש אפשרות חידושו קודם לו וכן הפועל אשר חדשו היה בו אפשרות שיחדש מה שחידשו קודם שיחדשהו, אם כן הם שני אפשרים בלא ספק אפשרות בחומר שיהיה כך ואפשרות בפועל שיפעל כך:

ואלו אימהות הדרכים אשר ילך בהם אריסטו בקיום קדמות העולם מצד העולם עצמו: ויש דרכים גם כן זכרום הבאים אחריו הוציאום מפילוסופיות יקימו בהם קדמות העולם מצד האלוה יתברך שמו:

מהם שאמרו אם האלוה יתברך שמו חידש העולם אחר ההעדר אם כן היה האלוה קודם שיברא העולם פועל בכח וכאשר בראו שב פועל בפועל, הנה כבר יצא האלוה מן הכח אל הפועל, אם כן יש בו יתברך אפשרות אחד ואי אפשר לו מבלתי מוציא הוציאו מן הכח אל הפועל. וזהו כמו כן קשה מאד וזהו אשר צריך כל משכיל להתירו ולהראות סודו:

ודרך אחר אמרו אמנם יפעל הפועל בעת אחת ולא יפעל בעת אחרת לפי המונעים או המביאים המתחדשים לו ובו ויחייבו לו המונעים בטול פעולת מה שירצהו ויחייבו לו המקרים רצון מה שלא היה רוצה מקודם, ואחר שהבורא יתעלה שמו אין מקרים לו שיחייבו שינוי רצון ולא מונעים אצלו ולא מעכבים שיתחדשו או יסורו, אם כן אין צד להיותו פועל בעת אחת ולא יפעל בעת אחרת אבל פעלו תמיד כמו התמדתו נמצא בפועל:

ודרך אחר יאמרו פעולותיו יתברך שלמות מאד אין בהם דבר מן החיסרון ואין בהם דבר לבטלה ולא מוסף. וזהו העניין אשר ישיבהו אריסטו תמיד ויאמר הטבע חכם ולא יעשה דבר לבטלה ושהוא עושה כל דבר לפי מה שאפשר בו מן השלמות. ואמרו מזה זה הנמצא הוא שלם לפי מה שאפשר בו מן השלמות ואי אפשר טוב ממנו - ולזה צריך שיהיה תמיד שחכמתו כעצמו תמידית אבל עצמו, חכמתו אשר חייבה מציאות זה המציאות:

מורה נבוכים חלק ב

וכל מה שאפשר שתמצאהו מטענות מי שיאמין הקדמות, מאלו הדרכים יסתעף ואל אחד מהם ישוב: ועוד על צד ההרחקה שהם אומרים איך היה האלוה יתברך ויתברך בטל לא יעשה דבר בשום פנים ולא חידש מתחדש בעניין אשר לא סר ואורך המשך מציאותו הקדמון אשר אין תכלית לו לא יעשה דבר וכאשר היה אתמול התפתח המציאות, שאילו אמרת על דרך משל שהאלוה ברא עולמות רבים קודם זה על מספר מלוא כדור הגלגל העליון חרדל ושכל עולם מהם עמד שנים נמצאות על מספר מלואו חרדל היה זה בהצטרף אל מציאותו יתברך אשר אין תכלית לו כאילו אמרת שהאלוה יתברך אמש ברא העולם. שאנחנו כשנקיים התפתחות מציאות אחר העדר אין הפרש בין שתשים היות זה אחר מאות אלפים מן השנים או אחר זמן קרוב מאד. וזה גם כן ממה שירחיק בו מי שיאמין הקדמות:

ועוד על צד עשות הראיה במפורסם אצל האומות כולם מן העולם אשר יחייב זה שהעניין טבעי לא מונח, ולזה נפלה הסכמת הכל עליו. יאמר אריסטו כל אנשי העולם בארו בהתמדת השמים ועמידתם, וכאשר שיערו שהם בלתי הווים ולא נפסדים שמום משכן לאלוה יתברך ולרוחניים, רצונו לומר המלאכים, ויחסום לו להורות על התמדתם. והביא בזה השער גם כן עניינים מזה המין על צד חיזוק הדעת אשר אמתהו העיון אצלו במפורסמות:

<u>פרק טו</u>

כוונתי בזה הפרק, לבאר שאריסטו אין מופת אצלו על קדמות העולם לפי דעתו ואינו בזה טועה, רצוני לומר: שהוא עצמו יודע שאין מופת לו על זה ושהטענות ההם והראיות אשר יאמר אותם הם אשר יראו ותטה הנפש אליהם יותר והם יותר מעטי ספקות כפי מה שיחשוב אלכסנדר. ולא יחשב באריסטו שהוא יאמין שהמאמרים ההם, מופת כי אריסטו הוא אשר לימד בני אדם דרכי המופת וסדריו ותנאיו:

ואשר הביאני לזה המאמר, כי האחרונים מן הנמשכים אחר אריסטו יחשבו שאריסטו כבר עשה מופת על קדמות העולם, ורוב האנשים מן החושבים שהתפלספו יקבלו מאריסטו בזאת השאלה ויחשבו כי כל מה שזכרו, מופת חותך אין ספק בו, וירחיקו לחלוק עליו או לחשוב בו שנעלמה ממנו תעלומה או ששגג בדבר מן הדברים. ולזה ראיתי שאמשך עמהם לפי דעתם ואבאר להם שאריסטו עצמו לא יתפאר שהוא עשה מופת בזאת השאלה מזה שהוא אומר בספר השמע כי כל מי שיקדמנו מחכמי הטבע יאמין כי התנועה בלתי הווה ולא נפסדת מבלתי אפלטון שיאמין כי התנועה הווה נפסדת וכן השמים גם כן אצלו הווים נפסדים, וזהו לשונו. וידוע שאילו הייתה זאת השאלה מבוארת אצלו במופתים חותכים לא היה צריך אריסטו שיסמכה בהיות מי שקדם מן הטבעיים מאמין כן ולא היה צריך שיאמר כל מה שאמרו במקום ההוא מן ההרחקה למי שיחלוק עליו וגנות דעתו כי כל מה שהתבאר במופת לא תוסיף אמיתתו ולא יחזק האמת בו בהסכים כל החכמים עליו ולא תחסר

אמיתתו ולא ייחלש האמת בו בחלוק אנשי הארץ כולם עליו: ואתה גם כן תמצא אריסטו יאמר בספר השמים והעולם כשהתחיל לבאר כי השמים בלתי הווים ולא נפסדים אמר נרצה עתה שנחקור על השמים גם כן ונאמר התראם מהתהויים מדבר או בלתי מתהווים מדבר, ואם יפלו תחת ההפסד או לא יפסידו כלל, והשתדל אחר הניח זאת השאלה לזכור טענות מי שיאמר בהתהוות השמים, והביא אחר זה דברים זה לשונם אמר שאנחנו כשנעשה זה היה מאמרנו אז אצל מטיבי העיון יותר מקובל ויותר מרוצה וכל שכן כשישמעו טענות החולקים תחילה, שאנחנו אם נאמר דעתנו וטענותינו ולא נזכור טענות החולקים יהיה יותר חלוש לקבלם אצל השומעים, וממה שראוי על מי שירצה שידון באמת, שלא יהיה שונא למי שיחלוק עליו אבל יהיה חומל מודה על האמת יעביר לו מה שיעביר לעצמו מיושר הטענות, זה תורף דברי האיש: ואתם עדת בעלי העיון, הנשאר על זה האיש תרעומת אחר זאת ההקדמה, ואם יחשוב אדם אחר זה המאמר שעלה בידו מופת על זאת השאלה, ואם ידמה אדם וכל שכן אריסטו, כי הדבר אשר התבאר במופת תהיה קבלתו יותר חלושה אם לא ישמעו טענות החולקים עליו, ועוד שומו זה דעת לו ושראיותיו עליו טענות, האם אריסטו יסכול ההפרש בין הטענות והמופתים ובין הדעות אשר תחזק המחשבה בהם או תיחלש ובין העניינים המופתיים? ועוד זה המאמר האגדי אשר קדמהו מהודות האמת לבעל דינו עד שיחזק דעתו, הזה כולו יצטרך אליו במופתך, לא אבל כוונתו כולה היא שיבאר שדעתו יותר נכון מדעות החולקים עליו ממי שאמר שהעיון הפילוסופי יביא אל היות השמים נופלים תחת ההוויה וההפסד אלא שהם לא נעדרו כלל או נתהוו ולא יפסידו ושאר מה שיזכור מהדעות ההם. וזה אמת בלא ספק כי דעתו יותר קרוב אל האמת מדעותם לפי לקיחת הראיה מטבע המציאות, ואנחנו לא כן נחשוב כמו שאבאר. אבל כבר גברו התאוות על רוב הכתות ואפילו על הפילוסופים וירצו לקים שאריסטו באר זאת השאלה במופת. ואולי לדעתם אריסטו באר זאת השאלה במופת והוא לא שיער שעשה מופת עד שהתעוררו לזה אחריו. אמנם אני אין ספק אצלי בשאלו הדעות אשר יזכירם אריסטו באלו העניינים, רצוני לומר קדמות העולם ועילת התחלף תנועות הגלגלים וסדר השכלים, כל זה אין מופת עליו ולא חשב אריסטו כלל שהמאמרים ההם, מופת אבל כמו שזכר שדרכי עשות הראיה על אלו הדברים שעריהם נעולים בפנינו ואין אצלנו התחלה להם שנעשה ראיה בה: וכבר ידעת תורף דבריו והוא זה ואשר אין לנו בהם טענה או הם גדולים אצלנו, מאמרנו בהם למה זה כך, קשה כמאמרנו אם היה העולם קדמון אם לא זה תורף לשונו. אלא שאתה כבר ידעת פרוש אבונצר לזה המשל ומה באר בו והיותו מרחיק שיהיה אריסטו מספק בקדמות העולם, וביזה גלינוס בזיון גדול באמרו שזאת השאלה מסופקת לא יודע לה מופת, ויראה אבונצר שהעניין מבואר גלוי יורה עליו המופת כי השמים קדמוניים ומה שבתוכם, הווה נפסד: סוף דבר לא בדבר מאלו הדרכים אשר

הזכרנום בזה הפרק יתאמת דעת או יבוטל או יסופק בו.
ואמנם זכרנו מה שזכרנו לדעתנו שרוב החושבים שהם השכילו, ואף על פי שלא יבינו דבר מן החכמות, יגזרו על קדמות העולם קבלה ממי שהתפרסמה חכמתם האומרים בקדמותו וישליכו דברי כל הנביאים בעבור שאין דבריהם בדרך הלימוד אבל בדרך ההגדה באלוה, והוא הדרך אשר לא יתיישרו בו רק יחידים הצליחם השכל.
ואמנם מה שנשתדל בו אנחנו מעניין חידוש העולם לפי דעת תורתנו הנה אזכרנו בפרקים הבאים:

<u>פרק טז</u>

זה הפרק אבאר לך בו מה שאאמינהו בזאת השאלה ואחר זה אביא ראיה על מה שאשתדל בו. ואומר כי כל מה שיאמרהו מי שיחשוב שהביא מופת על חידוש העולם מן המדברים איני רוצה הראיות ההם ולא אטעה עצמי בשאקרא דרכי ההטעיות מופתים, והיות האדם אומר שעשה מופת על שאלה אחת בהטעאות אינו מחזק אצלי האמנת המבוקש ההוא אבל מחלישה ומדריך לטעון עליה, כי כשיתבאר הפסד הראיות ההם תיחלש הנפש להאמין באשר נעשתה עליו הראיה, והיות העניין אשר אין מופת עליו נשאר עם היותו מבוקש לבד או שיוקבל בו אחד משני קצות הסותר יותר ראוי.
וכבר זכרתי לך דרכי המדברים בקיום חידוש העולם והעירותיך על מקום הטענה עליהם. וכן כל מה שזכרו אריסטו והנמשכים אחריו מן הראיות על קדמות העולם אינו אצלי מופת חותך אבל טענות ישיגום הספקות העצומות כמו שתשמעהו: ואשר אשתדל בו אני שאבאר כי היות העולם מחודש על דעת תורתנו שכבר ביארתיו אינו נמנע ושהראיות ההם כולם הפילוסופיות אשר יראה מהם שאין העניין כמו שזכרנו ימצא לטענות ההם כולם פנים יבטלום ויבטל עשות הראיה בהם עלינו. וכאשר התבאר לי זה והייתה זאת השאלה, רצוני לומר קדמות העולם או חידושו, אפשרית הייתה אצלי מקובלת מצד הנבואה אשר תבאר עניינים אין בכח העיון להגיע אליהם, כמו שאבאר שהנבואה לא תבטל ואפילו על דעת מי שיאמין הקדמות: ואחר שאבאר אפשרות מאמרנו אתחיל בהכריעו על זולתו בראיה עיונית גם כן, רצוני לומר בהכריע המאמר בחידוש על המאמר בקדמות, ואבאר שכמו שתתחייב לנו קצת הרחקה באמונת החידוש כן תתחייב הרחקה יותר גדולה ממנה באמונת הקדמות.
והנני אתחיל עתה בהמציא הדרך אשר תבטל ראיות כל מי שיעשה ראיה על קדמות העולם:

<u>פרק יז</u>

כל מתחדש היה אחר שלא היה, ואפילו היה החומר שלו נמצא ואמנם הפשיט צורה ולבש צורה אחרת, יהיה טבעו אחר התחדשו והשלמו ונחו בלתי

טבעו בעת התהוותו והתחילו ביציאה מן הכח אל הפועל וזולת טבעו גם כן קודם שיתנועע ליציאה אל הפועל. והמשל בו כי טבע זרע הנקבה והוא דם בכיסיו, בלתי טבעו בעת ההיריון כשיפגשהו זרע הזכר והתחיל להתנועע, וטבעו גם כן בעת ההיא, בלתי טבע החי השלם אחר היולדו. ואין לעשות ראיה בכל הפנים מטבע הדבר אחר היותו והשלמו והיותו מיושב על השלם שבעיניו, על עניין הדבר ההוא בעת תנועתו להוויה ואין מביאים ראיה מענינו בעת תנועתו, על ענינו קודם שיתחיל בתנועה. וכאשר תטעה בזה ותמשיך עשות הראיה מטבע הדבר ההווה בפועל על טבעו והוא בכח יתחדשו לך ספקות גדולות ויהיו מן השקר אצלך עניינים יתחייב היותם ויתחייבו אצלך עניינים שקריים: והנח במה שהמשלנו בו שאיש שלם היצירה מאד נולד ומתה אימו אחר שהנקתו חדשים ונפרד אביו לבדו להשלים גידול הנולד ההוא באי נגזר עד שגדל והשכיל וידע, והוא לא ראה כלל אישה ולא נקבה מנקבות שאר בעלי החיים, ושאל ואמר לאיש אחד מאשר אתו איך נמצאנו ועל אי זה עניין נהנינו, וענהו הנשאל כי כל איש ממנו אמנם נתהווה בבטן איש ממיננו כמותנו הוא נקבה בצורך כל ושהאיש ממנו היה קטן הגוף בתוך הבטן יתנועע ויזון ויצמח מעט מעט והוא חי עד שיגיע אל גבול כך מן הגודל יפתח לו שער בגוף למטה שיצא ממנו ולא יסור היותו צומח אחר כן עד שישוב כמו שתראנו. והנולד ההוא היתום ישאל בהכרח ויאמר וזה אחד ממנו כשהיה קטן בבטן והוא חי מתנועע צומח האם היה אוכל ושותה ומתנשם בפיו ונחיריו ויוצא, ויאמר לו לא, והוא ספק ימהר להכחיש זה ויעמיד המופת על כל העניינים האלה האמיתיים שהם נמנעים בעשותו ראיה בנמצא השלם הנח ויאמר כל איש ממנו כשתכלא ממנו הנשימה קצת שעה ימות ויבטלו ממנו תנועותיו, ואיך יצויר שיהיה איש ממנו בתוך כיס סתום מקיף בו בתוך גוף מדת חדשים והוא חי מתנועע, ואילו בלע אחד ממנו צפור היה הציפור ההוא מת לשעתו בהגיעו באצטומכא וכל שכן בבטן התחתון, וכל איש ממנו אם לא יאכל המזון בפיו וישתה המים בימים מועטים ימות בלא ספק ואיך יישאר חדשים האיש חי מבלתי מאכל ומשתה, וכל איש ממנו כשיזון ולא יוציא, בימים מועטים ימות בכאב גדול, ואיך יעמוד זה חדשים בלא יציאה, ואילו נקב בטן אחד ממנו, ימות אחר ימים, ואיך יחשב שזה העובר היה טבורו פתוח, ואיך לא יפתח עיניו ולא יפרוש כפיו ולא יפשוט רגליו וכל אבריו שלמים אין חלי בהם כמו שחשבתם, כן ימשך לו ההיקש כולו שהאדם אי אפשר בשום פנים שיתהווה על זאת הצורה:

והתבונן זה המשל ובחנהו אתה המעיין ותמצא זה עניינו עם אריסטו שווה בשווה. שאנחנו עדת הרודפים אחר **משה רבינו ואברהם אבינו** עליהם השלום נאמין שהעולם נתהווה על צורת כך וכך והיה כך מכך ונברא כך אחר כך. ויבוא אריסטו לסתור דברינו ויביא עלינו ראיות מטבע המציאות הנח השלם ההווה בפועל, אשר נודה לו אנחנו שהוא אחר התישבו ושלמותו

לא ידמה דבר ממה שהיה בעת ההוויה ושהוא נמצא אחר ההעדר הגמור, ואי זו טענה תעמוד עלינו מכל מה שיאמרהו, ואמנם יתחייבו הטענות האלה על מי שיאמר שטבע זה המציאות הנה יורה על היותו מחודש, וכבר הודעתיך שאני לא אומר זה:

והנני אשוב ואזכר לך שרשי דרכיו ואראך איך לא יתחייב לנו מהם מאומה בשום פנים אחר שטענתנו, שהעולם בכללו המציאהו האלוה אחר העדר והווהו עד שנשלם כמו שתראהו: אמר כי החומר הראשון לא הווה ולא נפסד והתחיל להביא הראיות על זה מן הדברים ההווים הנפסדים ולבאר המנע הווייתו. וזה אמת, שאנחנו לא אמרנו שהחומר הראשון נהווה כהתהוות האדם מן הזרע או יפסיד כהפסד האדם אל העפר אבל אמרנו שהאלוה המציאו מלא דבר והוא כפי מה שהוא אחר המצאו, רצוני לומר היותו מתהווה ממנו כל דבר ויפסיד אליו כל מה שנתהווה ממנו - ולא ימצא ערום מצורה ועדיו יגיע תכלית ההוויה וההפסד, והוא לא הווה כהוית מה שיתהווה ממנו ולא יפסיד כהפסד מה שיפסיד אליו אבל נברא, וכשירצה בוראו יעדרהו העדר גמור מוחלט: וכן נאמר בתנועה בשווה שהוא הביא ראיה מטבע התנועה שהיא בלתי הווה ולא נפסדת. והעניין אמת שאנחנו נאמר כי אחר המצא התנועה על זה הטבע שהיא נחה עליו לא ידומה הויתה והפסדה, הויה כללית והפסד כללי כהוויית התנועות הפרטיות האוות וכהפסד התנועות הפרטיות, והוא ההיקש בכל מה שיתחייב לטבע התנועה. וכן המאמר בתנועה הסיבובית אין התחלה לה הוא אמת אחר המציא הגשם הכדורי המתנועע בסיבוב לא תצויר בתנועתו התחלה: וכן נאמר באפשרות המתחייב שיקדם לכל מתהווה כי זה אמנם יתחייב בזה הנמצא המיושב אשר כל מה שיתהווה בו אמנם יתהווה מנמצא אחד, אמנם הדבר הנברא מהעדר אין שם דבר נרמז אליו לא בחוש ולא בשכל שתקדם לו אפשרות: וכן נאמר גם כן בהיות השמים אין הפוך בהם, הנה זה אמת. אלא שאנחנו לא אמרנו שהשמים נתהוו כהתהוות הסוס והתמר, ולא אמרנו שהרכבתם תחייב להם ההפסד כצמחים ובעלי החיים מפני ההפך שבהם: ועיקר העניין הוא מה שזכרנוהו כי הנמצא בעת שלמותו ותמותו לא יורה ענינו ההוא על ענינו קודם שלמותו: ואין רחוק עלינו גם כן מאמר אומר שנתהוו השמים קודם הארץ או הארץ קודם השמים או היו השמים בלתי כוכבים או מין בעל חיים בלתי מין אחר, כי זה כולו בעת הווית זה הכלל. כמו שבעל החיים בעת הווייתו היה הלב ממנו קודם הביצים כמו שיראה לעניין והגידים קודם העצמים - ואף על פי שאחר שלמותו לא ימצא בו אבר מבלתי אבר מכל האברים אשר אי אפשר עמידת האיש מבלעדיהם. זה כולו יצטרך גם כן אליו אם יילקח הכתוב כפי פשוטו, ואף על פי שאין העניין כן כמו שיתבאר כשנרחיב בזה המאמר:

וצריך שתזהר בזה העניין שהוא, חומה גדולה בניתיה סביב התורה מקפת בה מונעת אבן כל משליך אליה. ואם יטען עלינו אריסטו, רצוני לומר האוחז

דעתו, ויאמר אחר שלא יורה לנו זה הנמצא במה זה ידעתם אתם זה מהווה ושהיה שם טבע אחר הווהו, נאמר שזה לא יתחייב לנו לפי השתדלותנו, שאנחנו לא נשתדל עתה שנקים שהעולם מחודש אבל אשר נשתדל בו הוא, אפשרות היותו מחודש, ולא תבטל זאת הטענה בהביא ראיה מטבע המציאות אשר לא נחלוק בו. וכאשר תתקיים אפשרות הטענה כמו שבארנו נשוב אחרי כן ונכריע דעת החידוש ולא יישאר בזה השער אלא שיביא לנו ראיה בהימנע היות העולם מחודש, לא מטבע המציאות אבל ממה שיחייבהו השכל בחוק האלוה, והם הדרכים השלשה אשר כבר הקדמתי לך זכרם ושהם יעשו בהם ראיות על קדמות העולם מצד האלוה. והנני אראה לך אפני הביא הסיפוק עליהם עד שלא תתאמת מהם ראיה בשום פנים, בפרק הבא:

פרק יח

הדרך הראשון אשר יזכרו שיתחייב לנו בו כפי מחשבתם שהאלוה יצא מן הכח אל הפועל כשיהיה פועל את אחת ולא יפעל את אחרת. וסתירת זה הספק מבוארת מאד. והיא שזה העניין אמנם יתחייב בכל מרכב מחומר בעל אפשרות ומצורה, כי בלא ספק כשיפעל הגשם בצורתו אחר שלא עשה כבר היה בו דבר בכח ויצא לפועל ואי אפשר לו מבלתי מוציא, כי זאת ההקדמה אמנם התבארה במופת בבעלי החומר. אבל מה שאינו גוף ואין לו חומר, אין בעצמו אפשרות בשום פנים. וכל מה שיש לו הוא בפועל תמיד ולא יתחייב בו זה ולא ימנע בו שיעשה עת ולא יעשה עת ואין זה שינוי בחוק הנפרד ולא יציאה מן הכח אל הפועל. והראיה על זה, השכל הפועל על דעת אריסטו והנמשכים אחריו אשר הוא נפרד, והנה יעשה עת אחת ולא יעשה עת אחרת כמו שבאר אבונצר במאמרו בשכל אשר שם אמר דבר זה לשונו אמר וגלוי כי השכל הפועל לא יעשה תמיד אבל יעשה עת אחת ולא יעשה עת אחרת, זהו לשונו. והוא אמת מבואר. ועם היותו כן לא יאמר שהשכל הפועל משתנה ולא היה פועל בכח ושב בפועל באשר עשה בעת אחת מה שלא עשהו מקודם, כי אין ערך בין הגשמים ובין מה שאינו גשם ולא דמיון בשום פנים לא בעת הפועל ולא בעת ההמנע מן הפועל. ואמנם יאמר לפעולת הצורות הנשואות בחומרים ולפעולת הנפרד **פעולה** בשיתוף השם. ולזה לא יתחייב מהיות הנפרד בלתי עושה בעת אחת הפועל אשר יעשהו אחר כן, שיהיה יוצא מן הכח אל הפועל כמו שנמצא זה בצורות הנשואות בחומרים: ואולי יחשוב חושב שבזה המאמר קצת הטעאה וזה כי השכל הפועל אמנם התחייב שיעשה עת אחת ולא יעשה עת אחרת לא מפני עניין אחד בעצמו אבל מפני הכנת החומרים, אמנם הפועל ממנו הוא תמיד לכל מוכן ואם היה שם מונע מהפועל הוא מפני ההזמנה החמרית לא מפני השכל בעצמו, ידע זה החושב שכוונתנו אינה להגיד הסיבה אשר בעבורה עשה האלוה יתברך בעת אחת ולא עשה בעת אחרת ולא חייבנו בזה המשל ואמרנו שכמו שהשכל הפועל יעשה בעת אחת ולא יעשה בעת אחרת והוא נפרד, כן האלוה

יתברך, לא אמרנו זה ולא חייבנוהו ואילו עשינו זה הייתה הטעאה, אבל אשר חייבנוהו, והוא חיוב אמיתי, שהשכל הפועל אשר אינו גוף ולא כח בגוף אף על פי שיעשה עת אחת ולא יעשה הפועל ההוא עת אחרת, הייתה סבת זה אי זה דבר שהיה, לא יאמר בו שיצא מן הכח אל הפועל ולא שהייתה בעצמו אפשרות, ולא שהיה צריך למוציא יוציאנו מן הכח אל הפועל: הנה כבר נדחה מעלינו זה הספק הגדול אשר ספק עלינו האומר בקדמות העולם אחר שאנחנו נאמין שהוא יתברך אינו גוף ולא כח בגוף ולזה לא יתחייב לו שינוי כשעשה אחר שלא עשה:

הדרך השני הוא אשר יחייבו בו קדמות העולם להעלות המביאים והמתחדשים והמונעים בחוקו יתברך. והתרת זה הספק כבדה והיא דקה מאד, ושמענה: דע, כי כל פועל בעל רצון שיעשה פעולותיו בגלל דבר אחד הוא בהכרח יתחייב לו שיעשה עת אחת ולא יעשה עת אחרת מפני מונעים או מתחדשים. והמשלו, שהאדם על דרך משל ירצה שיהיה לו בית ולא יבנהו מפני מונעים, וזה כשלא יהיה החומר שלא נמצא או שיהיה נמצא ולא יבוא לקבל הצורה להעדר הכלים והנה יהיו החומר והכלים נמצאים ולא יבנה להיותו בלתי רוצה לבנות מפני שאינו צריך למחסה וכשיתחדשו מתחדשים כחום או קור יביאהו לבקש המעון אז ירצה לבנות. הנה כבר התבאר כי המתחדשים ישנו הרצון והמונעים יעמדו כנגד הרצון ולא יעשה בעבורם. זה כולו כשיהיו הפעולות מפני דבר אחד חוץ לגוף הרצון, אמנם כשלא יהיה לפועל תכלית אחרת בשום פנים אלא היותו נמשך אחר הרצון יהיה הרצון ההוא בלתי צריך למביאים והרוצה ההוא, אף על פי שלא יהיו לו מונעים, לא יתחייב שיעשה תמיד אחר שאין שם תכלית אחת יוצאת אשר בגללה יעשה ויתחייב כשלא יהיו מונעים למצוא התכלית ההוא שיעשה כי הפועל הנה נמשך לרצון לבד: ואם יאמר אומר זה כולו אמת. אמנם היותו רוצה עת אחת ולא ירצה עת אחרת האין זה שינוי, נאמר לו לא. שאמיתת הרצון ומהותו זה ענינה שירצה ולא ירצה, ואם היה הרצון ההוא לבעל חומר עד שיבוקש בו תכלית אחת יוצאת יהיה רצון משתנה לפי המונעים והמתחדשים, אמנם רצון הנפרד אשר אינו מפני דבר אחר בשום פנים אינו משתנה ולא היותו רוצה עתה דבר וירצה זולתו מחר, שינוי בעצמו ולא יביא זה לתת סיבה אחרת כמו. שהיותו פועל ולא פועל אינו שינוי כמו שבארנו. והנה יתבאר כי רצוננו ורצון הנפרד אמנם יאמר עליהם **רצון** בשתוף ואין דמיון בין שני הרצונים. הנה כבר הותרה גם כן הקושיא הזאת והתבאר שלא יתחייב לנו מן הדרך הזה שקר, וזה השתדלותנו כמו שידעת:

הדרך השלישי והוא אשר יחייבו בו קדמות העולם, להיות כל מה שחייבתהו החכמה שיצא כבר יצא וחכמתו קדומה כעצמו יהיה המתחייב ממנו קדמון. וזה חיוב חלוש מאד, וזה שאנחנו כמו שנסכול חכמתו אשר חייבה שיהיו הגלגלים תשעה לא יותר ולא פחות ומספר הכוכבים כפי מה שהוא לא יותר ולא פחות ולא יותר גדולים ולא יותר קטנים, כן נסכול

חכמתו בהמציאו הכל אחר אשר לא היה מזמן קרוב. והכל נמשך אחר חכמתו התדירה אשר אינה משתנה אלא שאנחנו נסכול סכלות גמורה דרך החכמה ההיא ומשפטה אחר שהרצון גם כן בדעתנו נמשך אחר החכמה והכל, דבר אחד רצוני לומר עצמו וחכמתו, שאנחנו לא נאמין בתראים והנה תשמע בזה העניין הרבה כשנדבר בהשגחה. ובזאת הבחינה תיפול זאת ההרחקה:

ואמנם מה שזכרו אריסטו מהסכים האומות מימי קדם משכון המלאכים בשמים ומהיות האלוה בשמים וכן בא בנראה מן הכתוב, אין זה לראיה על קדמות השמים כמו שירצה הוא אבל זה נאמן לראיה על שהשמים יורונו על מציאות השכלים הנפרדים, והם הרוחניים והמלאכים, והם יורונו על מציאות האלוה והוא מניעם ומנהיגם כמו שנבאר ונגלה שאין שם ראיה תורנו על מציאות הפועל לפי דעתנו כראיית השמים, והם יורו גם כן לפי דעת הפילוסופים כמו שזכרנו על מציאות מניעם ושהוא לא גוף ולא כח בגוף:

ואחר שביארתי לך מאפשרות טענתנו ושאינה נמנעת כמו שיחשוב מי שאומר בקדמות אשוב ואבאר הכרעת דעתנו בעיון ואראה מה שיתחייב לדעתו מן ההרחקה, בפרקים הבאים:

פרק יט

כבר התבאר לך מדעת אריסטו ומדעת כל מי שיאמר בקדמות העולם שהוא יראה שזה המציאות היה מאצל הבורא על צד החיוב ושהוא יתברך עילה וזה, עלול וכן התחייב. וכמו שלא יאמר בו יתברך למה נמצא, או איך נמצא כן, רצוני לומר אחד ובלתי גוף, כן לא יאמר בעולם בכללו למה נמצא, או איך נמצא כן, כי זה כולו מחויב שימצא כך העילה ועלולה ואי אפשר בהם העדר כלל ולא שינוי ממה שהם. ועל כן יתחייב מזה הדעת חיוב התמדת כל דבר על טבעו ושלא ישתנה בשום פנים דבר מן הדברים מטבעו. ולפי זה הדעת יהיה שינוי דבר מן הנמצאות מטבעו נמנע ולא יהיו אם כן אלו הדברים כולם בכוונת מכון בחר ורצה שיהיו כך שאם היו בכוונת מכון כבר היו בלתי נמצאים כן קודם שיכונו:

ואמנם לפי דעתנו אנחנו העניין מבואר שהם בכוונה לא על צד החיוב ואפשר שישנם המכון ההוא ויכון כונה אחרת, אמנם לא כל כונה בסתם כי יש שם טבע הימנעות קים אי אפשר בטולו כמו שנבאר. וכוונתי בזה הפרק - שאבאר לך בראיות קרובות למופת שמציאותנו זאת תורנו על שהיא בכוונת המכון בהכרח מבלתי שאעמוס עלי מה שהתגברו עליו המדברים מבטול טבע המציאות והמאמר בחלק בריאת המקרים בהתמדה וכל מה שביארתי לך משורשיהם אשר אמנם השתדלו להציעם להמציא ההתייחדות. ולא תחשוב שהם גם כן אמרו זה אשר אומר אותו, אמנם שהם השתדלו במה שאשתדל בו אין בזה ספק. וכן זכרו העניינים אשר אזכירם וכונו בהם

ההתייחדות, אלא שאין הפרש אצלם בין התייחד זה הצמח באדמימות מבלתי הלובן או במתיקות מבלתי המרירות או התייחד השמים במה שהם מן התמונה מבלתי הריבוע והשילוש, וקיימו ההתייחדות בהקדמותיהם אשר כבר ידעתם. ואני אקיים ההתייחדות במה שצריך שיקוים בו בהקדמות פילוסופיות לקוחות מטבע המציאות: וזה הדרך אבארנו אחר הקדימי זאת ההקדמה. והיא שכל חומר משותף בין דברים משתנים בפנים מאפני השינוי אי אפשר בהכרח מבלתי סיבה אחרת חוץ לחומר ההוא המשותף היא אשר חייבה היות קצתו בתואר אחד וקצתו בתואר אחר או סיבות על מספר המשתנים. וזאת היא הקדמה מסכים עליה מי שיאמין הקדמות ומי שיאמין החידוש: ואחר זאת ההקדמה אתחיל לבאר מה שכוונתי לבארו על צד השאלה והמענה לפי דעת אריסטו:

שאלנו אריסטו ואמרנו לו כבר עשית לנו מופת על היותו חומר כל מה שתחת גלגל הירח, חומר אחד משותף לכל, אם כן מה עילת התחלפות אלו המינים הנמצאים הנה, ומה עילת התחלף אישי כל מין מהם, ועננו על זה בשאמר עילת ההתחלפות, שינוי מזג המורכבות מן החומר ההוא. וזה שהחומר ההוא המשותף קיבל תחלה ארבע צורות וכל צורה מהם נמשכו אחריה שתי איכויות ובאיכויות ההם הארבע היו יסודות למה שהורכב מהם, וזה שהם יתערבו תחלה בתנועת הגלגל ואחר כן ימזגו, ויתחדש ההתחלפות במתערבות המורכבות מהם בשיעורים מתחלפים מן החום והקור והלח והיבש, והיו בהם באלו המזגים המתחלפים הכנות מתחלפות לקבל צורות מתחלפות ובצורות ההם גם כן יהיו מוכנים לקבל צורות אחרות וכן תמיד. והצורה המינית האחת ימצא לחומר שלה רוחב גדול בכמותה ואיכותה ולפי הרוחב ההוא יתחלפו אישי המין, כמו שהתבאר בחכמת הטבע. וזה כולו אמת מבואר למי שיודה על האמת לנפשו ולא יונה אותה:

אחר כן שאלנו עוד אריסטו ואמרנו לו אחר שהיה הממזגות היסודות, הסיבה בהכנת החומרים לקבל הצורות המתחלפות אי זה דבר זימן החומר ההוא הראשון עד שקיבל קצתו צורת האש וקצתו צורת הארץ ומה שביניהם לקבל צורת המים והאויר וחומר הכל אחד משותף, ובמה זה היה חומר הארץ יותר ראוי בצורת הארץ וחומר האש יותר ראוי בצורת האש.

ענה אריסטו על זה בשאמר חייב זה התחלף המקומות כי הם חייבו לזה החומר האחד הכנות מתחלפות. וזה כי אשר סמוך לו המקיף נעשה בו דקות ומהירות תנועה וקרב לטבעו וקיבל בהכנה ההיא צורת האש וכל מה שרחק החומר מן המקיף אל צד המרכז היה יותר עב ויותר קשה ויותר מעט אור והיה ארץ, והיא העילה במים ובאויר. והיה זה הכרחי כי מן השקר שיהיה החומר הזה לא במקום או יהיה המקיף הוא המרכז והמרכז הוא המקיף, וזה חייב לו ההתייחדות בצורות מתחלפות, רצוני לומר ההכנה לקבל צורות מתחלפות:

אחר כן שאלנוהו ואמרנו לו האם המקיף, רצוני לומר השמים החומר שלו

מורה נבוכים חלק ב

וחומר היסודות אחד.

אמר לא, אבל החומר ההוא אחר וצורות אחרות וה**גשם** נאמר על אלו הגשמים אשר אתנו ועליהם בהשתתף, כמו שבארו האחרונים, וכבר התבאר כל זה במופת:

ושמע מהנה מה שאומר אותו אני אתה המעיין במאמרי זה: כבר ידעת מופת אריסטו שבהתחלף הפעולות יתבאר התחלפות הצורות וכאשר הייתה תנועת היסודות הארבעה ישרה ותנועת הגלגל סיבובית נודע שהחומר ההוא בלתי החומר הזה. וזה אמת לפי העיון הטבעי. וכאשר נמצאו גם כן אלו אשר תנועותיהם ישרות - מתחלפות הצד מהם מה שיתנועע למעלה ומהם מה שיתנועע למטה ונמצא גם כן אשר יתנועע מהם לצד אחד, קצתם יותר ממהר וקצתם יותר מאחר, נודע שהם מתחלפי הצורות, ובזה נודע כי היסודות ארבעה. ועל זה הצד מן הראיה בעצמו יתחייב גם כן שיהיה חומר הגלגלים כולם, אחד שכולם יתנועעו בסיבוב וצורת כל גלגל מתחלפת לצורת הגלגל האחר אחר שזה יתנועע מן המזרח למערב וזה האחר מן המערב למזרח ועוד כי תנועותיהם מתחלפות במהירות ובאיחור. ויתחייב שישאל גם כן ויאמר לו אחר שזה החומר משותף לכל הגלגלים וכבר התייחד כל נושא מהם בצורה אחת בלתי צורת האחר - מי הוא מייחד אלו הנושאים ומכינם לקבל צורות מתחלפות? והיש אחר הגלגלים דבר אחר ייוחס לו זה ההתייחדות רק האלוה יתברך ויתברך: והנני אעירך על עומק שכל אריסטו והפלגת השגתו ואיך לחצתהו זאת הקושיא בלא ספק והשתדל לצאת ממנה בדברים לא עזרהו המציאות עליהם, ואף על פי שלא זכר זאת הקושיא אבל יראה מאמריו שהוא משתדל לסדר לנו מציאות הגלגלים כמו שסידר לנו מציאות מה שתחת הגלגל עד שיהיה הכל על צד החיוב הטבעי לא על צד כוונת מכון כאשר רצה ויחד מייחד על אי זה פנים שאהב, ולא נשלם לו זה ולא ישלם לעולם. וזה שהוא ישתדל לתת עילה בהיות הגלגל מתנועע מן המזרח ולא יתנועע מן המערב וישתדל לתת עילה בהיות קצתם ממהר התנועה וקצתם מאחר ושזה מחויב לסדר הנחתם מן הגלגל העליון וישתדל לתת העילה בהיות לכל כוכב מן השבעה, גלגלים רבים וזה המספר הגדול בגלגל אחד, זה כולו ישתדל לתת סיבותיו עד שיסדר לנו העניין סידור טבעי על צד החיוב, אלא שלא נשלם לו דבר מזה. כי כל מה שבארו לנו ממה שתחת גלגל הירח נמשך על סדר מסכים למציאות מבואר העילות ואפשר שיאמר בו שהוא על צד החיוב מתנועת הגלגל ומכוחותיו, אמנם כל מה שזכרו בענייני הגלגל לא נתן בזה עילה מבוארת ולא נמשך העניין בו על סדר שיתכן לומר בו החיוב, שהנה נראה הגלגלים מהם מה שהממהר התנועה למעלה מן המתאחר התנועה ומהם מה שמתאחר התנועה למעלה מן הממהר התנועה ומהם, מי שתנועותיהם שוות ואף על פי שקצתם למעלה מקצתם ועניינים אחרים עצומים מאד בחק בחינת היות העניין על צד החיוב. והנה איחד להם פרק מפרקי זה המאמר: **סוף דבר**, שאריסטו בלא ספק

כאשר ידע חולשת מאמריו בהמציא עילת אלו הדברים ותת סיבותיהם הקדים לפני התחילו באלו החקירות דברים זה לשונם אמר נרצה עתה לחקור על שתי שאלות חקירה מספקת כי מן הראוי שנחקור עליהם ונאמר בהם כפי השגת שכלינו וחכמתנו ודעתו, אלא שאין ראוי לאדם שישיא זה עלינו לעזות מצח ועוז לבב אבל ראוי שיפלא מזריזותנו על הפילוסופיה ובקשנו עליה, וכשנבקש השאלות המעולות הנכבדות ונחזק להתירם התר מעט מתוקן מן הדין על השומע שתחזק שמחתו וישיש. זה תורף דבריו. הנה התבאר לך שהוא בלא ספק ידע בחולשת המאמרים ההם, וכל שכן בהיות חכמת הלימודים בזמנו בלתי שלמה ולא נודע בזמנו מתנועות הגלגל כמו שנדע היום. ויראה לי כי אשר אמרו בספר מה שאחר הטבע מהניח שכל נפרד לכל גלגל אמנם הוא מפני זה העניין גם כן שיהיה דבר ייחד כל גלגל בתנועה אחת. והנה אבאר שהוא לא הרוויח בזה מאומה: אמנם אמרו בזה הלשון אשר זכרתי לך **כפי השגת שכלינו וחכמתנו ודעתנו**, הנה אבאר לך ענינו ולא ראיתיו לאחד מן המפרשים. אמנם אמרו **דעתנו** הוא רוצה בו צד החיוב אשר הוא המאמר בקדמות העולם, ואמנם אמרו **חכמתנו** רצונו לומר העניין המבואר המוסכם עליו כי כל דבר מאלו הדברים אי אפשר לו מבלתי סיבה ועילה ואינו עניין נפל כאשר הזדמן, ואמרו **שכלינו** רצונו לומר קוצר ידינו לתת סיבות לכיוצא באלו העניינים עד תכליתם. אלא שהוא חשב לתת בהם דבר מועט וכן עשה כי אשר זכרו ממהירות התנועה הכללית ואיחור גלגל הכוכבים העומדים להיותו בחלוף הצד, היא עילה זרה נפלאה. וכן אמר יתחייב כי כל מה שירחק גלגל מן השמיני, יהיה יותר ממהר התנועה אלא שזה לא ימשך כמו שביארתי לך. ויותר גדול מזה שגלגלים גם כן יתנועעו מן המזרח למערב למטה מן השמיני והיה ראוי שיהיו יותר ממהרים ממה שתחתיהם מאשר יתנועע כן מן המזרח אל המערב ושיהיו אלו המתנועעים מן המזרח קרובים במהירות לתנועת התשיעי, אבל כמו שהודעתיך לא הייתה חכמת התכונה בזמנו כמו שהיא היום:

ודע, כי לפי דעתנו אנחנו קהל האומרים בחידוש העולם יקל זה כולו וימשך לפי שרשינו. שאנחנו נאמר שיש מייחד יחד כל גלגל במה שרצה מצד התנועה ומהירותה אלא שאנחנו נסכול אופן החכמה בהמציא זה כך. ואילו יכול אריסטו שיתן לנו עילת התחלף תנועת הגלגלים עד שיהיה זה על סדר הנחת קצתם מקצתם כמו שחשב, היה זה נפלא והייתה עילת ההתייחדות בהתחלף תנועותיהם כעילת התחלף היסודות בהנחתם בין המקיף והמרכז אלא שלא ילך העניין על הסדר כן כמו שביארתי לך:

ויותר מבואר מזה במציאות ההתייחדות בגלגל אשר לא יוכל אדם שימציא לו סיבה מיחדת זולת כוונת המכוון הוא מציאות הכוכבים. וזה שהיות הגלגל מתנועע תמיד והכוכב עומד תמיד מורה על שחומר הכוכבים אינו חומר הגלגלים. וכבר זכר אבונצר בתוספותיו על ספר השמע דבר זה לשונו אמר בין הגלגל והכוכבים - הפרש כי הגלגל ספירי והכוכבים אינם ספירים

והסיבה בזה כי בין שני החומרים ושתי הצורות, הפרש אבל מעט זה תורף דבריו. אמנם אני איני אומר מעט אבל מתחלף מאד מאד, שאני לא אלמד הראיה מן הספירות אבל מן התנועות ויתבאר לי שאלו שלשה חומרים ושלש צורות גשמים נחים לעולם מעצמם והם גרמי הכוכבים, וגשמים מתנועעים לעולם והם, גרמי הגלגלים, וגשמים יתנועעו וינוחו והם היסודות. ואני תמה אי זה דבר קבץ בין שני החומרים המתחלפים האלה אם תכלית ההתחלפות כמו שיראה לי או אשר ביניהם התחלפות מעט כמו שזכר אבונצר, ומי הוא המכין לזה ההתייחדות, סוף דבר שני גופים מתחלפים קבוע אחד משניהם באחר בלתי מתערב עמו אבל נגבל במקום ממנו מיוחד מודבק בו באין כוונת מכון פלא, ויותר נפלא מזה אלו הכוכבים הרבים אשר בשמיני כולם כדורים קצתם קטנים וקצתם גדולים כוכב הנה ואחר בריחוק אמה כפי ראות העין ועשרה נלחצים נקבצים וחתיכה גדולה מאד אין דבר בה, מה הסיבה המייחדת לזאת החתיכה בעשרה כוכבים והמייחדת לאחרת בהעדר הכוכבים, ועוד גשם הגלגל כולו, גשם אחד פשוט אין חילוף בו, ולאי זו סיבה היה זה החלק מן הגלגל יותר ראוי בזה הכוכב הנמצא בו מן החלק האחר. וזה כולו וכל מה שהוא ממינו אמנם ירחק מאד גם יקרב להימנעות כשיאמן שזה כולו היה על צד החיוב מהאלוה כמו שיראה אריסטו:

אמנם כשיאמן שזה כולו, בכוונת מכון עשה כן לא יתחבר לזה הדעת דבר מן התמה ולא רוחק כלל ולא יישאר מקום חקירה אלא אמרך מה הסיבה בכוונת זה, ואשר יודע על הכלל שזה כולו לעניין לא נדעו, ואין זה פועל בטל ולא כאשר הזדמן. שאתה כבר ידעת שגידי איש הכלב והחמור ועצביהם לא נפלו כאשר הזדמן באי זה שיעור שנזדמן ולא היה זה הגיד עב ואחר דק ועצב מסתעף סעיפים רבים ואחר לא יסתעף כן ואחד יורד ישר ואחד נברך, במקרה ושלא היה דבר מזה אלא לתועלת כבר נוסד הכרח היותם כך, ואיך ידמה משכיל שיהיו הנחות אלו הכוכבים ושיעוריהם ומספרם ותנועות גלגליהם המתחלפים ללא עניין או כאשר הזדמן, אין ספק כי כל דבר מהם הכרחי לפי כוונת המכון, וסידור אלו העניינים על צד החיוב לא בכוונה, עניין רחוק מן הציור מאד מאד:

ואין ראיה אצלי על הכונה יותר גדולה מהתחלפות תנועות הגלגלים והיות הכוכב קבוע בגלגלים. ולזה תמצא הנביאים כולם לקחו הכוכבים והגלגלים מופת על מציאות האלוה בהכרח, ובא בעניין אברהם מבחינתו בכוכבים מה שכבר התפרסם, ואמר ישעיהו מעורר על עשות הראיה בהם - שאו[58] מרום עיניכם וראו מי ברא אלה וכו', וכן ירמיהו אמר - עושה[59] השמים, ואמר

[58] ישעיהו מ כו
[59] ישעיהו סו כב

אברהם - הוי"ה[60] אלוקי השמים, ואמר אדון הנביאים - רוכב[61] שמים, כמו שבארנו. וזו היא הראיה האמיתית אשר אין ספק בה, וביאור זה כי כל מה שתחת הגלגל מן החלופים, ואף על פי שהחומר שלהם אחד כמו שבארנו, תוכל לשום מייחדם כוחות גלגליים והנחות החומר מן הגלגל כמו שלימדנו אריסטו, אמנם החילופים הנמצאים בגלגלים ובכוכבים, מי הוא מייחדם כי אם האלוה יתברך, ואם יאמר אומר השכלים הנפרדים, לא הרוויח בזה המאמר מאומר. וביאור זה כי השכלים אינם גשמים שיהיה להם הנחה מן הגלגל, ולמה זה יתנועע זה הגלגל תנועתו התשוקיית אל שכלו הנפרד לצד המזרח ואחר למערב, התראה זה השכל האחד בצד המערב והאחר בצד המזרח, והיות זה מאחר וזה ממהר, ולא ימשך זה על ערך רוחק קצתם מקצתם כמו שידעת, ואי אפשר בהכרח מבלתי שיאמר שטבע זה הגלגל ועצמו חייב שיתנועע לזה הצד ובזאת המהירות ושתהיה תשוקתו מחייבת זה העניין כן. וכן יאמר אריסטו ובזה יבאר: הנה כבר שבנו למה שהיינו תחלה בו ונאמר אחר שהיה החומר שלהם כולם אחד באי זה דבר התייחד זה בטבע מבלתי טבע האחר והייתה בו תשוקה אחת תחייב לו זה המין מן התנועה מתחלפת לתשוקת האחר אשר חייבה לו מן תנועה אחרת, אי אפשר מבלתי מייחד בהכרח, הנה כבר הוציאתנו זאת הבחינה אל המחקר על שתי שאלות. אחת מהם במציאות זה ההתחלפות יתחייב שיהיה זה בכוונת מכון בהכרח לא על צד החיוב או לא יתחייב, והשאלה השנית האם בהיות כל זה בכוונת מכון יחד זה היחוד יתחייב שיהיה זה מחודש אחר העדר או לא יתחייב זה אבל יהיה מייחדו לא סר כן, שכבר אמר זה גם כן קצת מי שיאמין בקדמות, והנני מתחיל בשתי השאלות האלה ואבאר מה שצריך שיבואר בהם בפרקים הבאים:

__פרק כ__

אריסטו יבאר שהעניינים הטבעיים כולם אינם נופלים במקרה, ומופתו על זה כמו שזכר. וזה שהעניינים המקריים אינם תמידיים ולא מאודים, וכל אלו העניינים, אם תמידיים אם מאודים. אמנם השמים וכל אשר בהם הם תמידיים על עניינים לא ישתנו כמו שבארנו לא בעצמינו ולא בשנות מקומותיהם, ואמנם העניינים הטבעיים אשר תחת גלגל הירח, מהם תמידיים ומהם מאודים, והתמידיים כחימום האש ורדת האבן למטה והמאודיים, כצורות אישי כל מין ופעולותיו. וכל זה מבואר. ואם היו חלקיו לא במקרה איך יהיה כולו במקרה, וזה מופת על שאלו הנמצאות אינם מקריות: וזה תורף דברי אריסטו בתשובה על מי שחשב מן הראשונים שזה העולם נפל במקרה ושהיה מעצמו בלא סיבה, אמר וכבר שמו אנשים אחרים סיבת אלו

---

[60] בראשית כד ג

[61] דברים לג כו

השמים והעולמות כולם, מעצמם שהם אמרו כי מעצמו היה הסיבוב והתנועה אשר הבדילה והעמידה הכל על זה הסדר, ושזה עצמו מקום פלא גדול, רצוני לומר שיאמרו בבעלי החיים ובצמחים שלא יהיו ולא יתחדשו במקרה אלא יש להם סיבה אם טבע או שכל או זולת זה ממה שדומה לו, שלא יולד אי זה דבר שיזדמן מכל זרע או מכל שכבת זרע אלא מזה הזרע יהיה זית ומזה השכבת זרע יהיה איש, ויאמרו בשמים ובגשמים אשר הם מבין שאר הגשמים הנראים, אלוקים שאמנם היו מעצמם ושאין להם סיבה כלל כמו שיש לבעלי החיים ולצמחים, זה תורף דבריו. והתחיל לבאר זיוף זאת המחשבה אשר חשבוה במאמר יותר רחב: הנה כבר התבאר לך שאריסטו יאמין ויבאר במופת שאלו הנמצאות כולם אינם נמצאות במקרה, ואשר יסתור היותם במקרה שיהיו בעצם, רצוני לומר שיש להם סיבה מחייבת להיותם כן בהכרח מפני הסיבה ההיא נמצאו כפי מה שהם. זהו אשר יתבאר במופת והוא אשר יאמינהו אריסטו. אמנם שיתחייב להיותם לא מעצמם שיהיו בכוונת מכון ורצון רוצה, לא התבאר לי שאריסטו יאמין זה. וזה כי הקיבוץ בין המציאות על צד החיוב ובין החידוש על צד הכונה והרצון עד שיהיו שני העניינים אחד, קרוב אצלי לקיבוץ בין שני ההפכים. כי עניין החיוב אשר יאמינהו אריסטו הוא שכל דבר מאלו הנמצאות אשר אינם מלאכותיות אי אפשר לו מבלתי סיבה מחייבת לדבר ההוא אשר התוהו כפי מה שהו, ולסיבה ההיא סיבה שנית, ולסיבה השנית שלישית, כן עד שיגיע לסיבה ראשונה ממנה התחייב הכל, להימנע ההשתלשלות אל לא תכלית. אלא שהוא לא יאמין עם זה שחיוב מציאות העולם מהבורא, רצוני לומר מהסבה הראשונה, כהתחייב הצל מהגוף או התחייב החום מהאש או התחייב האור מהשמש, כמו שיאמר עליו מי שלא יבין דבריו. אבל יאמין החיוב ההוא כחיוב המושכל מהשכל, כי השכל הוא פועל המושכל מצד היותו מושכל שהסיבה ההיא הראשונה, אפילו אצלו היא שכל בעליונה שבמדרגות המציאות והשלמה שבהם. עד שלו אמר שהוא רוצה במה שהתחייב ממנו ושמח בו ונהנה ואי אפשר שירצה חילופו, לא יאמר לזה כוונה ואין בו עניין הכוונה. כי האדם רוצה להיות בעל עיניים וידיים ושמח בזה ונהנה בו ואי אפשר שירצה חילופו, אלא שלא היה זה האיש בעל עיניים וידיים בכוונה ממנו והתייחדות לזה התואר ואלו הפעולות, ואין עניין הכונה ועניין ההתייחדות אלא לדבר בלתי נמצא ואפשר מציאותו כמו שכוון ויוחד ואפשר שלא ימצא כן:

ולא אדע אם אלו האחרונים הובן להם מדברי אריסטו ומאמרו שאלו הדברים אי אפשר להם מבלתי סיבה שעניינה הכונה וההתייחדות או יהיו חולקים עליו בזה ובחרו דעת הכונה וההתייחדות וחשבו שלא ירחיק הקדמות: ואחר מה שביארתיו אתחיל בדעת אלו האחרונים:

פרק כא

דע כי מן האחרונים מן הפילוסופים האומרים בקדמות העולם - מי שאמר שהאלוה יתברך פועל העולם ובוחר מציאותו ומכונו ומייחדו כפי מה שהוא אלא מן השקר שיהיה זה בעת בלתי עת אבל כן היה ויהיה תמיד. ואמרו אמנם חייב לנו שלא נצייר שפועל דבר אלא בשקדם הפועל לפעלו בזמן, היותנו אנחנו כן יתחייב לנו במה שנעשהו להיות כל פועל שיהיה זה תארו יש בו העדר אחד והיה פועל בכח וכאשר פעל - יצא אל הפועל. אמנם האלוה יתברך אשר אין העדר בו ולא דבר בכח כלל לא יקדם לפעלו אבל לא סר היותו פועל, וכמו שיש הפרש גדול בין עצמו לעצמנו כן יש הפרש בין יחס פעלו אליו ליחס פעלנו אלינו. וזה ההיקש בעצמו אמרו בהתייחדות וברצון, כי אין הפרש בין אמרך פועל או רוצה או מכון או בוחר או מייחד בזה העניין. אמרו ומן השקר עוד שישתנה פעלו או רצונו כמו שבארנו: הנה כבר התבאר לך אתה המעיין במאמרי זה שאלו שינו מילת החיוב והשאירו ענינו, אולי שהם כוונו ליפות מליצה או להסיר הרחקה. כי עניין היות זה המציאות מתחייב לעילתו תמיד בהתמדה והוא האלוה, כפי מה שיאמר אריסטו הוא עניין אמרם שהעולם מפועל האלוה או בכוונתו ורצונו ובחירתו ויחודו אלא שלא סר היות כן ולא יסור, כמו שזריחת השמש הוא פועל ליום בלא ספק ואף על פי שלא יקדם אחד מהם לאחר בזמן. ואין זה עניין כוונת האלוה יתברך אשר נכון אליה אנחנו אבל נרצה בזה שהוא, רצוני לומר העולם, אינו מחויב מאתו יתברך חיוב העלול לעילתו אשר אי אפשר היפרדו ממנה ולא השתנותו אלא אם תשתנה עילתו או ישתנה עניין מענייניה. וכשתבין העניין כן יודע כי מן השקר המאמר בהיות העולם מחויב ממציאות האלוה התחייבות העלול לעילתו ושהוא מפועל האלוה או בייחודו:

הנה כבר התבאר העניין והגיע ממנו המאמר אל החקירה על זה החילוף הנמצא בשמים אשר התבאר במופת שאי אפשר לו מבלתי סיבה האם הסיבה ההיא היא העילה לזה החילוף וכן התחייב ממציאותה, או הסיבה ההיא היא הפועלת לזה החילוף המיחדת לו על הצד אשר נאמין אנחנו הנמשכים אחר **משה רבינו**, ונאמר בזה אחר שנקדים הקדמה והיא שנבאר לך עניין החיוב אשר יראהו אריסטו עד שתצירהו ואז אתחיל לבאר לך הכרעתי לדעת חידוש העולם בראיות עיוניות פילוסופיות נקיות מן ההטעאה: מאמרו שהשכל הראשון התחייב מהאלוה ושהשכל השני התחייב מן הראשון והשלישי מן השני, וכן היותו רואה שהגלגלים התחייבו מהשכלים, והסדר הוא המפורסם אשר כבר ידעתו ממקומותיו וכבר חברנו ממנו הנה ראשי דברים, מבואר הוא שהוא לא ירצה בזה שזה היה ואחר כן התחדש ממנו זה המתחייב ממנו, שהוא לא יאמר בהתחדש דבר מאלו. ואמנם ירצה **בחיוב הסיבה** כאילו הוא אומר השכל הראשון, סיבת מציאות השכל השני והשני, סיבת מציאות השכל השלישי עד סופם, וכן הדברים בגלגלים ובחומר

הראשון ולא קדם דבר מאלו כולם לאחר ולא ימצא בלעדיו אצלו. והמשל בו כאילו אמר אומר מן האיכויות הראשונות התחייבו החלקות והפכו והקשי והרכות והספוגיות והפכו, אשר לא יסופק אדם שהם, רצוני לומר החום והקור והלחות והיובש, הם המחדשים לאלו החלקות והפכו והקשי והרכות והספוגיות והפכו ומה שדומה לזה ומאלו הארבע איכויות הראשונות יתחייבו אלו, ואף על פי שאי אפשר שימצא גשם בעל אלו האיכויות הראשונות וערום מאלו האיכויות השניות, שאין נופל בזה עניין החידוש אך עניין הסיבה. כפי זה המשל בעצמו יאמר אריסטו במציאות בכללו שזה נתחייב מזה עד שיגיע לעילה הראשונה, כמו שיאמר הוא, או השכל הראשון או כמו שתרצה שתקראהו כולנו אל התחלה אחת נכון. אלא שהוא יראה חיוב כל מה שזולתו ממנו כמו שסיפרתי לך, ואנחנו נאמר שכל אלו הדברים הוא עשאם בכוונה ורצון לזה הנמצא אשר לא היה נמצא ושב עתה נמצא ברצונו יתברך. והנני מתחיל בזיכרון ראיותיי והכריעי להיות העולם מחודש כפי דעתנו, בפרקים הבאים:

פרק כב

גזרה מוסכם אליה מאריסטו ומכל מי שנתפלסף כי הדבר הפשוט, אי אפשר שיתחייב ממנו אלא פשוט אחד ואם היה הדבר מורכב, יתחייבו ממנו דברים כמספר מה שבו מן הפשוטים אשר הורכב מהם. והמשל בו כי האש אשר בו הרכבת שתי איכויות, והם החום והיובש, יתחייב ממנו שיחמם בחומו וייבש ביבשו. וכן הדבר המורכב מחומר וצורה יתחייבו ממנו דברים מצד החומר שלו ודברים מצד צורתו אם היה רב ההרכבות. ולפי זאת הגזרה אמר אריסטו שלא התחייב מהאלוה חיוב ראשון אלא שכל אחד פשוט לא דבר אחר:

גזרה שנית כי לא יתחייב אי זה דבר שיזדמן מאי זה דבר שיזדמן אבל אמנם יהיה לעולם בין העילה ועלולה קצת ערך בהכרח, עד שהמקרים לא יתחייב אי זה מקרה יזדמן מאי זה מקרה יזדמן, כאילו תאמר שיתחייב מהאיכות כמות או מהכמות איכות, וכן לא יתחייב מהחומר צורה אחת ולא מהצורה חומר אחד:

גזרה שלישית כי כל פועל שיפעל בכוונה ורצון לא בטבע יעשה פעולות מתחלפות רבות:

גזרה רביעית כי הכלל המורכב מעצמים מתחלפים הרכבה שכנים יותר ראוי בהרכבה מן הכלל המורכב מעצמים מתחלפים הרכבה המזגות. והמשל בו כי העצם על דרך משל או הבשר או הגידים או העצבים, יותר פשוט מכלל היד או הרגל המורכבים מעצם ובשר וגידים ועצב. וזה מבואר מאד עד שאין צריך להוסיף בו דברים: ואחר אלו ההקדמות אומר שזה אשר יזכרהו אריסטו שהשכל הראשון, סיבה לשני והשני - סיבה לשלישי וכן אילו היו מדרגותיהם אלפים השכל האחרון מהם פשוט הוא בלא ספק, ומאין נמצאה

מורה נבוכים חלק ב

ההרכבה הנמצאת באלו הנמצאות על צד החיוב כמו שיחשוב אריסטו, אנחנו נודה לו כל מה שזכרו שהשכלים כל אשר יתרחקו, יתחדש בהם הרכבת עניינים אחר שמושכליהם רבים, ועם הודאתנו לו בזאת המחשבה והסברה, איך היו השכלים סיבה לחיוב הגלגלים מהם, ואי זה ערך בין החומר והנבדל אשר אין לו חומר כלל? אמור שאנחנו הודינו לו שכל גלגל - סיבתו שכל על הצורה הנזכרת - אחר שהשכל ההוא יש בו הרכבה בהיותו משכיל עצמו וזולתו וכאילו הוא מורכב משני דברים אחד משני הדברים ההם יתחייב ממנו השכל האחר אשר תחתיו והעניין האחר יתחייב ממנו הגלגל, - ישאל ויאמר לו העניין האחד הפשוט ההוא אשר התחייב ממנו הגלגל איך התחייב ממנו הגלגל והגלגל מורכב משני חומרים ושתי צורות חומר הגלגל וצורתו וחומר הכוכב הקבוע בגלגל וצורתו, וכשיהיה העניין על צד החיוב אי אפשר לנו בהכרח לזה המורכב מבלתי סיבה מורכבת יתחייב מחלקה האחד גרם הגלגל ומחלקה האחר, גרם הכוכב. זה אם יהיה חומר הכוכבים כולם - אחד, והנה יתכן שיהיה עצם המאיר מהם עצם אחד ועצם החשוכים, שאין להם זוהר, עצם אחר. וכבר נודע כי כל גשם מורכב מחומרו וצורתו: הנה כבר התבאר לך שלא ימשכו אלו העניינים על צד החיוב אשר יזכרהו. וכן עוד חילוף תנועת הגלגלים לא ישמור ערך סדר קצתם תחת קצתם עד שיאמר בזה צד החיוב. וכבר זכרנו זה:

והנה גם כן עניין סותר לכל מה שהונח בעניינים הטבעיים כשיבחן עניין הגלגל. וזה שאם היה חומר הגלגלים כולם אחד, למה לא יתחייב שתעתק צורת זה הגלגל לחומר האחר כמו שיקרה מתחת גלגל הירח מצד היות החומר ראוי, ולמה תתקיים זאת הצורה בזה החומר תמיד וחומר הכל משותף, האלוקים אם לא יאמר אומר שכל גלגל החומר שלו בלתי חומר האחר, ולא תהיה אם כן צורת התנועה מורה על החומר, וזה סתירת השורשים כולם: ועוד הכוכבים אם החומר שלהם כולם אחד, במה זה נבדלו אישיהם אם בצורות או במקרים, ועל אי זה משני הפנים שיהיה יתחייב שייעתקו הצורות ההם או המקרים ההם ויבואו זה אחר סור זה על כל אחד מהם עד שלא יבטל היות החומר ראוי לכל אחת מהצורות ולכל אחד מהמקרים: ובזה יתבאר לך שמאמרנו **חומר הגלגלים** או **חומר הכוכבים** אין בו דבר מעניין זה החומר ואמנם זה, שתוף בשם, שכל נמצא מן הגשמים ההם הגלגליים יש לו מציאות שיתייחד בו ולא ישתתף בו זולתו, אם כן במה זה נפל ההשתתפות בתנועת הגלגלים בסיבוב או בעמידת הכוכבים, אבל כשנאמין שזה כולו, בכוונת מכוון פעלו ויחדו כמו שגזרה חכמתו אשר לא תושג לא יתחייב לנו דבר מאלו השאלות כולם. אבל אמנם יתחייבו למי שיאמר שזה כולו, על צד החיוב לא ברצון רוצה, והוא דעת שלא ימשך עניינו על סדר המציאות ולא ניתנה בו עילה ולא טענה מספקת, וימשכו אחריו גם כן הרחקות עצומות מאד, והם היות האלוה אשר יודה כל משכיל בשלמותו בכל מיני השלמויות עם כל הנמצאות בעניין שלא יחדש בהם

דבר. ואילו ביקש להאריך כנף זבוב או לחסר רגל תולעת, לא היה יכול. אמנם אריסטו יאמר שהוא לא ישתדל בזה ומן השקר עליו שירצה בחילוף זה ואין זה ממה שיוסיפהו שלמות אבל אפשר שיהיה חסרון בקצת הבחינות:
וכלל אומר לך, אף על פי שאדע שהרבה מן העוזרים לאוהביהם ייחסוני באלו המאמרים אם למיעוט הבנת דבריהם או לנטייה מהם בכוונה אלא שאני לא מפני זה אומנם מלומר מה שהשגתיו והבינותיו כפי קוצר יד שכלי והכלל ההוא, הוא שכל מה שאמרו אריסטו בכל הנמצא אשר מתחת גלגל הירח עד מרכז הארץ, הוא אמת בלא ספק ולא יטה ממנו אלא מי שלא יבינהו או מי שקדמו לו דעות ירצה להרחיק מהם כל סותר ולשמרם או שימשכוהו הדעות ההם להכחיש עניין נראה, אמנם כל מה שידבר בו אריסטו מגלגל הירח ומעלה, הוא כדמות מחשבה וסברה מלבד קצת דברים, כל שכן במה שיאמרהו בסדר השכלים וקצת אלו הדעות האלוקיות אשר יאמינם ובהם, ההרחקות העצומות וההפסדים הנראים המבוארים בכל האומות והתפשטות הרעות ואין מופת לו עליהם:
ולא תדקדק היותי קושר הספקות אשר התחייבו לדעתו ותאמר הבספקות יבטל דעת או יתקיים סותרו, אמת כי העניין אינו כן, אלא אנחנו נעשה עם זה הפילוסוף מה שצוונו שנעשהו הנמשכים אחריו. וזה שאלכסנדר כבר באר שכל מה שלא יעמוד עליו מופת, צריך שיונחו שני קצות הסותר בעניין ההוא ויראה מה יתחייב לכל אחד משני הסותרים מן הספקות ויאמן המעט בהם ספקות. וכן אמר אלכסנדר ימשך העניין בכל מה שיאמרהו אריסטו מן הדעות האלוקיות אשר לא יעמוד עליהם מופת, כי כל מי שהיה אחר אריסטו יאמר כי אשר אמרו בהם אריסטו, יותר מעט ספקות מכל מה שאפשר שיאמר בו: וכן עשינו אנחנו כאשר התבאר אצלנו שזאת השאלה והיא אם השמים הווים או קדמונים, אין מופת על אחד משני הסותרים בה ובארנו הספקות המתחייבות לכל אחת משתי הדעות הראינו לך שדעת הקדמות יותר רב ספקות ויותר מזיק במה שראוי שיאמן בחוק האלוה, מחובר אל היות החידוש, דעת **אברהם אבינו** ונביאנו משה עליהם השלום:
ואחר שזכרתי בחינת הדעות בספקות הנני רואה שאבאר לך בזה מעט:

פרק כג

דע, כי ההיקש בין הספקות המתחייבות לדעת אחת ובין הספקות המתחייבות לסותרה והכרעת המעט שבהם ספקות, אין הבחינה בו רב מספר הספקות אבל גודל הרחקתם וחלוק המציאות עליהם, ואפשר שיהיה הספק האחד יותר גדול מאלף ספקות אחרות: ולא יתאמת גם כן זה ההיקש אלא למי ששני קצות הסותר אצלו בשווה, אבל מי שיבחר אחת משתי הדעות, אם מפני גידול או לתועלת אחת מן התועלות, הוא יתעורר מראות הנכונה. כי העניין המופתי לא יוכל בעל התאווה שתחלוק עליו נפשו, אמנם כיוצא באלו העניינים אפשר לחלוק עליהם הרבה: והנה תוכל אם תרצה להפשיט

מעליך התאוות ותשליך המנהג ותשען על העיון לבד ותכריע מה שיצטרך להכריעו, אבל תצטרך בזה אל תנאים רבים. תחילתם שתדע שיעור טוב שכלך ושלמות טבעך, וזה יתבאר לך בהתלמדך בשאר החכמות הלימודיות והשגת דרכי חכמת הדיבר. והשני ידיעת החכמות הטבעיות ואימותם עד שתדע הספקות על אמיתותם. והשלישי מידותיך, כי כשימצא האדם עצמו. אין הפרש אצלנו בין שיהיה זה בטבע או בקנין, נוטה אל התאוות וההנאות או בוחר הכעס והקצף והעביר הכח הכעסני ושלח רסנו, הוא לעולם יחטא ויכשל כשילך כי יבקש דעות יעזרוהו על מה שטבעו נוטה אליו: ואמנם הערותיי על זה שלא תרומה, שהנה אפשר שישימך אדם לחשוד יום אחד בספק שיספקהו על חידוש העולם ותוסת מהרה, כי בכלל זה הדעת סתירת יסוד הדת ודבר סרה על האלוה. והיה תמיד חושד שכלך בו ומקבל משני הנביאים אשר הם עמוד תיקון מציאות המין האנושי באמונותיו וקיבוציו. ולא תטה מדעת חידוש העולם כי אם במופת וזה בלתי נמצא בטבע:

ולא ידקדק עוד המעיין בזה המאמר בשאמרתי זה הדבר הסיפורי לסמוך בו המאמר בחידוש העולם. הנה אמר ראש הפילוסופים אריסטו באימהות ספריו מאמרים סיפוריים יסמוך בהם דעתו בקדמות העולם. ובכיוצא בזה יאמר באמת **לא תהא תורה שלמה שלנו כשיחה בטלה שלהם**, כשהיה הוא סומך דעתו בהזיות הצאבה איך לא נסמכהו אנחנו במאמר משה ואברהם ובכל מה שיתחייב ממנו:

וכבר יעדתיך בפרק אומר לך בו הספקות העצומות המתחייבות למי שיחשוב שהגלגל כבר כללה חכמת האדם ידיעת סדר תנועותיו והיותם עניינים טבעיים נמשכים על משפט החיוב מבוארי הסדר והערך. והנני אבאר לך זה:

<u>פרק כב</u>

כבר ידעת מעניני התכונה מה שקראו עמי והבינות אותו ממה שכלל אותו ספר **המגיסטי**, ולא ארך הזמן להתחיל עמך בעיון אחר: ואשר ידעתיו כבר, שהעניין כולו ימשך בסדר התנועות והסכים מהלכי הכוכבים למה שיראה על שני שרשים אם גלגל הקף או גלגל יוצא חוץ למרכז או שניהם יחד. והנני אעירך על היות כל אחד משני השורשים יוצא חוץ להקיש וסוף דבר חולק על כל מה שהתבאר בחכמת הטבע. תחילת זה העמיד גלגל הקף סובב על גלגל אחד ולא יהיה סיבובו סביב מרכז הגלגל ההוא הנושא אותו כמו שהונח זה בירח ובחמשת הכוכבים, וזה יתחייב ממנו הגלגול בהכרח, והוא שיהיה גלגל ההיקף מתגלגל ומחליף כלל מקומו, וזהו השקר אשר בורח ממנו שיהיה שם דבר יחליף מקומו. ולזה זכר **אבובכר ן' אלצאיג** בדברו הנמצא לו בתכונה שמציאות גלגל הקף - שקר, ואמר זה החיוב ואמר מחובר אל מה שיתחייב ממנו מן השקר, רצונו לומר ממציאות גלגל הקף, שיתחייבו ממנו שקרים אחרים. והנני אבארם לך. מהם שיהיה הסיבוב לא סביב מרכז

העולם, ויסוד זה העולם כולו הוא שהתנועות שלוש תנועה מן האמצע ותנועה אל האמצע ותנועה סביב האמצע, ואם היה שם גלגל הקף תהיה תנועתו לא מן האמצע ולא אליו ולא סביבו. ועוד שהצעות אריסטו בחכמה הטבעית, שאי אפשר בהכרח מבלתי דבר קים סביבו תהיה התנועה, ולזה התחייב שתהיה הארץ קימת, ואם היה גלגל ההיקף נמצא תהיה זאת התנועה סיבוב סביב לא דבר קיים: וכבר שמעתי שאבובכר זכר שהוא המציא תכונה לא יהיה בה גלגל הקף אבל בגלגלים יוצאים חוץ למרכז לא זולת זה, וזה מה שלא שמעתיו מתלמידיו, ואפילו התבאר לו זה לא הרוויח בזה רוח גדול כי יציאת המרכז גם כן יש בה מן היציאה ממה שהשרישו אריסטו מה שאין להוסיף עליו. וזה הערה לי והוא שביציאת המרכז גם כן כבר מצאנו התנועה הסיבובית הגלגלית לא סביב האמצע אבל סביב נקודה נחשבת יוצאה חוץ למרכז העולם והיא גם כן תנועה לא סביב דבר קים. ואם יחשוב מי שאין חכמה לו בתכונה שיציאת המרכזים אחר שהנקודות ההם תוך גלגל הירח כמו שיראה בתחילת מחשבה היא תנועה סביב האמצע, ואנחנו נקל לו בהיותה סביב נקודה באש או באויר אף על פי שלא תהיה זאת התנועה סביב דבר קים, ונבאר לו שכבר התבארו שיעורי יציאת המרכזים בספר המגסטי כפי מה שהונח שם, ובארו האחרונים במופת האמיתי אשר אין ספק בו כמה שיעור יציאת המרכזים ההם בחצי קוטר הארץ כמו שבארו הרחקים כולם והשיעורים, והתבאר שהנקודה היוצאת ממרכז העולם אשר ייסוב סביבה השמש הנקודה ההיא יוצאת חוץ לחלל גלגל הירח בהכרח והיא למטה מגבנונית גלגל כוכב, וכן הנקודה אשר ייסוב סביבה מאדים, רצוני לומר מרכז גלגלו היוצא, היא יוצאה חוץ לחלל גלגל כוכב ולמטה מגבנונית גלגל נוגה, וכן מרכז צדק היוצא גם כן בזה הרוחק בעצמו, רצוני לומר בין גלגל כוכב ונוגה, אמנם שבתי מרכז גלגלו היוצא יבוא בין גלגלי מאדים וצדק וראה כמה באלו העניינים מן הרוחק מהעיון הטבעי, וזה כולו יתבאר לך כשתסתכל הרחקים והשיעורים אשר יעדת לכל גלגל ולכל כוכב, ושיעור זה כולו, בחצי קוטר הארץ עד שיהיה הכל מערך אחד בעצמו לא שיערך יציאת כל גלגל אל גלגלו:

ויותר רחוק מזה ויותר מסופק, שכל שני גלגלים אחד מהם תוך האחר ודבק בו מכל צד, ומרכז שניהם מתחלף שאפשר שיתנועע הקטן תוך הגדול והגדול לא יתנועע, ואי אפשר שיתנועע הגדול על אי זה קוטר שיזדמן ולא יתנועע הקטן אלא כשיתנועע הגדול יתנועע הקטן בתנועתו בהכרח אלא אם תהיה התנועה על הקוטר העובר על שני המרכזים. ולפי זאת ההקדמה המופתית ולפי מה שהתבאר במופת שהריקות בלתי נמצא ולפי מה שהונח מיציאת המרכזים יתחייב כי כשיתנועע העליון, יניע אשר תחתיו בתנועתו וסביב מרכזו, ולא נמצא העניין כן אבל נמצא כל אחד משניהם המקיף והמוקף לא יתנועע בתנועת חברו ולא על מרכזו ולא על קטביו אבל לכל אחד, תנועה מיוחדת לו. ולזה הביא ההכרח להאמין גשמים אחרים מגשמי

הגלגלים בין כל שני גלגלים. וכמה בזה גם כן מן הספקות אם היה העניין כן, ואנה יונחו מרכזי הגשמים ההם אשר בין כל שני גלגלים, ותהיה לגשמים ההם גם כן תנועה מיוחדת. וכבר באר זה תאבית במאמר יש לו ועשה מופת על מה שאמרנוהו שאי אפשר מבלתי גשם גלגל בין כל שני גלגלים. זה כולו - ממה שלא ביארתיו לך בקראך עמי שלא אבלבל עליך מה שהייתה כוונתי להבינך אותו: אמנם עניין הנטייה הנזכר ברוחב נוגה וכוכב כבר ביארתי לך פנים בפנים והראיתיך המנע ציור מציאות זה בגשמים. ובטלמיוס כבר גילה הלאות בזה, כמו שראית ואמר בזה הלשון - **ולא יחשוב אדם שאלו השורשים והדומה להם תכבד הווייתם כשישים עיונו במה שהמשלנו כעיונו אל מה שיהיה מהדברים אשר יילקחו בתחבולה ודקות המלאכה ותכבד הווייתם, וזה שאין ראוי שיוקש אל העניינים האלוקים והעניינים האנושיים.** זה תורף דבריו כמו שידעת: וכבר הישרתיך אל המקומות אשר תאמת מהם כל מה שזכרתי לך, מלבד מה שזכרתי לך מהתבוננות אלו הנקודות אשר הם מרכזי הגלגלים היוצאים אנה יפולו, שאני לא שמעתי כלל מי ששם זה אל לבו. וזה יתבאר לך מידיעת שיעור קוטר כל גלגל וכמה בין שני המרכזים בחצי קוטר הארץ, כפי מה שעשה המופת הקבצי באיגרת המרחקים, שאתה כשתבחן המרחקים ההם תתבאר לך אמיתת מה שעוררתיך עליו:

והתבונן רוב אלו הספקות. אם יהיה מה שזכרו אריסטו בחכמת הטבע הוא האמת אם כן אין גלגל הקף ולא חוץ למרכז וכולם ייסובו סביב מרכז הארץ, ואיך ימצאו לכוכבים אלו התנועות המתחלפות, או היש שם צד שיתכן עמו שתהיה התנועה סיבובית שוה שלמה ויראה בה מה שיראה אלא באחד משני שרשים או בשניהם יחד, וכל שכן בהיות כל מה שזכר **בטלמיוס** מגלגל סבוב הירח ובנטותו לצד נקודה יוצאת חוץ למרכז העולם וחוץ למרכזו היוצא ימצא בו מה שימנה כפי הנחת השורשים ההם, לא יחסר חלק אחד, ויעיד על אמיתת זה אמיתת הלקויות הנמנות בשורשים ההם תמיד ודקדוק עיתותם וזמני חשכם ושיעורו. ואיך יצויר עוד שוב הכוכב עם שאר תנועותיו מבלתי גלגל הקף, ואיך אפשר עוד שידומה שם גלגול או תנועה סביב לא מרכז עומד, זהו הבלבול באמת:

וכבר ביארתי לך פנים בפנים שזה כולו לא יתחייב בעל התכונה שאין כוונתו שיגיד לנו צורת מציאות הגלגלים איך היא אבל כוונתו שיניח תכונה שיתכן בה שיהיו התנועות סיבוביות ושוות ומסכימות למה שיושג לעין, יהיה העניין כן או לא יהיה: וכבר ידעת שאבובכר בן אלצאיג יספק בדבריו בטבעיים הידע אריסטו יציאת מרכז השמש ושתק ממנו והתעסק במה שיתחייב מן הנטייה, להיות פועל יציאת המרכז אינו מובדל מפועל הנטייה או לא השיגו, והאמת שהוא לא השיגהו ולא שמעו כלל כי הלימודים לא נשלמו בזמנו, ואילו שמעו היה מכחיש אותו הכחשה גדולה, ואילו התבאר לו היה נבוך בכל מה שהניחו בזה המין מבוכה גדולה: ואשר אמרתיו לפנים

הוא אשר אשנהו עתה והוא שכל מה שזכרו אריסטו מתחת גלגל הירח נמשך על הקש והם עניינים יידועי העילה מתחייב קצתם לקצתם ומקומות החכמה בהם וההשגחה הטבעית מבוארים גלויים, אמנם כל מה שבשמים - לא ידע האדם דבר ממנו אלא בזה השיעור הלימודי המעט - ואתה תראה מה שבו. ואני אומר על צד מליצת השיר - השמים[62] שמים להוי"ה והארץ נתן לבני אדם, רצוני לומר שהאלוה לבדו ידע אמיתת השמים וטבעם ועצמם וצורתם ותנועתם וסובבתם לפי השלמות, אמנם מה שתחת השמים נתן יכולת לאדם לדעתו מפני שהוא עולמו וביתו אשר ירד בו והוא - חלק ממנו. וזהו האמת, כי סיבות הראיה על השמים נמנעות אצלנו כבר רחקו ממנו ונעלו במקום ובמעלה והראיה הכוללת מהם, שהם הורונו על מניעתם אבל שאר עניינים הוא עניין לא יגיעו שכלי האדם לידיעתו. והטריח המחשבות במה שלא יגיעו להשגתו ואין כלי להם שיגיעו בו, אמנם הוא חסרון דעת או מין מהשיגעון. אבל נעמוד אצל היכולת ונניח העניין במה שלא יושג בהיקש, למי שבאהו השפע האלוקי העצום עד שהיה ראוי שיאמר עליו - פה[63] אל פה אדבר בו: זה, תכלית מה שאצלי בזאת השאלה. ואפשר שיהיה אצל זולתי מופת יתבאר לו בו אמיתת מה שספק אצלי, ותכלית בחירתי לאמת, שאני ביארתי והגדתי בלבולי באלו העניינים ושאני לא שמעתי מופת על דבר מהם ולא ידעתיו:

<u>פרק כה</u>

דע כי אין בריחתנו מן המאמר בקדמות העולם מפני הכתובים אשר באו בתורה בהיות העולם מחודש, כי אין הכתובים המורים על חידוש העולם יותר מן הכתובים המורים על היות האלוה גשם, ולא שערי הפרוש סתומים בפנינו ולא נמנעים לנו בעניין חידוש העולם אבל היה אפשר לנו לפרשם כמו שעשינו בהרחקת הגשמות, ואולי זה היה יותר קל הרבה והיינו יכולים יותר לפרש הפסוקים ההם ולהעמיד קדמות העולם כמו שפרשנו הכתובים והרחקנו היותו יתברך גשם. ואמנם הביאונו שלא לעשות זה ושלא נאמינהו, שתי סיבות. האחת מהם, שהיות האלוה בלתי גוף התבאר במופת ויתחייב בהכרח שיפורש כל מה שיחלוק על פשוטו המופת ויודע שיש לו פרוש בהכרח, וקדמות העולם לא התבאר במופת ואין צריך שיודחו הכתובים ויפורשו מפני הכרעת דעת שאפשר להכריע סותרו בפנים מן ההכרעות, וזה סיבה אחת.

והסיבה השנית, כי האמיננו שהאלוה בלתי גשם לא יסתור לנו דבר מיסודי התורה ולא יכזיב מאמר כל נביא ואין בו אלא מה שיחשבו הפתאים שבזה כנגד הכתוב - ואינו כנגדו כמו שבארנו אבל הוא כוונת הכתוב, אבל אמונת

---

[62] תהלים קטו טז
[63] במדבר יב ח

הקדמות על הצד אשר יראה אותו אריסטו שהוא על צד החיוב ולא ישתנה טבע כלל ולא יצא דבר חוץ ממנהגו, הנה היא סותרת הדת מעיקרה ומכזבת לכל אות בהכרח ומבטלת כל מה שתייחל בו התורה או תפחיד ממנו, האלוקים אלא יפורשו האותות גם כן כמו שעשו בעלי התוך מן הישמעאלים ויצאו בזה למין מן ההזיה. אמנם אם יאמן הקדמות לפי הדעת השני אשר בארונו והוא דעת אפלטון, והוא שהשמים גם כן הווים נפסדים, הדעת ההוא לא יסתור יסודי התורה ולא תמשך אחריו הכזבת האותות אבל העברתם ואפשר שיפורשו הכתובים על פיו וימצאו לו דמיונות רבות בכתובתי **התורה** וזולתם שאפשר להתלות בהם וגם יהיו לראיה. אבל אין ההכרח מביא אותנו לזה אלא אם התבאר הדעת ההוא במופת, אמנם כל עת שלא יתבאר במופת לא זה הדעת ניטה אליו ולא הדעת ההוא גם כן נביט אליו כלל אבל נבין הכתובים כפישוטיהם ונאמר כי התורה הגידתנו עניין לא יגיע כוחנו להשגתו והאות מעיד על אמיתת טענותינו:

ודע, כי עם האמנת חידוש העולם יהיו האותות כולם אפשריות ותהיה התורה אפשרית ותיפול כל שאלה שתשאל בזה העניין, עד שאם יאמר למה שם האלוה נבואתו בזה ולא נתנה לזולתו, ולמה נתן האלוה תורתו לאומה מיוחדת ולא נתנה לאומה אחרת, ולמה נתנה בזה הזמן ולא לפניו ולא לאחריו, ולמה צווה באלו המצוות והזהיר באלו האזהרות, ולמה ייחד הנביא באלו הנפלאות הנזכרות ולא היו זולתם, ומה כוונת האלוה באלו התורות, ולמה לא שם אלו העניינים המצווה בהם והמוזהר מהם בטבענו אם היה זה כוונתו, יהיה מענה אלו השאלות כולם שיאמר כן רצה או כן גזרה חכמתו, כמו שהמציא העולם כשרצה על זאת הצורה ולא נדע רצונו או אפני החכמה ביחד צורתו וזמנו כן לא נדע רצונו או חיוב חכמתו ביחד כל מה שקדמה השאלה עליו. ואם יאמר אומר שהעולם כן התחייב, יתחייב בהכרח שישאלו השאלות ההם כולם ואין לצאת מהם כי אם במענים מגונים יקבצו ההכזבה והביטול לכל פשוטי התורה אשר אין ספק בהם למשכיל שהם כפי הפשוטים ההם, ומפני זה היא הבריחה מזה הדעת. ולזה כלו ימי החשובים ויכלו בחקירה על זאת השאלה שאילו התבאר החידוש במופת, ואפילו על דעת אפלטון יפול כל מה שדברו בו עלינו הפילוסופים סרה. וכן אילו התאמת להם מופת על הקדמות על דעת אריסטו תיפול התורה בכללה וייעתק העניין לדעות אחרות: הנה כבר בארתי לך כי העניין כולו נתלה בזה המבוקש, ודעהו:

__פרק כו__

ראיתי ל**רבי אליעזר הגדול** דברים ב**פרקים** המפורסמים הנודעים ב**פרקי רבי אליעזר** לא ראיתי מעולם יותר זרים מהם בדברי אדם מן הנמשכים אחר תורת **משה רבינו**, וזה שהוא אמר דבר שמע לשונו. אמר שמים מאי זה מקום נתבארו מאור לבושו לקח ונטה כשמלה והיו נמתחין והולכין

שנאמר - עוטה[64] אור כשלמה נוטה שמים כיריעה, הארץ מאי זה מקום נבראת, משלג שתחת כסא כבודו לקח וזרק שנאמר - כי[65] לשלג יאמר הוא ארץ, זה לשון המאמר הנאמר שם: ואני תמה זה **החכם** מה האמין, האם האמין כי הוא מן השקר שימצא דבר לא מדבר ואי אפשר מבלתי חומר יתהווה ממנו מה שיתהווה ולזה ביקש לשמים ולארץ **מהיכן נבראו** ואי זה דבר הגיע מזה המענה, יתחייב שיאמר לו - ואור לבושו מהיכן נברא, ושגל שתחת כסא הכבוד מהיכן נברא, וכסא הכבוד עצמו מהיכן נברא, ואם ירצה **באור לבושו** דבר בלתי נברא, וכן **כסא הכבוד** בלתי נברא יהיה זה רחוק מאד, וגם יהיה מודה בקדמות העולם אלא שהוא כפי דעת אפלטון: אמנם היות **כסא הכבוד** מן הנבראים, **החכמים** כתבו בזה אבל על פנים זרים, אמרו שהוא נברא קודם בריאת העולם. אמנם כתובי הספרים לא זכרו בו בריאה כלל בלתי מאמר דוד - הוי"ה[66] בשמים הכין כסאו, והוא מאמר יסבול הפרוש מאוד. אמנם הנצחות בו הנה כתוב - אתה[67] הוי"ה לעולם תשב כסאך לדור ודור: ואם היה רבי אליעזר מאמין קדמות **הכסא** אם כן יהיה תואר לאלוה לא גוף נברא ואיך אפשר שיתהווה דבר מתואר, ויותר נפלא מאמרו **אור לבושו**:

סוף דבר הוא דבר יבלבל על בעל הדת היודע, אמונתו מאוד מאוד ולא יתבאר לי בו פרוש מספיק, ואמנם זכרתיו לך שלא תטעה בזה: אלא שעל כל פנים כבר הועילנו בו תועלת גדולה. שהוא באר שחומר השמים, בלתי חומר הארץ ושהם שני חומרים נבדלים מאוד האחד מיוחס לו יתברך למעלתו וגדולתו והוא **מאור לבושו**, והחומר האחר רחוק מאורו יתברך וזהרו והוא, החומר התחתון ושמהו - **משלג שתחת כסא הכבוד**. וזהו אשר שמני שאפרש מאמר התורה - ותחת[68] רגליו כמעשה לבנת הספיר, שהם השיגו ב**מראה הנבואה** ההוא אמיתת החומר הראשון התחתון, כי אונקלוס שם **רגליו** שב אל **הכסא** כמו שביארתי לך, וזה באר שהלבן ההוא שתחת **הכסא** הוא חומר הארץ: וכבר שנה רבי אליעזר זה העניין בעצמו וגילה בו, רצוני לומר היותם שני חומרים עליוני ותחתוני, ושאין חומר הכל אחד. וזהו סוד גדול לא תקל בביאור גדולי **חכמי ישראל** בו שהוא סוד מסודות המציאות **וסתר** מ**סתרי תורה**. בבראשית רבה אמרו - רבי[69] אליעזר אומר כל מה שיש בשמים, בריאתו מן השמים וכל מה שיש בארץ, בריאתו מן הארץ. והתבונן איך באר לך זה **החכם** כי חומר כל מה שבארץ חומר אחד משותף, רצוני לומר כל מה שתחת גלגל הירח, וחומר כל השמים ומה

[64] תהלים קד ב
[65] איוב לז ו
[66] תהלים קג יט
[67] איכה ה יט
[68] שמות כד י
[69] בראשית רבה יב יא

שבהם, חומר אחר אינו זה. ובאר **בפרקיו** זה החידוש המוסף, רצוני לומר מעלת החומר ההוא וקרבתו לו וחסרון זה וגבול מקומו גם כן. ודע זה:

פרק כז

כבר ביארתי לך שהאמנת חידוש העולם הוא יסוד התורה כולה בהכרח. אמנם הפסדו אחר שהתחדש ונתהווה אינו אצלנו יסוד תורה כלל ולא יפסיד עלינו דבר מאמונתנו בהאמנת התמדתו. ואולי תאמר הלא כבר התבאר שכל הווה, נפסד ואם הוא נתהווה הנה יפסיד, דע כי זה לא יתחייב לנו שאנחנו לא אמרנו שנתהווה כמשפט התהוות הדברים הטבעיים המחויבים לסדר טבעי. כי המתהווה ההוא לפי המנהג הטבעי, יתחייב הפסדו בהכרח לפי מנהג הטבע. כי כמו שטבעו חייב שלא יהיה נמצא כן ואחר כן היה כן כמו כן בהכרח יחייב שלא יהיה נמצא כן לעולם, שכבר התאמת שזאת ההוויה בלתי מתמדת החיוב לו לפי טבעו. אמנם לפי טענתנו התוריית אשר היא, מציאות הדברים והפסדם לפי רצונו יתברך לא על צד החיוב לא יתחייב לנו לפי זה הדעת שהוא יתברך כאשר המציא דבר לא היה נמצא שיפסיד הנמצא ההוא בהכרח אבל העניין נתלה ברצונו, אם ירצה יפסידהו ואם ירצה ישאירהו - או בגזרת חכמתו, הנה הוא אפשר שישאירהו לנצח נצחים ויתמידהו כהתמדתו יתברך: כבר ידעת **שכסא הכבוד** אשר כתבו **החכמים** בהיותו נברא שלא אמרו כלל שיעדר ולא נשמע כלל בדברי **נביא** ולא **חכם** **שכסא הכבוד** יפסיד או יעדר, אבל הכתובים אומרים בנצחיותו. וכן נפשות החשובים הם לפי דעתנו נבראים ולא יעדרו כלל, ולפי קצת דעות מי שימשך אחר פשוטי **המדרשות** שגופותיהם גם כן יהיו מעונגים תמיד לנצח נצחים, כאמונת מי שהתפרסמה אמונתם באנשי גן העדן: סוף דבר העיון יחייב שלא יתחייב הפסד העולם בהכרח, ולא נשאר אלא צד הגדת הנביאים **והחכמים** אם באה ההגדה בשזה העולם יפסיד על כל פנים או לא כי רוב המונינו יאמינו שזה, באה ההגדה בו ושזה העולם יפסיד כולו, והנה אבאר לך כי העניין אינו כן אבל כתובים רבים באו בנצחיותו וכל מה שבא מפשוטו של דבר שיראה ממנו שיפסיד העניין מבואר בו מאד שהוא משל כמו שאבאר. ואם ימאן זה אחד מן הנמשכים אחר פשוטי הדברים ויאמר שאי אפשר לו מבלתי שיאמין הפסדו, לא יקפידו עליו אלא צריך שיודיעוהו שאין הפסדו הכרחי להיותו מחודש, אבל יאמין זה לפי דעתו כהאמין למגיד במשל ההוא אשר הבינהו הוא כפשוטו, ואין הפסד בזה בתורה בשום פנים:

פרק כח

הרבה מאנשי תורתנו חשבו כי שלמה עליו השלום יאמין הקדמות, וזה פלא, איך ידמו באדם שהוא מאנשי תורת **משה רבינו** שיאמין בקדמות, ואם יחשוב אדם שזה נטייה ממנו מדעות התורה ויציאתה מעקרי הדת חלילה לאלוקים, איך קבלוהו ממנו רוב הנביאים **והחכמים** ולא חלקו עליו בו ולא

מורה חלק ב נבוכים

גינוהו לאחר מותו כמו הנמצא שחייבוהו **בנשים נכריות** וזולתם, ואמנם הביא לחשוד זה עליו מאמר החכמים ז"ל - בקשו[70] לגנוז ספר קהלת מפני שדבריו נוטים לדברי המינים. וכן הוא העניין בלא ספק, רצוני לומר שבפשוטו של הספר ההוא, עניינים נוטים לצד דעות זרות מדעות התורה יצטרכו לפרוש. ואין הקדמות מכללם ואין לו פסוק יורה על הקדמות ולא ימצא לו בשום פנים פסוק מבואר בקדמות העולם. ואמנם יש לו פסוקים מורים על נצחיותו - **והוא אמת**. וכאשר ראו כתובים מורים על נצחיותו חשבו שהוא מאמין שהוא בלתי מחודש, ואין העניין כן: אמנם לשונו בנצחיות הוא אמרו - והארץ[71] לעולם עומדת, עד שהוצרך מי שלא שיער בזה החידוש שיאמר הזמן המשוער לה. וכן יאמרו באמרו יתברך - עוד[72] כל ימי הארץ, שהוא כל ימיה הנגזרים לה. ואני תמה מה יאמרו במאמר דוד - יסד[73] ארץ על מכוניה בל תמוט עולם ועד, ואם יהיה גם כן אמרו - עולם[74] ועד, לא יחייב הנצחיות יהיה האלוה אם כן יש לו מדת זמן אחת, כי הכתוב אמר בנצחיותו יתברך - הוי"ה[75] ימלוך לעולם ועד". ואשר תדעהו ש**עולם** לא יחייב הנצחיות אלא כשיחובר בו **עד**, אם אחריו כאומרו **עולם ועד** או לפניו כאומרו **עד עולם**, אם כן מאמר שלמה **לעולם עומדת** למטה, ממאמר דוד - בל[76] תמוט עולם ועד. וכבר באר דוד ע"ה וגילה נצחיות השמים והתמדת חוקיהם וכל מה שבהם על עניין לא ישתנה ואמר - הללו[77] את הוי"ה מן השמים וגו', כי[78] הוא צווה ונבראו, ויעמידם[79] לעד לעולם חק נתן ולא יעבור, רצונו לומר שאלו החוקים אשר חקקם לא ישתנו לנצח כי זה **החוק** רמז ל**חוקות**[80] **שמים וארץ**, הקודם זכרם אלא שהוא באר שהם נבראים ואמר **כי הוא צוה ונבראו**. ואמר ירמיהו ע"ה - נותן[81] שמש לאור יומם חקות ירח וכוכבים לאור לילה וגו', אם[82] ימושו החוקים האלה מלפני נאום הוי"ה גם זרע ישראל ישבתו מהיות גוי, כבר גילה גם כן זה שהם אף על פי שהיו נבראים, רצוני לומר אלו החוקים הם לא **מושו**. וכשיבוקש זה ימצא בזולת דברי שלמה. וכבר זכר גם כן שלמה שאלו מעשי האלוה, רצוני

---

70 גמרא שבת ל ע"ב

71 קהלת א ד

72 בראשית ח כב

73 תהלים קד ה

74 תהלים מה ז

75 שמות טו יח

76 תהלים קד ה

77 תהלים קמח א

78 תהלים קמח ה

79 תהלים קמח ו

80 ירמיהו לג כה

81 ירמיהו לא לד

82 ירמיהו לא לה

לומר העולם ומה שבו עומדים על טבעם לנצח ואף על פי שהם עשויים, אמר - כי[83] כל אשר יעשה האלוקים הוא יהיה לעולם עליו אין להוסיף וממנו אין לגרוע, הנה כבר הגיד בזה **הפסוק** שהעולם ממעשה האלוה ושהוא נצחי, ונתן העילה גם כן בנצחיותו והוא אמרו עליו - אין[84] להוסיף וממנו אין לגרוע, שזוהי עילה להיות ***יהיה לעולם***, כאילו אמר כי הדבר אשר ישתנה אמנם ישתנה מפני חסרון שיש בו וישולם או תוספת בו אין צורך אליה ותחסר התוספת ההיא, אמנם פעולות האלוה אחר שהם, בתכלית השלמות ואי אפשר התוספת בהם ולא החיסרון מהם ואם כן הם יעמדו כפי מה שהם בהכרח שאי אפשר מביא לשינוים. וכאילו גם כן הוא נתן תכלית למה שנמצא או התנצל על מה שישתנה בסוף **הפסוק** באמרו - והאלקים[85] עשה שיראו מלפניו, רצונו לומר התחדש הנפלאות. ואמרו אחר כן - מה[86] שהיה כבר הוא ואשר להיות כבר היה והאלוקים יבקש את נרדף, יאמר שהוא רוצה יתברך התמדת המציאות והמשך קצתו אחר קצתו: ואמנם זה אשר זכרו משלמות פעולות האלוה ושאין צד אפשרות להוסיף עליהם ולא לחסר מהם הנה כבר גילהו אדון החכמים ואמר - הצור[87] תמים פעלו וגו', רצונו לומר שפעולותיו כולם, רצוני לומר בריאותיו על תכלית השלמות לא התערב בהם חסרון כלל ואין בהם מותר ולא דבר בלתי צריך אליו, וכן כל מה שיגזור לנבראות ההם ומהם כולו צדק גמור ונמשך אחר גזרת חכמה - כמו שיתבאר בקצת פרקי זה המאמר:

פרק כט

דע, כי מי שלא יבין לשון אדם, כשישמעהו מדבר ידע בלא ספק שהוא מדבר אלא שלא ידע כוונתו. ויותר גדול מזה שהוא ישמע מדבריו מלות הם כפי לשון המדבר מורות על עניין אחד ויזדמן במקרה שתהיה המילה היא בלשון השומע מורה על הפך העניין ההוא אשר רצהו המדבר ויחשוב השומע שהוראתה אצל המדבר כהוראתה אצלו. כאילו שמע ערבי איש עברי יאמר **אבה** ויחשוב הערבי שהוא מספר על איש שהוא מאס עניין אחד ומאנו, והעברי אמנם ירצה שהוא, ישר בעיניו העניין ורצהו. וכן יקרה להמון בדברי הנביאים שווה בשווה קצת דבריהם לא יבין כלל אבל כמו שאמר - ותהי[88] לכם חזות הכל כדברי הספר החתום, וקצתו יבין ממנו הפכו או סותרו כמו שאמר - והפכתם[89] את דברי אלוקים חיים. ודע כי לכל נביא, דבר אחד

[83] קהלת ג יד
[84] קהלת ג יד
[85] קהלת ג יד
[86] קהלת ג טו
[87] דברים לב ד
[88] ישעיהו כט יא
[89] ירמיהו פרק כג לו

מיוחד בו כאילו הוא לשון האיש ההוא, כן תביאהו לדבר הנבואה המיוחדת בו למי שיבינהו: ואחר זאת ההקדמה תדע כי ישעיהו ע"ה נמשך בדבריו הרבה מאד, ובדברי זולתו מעט, כי כשהגיד על נתיצת עם או אבדן אומה גדולה יספרהו בלשון שהכוכבים נפלו והשמים אבדו ורגזו והשמש קדרה והארץ חרבה ורעשה והרבה מכיוצה באלו ההשאלות, וזה כמו שיאמר אצל הערב למי שימצאהו פגע גדול - נהפכו שמיו על ארצו. וכן כשיספר בהתחדש הצלחת אומה יכנהו בתוספת אור השמש והירח והתחדש שמים והתחדש ארץ וכיוצא בזה: כמו שהם כסיפרו אבדן איש או אומה או מדינה יחסו עניני כעס וחרון גדול לאלוה עליהם וכסיפרו הצלחת עם יחסו לאלוה עניני שמחה וצהלה, ויאמרו בענייני הכעס עליהם **יצא וירד ושאג והרעים ונתן קולו** והרבה כמו זה, ויאמרו גם כן **צוה ואמר ופעל ועשה** וכיוצא בזה כמו שאספר. וכן כשיגיד הנביא על אבדן אנשי מקום אחד פעמים יחליף מקום אנשי המקום ההוא במין כולו כמו שאמר ישעיהו ע"ה - ורחק[90] הוי"ה את האדם, והוא רוצה לומר אבדת **ישראל**, ואמר צפניה בזה - והכרתי[91] את האדם מעל פני האדמה וגו', ונטית[92] ידי על יהודה. ודע זה גם כן:

ואחר אשר ספרתי לשונם בכלל אראך אמיתתו ומופתו. אמר ישעיהו ע"ה כאשר שלחו האלוה להנבא בהנתץ מלכות **בבל** ואבדת סנחריב ונבוכדנצר הקם אחריו והפסק מלכותו והתחיל לספר במפלתם בסוף מלכותם והיותם מנוצחים ומה שישיגם מן הרעות המשיגות לכל מנוצח בורח מתגבורת החרב אמר - כי[93] כוכבי השמים וכסיליהם לא יהלו אודם חשך השמש בצאתו וירח לא יגיה אורו, ואמר בזה הסיפור גם כן - על[94] כן שמים ארגיז ותרעש הארץ ממקומה בעברת הוי"ה צבאות וביום חרון אפו. ואיני חושב ששום אדם הגיע ממנו הסכלות והעיוורון ונמשך אחר פשוטי ההשאלות והמאמרים הסיפוריים שיחשוב שכוכבי השמים ואור השמש והירח נתשנו כשנתצה מלכות בבל ושהארץ יצאה ממרכזה כמו שזכר, אבל זה כולו, סיפור עניין המנוצח שהוא בלא ספק יראה כל אור, שחרות וימצא כל מתוק מר וידמה הארץ תצר בו והשמים נהפכים עליו: וכן כאשר התחיל לספר מה שהגיע אליו עניין **ישראל** מן הדלות והכניעה כל ימי **סנחריב הרשע** במשלו על כל ערי יהודה הבצורות ושבים והנגיפם והתכף הצרות עליהם מאצלו ואבדת **ארץ ישראל** כולה אז בידו אמר - פחד[95] ופחת ופח עליך יושב הארץ, והיה הנס מקול הפחד יפול את הפחת והעולה מתוך הפחת ילכד בפח כי ארובות ממרום נפתחו וירעשו מוסרי ארץ, רועה התרועעה הארץ פור

---

[90] ישעיהו ו יב
[91] צפניה א ג
[92] צפניה א ד
[93] ישעיהו יג י
[94] ישעיהו יג י
[95] ישעיהו כד יז-כ

התפוררה ארץ מוט התמוטטה ארץ, נוע תנוע ארץ כשיכור וגו'. ובסוף זה המאמר כשהתחיל לספר מה שיעשה האלוה בסנחריב ואבדת מלכותו הרמה על ירושלים ובושת יבישהו האלוה עליה אמר ממשל - וחפרה[96] הלבנה ובושה החמה כי מלך הוי"ה צבאות וגו'. אמנם יונתן בן עיזיאל ע"ה פרש אלו הדברים פרוש נאה ואמר כי כשיקרה לסנחריב מה שיקרה על ירושלים אז ידעו עובדי הכוכבים שזה פועל אלוקי ויתעלפו ויבהלו אמר ע"ה - ויבהתון דפלחין לסיהרא ויתכנעון דסגדין לשמשא ארי תתגלי מלכותא דהוי"ה וגו': וכאשר התחיל גם כן לספר איך תהיה מנוחת **ישראל** אחרי מות סנחריב ודשנות ארצם וישובה והתנשא מלכותם על ידי חזקיהו אמר ממשל שאור השמש והריח יוסיף, כי כמו שזכר על המנוצח שאור השמש והירח יסור וישוב חושך בערך אל המנוצח כן אורם יוסיף אצל המנצח. ואתה תמצא זה תמיד שהאדם כשתמצאהו צרה גדולה יחשכו עיניו ולא יזך אור ראותו למה שייעכר הרוח הרואה מן המותר העשני ולחולשתו ומיעוטו גם כן לרוב האבל והתקבץ הנפש, ובהפך עם השמחה והתפשט הנפש לחוץ וזוך הרוח יראה האדם כאילו האור מוסיף על מה שהיה. אמר - כי[97] עם בציון ישב בירושלם בכו לא תבכה וגו', וסוף המאמר - והיה[98] אור הלבנה כאור החמה ואור החמה יהיה שבעתים כאור שבעת הימים ביום חבוש הוי"ה את שבר עמו ומחץ מכתו ירפא, רצונו לומר הקים כלשונם מיד **סנחריב הרשע**, ואמנם אמרו **כאור שבעת הימים**, המפרשים אמרו שהוא רוצה בו הרבוי, כי העברים ירבו בשבעה, ואשר יראה לי שהוא רומז אל שבעת הימים של חנוכת הבית אשר היו בימי שלמה אשר לא הייתה מעולם לאומה מעלה והצלחה ושמחת הכל כמו שהייתה בימים ההם ואמר שרוממותם והצלחתם אז יהיו כמו שבעת הימים ההם: וכאשר סיפר אבדן **אדום הרשעה** אשר היו מציקים לישראל אמר - וחלליהם[99] יושלכו ופגריהם יעלו באשם ונמסו הרים מדמם, ונמקו כל צבא השמים ונגולו כספר השמים וכל צבאם יבול כנבול עלה מגפן וכנבולת מתאנה, כי רותה בשמים חרבי הנה על אדום תרד וגו', והתבוננו אתם בעלי העינים, היש באלו הפסוקים דבר יסופק או יביא לחשוב בשהוא תאר עניין ישיג השמים ואין זה כי אם משל להנתץ מלכותם וסור סתר האלוה מהם והשפלם ושחות גדוליהם במהרה וקלות, כאילו יאמר כי האישים אשר היו ככוכבים בעמידה ורוממות מעלה וריחוק מן השינוי נפלו במהרה כנבול עלה מגפן וגו'. וזה מבואר מאוד ואין צריך לזכרו בזה המאמר כל שכן להאריך בו, אלא שהביא ההכרח אליו להיות ההמון, ואף מי שיחשב בהם שהם סגולות, יביאו ראיה

96 ישעיהו כד כג
97 ישעיהו ל יט
98 ישעיהו ל כו
99 ישעיהו לד ג-ה

בזה **הפסוק** מבלתי בחינה למה שבא לפניו ולאחריו ולא עיון באי זה עניין נאמר אלא כאילו הוא הגדה באתנו בתורה על דברים יארעו לשמים באחרית הימים כמה שבאתנו ההגדה בהתהוותם: ועוד כאשר התחיל ישעיה לבשר את **ישראל** באבדת סנחריב וכל האומות והמלכים אשר עמו כמו שנתפרסם והעזרם בעזרת האלוה לא דבר אחר אמר להם ממשל ראו איך נמקו השמים ההם ובלתה הארץ ההיא וימת מי שעליה ואתם נעזרים, כאילו אמר שהם אשר מלאו את הארץ והיה נחשב בהם העמידה והקיום כשמים על דרך גוזמא אבדו מהר וכלו ככלות העשן, ועניניהם הקיימים כקימות הארץ אבדו העניינים ההם כאבדת הבגד הבלה. תחילת זה העניין אמר - כי[100] נחם הוי"ה ציון נחם כל חורבותיה וגו', הקשיבו[101] אלי עמי וגו', קרוב[102] צדקי יצא ישעי וגו', שאו[103] לשמים עיניכם והביטו אל הארץ מתחת כי שמים כעשן נמלחו והארץ כבגד תבלה ויושביה כמו כן ימותון וישועתי לעולם תהיה וצדקתי לא תחת: ואמר בשוב מלכות **ישראל** וקיומו והתמדתו שהאלוה יחדש שמים וארץ כי כבר נמשך זה בדבריו שישים מלכות המלך כאילו הוא עולם מיוחד לו, רצוני לומר שמים וארץ. וכאשר התחיל **בנחמות** ואמר - אנכי[104] אנכי הוא מנחמכם, ומה שדבק בזה אמר - ואשים[105] דברי בפיך ובצל ידי כסיתיך לנטוע שמים וליסוד ארץ ולאמר לציון עמי אתה, ואמר בהשאר המלכות **לישראל** וסורו מן הגדולים המפורסמים - כי[106] ההרים ימושו וגו'. ואמר בהתמדת מלכות **המשיח**, ושלא תנתץ מלכות **ישראל**, אחרי כן אמר - לא[107] יבוא עוד שמשך וגו'. ועוד כי ישעיהו הנהיג דבריו על אלו ההשאלות הנמשכות למי שיבין עניני הדברים וסיפר עניני **הגלות** ופרטיהם ואחר כן סיפר שוב המלכות והמחות האבל ההוא כולו ואמר ממשל אני אברא שמים אחרים וארץ אחרת וישכחו הראשונות וימחה זכרם, ואחר כן באר זה בדבקות המאמר ואמר זה אשר אמרתי **אברא**, אני רוצה בו שאני אשימכם בעניין שמחה תדירה וחדוה, במקום האבל ההוא והצער ולא ייזכר האבן ההוא הקודם: ושמע סדר העניינים והדבק **הפסוקים** המורים עליהם איך בא. תחילת פתיחת זה העניין אמר - חסדי[108] הוי"ה אזכיר תהלות הוי"ה וגו'. אחר כן סיפר חסדיו יתברך עלינו תחלה -

---

[100] ישעיהו נא ג
[101] ישעיהו נא ד
[102] ישעיהו נא ה
[103] ישעיהו נא ו
[104] ישעיהו נא יב
[105] ישעיהו נא טז
[106] ישעיהו נד י
[107] ישעיהו ס כ
[108] ישעיהו סג ז

וינטלם[109] וינשאם כל ימי עולם. אחר כן סיפר מרינו - והמה[110] מרו ועצבו את רוח קדשו, ומה שדבק בו. אחר כן סיפר ממשלת האויב עלינו - צרינו[111] בוססו מקדשך, ומה שדבק בו. אחר כן התפלל בעבורנו ואמר - אל[112] תקצוף הוי"ה עד מאד, ומה שדבק בו. אחר כן זכר אפני התחייבנו לרוב מה שנוגענו בו שנקראנו אל האמת ולא ענינו אמר - נדרשתי[113] ללוא שאלו וגו'. אחרי כן יעד במחילה וברחמים ואמר - כה[114] אמר הוי"ה כאשר ימצא התירוש באשכול וגו', ומה שנדבק בזה. אחר כן יעד רע לאשר חמסונו ואמר - הנה[115] עבדי יאכלו ואתם תרעבו וגו'. אחר כן סמך לזה זכרו שזאת האומה יתוקנו אמונותיה ותהיה ברכה בארץ ותשכח כל מה שקדם מאלו העניינים המתחלפים, ואמר דבר זה לשונו - ולעבדיו[116] יקרא שם אחר אשר המתברך בארץ יתברך באלוקי אמן והנשבע בארץ ישבע באלוקי אמן, כי נשכחו הצרות הראשונות וכי נסתרו מעיני, כי הנני בורא שמים חדשים וארץ חדשה ולא תזכרנה הראשונות ולא תעלינה על לב, כי אם שישו וגילו עדי עד אשר אני בורא, כי הנני בורא את ירושלים גילה ועמה משוש וגלתי בירושלים וגו'. הנה כבר התבאר לך העניין כולו ונגלה. והוא כי כאשר אמר **כי הנני בורא שמים חדשים וארץ חדשה**, פרש זה מיד ואמר **כי הנני בורא את ירושלים וגילה ועמה - משוש**. ואחר זאת ההקדמה אמר שענייני האמונה ההם והשמחה בה אשר יעדתיך אני שאבראם כמו שהם, עומדים תמיד כי האמונה באלוה והשמחה באמונה ההיא הם שני עניינים אי אפשר שיסורו ולא ישתנו לעולם מכל מי שהיו לו, ואמר כמו שעניין האמונה ההיא והשמחה בה אשר יעדתי שימלאו הארץ תמידיים קיימים כן יתמיד זרעכם ושמכם. והוא אמרו אחר זה - כי[117] כאשר השמים החדשים והארץ החדשה אשר אני עושה עומדים לפני נאום הוי"ה כן יעמוד זרעכם ושמכם, כי פעמים יישאר **הזרע** ולא יישאר **השם** כמו שתמצא אומות רבות אין ספק שהם מזרע **פרס** או **יון** אלא שלא יודעו בשם מיוחד אבל כללה אותם אומה אחרת. וזה גם כן אצלי הערה על ניצחות התורה אשר בעבורה יש לנו **שם** מיוחד: וכאשר באו אלו ההשאלות בישעיה הרבה מפני זה פרשתי כולם, וכבר בא מהם גם כן בדברי זולתו: אמר ירמיהו בסיפור חורבן ירושלים **בעונות**

---

[109] ישעיהו סג ט

[110] ישעיהו סג י

[111] ישעיהו סג יח

[112] ישעיהו פרק סד ח

[113] ישעיהו סה א

[114] ישעיהו סה ח

[115] ישעיהו סה יג

[116] ישעיהו סה טו-יח

[117] ישעיהו סו כב

אבותינו, ראיתי[118] את הארץ והנה תוהו ובוהו וגו': ואמר יחזקאל בסיפור אבדת מלכות מצרים ומיתת פרעה על ידי נבוכדנצר אמר -וכיסיתי[119] בכבותך שמים והקדרתי את כוכביהם שמש בענן אכסנו וירח לא יאיר אורו, כל מאורי אור בשמים אקדירם עליך ונתתי חושך על ארצך נאום אדני הוי"ה: ואמר יואל בן פתואל בארבה העצום אשר בא בימים אמר - לפניו[120] רגזה ארץ רעשו שמים שמש וירח קדרו וכוכבים אספו נגהם: ואמר עמוס בסיפור חרבן שומרון - והבאתי[121] השמש בצהרים והחשכתי לארץ ביום אור והפכתי חגיכם וגו': ואמר מיכה באבידת שומרון נמשך על המאמרים הספוריים המפורסמים הידועים - כי[122] הנה הוי"ה יוצא ממקומו וירד ודרך על במתי ארץ ונמסו ההרים וגו': ואמר חגי בנתיצת **מלכות פרס ומדי** - ואני[123] מרעיש את השמים ואת הארץ ואת הים ואת החרבה והרעשתי את כל הגוים: ובצבוא יואב על ארם כאשר התחיל לספר איך הייתה חולשת האומה ושפלותה מלפנים והיותם מנוצחים נגפים ויעתר לעזרם עתה אמר - הרעשתה[124] ארץ פצמתה רפה שבריה כי מטה. ואמר עוד בעניין שאנחנו לא נירא כשימותו האומות ויאבדו להיותנו נשענים על ישועתו יתברך לא על חרבנו וכוחנו כמו שאמר - עם[125] נושע בהוי"ה, אמר - על[126] כן לא נירא בהמיר ארץ ובמוט הרים בלב ימים:

ובא בסיפור טביעת המצריים - ראוך[127] מים יחילו אף ירגזו תהומות וגו', קול[128] רעמך בגלגל וגו', רגזה ותרעש הארץ, הבנהרים[129] חרה הוי"ה וגו', עלה[130] עשן באפו. וכן בשירת דבורה - ארץ[131] רעשה וגו'. ובה מזה הרבה, ומה שלא אזכור ממנו ינשא על מה שזכרתי:

ואמנם מאמר יואל - ונתתי[132] מופתים בשמים ובארץ דם ואש ותמרות עשן, השמש יהפך לחושך והירח לדם לפני בוא יום הוי"ה הגדול והנורא, והיה כל אשר יקרא בשם הוי"ה ימלט כי בהר ציון ובירושלים תהיה פליטה וגו',

---

118 ירמיהו ד כג
119 יחזקאל פרק לב ז-ח
120 יואל ב י
121 עמוס ח ט-י
122 ישעיהו כו כא
123 חגי ב ו
124 תהלים ס ד
125 דברים לג כט
126 תהלים מו ג
127 תהלים עז יז
128 תהלים עז יט
129 חבקוק ג ח
130 שמואל-ב כב ט
131 שופטים ה ד
132 יואל ג ג

מורה חלק ב נבוכים

הטוב אצלי שהוא מספר מיתת סנחריב על ירושלים, ואם לא תרצה זה יהיה סיפורו, מיתת גוג על ירושלים **בימי המלך המשיח**, עם היותו גם כן בלתי זוכר בזה העניין אלא רוב ההרג ושרפת האש ולקות המאורות. ואולי תאמר איך יקרא **יום הוי"ה הגדול והנורא**, יום מיתת סנחריב בפרושנו, הנה תדע כי כל יום שתהיה בו ישועה גדולה או מכה גדולה, יקרא **יום הוי"ה הגדול והנורא** כבר אמר יואל זה על יום בוא הארבה ההוא עליהם - כי[133] גדול יום הוי"ה ונורא מאד ומי יכילנו:

והעניין אשר נלך סביבו כבר התבאר והוא שהפסד זה העולם והשתנותו ממה שהוא או השתנות דבר מטבעו והמשכו לפי השינוי ההוא, הוא דבר שלא בא אלינו בזה דבר נביא ולא דבר **חכמים** עוד. כי אמרם - שיתא[134] אלפי שנין הוי עלמא וחד חרוב, אינו העדר המציאות לגמרי לאמרו **וחד חרוב**, הורה על השאר הזמן. וזה עוד מאמר **יחיד** והוא על צורה אחת, ואשר תמצא לכל **החכמים** תמיד והוא, יסוד יעשה ממנו ראיה כל אחד **מחכמי המשנה וחכמי התלמוד** הוא אמרו - אין[135] כל חדש תחת השמש, ושאין שם התחדשות בשום פנים ולא בשום סיבה, עד שמי שלקח **שמים חדשים וארץ חדשה** לפי מה שיחשב, אמר - אף שמים וארץ שעתידין להבראות, כבר הן ברויין ועומדין שנאמר **עומדים לפני**, **יעמדו** ולא נאמר, אלא **עומדין**, והביא ראיה באמרו **אין כל חדש תחת השמש**. ולא תחשוב שזה סותר למה שביארתיו, אבל אפשר שהוא רוצה שהעניינים ההם היעודים הטבע המחייב אותם אז מששת ימי בראשית הוא נברא, וזה אמת: ואמנם אמרתי שלא ישתנה דבר מטבעו וימשך על השינוי ההוא, להישמר מן הנפלאות, כי אף על פי שנהפך המטה לנחש ונהפכו המים לדם והיד הטהורה הנכבדת, לבנה מבלתי סיבה טבעית מחייבת אותם, העניינים ההם והדומה להם לא ימשכו ולא שבו טבע אחר אבל כמו שאמרו זיכרונם לברכה - עולם[136] כמנהגו הולך. זהו דעתי והוא שצריך שיאמן - אף על פי שהחכמים ז"ל כבר אמרו בנפלאות דברים זרים מאד, תמצאם כתובים בבראשית רבה ובמדרש קהלת. והעניין ההוא הוא שהם רואים שהנפלאות הם ממה שבטבע גם כן על צד אחד, וזה שהם אמרו כי כשברא האלוה זה המציאות והטביע על אלו הטבעיים שם בטבעיים ההם, שיתחדש בהם כל מה שנתחדש מהנפלאות בעת חידושם ואות הנביא, שהודיעהו האלוה בעת אשר יאמר בו מה שיאמר ויפעל הדבר ההוא כמו שהושם בטבעו בשורש מה שהוטבע. וזה אם הוא כמו שתראהו הוא מורה על מעלת האומר והיות קשה בעיניו מאד שישתנה טבע אחר **מעשה בראשית** או יתחדש רצון אחר, אחר שהונחו כן,

---

133 יואל ב יא

134 גמרא סנהדרין צג ע"א

135 קהלת א ט

136 גמרא עבודה זרה נד ב

וכאלו הוא יראה על דרך משל שהושם בטבע המים שידבקו ויגרו ממעלה למטה תמיד, רק בעת ההיא שטבעו בו המצרים והמים ההם לבד הם שיחלקו: וכבר הערותיך על עיקר זה המאמר ושזה כולו, בריחה מהתחדשות דבר. שם נאמר - אמר[137] רבי יונתן תנאים התנה הקדוש ברוך הוא עם הים שיהא נקרע לפני ישראל, הדא היא וישב[138] הים לפנות בוקר לאיתנו, אמר רבי ירמיה בן אלעזר לא עם הים בלבד התנה הקדוש ברוך הוא, אלא עם כל מה שנברא בששת ימי בראשית - הדא היא - אני[139] ידי נטו שמים וכל צבאם צויתי, צויתי את הים שיקרע את האור שלא תזיק לחנניה מישאל ועזריה, את האריות שלא יזיקו לדניאל, את הדג שיקיא את יונה. והוא ההיקש בשאר:

הנה כבר התבאר לך העניין ונגלה הדעת והוא שאנחנו נאות לאריסטו בחצי מדעתו, ונאמין שזה המציאות לעולם נצחי על זה הטבע אשר רצהו יתברך, לא ישתנה ממנו דבר בשום פנים אלא בפרטיו על צד המופת, אף על פי שיש לו יתברך היכולת לשנותו כולו או להעדירו או להעדיר אי זה טבע שירצה מטבעיו, אבל היה לו פתח ותחילה ולא היה שם דבר נמצא כלל אלא האלוה, וחכמתו גזרה שימציא היצור בעת שהמציאו ושלא יעדר זה אשר המציא ולא ישתנה לו טבע אלא במה שרצה מן הפרטים, ממה שכבר ידענוהו וממה שלא נדעהו, מאשר יבוא: זהו דעתנו ויסוד תורתנו. ואריסטו יראה שכמו שהוא נצחי ולא יפסיד כן הוא קדמון ולא נתנוה. וכבר אמרנו ובארנו שזה לא יסודר אלא על דין החיוב ושהחיוב, יש בו מדבר סרה על האלוה מה שכבר ביארנוהו: ואחר שהגיע המאמר אל זה נביא פרק שנזכר בו גם כן קצת הערות על פסוקים באו ב**מעשה בראשית**, כי הוכנה הראשונה בזה המאמר אמנם הייתה, לבאר מה שאפשר לבארו מ**מעשה בראשית** ו**מעשה מרכבה**, אחר שנקדים שתי הקדמות כוללות:

אחת מהם - זאת ההקדמה והיא שכל מה שנזכר ב**מעשה בראשית** ב**תורה** אינו כולו על פשוטו כפי מה שידמו ממנו ההמון, שאילו היה העניין כן לא היו מסתירים אותו אנשי החכמה ולא היו **החכמים** ממריצים מליצות בהעלימו ומניעת הסיפור בו בפני ההמון, כי הפשוטים ההם מביאים אם להפסד דמיון גדול והרכבת דעות רעות בחוק האלוה או לביטול גמור וכפירה ביסודי התורה. והנכון לעזוב ולהרחיק בחינתם בדמיון לבד והנטייה מן החכמות ולא כמו שיעשו **הדרשנין** והמפרשים העניים אשר יחשבו כי ידיעת פרוש המלות היא החכמה והרבות הדברים והאריכם - תוספת אצלם בשלמות. ואמנם בחינתם באמיתת השכל אחר השלמות בחכמות המופתיות וידיעת הסודות הנבואיות, הוא שביארתי פעמים בפרושנו ל**משנה**. ובביאור

137 ילקוט שמעוני על הנ"ך כ"א
138 שמות יד כז
139 ישעיהו מה יב

אמרו מתחילת הספר ועד כאן -**כבוד**[140] **אלוקים הסתר דבר**, ואמרו זה אחר שנזכר **ביום הששי**:

הנה כבר התבאר מה שאמרנוהו, אלא כאשר חייב העניין האלוקי בהכרח לכל מי שישיג שלמות, שישפיעהו על זולתו כמו שנבאר בפרקים הבאים בנבואה אי אפשר לכל חכם שיכול להבין דבר מאלו הסודות אם מעיונו או ממורה הורה אותו מבלתי שיאמר מעט, והביאור נמנע אבל ירמוז מהם מעט. וכבר באו מן הרמיזות וההערות ההם הרבה בדברי החכמים ז"ל ליחידים מהם גם כן אלא שהם מעורבות בדברי אחרים ובדברים אחרים. ולזה תמצאני תמיד באלו **הסתרים**, אזכור המאמר האחד אשר הוא פנת הדבר ואניח השאר למי שראוי שיונח לו:

ההקדמה השנית - שהנביאים כמו שאמרנו ידברו בשמות המשתתפים ובשמות שאין הכונה בהם מה שיורו במשלם הראשון, אבל ייזכר השם ההוא מפני גזירה אחת, כמו - מקל[141] שקד, שילמדו ממנו על - שוקד[142] **אני** וגו', כמו שנבאר בפרקי הנבואה. ולפי זה העניין נאמר **במרכבה**, **חשמל** כמו שבארנו, וכן רגל[143] עגל" ונחשת[144] קלל, וכן מאמר זכריה - וההרים[145] הרי נחשת, וזולת זה ממה שנאמר:

ואחר שתי ההקדמות האלה אביא הפרק אשר יעדתי בו:

<u>פרק ל</u>

דע, שיש הפרש בין הראשון וההתחלה. וזה שההתחלה היא נמצאת במה שהיא לו התחלה או עמו אף על פי שלא תקדם לו בזמן, כמו שיאמר שהלב התחלה או עמו אף על פי שלא תקדם לו בזמן, כמו שיאמר שהלב התחלת החי והיסוד, התחלת מה שהוא לו יסוד, וכבר יוחלט גם כן על זה העניין שהוא ראשון. אבל הראשון אמנם יאמר על הקודם בזמן לבד מבלתי שיהיה הקודם ההוא בזמן סיבה למתאחר אחריו, כמו שיאמר - ראשון מי שדר בזה הבית פלוני, ואחריו פלוני, ולא יאמר -פלוני התחלת פלוני. והמילה אשר תורה על הראשון בלשוננו היא **תחלה** - תחילת[146] דיבר הוי"ה בהושע, ואשר תורה על ההתחלה בראשית שהוא נגזר מן **ראש** אשר הוא התחלות החי לפי הנחתו: והעולם לא נברא בהתחלה זמנית כמו שבארנו כי הזמן, מכלל הנבראות. ולזה אמר **בראשית** - **והב'** כבי"ת כלי, ופרוש זה **הפסוק** האמיתי, כן בהתחלה ברא האלוה העליונים והתחתונים, זהו הפירוש

---

140 משלי כה ב
141 ירמיהו א יא
142 ירמיהו א יב
143 יחזקאל א ז
144 יחזקאל א ז
145 זכריה ו א
146 הושע א ב

המסכים לחידוש העולם: אבל מה שתמצאהו כתוב לקצת החכמים מהעמיד זמן נמצא קודם בריאת העולם, מסופק מאד, כי זהו דעת אריסטו אשר ביארתי לך אשר יראה שהזמן לא יצויר לו תחילה, וזה מגונה. ואשר הביא האומרים אל זה המאמר הוא מצאם **יום אחד ויום שני**, והבין אומר זה המאמר את העניין על פשוטו וחשב שאחר שלא היה שם גלגל סובב ולא שמש באי זה דבר שוער **יום ראשון** ואמרו בזה הלשון - יום אחד, אמר[147] רבי יהודה בן רבי סימון מכאן שהיה סדר זמנים קודם לכן, אמר[148] רבי אבהו מכאן שהיה הקדוש ברוך הוא בורא עולמות ומחריבן. וזה יותר מגונה מן הראשון. ואתה תתבונן מה שהוקשה עליהם והוא מציאות זמן קודם מציאות זה השמש. והנה יתבאר לך התרת זה אשר סופק על אלו השנים בקרוב, האלוקים אם לא רצו אלו השנים לומר שאי אפשר מבלתי **סדר זמנים** קודם לכן, וזהו אמונת הקדמות וכל בעל תורה יברח מזה, ואין זה המאמר אצלי אלא כיוצא במאמר רבי אליעזר - שמים[149] מהיכן נבראו, סוף דבר לא תביט באלו המקומות למאמר אומר כבר הודעתיך שיסוד התורה כולה, שהאלוה המציא העולם לא מדבר בזולת התחלה זמנית, אבל הזמן נברא כי הוא נמשך לתנועת הגלגל והגלגל נברא: וממה שצריך שתדעו שמילת **את** הנאמרת באמרו - את[150] השמים ואת הארץ, כבר בארו **החכמים** במקומות רבים שהיא בעניין **עם**, ירצו בזה שהוא ברא עם השמים כל מה שבשמים ועם הארץ כל מה שבארץ. וכבר ידעתם ביאורם כי השמים והארץ נבראו יחד לאמרו - קורא[151] אני אליהם יעמדו יחדיו, אם כן הכל נברא יחד ונבדלו הדברים כולם ראשון ראשון. עד שהם המשילו זה לזורע שזרע זרעים משתנים בארץ בבת אחת וצמח קצתם אחר יום וקצתם אחר זרעים משתנים בארץ בבת אחת וצמח קצתם אחר יום וקצתם אחר שני ימים וקצתם אחר שלושה,והזריעה כולה הייתה בשעה אחת. ולפי זה הדעת האמיתי בלא ספק יותר הספק אשר חייב לרבי יהודה בן רבי סימון שיאמר מה שאמר והוקשה עליו באיזה דבר שוער **יום ראשון ויום שני ושלישי**, ובפרוש אמרו החכמים בבראשית רבה **באור** הנזכר **בתורה** ש**נברא ביום ראשון**, אמרו בזה הלשון - הן[152] הן מאורות שנבראו ביום ראשון ולא תלאן עד יום רביעי" - הנה כבר בא הביאור בזאת הכונה:

וממה שצריך שתדעהו ש**ארץ**, שם משותף יאמר בכלל ובפרט. יאמר בכלל על כל מה שתחת גלגל הירח, רצוני לומר היסודות הארבע, ויאמר בפרט

---

147 בראשית רבה ג ז

148 קהלת רבה ג א

149 פרקי דרבי אליעזר ג

150 בראשית א א

151 ישעיהו מח יג

152 גמרא חגיגה יב ע"א

על האחד האחרון מהם והוא הארץ. מורה זה אמרו - והארץ[153] הייתה תוהו ובוהו וחושך על פני תהום ורוח אלוקים וגו', כבר קראם כולם **ארץ**, ואחר כן אמר - ויקרא[154] אלוקים ליבשה ארץ.

וזה גם כן סוד גדול מהסודות כי כל מה שתמצא שיאמר **ויקרא אלוקים לכך ככה**, אמנם הוא להבדילו מן העניין האחר שיתף ביניהם בו זה השם. ולזה פרשתי לך זה **הפסוק**, בהתחלה ברא האלוה העליונים והתחתונים, ויהיה **ארץ**, הנאמר תחילה הוא התחתונים, רצוני לומר היסודות הארבע, והנאמר עליה **ויקרא אלוקים ליבשה ארץ** היא הארץ לבדה. הנה כבר התבאר זה:

וממה שצריך שתדעהו - כי היסודות הארבע אשר אמרנו ששם **ארץ** הראשון יורה עליהם נזכרו תחלה אחר השמים. שהוא זכר **ארץ** הראשון יורה עליהם נזכרו תחילה אחר השמים. שהוא זכר **ארץ** **ומים** **ורוח** **וחושך**, **וחושך** הוא האש היסודית, לא תחשוב זולת זה אמר - ודבריו[155] שמעת מתוך האש, ואמר - כשמעכם[156] את הקול מתוך החושך, ואמר - כל[157] חושך טמון לצפוניו תאכלהו אש לא נופח, ואמנם נקראה האש היסודית בזה השם להיותה בלתי מאירה אבל ספריית, שאילו הייתה האש היסודית מאירה היינו רואים האויר כולו בלילה מתלהב אש: וכבר בא זכרם כפי הנחתם הטבעית הארץ ועליה, המחים והאויר דבק במים והאש למעלה מן האויר. כי בייחדו האויר **על פני המים** יהיה **החושך** אשר **על פני תהום** למעלה מן **הרוח** בלא ספק. ואשר חייב שיאמר **רוח אלוקים**, בעבור ששמה מתנועעת רצוני לומר **מרחפת** ותנועת הרוח לעולם מיוחסת לאלוה - ורוח[158] נסע מאת הוי"ה, נשפת[159] ברוחך, ויהפוך[160] הוי"ה רוח ים, וזה הרבה. וכאשר היה **החושך** הנאמר תחילה אשר הוא שם היסוד בלתי **החושך**, הנאמר באחרונה אשר הוא החושך התחיל לבאר ולהבדיל ואמר - ולחושך[161] קרא לילה, כפי מה שבארנו. הנה כבר התבאר זה:

וממה שצריך שתדעו שאמרו - ויבדל[162] בין המים וגו', אינו הבדל במקום שיהיה זה למעלה וזה למטה וטבעם אחד, אמנם פרושו שהוא הבדיל ביניהם בהבדל הטבעי, רצוני לומר בצורה ושם קצת זה אשר קראו **מים** תחילה, דבר אחר בצורה טבעית הלבישו ושם קצתו בצורה אחרת וזהו המים. ולזה

---

153 בראשית א ב

154 בראשית א י

155 דברים ד לו

156 דברים ה יט

157 איוב כ כו

158 במדבר יא לא

159 שמות טו י

160 שמות י יט

161 בראשית א ה

162 בראשית א ז

אמר עוד - ולמקוה[163] המים קרא ימים, הנה כבר גילה לך שזה **המים** הראשון הנאמר בו **על פני המים** אינו זה אשר **בימים** אבל קצתו נבדל בצורה אחת למעלה מן האויר, וקצתו הוא זה המים, ויהיה אמרו - ויבדל[164] בין המים אשר מתחת לרקיע וגו', כאמרו - ויבדל[165] אלוקים בין האור ובין החושך, אשר הוא כהבדל בצורה אחת: **והרקיע** עצמו מן המים נתהווה כמו שאמרו - הוגלדה[166] טיפה האמצעית.

ואמרו גם כן - ויקרא[167] אלוקים לרקיע שמים, כפי מה שביארתי לך, לבאר שיתוף השם ושאין **שמים** הנאמר תחילה באמרו **את השמים ואת הארץ**, הם אלה אשר נקראו **שמים**. וחיזק זה העניין באמרו - על[168] פני רקיע השמים, לבאר שה**רקיע** בלתי ה**שמים**. ומפני זה השיתוף בשם יקראו גם כן **השמים** האמיתיים **רקיע** כמו שנקרא **הרקיע** האמיתי **שמים**, והוא אמרו - ויתן[169] אותם אלוקים ברקיע השמים.

והתבאר גם כן בזה המאמר מה שכבר התבאר במופת - מהיות הכוכבים כולם והשמש והירח תקועות בגלגל שאין ריקות בעולם ואינם על שטח גלגל כמו שידמו ההמון מאמרו - **ברקיע השמים** ולא נאמר **על רקיע השמים**:

הנה כבר התבאר שחומר אחד היה משותף וקראו **מים** ואחר כן הובדל בשלש צורות והיה קצתו **ימי** וקצתו - **רקיע** וקצתו - על **הרקיע** ההוא וזה כולו חוץ לארץ. הנה כבר לקח בעניין דרך אחרת לסודות נפלאות. אמנם שזה אשר למעלה מן **הרקיע** נקרא **מים** בשם לבד לא שהוא אלו המים המיניים הנה כבר אמרוהו החכמים ז"ל, גם כן אמרו באמרם - ארבעה[170] נכנסו לפרדס וגו', אמר[171] להם רבי עקיבה כשאתם מגיעיין לאבני שיש טהור, אל תאמרו מים מים, שכך כתוב - דובר[172] שקרים לא יכון לנגד עיני. והתבונן אם תהיה מאנשי ההתבוננות כמה באר בזה המאמר ואיך גילה העניין כולו כשתסתכל בו ותבין כל מה שהתבאר במופת בספר אותות השמים ותשקיף על כל מה שאמרו האנשים בכל דבר מהם:

וממה שצריך שתדעהו ותתעורר עליו, העילה אשר בעבורה לא נאמר ביום השני **כי טוב**. וכבר ידעת מאמרי החכמים ז"ל אשר אמרום בזה על דרך

---

[163] בראשית א י

[164] בראשית א ז

[165] בראשית א ד

[166] בראשית רבה ד ב

[167] בראשית א ח

[168] בראשית א כ

[169] בראשית א יז

[170] חגיגה יד ב

[171] חגיגה יד ב

[172] תהלים קא ז

הדרש, הטוב שבהם אמרם - לפי[173] שלא שלמה מלאכת המים". ועילת זה גם כן אצלי מבוארת מאד. וזה כי כל אשר יזכור עניין מעניני המציאות המתחדשים הנמצאים על ההמשך המתמידים המיושבים אמר בזה **כי טוב**.
וזה **הרקיע** והדבר אשר עליו אשר נקרא **מים** העניין בו מן ההסתר כמו שתראהו, וזה שאם יילקח על פשוטו בגסות העיון יהיה עניין בלתי נמצא כלל, שאין שם גוף אחר בלתי היסודות בינינו ובין השמים התחתונים ואין שם מים למעלה מן האויר - כל שכן שידמה מדמה שזה **הרקיע** ומה שעליו הוא למעלה מן השמים ויהיה העניין יותר נמנע ויותר רחוק משיושג. ואם יילקח לפי נסתרו ומה שנרצה בו הוא יותר נעלם, שהוא צריך שיהיה מן הסודות החתומים עד שלא ידעהו ההמון, ועניין הוא כך איך ראוי שיאמר בו **כי טוב**, ואמנם עניין **כי טוב** שהוא נגלה התועלת ומבואר במציאות זה המציאות והתמדתו, אבל הדבר שנעלם עניינו אשר פשוטו בלתי נמצא כן, אי זה תועלת בו נראה לבני אדם עד שיאמר בו **כי טוב**, ואי אפשר לי מבלתי שאוסיפך ביאור והוא שזה ואם הוא חלק גדול מאד מן הנמצאות, אינו תכלית מכוונת להמשך המציאות שיאמר בו **כי טוב** אבל להכרח התחייב כדי שתגלה הארץ. והבן זה: וממה שצריך שתדעהו, שהחכמים כבר בארו שהעשבים והאילנות אשר הצמיחם האלוה מן הארץ וגו', אמנם הוא סיפור העניין הראשון אשר היה קודם - תדשא[174] הארץ דשא. ולזה תרגם אונקלוס - ועננא הווה סליק מן ארעא. ומבואר הוא זה מן הכתוב לאמרו - וכל[175] שיח השדה טרם יהיה בארץ. הנה כבר התבאר זה:
וכבר ידעת אתה המעיין כי ראש סיבות ההוויה וההפסד אחר הכוחות הגלגליות, האור והחושך למה שימשך אחריהם מן החום והקור, ובתנועת הגלגל יתערבו היסודות וביאור ובחושך ישתנו מזגיהם, והתחלת המזגות שיתחדש מהם, שני האדים אשר הם תחילת סיבות אותות השמים כולם אשר המטר מהם והם גם כן סיבת המחצבים, ואחר כן הרכבת הצמחים, ואחר הצמחים בעלי החיים, וההרכבה האחרונה היא האדם, ושהחושך הוא טבע מציאות העולם התחתון כולו והאור מתחדש עליו. הלא תראה שבהעדר האור יישאר העניין הנח. וכן בא הכתוב במעשה בראשית על זה הסדר בשווה לא חסר דבר מזה:
וממה שצריך שתדעהו אמרם - כל[176] מעשה בראשית לקומתן נבראו לדעתן נבראו לצביונן נבראו, יאמר כי כל מה שנברא אמנם נברא על שלמות כמותו ועל שלמות צורתו ובנאה שבמקריו והוא אמרו **לצביונם** מן - צבי[177] היא לכל הארצות". ודע זה גם כן שהוא - שורש גדול כבר התבאר:

---

[173] פירוש רש"י על בראשית א ז
[174] בראשית א יא
[175] בראשית ב ה
[176] גמרא ראש השנה יא א
[177] יחזקאל כ ו

וממה שצריך שתתבוננו מאד, זכרו בריאת **אדם** בששת ימי בראשית ואמר - זכר[178] ונקבה ברא אותם, וחתם הבריאה כולה ואמר - ויכולו[179] השמים והארץ וכל צבאם". ופתח פתח אחר לבריאת חוה מאדם וזכר **עץ החיים ועץ הדעת** ודבר **הנחש** והעניין ההוא, וזכר שזה כולו היה אחר שהושם אדם **בגן עדן**, וכל החכמים ז"ל מסכימים שזה העניין כולו היה יום ששי ושלא נשתנה עניין בשום פנים אחר **ששת ימי בראשית**. ולזה לא ירוחק דבר מן העניינים ההם כמו שאמרנו - שעד הנה לא היה טבע נח: ועם זה כבר זכרו דברים אשמיעם לך מלוקטים ממקומותיהם ואעירך גם כן על דברים כמו שהעירונו הם ז"ל. ודע כי אלו הדברים אשר אזכרם לך מדברי החכמים אמנם הם דברים בתכלית השלמות מבוארי הפרוש לאשר זכרום לו מתוקנים מאד, ולזה לא ארבה בפרושם ולא אשימם פשוטים שלא אהיה **מגלה סוד** אבל זכרי אותם בקצת סדר ובהערה מעוטה מספיק בהבנתם לכיוצא בך:

ומזה אמרם - שאדם[180] וחוה נבראו כאחד מתאחדים גב לגב ושהוא נחלק ולוקח חציו והוא, חוה והובא אליו. ואמרו - אחת[181] מצלעותיו, רוצה בו אחד מחלקיו, והביאו ראיה - מצלע[182] המשכן, אשר תרגומו **סטר משכנא**, וכן אמרו **מן סטרוהי**. והבן איך היה הביאור שהם שנים בצד אחד והם אחד כמו שאמר - עצם[183] מעצמי ובשר מבשרי. והוסיף זה חיזוק באמרו שהשם על שניהם יחד אחד - אשה[184] כי מאיש לוקחה זאת. וחיזק היותם אחד ואמר ודבק[185] באשתו והיו לבשר אחד". ומה גדול סכלות מי שלא יבין שזה כולו לעניין בהכרח. הנה כבר התבאר זה:

וממה שצריך שתדעהו מה שביארוהו **במדרש**, וזה שהם זכרו ש**הנחש**, נרכב ושהוא היה כשיעור גמל ושרוכבו הוא אשר השיא את חוה ושהרוכב היה סמאל. וזה השם הם יאמרוהו סתם על **השטן**, תמצאם אומרים במקומות רבים ש**השטן** רצה להכשיל **אברהם אבינו** עד שלא יאבה לעקוד את יצחק, וכן רצה להכשיל את יצחק שלא ימשך אחר רצון אביו, וזכרו עוד בעניין הזה - רצוני לומר **בעקדה** אמרו - בא[186] סמאל אצל אבינו אברהם אמר לו מה סבא הובדת לבך, וגו'. הנה כבר התבאר לך שסמאל הוא **השטן**. וזה השם גם כן לעניין כמו ששם **הנחש** לעניין ואמרו בבואו

178 בראשית א כז
179 בראשית ב א
180 גמרא ברכות סא א
181 בראשית ב כא
182 שמות כו כז
183 בראשית ב כג
184 בראשית ב כג
185 בראשית ב כד
186 ילקוט שמעוני תורה קא

להשיא את חוה היה סמאל רוכב עליו והקדוש ברוך הוא שוחק על גמל ורוכבו: וממה שצריך שתדעהו ותתעורר עליו היות **הנחש** לא קרב כלל **לאדם** ולא דיבר עמו ואמנם היה השתדלותו וקרבתו לחוה ובאמצעות חוה ניזוק אדם והמיתו **הנחש**, והשנאה השלמה אמנם היא קימת בין **הנחש וחוה** ובין **זרעו וזרעה** - ואין ספק **שזרעה** הוא **זרע אדם**. ויותר נפלא מזה, הקשר הנחש בחוה, רצוני לומר **זרעו בזרעה**, ראש ועקב, והיותה מנצחת לו **בראש** והוא מנצח לה **בעקב** וזה מבואר גם כן:

ומהמאמרים גם כן הנפלאים אשר פשוטיהם בתכלית הריחוק וכשיובנו פרקי זה המאמר הבנה טובה - תפלא מחכמת זה המשל והסכימו למציאות הוא אמרם - משבא[187] נחש על חוה הטיל בה זוהמה, ישראל שעמדו על הר סיני, פסקה זוהמתן גויים שלא עמדו על הר סיני, לא פסקה זוהמתן. והנהג זה גם כן: וממה שצריך שתדעהו אמרם - עץ[188] החיים מהלך חמש מאות שנה, וכל מימי בראשית מתפלגין מתחתיו. ובארו בו כי הכוונה בזה השיעור הוא עבי גופו לא המשך ענפיו אמרו - לא[189] סוף דבר נופו אלא קורתו מהלך חמש מאות שנה, ופרוש **קורתו** עבי עצו העומד, וזאת ההשלמה מהם, להשלמת פרוש העניין וביאורו. הנה כבר התבאר זה: וממה שצריך שתדעהו גם כן אמרם - עץ[190] הדעת לא גילה הקדוש ברוך הוא אותו אילן לאדם ולא עתיד לגלותו, וזה אמת שטבע המציאות כן חייב: וממה שצריך שתדעהו אמרם - ויקח[191] הוי"ה אלוקים אל האדם, עילה אותו, ויניחהו[192] בגן עדן הניח לו, לא אמרו זה הלשון להעלותו ממקום ולהניחו במקום אלא להעלות מדרגת מציאותו באלו הנמצאות ההוות הנפסדות וישבו על עניין אחד: וממה שצריך שתדעהו גם כן ותתעורר עליו, אופן החכמה בקריאת בני **אדם** קין והבל והיות קין הוא ההורג להבל **בשדה** ושהם יחד אבדו, אף על פי שנמחל לרוצח, ושלא התקים המציאות אלא לשת - כי[193] שת לי אלוקים זרע אחר" הנה כבר התאמת זה:

וממה שצריך שתדעהו ותתעורר עליו אמרו - ויקרא[194] האדם שמות וגו', לימדנו שהלשונות הסכמיות לא טבעיות כמו שכבר חשבו זה: וממה שצריך שתתבונן אליו, אלו הארבע מלות אשר באו בערך השמים לאלוה והם **ברא ועשה** וקנה **ואל** אמר - ברא[195] אלוקים את השמים ואת הארץ, ואמר -

---

187 גמרא יבמות קג ב

188 תלמוד ירושלמי ברכות ד ב

189 בראשית רבה טו ו

190 בראשית רבה טו ז

191 בראשית ב טו

192 ילקוט שמעוני בראשית ב טו

193 בראשית ד כה

194 בראשית ב כ

195 בראשית א א

ביום[196] עשות הוי"ה אלוקים ארץ ושמים, ואמר - קונה[197] שמים וארץ, ואמר - אל[198] עולם, ואמר - אלקי[199] השמים ואלוקי הארץ. אמנם אמרו - אשר[200] כוננתה, וטפחה[201] שמים, ונוטה[202] שמים, כל אלה יכללם **עשה**. אמנם מלת **יצירה**, לא באה כי יראה לי שה**יצירה** אמנם נופלת על עשות צורה ותואר או מקרה מן המקרים האחרים גם כן, כי הצורה והתואר גם כן מקרה ולזה אמר - יוצר[203] אור, מפני שהוא מקרה - ויוצר[204] הרים, מתארם וכן - ויצר[205] הוי"ה אלוקים וגו'. אמנם זה המציאות המיוחד לכלל העולם אשר הוא, השמים והארץ התיר עליו **ברא** שהוא אצלנו המצאה מהעדר, ואמר גם כן **עשה** לצורותיהם המיניות אשר נתנו להם, רצוני לומר טבעיים, ואמר בהם **קנה**, למשלו יתברך עליהם כמשול האדון על עבדיו ולזה נקרא - אדון[206] כל הארץ ו**האדון**, וכאשר לא יהיה **אדון**, אלא בשיהיה לו **קנין** וזה נוטה לצד האמנת קדמות חומר אחד, לפיכך אמר בהם מלת **ברא** ו**עשה**. ואמנם **אלוקי השמים** וכן **אל עולם**, הוא בבחינת שלמותו יתברך ושלמותם שהוא **אלוקים**, כלומר שופט והם נשפטים לא בעניין הממשלה, שזה הוא עניין קונה, ואמנם הוא בעניין בבחינת חלקו יתברך במציאות וחלקם שהוא האלוה לא הם, רצוני לומר השמים. ודע זה:

ואלו השיעורים הנה עם מה שקדם ועם מה שיבוא בזה העניין מספיקים כפי כוונת המאמר ולפי המעיין בו:

פרק לא

אולי כבר התבארה לך העילה בחזוק תורת השבת והיותה **בסקילה**, ואדון הנביאים הרג עליה, והיא שלישית למציאות האלוה והרחקת השניות, כי ההזהרה מעבוד זולתו אמנם היא ליישב היחוד. וכבר ידעת מדברי שהדעות, אם לא יהיו להם מעשים שיעמידום ויפרסמום ויתמידום בהמון לנצח לא יישארו. ולזה צוונו בתורה להגדיל זה היום עד שיתקיים יסוד חידוש העולם ויתפרסם במציאות כשישבתו בני האדם כולם ביום אחד וכשישאל מה עילת זה? ויהיה המענה - כי[207] ששת ימים עשה הוי"ה: וכבר באו בזאת המצווה

---

196 בראשית ב ד
197 בראשית יד יט
198 בראשית כא לג
199 בראשית כד ג
200 תהלים ח ד
201 ישעיהו מח יג
202 תהלים קד ב
203 ישעיהו מה ז
204 עמוס ד יג
205 בראשית ב ז
206 יהושע ג יא
207 שמות לא יז

שתי עילות מתחלפות מפני שהם לשני עלולים מתחלפים, וזה שהוא אמר בעילת הגדיל השבת **בעשר הדברות**' הראשונות אמר - כי ששת ימים עשה הוי"ה וגו', ואמר במשנה תורה - וזכרת[208] כי עבד היית במצרים וגו', על כן - צווך הוי"ה אלוקיך לעשות את יום השבת. וזה אמת. כי העלול במאמר הראשון הוא כבוד היום והגדילו כמו שאמר - על[209] כן ברך הוי"ה את יום השבת ויקדשהו, זהו העלול הנמשך לעילת - כי[210] ששת ימים וגו'. אמנם תתן לנו תורת השבת וצוותו אותנו לשמרו, הוא עלול נמשך לעילת היותו **עבדים במצרים** אשר לא היינו עובדים ברצוננו ובעת שחפצנו ולא היינו יכולים לשבות:

וצוינו בתורת השביתה והמנוחה, לקבץ שני העניינים האמנת דעת אמיתי והוא חידוש העולם המורה על מציאות האלוה בתחילת מחשבה ובעיון הקל, וזכור חסדי האלוה עלינו בהניחנו - מתחת[211] סבלות מצרים, וכאילו הוא חסד כולל באמת הדעת העיוני ותיקון העניין הגשמי:

פרק לב

דעות בני אדם בנבואה כדעתם בקדמות העולם וחידושו, אני רוצה בזה כי כמו שאלו שהתבאר אצלם מציאות האלוה יש להם שלש דעות בקדמות העולם, וחידושו, כחו שבארנו כן הדעות, עוד בנבואה שלש. ולא אפנה לדעת אפיקורוס שהוא לא יאמין מציאות אלוה, כל שכן שלא יאמין נבואה, ואמנם אכוון לזיכרון דעות מאמין האלוה בנבואה:

הדעת הראשון - והוא דעת המון הפתאים ממי שיאמין בנבואה וקצת המון אנשי תורתנו גם כן יאמינהו, והוא שהאלוה יתברך יבחר מי שירצה מבני אדם, וישרה בו הנבואה וישלחהו, אין הפרש בין שיהיה האיש ההוא אצלם חכם או סכל רב השנים או צעיר השנים אלא שהם יתנו בו גם כן קצת טוב ותיקון מידות, כי בני אדם עד עתה לא אמרו שישרה האלוה שכינתו על אדם רע אלא כשיחזירהו למוטב תחלה לפי זה הדעת:

והדעת השני - דעת הפילוסופים והוא שהנבואה, שלמות אחד בטבע האדם והשלמות ההוא לא יגיע לאיש מבני אדם אלא אחר לימוד יוציא מה שבכח המין לפועל אם לא ימנע מזה מונע מזגי או סבה אחת מחוץ, כמשפט כל שלמות שאפשר מציאותו במין אחד, שלא יתכן מציאות השלמות ההוא עד תכליתו וסופו בכל איש מאישי המין ההוא אבל באיש אחד ואי אפשר מבלתי זה בהכרח ואם היה השלמות ההוא ממה שיצטרך בהגעתו למוציא אי אפשר מבלתי מוציא. ולפי זה הדעת אי אפשר שינבא הסכל ולא יהיה האדם מלין

---

208 דברים ה יד

209 שמות כ י

210 שמות לא יז

211 שמות ו ו

בלתי נביא ומשכים נביא כמי שימצא מציאה. אבל העניין כן והוא שהאיש המעולה השלם בשכליותיו ובמדיותיו כשיהיה כוחו המדמה כפי מה שאפשר להיות מן השלמות ויזמין עצמו ההזמנה ההיא אשר תשמענה הוא יתנבא בהכרח שזה - שלמות הוא לנו בטבע. ולא יתכן לפי זה הדעת שיהיה איש ראוי לנבואה ויכין עצמו לה ולא יתנבא כמו שאי אפשר שיזון איש בריא המזג במזון טוב ולא יולד מן המזון ההוא דם טוב ומה שדומה לזה:

והדעת השלישי - והוא דעת תורתנו ויסוד דתנו הוא כמו זה הדעת הפילוסופי בעצמו אלא בדבר אחד - וזה שאנחנו נאמין שהראוי לנבואה המכין עצמו לה אפשר שלא יתנבא וזה - ברצון אלוקי. וזה אצלי הוא כדמות הנפלאות כולם ונמשך כמנהגם שהעניין הטבעי - שכל מי שהוא ראוי לפי בריאתו והתלמד לפי גידולו ולימודו שיתנבא, והנמנע מזה אמנם הוא כמי שנמנע מהניע ידו כירבעם או נמנע הראות כמחנה **מלך ארם** בעניין אלישע: אמנם היות יסודנו, ההכנה והשלמות במדיות ובמדבריות על כל פנים הוא אמרם - אין[212] הנבואה שורה אלא על חכם גיבור ועשיר, וכבר בארנו זה בפרוש **המשנה** ובחיבור הגדול והגדנו בהיות **בני הנביאים** מתעסקים תמיד בהכנה. אבל היות המכין עצמו נמנע ולא ינבא הנה תדע זה מעניין ברוך בן נריה שהוא הלך אחרי ירמיה ולמדו והכינו והיה מקוה להתנבא ונמנע כמו שאמר - יגעתי[213] באנחתי ומנוחה לא מצאתי, ונאמר לו על ידי ירמיהו - כה[214] תאמר אליו כה אמר הוי"ה וגו', ואתה תבקש לך גדולות אל תבקש, ואפשר לנו לומר שזה ביאור שהנבואה בחוק ברוך **גדולות**. וכן יאמר שאמרו - גם[215] נביאיה לא מצאו חזון מהוי"ה, מפני היותם **בגלות** כמו שנבאר. אלא שנמצא כתובים רבים מהם כתובי הספרים ומהם דברי **חכמים** כולם הולכים על זה היסוד והוא שהאלוה יביא להנבא מי שירצה מתי שירצה, אמנם לשלם המעולה בתכלית, אבל הפתיים מעמי הארץ אי אפשר זה אצלנו, רצוני לומר שינבא אחד מהם, אלא כאפשרות הינבא חמור או צפרדע. זה יסודנו שאי אפשר מבלתי ההתלמדות והשלמות, ואז יהיה האפשרות הנתלית בו גזירת האלוה: ולא יטעך אמרו - בטרם[216] אצרך בבטן ידעתיך ובטרם תצא מרחם הקדשתיך, כי זה עניין כל נביא אי אפשר לו מבלתי הכנה טבעית בעיקר יצירתו כמו שיתבאר. ואמנם אמרו - נער[217] אנכי, כבר ידעת קריאת העברים **יוסף הצדיק**, **נער** והוא בן שלושים שנה, וקרוא יהושע **נער** והוא קרוב לששים, והוא אמרו בעת מעשה העגל -

---

[212] גמרא שבת צב ע"א
[213] ירמיהו מה ג
[214] ירמיהו מה ה
[215] איכה ב ט
[216] ירמיהו א ה
[217] ירמיהו א ו

ומשרתו[218] יהושע בן נון נער לא ימיש וגו', **ומשה רבנו** אז בן אחת ושמונים, וכלל שניו מאה ועשרים, וחיה יהושע אחריו ארבע עשרה שנה, ושני יהושע מאה ועשר. הנה כבר התבאר שיהושע אז בן שבע וחמשים שנה לפחות, וקראו **נער**: ולא יטעך גם כן מה שבא ביעודים באמרו - אשפוך[219] את רוחי על כל בשר ונבאו בניכם ובנותיכם, כי כבר פרש זה והגיד מה תהיה הנבואה ההיא ואמר - זקניכם[220] חלומות יחלומון בחוריכם חזיונות יראו. כי כל מגיד בנעלם מצד הקסם והמשער או מצד מחשבה צודקת הוא גם כן יקרא **נביא**. ולזה יקראו **נביאי הבעל ונביאי האשרה**, נביאים, הלא תראה אמרו יתברך - כי[221] יקום בקרבך נביא או חולם חלום: ואמנם מעמד הר סיני, ואף על פי שהיו רואים כולם האש הגדולה שומעים הקולות הנוראות המפחידות על צד הפלא, לא הגיע למדרגת הנבואה אלא הראוי לה ועל מדרגות גם כן. הלא תראה אמרו - עלה[222] אל הוי"ה אתה ואהרן נדב ואביהו ושבעים מזקני ישראל, הוא ע"ה במדרגה העליונה כמו שאמר - ונגש[223] משה לבדו אל הוי"ה והם לא יגשו, ואהרן למטה ממנו, ונדב ואביהו, למטה מאהרן ושבעים זקנים, למטה מנדב ואביהו ושאר האדם, למטה מהם לפי שלמויותיהם. ואשר כתבו חכמים ז"ל - משה[224] מחיצה בפני עצמה ואהרן מחיצה בפני עצמה: ואחר שנתגלגל לנו זכר **מעמד הר סיני** נעיר על מה שיתבאר מן הפסוקים לפי ההסתכלות הנאות ומדברי החכמים ומהמעמד ההוא איך היה, בפרק נפרד:

פרק לג

יתבאר לי ש**במעמד הר סיני** לא היה כל המגיע למשה מגיע לכל **ישראל**, אבל הדיבור למשה לבדו. ולזה בא סיפור **עשר הדברות** כולו סיפור היחיד הנפרד, והוא ע"ה ירד לתחתית ההר ויגד לבני אדם מה ששמע, אמרה **התורה** - אנכי[225] עומד בין הוי"ה וביניכם בעת ההיא להגיד לכם את דבר הוי"ה, ואמר גם כן - משה[226] ידבר והאלוקים יעננו בקול, ובביאור אמרו **במכילתא** כי **כל דיבור ודיבור** היה משיבו להם כמו ששמע, וכתוב **בתורה** גם כן - בעבור ישמע העם בדברי עמך וגו', מורה כי הדיבור היה לו והם ישמעו הקול ההוא העצום. לא הבדל הדברים, ועל שמע הקול ההוא העצום

[218] שמות לג יא
[219] יואל ג א
[220] יואל ג א
[221] דברים יג ב
[222] שמות כד א
[223] שמות כד ב
[224] רש"י על שמות ה א
[225] דברים ה ה
[226] שמות יט יט

אמר - כשמעכם[227] את הקול, אמר - קול[228] דברים אתם שומעים ותמונה אינכם רואים זולתי קול, ולא אמר **דברים אתם שומעים**, וכל מה שבא משמע הדברים אמנם הנרצה בו שמע **הקול**, ומשה הוא אשר ישמע הדברים ויספרם להם. זהו הנראה מן **התורה**, ומרוב דברי החכמים ז"ל: אלא שיש להם גם כן מאמר כתוב בהרבה מקומות מן המדרשות והוא בתלמוד גם כן, והוא אמרם - אנכי[229] ולא יהיה לך מפי הגבורה שמעום, רוצים בזה שהם הגיעו אליהם כמו שהגיעו ל**משה רבינו** ולא היה משה רבינו מגיעם אליהם. וזה ששני אלו השורשים, רצוני לומר מציאות האלוה והיותו אחד, אמנם יושגו בעיון האנושי, וכל מה שיודע במופת משפט הנביא בו ומשפט כל מי שידעהו שווה אין יתרון, ולא נודעו שני השורשים האלה מצד הנבואה לבד, אמרה **התורה** - אתה[230] הראת לדעת וגו'. אמנם שאר הדברות הם מכת המפורסמות והמקובלות לא מכת המושכלות: ועם כל מה שזכרו גם כן מן העניין ההוא היוצא מן הכתובים ודברי **החכמים** הוא שלא שמעו כל **ישראל** במעמד ההוא, אלא **קול** אחד לבד פעם אחת והוא **הקול** אשר השיג משה וכל **ישראל** ממנו **אנכי** **ולא יהיה לך**, והשמיעו להם משה בדברו בהבדל אותיות נשמעות. וכבר זכרו החכמים זה וסמכוהו לאמרו - אחת[231] דיבר אלוקים שתים זו שמעתי, ובארו בראש מדרש חזית ברך שהם לא שמעו, קול אחר מאיתו יתברך, וכתוב בתורה - קול[232] גדול ולא יסף. ואחר שמוע **הקול** ההוא הראשון היה מה שנזכר מיראתם מן העניין ופחדם הגדול, מה שסופר מאמרם - ותאמרו[233] הן הראנו הוי"ה וגו', ועתה[234] למה נמות וגו', קרב[235] אתה ושמע וגו', ובא הוא הנכבד מכל נולד שנית וקיבל שאר **הדברות**, אחת אחת וירד למטה להר וישמיעם אותם במראה ההוא הגדול, והם יראו האש וישמעו הקולות, רצוני לומר הקולות ההם אשר הם **קולות וברקים** כראם **וקול שופר חזק**, וכל מה שתמצאהו מזיכרון שמע **קולות** רבים כמו שאמר - וכל[236] העם רואים את הקולות וגו', אמנם הוא **קול שופר** ורעמים וכיוצא בהם. אמנם **קול הוי"ה**, רצוני לומר הקול הנברא אשר ממנו הובן **הדבור**, לא שמעוהו אלא פעם אחת לבד, כמו שאמרה **התורה** וכמו שבארו החכמים במקום אשר העירותיך עליו, והוא **הקול** אשר **יצאה**

---

227 שמות יט ט
228 דברים ד יב
229 גמרא מכות כד א
230 דברים ד לה
231 תהלים סב יב
232 דברים ה יח
233 דברים ה כ
234 דברים ה כא
235 דברים ה כג
236 שמות כ יד

מורה חלק ב נבוכים

נשמתן בשמעו והשיגו בו **שתי הדברות הראשונות**: ודע שזה הקול גם כן אין מדרגתם בו שווה עם מדרגת **משה רבנו**. ואנכי אעירך על זה הסוד, ואודיעך שהוא עניין מקובל באומה ידוע אצל חכמיה, וזה שכל מקום שתמצא - **וידבר הוי"ה אל משה לאמר**, יתרגמהו אונקלוס - **ומלל הוי"ה**. וכן - **וידבר אלוקים את כל הדברים**, **ומלל הוי"ה** יתברך כל פתגמיא, אמנם מאמר **ישראל** למשה "**ואל**[237] **ידבר עמנו אלוקים**, תרגמו **ולא יתמלל עמנא מן קדם הוי"ה**, הנה הבדיל לך עליו השלום הכלל אשר הבידלנוהו. ואלו העניינים הנפלאים הגדולים, כבר ידעת שאונקלוס קבלם מפי רבי אליעזר ורבי יהושע, אשר הם **החכמים שבישראל** כמו שבארו: ודעהו וזכרהו, שאי אפשר שיכניס אדם בעצמו ל**מעמד הר סיני** ביותר מזה השיעור אשר זכרוהו שהוא, מכלל **סתרי תורה**. ואמיתת ההשגה ההיא ואיך היה העניין בה, נעלם ממנו מאד כי לא קדם כמותו ולא יתאחר. ודעהו:

פרק לד

זה הכתוב אשר בא בתורה, והוא אמרו - הנה[238] אנכי שולח מלאך לפניך וגו', ענינו הוא מה שהתבאר ב**משנה תורה** שהאלוה אמר למשה במעמד הר סיני - נביא[239] אקים להם וגו'. והראיה על זה אמרו בזה המלאך - השמר[240] מפניו ושמע בקולו וגו', ואין ספק שזאת הצואה אמנם היא להמון בני האדם והמון בני האדם לא יראה להם ה**מלאך** ולא יצום ולא יזהירם עד שיצטוו שלא ימרוהו, ואמנם עניין זה המאמר, שהוא יתברך הודיעם שיקום נביא להם שיבואהו **מלאך** ידבר עמו ויצוהו ויזהירהו, והזהירנו האלוה ממרוד ב**מלאך** ההוא אשר יגיע לנו הנביא דברו, כמו שבאר ב**משנה תורה** ואמר - אליו[241] תשמעון, ואמר - והיה[242] האיש אשר לא ישמע אל דברי אשר ידבר בשמי וגו', והוא ביאור אמרו - כי[243] שמי בקרבו: ואמנם זה כולו, להודיע להם שזה המראה הגדול אשר ראיתם אותו, רצוני לומר **מעמד הר סיני**, אינו עניין מתמיד עמכם ולא יהיה בעתיד כמותו ולא יהיה תמיד לא **אש** ולא **ענן** כמו שהוא עתה **על המשכן תמיד**, ואמנם יכבוש לכם הערים ויזמן להם הארץ ויודיעכם מה שתעשוהו, **מלאך** שאשלחהו לנביאכם וילמדכם מה שצריך לעשות ומה שראוי להישמר ממנו: ובזה ניתן היסוד אשר לא סרתי לבארו תמיד והוא, שכל נביא בלתי **משה רבינו** תבואהו הנבואה על ידי **מלאך**, ודעהו:

---

237 שמות כ א

238 שמות כג כ

239 דברים יח יח

240 שמות כג כא

241 דברים יח טו

242 דברים יח יט

243 שמות כג כא

פרק לה

כבר בארתי לבני האדם כולם הארבעה הבדלים אשר נבדלה בהם נבואת **משה רבנו** מנבואת שאר הנביאים, והבאתי ראיה על זה וגליתיו בפרוש **המשנה** וב**משנה תורה**, ואין צורך להשיבו ואינו מעניין המאמר: ואשר אודיעך אותו כי כל דבר שאומר אותו בנבואה בפרקי זה המאמר אמנם הוא בצורת נבואת כל הנביאים אשר לפני משה, ואשר יבואו אחריו אמנם נבואת **משה רבנו** לא אדבר בה באלו הפרקים אפילו מלה אחת לא בביאור ולא ברמיזה. והוא ששם **נביא** אמנם יאמר אצלי על משה ועל זולתו בסיפוק. וכן העניין אצלי עוד בנפלאותיו ונפלאות זולתו כי אותותיו אינם מכת נפלאות שאר הנביאים: אמנם ראית התורה על היות נבואתו נבדלת מכל מי שקדמו היא אמרו - וארא[244] אל אברהם וגו', ושמי הוי"ה לא נודעתי להם, הנה כבר הודיענו שהשגתו אינה כהשגת **האבות** אבל יותר גדולה, כל שכן השגת זולתם ממי שקדם. ואמנם הבדלה מנבואת כל מי שיתאחר הוא אמרו על צד ההגדה - ולא[245] קם נביא עוד בישראל כמשה אשר ידעו הוי"ה פנים אל פנים, הנה כבר התבאר שהשגתו נבדלת מהשגת כל מי שיתאחר אחריו **בישראל**, אשר הם - ממלכת[246] כהנים וגוי קדוש, ובתוכם[247] הוי"ה, וכל שכן בשאר האומות.

ואמנם הבדל מופתיו על הכלל ממופתי כל נביא על הכלל, כי כל הנפלאות אשר עשאום הנביאים או נעשו להם הגידו בהם יחידים מבני אדם כאותות אליהו ואלישע. והלא תראה **מלך ישראל** תמה מהם וישאל גחזי שיגידם לו כמו שאמר - ספרה[248] נא לי את כל הגדולות אשר עשה אלישע, ויהי הוא מספר וגו', ויאמר גחזי אדוני המלך זאת האשה וזה בנה אשר החיה אלישע, וכן אותות כל נביא זולת **משה רבנו**. ולזה הגידה התורה עליו גם כן שלא יקום נביא לעולם שיעשה אותות בפרהסיא לעיני הנאות לו והחולק עליו כמו שעשה משה והוא אמרו - ולא[249] קם נביא עוד וגו', לכל האותות והמופתים וגו', לעיני כל ישראל. שהוא קשר הנה שני העניינים יחד שלא יקום מי שישיג כהשגתו ולא מי שיעשה כמעשיו, ואחר כן באר שהאותות ההם היו - לפרעה[250] ולכל עבדיו ולכל ארצו, החולקים עליו והיו גם כן בפני **כל ישראל** הנמשכים אחריו **לעיני כל ישראל**, וזה דבר לא נמצא לנביא לפניו, וכבר קדמה הגדתו הצודקת שלא יהיה זה לזולתו: ולא יטעך מה שבא

---

[244] שמות ו ג
[245] דברים לד י
[246] שמות יט ו
[247] במדבר טז ג
[248] מלכים-ב ח ד-ה
[249] דברים לד י-יא
[250] דברים לד יא

מעמידת אור השמש ליהושע השעות ההם - ויאמר[251] לעיני ישראל, כי לא יאמר **כל ישראל** כמו שבא במשה. וכן אליהו **בהר הכרמל** בפני אנשים מועטים. ואמנם אמרתי **השעות ההם** מפני שיראה לי באמרו - כיום[252] תמים, שהוא כיום הגדול שיהיה, כי **תמים** שלם כאילו אמר שהיום ההוא היה אצלם בגבעון כגדול שבימי בהקיץ שם: ואחר שתבדיל לי בשכלך נבואת משה ומופתיו, שהפלגת ההשגה ההיא כהפלגת הפעולות ההם, ותאמין שזאת מדרגה נקצר להשיגה על אמיתתה תשמע מאמרי באלו הפרקים כולם בנבואה ובמדרגות הנביאים בה, כל זה אחר זאת המדרגה. וזה היה עניין הפרק:

פרק לו

דע, כי אמיתת הנבואה ומהותה הוא שפע שופע מאת האלוה יתברך ויתברך, באמצעות השכל הפועל על הכח הדברי תחלה, ואחר כן ישפע על הכח המדמה. וזאת היא היותר עליונה שבמדרגות האדם ותכלית השלמות אשר אפשר שימצא למינו, והעניין ההוא הוא תכלית שלמות הכח המדמה, וזה עניין אי אפשר בכל איש בשום פנים ואינו עניין יגיע אליו בשלמות בחכמות העיוניות והטבת המידות, ואפילו יהיו כולם בתכלית מה שיוכלו להיות מן הטוב והנאה שבהם, עד שיחובר אל זה שלמות הכח המדמה בעיקר היצירה בתכלית מה שאפשר. וכבר ידעת ששלמות אלו הכוחות הגופיות אשר מכללם, הכח המדמה אמנם הוא נמשך לטוב שבמזגים שיהיה לאבר ההוא הנושא לכח ההוא ולטוב שבשיעורים שיהיה לו ולזכה שבלחות שתהיה לו. וזה עניין אי אפשר שיתמלא חסרונו בהנהגה בשום פנים, כי האבר שמזגו רע בשורש היצירה תכלית ההנהגה המשווה לו, שתעמידהו על קצת בריאות לא שתחזירהו למעולה שבתכונותיו. אמנם אם יהיה חליו בשיעורו או בהנחתו או בעצמו, רצוני לומר עצם החומר אשר נתהווה ממנו, זה מה שאין תחבולה בו. ואתה יודע זה כולו ואין תועלת להאריך בביאורו:

וכבר ידעת עוד פעולות זה הכח המדמה מזכור המוחשים והרכבתם והחיקוי אשר בטבעו ושהגדולה שבפעולותיו והנכבדת שבהם, אמנם תהיה בנוח החושים ובביטולם מפעולותיהם אז ישפע עליו קצת שפע כפי ההכנה. הוא הסיבה בחלומות הצודקות, והוא בעצמו סיבת הנבואה, ואמנם יתחלף ברב או במעט לא במין. כבר ידעת המשך מאמרם - חלום[253] אחד מששים בנבואה, ולא ייפול השיעור בין שני דברים מתחלפים במין אין ראוי שיאמר - **שלמות האדם כך וכך פעמים משלמות הסוס**. וכבר השיבו זה העניין

---

[251] יהושע י יב

[252] יהושע י יג

[253] גמרא ברכות נז ב

בבראשית רבה ואמרו - נובלת[254] נבואה חלום - וזה דימוי נפלא. וזה כי **הנובלת** הוא **הפרי** בעצמו ואישו אלא שנפל קודם שלמותו וקודם שיתבשל, כך פועל הכח המדמה בעת השנה הוא פעולתו בעת הנבואה אלא שיש בו קצור ולא הגיע אל תכלית. ולמה נודיעך זה מדבריהם זכרונם לברכה ונניח כתובי **התורה** - אם[255] יהיה נביאכם הוי"ה במראה אליו אתודע בחלום אדבר בו, הנה כבר הגיד לנו יתברך אמיתת הנבואה ומהותה, והודיענו שהיא שלמות יבוא **בחלום** או **במראה**, **ומראה** נגזר מן **ראה**, והוא שיגיע לכח המדמה משלמות הפועל עד שיראה הדבר כאילו הוא מחוץ ויהיה העניין אשר יראהו כאילו בא לו על דרך ההרגשה היוצאת. ואלו שני החלקים בהם, מדרגות הנבואה כולם כמו שיתבאר, רצוני לומר **במראה** או **בחלום**. וכבר נודע שהעניין אשר יהיה האדם בעת יקיצתו והשתמש חושיו מתעסק בו מאד שוקד עליו נכסף לו, הוא אשר יעשה הכח המדמה בו בעת השנה בהשפיע השכל עליו כפי הכנתו. והמשל בזה והרבות המאמר בו מותר שזה העניין מבואר כבר ידעהו כל אדם והוא דומה להשגת החושים אשר לא יחלק בה שום אדם משלמי הדעת המוטבעת באדם: ואחר אלו ההקדמות תדע כי כשיהיה איש מן האנשים עצם מוחו בעיקר בריאתו - על תכלית שוויו בזכות חומרו ומזגו המיוחד בכל חלק מחלקיו ובשיעורו והנחתו ולא ימנעוהו מונעים מזגיים מפני אבר אחר, ואחר כן האיש ההוא למדוה תחכם עד שיצא מן הכח אל הפועל והיה לו שכל אנושי על שלמותו ותמותו ומדות אנושיות טהורות שוות והיו תשוקותיו כולם, לדעת סודות זה המציאות וידיעת סיבותיו ומחשבתו לעולם נשקפת לעניינים הנכבדים והשגחתו אמנם היא בידיעת האלוה ובחינת פעולותיו ומה שצריך שיאמן בזה, ויהיה מי שכבר התבטלה מחשבתו ופסקה תשוקתו לעניינים הבהמיים, רצוני לומר בחירת תענוג המאכל והמשתה והמשגל, ובלבד החוש הממשש אשר באר אריסטו במידות, ואמר בשזה החוש חרפה לנו, ומה טוב מה שאמר, כי באמת הוא חרפה מפני שהוא לנו מאשר אנחנו בעלי חיים לא דבר אחר כשאר הבהמות ואין בו דבר מעניין האנושות, אמנם שאר התענוגים החושיים כריח והשמע והראות, ואף על פי שהם גשמיים, הנה ימצא בהם עת אחת תענוג לאדם מאשר הוא אדם כמו שבאר זה אריסטו, וכבר נתגלגל המאמר במה שאינו מן העניין אלא שהוא צריך אליו כי רוב מחשבות הנודעים מאנשי החכמה נטרדות בהנאות זה החוש ונכספות אליו, ויפליאו עם זה איך לא ינבאו אם תהיה הנבואה ממה שבטבע, וכן ראוי עוד שיהיה זה האיש כבר נתבטלה מחשבתו ופסקה תשוקתו לרשות ולשררות שאינם אמיתיות, רצוני לומר בקשת הניצוח או הגדיל העם לו והמשיך כבודם אליו ועבודתם מפני זה לבדו, אבל יראה האנשים כולם כפי ענייניהם אשר הם לפי העניינים

[254] בראשית רבה יז ז

[255] במדבר יב ו

ההם בלא ספק כבהמה או כחיה אשר לא יחשוב השלם המתייחד כשיחשוב בהם אלא בצד הנצל מהיזק המזיק מהם, כשיזדמן לו עמהם השתתפות או לקבל תועלת במה שיוקבל בו תועלת מהם, אם יצטרך אליו לצורך מצרכיו, והאיש אשר זה תארו אין ספק כשיעשה כוחו המדמה אשר הוא בתכלית השלמות וישפע עליו מן השכל כפי שלמותו העיוני, שלא ישיג אלא עניינים אלוקיים נפלאים מאד ולא יראה זולת האלוה ומלאכיו ולא ישער ולא תהיה לו ידיעה אלא בעניינים הם דעות אמתיות והנהגות כוללות לתיקון בני האדם קצתם עם קצתם: וידוע שאלו השלושה עניינים אשר כללנום, והם שלמות הכח הדברי בלימוד, ושלמות הכח המדמה ביצירה, ושלמות המידות בבטול המחשבה בכל התענוגים הגופיים, והסר התשוקה למיני ההגדלות השכליות הרעות, יש בהם בין השלמים יתרון רב בזה על זה מאד, ולפי זה היתרון בכל עניין משלשת העניינים האלה יהיה יתרון מדרגות הנביאים כולם זו על זו: וכבר ידעת כי כל כח גופני ייחלש וילאה ויופסד עת ויבריא עת אחרת, וזה הכח המדמה, כח גופני בלא ספק, ולזה תמצא הנביאים תתבטל נבואתם בעת האבל או בעת הכעס וכיוצא בהם. כבר ידעת אמרם - אין[256] הנבואה שורה לא מתוך עצבות ולא מתוך עצלות, ושיעקב **אבינו** לא באתו נבואה כל ימי אבלו להתעסק כוחו המדמה בהיפקד יוסף, ושמשה עליו השלום לא באתהו נבואה כבואה מקודם מאחר תאונת המרגלים, עד שמתו כל **דור המדבר**, בעבור שנלאה לסבלם לרוב תלונותיהם, ואף על פי שהוא עליו השלום לא היה לכח המדמה בנבואתו מבוא אבל שפע השכל עליו מבלתי אמצעיותו, כמו שזכרנו פעמים שהוא לא יתנבא במשל כשאר הנביאים. והנה יתבאר זה ואין עניין הפרק: וכן עוד תמצא קצת הנביאים נבאו מידת זמן אחת ואחר כן נפסקה הנבואה מהם ולא התמידה להם בעבור מקרה שנתחדש. ולא היא הסיבה העצמית הקרובה בהפסק הנבואה בזמן **הגלות** בלא ספק כלומר **עצלות** או **עצבות** שיהיה לאדם, בעניין מן העניינים יותר רע מיהותו עבד נקנה נעבד לסכלים הזונים אשר קבצו העדר הדיבר האמיתי ותגבורת כל התאוות הבהמיות ואין לאל ידך. ובזה יעדנו רע והוא אשר רצה באמרו - ישוטטו[257] לבקש את דבר הוי"ה ולא ימצאו, ואמר - מלכה[258] ושריה בגוים אין תורה גם נביאיה לא מצאו חזון מהוי"ה, וזה אמת מבואר העילה כי הכלי כבר נתבטל. והוא הסיבה גם כן בשוב הנבואה לנו על מנהגה לימות המשיח מהרה יגלה כמו שיעד:

פרק לז

צריך שתתעורר על טבע המציאות בזה השפע האלוקי המגיע אלינו אשר

---

[256] רמב"ם, הלכות יסודי התורה ז ח

[257] עמוס ח יב

[258] איכה ב ט

בו נשכיל ויהיה יתרון שכלינו זה על זה, והוא שאפשר שישיג ממנו מעט לאיש אחד ויהיה שיעור הדבר ההוא המגיע לו שיעור שישלימהו לא זולת זה, ואפשר שיהיה הדבר המגיע אל האיש שיעור שישפע משלמותו להשלים זולתו. כמו שקרה העניין בנמצאות כולם אשר מהם - שהגיע לו מן השלמות מה שינהיג בו זולתו ומהם - שלא יגיע לו מן השלמות אלא כשיעור שיהיה מנהיג בו עצמו ולא זולתו כמו שבארנו: ואחר זה תדעך שזה השפע השכלי כשיהיה שופע על הכח הדברי לבד ולא ישפע דבר ממנו על הכח המדמה אם למיעוט הדבר השופע או לחסרון היה במדמה בעיקר הבריאה ולא יוכל לקבל שפע השכל, שזה הוא כת החכמים בעלי העיון. וכשיהיה השפע ההוא על שני הכוחות יחד, רצוני לומר הדברי והמדמה כמו שבארנו ובאר זולתנו מן הפילוסופים, והיה המדמה על תכלית שלמות ביצירה זהו כת הנביאים. ואם יהיה השפע על המדמה לבד ויהיה קיצור הדברי עם מעיקר היצירה או למיעוט התלמדות זאת הכת הם מנהיגי המדינות מניחי הנימוסים והקוסמים והמנחשים ובעלי החלומות הצודקות, וכן העושים הפליאות בתחבולות הזרות והמלאכות הנעלמות, עם היותם בלתי חכמים, הם כולם מזאת הכת השלישית: וממה שצריך שיתאמת אצלך הוא שקצת אנשי זאת הכת השלישית יתחדשו להם דמיונות נפלאים וחלומות וטרופים בעת היקיצה בדמות **מראה נבואה** עד שיחשבו בעצמם שהם נביאים ויפלאו מאד במה שישיגוהו מהדמיונות ההם ויחשבו שכבר הגיעו להם חכמות לא בלימוד ויבואו בבלבולים גדולים בעניינים העצומים העיוניים ויתערבו להם העניינים האמיתיים בעניינים הדמיוניים ערוב נפלא, כל זה לחוזק הכח המדמה וחולשת הדברי מפני שלא עלה בידו דבר, רצוני לומר שלא יצא לפועל:

וידוע שבכל כת משלש הכיתות האלה יתרון רב מאד, וכל כת משתי הכתות הראשונות תחלק לשני חלקים כמו שבארנו - וזה שהשפע המגיע לכל כת משתיהם יהיה אם בשיעור שישלימהו לא זולת זה או בשיעור שיעדיף משלמותו מה שישלים בו זולתו. והכת הראשונה - והם החכמים, אפשר שיהיה השופע על כח האיש מהם הדברי כשיעור שישימהו בעל חקירה והבנה וידע ויכיר ולא יתנועע ללמד לזולתו ולא לחבר ולא ימצא לזה תשוקה ואין לו עליו יכולת, ואפשר שיהיה השופע עליו כשיעור שיניעהו בהכרח לחבר וללמד. כן העניין בכת השנית אפשר שייבאוהו מן הנבואה מה שישלים הנביא לא זולת זה, ואפשר שייבאוהו ממנה מה שחייב לו שיקרא האנשים וילמדם וישפיע עליהם משלמותו: הנה כבר התבאר לך כי לולא זה השלמות הנוסף לא היו החכמות מחוברות בספרים ולא היו הנביאים מפייסים בני אדם לדעת האמת, כי לא יחבר חכם דבר לעצמו ללמד עצמו מה שכבר ידע, אבל טבע זה השכל כן הוא שישפיע לעולם וימשך ממקבל זה השפע למקבל אחר אחריו עד שיגיע אל איש אי אפשר שיעברהו השפע ההוא אבל ישלימהו לבד, כמו שבארנו בקצת פרקי זה המאמר: וטבע

זה העניין מחייב למי שהגיע לו זה השיעור הנוסף מן השפע שיקרא בני אדם על כל פנים יקובל ממנו או לא יקובל, ואפילו יזיק בעצמו. עד שאנחנו נמצא נביאים קראו בני אדם עד שנהרגו והשפע ההוא האלוקי יניעם ולא יניחם לשקוט ולא לנוח בשום פנים ואפילו הגיעו לרעות גדולות. ולזה תמצא ירמיה, עליו השלום כי כשהגעהו מבזיון המורים והכופרים ההם אשר היו בזמנו השתדל לסתום נבואתו ולא לקראם אל האמת אשר מאסוהו ולא היה יכול לסבול זה, ואמר - כי[259] היה דבר הוי"ה לי לחרפה ולקלס כל היום, ואמרתי לא אזכרה ולא אדבר עוד בשמו והיה בלבי כאש בוערת עצר בעצמותי ונלאיתי כלכל ולא אוכל. וזה עניין מאמר הנביא האחר - אדוני[260] הוי"ה דיבר מי לא ינבא. ודע זה:

פרק לח

דע כי כל בני אדם, כח גבורה בהכרח ולולא זה לא התנועע במחשבתו לדחות מה שיזיקהו, וזה הכח בכוחות הנפשיות אצלי כדמות הכח הדוחה בכוחות הטבעיות. וכח הגבורה הזה יתחלף בחזק ובחולשה כשאר הכוחות עד שאתה תמצא מן האנשים מי שיתגבר על האריה ומהם מי שיברח מן העכבר, ותמצא האחד אשר יתגבר על המחנה וילחם עמו ותמצא מי אשר אם תזעק אישה עליו, יפחד וירעד. ואי אפשר גם כן מבלתי היות שם הכנה מזגית בעיקר היצירה ויוסיף זה ויצא מה שבכח בהוצאה ולפי דעת אחת, וכן יחסר גם כן במעוט העשיה ולפי דעת אחת. ומשני הנערות יתבאר לך בנערים יתרון זה הכח בהם או חולשתו:

וכן כח המשער הזה הוא נמצא בכל האנשים ויתחלף במעט וברב, וכל שכן בעניינים אשר לאדם בהם השגחה גדולה ומחשבתו משוטטת בהם. עד שאתה תמצא בעצמך שפלוני כבר אמר כך או עשה כך בעניין בפלוני, ויהיה העניין כך. ותמצא מבני אדם יש דמיונו ומשערו חזק מאד נכון עד שאפשר שכל אשר ידמה היותו יהיה כמו שידמה או יהיה קצתו. וסיבות זה רבות מעניינים רבים קודמים ומתאחרים והוים. אלא שמכח זה המשער יעבור השכל על ההקדמות ההם כולם ויולידו מהם בזמן מועט עד שיחשב ושזה בלא זמן. ובזה הכח יגידו קצת בני אדם עתידות עצומות: ואי אפשר מבלתי היות שתי הכוחות האלה בנביאים חזקות מאוד, רצוני לומר כח הגבורה וכח המשער ובהשפיע השכל עליהם יחזקו שתי הכוחות האלה מאד מאד עד שהגיע זה למה שידעת והוא שהתגבר איש אחד במקלו על המלך הגדול להציל אומה מתחת עבודתו ולא פחד ולא ירא זה באשר נאמר לו - כי[261] אהיה עמך. וזה עניין יתחלף גם כן בהם אלא שאי אפשר מבלעדיו כמו

259 מ"ג ירמיהו כ ח-ט
260 עמוס ג ח
261 שמות ג יב

שנאמר לירמיהו - אל[262] תירא מפניהם וגו', אל תחת מפניהם וגו', הנה נתתיך היום לעיר מבצר וגו', וליחזקאל נאמר - אל[263] תירא מהם ומדבריהם. וכן תמצא כולם עליהם השלום, הייתה בהם גבורה גדולה. וביתרון כח המשער גם כן בהם יגידו העתידות במהרה, ויתחלף זה גם כן בהם כמו שידעת: ודע כי הנביאים האמיתיים יגיעו להם השגות עיוניות בלא ספק לא יוכל האדם בעיון לבד להשיג הסיבות אשר יתחייב מהם הידוע ההוא. ודומה לזה, הגידם דברים לא יוכל האדם בסברה ובמשער הכולל לבד שיגידם, שהשפע ההוא בעצמו אשר שפע על הכח הדמיוני עד שהשלימו עד שהגיע מפעולתו שיגיד מה שיהיה וישיגהו, כאילו הם עניינים כבר הרגישו בהם החושים והגיעו אל זה הכח המדמה מצד החושים, הוא גם כן ישלים פועל הכח הדברי עד שיגיע מפעולתו, שידע עניינים נאמני המציאות ותגיע לי זאת ההשגה כאילו השיגה מהקדמות עיוניות:

זה הוא האמת אשר יאמינהו מי שיבחר להודות באמת, כי הדברים כולם יעידו קצתם על קצתם ויורו קצתם על קצתם. וזה צריך שיהיה בכח הדברי יותר, שאמיתת שפע השכל הפועל אמנם הוא עליו והוא יוציאהו לפועל ומן הכח המדבר יגיע השפע לכח המדמה. ואיך יגיע משלמות הכח המדמה זה השיעור והוא השגת מה שלא יגיע אליו מן החושים ולא יגיע כמו זה לכח הדברי והוא השגת מה שלא השיגהו בהקדמות ותולדה ומחשבה, וזהו אמיתת עניין הנבואה והדעות ההם הם אשר ייחד בהם לימוד הנבואה: ואמנם התניתי באמרי **הנביאים האמיתיים** בעבור שאנצל מאנשי הכת השלישית אשר אין להם דבריות כלל ולא חכמה אלא דמיונות ומחשבות לבד. ואולי העניינים ההם אשר ישיגום האנשים ההם הם דעות היו להם ונשארו רישומיהם חקוקים בדמיונם עם כל מה שבכוחם המדמה, וכאשר בטלו דמיונות רבים והשביתום נשארו רישומי הדעות ההם לבד ויראו להם ויחשבום כאילו הם דברים מתחדשים ועניין בא מחוץ. ומשלם אצלי, כאדם שיש עמו בבית אלף אישים מבעלי החיים ויצא כל מי שבבית ההוא מלבד איש אחד שהיה בכלל מי שבבית, וכאשר נשאר האדם ההוא עם האיש ההוא לבדו חשב שעתה נכנס עליו בבית, ואין העניין כן אבל הוא מכלל מי שלא יצא: וזה מקום מן המקומות המטעים הממיתים וכמה מתו בו מן המחזיקים עצמם בחכמים ומפני זה תמצא אנשים אמתו דעותיהם בחלומות שחלמו אותם וחשבו שזה הנראה בשנה הוא דבר מבלתי הדעת אשר האמינוהו או שמעוהו בעת היקיצה: ולזה צריך שלא ישגיח אדם למי שלא ישלח כוחו הדברי ולא הגיע לתכלית השלמות העיוני, כי המגיע ההוא אל השלמות העיוני הוא שאפשר שיגיע אל ידיעות אחרות באמצעות שפע השכל האלוקי

---

262 ירמיהו א ח

263 יחזקאל ב ו

עליו והוא אשר הוא נביא באמת. כבר בא הביאור בזה - ונביא[264] לבב חכמה, יאמר שהנביא באמת, הוא **לבב חכמה**. וזה גם כן ממה שצריך שיודע:

פרק לט

ואחר שדברנו במהות הנבואה והודענו אמיתתה ובארנו שנבואת **משה רבנו** נבדלת מנבואת זולתו, נאמר שעל ההשגה ההיא לבדה נתחייבה הקריאה אל התורה. וזה שזאת הקריאה שקרא **משה רבנו** לנו לא קדמה כמותה לאחד ממי שקדם מאדם אליו, ולא התאחרה אחריו קריאה כמותה לאחד מנביאינו, וכן יסוד תורתנו שלא יהיה בלתה לעולם. ולזה לפי דעתנו לא הייתה שם תורה ולא תהיה בלתי תורה אחת והיא - תורת **משה רבנו**. וביאור זה לפי מה שכתוב בספרי הנביאים בא בקבלה הוא שכל מי שקדם למשה רבנו מן הנביאים **כאבות** ושם עבר ונח ומתושלח וחנוך לא אמר אחד מהם כלל לכת מבני אדם שהאלוה שלחני אליכם וצווני שאומר לכם כך וכך והזהירכם מעשות כך וכך וציווה אתכם לעשות כך, זה דבר שלא העידו בו כתובי **התורה** ולא באה בו הגדה אמיתית אבל הייתה באה אליהם נבואה מהאלוה כמו שבארנו. ומי שהרבה עליו השפע ההוא כאברהם קיבץ אנשים וקראם על צד הלימוד והישרה אל האמת שכבר השיגו כמו שהיה אברהם מלמד בני אדם ומבאר להם במופתים עיוניים שיש לעולם אלוה אחד לבדו ושהוא ברא כל מה שזולתו ושאין צריך שיעבדו אלו הצורות ולא דבר מן הנבראים, וירגיל בני האדם אל זה וימשכם בסיפורים נאים והיטב להם, לא שאמר אליהם כלל שהאלוה שלחני אליכם וצוני והזהירני, עד שהוא כאשר צווה למול הוא ובניו ועבדיו מל אותם ולא קרא בני אדם על זה על דרך קריאת הנבואה, הלא תראה לשון **התורה** בו - כי[265] ידעתיו וגו', הנה כבר התבאר שעל צד המצווה לבד יעשה. וכן יצחק ויעקב ולוי וקהת ועמרם על זאת הצורה היו קוראים בני האדם. וכן תמצא **החכמים** אומרים במי שקדמהו מן הנביאים - בית[266] דינו של עבר בית דינו של מתושלח מדרשו של מתושלח, כולם עליהם השלום אמנם היו נביאים, ילמדו בני אדם על דרך דורשים ומלמדים ומישרים לא שיאמרו - ויאמר הוי"ה אלי דבר אל בני פלוני: כן היה העניין קודם **משה רבנו**, אבל משה כבר ידעת מה שנאמר לו ומה שאמר ומאמר העם לו - היום[267] הזה ראינו כי ידבר אלוקים וגו'. אמנם כל נביא ממנו שהיה אחר **משה רבנו** כבר ידעת דברי ענייניהם כולם והיותם כדמות המזהירים לבני האדם קוראים אותם לשמור תורת משה, מיעדים הרע למניח אותה ומיעדים הטוב למי שהתיישר להמשך אחריה. וכן נאמין שכן

---

264 תהלים צ יב

265 בראשית יח יט

266 הרמב"ם, ספר המדע, הלכות עכו"ם פ"א ב

267 דברים ה כ

יהיה העניין תמיד כמו שאמר - לא[268] בשמים היא וגו', לנו[269] ולבנינו עד עולם. וכן ראוי שיהיה כי הדבר השלם בתכלית מה שאפשר במינו אי אפשר שימצא זולתו במינו אלא חסר מן השלמות ההוא אם בתוספת או בחסרון, כמזג השווה אשר הוא תכלית שווי המין ההוא, כי כל מזג יוצא מן השווי ההוא יהיה בו חסרון או תוספת. כן העניין בזאת התורה כמו שבאר משוויה ואמר - חוקים[270] ומשפטים צדיקים, וכבר ידעת שעניין **צדיקים** – שווים. וזה שהם עבודות אין טורח בהם ולא תוספת, כעבודת המתבודד בהרים הפורש עצמו מן הבשר והיין ודברים רבים מצרכי הגוף וכטלטול לעבודה וכיוצא בהם. ולא חסרון שיביא אל זוללות ואל שטיפה בזימה עד שיחסר שלמות האדם במידותיו ועיונו כשאר נימוסי האומות הסכלות: וכשנדבר בזה המאמר בתת עילת טעמי המצוות יתבאר לך משוויה וחכמתה מה שצריך שיתבאר. ולזה נאמר בה - תורת[271] הוי"ה תמימה. אבל מי שיחשוב שטרחה גדול וקשה ושבה, צער גדול, כל זה טעות בהתבוננות, והנה אבאר אחר זה קלותה באמת אצל השלמים. ולזה אמר - מה[272] הוי"ה אלקיך שואל מעמך וגו', ואמר - המדבר[273] הייתי לישראל וגו'. אלא זה כולו בערך לחשובים, אמנם אנשי העולה והחמס וההתגברות המזיק מן הדברים אצלם והקשה שבהם שיהיה שם שופט ימנע ההתגברות. וכן בעלי התאווה והיצר הפחותים, הקשה שבדברים אצלם מנוע לכתם בשרירות לבם בזנות ולקחת הדין מעושהו. וכן כל חסר יראה שמניעת הרע אשר יבחרהו לפי גנות מידותיו, טורח גדול. ואין להקיש קלות התורה וקשיה לפי תאוות כל רע פחות בעל מידות מגונות. ואמנם תבחן לפי השלם מבני האדם אשר כוונת זאת התורה, שיהיו בני האדם כולם כמו האיש ההוא. זאת התורה לבד היא אשר נקראה תורה אלוקית. אמנם זולתה מן ההנהגות המדיניות כנימוסי היונים והזיות **הצאבה** וזולתם, כל זה מפעולות אנשים מנהיגים לא נביאים כמו שביארתי פעמים:

פרק מ

כבר התבאר תכלית הבאות שהאדם, מדיני בטבע ושטבעו שיהיה מתקבץ ואינו כשאר בעלי החיים אשר אין לו הכרח להתקבץ. ולרוב ההרכבה בזה המין מפני שהוא המורכב האחרון כמו שידעת, היה ההבדל רב בין אישיו עד שאפשר שלא תמצא שני אנשים מסכימים במין ממיני המידות כמו שלא תראה צורותיהם הנראות, שוות. ועילת זה התחלף המזג ויתחלפו החומרים

[268] דברים ל יב
[269] דברים כט כח
[270] דברים ד ח
[271] תהלים יט ח
[272] דברים י יב
[273] ירמיהו ב לא

ויתחלפו גם כן המקרים הנמשכים אחר הצורה - כי לכל צורה טבעית קצת מקרים מיוחדים נמשכים אחריה בלתי המקרים הנמשכים אחר החומר. ואין כיוצא בזה ההתחלפות האישי הגדול נמצא באחד ממיני בעלי החיים, אבל ההתחלפות בין אישי כל מין מתקרב מלבד האדם. שאתה תמצא שני אישים ממנו, כאילו הם משני מינים בכל מידה, עד שתמצא אכזריות איש תגיע עד שישחט צעיר בניו מרוב הכעס ואחר יחמול על הריגת כינה או תולעת אחת וירך לבו מזה, וכן ברוב המקרים: ומפני שטבעו נותן שיהיה בין אישיו זה החילוף וטבעו צריך אל הקיבוץ צורך הכרחי, אי אפשר בשום פנים שישלם קיבוצו אלא במנהיג בהכרח ישער פעולותיהם וימלא המחסר וימעיט מן המרבה וחיזוק פעולות ומדות ויעשום כולם על חוק אחד תמיד עד שיעלם ההתחלפות הטבעי ברוב ההסכמה ההנחית ויסודר הקיבוץ: ולזה אומר שהתורה אף על פי שאינה טבעית יש לה מבוא בעניין הטבעי. והיה מחכמת האלוה בהעמיד זה המין, למה שרצה מציאותו, ששם בטבעו שיהיה לאישיו כח הנהגה. ומהם, מי שיהיה הוא עצמו אשר ניבא בהנהגה ההיא והוא הנביא או מניח הנימוס, ומהם מי שיהיה לו כח לחייב לעשות מה שצווה הנביא ההוא ולהמשך אחריו ולהוציאו לפועל, והם המלך הלוקח הנימוס ההוא והמתפאר בנבואה הלוקח מתורת הנביא אם כולה או מקצתה יהיה לקיחתו הקצת והניח הקצת, אם בעבור שזה היה יותר קל עליו או בעבור שיביא לחשוב שאלו העניינים באו לו בנבואה, ואינו נמשך בהם אחר זולתו, על צד הקנאה. כי יש מבני אדם מי שייטב בעיניו שלמות אחד ויערב לו ויתאוהו וירצה שידמו בני אדם שאצלו השלמות ההוא, ואף על פי שהוא ידע שאין אצלו שלמות, כמו שתראה רבים יתפארו בשיר זולתם ויאמרו שהם עשאוהו, וכן נעשה בקצת חיבוריי אנשי החכמה ובחלקי חכמות רבות, ייפול ליד איש מקנה מתרשל דבר חידשו זולתו ויתפאר שהוא חידשהו. כן קרה בזה השלמות של נבואה גם כן שאנחנו נמצא אנשים התפארו בנבואה ואמרו מה שלא באה נבואה בו מאת האלוה כלל כצדקיה בן כנענה, ונמצא אנשים התפארו בנבואה ואמרו דברים אמרם האלוה בלא ספק, רצוני לומר שהם באו בנבואה אבל לזולתם, כחנניה בן עזור ואמרו שהם נבאום ושתום עדים: וידיעת זה כולו והכרתו מבוארת מאד. ואני אבאר לך זה עד שלא יסופק עליך העניין ויהיה אצלך הבדל תכיר בו בין הנהגות הנימוסים המונחים ובין הנהגות התורה האלוקית ובין הנהגות מי שייקח דבר ממאמרי הנביאים ויתפאר בו, ויאמר שהוא אמרו. אמנם הנימוסים אשר גילו מנחיהם שהם נימוסים הניחום ממחשבתם, לא יצטרך על זה ראיה עם הודאת בעל הריב לא יצטרך לעדים. ואמנם ארצה להודיעך ההנהגות אשר יאמר בהם שהם נבואיות כי יש מהם נבואיות אמיתיות, רצוני לומר אלוקיות, ויש מהם נימוסיות ומהם שיאמר אומרם שהוא אמרם מליבו ולקחם מזולתו: כי כשתמצא תורה שכל כוונתה וכל כוונת נותנה אשר שיער פעולותיה אמנם היא, סדר המדינה ועניניה ולהסיר העול והחמס ממנה ולא יהיה בה הבטה

בשום פנים לעניינים עיוניים ולא השגחה להשלים הכח הדברי ולא ירגישו בה על היות הדעות בריאות או עלולות אבל הכונה כולה, סידור עניני בני אדם קצתם עם קצתם באי זה פנים שיהיה ושיגיע להם קצת הצלחה, כפי דעת ראה אותו הראש ההוא, דע כי התורה ההיא נימוסית ומניחה כמו שזכרנו מאנשי הכת השלישית, רצוני לומר השלמים בכח המדמה לבד: וכשתמצא תורה שכל הנהגותיה מעיינים במה שקדם מתיקון העניינים הגופיים, ובתיקון האמונה, גם כן ותשים כוונתה לתת דעות אמיתיות באלוה יתברך תחילה ובמלאכים ותשתדל לחכם בני אדם ולהבינם ולהעירם עד שידעו המציאות כולו על תכונות האמת, תדע שזאת ההנהגה מאתו יתברך ושהתורה ההיא אלוקית: ונשאר שתדע אם אומרה הוא השלם אשר נאמרה לו בנבואה או הוא איש מתפאר במאמרים ההם וגנבם מאחרים. ואופן בחינתו הוא בחינת שלמות האיש ההוא לחקור ולדעת פעולותיו ולהסתכל במידותיו. והגדול שבמופתיך, הנחת התענוגים הגופיים ובזותם, שזאת תחילת מדרגות אנשי החכמה כל שכן הנביאים, וכל שכן החוש אשר הוא חרפה לנו כמו שזכר אריסטו, וכל שכן מיאוס המשגל ממנו. ולזה עבר ופרסם האלוה בו, כל מתפאר בנבואה כדי שיתבאר האמת למאמתים ולא יתעו ולא יטעו. והלא תראה צדקיה בן מעשיה ואחאב בן קוליה, איך התפארו בנבואה ונמשכו אחריה בני אדם ואמרו דברי נבואה שאמרום זולתם והתמידו בפחיתות תענוג המשגל, עד שזנו בנשי חבריהם והנמשכים אחריהם עד שפרסמם אלוה כמו שעבר ופרסם זולתם, ושרפם **מלך בבל** כמו שבאר ירמיהו ואמר - ולוקח[274] מהם קללה לכל גלות יהודה אשר בבבל לאמר ישימך הוי"ה כצדקיהו וכאחב אשר קלם מלך בבל באש, יען אשר עשו נבלה בישראל וינאפו את נשי רעיהם וידברו דבר בשמי שקר אשר לא צויתם ואנוכי היודע ועד נאום הוי"ה. - והבן זאת הכונה:

פרק מא

איני צריך לבאר **החלום** מה הוא. אמנם **המראה** והוא אמרו - במראה[275] אליו אתודע, והיא אשר תקרא **מראה נבואה** ותקרא גם כן - **יד הוי"ה**, והיא גם כן תקרא **מחזה**, היא עניין איום מחריד יחובר לנביא בעת היקיצה, כמו שהתבאר בדניאל באמרו - ואראה[276] את המראה הגדולה הזאת ולא נשאר בי כח והודי נהפך עלי למשחית ולא עצרתי כח, ואמר - ואני[277] הייתי נרדם על פני ופני ארצה, ואמנם דיבור המלאך אליו והעמידו לו כל זה **במראה הנבואה**. ובכמו זה העניין יתבטלו החושים גם כן מפעולתם ויבוא

---

[274] ירמיהו כט כב-כג

[275] במדבר יב ו

[276] דניאל י ח

[277] דניאל י ט

השפע ההוא לכח הדברי וישפע ממנו על הכח המדמה וישלם ויעשה פעולתו. ופעמים תתחיל הנבואה **במראה הנבואה** ואחר כן ירבה הרתת ההוא, וההתפעלות החזק הנמשך אחר שלמות פעולת המדמה ואז תבוא הנבואה, כמו שבא באברהם אשר בא בתחילת הנבואה ההיא - היה[278] דבר הוי"ה אל אברם במחזה, וסופו - ותרדמה[279] נפלה על אברם וגו', ואחר כן - ויאמר[280] לאברם וגו': ודע כי כל מי שנזכר מן הנביאים שבאתהו הנבואה, יש מהם מי שייחס זה אל **מלאך** ומהם מי שייחסו לאלוה אף על פי שהיה על ידי **מלאך** בלא ספק. כבר כתבו החכמים ז"ל על זה ואמרו - ויאמר[281] הוי"ה לה - **על ידי מלאך**. ודע כי כל מי שבא בו כתוב שדיבר עמו **מלאך** או באו דבר מהאלוה, שזה לא יהיה בשום פנים אלא **בחלום** או **במראה הנבואה**:

וכבר באה ההגדה על הדבר המגיע לנביאים לפי מה שבא בו הסיפור בספרי הנביאים על ארבע צורות.

<u>הצורה הראשונה</u> - יגלה הנביא שהדיבור ההוא היה מה**מלאך בחלום** או **במראה**.

<u>והצורה השנייה</u> - שיזכור דיבור ה**מלאך** לו לבד ולא יבאר שזה היה **בחלום** או **במראה**, מפני שהוא סומך על מה שכבר נודע שאין נבואה אלא על אחד משני הפנים - במראה[282] אליו אתודע בחלום אדבר בו.

<u>והצורה השלישית</u> - היא אשר לא יזכור **מלאך** כלל אבל ייחס המאמר לאלוה שהוא אמרו לו אלא שהוא יגלה שבאהו הדבר ההוא **במראה** או **בחלום**.

<u>והצורה הרביעית</u> - שיאמר הנביא מאמר סתם שהאלוה דיבר אליו, או אמר לו עשה זה, או אמר זה מבלתי ביאור לו, בזיכרון **מלאך**, ולא בזיכרון **חלום**, מפני השענו על מה שכבר נודע והושרש שלא תבוא נבואה ולא חזון אלא **בחלום** או **במראה** ועל ידי **מלאך**: ואמנם מה שבא על הצורה הראשונה כאמרו - ויאמר[283] אלי מלאך האלוקים בחלום, ויאמר[284] אלוקים לישראל במראות הלילה, ויבא[285] אלוקים אל בלעם, ויאמר[286] אלוקים אל בלעם. ואמנם מה שבא על הצורה השנית כאמרו - ויאמר[287] אלוקים אל יעקב קום עלה בית אל, ויאמר[288] לו אלוקים שמך יעקב, ויקרא[289] אליו מלאך הוי"ה

[278] בראשית טו א
[279] בראשית טו יב
[280] בראשית טו יג
[281] בראשית כה כג
[282] במדבר יב ו
[283] בראשית לא יא
[284] בראשית מו ב
[285] במדבר כב כ
[286] במדבר כג ד
[287] בראשית לה א
[288] בראשית לה י
[289] בראשית כב יא

מן השמים, ויקרא[290] מלאך הוי"ה אל אברהם שנית וגו', ויאמר[291] אלוקים לנח, וידבר[292] אלוקים אל נח. ואמנם מה שבא על הצורה השלישית, כאמרו - היה[293] דבר הוי"ה אל אברם במחזה וגו'. ואמנם מה שבא על הצורה הרביעית כאמרו - ויאמר[294] הוי"ה אל אברם, ויאמר[295] הוי"ה אל יעקב שוב אל ארץ אבותיך, ויאמר[296] הוי"ה אל יהושע, ויאמר[297] הוי"ה אל גדעון, וכן מאמר רובם - ויאמר[298] הוי"ה אלי, ויהי[299] דבר הוי"ה אלי, ודבר[300] הוי"ה היה, והנה[301] דבר הוי"ה אליו, היה[302] היה דבר הוי"ה, תחילת[303] דיבר הוי"ה בהושע, הייתה[304] עלי יד הוי"ה, וזה המין הרבה מאד: וכל מה שיבוא על אחת מאלו הארבע הצורות הוא נבואה ואומרו נביא. אמנם מה שיאמר בו **ויבוא אלוקים אל פלוני בחלום הלילה** אינה נבואה כלל ולא האיש ההוא נביא, כי ענינו שבאה הערה מאת האלוה לאיש ההוא ואחר כן באר לנו שההערה ההיא הייתה בחלום. כי כמו שיסבב האלוה התנועע איש אחד להציל איש אחר או להמיתו כן סיבב חידוש עניינים רצה לחדשם בחלום לילה. שאנחנו לא נספוק שלבן הארמי רשע גמור עובד עבודה זרה, גם כן ואבימלך, אף על פי שהיה איש טוב בעמו, כבר אמר **אברהם אבינו** על ארצו ועל ממלכתו - רק[305] אין יראת אלוקים במקום הזה, ובא בכל אחד משניהם, רצוני לומר לבן ואבימלך - ויבא[306] אלוקים אל אבימלך בחלום הלילה, וכן בלבן - בחלום[307] הלילה, ודע זה. והתבונן ההפרש בין אמרו ויבא אלוקים ובין אמרו **ויאמר אלוקים** ובין אמרו **בחלום הלילה** ובין אמרו **במראות הלילה**. ובא ביעקב - ויאמר[308] אלוקים לישראל במראות הלילה, ובלבן ואבימלך **ויבא אלוקים** וגו', **בחלום הלילה**, ולזה פרשו אונקלוס -

---

[290] בראשית כב טו
[291] בראשית ו יג
[292] בראשית ח טו
[293] בראשית טו א
[294] בראשית יב א
[295] בראשית לא ג
[296] יהושע ה יד
[297] שופטים ז ד
[298] דברים ג כו
[299] יחזקאל כד ג
[300] שמואל-א ג א
[301] בראשית טו ד
[302] יחזקאל א ג
[303] הושע א ב
[304] יחזקאל לז א
[305] בראשית כ יא
[306] בראשית כ ג
[307] בראשית לא כד
[308] בראשית מו ב

ואתא מימר מן קדם הוי"ה, ולא אמר בשניהם ואתגלי הוי"ה: ודע שהנה יאמר **ויאמר הוי"ה לפלוני**, ולא היה זה לפלוני ולא באו חזון כלל אבל נאמר לו הדבר ההוא על ידי נביא, כמו שבא הכתוב - ותלך[309] לדרוש את הוי"ה, ואמרו בביאור - לבית[310] מדרשו של עבר, והוא ענה אותה ונאמר בעבורו - ויאמר[311] הוי"ה לה, ואף על פי שאמרו ז"ל - ויאמר[312] הוי"ה לה על ידי מלאך, יפורש בזה שיהיה עבר הוא **המלאך**, שהנביא פעמים נקרא מלאך כמו שנבאר, או יהיה רומז למלאך, אשר בא אל עבר בזאת הנבואה, או יהיה זה לבאר כי בכל מקום שתמצא דבר מיוחס לאלוה סתם, שהוא על ידי **מלאך** בשאר הנביאים כמו שבארנו:

פרק מב

כבר בארנו כי כל מקום שנזכרה בו ראית **מלאך** או דבורו שזה אמנם הוא **במראה הנבואה** או **בחלום**, יבואר בהם או לא יבואר הכל שווה כמו שקדם. ודע זה והבינהו מאד מאד. ואין הפרש בין שיכתוב תחילה שהוא ראה המלאך או יהיה הנראה מן המאמר תחילה, שהוא חשבו איש מבני אדם ואחר כן בסוף העניין התבאר לו שהוא **מלאך** אחר שתמצא סוף העניין כי זה אשר נראה ודיבר היה מלאך תדע ותאמת שמתחילת העניין היה **מראה הנבואה** או **חלום של נבואה**. וזה ש**במראה הנבואה** או **בחלום של נבואה** פעמים יראה הנביא האלוה ידבר עמו כמו שנבאר ופעמים יראה מלאך ידבר עמו ופעמים ישמע מי שידבר עמו ולא יראה איש מדבר ופעמים יראה איש מבני אדם שידבר עמו ואחר כן יתבאר לו שזה המדבר, **מלאך**, ובכמו זה המין מן הנבואה יזכור שהוא ראה איש יעשה או יאמר ואחר זה ידע שהוא מלאך:

ולזה העיקר הגדול נטה אחד מן החכמים ז"ל וגדול מגדוליהם והוא רבי חיא הגדול, בלשון התורה - וירא[313] אליו הוי"ה באלוני ממרא וגו'. כי כאשר הקדים כלל, והוא שהאלוה נראה אליו התחיל לבאר איך הייתה צורת ההראות ההוא ואמר שתחילה ראה **שלשה אנשים** ורץ ואמרו ונאמר אליהם. ואמר זה אשר פרש זה הפרוש שמאמר אברהם - ויאמר[314] אדני אם נא מצאתי חן בעיניך אל נא תעבור מעל עבדך, שהוא גם כן סיפור מה שאמר במראה הנבואה, לאחד מהם ואמר - לגדול[315] שבהם אמרו. והבן העניין הזה עוד כי הוא סוד מן הסודות: וכן אומר עוד בעניין יעקב באמרו

---

309 בראשית כה כב

310 בראשית רבה סג ו

311 בראשית כה כג

312 בראשית רבה סג ז

313 בראשית יח א

314 בראשית יח ג

315 בראשית רבה מח ט

מורה חלק ב נבוכים

- ויאבק[316] איש עמו, שהוא בצורת הנבואה אחר שהתבאר באחרונה שהוא **מלאך**. והוא כעניין אברהם בשווה אשר הקדים ספור כללי - וירא[317] אליו הוי"ה וגו', אחרי כן התחיל לבאר איך היה זה. וכן ביעקב אמר - ויפגעו[318] בו מלאכי אלוקים, ואחר כן התחיל לבאר איך קרה עד **שפגעו בו**, ואמר שהוא שלח שלוחים ופעל ועשה - ויותר[319] יעקב לבדו וגו', וזהו **מלאכי אלוקים** הנאמר עליהם תחילה **ויפגעו בו מלאכי אלוקים**, וזה ההתאבקות והדיבור כולו, **במראה הנבואה**. וכן עניין בלעם כולו **בדרך** ודברי **האתון** הכל **במראה הנבואה** אחר שהתבאר באחרית העניין דיבור **מלאך הוי"ה**, לו. וכן אומר במאמר יהושע - וישא[320] עיניו וירא והנה איש עומד לנגדו, שהוא **במראה הנבואה** אחר שהתבאר באחרית העניין שהוא **שר צבא הוי"ה**, אמנם אמרו - ויעל[321] מלאך הוי"ה מן הגלגל וגו', ויהי[322] כדבר מלאך הוי"ה את הדברים האלה אל כל בני ישראל, החכמים כבר אמרו **שמלאך הוי"ה** הנאמר הנה הוא פינחס, ואמרו - זה[323] פינחס שבשעה שהשכינה שורה עליו דומה למלאך הוי"ה: הנה כבר בארנו ששם מלאך משותף ושהנביא גם כן יקרא מלאך, כמו שבא הכתוב - וישלח[324] מלאך ויוציאנו ממצרים, ואמר - ויאמר[325] חגי מלאך הוי"ה במלאכות הוי"ה, ואמר - ויהיו[326] מלעיבים במלאכי האלוקים, ומאמר דניאל גם כן - והאיש[327] גבריאל אשר ראיתי בחזון בתחילה מועף ביעף נוגע אלי כעת מנחת ערב, כל זה **במראה הנבואה** לא יעלה בדעתך שיש שם ראית **מלאך** או שמע דברי **מלאך** אלא **במראה הנבואה** או **בחלום של נבואה** כמו שהושרש - במראה[328] אליו אתודע בחלום אדבר בו. וממה שזכרתי תביא ראיה על מה שנשאר ממה שלא אזכרהו: וממה שהקדמנוהו מצורך ההזמנה לנבואה וממה שזכרנו בשיתוף שם **מלאך** תדע שהגר המצרי תברך אינה נביאה, ולא מנוח ואשתו נביאים, כי זה הדיבור אשר שמעוהו או שעלה בדעתם הוא כדמות **בת קול** אשר יזכרוה החכמים תמיד והוא עניין אחד ילווה לאיש שאינו מזומן, ואמנם יטעה בזה שיתוף השם, והוא העיקר הדוחה רוב הספקות

316 בראשית לב כה
317 בראשית יח א
318 בראשית לב ב
319 בראשית לב כה
320 יהושע ה יג
321 שופטים ב א
322 שופטים ב ד
323 ויקרא רבה א א
324 במדבר כ טז
325 חגי א יג
326 דברי הימים-ב לו טז
327 דניאל ט כא
328 במדבר יב ו

אשר בתורה: והתבונן אמרו - וימצאה[329] מלאך הוי"ה על עין המים וגו', כמו שנאמר ביוסף - וימצאהו[330] איש והנה תועה בשדה, ולשון המדרשות כולם שהוא **מלאך**:

פרק מ"ג

כבר בארנו בחיבורינו שהנביאים פעמים יתנבאו במשלים, וזה שהוא יראה דבר על צד המשל ויפורש לו עניין המשל ההוא **במראה הנבואה** ההוא בעצמו. כמו שיראה האדם חלום וידמה בחלומו ההוא שהוא נעור וסיפר החלום לזולתו ופרש לו ענינו והכל חלום, וזהו אשר קראוהו - **חלום שנפתר בתוך חלום**. ומן החלומות גם כן מה שיודע עניינם אחר ההערה, כן משלי הנבואה יש מהם יפורשו ענייניהם במראה הנבואה. כמו שהתבאר בזכריה באמרו אחר אשר הקדים המשלים ההם - וישב[331] המלאך הדובר בי ויעירני כאיש אשר יעור משנתו ויאמר אלי מה אתה רואה וגו', ואחר כן פרש לו המשל:

וכמו שהתבאר בדניאל באמרו - דניאל[332] חלם חזה וחזוי ראשה על משכבה, ואחר כן זכר המשלים כולם וזכר האנחו לחסרון ידיעת פרושם עד ששאל **המלאך** והודיעו פרושו **במראה** ההיא עצמה, והוא אמרו - קרבת[333] חד על מן קאמיא ויציבא אבעא מנה על כל דנה ואמר לי ופשר מליא יהודענני, וקרא כל העניין **חזון**, אחר שזכר שהוא **חלם חזה** מפני שפרשו לו **מלאך** כמו שזכר **בחלום של נבואה**, והוא אמרו אחר זה - חזון[334] נראה אלי אני דניאל אחרי הנראה אלי בתחילה. וזה מבואר כי **חזון** נגזר מן **חזה**, **ומראה** נגזר מן **ראה**, **וחזה** **וראה** בעניין אחד ואין הפרש בין אמרך **במראה** או **במחזה**, או **בחזון**, אין שם דרך שלישי אלא שני הדרכים אשר ספרה **התורה** בהם - במראה[335] אליו אתודע בחלום אדבר בו, אלא שיש בהם מדרגות כמו שיתבאר.

וממשלי הנבואה - משלים רבים שלא פורש עניינם במראה הנבואה, אלא אחר היקיצה ידע הנביא מה הייתה הכונה, **כמקלות** אשר לקח זכריה במראה הנבואה:

ודע כי כמו שיראו הנביאים דברים שהרצון בהם, משל **כנרות זכריה**, **והסוסים** **וההרים**, **ומגילת יחזקאל**, **וחומת אנך** אשר ראה עמוס, **והחיות** אשר ראה דניאל, **וסיר נפוח** אשר ראה ירמיהו, ומה שדומה לזה מן המשלים

329 בראשית טז ז

330 בראשית לז טו

331 זכריה ד א

332 דניאל ז א

333 דניאל ז טז

334 דניאל ח א

335 במדבר יב ו

אשר הנרצה בהם, לחקות עניין כן יראו עוד דברים הנרצה בהם, מה שיעיר עליו שם הדבר ההוא הנראה מצד הגזירה או השיתוף בשם, וכאילו פועל הכח המדמה הוא להראות דבר יש לו שם משותף יורה אחד מענייניו על עניין אחר שזה, גם כן מין מן ההמשל כמאמר ירמיהו **מקל שקד** והייתה הכונה להורות משיתוף **שקד** ואמר - כי[336] שוקד אני וגו', לא מעניין המקל ולא מעניין השקדים, וכן ראית עמוס **כלוב קיץ**, להורות ממנו על תום מידת הזמן ואמר - **בא**[337] הקץ: ויותר נפלא מזה שתהיה ההערה בשם אחד אותיות השם ההוא הם אותיות שם אחר בשינוי סדרם, ואף על פי שאין שם גזרה בין שני השמות ההם ולא שיתוף עניין ביניהם בשום פנים, כמו שתמצא במשלי זכריה בלקחו שני המקלות לרעות הצאן במראה הנבואה וקראו האחד **נעם** והאחר **חובלים**, והייתה הכונה בזה המשל - שהאומה בתחילת ענינה הייתה **בנועם הוי"ה** והוא אשר הנהיגה והישירה והייתה שמחה בעבודת האלוה מאושרת לזה, והאלוה רוצה אותה אוהבה כמו שאמר - את[338] הוי"ה האמרת היום וגו', והוי"ה[339] האמירך היום וגו', ומנהיגה ומישירה אז משה ומי שאחריו מן הנביאים, ואחר כן נעתק ענינה עד שמאסה עבודת האלוה ומאסה האלוה ושם מנהיגיה **חובלים** כירבעם ומנשה. הנה זאת המילה לפי הגזירה, כי **חובלים** מן **מחבלים כרמים**, ואחר כן למד ממנו גם כן, רצוני לומר מקרוא שמו **חובלים** על מאסם בתורה ומאוס האלוה אותם, וזה העניין לא יגזור **מחובלים** אלא בהחליף סדר החי"ת והבי"ת והלמ"ד, ואמר בעניין המיאוס והגעילה מזה המשל -ותקצר[340] נפשי בהם וגם נפשם בחלה בי, והפך אותיות **חבול** ושמהו **בחול**: ובאו לפי זה הדרך עניינים זרים מאד הם גם כן **סודות** באמרו **במרכבה**, **נחושת וקלל ורגל ועגל וחשמל**, ובמקומות זולת זה, כשתחפשם בשכלך בכל מקום יתבארו לך מכח אלו הדברים אחר זאת ההערה:

פרק מד

הנבואה אמנם תהיה **במראה** או **בחלום** כמו שבארנו פעמים ולא נשיב זה תמיד. ונאמר עתה כי כשינבא הנביא, אפשר שיראה משל כמו שבארנו פעמים, ואפשר שיראה האלוה יתברך **במראה הנבואה** ידבר עמו כמו שאמר ישעיהו - ואשמע[341] את קול אדנ"י אומר את מי אשלח ומי ילך לנו, ואפשר שישמע מלאך ידבר עמו והוא יראהו, וזה הרבה מאד כמו שאמר -

[336] ירמיהו א יב
[337] עמוס ח ב
[338] דברים כו יז
[339] דברים כו יח
[340] זכריה יא ח
[341] ישעיהו ו ח

ויאמר[342] אלי מלאך האלוקים וגו', ויען[343] המלאך הדובר בי ויאמר אלי הלא ידעת מה המה אלה וגו', ואשמעה[344] אחד קדוש מדבר, וזה הרבה מאד מאין מספר. ופעמים יראה הנביא איש מבני אדם מדבר עמו כמו שאמר ביחזקאל - והנה[345] איש מראהו כמראה נחושת וגו', וידבר[346] אלי האיש בן אדם וגו', אחר שפתח המאמר - הייתה[347] עלי יד הוי"ה. ופעמים שלא יראה הנביא צורה כלל אלא ישמע דבר לבד **במראה הנבואה**, יקראהו, כמו שאמר דניאל - ואשמע[348] קול אדם בין אולי, וכמו שאמר אליפז - דממה[349] וקול אשמע, וכמו שאמר גם כן יחזקאל - ואשמע[350] את מדבר אלי, כי אין העניין ההוא אשר השיג במראה הנבואה, הוא אשר דיבר עמו אבל הבדיל העניין ההוא הנפלא הזר אשר באר שהוא השיגו והתחיל בעניין הנבואה וצורתה, ואמר **ואשמע את מדבר אלי**: ואחר מה שהקדמנוהו מזאת החלוקה אשר העידו עליה הפסוקים אומר שזה הדבר אשר ישמעהו הנביא **במראה הנבואה**, אפשר שידמה לו גם כן שהוא בתכלית העוצם כמו שיחלום האיש שהוא שמע רעם גדול או רעש או זוועה כי הרבה פעמים יחלום החולם זה גם כן: ופעמים שישמע הדבר ההוא אשר ישמעהו **במראה הנבואה** כדבר הרגיל הנודע עד שלא ירחיק ממנו דבר, יתבאר לך זה מעניין שמואל הנביא כי כאשר קראו האלוה יתברך בעניין הנבואה, חשב שעלי הכהן קראו פעם אחר פעם שלש פעמים, אחר כן באר הכתוב עילת זה ואמר כי אשר חייב לו זה והיותו חושב אותו עלי, הוא באשר לא היה יודע אז שדבר האלוה לנביאים יהיה בזאת הצורה ולא נגלה לו עדין זה הסוד ואמר בעילת זה - ושמואל[351] טרם ידע את הוי"ה וטרם יגלה אליו דבר הוי"ה, רוצה בו שהוא לא היה יודע ולא נגלה לו שכן הוא **דבר הוי"ה**, או יהיה אמרו **טרם ידע את הוי"ה**, רוצה בו שלא קדמה לו נבואה, כי אשר יתנבא כבר נאמר בו - במראה[352] אליו אתודע, ויהיה פרוש **הפסוק**, לפי ענינו כן ושמואל לא התנבא קודם לזה ולא ידע גם כן כי כן תהיה צורת הנבואה. ודעהו:

<u>פרק מה</u>

ואחר מה שקדם מביאור אמיתת הנבואה לפי מה שחייבהו העיון עם מה שהתבאר בתורתנו צריך שאזכר לך מדרגות הנבואה לפי שני השורשים

342 בראשית לא יא
343 זכריה פרק ד ה
344 דניאל ח יג
345 יחזקאל מ ג
346 יחזקאל מ ד
347 יחזקאל לז א
348 דניאל ח טז
349 איוב ד טז
350 יחזקאל ב ב
351 שמואל-א ג ז
352 במדבר יב ו

האלה. ואלו אשר אקראם מדרגות הנבואה אין כל מי שהוא במדרגה מהם, נביא אבל המדרגה הראשונה והשנית הם מעלות לנבואה, ולא ימנע מי שהגיע למעלה משתיהם נביא מכלל הנביאים אשר קדמו הדברים בהם ואם יקרא בקצת העתים נביא, הוא לקצת כללות להיותו קרוב לנביאים מאד: ולא יטעך באלו המדרגות היותך מוצא בספרי הנבואה נביא באתו הנבואה בצורה אחת מאלו המדרגות ויתבאר בנביא ההוא בעצמו שבאתו הנבואה בצורת מדרגה אחרת, וזה שאלו המדרגות אשר אזכירם אפשר שיבוא קצת נבואת הנביא ההוא אליו לפי צורה אחת מהם ותבואו נבואה אחרת בעת אחרת לפי מדרגה למטה ממדרגת הנבואה הראשונה. כי כמו שהנביא לא יתנבא כל ימיו בהדבקות אבל יתנבא על ותיפרד ממנו הנבואה עתים, כן ינבא עת אחת בצורת מדרגה עליונה ואחר כן ינבא עת אחרת בצורת מדרגה למטה ממנה, או אולי לא יגיע למדרגה העליונה ההיא אלא פעם אחת בכל ימיו ואחר כן תשולל ממנו, ואולי יישאר על מדרגה למטה ממנה אל עת הפסק נבואתו - שאי אפשר מבלתי הפסק הנבואה משאר הנביאים קודם מותו אם בזמן מועט או גדול, כמו שהתבאר בירמיה - לכלות[353] דבר הוי"ה מפי ירמיה, וכמו שהתבאר בדוד באמרו - ואלה[354] דברי האחרונים, והוא ההקש בכל: ואחר הקדימי זאת ההקדמה והצעתה אתחיל בזיכרון המדרגות הנרמז אליהם ואומר:

<u>המדרגה הראשונה</u>. תחילת מדרגות הנבואה שילווה לאיש עזר אלוקים שיניעהו ויזרזהו למעשה טוב גדול כהצלת קהל ישובים מקהל רעים או הציל חשוב וגדול או השפיע טוב על אנשים רבים וימצא מעצמו לזה מניע ומביא לעשות, וזאת תקרא **רוח הוי"ה** והאיש אשר ילוה אליו זה העניין יאמר עליו ש - צלחה[355] עליו רוח הוי"ה, או - לבשה[356] אותו רוח הוי"ה, או - נחה[357] עליו רוח הוי"ה, או - היה[358] הוי"ה עמו, וכיוצא באלו השמות. וזאת היא מדרגת **שופטי ישראל** כולם, אשר נאמר בהם על הכלל - וכי[359] הקים הוי"ה להם שופטים והיה הוי"ה עם השופט והושיעם. וזו היא גם כן מדרגת **משיחי ישראל** החשובים כולם. והתבאר זה בפרט בקצת **השופטים והמלאכים** - ותהי[360] על יפתח רוח הוי"ה, ונאמר בשמשון - ותצלח[361] עליו

---

[353] עזרא א א
[354] שמואל-ב כג א
[355] שמואל-א י ו
[356] שופטים יד ו
[357] ישעיהו יא ב
[358] תהלים צד יד
[359] שופטים ב יח
[360] שופטים יא כט
[361] שופטים טו יד

רוח הוי"ה, ונאמר - ותצלח[362] רוח אלוקים על שאול כשמעו את הדברים, וכן נאמר בעמשא כאשר הניעתהו **רוח הקודש** לעשור את דוד - ורוח[363] לבשה את עמשי ראש השלישים לך דויד ועמך בן ישי שלום וגו'. ודע שכמו זה הכח לא נבדל מ**משה רבינו** מעת השיגו לגדר האנשים, ולזה התעורר להרוג את **המצרי** ולמנוע הרשע משני הניצים, ומחוזק זה הכוח בו עד שאחרי פחדו וברחו בהגיעו למדין, והוא גר ירא כאשר ראה מאומה מן העול, לא משל בעצמו מהסירו ולא יכל לסבלו, כמו שאמר - ויקם[364] משה ויושיען. וכן נלוה אל דוד כמו זה הכח אחר **שנמשח בשמן המשחה** כמו שאמר הכתוב בו - ותצלח[365] רוח הוי"ה אל דוד מהיום ההוא ומעלה, ולזה התגבר אל **הארי** ו**הדוב** ו**הפלישתי**. וכיוצא **ברוח הוי"ה** זאת לא הביאה אחד מאלו לדבר בדבר אבל תכלית זה הכח, להעיר זה המחוזק לפועל אחד ולא לאי זה פועל שיזדמן אלא לעזור עשוק, אם אחד גדול או קהל או למה שמביא לזה. וכמו שאין כל מי שרואה חלום אמיתי, נביא כן אין כל מי שילווה אליו עזר לדבר אחד, אי זה דבר שנזדמן כקנות ממון או הגיע לעניין מיוחד בו, יאמר עליו שהתחברה אליו **רוח הוי"ה** או **הוי"ה עמו** ושהוא עשה מה שעשה **ברוח הקודש**. ואמנם נאמר זה המי שעשה טוב גדול מאד או מה שמביא אליו כ**הצלחת יוסף בבית המצרי**, אשר הייתה סיבה ראשונה לעניינים גדולים התחדשו אחר כן, כמו שהתבאר:

<u>המדרגה השניה היא</u> - שימצא האדם כאילו עניין אחד חל עליו וכח אחר התחדש וישימהו לדבר וידבר בחכמות, או בתשבחות, או בדברי הזהרה מועילים, או בעניינים הנהיגים, או אלוקיים, וזה כולו בעת היקיצה והשתמש החושים על מנהגיהם, וזהו אשר יאמר עליו שהוא מדבר **ברוח הקודש**. ובזה המין מ**רוח הקודש** חייבר דוד תהלים, וחייבר שלמה משלי וקהלת ושיר השירים, וכן דניאל ואיוב ודברי הימים, ושאר **הכתובים**, בזה המין מ**רוח הקודש** חוברו, ולזה יקראום **כתובים**, רוצים לומר שהם **כתובים ברוח הקודש**, ובביאור אמרו - מגילת[366] אסתר ברוח הקודש נאמרה, ועל כיוצא **ברוח הקודש** הזה אמר דוד - רוח[367] הוי"ה דיבר בי ומילתו על לשוני, רצונו לומר שהיא הביאתהו לדבר באלו הדברים. ומזה הכת היו **שבעים זקנים** הנאמר עליהם - ויהי[368] כנוח עליהם הרוח ויתנבאו ולא יספו, וכן אלדד ומידד וכן כל **כהן גדול הנשאל באורים ותומים** הוא

---

[362] שמואל-א יא ו

[363] דברי הימים-א יב יט

[364] שמות ב יז

[365] שמואל-א טז יג

[366] גמרא מגילה ז א

[367] שמואל-ב כג ב

[368] במדבר יא כה

מזה הכת, רצוני לומר שהוא כמו שזכרו - שכינה[369] שורה עליו ומדבר ברוח הקודש'. וכן יחזיאל בן זכריהו, מזה הכת והוא הנאמר עליו בדברי הימים - הייתה[370] עליו רוח הוי"ה בתוך הקהל ויאמר הקשיבו כל יהודה ויושבי ירושלם והמלך יהושפט כה אמר הוי"ה לכם וגו'. וכן זכריהו בן יהוידע הכהן מזה הכת, שהנה נאמר בו - ורוח[371] אלוקים לבשה את זכריה בן יהוידע הכהן ויעמוד מעל לעם ויאמר להם כה אמר האלוקים. וכן עזריהו בן עודד אשר נאמר בו - ועזריהו[372] בן עודד הייתה עליו רוח אלוקים ויצא לפני אסא וגו'. וכן כל מי שבאהו כמו זה. ודע שבלעם גם כן מזה הכת היה בעת שהיה טוב, וזה העניין רוצה באמרו - וישם[373] הוי"ה דבר בפי בלעם, כאילו הוא אומר ש**ברוח הוי"ה ידבר**, ומזה העניין יאמר הוא על עצמו - שומע[374] אמרי א"ל: וממה שצריך שנעורר עליו, שדוד ושלמה ודניאל הם מזה הכת ואינם מכת ישעיהו וירמיהו ונתן הנביא ואחיה השילוני וחבריהם שאלו, רצוני לומר דוד ושלמה ודניאל אמנם דברו וזכרו מה שזכרו **ברוח הקודש**. ואמנם מאמר דוד - אמר[375] אלוקי ישראל לי דבר צור ישראל, ענינו שהוא יעדו טוב על ידי נביא, אם נתן או זולתו כמו - ויאמר[376] הוי"ה לה, וכמו - ויאמר[377] הוי"ה לשלמה יען אשר הייתה זאת עמך ולא שמרת בריתי, אשר זה בלא ספק יעוד רע לו על ידי אחיה השילוני או זולתו. וכן אמרו בשלמה - בגבעון*[378] נראה הוי"ה אל שלמה בחלום הלילה ויאמר אלוקים וגו', אין זה נבואה גמורה לא כמו - היה[379] דבר הוי"ה אל אברם במחזה לאמר, ולא כמו - ויאמר[380] אלוקים לישראל במראות הלילה, ולא כנבואת ישעיהו וירמיהו כי כל אחד מהם, אף על פי שבאתהו הנבואה **בחלום**, הנבואה ההיא תודיעהו שהיא נבואה ושבאה לו הנבואה, ובזה העניין של שלמה אמר בסופו - ויקץ[381] שלמה והנה חלום, וכן בעניין השני אמר בו - וירא[382] הוי"ה אל שלמה שנית כאשר נראה אליו בגבעון, אשר התבאר שהוא **חלום**. וזאת

---

369 גמרא יומא עג ע"ב

370 דברי הימים-א כט י

371 דברי הימים-ב כד כ

372 דברי הימים-ב טו א-ב

373 במדבר כג ה

374 במדבר כד טז

375 שמואל-ב כג ג

376 בראשית כה כג

377 מלכים-א יא יא

378 מלכים-א ג ה

379 בראשית טו א

380 בראשית מו ב

381 מלכים-א ג טו

382 מלכים-א ג ה

מעלה למטה מהמעלה הנאמר עליה - בחלום[383] אדבר בו, כי אשר יתנבאו **בחלום** לא יקראוהו **חלום**, בשום פנים אחר הגיע הנבואה אליהם **בחלום** אלא יפסקו לגמרי שהוא נבואה כמו שאמר **יעקב אבינו** כי כאשר התעורר **מחלום הנבואה** ההוא, לא אמר שזה **חלום** אבל פסק ואמר - אכן[384] יש הוי"ה במקום הזה וגו', ואמר - א"ל[385] שדי נראה אלי בלוז בארץ כנען, ופסק שהוא נבואה. אמנם בשלמה אמר - ויקץ[386] שלמה והנה חלום. וכן דניאל תמצאהו מתיר המאמר שהם חלומות, ואף על פי שהיה רואה בהם מלאך וישמע דבור, ויקראם חלומות ואפילו אחר דעתו מהם מה שידע אמר - אדין[387] לדניאל בחזוא די ליליא רזא גלי, ואמר עוד - באדין[388] חלמא כתב וגו', חזה הוית בחזוי עם ליליא וגו', וחזוי[389] ראשי יבהלונני, ואמר - ואשתומם[390] על המראה ואין מבין, ואין ספק שזאת מדרגה למטה ממדרגת אשר נאמר בהם **בחלום אדבר בו**, ולזה הסכימה האומה לסדר **ספר דניאל** מכלל **כתובים** לא מן **נביאים**. ולזה העירותיך שזה המין מן הנבואה אשר לדניאל ושלמה, אף על פי שראו בו **מלאך בחלום**, לא מצאו בעצמם שהיא נבואה גמורה אבל חלום יודיע באמיתת עניינים, והוא מכת מי שידבר **ברוח הקודש**. וזאת היא המדרגה השנית. וכן בסדר **כתבי הקודש** לא שמו הפרש בין משלי וקהלת ודניאל ותהלים, ובין מגילת רות או מגילת אסתר, **הכל ברוח הקודש נכתבו**. ואלו גם כן כולם יקראו נביאים בכלל:

<u>המדרגה השלישית</u> - והיא תחילת מדרגות מי שיאמר - ויהי[391] דבר הוי"ה אלי, ומה שנוטה מן הלשונות אל זה העניין, הוא שיראה הנביא משל **בחלום** ובתנאים ההם כולם אשר קדמו באמיתת הנבואה ובגוף **החלום** ההוא **של נבואה** יתבאר לו עניין המשל ההוא אי זה דבר נרצה בו, כרוב משלי זכריה כולם:

<u>המדרגה הרביעית</u> - שישמע דבר **בחלום של נבואה** מפורש מבואר ולא יראה אומרו כמו שקרה לשמואל בתחילת נבואה שבאה אליו כפי מה שבארנו מענינו:

<u>המדרגה החמישית היא</u> - שידבר עמו **איש בחלום** כמו שאמר בקצת נבואות יחזקאל - וידבר[392] אלי האיש בן אדם וגו':

---

383 במדבר יב ו
384 בראשית כח טז
385 בראשית מח ג
386 מלכים-א ג טו
387 דניאל ב יט
388 דניאל ז א-ב
389 דניאל ז טו
390 דניאל ח כז
391 יחזקאל כד ג
392 יחזקאל מ ד

מורה חלק ב נבוכים

המדרגה הששית - שידבר לו **מלאך בחלום**, וזה עניין רוב **הנביאים**, כאמרו - ויאמר[393] אלי מלאך האלוקים בחלום וגו':
המדרגה השביעית - שיראה **בחלום של נבואה** כאילו הוא יתברך ידבר עמו כמאמר ישעיהו - ראיתי[394] את הוי"ה וגו', ויאמר את מי אשלח וגו', וכמאמר מיכיהו בן ימלה - ראיתי את הוי"ה וגו':
המדרגה השמינית - שיבואהו חזון **במראה הנבואה**, ויראה משלים כאברהם **במראה בין הבתרים**, כי המשלים ההם היו **במראה** ביום כמו שהתבאר:
המדרגה התשיעית - שישמע דברים **במראה** כמו שבא באברהם - והנה[395] דבר הוי"ה אליו לאמר לא יירשך זה:
המדרגה העשירית - שיראה **איש** ידבר עמו **במראה הנבואה** כאברהם גם כן באלוני ממרא וכיהושע ביריחו:
המדרגה האחת עשרה - שיראה **מלאך** ידבר עמו **במראה** כאברהם בשעת העקדה.
וזאת אצלי העליונה שבמדרגות הנביאים אשר העידו הספרים בעניינם, מאחר אשר התיישב מה שהתיישב משלמות דבריות האיש כפי מה שיחייבהו, העיון ואחר ההתנות ב**משה רבנו** אבל אם אפשר שיראה הנביא עוד **במראה הנבואה** כאילו האלוה ידבר עמו, הוא רחוק אצלי ולא יגיע כח פועל המדמה לזה ולא מצאנו זה העניין בשאר הנביאים. ולזה באר ב**תורה** ואמר במראה[396] אליו אתודע בחלום אדבר בו, שם **הדיבור בחלום** לבד ושם ל**מראה**, הדבקות השכל והשפעתו - והוא אמרו **אליו אתודע** שהוא התפעל מן **ידוע** ולא באר ש**במראה** שמע דבר מהאלוה: וכאשר מצאתי כתובים יעידו בדבר שמעו הנביא ויבואר שהוא **במראה** אמרתי על צד ההשערה שאפשר שיהיה זה הדבר אשר ישמע **בחלום** ולא יתכן כמותו **במראה** הוא שיהיה האלוה ידמה לו שהוא ידבר עמו, זה כולו על צד המשך אחר הנראה. ואפשר שיאמר האומר שכל **מראה** שתמצא בו שמע דיבור, יהיה תחילת העניין ההוא **מראה** ואחר כן הגיע להשתקע ושב **חלום** כמו שבארנו באמרו - ותרדמה[397] נפלה על אברם, ואמרו ז"ל[398] - תרדמה של נבואה, ויהיה כל דיבור שישמע על אי זה צד שישמע **בחלום** כמו שבא הכתוב - בחלום[399] אדבר בו. אבל **במראה הנבואה** לא יושג בו אלא משלים או השגות שכליות יגיעו בעבורים אל עניני חכמות כמו שיגיעו מן העיון כמו שבארנו, והוא

---

[393] בראשית לא יא
[394] ישעיהו ו ח
[395] בראשית טו ד
[396] במדבר יב ו
[397] בראשית טו יב
[398] ילקוט שמעוני, בראשית טו יב
[399] במדבר יב ו

אמרו - במראה[400] אליו אתודע. ולפי זה הפרוש האחרון יהיה מדרגות הנבואה - שמונה מדרגות, והעליונה שבהם והשלמה, שיתנבא **במראה** בכלל ואפילו דיבר עמו איש כמו שנזכר: ואולי תקשה עלי ותאמר כבר מנית במדרגות הנבואה, שיהיה הנביא שומע הדיבור מהאלוה ידבר עמו כישעיה ומיכיהו, ואיך יהיה זה ויסודנו שכל נביא אמנם ישמע הדיבור באמצעות **מלאך** אלא **משה רבנו** אשר נאמר בו - פה[401] אל פה אדבר בו. דע כי העניין כן ושהאמצעי הנה הוא הכח המדמה שהוא אמנם ישמע שהאלוה דיבר אתו **בחלום של נבואה**, ומשה רבנו **מעל הכפורת**, **מבין שני הכרובים**, מבלתי השתמש בכח המדמה. וכבר בארנו **במשנה תורה** הבדלי הנבואה ההיא, ופרשנו עניין **פה אל פה** - וכאשר[402] ידבר איש אל רעהו, וזולת זה. והבינהו משם ואין צריך להשיב מה שכבר נאמר:

__פרק מו__

מן האיש האחד תלקח ראיה על כלל אישי המין ויודע שזה תכוונת כל איש ממנו. ואשר ארצהו בזה המאמר כי מן התכונה האחת מתכונות הגדות הנביאים תלקח ראיה על כל ההגדות אשר במין ההוא: ואחר זאת ההצעה תדע כי כמו שיראה אדם בחלום שכבר הלך לארץ הפלונית ונשא שם אישה ועמד זמן ונולד לו בן וקראו פלוני, והיה מענינו מה שהיה כן משלי הנבואה האלו אשר יראו או יעשו **במראה הנבואה** במה שיורה המשל ההוא מעשה מן המעשים ודברים יפעל אותם הנביא ומדות וזמנים יזכרו בין פועל ופועל על צד המשל ונסיעות ממקום למקום, הכל הוא במראה הנבואה לא שהם פעלים נמצאים לחושים הנראים. ויבוא זכרם בספרי הנבואה קצתם מוחלטים - שאחר שנודע שהכל היה **במראה הנבואה** לא הוצרך להשיב בזכור כל חלק וחלק מן המשל שהיה במראה הנבואה. כמו שיאמר הנביא - ויאמר[403] הוי"ה אלי, ולא יצטרך לבאר שהיה בחלום, ויחשבו ההמון שהפעולות ההם והנסיעות והשאלות והמענים, הכל היה בעניין השגת החושים לא במראה הנבואה: ואני אזכר לך מזה מה שלא יספוק אדם בו ואחבר אליו קצת מה שהוא ממינו ומן הקצת ההוא יתבאר לך מה שלא זכרתיו. וממה שהוא מבואר ולא יספוק אדם בו מאמר יחזקאל - אני[404] יושב בביתי וזקני יהודה יושבים לפני וגו', ותשא[405] אותי רוח בין הארץ ובין השמים ותבא אותי ירושלמה במראות אלוקים, כן אמרו - ואקום[406] ואצא

[400] במדבר יב ו
[401] במדבר יב ח
[402] שמות לג יא
[403] דברים ג כו
[404] יחזקאל ח א
[405] יחזקאל ח ג
[406] יחזקאל ג כג

אל הבקעה, אמנם היה **במראות אלוקים** כמו שנאמר באברהם - ויוצא[407] אותו החוצה, וזה היה במחזה, כן אמרו - ויניחני[408] בתוך הבקעה, אמנם היה במראות אלוקים. וזכר יחזקאל **במראה** ההיא אשר הובא בה לירושלם אמר דבר זה לשונו - ואראה[409] והנה חור אחד בקיר, ויאמר[410] אלי בן אדם חתר נא בקיר ואחתור בקיר והנה פתח אחד וגו', וכמו שהוא ראה במראות אלוקים שצווה לחתור בקיר עד שיכנס ויראה מה הם עושים שם, וחתר כמו שנזכר במראות אלוקים, ונכנס מן החור וראה מה שראה וכל זה **במראה הנבואה**, כן אמרו לו - ואתה[411] וגו' קח לך לבנה וגו', ואתה[412] שכב על צדך השמאלי וגו', ואתה[413] קח לך חטין ושיעורים וגו'. וכן אמרו לו - והעברת[414] על ראשך ועל זקנך, כל זה במראה הנבואה ראה, שהוא עשה הפעולות ההם אשר צווה לעשותם. וחלילה לאלוה מתת נביאיו דומים לשוטים ולשיכורים ויצום לעשות מעשי השיגעון מחובר אל המצוה במרי, שהוא היה **כהן וחייב שני לאוין על כל פאת זקן או פאת ראש**, ואמנם היה זה כולו במראה הנבואה. כן באמרו - כאשר[415] הלך עבדי ישעיהו ערום ויחף, אמנם היה זה במראות אלוקים. ואמנם יחשבו חלושי הסברה בזה כולו, היות הנביא מספר שהוא צווה לעשות כן ועשה, וכן סיפר שהוא צווה לחתור בקיר אשר בהר הבית והוא היה בגל וזכר שחתרו כמו שאמר - **ואחתור בקיר**, וכבר באר שזה היה במראות אלוקים.

וכמו שבא באברהם - היה[416] דבר הוי"ה אל אברם במחזה לאמר, ונאמר במראה הנבואה ההוא ויוצא[417] אותו החוצה ויאמר הבט נא השמימה וספור הכוכבים, וזה מבואר שהוא במראה הנבואה, היה רואה שהוצא ממקום שהיה בו עד שראה השמים ואחר כן נאמר לו **וספור הכוכבים**, ובא סיפור זה כמו שתראהו. וכן אומר בעניין אשר צווה בו ירמיה שיטמון את **האזור** בפרת וטמנו ופקדו אחר זמן גדול ומצאו שכבר התעפש ונפסד, כל אלו המשלים במראה הנבואה ולא יצא ירמיהו מ**ארץ ישראל** לבבל ולא ראה פרת. וכן אמרו להושע - קח[418] לך אשת זנונים וילדי זנונים, והעניין ההוא כולו מלדת הבנים וקרותם פלוני ופלוני, הכל **במראה הנבואה**. כי אחר

407 בראשית טו ה
408 יחזקאל לז א
409 יחזקאל ח ז
410 יחזקאל ח ח
411 יחזקאל ד א
412 יחזקאל ד ד
413 יחזקאל ד ט
414 יחזקאל ה א
415 ישעיהו כ ג
416 בראשית טו א
417 בראשית טו ה
418 הושע א ב

הביאור בהיותם משלים לא נשאר העניין מסופק בהיות לדבר מזה מציאות אלא כשנאמר בהם -ותהי[419] לכם חזות הכל כדברי הספר וגו'. וכן יראה לי שעניין גדעון **בגיזה** וזולתה, אמנם היה **במראה**, ולא אקראהו מראה נבואה גמור, שגדעון לא הגיע למדרגת הנביאים, כל שכן למדרגת המופתים, ותכליתו שישיג **בשופטי ישראל** וכבר מנוהו **מקלי עולם** כמו שבארנו, ואמנם הכל בחלום, **כחלום לבן ואבימלך** כמו שזכרנו:

כן מאמר זכריה - וארעה[420] את צאן ההרגה לכן עניי הצאן ואקח לי שני מקלות, והעניין עד סופו מבקש השכר בנחת ולקוח השכר ומנה הכסף והשליכו **בבית היוצר** כל זה ראה במראה נבואה שהוא צווה בעדשותיו ועשאהו במראה הנבואה או **בחלום של נבואה**:

זה דבר שלא יסופר בו ולא יסוכל אותו אלא מי שיתערבו לו האפשריות בנמנעות: וממה שזכרתי תביא ראיה על מה שלא זכרתי, הכל מין אחד ודרך אחד הכל **מראה נבואה**, וכל מה שיאמר **במראה**, ההוא שהוא עשה בו או שמע או יצא או נכנס או אמר או נאמר לו או עמד או ישב או עלה או ירד או הלך בדרך או שאל או נשאל, הכל **במראה הנבואה**, ואפילו ארכו המעשים ההם המסופרים ונקשרו בזמנים ובאישים נרמז אליהם ובמקומות, אחר שיתבאר לך שהמעשה ההוא משל דע ידיעה אמיתית שהוא, **במראה הנבואה**:

פרק מז

כבר התבאר ונגלה מאין ספק שרוב נבואת הנביאים במשלים, שהכלי בזה זאת פעולתו - רצוני לומר הכח המדמה. וכן צריך שנודיע גם כן מעניין ההשאלות וההפלגות והגוזמות מעט שהנה יבוא מהם בכתובי ספרי הנבואה, וכשיובנו כמשמעם מדוקדקים ולא יודע שהם הפלגה וגוזמה או יובנו כמה שתורה עליו המילה לפי ההנחה הראשונה ולא יודע שהם מושאלים, יחודשו עניינים מרוחקים. וכבר בארו ואמרו - דברה[421] תורה לשון הבאי, רוצה לומר הגוזמה, והביאו ראיה מאמרו -ערים[422] גדולות ובצורות בשמים, וזה אמת ומכת ההפלגה, אמרו - כי[423] עוף השמים יוליך את הקול, ולפי זה נאמר - אשר[424] כגובה ארזים גבהו וגו'. וזה המין נמצא הרבה בדברי הנביאים כולם, רצוני לומר עניינים נאמרו על צד הגוזמה וההפלגה לא על צד ההגבלה והדקדוק: ואין מזה הכת מה שכתבה **התורה** בעוג - הנה[425] ערשו

---

419 ישעיהו כט יא

420 זכריה יא ז

421 גמרא חולין צ ע"ב

422 דברים א כח

423 קהלת י כ

424 עמוס ב ט

425 דברים ג יא

ערש ברזל וגו', **שערש** הוא המיטה - אף[426] ערשנו רעננה, ואין מיטת כל אדם כשיעורו בשווה, שאינו בגד ילבשנו אבל המיטה תהיה לעולם יותר גדולה מן האיש הישן עליה, והנהוג הידוע היותה יותר ארוכה מן האיש בשיעור שלישית ארכו, ואם היה אורך המטה הזאת תשע אמות יהיה אורך הישן עליה לפי הנהוג בערך המיטות שש אמות או יותר מעט, ואמרו **באמת איש** רוצה בו באמת האיש ממנו, רצוני לומר משאר האדם, לא שהיה זה באמת עוג כי כל איש הוא נערך האברים על הרוב, ויאמר שאורך עוג היה כפל אורך אחד משאר האדם או יותר מעט, וזה בלא ספק מזרות אישי המין אלא שאינו נמנע בשום פנים: אבל מה שכתבה בו התורה ממידת ימי האנשים ההם, אני אומר שלא היה הימים ההם אלא האיש ההוא הנזכר לבדו ואמנם שאר האדם חיו הימים הטבעיים הרגילים. והייתה הזרות הזאת באיש ההוא, אם לסיבות רבות במזונו והנהגתו או על דרך המופת ונוהג מנהגו ולא יסבול שיאמר בזה זולת זה:

וכן עוד צריך שיתבוננו מאד העניינים הנאמרים על צד ההשאלה. מהם מה שהוא מבואר נגלה לא יסופק על אדם כאמרו - ההרים[427] והגבעות יפצחו לפניכם רינה וכל עצי השדה ימחאו כף, שזה מבואר ההשאלה, וכן אמרו - גם[428] ברושים שמחו לך וגו', תרגם יונתן בן עוזיאל - **אף שלטונין חדיאו לך עתירי נכסין**, שמהו מעניין המשל כחמאת[429] בקר וחלב צאן וגו':

ואלו ההשאלות רבות מאד מאד בספרי הנבואה מהם, מה שירגיש ההמון בהיותם מושאלים ומהם שיחשבום בלתי מושאלים, כי לא יסופק אדם באמרו - יפתח[430] הוי"ה לך את אוצרו וגו', שזאת השאלה ושאין לאלוה **אוצר** יאצר בו **המטר**, וכן אמרו - ודלתי[431] שמים פתח וימטר עליהם מן, לא יחשוב אדם עוד שיש בשמים שער **ודלתות** אבל זה על צד הדימוי והוא מין מן ההשאלה. וכן צריך שיובן אמרו - נפתחו[432] השמים, ואם[433] אין מחני נא מספרך אשר כתבת, אמחנו[434] מספרי, ימחו[435] מספר חיים, כל זה על צד הדימוי לא שיש לו **ספר** לאלוה יתברך יכתוב בו וימחה כמו שיחשבו ההמון בהיותם בלתי שוערים במקום ההשאלה הנה: והכל מכת אחת. ושא כל מה שלא זכרתי על מה שזכרתיו בזה הפרק והבדל הדברים בשכלך, ויתבאר לך

[426] שיר השירים א טז
[427] ישעיהו נה יב
[428] ישעיהו יד ח
[429] דברים לב יד
[430] דברים כח יב
[431] תהלים עח כג
[432] יחזקאל א א
[433] שמות לב לב
[434] שמות לב לג
[435] תהלים סט כט

מה שנאמר על צד המשל ומה שנאמר על צד ההשאלה ומה שנאמר על צד הגוזמה ומה שנאמר כפי מה שתורה עליו ההנחה הראשונה בדקדוק, ויתבארו לך אז הנבואות כולם ויתגלו ויישארו עמך אמונות מושכלות הולכות על סדר נרצות אצל האלוה כי לא ירצה לו יתברך כי אם האמת ולא ישנא כי אם השקר. ולא יתבלבלו דעותיך ומחשבותיך ותאמין דעות בלתי אמיתיות רחוקות מאד מן האמת ותחשבם תורה והתורות כולן אמנם הם אמת גמור כשיתבוננו כראוי אמר - **צדק**[436] עדותיך לעולם וגו', ואמר - אני[437] הוי"ה דובר צדק. ובזאת הבחינה גם כן תנצל מדמיון מציאות לא המציאו האלוה ומדעות מגונות אפשר שיביא קצתם לכפירה ואמונת חסרון בחק האלוה. כענייני ההגשמה והתארים וההתפעלויות כמו שבארנו או תחשוב בדברי הנבואה שהם שקר. והחלי כולו המביא לזה הוא העלם מה שהעירונו עליו. ואלו העניינים גם כן **מסתרי תורה**. ואף על פי שדברנו בהם הוא בכללות קל הוא לדעת פרטיו אחר מה שקדם:

פרק מח

מבואר הוא מאד שכל דבר מחודש, אי אפשר לו מבלתי סיבה קרובה חדשה אותו ולסיבה ההיא סיבה, וכן עד שיגיע זה לסיבה הראשונה לכל דבר, רצוני לומר רצון האלוה ובחירתו, ומפני זה יחסרו הנביאים פעמים בדבריהם הסיבות ההם האמצעיות כולם וייחסו זה הפועל האישי, המתחדש אל האלוה, ויאמרו שהוא יתברך עשאו. וזה כולו ידוע וכבר דיברנו בו אנחנו וזולתנו מן המאמתים והוא דעת אנשי תורתנו כולם:

ואחרי זאת ההצעה שמע מה שאבארהו בזה הפרק והתבוננהו התבוננות מיוחד בו מוסף על התבוננותך לשאר פרקי זה המאמר. והדבר אשר אבארהו לך הוא זה: דע כי הסיבות הקרובות כולם אשר מהם יתחדש מה שיתחדש אין הפרש בין היות הסיבות ההם עצמיות טבעיות או בבחירה או במקרה. ורצוני לומר **בבחירה** שתהיה סיבת המתחדש ההוא בחירת אדם, עד שאפילו הייתה הסיבה, רצון אחד משאר בעלי החיים שזה כולו ייוחס לאלוה בספרי הנביאים ויתירו על הפועל ההוא בלשוניתם, שהאלוה פעלו או צווה בו או אמרו ובא באלו הדברים כולם **לשון אמירה ולשון חייבור ולשון צווי ולשון קריאה ולשון שליחה**. וזהו העניין אשר רציתי לבעיר עליו בזה הפרק. והוא שאחר שהאלוה לפי מה שהונח והתיישב, הוא אשר העיר הרצון ההוא לבעל החיים ההוא שאינו מדבר והוא אשר חייב הבחירה ההיא לחי המדבר והוא אשר המשיך העניינים הטבעיים על מנהגיהם והמקרה הוא ממותר העניין הטבעי, כמו שהתבאר ורובו משותף בין טבע והרצון והבחירה יתחייב לפי זה כולו שיאמר על מה שהתחייב מהסיבות ההם

436 תהלים קיט קמד

437 ישעיהו מה יט

שהאלוה צווה שיעשה כך או אמר שיהיה כך: ואני אזכר לך מאלו כולם משלים ועליהם תקיש כל מה שלא אומרהו. אמר במה שימשך מן העניינים הטבעיים תמיד, כהיתוך השלג, כשיחם האויר, והמית מי הים, בהסתער הרוח, אמר - ישלח[438] דברו וימסם, ויאמר[439] ויעמד רוח סערה ותרומם גליו, ואמר בירידת המטר - ועל[440] העבים אצוה מהמטיר וגו': ואמר במה שתהיה סיבתו בחירת אדם כמלחמת עם ישלטו על עם או איש יתעורר להזיק איש אחר עד אפילו חרפו אמר בשלוט **נבוכדנצר הרשע** ומחנהו - אני[441] צויתי למקודשי גם קראתי גבורי לאפי, ואמר - בגוי[442] חנף אשלחנו, ובעניין שמעי בן גרא אמר - כי[443] הוי"ה אמר לו קלל את דוד, ובהמלט יוסף הצדיק מבית הסוהר אמר - שלח[444] מלך ויתירהו, ובשלוט פרס ומדי על הכשדים אמר - ושלחתי[445] לבבל זרים וזרוה, ובעניין **אליהו ע"ה** כאשר סיבב האלוה לו אישה תפרנסהו נאמר לו - הנה[446] צויתי שם אשה אלמנה לכלכלך, ואמר יוסף הצדיק - לא[447] אתם שלחתם אותי הנה כי האלוקים: ואמר במה שתהיה סיבתו רצון בעל חיים והתעוררו בצרכי חייו - ויאמר[448] הוי"ה לדג, אחר שהאלוה הוא אשר העיר בו הרצון ההוא לא שהוא שמהו נביא והשרה עליו נבואה. וכן נאמר בארבה אשר בא בימי יואל בן פתואל - כי[449] עצום עושה דברו. וכן עוד נאמר בשלוט החיות על **ארץ אדום** בעת חורבנה בימי סנחריב - והוא[450] הפיל להן גורל וידו חילקתה להם בקו, ואף על פי שלא נזכר הנה **לשון אמירה** ולא **צווי** ולא **שליחה** אלא ענינו הקש מבואר. והקש גם כן על כל המאמרים הבאים הדומים לזאת התכונה: ואמר בעניינים המקריים מקרה גמור אמר בעניין רבקה - ותהי[451] אשה לבן אדוניך כאשר דיבר הוי"ה, ובעניין יוסף - וישלחני[452] אלוקים לפניכם. והנה כבר התבאר לך איך יסופר על הזדמן הסיגות הזדמנו על אי זה דרך שהזדמנו, יהיו סיבות בעצם או במקרה או בבחירה ברצון, הכל בשווה באלו החמש לשונות, והם

---

[438] תהלים קמז יח
[439] תהלים קז כה
[440] ישעיהו ה ו
[441] ישעיהו יג ג
[442] ישעיהו י ו
[443] שמואל ב טז י
[444] תהלים קה כ
[445] ירמיהו נא ב
[446] מלכים-א יז ט
[447] בראשית מה ח
[448] יונה ב יא
[449] יואל ב יא
[450] ישעיהו לד יז
[451] בראשית כד נא
[452] בראשית מה ז

- **צווי, אמירה, דיבור, שליחה, קריאה**. ודע זה והנהיגהו בכל מקום כפי ענינו ויוסרו רחוקים רבים ותתבאר לך אמיתת העניין במקום ההוא אשר יביא לחשוב בו שהוא רחוק מן האמת: וזה תכלית מה שהגעתי אל המאמר בו בעניין הנבואה ומשליה ולשונותיה. וזה כלל מה שאזכרהו לך מזה העניין בזה המאמר. ונתחיל בעניינים אחרים בעזרת שד"י:

נשלם זה החלק השני
ממורה הנבוכים

חלק ג

הקדמה

הנה בארנו פעמים רבות שעיקר הכונה היה בזה המאמר לבאר מה שאפשר לבאר **ממעשה בראשית** ו**מעשה מרכבה** לפי מי שחובר לו זה המאמר.
וכבר בארנו שאלו הדברים הם מכלל **סתרי תורה**. וידעת גם כן איך האשימו רבותינו ז"ל מי שמגלה אותם. ובארו ז"ל ששכר מעלים **סתרי תורה** המבוארים והגלויים לבעלי העיון עצום מאד, אמרו בסוף **פסחים**. על מה שכתוב - כי[1] ליושבים לפני הוי"ה יהיה סחרה לאכול לשבעה ולמכסה עתיק, אמרו - למכסא[2] דברים שגילן עתיק יומיא, ומאי ניהו סתרי תורה, והבן שיעור מה שהישירו אליו אם יש בלבבך תבונה. והנה בארו עומק **מעשה מרכבה** והיותו רחוק מדעות ההמון והתבאר שאפילו מה שיבין ממנו מי שחננו האלוה תבונה, אסרה התורה ללמדו אלא פנים בפנים למי שיש לו המידות הנזכרות ואין מוסרים לו ממנו אלא **ראשי פרקים** לבד. וזאת היא הסיבה בהפסק ידיעתו מן האומה לגמרי עד שלא נמצא ממנו דבר קטן או גדול. וראוי היה להעשות בו כך כי לא נעדר מקבל מפי מקבל ולא חובר בו ספר כלל: ואחר שהוא כן - איך יש לי תחבולה להעיר על מה שאפשר שנודע לי והתבאר אלי בלא ספק במה שהבינותיו מזה, אבל המנעי מחבר דבר ממה שנודע לי בו עד שיהיה אבדו באבדי - אשר אי אפשר מבלעדיו, היה בעיני אונאה גדולה בחוקיך וחוק כל נבוך וכאילו עושק האמת מן הראוי לה או קנאת המוריש ביורש על ירושתו, ושתיהן מדות מגונות.
ואמנם ביאור דבריו כבר זכרנו מה שיש בו מהזהרת התורה מצורף למה שנותן אותו השכל, מחובר אל היותי גם כן בעל סברה במה שנודע לי ממנו ולא באתני בו נבואה אלוקית להודיעני שכן נתכון בעניין ולא קבלתי מה שאאמינהו בו ממלמד, אבל הורני הכתוב בספרי הנבואה ודברי **החכמים**, עם מה שאצלי מן הקדמות עיוניות שהעניין כן בלא ספק, ואפשר שיהיה העניין חילופו ותהי הכונה דבר אחר: והנה עוררתני בו המחשבה המיישרת והעזר האלוקי אל עניין אספרהו והוא שאני אפרש לך מה שאמר **יחזקאל הנביא** עליו השלום, על דרך שיחשוב כל שישמע פרושי שאני לא אמרתי דבר נוסף על מה שיורה עליו הכתוב אבל כאילו אני מתרגם מלות מלשון אל לשון או מבאר בקצרה עניין דברים גלויים, וכשיסתכל בו מי שחובר לו זה המאמר ויתבונן בפרקיו כולם בהשגחה שלמה יתבאר לו העניין כולו אשר התבאר לי ונגלה עד שלא יעלם ממנו דבר. וזהו תכלית היכולת לקבץ בין התועלת לכל אדם ובין מניעת הביאור בלימוד דבר מזה העניין כמו

[1] ישעיהו כג יח
[2] גמרא פסחים קיט ע"א

מוֹרֵה נְבוּכִים חלק ג'

שצריך:

ואחר הקדים זאת ההקדמה, שים ליבך בפרקים הבאים בהזה העניין הנכבד היקר הגדול אשר הוא **יתד שהכל תלוי בו** ועמוד שהכל נשען עליו בשם הוי"ה אל עולם:

פרק א

ידוע שמבני אדם, אנשים שצורת פניהם דומה לצורת אחד משאר בעלי החיים, עד שתראה איש כאילו פניו דומים לפני אריה, ואחר כאילו פניו דומים לפני השור, וכיוצא בהם. וכפי אלו הצורות הנוטות אל צורות פני בעלי החיים מכונים בני אדם. כן מה שאמר - פני[3] שור ופני אריה ופני נשר, והם כולם **פני אדם** נוטות אל אלו הצורות של אלו המינים. ויש לך בזה שתי ראיות האחת מהן - אמרו **בחיות** בכלל - וזה מראיהן[4] דמות אדם להנה, ואחר כך תאר כל **חיה** מהן שיש לה **פני אדם ופני נשר ופני אריה ופני שור**, והראיה השנית, מה שבאר **במרכבה** השנית אשר הביא אותה לבאר עניינים שלא נזכרו **במרכבה** הראשונה אמר **במרכבה** השנית - וארבעה[5] פנים לאחד פני האחד פני הכרוב ופני השני פני אדם והשלישי פני אריה והרביעי פני נשר, הנה באר שמה שאמר עליו **פני שור** הוא **פני הכרוב** ו**כרוב** הוא הצעיר לימים מבני אדם - והוא ההיקש בשני הפנים הנשארים, ואמנם לא אמר מלת **פני שור**, להעיר גם כן מצד קצת גזרה כמו שרמזנו בו. ואי אפשר שיאמר אולי זאת השגת צורות אחרות, מפני שהוא אמר בסוף זה הסיפור השני -היא[6] החיה אשר ראיתי תחת אלוקי ישראל בנהר כבר. כבר התבאר מה שהחילונו לבאר:

פרק ב

זכר שראה ארבע **חיות**, כל **חיה** מהן בעלת ארבעה פנים, ובעלת ארבעה כנפים, ובעלת שתי ידים, וכלל צורת כל **חיה**, צורת אדם כמו שאמר - דמות[7] אדם להנה. וכן זכר שהידים גם כן ידי אדם אשר הוא ידוע שידי האדם אמנם הם על הצורה שהם, לעשות בהם כל מלאכת מחשבת בלא ספק. ואחר כך זכר שרגליהם ישרים, רצונו לומר שאין בהם פרקים, והוא עניין אמרו **רגל ישרה**, כפשוטו של דבר, וכן אמרו - ורגליהם[8] רגל ישרה, מלמד שאין ישיבה למעלה, והבן זה גם כן. ואחר כך זכר שכפות רגליהם אשר הם כלי ההליכה אינם כרגלי אדם אבל הידיים הם כידי אדם, ואמנם

---

[3] יחזקאל א י
[4] יחזקאל א ה
[5] יחזקאל י יד
[6] יחזקאל י כ
[7] יחזקאל א ה
[8] יחזקאל א ז

הרגלים עגולות - ככף[9] רגל עגל. ואחר כך זכר שאלה הארבע **חיות** אין ביניהם הפרש ולא מקום פנוי. אלא כל אחת מחוברת בחברתה, אמר - חוברות[10] אשה אל אחותה, ואחר כך זכר שעם היותם מחוברות פניהם וכנפיהם נפרדות מלמעלה, אמר - ופניהם[11] וכנפיהם פרודות מלמעלה, והסתכל אמרו **מלמעלה** כי הגופות מחוברות, אמנם פניהם וכנפיהם פרודות, אבל למעלה לכן אמר **ופניהם וכנפיהם פרודות מלמעלה**. ואחר כך זכר הם זכות - כעין[12] נחושת קלל. ואחר כך זכר שהם גם כן מאירות, אמר מראיהם[13] כגחלי אש. זה כלל מה שזכר מצורת **החיות**, כלומר תארם ועצמם ופניהם וכנפיהם וידיהם ורגליהם: ואחר כך התחיל לתאר תנועות אלו **החיות** איך הם וזכר בהם מה שתשמע. אמר שתנועות **החיות** אין בהם לא כפיפה ולא עוות ולא עקמימות, אבל תנועה אחת והוא אמרו - לא[14] יסבו בלכתן. ואחר כך זכר שכל **חיה** מהם תלך לנוכח פניה, והוא אמרו - איש[15] אל עבר פניו ילכו, הנה באר שכל **חיה** תלך אל עבר פניה, ואני תמה לאי זה פנים והיא בעלת פנים רבים, סוף דבר אין הליכת ארבעתם לצד אחד כי אלו היה כן לא היה מייחד לכל אחת תנועה, ולא היה אומר **איש אל עבר פניו ילכו**. ואחר כך זכר שאלו החיות תכונת תנועתן מרוצה והן חוזרות חלילה במרוצה גם כן, והוא אמרו - והחיות[16] רצוא ושוב, כי **רצוא** מן מקור – רץ, **וישוב** מן מקור שב, לא אמר **הלוך ובוא**, אבל אמר שתנועתם היא מרוצה וחזרת חלילה ובאר זה במשל ואמר -כמראה[17] הבזק, **ובזק** שם **הברק**, אמר כדמות **הברק** אשר תראה תנועתו הממהרת שבתנועות וכאילו הוא נמשך ממהר רץ ממקום אחד ואחר כך ייסוב אחור וישוב אל המקום אשר התנועע ממנו במהירות ההיא בעצמה פעם אחר פעם, ותרגם יונתן בן עוזיאל עליו השלום - **רצוא ושוב** כך **חזרן ומקפן ית עלמא ותייבן בריא חדא וקלילן כחיזו ברקא**. ואחר כך זכר שהצד שתתנועע אליו **החיה** תנועת המרוצה והחזקה ההיא אינה תנועתה מעצמה אבל בגלל דבר אחר זולתה, רצוני לומר הכונה האלוקית, אמר כי הצד אשר תהיה הכונה האלוקית שתתנועע אליו **החיה** אל הצד ההוא תתנועע התנועה ההיא הממהרת אשר היא **רצוא ושוב**. והוא אמרו **בחיות** - אל[18] אשר יהיה שמה הרוח ללכת

---

[9] יחזקאל א ז
[10] יחזקאל א ט
[11] יחזקאל א יא
[12] יחזקאל א ז
[13] יחזקאל א יג
[14] יחזקאל א ט
[15] יחזקאל י כב
[16] יחזקאל א יד
[17] יחזקאל א יד
[18] יחזקאל א יב

ילכו לא יסבו בלכתן, **ורוח** הנה אינה הרוח המנשבת אבל היא כונה כמו שבארנו בשיתוף שם **רוח**, יאמר שהצד אשר תהיה הכונה האלוקית שתלך אליו **החיה** בצד ההוא, תרוץ **החיה** אליו. וכן פרש יונתן בן עוזיאל עליו השלום אמר - **לאתר די הוא תמן רעוא למיזל אזלן לא מתחזרן במיזלהון**. וכאשר היה נראה מפשוטי דבריו בדאמרו - אל אשר יהיה שמה הרוח ללכת ילכו, שפעמים ירצה האלוה בעתיד שתלך **החיה** לצד אחד ותלך בצד ההוא ופעמים ירצה שתלך לצד אחר כנגדו ותלך שב ובאר זה הספק והודיענו שאין העניין כן. ו**שיהיה** הנזכר בפסוק ענינו **היה**, וזה נמצא בעברי הרבה, ושכבר התייחד וסוים הצד אשר רצה האלוה שתלך אליו **החיה** ובצד ההוא שכבר רצה האלוה שתלך **החיה** בו תלך והרצון קים בצד ההוא. אמר בביאור זה העניין והשלמת המאמר בו בפסוק אחר - על[19] אשר יהיה שם הרוח ללכת ילכו שמה הרוח ללכת. והבן זה הביאור המופלא, וזה גם כן מה שסיפר מצורת תנועת הארבע **חיות** אחר סיפור צורתם:

ואחר כך התחיל בסיפור אחר ואמר שהוא ראה גוף אחד תחת **החיות** מתלכד בהם והגוף ההוא מחובר בארץ והוא גם כן ארבעה גופים, והוא גם כן בעל ארבעה פנים לא תאר לו צורה כלל לא צורת אדם ולא זולתו מצורות שאר בעלי החיים אבל זכר שהם גופים גדולים נוראים מבהילים ולא תאר להם צורה כלל וזכר שכל גופותם **עיניים**. ואלו הם שקרא שמם **אופנים** אמר - וארא[20] החיות והנה אופן אחד בארץ אצל החיות לארבעת פניו, והנה באר שזה גוף אחד קצתו אצל **החיות** וקצתו בארץ וש**האופן** ההוא בעל ארבעה פנים אמר - מראה[21] האופנים ומעשיהם כעין תרשיש ודמות אחד לארבעתן, הנה נעתק מאמרו **אופן** לאמרו **ארבעה** כבר גילה שהארבעה **פנים** אשר **לאופן** הם הארבעה **אופנים**. ואחר כך זכר שצורת הארבעה **אופנים** צורה אחת, והוא אמרו **ודמות אחד לארבעתן**. ואחר כך הודיע באלו **האופנים** שהם מורכבים קצתם בקצתם, והוא אמרו - ומראיהם[22] ומעשיהם כאשר יהיה האופן בתוך האופן. וזה מאמר שלא נאמר **בחיות** לא אמר מלת **תוך בחיות** אבל קצתם מחובר בקצתם, כמו שאמר - חוברות אשה אל אחותה, אמנם **האופנים** זכר שקצתם מורכב בקצתם - כאשר יהיה האופן בתוך האופן. אבל כל גוף **האופנים** אשר זכר שהוא - מלא עינים, אפשר שרצה בו מלא עיניים ממש ואפשר שיהיה בעל מראים רבים - ועינו[23] כעין הבדולח, ואפשר שיהיה דמיון כמו שנמצא קדמונינו אומרים **כעין שגנב, כעין שגזל**, רוצים בו כדמות מה שגנב כדמות מה שגזל, או יהיה עניינים

---

19 יחזקאל א כ

20 יחזקאל א טו

21 יחזקאל א טז

22 יחזקאל א טז

23 במדבר יא ז

ותארים שונים, מאמרו - אולי[24] יראה הוי"ה בעיני, רצונו לומר עניני. זהו מה שסיפר מתכוונת **האופנים**: ואמנם תנועת **האופנים** אמר בהם שאין גם בתנועתם לא עקמימות ולא עקלתון, אבל תנועות ישרות שלא יתחלפו, והוא אמרו -על[25] ארבעת רבעיהן בלכתם ילכו לא יסבו בלכתן. ואחר כך זכר שאלו הארבעה **אופנים** אינם מתנועעים מעצמם **כחיות** ואין תנועה להם בעצמם כלל אלא בהניע אותם זולתם, והפליג להשיב זה העניין וחזקו פעמים. ושם מניע **האופנים**, **החיות**, עד שיהיה על צד המשל עניין **האופן** עם **החיה** כמי שקשר גוף מת ביד בעל חיים, או ברגלו, שכל אשר יתנועע החי ההוא יתנועע האץ ההוא או האבן ההיא הנקשרת באבר החי ההוא אמר - ובלכת[26] החיות ילכו האופנים אצלם ובהנשא החיות מעל הארץ ינשאו האופנים, ואמר - והאופנים[27] ינשאו לעומתם, ובאר הסיבה בזה ואמר - כי[28] רוח החיה באופנים, והשיב זה העניין לחיזוק ולתוספת ביאור ואמר - בלכתם[29] ילכו ובעמדם יעמודו ובהנשאם מעל הארץ ינשאו האופנים לעומתם כי רוח החיה באופנים. ויהיה הסדר באלו התנועות כן עי זה צד שתהיה הכונה האלוקית שיתנועע **החיות** אליו, אל הצד ההוא יתנועעו **החיות** ובתנועת **החיות** יתנועעו **האופנים** על צד ההמשך אחריהם בקשירה לא ש**האופנים** יתנועעו מעצמם לצד **החיות**. וסידר זה הסדר ואמר על[30] אשר יהיה שם הרוח ללכת ילכו שמה הרוח ללכת והאופנים ינשאו לעומתם כי רוח החיה באופנים, וכבר הודעתיך תרגום יונתן בן עוזיאל עליו השלום אמר - על אתר די הוה תמן רעוא למיזל וגו':

וכאשר השלים סיפור **החיות** צורתם ותנועותם וזכר **האופנים** אשר תחת **החיות**, והקשרם בהם והתנועעם בתנועתם, התחיל בהשגה השלישית שהשיג אותה ושב לסיפור אחר והוא מה שעל **החיות** ואמר שעל הארבע **חיות**, **רקיע** ועל **הרקיע** דמות **כסא** ועל **הכסא**, דמות[31] כמראה אדם: זה הכלל אשר ספרו בהשגה אשר השיג אותה תחילה **בנהר כבר**:

פרק ג

כאשר זכר יחזקאל עליו השלום, מתואר **המרכבה**, מה שסיפר בתחילת **הספר** שבה לו ההשגה ההיא בעצמה פעם שנית כשנישא **במראה הנבואה לירושלים**, ובאר לנו דברים שלא התבארו תחילה. מהם שהעתיקנו ממילת

---

24 שמואל-ב טז יב

25 יחזקאל א יז

26 יחזקאל א יט

27 יחזקאל א כ

28 יחזקאל א כ

29 יחזקאל א כא

30 יחזקאל א כ

31 יחזקאל א כו

חיות למילת **כרובים** והודיענו ש**החיות** הנזכרות תחילה הם גם כן **מלאכים**, רצוני לומר **הכרובים**. אמר - ובלכת[32] הכרובים ילכו האופנים אצלם ובשאת הכרובים את כנפיהם לרום מעל הארץ לא יסבו האופנים גם כן מאצלם, וחיזק הקשר שתי התנועות כמו שזכרנו אחר כך אמר - היא[33] החיה אשר ראיתי תחת אלוקי ישראל בנהר כבר ואדע כי כרובים המה, והשיב הצורות בעצמם והתנועות בעצמם והתבאר ש**החיות** הם **הכרובים**, ו**הכרובים** הם **החיות**. ואחר כך באר בזה הסיפור השני עניין אחר והוא ש**האופנים** הם **הגלגלים** אמר - לאופנים[34] להם קורא הגלגל באזני. אחר כך באר עניין שלישי **באופנים** ואמר בהם - כי[35] המקום אשר יפנה הראש אחריו ילכו לא יסבו בלכתם, הנה באר שתנועת **האופנים** ההכרחית, אמנם היא נמשכת **אל המקום אשר יפנה הראש** שבאר שהוא נמשך **אל אשר יהיה שמה הרוח ללכת**. ואחר כך הוסיף עניין רביעי **באופנים** ואמר -והאופנים[36] מלאים עינים סביב לארבעתם אופניהם, ולא זכר זה העניין תחילה. אחר כך אמר **באופנים** בזאת ההשגה האחרונה - בשרם[37] וגביהם וידיהם וכנפיהם, ולא זכר **לאופנים** תחילה לא **בשר** ולא **ידים** ולא **כנפים**, אבל שהם גופים לבד, ושב באחרונה לאמור שהם בעלי בשר וידים וכנפים, אבל לא זכר להם צורה כלל. אחר כך באר גם כן בזאת ההשגה השנית שכל **אופן** ייוחס **לכרוב**. ואמר - אופן[38] אחד אצל הכרוב אחד ואופן אחד אצל הכרוב אחד. אחר כך באר עוד הנה שהארבע **חיות** הם **חיה אחת** להדבק קצתם בקצתם אמר - היא[39] החיה אשר ראיתי תחת אלוקי ישראל בנהר כבר. ו**האופנים** גם כן אמנם קראם - **אופן אחד בארץ**, ואף על פי שהיו **ארבעה אופניים**, כמו שנזכר, להדבק קצתם בקצתם והיותם כולם - דמות[40] אחד לארבעתן. זה מה שהוסיף לנו מן הביאור בתמונת **החיות** ו**האופנים**, בהשגה הזאת השנייה:

פרק ד

צריך להעירך על עניין אחד שנטה אליו יונתן בן עוזיאל עליו השלום, והוא כי כאשר ראה מאמר הנביא מבואר - לאופנים[41] להם קורא הגלגל באזני,

---

32 יחזקאל י טז
33 יחזקאל י כ
34 יחזקאל י יג
35 יחזקאל י יא
36 יחזקאל י יב
37 יחזקאל י יב
38 יחזקאל י ט
39 יחזקאל י כ
40 יחזקאל א י
41 יחזקאל י יג

מורה נבוכים
חלק ג'

גזר אומר שה**אופנים** הם השמים. ותרגם כל **אופן גלגלא**, וכל **אופנים גלגליא**. ואין ספק אצלי שמה שחיזק אצלו עליו השלום זה הפרוש הוא מאמר יחזקאל עליו השלום ב**אופנים**' שהם - כעין[42] תרשיש, וזה מראה מיוחס לשמים כמו שהוא מפורסם. וכאשר מצא הכתוב - ואר**א**[43] החיות והנה אופן אחד בארץ, שיורה בלא ספק שה**אופנים בארץ**, היה קשה עליו לפי הפרוש ההוא ונמשך אחר פרושו ופרש אמרו הנה **ארץ** שטח השמים שהוא **ארץ** בערך למה שעל השטח ההוא, ותרגם **אופן אחד בארץ**, מלרע לרום שמיא. והבן פרושו איך הוא. ואשר יראה לי מה שהביאו לזה הפרוש הוא חשבו, עליו השלום ש**גלגל** שם הראשון לשמים, ונראה לי שאין הדבר אלא כך והוא - שהגלילה שמה **גלגל** - ו**גלגלתיך**[44] מן הסלעים, ו**יגל**[45] את האבן, ומפני זה נאמר - ו**כגלגל**[46] לפני סופה, להתגלגלו ומפני זה נקראת **גולגולת** הראש כך להיותה עגולה. ומפני שכל כדור מתגלגל במהרה נקרא כל דבר כדורי **גלגל**, ולזה נקראו השמים **גלגלים** מפני עיגולם, רצוני לומר להיותם כדוריים, ואמרו - **גלגל**[47] הוא שחוזר, וקוראים גם כן הגלגלים הקטנים של עץ והגדולים **גלגל** לזה העניין בעצמו. אם כן אמרו ל**אופנים להם קורא הגלגל באזני**, היה ללמדנו תמונתם כי לא נזכר להם תמונה ולא תואר אלא שהם **גלגלים**. אבל אמרו בהם **כתרשיש** הנה באר לך זה גם כן בסיפור השני ואמר ב**אופנים** - ומראה[48] ה**אופנים** כעין אבן תרשיש, ותרגם יונתן בן עוזיאל עליו השלום - כעין אבן טבא, והנה ידעת שבזה הלשון עצמו תרגם אונקלוס - כמעשה[49] לבנת הספיר. ואמר **כעובד אבן טבא**, אם כן אין הפרש בין אמרו **כעין אבן תרשיש** ובין אמרו **כמעשה לבנת הספיר**, והבן זה. ולא תרחיק זכרי פרוש יונתן בן עוזיאל עליו השלום ופרשי זולתו שאתה תמצא הרבה מן החכמים, וגם מן המפרשים חולקים על פרושו בקצת מלות ובעניינים רבים מעניני ה**נביאים**, ואיך לא יהיה כך באלה העמוקות, ועוד שאני איני מכריע פרושי אבל הבן אתה פרושו כולו מאשר העירותיך והבן פרושי, והאלוה יודע איזה משני הפרושים הוא הנאות למה שנרצה:

פרק ה

ממה שצריך שתתעורר עליו אמרו - מראות[50] אלוקים, ולא אמר **מראה**

---

[42] יחזקאל א טז
[43] יחזקאל א טו
[44] ירמיהו נא כה
[45] בראשית כט י
[46] ישעיהו יז יג
[47] גמרא שבת קנא ע"ב
[48] יחזקאל י ט
[49] שמות כד י
[50] יחזקאל א א

לשון יחיד, אלא **מראות** מפני שהם השגות רבות וחלוקות במיניהם רצוני לומר שלש השגות השגת **האופנים** והשגת **החיות** והשגת **האדם**, והוא שבהשגת **החיות** אמר - וארא[51] והנה רוח סערה וגו'. ובהשגת **האופנים** אמר - וארא[52] החיות והנה אופן אחד בארץ, ובהשגת **האדם** אשר למעלה מן **החיות** במדרגה ובסדר אמר - וארא[53] כעין חשמל וגו'... ממראה מתניו וגו', ולא השיב מלת **וארא** כלל בסיפור **המרכבה** רק בשלש פעמים האלה. וכבר בארו חכמי המשנה זה העניין והם העירוני עליו והוא אמרם ששתי ההשגות הראשונות, רצוני לומר השגת **החיות** והשגת **אופנים** לבד, מותר ללמדה וההשגה השלישית אשר היא **החשמל**, ומה שנדבק בו אין מלמדים ממנו אלא **ראשי פרקים**, ורבנו הקדוש חושב ששלוש ההשגות כולם נקראות **מעשה מרכבה** ואין מלמדים מהם אלא ראשי פרקים, ולשונם בזה הוא - עד[54] היכן מעשה מרכבה, רבי מאיר אומר עד **וארא** בתראה, רבי יצחק אומר עד **חשמל**, מן **וארא** עד **חשמל** מגמרינן אגמורי מכאן ואילך מוסרין לו ראשי פרקים, איכא דאמרי מן **וארא** ועד **חשמל** מסרינן ראשי פרקים מכאן ואילך אם היה חכם מבין מדעתו, אין, ואי לא, לא. הנה התבאר לך מדבריהם שהם השגות חלוקות והמעיר עליהם **וארא וארא וארא**, ושהן מדרגות ושההשגה האחרונה מהם והיא הנאמר עליה **וארא כעין חשמל**, רצוני לומר צורת האדם החלוק אשר נאמר בו **ממראה מתניו ולמעלה וממראה מתניו ולמטה**, היא סוף ההשגות והעליונה שבהם ויש מחלוקת גם כן בין **החכמים** אם מותר לרמוז בלימודו בשום דבר, רצוני לומר **במסירת ראשי פרקים**, או אין מותר כלל לרמוז בלימוד זאת ההשגה השלישית ואפילו **בראשי פרקים**, אבל מי שהוא **חכם יבין מדעתו**. וכן יש מחלוקת עוד בין **החכמים** כמו שתראה בשתי ההשגות הראשונות גם כן רצוני לומר **החיות** **והאופנים** אם מותר ללמד ענייניהם בביאור או אינו מותר אלא ברמיזות וחידות בראשי פרקים: וצריך שתתעורר גם כן על סידור אלו ההשגות השלש וזה שהוא הקדים השגת **החיות** מפני שהם קודמות במעלה ובעילה כמו שזכר - כי[55] רוח החיה באופנים, ובזולת זה גם כן, ואחר **האופנים**, ההשגה השלישית אשר היא עליונה במדרגה מן **החיות** כמו שהתבאר. וסיבת זה ששתי ההשגות קודמות בלימוד בהכרח להשגה השלישית והם מורות עליה:

פרק ו

דע שזה העניין הנכבד הגדול אשר התחיל יחזקאל עליו השלום, ללמדנו

[51] יחזקאל א ד

[52] יחזקאל א טו

[53] יחזקאל א כז

[54] גמרא חגיגה יג ע"א

[55] יחזקאל א כ

אותו מסידור **המרכבה** בהערת הנבואה אשר עוררתהו ללמדנו אותו הוא העניין בעצמו שלימדנו ישעיהו עליו השלום, בכלל לא הצטרך אל זה הפרט והוא אמרו - ואראה[56] את אדוני יושב על כסא רם ונישא ושוליו מלאים את ההיכל שרפים עומדים וגו'. כבר בארו לנו **החכמים** כל זה והעירו אותנו על זה העניין, ואמרו שההשגה אשר השיג יחזקאל היא ההשגה בעצמה אשר השיגה ישעיהו, והמשילו בזה משל בשני אנשים שראו את המלך בעת רכבו האחד מהם בני כרך והשני מבני כפר, כי בן הכרך לדעתו שאנשי העיר יודעים תכונת רכיבת המלך אינו מספר תכונת רכיבתו אבל אומר - ראיתי את המלך לבד, והאחר מפני היותו רוצה לספר לאנשי הכפר אשר אינם יודעים דבר מתכוונתה, פרט להם תכוונת רכיבתו איך היא, ותואר דגליו וחילותיו ומשרתיו ועושי דברו ומצוותיו. ובזה השיעור מהערתם תועלות גדולות מאד. והוא אמרם בחגיגה - כל[57] מה שראה יחזקאל ראה ישעיהו, ישעיהו דומה לבן כרך שראה את המלך, יחזקאל דומה לבן כפר שראה את המלך. ואלו הדברים אפשר שיפורש בהם על דעת אומרם מה שזכרתי תחילה, והוא שישעיהו לא היו אנשי דורו צריכים לבאר להם הפרוט ההוא אבל הספיק להם אמרו - ואראה את אדוני וגו', **ובני הגולה** היו צריכים לפרוט הזה. ואולי שהאומר הזה חשב שישעיהו יותר שלם מיחזקאל, ושההשגה שנבהל עליה יחזקאל והייתה נוראה בעיניו הייתה ידועה לישעיהו ידיעה שלא היה צריך לספרה על דרך חידוש להיותה עניין ידוע אצל השלמים:

פרק ז

מכלל מה שצריך לחקור עליו קשרו השגת **המרכבה** בשנה ובחודש וביום וקשרו במקום, שזה מה שצריך לבקש לו עניין ולא יחשב שהוא דבר אין עניין בו: וממה שצריך להסתכל בו והוא מפתח הכל אמרו - נפתחו[58] השמים. וזה נמצא מאד בדברי הנביאים, רצוני לומר זיכרון השאלת הפתיחה ופתיחת השערים גם כן -פתחו[59] שערים, ודלתי[60] שמים פתח, ושאו[61] פתחי עולם, פתחו[62] לי שערי צדק, ומזה הרבה: וממה שצריך שתתעורר עליו - היות זה הסיפור כולו ואף על פי שהיה **במראה הנבואה** בלא ספק כמו שאמר - ותהי[63] עליו שם יד הוי"ה, אבל עם כל זה נשתנה הלשון על חלקי הסיפור

---

[56] ישעיהו ו א
[57] חגיגה יג ע"ב
[58] יחזקאל א א
[59] ישעיהו כו ב
[60] תהלים עח כג
[61] תהלים כד ט
[62] תהלים קיח יט
[63] יחזקאל א ג

ההוא שינוי גדול מאד והוא כי כאשר זכר **החיות** אמר - דמות[64] ארבע חיות, ולא אמר **ארבע חיות** לבד, וכן אמר - ודמות[65] על ראשי החיה רקיע, וכן אמר - כמראה[66] אבן ספיר דמות כסא, וכן אמר - דמות[67] כמראה אדם, כל אלה אמר בהם **דמות**. אמנם **באופנים** לא אמר **דמות אופן** ולא **דמות אופנים** בשום פנים, אבל הגדה מוחלטת בתואר נמצא כפי מה שהם עליו. ולא יטעך אמרו - דמות[68] אחד לארבעתם, שאינו בזה הסידור ולא כפי העניין הרמוז אליו. ובה בהשגה האחרונה וחיזק זה העניין ובארו וזכר **הרקיע** סתם, כאשר התחיל לזכרו בפרט ואמר - ואראה[69] והנה אל הרקיע אשר על ראש הכרובים כאבן ספיר כמראה דמות כסא נראה עליהם, אמר הנה **רקיע** סתם ולא אמר **דמות רקיע** כמו שהיה כאשר חובר **לראשי דמות החיות**. אמנם **הכסא** אמר **דמות כסא נראה עליהם** להורות על הקדמת השגת **הרקיע** תחילה, ואחר כן **נראה לו עליו דמות כסא**. והבן זה:

וממה שצריך שתתעורר עליו - ספרו בהשגה הראשונה ש**החיות** בעלות כנפים **וידי אדם** יחד ובהשגה הזאת השנית אשר באר בה ש**החיות** הם **כרובים** השיג תחילה כנפיהם לבד, ואחר כך חודשו להם **ידי אדם** בהשגתו, אמר - ויראו[70] לכרובים תבנית יד אדם תחת כנפיהם, אמרו **תבנית** כאמרו **דמות**. וסידרם **תחת כנפיהם**. והבן זה:

והסתכל איך באר באמרו **אופנים לעומתם**, ואף על פי שלא תארם בצורה: אמר גם כן - כמראה[71] הקשת אשר יהיה בענן ביום הגשם כן מראה הנוגע סביב הוא מראה דמות כבוד הוי"ה, חומר **הקשת** המתואר ואמיתתו ומהותו ידועים וזה נפלא בדמיון ובהמשלה מאד והוא בלא ספק בכח נבואה. והבינהו:

וממה שצריך שתתעורר עליו, חלקו **דמות אדם שעל הכסא** והעליון שבו **כעין חשמל** והתחתון **כמראה אש**. וזאת מילת **חשמל** בארו שהיא מורכבת משני עניינים - **חש מל**, כלומר המהירות המורה עליו **חש** וההפסק המורה עליו **מל**, הכוונה התחבר שני עניינים חלוקים בבחינת שני צדדים עליון ותחתון על דרך הדימוי. וכבר העירונו הערה שנית ואמרו שהוא נגזר מן הדיבור והשתיקה, אמרו - פעמים[72] חשות פעמים ממללות, גזרו השתיקה

---

[64] יחזקאל י א
[65] יחזקאל א כב
[66] יחזקאל א כו
[67] יחזקאל א כו
[68] יחזקאל י י
[69] יחזקאל י א
[70] יחזקאל י ח
[71] יחזקאל א כח
[72] רש"י על יחזקאל א ד

מן - החשיתי[73] מעולם, הערה על שני העניינים בדיבור בלי קול. ואין ספק שאמרם **פעמים חשות פעמים ממללות** אמנם הוא על דבר נברא. וראה איך בארו לנו שזה **דמות אדם שעל הכסא**, החלוק אינו משל עליו יתעלה מכל הרכבה, אבל משל על דבר נברא. וכן אמר הנביא - הוא[74] מראה דמות כבוד הוי"ה, **וכבוד הוי"ה**, אינו **הוי"ה** כמו שבארנו פעמים רבות. וכל מה שהמשיל באלו ההשגות כולם אמנם הוא **כבוד הוי"ה**, רצוני לומר **המרכבה** לא **הרוכב**, כי לא ימשילוהו יתעלה. והבן זה: הנה נתתי לך גם כן בזה הפרק **מראשי הפרקים** מה שאם תשלים **הראשים** ההם יבוא לך מהם כלל מועיל בזה העניין. וכשתסתכל כל מה שאמרנוהו בפרקי זה המאמר עד זה הפרק יתבאר לך מזה העניין רובו או כולו מלבד חלקים מועטים וכפל דברים שנעלם עניינם ואולי עם ההסתכלות המופלג יגלה זה ולא יעלם ממנו דבר: ולא תקוה ולא תוחיל לשמוע ממני אחר זה הפרק אפילו דבר אחד בזה העניין לא בביאור ולא ברמיזה. כי כבר נאמר בו כל מה שאפשר לאמרו וגם לחצתי מאד ודחקתי: ואתחיל בעניינים אחרים מכלל העניינים שאני מקוה לבאר אותם בזה המאמר:

פרק ח

כל הגשמים ההווים הנפסדים לא ישיגם ההפסד, רק מצד החומר שלהם לא זולת זה. אבל מצד הצורה ובבחינת עצם הצורה לא ישיגם הפסד רק הם עומדים. הלא תראה שהצורות המיניות כולם מתמידות עומדות ואמנם ישיג הפסד לצורה במקרה, רצוני לומר מפני התחברה לחומר וטבע החומר ואמיתתו, שהוא לעולם לא ימלט מחברת ההעדר ומפני זה לא תתקיים בו צורה אבל יפשיט צורה וילבש צורה אחרת תמיד: ומה נפלא מאמר שלמה בחכמתו בדמותו החומר **באשת איש זונה** כי לא ימצא חומר מבלתי צורה כלל, אם כן הוא **אשת איש** לעולם לא תמלט **מאיש** ולא תמצא **פנויה** כלל, ועם היותה **אשת איש** היא מבקשת איש אחר לעולם תמיד בו בעלה ותפתהו ותמשכהו בכל צד, עד שישיג ממנה מה שהשיג בעלה. זהו עניין החומר, והוא שאי זו צורה שתהיה בו הצורה ההיא תכינהו לקבל צורה אחרת ולא יסור מהתנועה להפשיט זאת הצורה שעמו ולהביא אחרת, וכעניין זה בעצמו יעשה אחר בוא הצורה האחרת: הנה כבר התבאר שכל השחתה והפסד או חסרון, אמנם הוא מפני החומר. וביאורו באדם על דרך משל כי כיעור צורתו וצאת אבריו מטבעם וכן חולשת כל פעולותיו או ביטולם או בלבולם אין הפרש בין היות כל זה בתחילת היצירה או מתחדש עליו אין זה כולו נמשך אלא אחר החומר שלו הנפסד לא אחר צורתו וכן כל בעל חיים אמנם ימות ויחלה מפני החומר שלו לא מפני צורתו. וכל פשעי האדם וחטאיו אמנם הם

---

[73] ישעיהו מב יד

[74] יחזקאל א כח

נמשכים אחרי החומר שלו הנפסד לא אחרי צורתו, ומעלותיו כולם אינם
נמשכים אחרי החומר שלו הנפסד לא אחרי צורתו, ומעלותיו כולם אינם
נמשכות רק אחר צורתו. והמשל בו שהשגת האדם את בוראו וצירו כל מושכל והנהיגו תאוותיו וכעסו והסתכלו במה שצריך לבוחר בו ובמה שצריך לרחקו, כל זה נמשך אחר צורתו אבל מאכליו ומשתיו ומשגליו ורוב תאוותיו בהם וכן כעסו וכל מדה רעה שתמצא לו, הכל נמשך אחר החומר שלו. וכאשר התבאר שהעניין כן ולא היה אפשר בגזרת החכמה האלוקית שימצא חומר מבלתי צורה ולא שתמצא צורה מאלו הצורות מבלתי חומר והתחייב הקשר זאת הצורה האנושית הנכבדות מאד אשר בארנו שהיא - **צלם אלוקים ודמותו**, בזה החומר העפרי החשוך המביא אותו לכל חסרון והפסד נתן לה, רצוני לומר לצורה האנושית יכולת על החומר וממשלה ואדנות ושלטון עד שתכריחהו ותמנע תאוותיו, ותשיבם על מה שאפשר מן היושר והשווי: ומהנה נחלקו מדרגות בני אדם. כי יש מבני אדם אנשים שכל השתדלותם תמיד לבחור הנכבד ולבקש העמידה המתמדת כפי גזרת צורתו הנכבדות, ולא יחשוב רק בציור מושכל והשגת דעת אמיתי בכל דבר והדבק בשכל האלוקי השופע עליו אשר ממנו נמצאה הצורה ההיא וכל אשר יביאוהו צרכי החומר ללכלוכיו וחרפתו המפורסמת יצטער על מה שנשקע בו ויבוש ויכלם ממה שנוגע בו, וישתדל למעט מן החרפה ההיא בכל יכולתו ולהישמר ממנה בכל צד. כאדם שכעס עליו המלך וצווהו לפנות זבל ממקום למקום לבזותו שהאדם ההוא ישתדל בכל יכולתו להסתתר בעת הביזיון ההוא, ואולי יפנה דבר מועט למקום קרוב כדי שלא יתלכלכו ידיו ולא בגדיו ושלא יראהו אדם, כן יעשה מי שהוא בן חורין. אמנם העבד ישמח בזה ויראה שלא עמסו עליו טורח גדול וישליך כל גופו בזבל ההוא וילכלך פניו וידיו ויפנה בפרהסיה והוא יצחק וישמח וימחא כף. כן עניני בני אדם, כי מבני אדם אנשים כמו שאמרנו שכל צרכי החומר אצלם חרפה וגנות וחסרון התחייבו בהכרח ובלבד חוש המישוש אשר הוא חרפה עלינו (כמו שזכר אריסטו) אשר בעבורו נתאוה למאכל ולמשתה ולמשגל, כי צריך למשכיל למעט מהם מה שאפשר ולהסתר בהם ולהצטער בעשותו אותם ושלא ידבר בהם ולא ירחיב בהם המאמר ולא יעשו חבורות לאלה הדברים, אבל יהיה האדם מושל על אלה הצרכים כולם לקצר בהם כפי יכולתו ולא ישיג מהם אלא מה שאי אפשר זולתו וישים תכליתו תכלית האדם מאשר הוא אדם והיא ציור המושכלות (לא זולת זה) אשר החזק והנכבד שבהם, השגת האלוה והמלאכים ושאר פעולותיו כפי היכולת. ואלה האנשים הם עם האלוה תמיד והם אשר נאמר להם - אלוקים[75] אתם ובני עליון כולכם, וזהו המבוקש מן האדם, רצוני לומר שזאת היא תכליתו. אמנם האחרים הנבדלים מהאלוה והם המון הסכלים הם, בהפך זה ביטלו כל מחשבה והסתכלות

[75] תהלים פב ו

במושכל וישימו תכליתם החוש ההוא אשר הוא חרפתנו הגדולה, רצוני לומר חוש המישוש ולא יחשבו ולא יתבוננו רק במאכל ובמשגל לא בדבר אחר, כמו שנאמר ברשעים בהיותם שטופים במאכל ובמשתה ובמשגל. אמר - וגם[76] אלה ביין שגו ובשכר תעו וגו', ואמר - כי[77] כל שולחנות מלאו קיא צואה בלי מקום, ואמר - ונשים[78] משלו בו, הפך מה שבוקש מהם בתחילת היצירה - ואל[79] אישך תשוקתך והוא ימשל בך, וסיפר חוזק תאוותם גם כן ואמר -איש[80] אל אשת רעהו יצהלו ואמר - כי[81] כולם מנאפים וגו'. ומזה העניין שם שלמה משלי כולו להזהיר מן הזנות, ומן המשתה המשכר, שבשני אלו ישטפו שונאי האלוה הרחוקים ממנו אשר נאמר בהם - כי[82] לוא להוי"ה המה, ונאמר - שלח[83] מעל פני ויצאו: ואמנם אמרו - אשת[84] חיל מי ימצא, המשל ההוא כולו מבואר. כי כשיזדמן לאיש אחד חומר טוב נאות בלתי גובר עליו ולא מפסיד סידורו, היא מתנה אלוקית. סוף דבר החומר הנאות יקל להנהיגו כמו שזכרנו ואם הוא בלתי נאות אינו נמנע מן המתלמד לכבוש אותו. ומפני זה הוכיח שלמה המוסרים ההם כולם. הוא וזולתו. ומצוות התורה ואזהרותיה אמנם הם לכבוש תאוות החומר כולם. וצריך למי שיחבר להיות אדם באמת לא בהמה בתואר אדם ותמונתו שישים כל השתדלותו לחסר כל צרכי החומר ממאכל ומשתה ומשגל וכעס וכל שאר המידות הנמשכות אחר התאווה והכעס ויבוש מהם וישים להם מדרגות בנפשו. אמנם מה שאי אפשר מבלעדיו כמאכל וכמשתה יסתפק מהם במועיל ולפי צורך הפרנסה לא לפי ההנאה וימעט הדברים בו גם כן והקיבוץ עליו. כבר ידעת מאסם - סעודה[85] שאינה של מצוה, ושהחסידים כפנחס בן יאיר לא אכל עם אדם כלל, והשתדל רבנו הקדוש שיאכל עמו ולא עשה. ואמנם היין דינו כדין המזון בכוונה. אך הקיבוץ על השתיה המשכרת ראוי שיהיה אצלך יותר חרפה מהתקבץ אנשים ערומים מגולי הערוה נפנים ומתריזים ביום בבית אחד. וביאור זה כי היציאה עניין הכרחי אין לאדם תחבולה לדחותו והשכרות הוא ממעשה האיש הרע בבחירתו, וגנות גלות הערוה מפורסם לא מושכל והפסד השכל והגוף מרוחק לשכל. ולזה צריך למי שרוצה להיות אדם שירחיק זה ולא ידבר בו: ואמנם המשגל איני צריך לומר

[76] ישעיהו כח ז
[77] ישעיהו כח ח
[78] ישעיהו ג יב
[79] בראשית ג טז
[80] ירמיהו ה ח
[81] ירמיהו ט א
[82] ירמיהו ה י
[83] ירמיהו טו א
[84] משלי לא י
[85] גמרא פסחים מט ע"א

בו יותר ממה שאמרתיו בפרוש **אבות** ממה שבא כתוב בתורתנו החכמה הטהורה ממאוס בו ואסור זכרו או לדבר בו כלל ולא לשום סיבה. וכבר ידעת אמרם שאלישע עליו השלום, אמנם נקרא **קדוש** מפני שלא היה חושב בו עד שלא היה רואה קרי. וכבר ידעת אמרם על יעקב עליו השלום - שלא יצאה ממנו שכבת זרע קודם רעבון, אלה כולם עניינים מקובלים באומה למידת מדות אנושיות. כבר ידעת אמרם - הרהורי[86] עבירה קשין מעבירה, ולי בפרושו פרוש נפלא מאד, והוא שהאדם כשימרה אמנם ימרה מצד המקרים הנמשכים אחר החומר שלו כמו שביארתי, רצוני לומר שהאדם לא יעשה מרי רק בבהמיותו, אבל המחשבה היא מסגולות האדם הנמשכות אחר צורתו וכשיחשוב במרי ימרה בנכבד שבשני חלקיו, ואין חטא מי שעבר והעביד עבד סכל כחטא מי שהעביד בן חורין חשוב. כי זאת הצורה האנושית וכל סגולותיה הנמשכות אחריה אין צריך להשתמש בהן אלא במה שהן ראויות לו, להדבק בעליונים לא לרדת להשיג השפל: וכבר ידעת גודל האיסור שבא אצלנו בנבלות הפה וזה גם כן מחויב. שזה הדיבור בלשון הוא מסגולות בני אדם וטובה גמלה האלוה לאדם להבדילו בה משאר בעלי החיים - כמו שאמר - מי[87] שם פה לאדם. ואמר הנביא - אדוני[88] הוי"ה נתן לי לשון לימודים, ואין צריך שנשתמש בטובה ההיא אשר נתנה לנו לשלמות ללמוד וללמד, בגדול שבחסרונות ובחרפה השלמה עד שנאמר מה שיאמרוהו **הגוים** הסכלים הזונים בשיריהם ודבריהם הנאותים בהם לא במי שנאמר להם - ואתם[89] תהיו לי ממלכת כהנים וגוי קדוש. וכל מי שישתמש במחשבתו או בדברו בדבר מעניני החוש ההוא אשר הוא חרפה לנו עד שיחשוב במשתה או במשגל ביותר מן הצריך לו או יאמר בו שירים, כבר לקח הטובה אשר גמלו אלוה אותה והשתמש בה ונעזר בה במרי הגומל אותו ועבור על מצוותיו ויהיה כמי שנאמר בהם - וכסף[90] הרביתי לה וזהב עשו לבעל: ולי גם כן טענה וסיבה בקריאת לשוננו זה **לשון הקודש** ולא תחשוב שהוא הפלגה ממנו או טעות אבל הוא אמת. מפני שזה הלשון הקדוש לא הונח בו שם כלל לכלי המשגל לא מן האנשים, ולא מן הנשים, ולא לגוף המעשה המביא להולדה, ולא לשתן, ולא לצואה. אלה הם הדברים כולם לא הונח להם שם ראשון כלל בלשון העברי אלא ידובר בהם בשמות מושאלים וברמיזות. והייתה הכוונה בזה, שאלה הדברים אין ראוי לזכרם שיושם להם שמות אבל הם עניינים שצריך לשתוק מהם וכשיביא הצורך לזכרם, יעשה לו תחבולה בכינויים ממילות אחרות כאשר נסתר בעשותם בעת הצורך בכל יכולתנו אמנם הכלי מן האיש קראהו **גיד** והוא שם על צד הדמיון מאמרם -

---

[86] גמרא יומא כט ע"ב

[87] שמות ד יא

[88] ישעיהו נ ד

[89] שמות יט ו

[90] הושע ב י

מורה נבוכים חלק ג'

וגיד[91] ברזל ערפך, וקראוהו גם כן **שפכה** מצד פעולתו, והכלי מן הנקבה **קבתה** וקיבה שם האסטומכה, אבל **הרחם** הוא שם האבר מבני המעיים שיעשה בו העובר. ו**הצואה** נקראת כן מגזרת **יצא**. ושם השתן **מימי רגלים**, ושם הזרע **שכבת זרע**. וגוף הפעולה המביאה להוליד אין לו שם כלל, מכנים אותו **ישכב** או **יבעול** או **ייקח** או **יגלה ערוה**' לא זולת זה. ואל יטעך **ישגל** שתחשבהו שם לפעולה, אינו כן, כי **שגל** הוא שם הנערה המוכנת למשגל בלבד - נצבה[92] שגל לימינך, ואמרו **ישגלנה**, לפי הכתיב - ענינו[93] יקחנה לנערה לזה העניין:

והנה יצאנו בכלל הפרק מכוונת המאמר אל דברי מדות ועניני דתות גם כן אלא שהם, אף על פי שאינם כולם מכוונת המאמר, סדר הדברים הביא אליו:

פרק ט

החומר, מחיצה גדולה ומסך מונע השגת השכל הנפרד כפי מה שהוא, ואפילו היה החומר זך ונכבד, רצוני לומר חומר הגלגלים כל שכן זה החומר החשוך העכור אשר הוא החומר שלנו. ומפני זה כל אשר ישתדל דעתנו להשיג האלוה או אחד מן השכלים ימצא מחיצה ומסך מבדיל בינו לבינם. ואל זה הוא הרמז בכל ספרי הנביאים שיש עלינו מסך מבדיל בינינו ובין האלוה והוא נסתר ממנו בענן או בחושך או בערפל או בעב וכיוצא באלה הדמיונות להיותנו מקצרים מהשיגו מפני החומר. וזאת היא הכונה באמרו - ענן[94] וערפל סביביו, להעיר על היות המונע עכירות עצמנו, לא שהוא יתברך גוף שיגיף בו עב או ענן או ערפל ימנע מראותו כפי מה שיראה מפשוטי מלות המשל. וכבר נכפל זה המשל עוד אמר - ישת[95] חושך סתרו, וכן הגלותו יתברך - בעב[96] הענן, והחושך[97] ענן וערפל, היה גם כן ללמוד ממנו זה העניין. כי כל דבר שיושג ב**מראה הנבואה**, אמנם הוא משל לעניין אחד והמראה ההוא העצום, ואף על פי שהיה גדול מכל **מראה נבואה** ויוצא מכל הקש לא היה ללא עניין, רצוני לומר הגלותו יתברך **בעב הענן** אבל להעיר שהשגת אמיתתו נמנעת לנו מפני החומר החשוך המקיף בנו לא בו יתברך מפני שהוא יתברך אינו גוף. וידוע גם כן מפורסם באומה שיום **מעמד הר סיני** היה יום עב וענן ומטר מועט אמר - הוי"ה[98] בצאתך משעיר בצעדך משדה אדום ארץ רעשה גם שמים נטפו גם עבים נטפו מים. ותהיה גם כן היא הכונה באמרו

[91] ישעיהו מח ד
[92] תהלים מה י
[93] דברים כח ל
[94] תהלים צז ב
[95] תהלים יח יב
[96] שמות יט ט
[97] דברים ד יא
[98] שופטים ה ד

חושך ענן וערפל לא שהוא יתברך יקיף בו **החושך** כי אין חושך אתו אלא האור הגדול החזק המתמיד, אשר מהשפע השופע מאתו מאיר כל מחשך כמו שנאמר ביחזקאל הנבואה - והארץ[99] האירה מכבודו:

פרק י

אלה המדברים כמו שהודעתיך לא ידמו העדר, אלא ההעדר הגמור אמנם העדרי הקניינים כולם, לא יחשבו שהם העדרים ויחשבו שכל העדר וקנין דינם דין שני ההפכים כעורון, והראות והמוות והחיים והם אצלם כמו החום והקור. ולזה יאמרו סתם שההעדר לא הצטרך לפועל ואמנם הפעולה היא שצריכה פועל, וזה אמת מצד אחד. ועם היותם אומרים שההעדר לא יצטרך לפועל יאמרו לפי שרשם שהאלוה יסמא ויחריש ויניח המתנועע כי אלה העדרים אצלם עניינים נמצאים: וצריך שנודיעך דעתנו אנחנו בזה כפי מה שיגזרהו העיון הפילוסופי, והוא שאתה יודע שמסיר המונע הוא המניע בצד אחד כמי שהסיר עמוד שתחת הקורה ונפלה בכבדותה הטבעי שאנחנו נאמר כי מסיר העמוד ההוא הוא הניע הקורה, כבר נזכר זה בספר השמע הטבעי ובזה הצד נאמר גם כן במי שהסיר קנין אחד שהוא עשה ההעדר ההוא ואף על פי שההעדר אינו דבר נמצא. כי כמו שנאמר במי שכיבה נר בלילה שהוא חידש החושך כך נאמר במי שהפסיד הראות שהוא עשה העורון ואף על פי שהחושך והעורון העדרים ואינם צריכים לפועל. ולפי זה הפרוש יתבאר מאמר ישעיהו - יוצר[100] אור ובורא חושך עושה שלום ובורא רע, מפני ש**החושך** ו**הרע** העדרים. והסתכל איך לא אמר **עושה חושך** ולא **עושה רע** מפני שאינם דברים נמצאים שתתלה בהם **העשיה** ואמנם אמר על שניהם **בורא** שהיא מלה שיש לה התלות בהעדר בלשון העברי, כמו שאמר - בראשית[101] ברא אלוקים וגו', שהוא מהעדר. ודרך יחס ההעדר לפעולת הפועל הוא על זה הצד אשר זכרנו. ועל זה הצד גם כן תבין אמרו - מי[102] שם פה לאדם או מי ישום אילם או חרש או פקח או עור, ואפשר לפרש בו פרוש אחר והוא שיאמר מי הוא אשר ברא האדם מדבר או יבראהו נעדר הדיבור, ענינו המציא החומר שאינו מקבל לקניין ההוא אי זה קנין שיהיה, כי אשר ימציא חומר אחד בלתי מקבל לקניין מן הקניינים יאמר עליו שהוא עשה ההעדר ההוא, כמו שיאמר במי שיכול להציל איש מן המוות ועמד מהצילו, יאמר עליו שהוא הרגו. הנה התבאר לך שעל כל אחת מהדעות לא תתלה פעולת פועל בהעדר כלל אמנם יאמר שעשה ההעדר במקרה כמו שבארנו אבל הדבר שיעשהו הפועל בעצם הוא דבר נמצא בהכרח, אי זה

---

99 יחזקאל מג ב
100 ישעיהו מה ז
101 בראשית א א
102 שמות ד יא

פועל שיהיה, ואמנם תתלה פעולתו בנמצא:
ואחר זאת ההצעה עליך לזכור מה שכבר התבאר במופת מהיות הרעות אמנם הם רעות בערך אל דבר אחד וכל מה שהוא רע בחוק נמצא מן הנמצאות, הרע ההוא הוא העדר הדבר ההוא או העדר עניין טוב מענייניו. ומפני זה אמרו גזרה מוחלטת, שהרעות כולם העדרים. והמשל בו באדם שמותו רע והוא העדרו וכן חליו או עניו או סכלותו, הם רעות בחוקו וכולם העדרי קניינים. וכשתסתכל בכל פרטי זאת הגזרה הכללית תמצאה שלא יחסר ממנה דבר אלא אצל מי שלא יבדיל בין ההעדר והקנין ובין שני ההפכים או מי שלא ידע טבעי העניינים כולם כמי שלא ידע שהבריאות בכלל הוא שווי אחד והוא משער המצטרף ושהעדר הערך ההוא הוא החולי בכלל והמוות הוא העדר הצורה בחוק כל חי וכן כל מה שיפסיד משאר הנמצאות הפסדו הוא העדר צורתו:
ואחר אלה ההקדמות יודע באמת שהאלוה יתברך לא יאמר עליו סתם שהוא עושה רע בעצם כלל, רצוני לומר שיכון כונה ראשונה לעשות רע, זה לא יתכן, אבל פעולותיו כולם טוב גמור שהוא אינו עושה רק מציאות וכל מציאות טוב. והרעות כולם העדרים לא תתלה בהם פעולה רק בצד אשר בארנו, בהמציאו את החומר על הטבע הזה אשר הוא עליו והוא היותו מחובר בו ההעדר לעולם כמו שכבר נודע, ומפני זה הוא סיבה לכל הפסד ולכל רע ולזה כל מה שלא המציא לו האלוה זה החומר לא יפסיד ולא תשיגהו רעה מן הרעות. תהיה אם כן אמיתת פעולת האלוה כולה, טוב אחר שהיא מציאות. ולזה סיפר הספר אשר האיר מחשכי העולם ואמר - וירא[103] אלוקים את כל אשר עשה והנה טוב מאד. עד שמציאות זה החומר השפל לפי מה שהוא מחיבור ההעדר המחייב למות ולרעות כולם, כל זה גם כן טוב להתמדת ההויה והמשך המציאות בבוא זה אחר סור זה. ולזה פרש רבי מאיר - והנה[104] טוב מאד, טוב מות, לעניין אשר העירונו עליו: וזכר מה שאמרתיו לך בזה הפרק והבינהו ויתבאר לך כל מה שאמרוהו הנביאים וה**חכמים** שהטוב כולו מפעולת האלוה בעצם. ולשון בראשית רבה - אין[105] דבר רע יורד מלמעלה:

<u>פרק יא</u>

אלו הרעות הגדולות הנופלות בין בני אדם מקצתם אל קצתם, לפי הכוונות והתאוות והדעות והאמונות, כולם גם כן נמשכות אחר ההעדר מפני שהם כולם מחויבים לסכלות, רצוני לומר מהעדר החכמה. כמו שהסומא מפני שהוא חסר הראות נכשל תמיד מחבל בעצמו ועושה חבורות לאחרים גם כן

[103] בראשית א לא
[104] בראשית רבה ט ה
[105] בראשית רבה נא ג

מפני שאין אצלו מי שיורהו הדרך. כן כתות בני אדם כל איש כפי סכלותו יעשה בעצמו ובזולתו רעות גדולות בחוק אישי המין. ואילו הייתה שם חכמה אשר יחסה לצורה האנושית כיחס הכח הרואה אל העין היו נפסקים נזקיו כולם מעצמו ומזולתו, כי בידיעת האמת תסור השנאה והקטטה ויבטל הזק בני האדם קצתם לקצתם. כבר יעד אותו ואמר - וגר[106] זאב עם כבש ונמר עם גדי ירבץ וגו', ופרה[107] ודב תרעינה וגו', ושיעשע[108] יונק וגו', ואחר כן נתן סיבתו ואמר כי הסיבה בהסתלק השנאות והקטטות וההתגברות, היא ידיעת בני אדם בעת ההיא באמיתת האלוה, אמר - לא[109] ירעו ולא ישחיתו בכל הר קדשי כי מלאה הארץ דעה את הוי"ה כמים לים מכסים. ודעהו:

פרק יב

הרבה פעמים יעלה בלב ההמון שהרעות בעולם יהיו יותר מן הטובות, עד שבהרבה מחידות רוב האומות ובשיריהם יכללו זה העניין ויאמרו כי מן הפלא שימצא בזמן דבר טוב אמנם רעותיו רבות ומתמידות. ואין זה הטעות אצל ההמון לבד רק עם מי שיחשוב שהוא חכם גם כן: ולאלראזי ספר מפורסם קראהו ספר אלוהות, כלל בו משגעונותיו וסכלויותיו הרבה ומכללם עניין בדאו, והוא שהרע במציאות יותר מן הטוב שאתה כשתקיש בין מנוחת האדם וענגו בעת מנוחתו, עם מה שיקראהו מן המכאובים והחבלים הקשים והמומים וביטול האברים והמהומות והדאגות והצרות תמצא שבמציאותו, רצוני לומר מציאות האדם נקמה ממנו ורעה גדולה לו. והתחיל לאמת זה הדעת במנותו אלה הרעות אחת אחת לחלוק על מה שיחשבו אנשי האמת מגמילות חסדי האלוה וטובתו המבוארת והיותו יתברך הטוב הגמור. וכל מה שיבוא מאתו טוב גמור בלא ספק: וסיבת זה הטעות כולו היות זה הסכל וחבריו מן ההמון לא יבחנו המציאות רק באיש מבני אדם, לא זולת זה וידמה כל סכל כי המציאות כולו הוא בעבורו וכאילו אין שם מציאות זולתו, לבד וכשיבואהו העניין בחילוף מה שירצה, יגזור שהמציאות כולו רע ואילו בחן האדם המציאות וצירו וידע מעוט חלקו ממנו התבאר לו האמת ונגלה. כי זה השיגעון הארוך אשר ישתגעו בו בני אדם ברוב רעות העולם אינם אומרים שהוא בחק המלאכים ולא בחק הגלגלים והכוכבים ולא בחק היסודות ומה שהרכב מהם ממוצא או צמח ולא בחק מיני בעלי החיים גם כן, ואמנם תלך מחשבתם כולה לקצת אישי מין האדם ויתמהו מזה אשר אכל מן המאכלים הרעים עד שהצטרע, איך חלה בו זאת הרעה הגדולה ואיך נמצא זה הרע וכן יפליאו ממי שהרבה המשגל עד שיכהו

---

[106] ישעיהו יא ו
[107] ישעיהו יא ז
[108] ישעיהו יא ח
[109] ישעיהו יא ט

עיניו, ויקשה בעיניהם כשנוגע זה בעורון ומה שדומה לזה. והבחינה האמיתית היא שכל אישי מין האדם הנמצאים כל שכן זולתו משאר מיני בעלי החיים, הוא דבר שאין לו שיעור כלל בערך אל המציאות כולו הנמשך כמו שבאר, ואמר - אדם[110] להבל דמה וגו', אנוש[111] רימה ובן אדם תולעה, אף[112] שוכני בתי חומר וגו', הן[113] גוים כמר מדלי וגו', וכל מה שבא בדברי ספרי הנביאים מזה העניין הנכבד גדל התועלת בידיעת האדם ערכו. ולא יטעה ויחשוב שהמציאות היה בעבורו לבד. אבל המציאות לפי דעתנו הוא מפני רצון הבורא אשר מין האדם הקטן שבו בערך אל המציאות העליון, רצוני לומר הגלגלים והכוכבים אמנם בערך למלאכים אין ערך על האמת בינו ובינם. ואמנם האדם הוא נכבד מכל מה שנתהוה בעולמנו זה התחתון, רצוני לומר נכבד מכל מה שהורכב מן היסודות. ועם זה גם כן מציאותו הוא טוב גדול לו וחסד מאלוה במה שיחדו בו והשלימו. ורוב הרעות הנופלות באישיו הם מעצמם, רצוני לומר מאישי בני אדם החסרים ומחסרונותינו נצעק ונבקש עזר ומהרעות שנעשה אותם בעצמנו בבחירתנו נכאב וניחס זה לאלוה, חלילה לו ממנו כמו שבאר בספרו ואמר - שיחת[114] לו לא בניו מומם וגו', ובאר שלמה זה ואמר - אולת[115] אדם תסלף דרכו ועל הוי"ה יזעף לבו:

וביאור זה, שכל רע שימצא האדם ישוב אל אחד משלשה מינים:

<u>המין האחד</u> מן הרע הוא מה שיקרה לאדם מצד הטבע ההויה וההפסד, רצוני לומר מאשר הוא בעל חומר כי מפני זה יארע לקצת בני אדם מומים ובטול אברים בכלל היצירה או מתחדשים משינויים שיארעו ביסודות כהפסד האויר, או הברקים העצומים או שקיעת מקומות. וכבר בארנו שהחכמה האלוקית חיבה שלא תהיה הויה כי אם בהפסד ולולא זה ההפסד האישי לא תהיה נמשכת ההויה המינית. הנה כבר התבאר גמילות החסד וחנינת הטוב הגמורים ושפע הטובה. ומי שירצה שיהיה בעל בשר ועצמות ולא יקבל מעשה ולא ישיגהו דבר ממשיגי החומר, אמנם ירצה לקבץ בין שני ההפכים והוא לא ישער וזה שהוא ירצה להיות מקבל מעשה לא מקבל מעשה, שאילו היה בלתי מקבל למעשה לא נתהוו והיה הנמצא ממנו איש לא אישי מין ואמת המאמר שאמר גלינוס במאמר השלישי מן הספר הנקרא **תועלות האברים** לא תייחל נפשך בשקר שיהיה אפשר להיות מדם הנידות ושכבת הזרע בעל חיים שלא ימות ולא יכאב או תדיר התנועה או בהיר כשמש. וזה המאמר מגלינוס הוא הערה על חלק מגזרה כללית והגזרה היא שכל מה

[110] תהלים קמד ד
[111] איוב כה ו
[112] איוב ד יט
[113] ישעיהו מ טו
[114] דברים לב ה
[115] משלי יט ג

שאפשר שיתהוה מאיזה חומר שיהיה - יתהוה על השלמות שאפשר לו להיות מן החומר ההוא המיני וישיג אישי המין מן החיסרון, כפי חיסרון חומר האיש ההוא. ותכלית מה שאפשר להתהוות מן הדם והזרע והשלם שיהיה מהם הוא מין האדם כפי מה שנודע מטבעו שהוא חי מדבר מת, ואי אפשר לזה המין מבלתי רע שימצא לו. ואתה תמצא עם זה שהרעות אשר ימצאו בני אדם בזה המין מעטים מאד מאד ולא יהיו אלא לעיתים רחוקות. שאתה תמצא מדינות שיש להם אלפים שנים לא נשקעו ולא נשרפו, וכן יולדו אלפים מבני אדם בתכלית הבריאות ולא יולד בעל מום רק על צד זרות, ואם יתגבר המתגבר ולא יאמר **על צד זאת** הוא מעט מאד ואינו לא חלק ממאה ולא חלק מאלף מן הנולדים בתכלית השלמות:

<u>והמין השני</u> מן הרעות הוא מה שיארע לבני אדם מקצתם לקצתם כהתגבר קצתם על קצתם. ואלה הרעות יותר מרעות המין הראשון וסיבותם רבות וידועות והם גם כן ממנו אלא שאין לעשוק בהם תחבולה. ועם זה אי זו מדינה שתמצא בעולם כולו לא ימצא בין אנשי המדינה ההיא זה המין מן הרע מתפשט, מאודי כלל אבל מציאותו גם כן מעט - כאיש שיתנכל אל איש להרגו או לגנוב ממונו בלילה, ואמנם יכלול זה המין מן הרע אנשים רבים במלחמות הגדולות וזה גם כן אינו ברב מה שבישוב:

<u>והמין השלישי</u> מן הרעות הוא מה שימצא כל אחד מבני אדם מפעולתו בעצמו וזהו הרוב. ואלה הרעות יותר מרעות המין השני הרבה ומרעות זה המין יצעקו בני אדם כולם. וזהו אשר לא תמצא מי שלא יחטא על עצמו בו אלא מעט וזהו שראוי לגנות את בעל המאורע על מה שיארע לו באמת ויאמר לו כמה שנאמר - מידכם[116] הייתה זאת לכם, ונאמר - משחית[117] נפשו הוא יעשנה, ועל זה המין מן הרעות אמר שלמה - אולת[118] אדם תסלף דרכו וגו', וכבר באר גם כן בזה המין מן הרעות שהוא פועל האדם בעצמו והוא אמרו - ראה[119] זה מצאתי אשר עשה האלוקים את האדם ישר והמה בקשו חשבונות רבים, והחשבונות ההם הם אשר הביאו עליהם אלה הרעות, ועל זה המין נאמר - כי[120] לא יצא מעפר און ומאדמה לא יצמח עמל, ואחר כך באר מיד שהאדם הוא אשר ימציא זה המין מן הרע, ואמר - כי[121] אדם לעמל יולד וגו'. וזה המין הוא הנמשך אחר המידות המגונות כולם, רצוני לומר רוב התאוה במאכל ובמשתה ובמשגל, ולקיחתם ביתרון כמות או בהפסד סדר או בהפסד איכות המזונות, ויהיה זה סיבה לכל החוליים והמכות הגשמיות והנפשיות. אמנם חוליי הגוף הם מבוארים אבל חוליי הנפש מרע

---

116 מלאכי א ט
117 משלי ו לב
118 משלי יט ג
119 קהלת ז כט
120 איוב ה ו
121 איוב ה ז

זה הסדר, משני צדדים האחד מהם השינוי המשיג לנפש בהכרח מפני שינוי הגוף, מאשר הוא כח גשמי כמו שכבר נאמר שמידות הנפש נמשכות אחר מזג הגוף, והצד השני הוא היות הנפש מרגלת בדברים שאינם הכרחיים וישוב לה טבע חזק להשתוקק למה שאינו הכרחי לא בהשאר האיש ולא בהשאר המין, וזאת התשוקה היא עניין אין תכלית לו, אמנם הכרחיים כולם הם מתי מספר בעלי תכלית אבל המותר אין תכלית לו. והוא שאם תתאוה להיות כליך מכסף, והלא היותם מזהב יותר נאה ואחרים עשאום מספיר. ואפשר שיעשו גם כן מנופך או מאודם כל כמה שאפשר למצאו. ולא יסור סכל רע המחשבה מיהותו בצער ואנחה, על אשר לא ישיג לעשות מה שיעשהו פלוני מן המותרות וברוב יכניס עצמו בסכנות עצומות כרכיבת הים ועבודת המלכים ותכלית כוונתו בזה, להשיג אל אלה המותרות שאינם הכרחיות, וכשיארעו לו המאורעות בדרכים ההם אשר ילך בהם יתרעם מגזרת האלוה ומשפטו ויתחיל לגנות הזמן ויתמה ממיעוט דינו, איך לא עזרו להגיע אל ממון גדול יקנה בו יין הרבה שישתכר בו תמיד ופילגשים רבות מזוינות במיני תכשיטי זהב ורקמה ואבנים טובות עד שיעוררוהו למשגל ביותר מאשר ביכולתו שייהנה, כאילו תכלית המציאות אמנם הוא הנאת זה הפחות לבד. עד כה הגיע טעות ההמון עד שהלאו האלוה בזה המציאות אשר המציאו בזה הטבע המחייב לאלה הרעות הגדולות, לפי דמיונם להיות הטבע ההוא בלתי עוזר כל בעל מידה רעה להשיג אל רעתו, עד שיגיע לנפשו הרעה תכלית תאוותה אשר אין תכלית לה כמו שבארנו. אמנם החשובים החכמים כבר ידעו חכמת זה המציאות והבינוהו, כמו שבאר דוד ואמר - כל[122] ארחות הוי"ה חסד ואמת לנוצרי בריתו ועדותיו, אמר שהם אשר שמרו טבע המציאות ומצוות התורה וידעו תכליתם התבאר להם צד החסד והאמת בכל ולזה שמו תכליתם, מה שכון בהם באשר הם אדם והוא ההשגה ומפני הכרח הגוף יבקשו צרכיו ההכרחיים - לחם[123] לאכול ובגד ללבוש, מבלתי מותר וזה דבר קל ויגיעו אליו כל אדם במעט טורח כשיספיק להם ההכרחי. וכל מה שתראהו מקשי זה העניין וכבדותו עלינו הוא מפני המותרות, בבקשת מה שאינו הכרחי תקשה אפילו מציאת ההכרחי כי כל אשר יתאוה האדם יותר מותרות יהיה העניין יותר כבד ויכלו הכוחות והקניינים במה שאינו הכרחי ולא ימצא ההכרחי: וצריך שתבחון עניינינו במציאות כי כל אשר העניין יותר צריך לבעל החיים הוא נמצא יותר ויותר בחינם וכל מה שימעט צורך הכרחי הוא נמצא יותר מעט והוא יקר מאד. כי העניין ההכרחי לאדם על דרך משל הוא אויר והמים והמזון אמנם צורך האויר יותר חזק, שאם יפקדהו קצת שעה ימות אבל המים, יעמוד בלעדיו יום או יומיים והאויר יותר נמצא ויותר בזול בלא ספק, וצורך המים יותר

122 תהלים כה י

123 בראשית כח כ

מצורך המזון כי כשישתה ולא יאכל יעמוד קצת בני אדם ארבעה ימים או חמשה מבלתי מזון, ואתה תמצא המים בכל מדינה ומדינה יותר נמצא ויותר בזול מהמזון, וכן ימשך העניין במזונות מה שהוא צורך יותר, נמצא יותר ויותר בזול במקום ההוא ממה שאינו הכרחי, אמנם המוסק והענבר והאודם והברקת איני חושב שאחד משלמי הדעת יחשוב שיש בהם צורך גדול לאדם אלא לרפואה, והנה יעמדו במקומם ובמקום הדומים להם הרבה מן העשבים ומן העפרים: זהו פרסום גמילות חסדי האלוה יתברך וטובו ואפילו בחוק זה החי החלוש. ואמנם פרסום ישרו יתברך והשוותו ביניהם מבואר מאד, כי אין בהויה ובהפסד הטבעי איש שיתייחד משאר מיני בעלי החיים בכח מיוחד בו, או באבר נוסף על איש אחר ממינו אבל הכוחות כולם הטבעיות והנפשיות והחיוניות והאברים הנמצאים בזה האיש, הם הנמצאים באחר בעצם, ואם יש באחד מהם חסרון הוא במקרה מעניין מתחדש ממה שאינו בטבע וזה מעט כמו שבארנו. אין יתרון כלל בין האישים ההולכים על מנהג הטבע אלא מה שהוא מחויב מצד התחלף הכנת החומרים אשר הוא הכרחי לטבע חומר המין ההוא לא כוון בו איש מבלתי איש. אמנם היות זה אצלו כיסי מר דרור רבים ובגדים מוזהבים וזה חסר זה המותר מן הפרנסה, אין עול בו ולא חמס ולא מי שהגיע אל זה המותר שלט בדבר מוסף בעצמו ואמנם הגיע לדמיון מכזב או לשחוק ולא זה החסר מותר הפרנסה חסר דבר מחויב - ולא[124] העדיף המרבה והממעיט לא החסיר איש לפי אכלו לקטו. זהו על הרוב בכל זמן ובכל מקום ולא תביט לזר, כמו שבארנו:

ולפי שתי הבחינות האלו יתבאר לך חסדי האלוה יתברך על ברואיו מהמציאו ההכרחי על הסדר והשוותו בין אישי המין בבריאתם. ולפי זאת הבחינה האמיתית אמר אדון החכמים - כי[125] כל דרכיו משפט, ואמר דוד - כל[126] ארחות הוי"ה חסד ואמת וגו', כמו שבארנו. ובביאור אמר דוד - טוב[127] הוי"ה לכל ורחמיו על כל מעשיו, כי המצאתנו היא הטוב הגדול הגמור כמו שבארנו. ובריאת הכח המנהיג לבעל החיים היא הרחמים עליו כמו שבארנו:

פרק יג

הרבה נבוכו דעות השלמים בבקשת תכלית זה המציאות מה הוא, והנני מבאר לך איך תבטל זאת השאלה לכל אחת מן הדעות: ואומר כל פועל שיעשה בכוונה, אי אפשר לדבר ההוא אשר עשה מבלתי תכלית אחת בגללה עשה. וזה מבואר לא יצטרך למופת לפי העיון הפילוסופי. וכן הוא מבואר גם כן שהדבר אשר נעשה בכוונה כן הוא מחודש אחר שלא היה. וממה

---

124 שמות טז יח

125 דברים לב ד

126 תהלים כה י

127 תהלים קמה ט

שהוא מבואר גם כן ומוסכם עליו, שהמחויב המציאות אשר לא נעדר כלל ולא יעדר לא יצטרך לפועל, וכבר בארנו זה. ולהיותו בלתי פעול בטלה מעליו בקשת התכלית ולזה לא יאמר מה תכלית מציאות הבורא יתברך, אחר שהוא אינו דבר נברא. הנה כבר התבאר לפי אלה ההקדמות. שהתכלית אמנם יבוקש לכל מחודש שנעשה בכוונת בעל שכל, רצוני לומר למה שיש לו התחלה שכלית מתחייב בהכרח שתבוקש סיבת התכלית מה היא, אמנם הדבר שאינו מחודש לא יבוקש לו תכלית, כמו שזכרנו: ואחר זאת ההצעה דע שאין דרך לבקש תכלית לכלל המציאות לא לפי דעתנו האומרים בחידוש העולם ולא לפי דעת אריסטו בקדמות. וזה שלפי דעתו בקדמות העולם לא יבוקש תכלית אחרון לחלק מחלקי העולם כי לא יתכן לפי דעתו שיאמר מה תכלית מציאות השמים ולמה היו בזה השיעור וזה המנין, ולא למה היה החומר כך, ולא מה תכלית זה המין מבעלי החיים או מן הצמחים, כי הכל אצלו על צד החיוב הנצחי אשר לא סר ולא יסור. ואף על פי שהחכמה הטבעית תחקור על תכלית כל נמצא טבעי, אבל אינו התכלית האחרון אשר דברינו בזה הפרק בו מפני שמבואר הוא בחכמה הטבעית, שאי אפשר לכל נמצא טבעי מבלתי תכלית אחד ושזאת הסיבה התכליית, היא הנכבדת שבסיבות הארבע תעלם ברוב המינים ואריסטו אומר תמיד בפרוש שהטבע לא יעשה דבר לבטלה, רצונו לומר שכל פועל טבעי אי אפשר לו מבלתי תכלית אחד. וכבר באר אריסטו שהצמחים נבראו בעבור בעלי החיים, וכן באר בקצת הנמצאות שזה מפני זה וביחוד באברי בעלי החיים: ודע, שמציאות זאת התכלית בעניינים הטבעיים הביא הפילוסופים בהכרח להאמין התחלה אחרת זולת הטבע היא אשר יקראה אריסטו התחלה שכלית או אלוקית. ואשר תעשר זה מפני זה ודע, כי מן הגדולות שבראיות על חידוש העולם למי שמודה על האמת הוא מה שיעמוד עליו המופת בנמצאות הטבעיות, כי לכל דבר מהם תכלית אחד ושזה מפני זה והיא ראיה על כוונת מכון ולא תצויר כונה רק עם התחדשות מחודש:

ואשוב אל כוונת הפרק והיא דברים בתכלית ואומר כבר באר אריסטו שבעניינים הטבעיים יהיה הפועל והצורה והתכלית אחד, רצוני לומר אחד במין והוא שצורת ראובן ש על דרך משל היא העושה לצורת חנוך בנו והדבר אשר עשתה הוא נתינת צורה ממינה לחומר חנוך, ותכלית חנוך שתהיה בו צורה אנושית. וכן אצלו כל איש מאישי המינים הטבעיים הצריכים להולדה כי השלש סיבות בהם ממין אחד וזה כולו הוא התכלית הראשון. ואמנם מציאת תכלית אחרון לכל מין חשב כל מדבר בטבע שאי אפשר בלעדיו, אמנם ידיעתו דבר כבד מאד כל שכן תכלית המציאות בכללו. ואשר יראה מדברי אריסטו, שהתכלית האחרון אצלו לאלה המינים הוא התמדת ההויה וההפסד אשר אי אפשר בלעדיה בעבור המשך ההויה בזה החומר אשר אי אפשר עמידת אישיו ושיתהוה ממנו תכלית מה שאפשר להתהוות, רצוני לומר השלם שאפשר כי הכונה האחרונה היא הגיע

השלמות, ומבואר הוא שהשלם שאפשר מציאותו מזה החומר הוא האדם והוא סוף אלה המורכבות והשלם שבהם עד שאם יאמר כי כל הנמצאות מתחת גלגל הירח הם בעבורו יהיה אמת מזה הצד, רצוני לומר להיות תנועות המשתנה מפני ההויה להגיע השלם שאפשר להיות. אם כן לא יתחייב אריסטו שישאל מה תכלית מציאות האדם לפי דעתו בקדמות העולם, כי התכלית הראשון אצלו לכל איש מחודש, שלמות הצורה המינית ההיא, אם כן כל איש שנשלמו בו הפעולות המחייבות לצורה ההיא כבר הגיע תכליתו בשלמות ובתמימות, והתכלית האחרון למין, התמדת זאת הצורה בהמשך ההויה וההפסד עד שלא תסור הויה שיקווה להימצא בה השלם שאפשר להיות. והיה העניין מבואר כי לפי דעת הקדמות תבטל שאלת התכלית האחרון למציאות בכללו: אמנם לפי דעתנו ודרכנו בחידוש העולם בכללו אחר ההעדר יש חושבים שזאת השאלה מחויבת, רצוני לומר בקשת התכלית לכל זה המציאות. וכן יחשבו שתכלית המציאות כולו, מציאות מין האדם לבד לעבוד את האלוה ושכל מה שנעשה אמנם נעשה בגללו עד שהגלגלים אינם סובבים רק לתועלותיו ולהמציא צרכיו וקצת פשוטי ספרי הנביאים יעזרו זאת המחשבה הרבה **לשבת יצרה** - אם[128] לא בריתי יומם ולילה חקות שמים וארץ לא שמתי, וימתחם[129] כאהל לשבת. ואם הגלגלים היו בעבור האדם כל שכן שאר מיני בעלי החיים והצמחים. וזה הדעת כשייחקר כמו שצריך למשכילים שיחקרו הדעות יתבאר מה שבו מן הטעות. והוא שיאמר למי שיאמין זה שהכל מפני זה התכלית כלומר מציאות האדם האם הבורא יכול שימציאהו מבלתי אלו ההצעות כולם או אי אפשר שימציא אלא אחריהם, ואם יאמר שאפשר ושהאלוה יכול להמציא אדם מבלתי שמים על דרך משל יש לשאול אם כן מה תועלתו באלה הדברים כולם, אחר שאינם התכלית אבל הם מפני דבר שאפשר המצאו מבלתי אלה כולם, ואפילו אם היה הכל מפני האדם ותכלית האדם, לעבוד האלוה כמו שנאמר השאלה קימת והיא מה התכלית בהיותו עובד והוא יתברך לא יוסיף שלמות אם יעבדוהו כל מה שברא וישיגוהו תכלית ההשגה ולא ישיגהו חסרון אם לא יהיה זולתו נמצא כלל, ואם יאמר אין זה לשלמותו אבל לשלמותנו כי הוא הטוב לנו והוא שלמותנו התחייב השאלה בעצמה ומה תכלית מציאותנו בזה השלמות, אי אפשר בהכרח מבלתי שיגיע העניין בנתינת התכלית אל - **כך רצה האלוה**, או - **כך גזרה חכמתו**, וזהו האמת. וכן תמצא חכמי ישראל סדרו בתפילותיהם באמרם - אתה[130] הבדלת אנוש מראש ותכירהו לעמוד לפניך כי מי יאמר לך מה תעשה, ואם יצדק מה יתן לך. הנה בארו שאין שם תכלית אלא רצון לבד. ואחר שהעניין כן ועם אמונת החידוש אי אפשר

---

[128] ירמיהו לג כה

[129] ישעיהו מ כב

[130] תפלת נעילה

מבלתי שנאמר שיכול היה להמציא בחילוף זה הנמצא סיבותיו ומסובביו, תתחייב ההרחקה להמצא כל מה שנמצא זולת האדם ללא תכלית כלל אחר שהתכלית האחד המכוון והוא האדם אפשר המצאו מבלתי אלה כולם: ובגלל הדבר הזה הדעת האמיתי אצלי לפי האמונות התוריות והנאות לדעות העיוניות הוא שלא יאמן בנמצאות כולם שהם מפני מציאות האדם אבל יהיו גם כן שאר הנמצאות כולם מכוונות לעצמם לא מפני דבר אחר. ותבטל גם כן שאלת התכלית בכל מיני הנמצאות ואפילו לפי דעתנו בחידוש העולם. שאנחנו נאמר כל חלקי העולם המציאם ברצונו, ומהם מכונים לעצמם ומהם מפני דבר אחר האחר ההוא מכון לעצמו. וכמו שרצה שיהיה מין האדם נמצא כן רצה שיהיו השמים וכוכביהם נמצאים וכן רצה שיהיו המלאכים נמצאים, וכל נמצא אמנם כוון בו עצם הנמצא ההוא ומה שאי אפשר מציאותו אלא אחר הקדמות דבר המציא הדבר ההוא תחילה כהקדים ההרגשה לשכל. וכבר נאמר זה הדעת גם כן בספרי הנבואה אמר - כל[131] פעל הוי"ה למענהו, אפשר שיהיה זה הכינוי שב אל הפעול, ואם יהיה שב אל הפועל יהיה פרושו למען עצמו יתברך, רצונו לומר רצונו שהוא עצמו כמו שהתבאר בזה המאמר. וכבר בארנו שעצמו יתברך יקרא גם כן **כבודו** באמרו - הראני[132] נא את כבודך, הנה יהיה גם כן אמרו **כל פעל הוי"ה למענהו** כאמרו - כל[133] הנקרא בשמי ולכבודי בראתיו יצרתיו אף עשיתיו, יאמר כל מה שיוחס לי פעולתו אמנם עשיתיו למען רצוני לא זולת זה, ואמרו **יצרתיו אף עשיתיו** הוא מה שביארתי לך שיש נמצאות אי אפשר מציאותם אלא אחר מציאות דבר אחר, אמר אני יצרתי את הדבר ההוא הראשון אשר אי אפשר מבלתי הקדימו כחומר על דרך משל לכל בעל חומר, אחר עשיתי בדבר ההוא הקודם או אחריו מה שהייתה כוונתי להמציא. ואין שם אלא רצון לבד: וכשתתבונן בספר ההוא המישר כל מתיישר אל הכונה ולזה נקרא **תורה** יתבאר לך זה העניין אשר אנחנו סובבים סביבו מתחילת **מעשה בראשית** עד סופו. והוא שלא באר כלל בדבר מהם שיהיה בעבור דבר אחר אלא כל חלק וחלק מחלקי העולם, זכר שהוא המציאו ושמציאותו היה נאות לכונה. וזה עניין אמרו - וירא[134] אלוקים כי טוב, כי אתה ידעת מה שבארנוהו באמרם - דברה[135] תורה כלשון בני אדם, וה**טוב** אצלנו יאמר למה שיאות לכוונתנו. ועל הכל אמר - וירא[136] אלוקים את כל אשר עשה והנה טוב מאד, כלומר התחדש כל מתחדש ולא יפסיד כלל, והוא אמרו **מאד** כי פעמים יהיה הדבר טוב ונאות לכוונתנו לעתו ואחר כן תכזב בו הכונה

---

131 משלי טז ד

132 שמות לג יח

133 ישעיהו מג ז

134 בראשית א לא

135 גמרא כתובות סז ע"ב

136 בראשית א לא

והוא הגיד שכל מה שנעשה בא נאות לכוונתו ולא סר מהמשך כפי מה שכון בהם. ולא יטעך אמרו בכוכבים - להאיר[137] על הארץ ולמשול ביום ובלילה, ותחשוב כי ענינו כדי לעשות זה אינו רק להגיד טבעם אשר רצה שיבראם כן, רצוני לומר מאירים מנהיגים כאמרו **באדם** - ורדו[138] בדגת הים וגו', שאין ענינו - שנברא לכך רק להגיד טבעו אשר הטביעו האלוה יתברך עליו. אמנם אמרו בצמח שהוא נתנו והפקירו לבני אדם ולשאר בעלי החיים הנה בארו אריסטו וזולתו וכן נראה שהצמח אמנם נמצא בעבור בעלי החיים אחר שאי אפשר להם מבלתי מזון, ואין הכוכבים כן רצוני לומר שאינו בעבורנו למה שיגיענו מטובם כי אמרו - **להאיר ולמשול** הוא כמו שבארנו ספור בתועלת המגעת מהם השופעת על התחתונים. כמו שביארתי לך מטבע שפע הטוב תמיד מדבר על דבר והטוב ההוא המגיע לעולם הוא בחק מי שהגיע אליו כאילו זה המשופע עליו הוא תכלית הדבר ההוא המשפיע עליו טובו וחסדו. כמה שיחשוב אחד מבני המדינה שתכלית המלך לשמור ביתו בלילה מן הגנבים, וזה אמת מצד אחד שאחר שנשמר ביתו והגיעה אליו זאת התועלת מפני המלך שב העניין דומה להיות תכלית המלך לשמור בית האיש הזה. ולפי זה העניין צריך שנפרש כל פסוק שנמצא פשוטו מורה על היותו דבר נכבד נעשה בעבור הפחות ממנו שענינו התחייב הדבר ההוא מטבעו: ונשקוד להאמין שזה המציאות כולו מכון ממנו יתברך לפי רצונו ולא נבקש לו עילה ולא תכלית אחרת כלל. כמו שלא נבקש תכלית מציאותו יתברך כן לא נבקש תכלית רצונו אשר בעבורו התחדש כל מה שהתחדש ויתחדש כפי מה שהוא.

ולא תטעה בנפשך ותחשוב שהגלגלים נבראו בעבורנו, הנה כבר התבארה לנו מדרגתנו - הן[139] גוים כמר מדלי. ובחון עצמך ועצם הגלגלים והכוכבים והשכלים הנפרדים ואז יתבאר לך האמת. ותדע שהאדם הוא יותר שלם ונכבד מכל מה שיהיה מזה החומר לא זולת זה, וכשתעריך מציאותו למציאות הגלגלים כל שכן למציאות הנפרדים, יהיה פחות מאד מאד. אמר - הן[140] בעבדיו לא יאמין ובמלאכיו ישים תהלה אף שוכני בתי חומר אשר בעפר יסודם, ודע ש**עבדיו** הנאמר בזה הפסוק אינם ממין האדם כלל וראית זה אמרו - **אף שוכני בתי חומר אשר בעפר יסודם**, אבל **עבדיו** הנזכרים בזה הפסוק, הם המלאכים וכן עוד **מלאכיו** הרמוז עליהם בזה הפסוק הם הגלגלים בלא ספק. כבר באר אליפז עצמו זה העניין בעצמו והשיבו במענה האחרון בלשון אחר ואמר - הן[141] בקדושיו לא יאמין ושמים לא זכו בעיניו אף כי נתעב ונאלח איש שותה כמים עולה, הנה התבאר ש**קדושיו** הם **עבדיו**

[137] בראשית א יח
[138] בראשית א כח
[139] ישעיהו מ טו
[140] איוב ד יח
[141] איוב טו טו

ושאינם ממין האדם ומלאכיו הרמוז אליהם בפסוק ההוא הם **שמים**. ועניין **תהלה** הוא עניין **לא זכו בעיניו**, רצוני לומר היותם בעלי חומר, ואף על פי שהוא הזך שבחומרים ואשר אורו יותר עצום אמנם בערך השכלים הנפרדים הוא חשוך עכור בלתי זך. אבל אמרו על המלאכים **הן בעבדיו לא יאמין** ענינו, שאין לדעת האומר בקדמות הם עלולים אם כן חלקם במציאות אינו חזק ולא קבוע בערך אליו יתברך המחויב המציאות לגמרי. ואמרו **אף שוכני בתי חומר**, כאילו אמר **אף הנתעב והנאלח**, האדם אשר העוות מתערב בו ומתפשט בכל חלקיו, רצוני לומר התפשטות ההעדר בו, **ועולה** הוא העוות - בארץ[142] נכוחות יעול, ואמרו **איש** כאמרו **אדם** כי פעמים יקרא המין האנושי **איש** - מכה[143] איש ומת:

כן צריך שיאמן , האדם כשידע עצמו ולא יטעה בו ויבין כל נמצא כפי מה שהוא, ינוח ולא יתבלבלו מחשבותיו לבקש תכלית למה שאין לו התכלית ההוא או לבקש תכלית למה שאין לו תכלית אלא מציאותו הנתלה ברצון האלוה"י, ואם תרצה אמור בחכמה האלוהית:

פרק יד

ממה שצריך גם כן שיתבונן בו האדם עד שידע מעלת נפשו ולא יטעה, הוא מה שהתבאר משיעורי הגלגלים והכוכבים ושיעורי הרחקים אשר בינינו ובינם. והוא כי כאשר התבארו שיעורי הרחקים כולם בערך לחצי קוטר הארץ והיה שיעור סובב הארץ ידוע וחצי קטרה ידוע ממנו יהיה הרחקים כולם ידועים. והתבאר במופת שהרוחק בין מרכז הארץ ובין העליון שבגלגל שבתאי מהלך שמונה אלפים שנה ושבע מאות שנה בקרוב, וכל שנה משלוש מאות ששים וחמשה ימים ושיהיה המהלך בכל יום ארבעים מיל מן המילים של תורה שכל מיל מאלפים אמה באמת המלאכה. והסתכל זה הרוחק הגדול המבהיל, והוא כמו שנאמר - הלא[144] אלוה גובה שמים וראה ראש כוכבים כי רמו, יאמר הלא מגובה שמים תלמד ראיה על רוחק השגת האלוה, כי אחר שאנחנו ברוחק מזה הגשם על זאת ההפלגה הגדולה והוא נבדל ממנו במקום זה ההבדל ונעלם ממנו עצמו ורוב פעולותיו, כל שכן השגת פועלו שאינו גשם: וזה הרוחק הגדול אשר התבאר במופת אמנם הוא לכל הפחות שאי אפשר כלל שיהיה בין מרכז הארץ ובין סיבוב גלגל הכוכבים הקיימים פחות מזה השיעור ואפשר שיהיה יותר מזה כפלים רבים, כי עבי גרמי הגלגלים לא התבאר במופת אלא על המעט שאפשר כמו שיתבאר מאיגרת הרחקים, וכן הגרמים אשר בין כל גלגל וגלגל כמו שיחייב ההיקש, כאשר זכר תאוות אי אפשר להשיג עבים בדקדוק אחר שאין בהם כוכבים שנלמד

---

142 ישעיהו כו י

143 שמות כא יב

144 איוב כב יב

מהם. אמנם עבי גלגל הכוכבים העומדים, המעט שיהיה עביו מהלך ארבע שנים יודע זה משיעור רוחק כוכביו אשר גרם כל כוכב מהם כשיעור כדור הארץ תשעים פעם ועוד, ואפשר שיהיה עבי גרמו יותר. ואמנם הגלגל התשיעי המקיף בכל התנועה היומית לא יודע לו שיעור כלל אחר שאין בו כוכב אין תחבולה לנו לדעת גדלו: והסתכל אלה הנמצאות הגשמיות מה עצום שיעורם ומה רב מספרם ואם הארץ כולה אין שיעור לה כנגד הגלגל הכוכבים מהו ערך מין האדם לכל אלה הנבראות ואיך ידמה אחד ממנו שיהיו אלה בעבורו ובגללו ושהם כלים לו, זהו עניין הקש הגשמים כל שכן כשתעיין מציאות השכלים:

ויש לשאול לפי דעת הפילוסופים בזה העניין ולאמור אין ספק שאילו אמרנו שתכלית אלו הגלגלים הנהגת איש מבני אדם או אנשים רבים על דרך משל היה זה שקר לפי העיון הפילוסופי, אבל בהיותנו חושבים שתכליתם הנהגת מין האדם אין הרחקה בהיות תכלית אלו הגרמים העצומים האישיים, מציאות אישי מינים אשר לפי דעתם אין תכלית למספרם לעולם. ואין המשל בזה אלא משל אומן שעשה כלים שמשקלם ככר ברזל לעשות מחט קטן שמשקלו גרגיר, ואילו היה זה בעבור מחט אחד היה זה מהפסד ההנהגה לפי עיון מה גם כן ולא היה מהפסד ההנהגה לגמרי, אבל אחר שהוא עושה באלו הכלים הכבדים מחט אחר מחט וכן ככרים רבים ממחטים יהיה מעשה הכלים ההם חכמה ותיקון הנהגה על כל פנים. וכן יהיה תכלית הגלגלים, המשך ההויה וההפסד ותכלית ההויה וההפסד מציאות מין האדם כאשר נאמר כבר ונמצא כתובים ודברים עוזרים לזה הדמיון. והפילוסוף מתרץ זאת הקושיה ואומר אילו לא היה החילוף בין הגרמים הגלגליים ובין אישי המינים ההוים הנפסדים אלא בגדלות ובקטנות היה אפשר שיאמר זה, אמנם מאשר ההפרש ביניהם, מעלת העצם הוא רחוק מאד שיהיה המעולה כלי למציאות הפחות השפל: סוף דבר שזאת השאלה ייעזר בה במה שנאמינהו מחידוש העולם. ורוב מה שכוונתי בזה הפרק היה זה העניין. וגם כן היותי שומע תמיד מכל מי שידע דבר מחכמת התכונה שהוא חושב לגוזמה מה שזכרוהו החכמים ז"ל מן הרחקים שהם אמרו שעבי כל גלגל מהלך חמש מאות שנה ובין כל גלגל וגלגל מהלך חמש מאות שנה, והם שבעה גלגלים, יהיה רוחק הגלגל השביעי, רצוני לומר גבנינותו ממרכז הארץ, מהלך שבעת אלפים שנה, ויחשוב כל מי שישמע זאת שיש בדבריהם גוזמה גדולה ושלא יגיע המרחק אל זה השיעור. וממה שהתבאר ברחקים במופת וידע לך שהרוחק בין מרכז הארץ ובין סיבוב שבתי והוא הגלגל השביעי מהלך שבעת אלפים שנה וארבע ועשרים שנה בקרוב. אבל הרוחק אשר זכרנו והוא מהלך שמונת אלפים ושבע מאות שנה הוא עד חלל סיבוב הגלגל השמיני. וזה אשר תמצאם אומרים בין גלגל וגלגל רוחק כך ענינו, עבי הגרם אשר בין הגלגלים לא שיש שם ריקות: ולא תבקש ממני שיסכים כל מה שזכרוהו מעניין התכונה למה שהעניין נמצא, כי החכמות הלימודיות היו בזמנים ההם

חסרות ולא דברו בהם על דרך קבלה מן הנביאים אבל מאשר הם חכמי הדורות ההם בעניינים ההם או מאשר שמעום מחכמי הדורות ההם. ולא מפני זה אומר בדברים שנמצא להם שהם מסכימים לאמת שהם בלתי אמיתיים או נפלו במקרה, אבל כל מה שאפשר לפרש דברי האדם עד שיסכימו למציאות אשר התבאר מציאותו במופת הוא יותר ראוי באדם המעולה המודה על האמת לעשותו:

פרק טו

לנמנע טבע קים קיום עומד אינו מפעולת פועל אי אפשר השתנותו כלל, ומפני זה לא יתואר האלוה ביכולת עליו. ואין חולק על זה אחד מאנשי העיון כלל ולא יסבול זה אלא מי שלא יבין המושכלות. ואמנם מקום המחלוקת בין בעלי העיון כולם הוא הרמז אל מין אחד מן המדומים, כי קצת אנשי העיון אומרים שזה מכת הנמנע אשר לא יתואר האלוה ביכולת לשנותו ויאמרו אחרים שהוא מכת האפשר אשר נתלית יכולת האלוה בהמצאתו כאשר ירצה. והמשל בו התקבץ שני ההפכים ברגע אחד בנושא אחד, והתהפך הראשים - רצוני לומר שוב העצם מקרה והמקרה עצם, או מציאות עצם גשמי מבלתי מקרה בו כל זה מכת הנמנע אצל כל אחד מאנשי העיון. כן היות האלוה ממציא כמותו או משיב עצמו להעדר או שיתגשם או שישתנה, כל זה מכת הנמנע ולא יתואר האלוה ביכולת על דבר מכל אלה. אמנם אם ימציא מקרה לבדו לא בעצם יש כת מבעלי העיון והם **המעתזילה** שחושבים שהוא אפשר ואחרים אמרו שהוא משער הנמנע. ואף על פי שהאומר במציאות מקרה לא בנושא לא הביאהו לזה העיון לבד אבל שמירת עניינים תוריים לחצם העיון לחץ גדול ונמלטו בזה המאמר. כן המציא דבר מגושם לא מחומר כלל הוא מכת האפשר אצלנו ומכת הנמנע אצל הפילוסופים. וכן יאמרו הפילוסופים שהמציא מרובע שאלכסונו כצלעו או זווית מגושמת שיקיפו בה ארבע זווית פשוטות נצבות וכיוצא בהם, כל אלה מכת הנמנע, וקצת מי שיסבול החכמות הלימודיות ולא ידע מאלה העניינים רק המלות לבד לא ציור עניין יחשבם אפשריים. ואני תמה אם זה השער פתוח - מותר ולכל אדם שיאמר באי זה עניין יציירהו שהוא אפשר ויאמר אחר שהוא נמנע לפי טבע העניין, או יש דבר שיסגור זה השער וישמרהו עד שיגזור האדם ויפסוק שזה נמנע בטבעו, ואם בחינת זה העניין ומצרפו בכח המדמה או בשכל ובאי זה דבר יובדל בין המדומה והמושכל, שפעמים יחלוק האדם על חברו או תחלוק עליו נפשו בעניין אחד הוא אפשר אצלו בטבעו ויאמר החולק זה האפשרות הוא פועל הדמיון לא בבחינת השכל, ואם יש גם כן דבר שנבדיל בו בין הכח המדמה ובין השכל, ואם דבר חוץ לשניהם יחד, או בשכל עצמו מבדילים בין המושכל והמדומה, אלא כולם צריך לחקור אותם מאד ואין זאת כוונת זה הפרק:

והנה התבאר כי לפי כל אחת מן הדעות יש שם דברים נמנעים ושמציאותם מן השקר ושלא יתואר האלוה ביכולת עליהם ואין לאות בחוקו ולא מיעוט יכולת בהיותו בלתי משנה אותם, אם כן הם שוקדים על טבעם ואינם מפעולת פועל. הנה כבר התבאר שמקום המחלוקת הוא בדברים שיונחו מאי זו משתי הכתות הם אם מכת הנמנע או מכת האפשר. והבן זה:

<u>פרק טז</u>

דברו הפילוסופים על האלוה יתברך בידיעתו בכל אשר זולתו סרה גדולה מאד, וכשלו כשלון אין תקומה להם ממנו, ולא למי שנמשך אחריהם בדעת ההוא ואני אשמיעך אחר זה הספקות והשיבושים אשר הביאום לדבר סרה בעניין ההוא, ואשמיעך עוד דעת תורתנו בו, ואיך נחלוק עליהם בדעותם הרעות והמגונות בעניין ידיעת האלוה:

ורוב מה שהביאם אל העניין ההוא תחילה, הוא מה שיראה בתחילת המחשבה מהעדר סידור עניני בני אדם והיות קצת החסידים בחיים רעים מכאיבים וקצת האנשים הרעים בחיים טובים וערבים. והביאם זה לעשות החלוקה אשר תשמע עתה והוא, שהם אמרו לא ימלט העניין מאחד משני חלקים אם שיהיה האלוה בלתי יודע דבר מאלה העניינים האישיים ובלתי משיג אותם או יהיה משיג אותם ויודעם וזאת חלוקה הכרחית, ואחר כך אמרו ואם כן הוא שישיגם וידעם לא ימלט העניין מאחד משלשה חלקים אם שיסדרם וינהיגם סידור טוב ושלם ותמים או יהיה מנוצח ולואה לסדרם אין יכולת לו עליהם, או ידע ויוכל להנהיג הסדר וההנהגה הטובה אלא שהוא יעזבם ויטשם על צד היותר נבזים ושפלים ופחותים בעיניו או על צד הקנאה, כמו שנמצא איש מבני אדם יכול לחון טוב לאיש אחר והוא יודע צורך האיש ההוא להשיג אל טובו אלא שהוא לרוע טבעיו ורשעו וקנאתו יקנא בו על זה ולא יחנהו הטוב ההוא. וזאת חלוקה הכרחית אמיתית גם כן רצוני לומר שכל יודע בעניין אחד לא ימלט מהיותו משגיח להנהיג מה שידענו או יעזבהו, כמו שיעזוב האדם וישכח בביתו הנהגת החתולים על דרך משל או מה שהוא יותר פחות מהם, ואשר יש לו השגחה בעניין פעמים ינוצח וילאה להנהיגו ואף על פי שהוא רוצה להנהיג. וכאשר חילקו החלוקה הזאת פסקו וגזרו גזרה ואמרו ששני חלקים מאלה השלושה חלקים המחויבים לכל מי שידע נמנעים בחק האלוה יתברך והם שלא יוכל או יוכל ולא ישגיח, מפני ששניהם מדות רעות או לאות וחלילה לאלוה משניהם, אם כן לא נשאר מן החלוקה כולה אלא שלא ידע דבר מאלה העניינים כלל או ידעם ויסדרם הסידור הטוב, ואנחנו נמצאם בלתי מסודרים ולא מחויבים להקיש ולא נמשכים כפי מה שצריך, אם כן בזה ראיה על היותו בלתי יודע אותם משום צד ולא לשום סיבה. זה העניין הוא אשר הביאם תחילה לדבר הסרה הגדולה הזאת. ותמצא כל מה שביארתי לך מחלוקתם והערתי שזה מקום טעותם מפורש במאמר **אלכסנדר אלפירדוסי** אשר חיבר בהנהגה:

וראה ותמה איך נפלו ביותר רע ממה שברחו ממנו ואיך סכלו העניין אשר היו מעירים אותנו עליו ומפרשים אותו לנו תמיד, אמנם נפלם ביותר רע ממה שברחו ממנו הוא בהיותם בורחים מייחד אל האלוה עזיבה ושכחה, ועתה פסקו עליו בסכלות והיות כל מה שבזה העולם התחתון נסתר ממנו לא ישיגהו. ואמנם סכלותם במה שהיו מעירים אותנו עליו תמיד הוא בהיותם בוחנים המציאות בענייני אישים מבני אדם אשר רעותיהם מהם או מהכרח טבע החומר, כפי מה שאומרים תמיד ומבארים [וכבר בארנו מזה מה שצריך]. וכאשר יסדו הפינה הזאת הסותרת לכל פינה טובה המבערת הוד, כל דעת אמיתי התחילו אחר כך להסיר גנותה וחשבו שידיעת אלה הדברים נמנעת בחק האלוה מפנים רבים מהם, שהחלקים אמנם יושגו בחושים לא בשכל והאלוה לא ישיג בחוש, ומהם שהחלקים אין תכלית, לא יקיפהו מדע ולא יכילהו, ומהם שהידיעה בחידושים והם הפרטיים בלא ספק תחייב לו קצת שינוי מפני שהיא התחדשות ידיעה אחר ידיעה. ולפי טענתנו אנו קהל המחזיקים בתורה שהוא ידעם קודם היותם יחייבו עלינו שתי הרחקות האחת מהן, התלות הידיעה בהעדר הגמור והשנית שתהיה ידיעת היות הדבר בכח וידיעת היותו בפועל דבר אחד. וכבר הפליגו לחשוב רע עד שאמר קצתם שהוא יודע המינים לבד לא האישים, ואמר קצתם שאינו יודע דבר זולת עצמו בשום פנים כדי שלא יהיה בו ריבוי ידיעות לפי מחשבתו:

ומן הפילוסופים מי שיאמין כאמונתנו שהוא יתברך ידע כל דבר ולא תעלם ממנו תעלומה כלל, והם אנשים גדולים קודם אריסטו כבר זכרם גם כן אלכסנדר במאמר ההוא אלא שהוא אינו רוצה בדעתם ויאמר שהגדול שבדברים הסותרים אותו הוא מה שנראהו לעין מרעות יבואו לטובים וטובות יגיעו לרעים:

סוף דבר כבר התבאר לך שהם כולם אילו מצאו ענייני בני אדם מסודרים כפי מה שיראה להמון שהוא סדר לא היו נכנסים לדבר מזה העיון כלל ולא היו הורסים אליו אבל המביא הראשון לזה העיון הוא בחינת עניני בני אדם הטובים שבהם והרעים. והיותם במחשבתם בלתי מסודרים כמו שאמרו סכלינו - לא יתכן דרך הוי"ה:

ואחר בארי שהדברים בידיעה ובהשגחה נקשרים קצתם בקצתם אתחיל לבאר דעות המעיינים בהשגחה ואחר כך אתיר מה שספקו בו בידיעת האלוה בחלקים:

פרק יז

דעות בני אדם בהשגחה, חמש דעות והם כולם קדומות, רצוני לומר שהם דעות נשמעו בזמן הנביאים מעת הגלות התורה האמיתית המאירה לאלה המחשכים כולם:

<u>הדעת הראשון</u> הוא מאמר מי שחשב שאין השגחה כלל בדבר מן הדברים בכל זה המציאות ושכל מה שבו מן השמים, ומה שבתוכם נופל במקרה וכאשר יזדמן ואין שם כלל לא מסדר ולא מנהיג ולא משגיח בדבר. וזה דעת אפיקורס, והוא גם כן אומר בחלקים ורואה שהם מתערבים כאשר יזדמן ויתהוה מהם מה שיקרה. וכבר אמרו זה הדעת הכופרים **מישראל** והם הנאמר עליהם - כחשו[145] בהוי"ה ויאמרו לא הוא. וכבר באר אריסטו במופת שקרות זה הדעת ושהדברים כולם אי אפשר היותם במקרה אבל יש מסדר ומנהיג להם. וכבר זכרנו מזה מעט במה שקדם:

<u>והדעת השני</u> - דעת מי שיחשוב שקצת הדברים יש בהם השגחה והם בהנהגת מנהיג וסדר מסדר וקצתם נעזב ומונח אל המקרה, וזה דעת אריסטו. ואני אבאר לך דעתו בהשגחה הוא רואה שהאלוה יתברך משגיח בגלגלים ומה שבהם, ומפני זה התמידו אישיהם על מה שהם עליו. וכבר כתב אלכסנדר ואמר שדעת אריסטו שהשגחת האלוה תכלה ותפסק אל גלגל הירח. וזה סעיף משרשו בקדמות העולם שהוא חושב שההשגחה היא כפי טבע המציאות, אם כן אלה הגלגלים ומה שבהם אשר אישיהם מתמידים עניין ההשגחה בהם הוא התמדתם על עניין שלא ישתנה, וכמו שהתחייב ממציאותם מציאות דברים אחרים אין אישיהם מתמידי המציאות אבל מיניהם שפע גם כן מן ההשגחה ההיא מה שחייב השאר המינים והתמדתם ואי אפשר השאר אישיהם. ולא נעזבו גם כן אישי כל מין עזיבה גמורה אבל כל מה שנזדכך וזוקק מן החומר ההוא עד שקיבל צורת הצמיחה נתנו בו כוחות שישמרוהו זמן קצוב ימשכו עליו מה שיאות לו וידחו מעליו מה שאין תועלת לו בו, ומה שנזדכך ממנו יותר מן הראשון עד שקיבל צורת ההרגשה הושמו בו כוחות אחרים לשמרו ולנצרו והושמה לו יכולת אחרת להתנועע, לכוון למה שיאות לו ולברוח ממה שהוא כנגדו, ואחר כך נתן לכל איש כפי מה שיצטרך לו המין ההוא, ומה שנזדכך יותר עד שקיבל צורת השכל נתן לו כח אחר. ינהיג בו ויחשוב ויסתכל במה שאפשר בו עמידת אישו ושמירת מינו כפי שלמות האיש ההוא. אמנם שאר התנועות הנופלות באישי המין הם נופלות במקרה ואין זה אצל אריסטו בהנהגת מנהיג ולא בסידור מסדר. והמשל בו אם נשב רוח סוער או בלתי סוער אין ספק שיפיל קצת עלי זה האילן וישבור סעיפים מאילן אחר וישליך אבן מתל של אבנים ויעלה עפר על עשבים ויפסידם ויסעיר המים ותטבע הספינה שהייתה שם ויטבעו כל מי שבה או קצתם, ואין הפרש אצלו בין נפילת העלה ההוא ונפילת האבן או טביעת החסידים החשובים ההם אשר היו בספינה, כן לא יפריש בין שור שהטיל רעי על עם מן הנמלים ומתו או בניין שנהרסו שתותיו ונפל על מי שבתוכו מן המתפללים ומתו, ואין הפרש אצלו בין חתול שנזדמן לו עכבר וטרפו או עכביש שטרף זבוב או אריה שרעב ופגש בנביא וטרפו. סוף דבר

[145] ירמיהו ה יב

עיקר דעתו שכל מה שיראהו נמשך לא יפסיד ולא ישתנה לו מנהג כלל כעניינים הרקיעים או ימשך על סדר לא יעדר ממנו דבר כי אם לעיתים רחוקות ועל דרך זרות כעניינים הטבעיים הוא אומר שהוא בהנהגה, כלומר שההשגחה האלוקית מחוברת אליו, וכל מה שיראהו בלתי נמשך על הקש ולא שוקד על סדר כענייני אישי כל מין מן הצמחים ובעלי החיים מדברים ושאינם מדברים יאמר שהוא במקרה לא בהנהגת מנהיג רצוני לומר, שלא תחובר אליו ההשגחה האלוקית, והוא רואה גם כן שחיבור ההשגחה באלה העניינים נמנע וזה נמשך אחר דעתו בקדמות העולם ושכל מה שנמצא עליו זה המציאות חילופו נמנע. ואשר האמינו זה הדעת ממי שיצא מכלל תורתנו הם האומרים - עזב[146] הוי"ה את הארץ:

והדעת השלישי הוא הפך זה הדעת השני. והוא דעת מי שרואה שאין בכל המציאות דבר במקרה כלל לא פרטי ולא כללי אבל הכל ברצון ובכוונה והנהגה - ומבואר הוא שכל מי שינהיג כבר ידע. וזאת היא כת **האשעריה** מן הישמעאלים והתחייבו לזה הדעת הרחקות עצומות וסבלום וקיבלו אותם, והוא שהם יודו לאריסטו מה שיחשבהו מההשוואה בין נפילת העלה ומות האיש אמרו כן הוא, אבל לא נשבה הרוח במקרה אבל כל עלה נפל בגזרה מן האלוה והוא אשר הפילו עתה בזה המקום ואי אפשר שיתאחר זמן נפילתו או יקדם ואי אפשר נפילתו בזולת זה המקום כי זה כולו נגזר מקדם. והתחייב להם לפי זה הדעת שיהיו תנועות בעל החיים ומנוחותיו נגזרות ושהאדם אין יכולת בידו כלל לעשות דבר או להניח עשותו. ויתחייב לזה הדעת גם כן שיהיה טבע האפשר בטל באלה העניינים ושיהיו אלה הדברים כולם אם מחויבים או נמנעים, וקבלו זה ואמרו שאלה הדברים אשר נקראם אפשריים בערך אלינו אמנם כשיערכו אליו יתברך אין אפשרות בהם כלל אבל מחויב או נמנע. והתחייב מזה הדעת גם כן שיהיה עניין התורות בלתי מועיל כלל אחר שהאדם אשר לו נתנה כל תורה לא יוכל לעשות דבר לא לקים מה שצווה בו ולא להיזהר ממה שהוזהר ממנו, ואמרה זאת הכת שהוא יתברך כן רצה שישלח ויצווה ויזהיר וייעד ויירא ואף על פי שאין יכולת בידינו ויתכן שיעמוס עלינו לעשות הנמנעות ואפשר שנקים המצווה, ונענש ונמרה אותה ונגמל טוב. והתחייב לפי זה הדעת גם כן שלא תהיה תכלית כונה לפעולותיו יתברך, וסבלו כובד אלה ההרחקות כולם בעבור שימלט להם הדעת ההוא עד שכשנראה איש נולד סומא או מצורע אשר לא נוכל לומר שקדם לו חטא שהתחייב בו זה, נאמר שכן רצה האלוה וכשנראה החסיד העובד שנהרג בייסורים נאמר כן רצה האלוה ואין עול בזה, כי ראוי להם בחק האלוה שייסר בייסורים מי שלא חטא ויגמול טוב לחוטא, ומאמריהם באלה הדברים מפורסמים:

הדעת הרביעי דעת מי שחשב שלאדם יכולת ולזה ימשך מה שבא בתורה

---

[146] יחזקאל ח יב

מן המצווה והאזהרה והגמול והעונש, לפי דעת אלה על סדר ויראו שפעולות האלוה כולם נמשכים אחר החכמה ושלא יתכן לו עול ושלא יענוש מיטיב. **והמעתזילה** גם כן הם על זה הדעת ואף על פי שיכולת האדם אינה אצלם גמורה, והם גם כן יאמינו שהוא יתברך יודע בנפילת העלה ההוא וברמיסת הנמלה ההיא ושהשגחתו בכל הנמצאות. והתחייבו לזה הדעת גם כן הרחקות ודברים סותרים זה את זה. אמנם ההרחקה היא היות קצת אישי בני אדם נולד בעל מום והוא לא חטא - אמרו שהוא נמשך אחר חכמתו וזהו הטוב לאיש הזה שיהיה כך מה שיהיה בריא ואנחנו נסכול ההטבה ההיא ואין זה על צד העונש לו אבל על צד ההטבה אליו. וכן יענו בהיהרג החסיד שהוא להרבות גמולו בעולם הבא, עד שהגיע הדבר באלה שנאמר להם ולמה ישר האלוה משפטיו באדם ולא ישרם בזולתו, ובאי זה חטא נשחט החי הזה הבלתי מדבר, וסבלו מן ההרחקה שאמרו שזה היה הטוב לו עד שיגמלהו האלוה בעולם הבא, עד שהריגת הפרעוש והכינה יתחייב שיהיה להם בעבורה גמול מאת האלוה וכן זה העכבר הבלתי אשם אשר טרפו חתול או נץ, אמרו שכן גזרה חכמתו בחק זה העכבר והוא יגמלהו על שקרה אותו בעולם הבא: ואין ראוי אצלי לגנות אחד מאנשי השלש כתות בהשגחה כי כל אחד מהם הביאהו הכרח גדול למה שאמר. אריסטו נמשך אחר הנראה מטבע המציאות. וכת **האשעריה** ברחו מיחס לו יתברך סכלות בדבר ולא יתכן אצלם שיאמר שידע זה הפרט וסכל זה, והתחייבו ההרחקות ההם וסבלום. וכת **המועתזילה** גם כן ברחו מלייחס לו יתברך עול ואון וגם לא ישר אצלם להכחיש השכל הנברא עם האדם עד שיאמר שהכאבת מי שאין חטא עליו אין עול בה ולא ישר אצלם, גם כן שיהיה שליחות הנביאים כולם ונתינת התורה לא לעניין מושכל, וסבלו גם כן מה שסבלוהו מן ההרחקות ההם. ותתחייב להם הסתירה מפני שהם מאמינים שהוא יתברך ידע כל דבר ושהאדם בעל יכולת וזה יביא למה שיתבאר במעט התבוננות שהוא סתירה:

<u>והדעת החמישי</u> הוא דעתנו, רצוני לומר דעת תורתנו. ואני אודיעך ממנו מה שכתוב בספרי נביאינו בו והוא אשר יאמינוהו המון חכמינו. ואגיד לך אחר כך עוד מה שיאמינוהו קצת האחרונים מעמנו ואודיעך גם כן מה שאאמינהו אני בו. ואומר פנת תורת משה רבנו עליו השלום, וכל מי שנמשך אחריה היא שהאדם בעל יכולת גמורה, רצוני לומר שהוא בטבעו ובבחירתו וברצונו יעשה כל מה שיוכל האדם לעשותו מבלתי שיברא לו דבר מתחדש כלל, וכן כל מיני בעלי חיים שאינם מדברים יתנועעו ברצונם, וכן רצה האלוה יתברך, רצוני לומר שמרצונו הקדום באין תחילה שיהיה כל בעל חיים מתנועע לרצונו ושיהיה האדם בעל יכולת, על מה שירצהו או שיבחרהו ממה שיוכל עליו. וזאת פינה לא נשמע כלל באומתנו ובאנשי תורתנו חולק עליה תהילה לאל: וכן מכלל פניות תורת **משה רבנו** שהוא יתברך לא יתכן עליו העול בשום צד מן הצדדים ושכל מה שיבוא לבני אדם מן הרעות והמכות, או ישיגם מן הטובות לאיש אחד או לקהל הכל הוא על

מורה נבוכים חלק ג'

צד הראוי במשפט הישר אשר אין עול בו כלל, ואפילו אם נכנס קוץ ביד אדם והוציאו מיד, לא היה זה רק על צד העונש לו, ואילו השיג למעט הנאה היה זה גמול לו וכל זה בדין והוא אמרו עליו יתברך - כי[147] כל דרכיו משפט וגו', אלא שאנחנו נסכול אופני הדין ההוא:

הנה כבר התבארו לך אלה הדעות והוא שכל מה שתראה מעניני בני אדם המתחלפים יחשוב אריסטו שהוא במקרה גמור ויחשבו **האשעריה** שהוא נמשך לרצון לבד ותחשוב כת **המעותזילה** שהוא נמשך לחכמה ונחשוב אנחנו שהוא נמשך אחר הראוי לאדם לפי פעולותיו. ומפני זה הוא אפשר אצל כת **האשעריה** שייסר האלוה בייסורים החסיד הטוב בעולם הזה, ויעמידהו עולמית באש אשר יאמר בעולם הבא, ויאמר כן רצה האלוה, ויראה **המועתזילה** שזה עול ושזה אשר הוכח במכאוב ואפילו הנמלה [כמו שזכרתי לך] יש לה גמול והיות זה מוכח ומיוסר עד שייגמל נמשך אחר חכמתו, ואנחנו נאמין שכל אלה העניינים האנושיים הם כפי הדין והאלוה, חלילה לו מעול לא יענוש אחד ממנו אלא המחויב והראוי לעונש. זהו הכתוב **בתורת משה רבנו** כי הכל נמשך אחר הדין. ועל זה הדעת נמשכו דברי המון חכמינו שאתה תמצאם אומרים בביאור - אין[148] מיתה בלא חטא ולא יסורין בלא עוון, ואמרו - במידה[149] שאדם מודד בה מודדין לו, וזה לשון **המשנה**. ובארו בכל מקום שהמשפט מחויב בהכרח בחוקו יתברך והוא שיגמול העובד על כל מה שיעשה ממעשי הבור והיושר, ואף על פי שלא צווה בו על ידי נביא, ושיענוש על כל מעשה רע שיעשהו האיש ואף על פי שלא הוזהר ממנו על ידי נביא אחר שהוא דבר שהשכל מזהיר ממנו, רצוני לומר ההזהרה מן העול והחמס, אמרו - אין[150] הקדוש ברוך הוא מקפח זכות כל בריה, ואמרו - כל[151] האומר קודשא בריך הוא ותרן הוא יתותרן מעוהי אלא מאריך אפיה וגבי דיליה, ואמרו - אינו[152] דומה מצווה ועושה למי שאינו מצווה ועושה, ובארו שהוא אף על פי שלא צווה **נותנים לו שכרו**, ועל זה העיקר נמשכו כל דבריהם. ובאה בדברי **החכמים** תוספת אחת שלא באה במה שכתוב **בתורה** והוא מאמר קצתם - יסורין[153] של אהבה, והוא שלפי זה הדעת אפשר שיחולו באדם מכות ללא פשע קודם אבל להרבות גמולו. וזהו גם כן דעת כת **המועתזילה**. ואין פסוק **בתורה** לזה העניין, ולא יטעוך

147 דברים לב ד
148 גמרא שבת נה ע"א
149 משנה סוטה א ז
150 גמרא בבא קמא לח ע"ב
151 גמרא בבא קמא נ ע"א
152 גמרא קידושין לא ע"א
153 גמרא ברכות ה ע"א

עניני **הנסיון** - והאלוקים[154] נסה את אברהם, ואמרו - ויענך[155] וירעיבך וגו', כי הנה תשמע אחר זה הדברים בו. ולא נכנסה תורתנו כלל אלא בעניני בני אדם, אמנם עניין זה הגמול לבעל חיים שאינו מדבר, לא נשמע כלל באמונתנו לפנים וגם **החכמים** לא זכרוהו כלל, אבל קצת האחרונים מן **הגאונים** ז"ל כאשר שמעוהו מכת **המעותזילה** ישר בעיניהם והאמינוהו:

ואשר אאמינהו אני בזאת הפינה, רצוני לומר בהשגחה אלוקית הוא מה שאספר לך. ואיני נסמך בזאת האמונה אשר אספרה למה שהביאני אליו המופת אבל אסמך בה למה התבאר אצלי שהוא כוונת תורת האלוה וספרי נביאינו. וזה הדעת אשר אאמינהו הוא יותר מעט ההרחקות מן הדעות הקודמות ויותר קרוב אל ההיקש השכלי. והוא שאני אאמין שההשגחה האלוקית אמנם היא בזה העולם התחתון, רצוני לומר מתחת גלגל הירח, באישי מין האדם לבד וזה המין לבדו הוא אשר כל עניני אישיו ומה שישיגם מטוב או רע נמשך אחר הדין כמו שאמר - כי[156] כל דרכיו משפט, אבל שאר בעלי החיים וכל שכן הצמחים וזולתם דעתי בהם דעת אריסטו לא אאמין כלל שזה העלה נפל בהשגחה בו ולא שזה העכביש טרף זה הזבוב בגזרה מאת האלוה ורצונו האישי עתה ולא שהרוק אשר רקק אותו ראובן התנועע עד שנפל על זה היתוש במקום מיוחד והרגו בגזרת האלוה ולא שזה הדג חטף ובלע זאת התולעת מעל פני המים ברצון אלוקי אישי, אבל אלה כולם אצלי במקרה גמור כמו שחושב אריסטו. ואולם ההשגחה האלוקית לפי דעתי ולפי מה שאני רואה היא נמשכת אחר השפע האלוקי, והמין אשר נדבק בו השפע ההוא השכלי עד ששב בעל שכל ונגלה לו כל מה שהוא גלוי לבעל שכל הוא אשר התחברה אליו ההשגחה האלוקית ושיערה לו כל פעולותיו על צד הגמול והעונש. אמנם אם טבעה הספינה ומה שבתוכה כמו שזכר ונפל הגג על מי שבבית אם היה זה במקרה לפי דעתנו אבל ברצון אלוקי, לפי הדין במשפטיו אשר לא יגיעו דעותינו לידיעת סדרם: ואשר הביאני לזאת האמונה הוא שאני לא מצאתי כלל בדברי ספר נביא שיש לאלוה השגחה באיש מאישי בעלי החיים כי אם בבני אדם לבד, וכבר תמהו הנביאים גם כן על היות ההשגחה בבני אדם ושהוא קטן ופחות משישגיח הבורא עליו כל שכן בזולתו מבעלי החיים אמר - מה[157] אדם ותדעהו וגו', מה[158] אנוש כי תזכרנו וגו'. וכבר באו פסוקים מפורשים בהיות ההשגחה בבני אדם כולם ובהיפקד כל מעשיהם אמר - היוצר[159] יחד לבם המבין אל

[154] בראשית כב א

[155] דברים ח ג

[156] דברים לב ד

[157] תהלים קמד ג

[158] תהלים ח ה

[159] תהלים לג טו

כל מעשיהם, ואמר - אשר[160] עיניך פקוחות על כל דרכי בני אדם לתת לאיש כדרכיו, ועוד אמר - כי[161] עיניו על דרכי איש וכל צעדיו יראה. וכבר זכרה התורה ההשגחה בבני אדם והפקד מעשיהם אמר - וביום[162] פקדי ופקדתי עליהם חטאתם, ואמר - מי[163] אשר חטא לי אמחנו מספרי, ואמר - והאבדתי[164] את הנפש ההיא, ואמר - ונתתי[165] את פני בנפש ההיא, וזה הרבה. וכל מה שבא מעניני אברהם יצחק ויעקב, ראיה גמורה על שההשגחה האישית נמצאת בבני אדם. אמנם שאר אישי בעלי החיים העניין בהם כמו שיראה אריסטו באין ספק, ומפני זה הייתה שחיטתם מותרת וגם מצווה בה והותר להשתמש בהם בתועלותינו ככל אשר נרצה. והראיה על היות שאר בעלי החיים בלתי מושגח בהם רק במין ההשגחה, אשר זכר אותה אריסטו מאמר הנביא כאשר ראה מהתגברות נבוכדנצר ורוב הרגו בני אדם. אמר אדוני אלוקים כאילו נעזבו בני אדם ונשכחו ונעשו הפקר כדגים ותולעי הארץ הראה בזה המאמר שהמינים ההם נעזבים. והוא אמרו - ותעשה[166] אדם כדגי הים כרמש לא מושל בו כולו בחכה העלה וגו'. ואחר כך באר הנביא שאין העניין כן ולא על צד העזיבה והשכחה והעלות ההשגחה אבל על צד העונש להם להתחיבם בכל מה שחל בהם אמר - הוי"ה[167] למשפט שמתו וצור להוכיח יסדתו: ולא תחשוב שזה הדעת יסתור אותו אמרו - נותן[168] לבהמה לחמה וגו', ואמרו - הכפירים[169] שואגים לטרף וגו', ואמרו - פותח[170] את ידיך ומשביע לכל חי רצון, ומאמר **החכמים** גם כן - יושב[171] וזן מקרני ראמים ועד ביצי כינים. והרבה כמו אלה המאמרים שתמצאם ואין בהם דבר סותר דעתי זה כי אלה כולם, השגחה מינית לא אישית וכאילו הוא מספר פעולותיו יתברך בהכינו לכל מין מזונו ההכרחי וחומר עמידתו. וזה מבואר נגלה. וכן רואה אריסטו שזה המין מן ההשגחה הכרחי נמצא כבר זכרו גם כן אלכסנדר בשם אריסטו, רצוני לומר הכנת מציאות מזון כל מין לאישיו ולולא זה היה המין אבד בלא ספק, וזה מבואר במעט הסתכלות:

---

160 ירמיהו לב יט
161 איוב לד כא
162 שמות לב לד
163 שמות לב לג
164 ויקרא כג ל
165 ויקרא יז י
166 חבקוק א יד
167 חבקוק א יב
168 תהלים קמז ט
169 תהלים קד כא
170 תהלים קמה טז
171 גמרא עבודה זרה ג ע"ב

ואמנם אמרם - צער[172] בעלי חיים דאורייתא מאמרו - על[173] מה הכית את אתונך, הוא על דרך ההשלמה לנו שלא נלמד מדת האכזריות ולא נכאיב לבטלה ללא תועלת אבל נכון אל החמלה והרחמנות ואפילו באי זה בעל חיים שיזדמן אלא לעת הצורך - כי[174] תאוה נפשך לאכול בשר, לא שנשחט על דרך האכזריות או השחוק. ולא תתחייב לי גם לפי זה הדעת השאלה לומר למה השגיח בבני אדם ולא השגיח בהשגחה ההיא לשאר בעלי החיים, כי השואל צריך שישאל עצמו ויאמר למה נתן שכל לאדם ולא נתן זה לשאר מיני בעלי חיים, כי מענה זאת השאלה האחרונה כן רצה האלוה, או כן גזרה חכמתו, או כן גזר הטבע לפי שלשת הדעות הקדומות, ובאלה המענים בעצמם יענה על השאלה הראשונה: והבן דעתי עד סופו והעלהו בידך שאני לא אאמין שיעלם מהאלוה יתברך דבר או אייחס לו לאות אבל אאמין שההשגחה נמשכת אחר השכל ומדובקת בו מפני שההשגחה אמנם תהיה ממשכיל ואשר הוא שכל שלם שלמות אין שלמות אחריו, אם כן כל מי שנדבק בו דבר מן השפע ההוא, כפי מה שישיגהו מן השכל ישיגהו מן ההשגחה, זהו הדעת הנאות אצלי למושכל ולכתובי התורה. ואמנם שאר הדעות הקודמות יש בהם תוספת וחסרון אם תוספת, יביא אל בלבול ושיגעון גמור ולהכחיש המושכל ולהתגבר על המוחש או קצור וחסרון, יחייב להאמין אמונת רעות מאד בחק האלוה יתברך וההפסד לסידור המציאות בני אדם וימחה ויפסיד כל טובותיהם במידות ובדבריות, רצוני לומר דעת מי שמעלה ההשגחה מבני אדם, וישווה ביניהם ובין אישי שאר מיני בעלי חיים:

פרק יח

ואחר מה שהקדמתיו מהיות ההשגחה מיוחדת במין האדם לבדו משאר מיני בעלי החיים, אומר כי כבר נודע שאין חוץ לשכל מין נמצא אבל המין ושאר הכלליות דברים שכלים כמו שידעת וכל נמצא חוץ לשכל אמנם הוא איש או אישים. וכשיודע זה יהיה נודע גם כן שהשפע האלוקי הנמצא מודבק במין האדם, רצוני לומר השכל האנושי, אמנם הוא מה שנמצא מן השכלים האישיים והוא מה ששפע על ראובן ושמעון ולוי ויהודה: ואחר שהוא כן יתחייב לפי מה שזכרתיו בפרק הקודם כי אי זה איש מאישי בני אדם שהשיג מן השפע ההוא חלק יותר גדול כפי הכנת החומר שלו וכפי התלמדו תהיה ההשגחה עליו יותר בהכרח אם ההשגחה נמשכת אחר השכל כמו שזכרתי, ולא תהיה אם כן ההשגחה האלוקית בבני אדם כולם בשווה אבל יהיה יתרון ההשגחה עליהם כיתרון שלמותם האנושי זה על זה. ולפי זה העיון יתחייב

---

[172] גמרא בבא מציעא לב ע"א
[173] במדבר כב לב
[174] דברים יב כ

בהכרח שתהיה השגחתו יתברך בנביאים עצומה מאד ולפי מדרגותם בנבואה ותהיה השגחתו בחסידים ובטובים, כפי חסידותם ושירונם, אחר שהשיעור ההוא משפע השכל האלוקי הוא אשר שם דבר בפי הנביאים והוא אשר ישר מעשי הטובים והשלים חכמות החסידים במה שידעו. ואמנם הסכלים הממרים כפי מה שחסרו מן השפע ההוא היה עניינם נבזה וסודרו בסדר שאר אישי מיני בעלי החיים - נמשל[175] כבהמות נדמו, ומפני זה היה קל להירגם אבל צווה בו לתועלת. וזה העניין הוא פינה מפינות התורה ועליו בנינה, רצוני לומר על שההשגחה באיש איש מבני אדם כפי מה שהוא:

הסתכל איך סיפר על ההשגחה בפרטי עניני **האבות** בעסקיהם ובשימושיהם עד מקניהם וקניינים ומה שיעדם האלוה מחבר ההשגחה עליהם לאברהם נאמר אנוכי מגן לך, ונאמר ליצחק - ואהיה[176] עמך ואברכך, ונאמר ליעקב - והנה[177] אנוכי עמך ושמרתיך בכל אשר תלך, ונאמר לאדון הנביאים - כי[178] אהיה עמך, ונאמר ליהושע - כאשר[179] הייתי עם משה אהיה עמך, וזה כולו מביאור ההשגחה עליהם כפי שלמותם. ונאמר בהשגחה על החשובים החסידים ועזיבת הסכלים - רגלי[180] חסידיו ישמור ורשעים בחושך ידמו כי לא בכח יגבר איש, יאמר - כשישלם קצת אישי המין מן המכות הוה מקרים ונפול קצתם בהם אינו לפי כוחותם הגופיים והכנותיהם הטבעיות, הוא אמרו **לא בכח יגבר איש** אבל הוא לפי השלמות והחיסרון, רצוני לומר קרבם אל האלוה או רחקם ממנו, ומפני זה הקרובים אליו, בתכלית השמירה **רגלי חסידיו ישמור** והרחוקים ממנו מוכנים למה שיקרה שימצאם ואין שם מה שישמרם ממה שיתחדש כהולך בחושך שאין ספק שיכשל. ונאמר בהשגחה על החסידים גם כן - שומר[181] כל עצמותיו וגו', עיני[182] הוי"ה אל צדיקים וגו', יקראני[183] ואענהו וגו', והפסוקים אשר באו בזה העניין רבו מלספור, רצוני לומר בהשגחה על בני אדם כפי שיעור שלמותם וחסידותם. וכבר זכרו הפילוסופים גם כן זה העניין. אמר **אבונצר** בפתיחת פרושו לספר **ניקומכוס** לאריסטו זה לשונו ואמנם מי שיש להם יכולת להעתיק נפשותיהם ממידה אל מידה הם אשר אמר אפלטון בהם שהשגחת האלוה עליהם יותר:

ועתה הסתכל איך הוציאנו זה המין מן הבחינה לידיעת אמיתת מה שהביאוהו הנביאים כולם, ועליהם השלום, מן ההשגחה האישית המיוחדת באיש איש

---

[175] תהלים מט כא
[176] בראשית כו ג
[177] בראשית כח טו
[178] שמות ג יב
[179] יהושע א ה
[180] שמואל-א ב ט
[181] תהלים לד כא
[182] תהלים לד טז
[183] תהלים צא טו

כפי שלמותו ואיך זה מחויב מצד העיון כשתהיה ההשגחה נמשכת אחר השכל כמו שזכרנו. ולא יתכן שנאמר שההשגחה, מינית לא אישית. כמו שהתפרסם מקצת דעות הפילוסופים אחר שאין שם נמצא חוץ לשכל בלתי האישים ובאלה האישים נדבק השכל האלוקי, אם כן ההשגחה אמנם היא באישים האלה.

והסתכל בזה הפרק ההסתכלות הראוי לו וישלמו לך פניות התורה כולם בו ויאותו לך לדעות עיוניות פילוסופיות ויסורו ההרחקות ויתבאר לך צורת ההשגחה איך היא:

ואחר מה שזכרנו מדעות בעלי העיון בהשגחה והנהגת האלוה יתברך לעולם איך היא, אבאר לך בקצרה גם כן דעת אנשי תורתנו בידיעת האלוה ודברים שיש לי בה:

פרק יט

מושכל ראשון הוא בלא ספק שהאלוה יתברך, צריך שימצאו לו כל השלמויות ויורחקו מעליו, כל החסרונות. וכמעט שהוא מושכל שהסכלות באי זה דבר שיהיה הוא חסרון ושהוא יתברך לא יסבול דבר. אבל מה שהביא קצת אנשי העיון (כמו שזכרתי לך) להתגאה ולהתגבר לאמור ידע זה ולא ידע זה, הוא מה שדימוהו מהעדר סידור עניני בני אדם אשר רוב העניינים ההם אינם עניינים טבעיים לבד אבל נמשכים גם כן להיות בעל יכולת והתסכלות:

וכבר זכרו הנביאים שראית הסכלים על העדר ידיעת האלוה בפעולותינו היא, אמנם ראותם אנשי הרשע בטובה ונחת ושלוה ושזה מביא הצדיק החסיד לחשוב, כי כונו אל הטוב ומה שסובל בעבורו מן הצער להתקומם זולתו לו אינו מועיל. ואחר כך זכר הנביא שמחשבתו שוטטה בזה עד שהתבאר לו שהדברים אין לעיין ולהסתכל בהם רק בסופם לא בהתחלתם, וזהו סיפורו בסדר עלה העניינים כולם אמר - אמרו[184] איכא ידע אל ויש דעה בעליון, הנה אלה רשעים ושלוי עולם השגו חיל אך ריק זכיתי לבבי וארחץ בניקיון כפי, וסוף המאמר - ואחשבה[185] לדעת זאת עמל הוא בעיני, עד[186] שאבוא אל מקדשי אל אבינו לאחריתם אך בחלקות וגו', איך[187] היו לשמה כרגע וגו'. ואלה העניינים בעצמם זכרם מלאכי אמר - חזקו[188] עלי דבריהם אמר הוי"ה וגו', אמרתם[189] שוא עבוד אלוקים ומה בצע כי שמרנו

[184] תהלים עג יא
[185] תהלים עג טז
[186] תהלים עג יז
[187] תהלים עג יט
[188] מלאכי ג יג
[189] מלאכי ג יד

מורה נבוכים חלק ג'

משמרתו וכי הלכנו קדורנית מפני הוי"ה צבאות, ועתה[190] אנחנו מאשרים זדים וגו', אז[191] נדברו יראי הוי"ה וגו', ושבתם[192] וראיתם וגו'. וכבר באר גם כן דוד פרסום זה הדעת בזמנו, ומה שחייב והביא בני אדם לחטוא ולעשוק קצתם את קצתם, והתחיל לטעון לבטל זה הדעת ולהגיד שהוא יתברך יודע כל זה ואמר - אלמנה[193] וגר יהרוגו ויתומים ירצחו, ויאמרו[194] לא יראה י"ה ולא יבין אלוקי יעקב, בינו[195] בוערים בעם וכסילים מתי תשכילו, הנוטע[196] אוזן הלא ישמע אם יוצר עין הלא יביט: והנה אבאר לך עניין אלה הטענות אחר כך, שאזכר לך רע הבנתך ההורסים לדברי הנביאים לזה המאמר. אמרו לי זה שנים אנשים ממשכילי אומנתו הרופאים שהם תמהים ממאמר דוד, אמרו כן היה מתחייב לפי הקשו זה שבורא הפה יאכל ויוצא הריאה ויצעק וכל בשאר האיברים והסתכל אתה המעי במארי זה כמה רחקו מן הנכונה בהבנת זאת הטענה, ושמע עניינה. מבואר הוא שכל פועל כלי מן הכלים לולא שהפועל הנעשה בכלי ההוא מצויר אצלו לא היה יכול לעשות לו הכלי, והמשל בו שאם לא היה הנפח מציר עניין התפירה ומבין אותה לא היה עושה המחט על התכונה הזאת אשר לא תשלם התפירה זולתה, וכן שאר הכלים. וכאשר חשב מי שחשב מן הפילוסופים שהאלוה לא ישיג אלה הפרטים להיותם ממושגי החושים והוא יתברך לא ישיג בחוש אבל השגה שכלית, טען עליהם במציאות החושים ואמר אם היה עניין השגת הראות נעלם מהאלוה ולא ידעהו איך המציא זה הכלי המוכן להשגת הראות, התראה שבמקרה היה התחדש לחה אחר זכה ותחתיה לחה אחרת כך ותחתיה מחיצה אחת הזדמן שניקב בה נקב ובאר כנגד הנקב מחיצה זכה וקשה, סוף דבר לחות העין ומחיצותיו ועצביו אשר בהם מן התיקון מה שנודע וכוון בכולם תכלית זה הפועל, האם יציר משכיל שזה נפל במקרה, לא כן אבל הוא בכוונה מן הטבע בהכרח כמו שבאר כל רופא וכל פילוסוף. ואין הטבע בעל שכל והנהגה, וזה מוסכם מן הפילוסופים כולם, אבל זאת ההנהגה הדומה למלאכת מחשבת תבוא לפי דעת הפילוסופים מהתחלה שכלית והיא מפעולת בעל שכל לפי דעתנו הוא אשר הטביע אלה הכוחות בכל מה שימצא בו כח טבעי. ואם השכל ההוא לא ישיג זה העניין ולא ידעהו איך המציא או הגיע מאתו לפי הדעת ההוא טבע שיכוון אל זה העניין אשר אין ידיעה לו בו, ובאמת קראם דוד **בוערים וכסילים**. ואחר כך התחיל לבאר שזה, חסרון בהשגתנו ושהאלוה יתברך ויתברך אשר נתן לנו זה

---

[190] מלאכי ג טו

[191] מלאכי ג טז

[192] מלאכי ג יח

[193] תהלים צד ו

[194] תהלים צד ז

[195] תהלים צד ח

[196] תהלים צד ט

השכל אשר בו, נשיג ומפני קיצורנו מהשיג אמיתתו התחדשו לנו אלה הספקות העצומות יודע זה החיסרון בנו, ושמחשבתנו זאת המקצרת אין להשגיח למה שחיבתנו מן ההריסה, אמר - המלמד[197] אדם דעת, הוי"ה[198] יודע מחשבות אדם כי המה הבל:

וכוונתי כולה הייתה בזה הפרק לבאר שזה, עיון קדום מאד, רצוני לומר מה שיאמרו בו הסכלים מהעדר השגת האלוה מפני היות עניני בני אדם האפשריים בטבעם בלתי מסודרים, אמר - ויחפאו[199] בני ישראל דברים אשר לא כן על הוי"ה, ובמדרש - מה אמרו אמרו העמוד הזה אינו רואה ואינו שומע ואינו מדבר, רוצים בו דמותם שהאלוה בלתי משיג אלה העניינים ולא הגיעה מאתו לא מצוה ולא אזהרה לנביאים. וסיבת זה כולו והראיה עליו אצלם - היות עניני בני אדם בלתי נמשכים כפי מה שיראה כל איש ממנו שכך ראוי שיהיה, וכשראו שאין העניינים כאשר ירצו אמרו - אין[200] הוי"ה רואה אותנו, ואמר צפניה על אלה הסכלים - האומרים[201] בלבבם לא ייטיב הוי"ה ולא ירע: ואמנם מה שראוי שיאמר בידיעתו יתברך בעניינים כולם, הנה אגיד לך אחר זה דעתי בו אחר שאודיעך העניינים המוסכם עליהם אשר לא יוכל בעל שכל לחלוק בדבר מהם:

__פרק כ__

עניין מוסכם עליו שהוא יתברך לא יתכן שתתחדש לו ידיעה עד שידע עתה מה שלא ידעהו קודם, ולא יתכן שיהיו לו ידיעות רבות, ואפילו לפי דעת מי שיאמין התארים. וכאשר התבאר זה במופת, נאמר אנחנו קהל אנשי התורה שבידיעה אחת ידע הדברים הרבים ולא בהתחלף הידועים יתחלפו הידיעות בחוקו יתברך כמו שהוא בחוקינו. וכן נאמר שכל אלה הדברים המתחדשים ידעם קודם היותם ולא סר מהיות יודע אותם ולזה לא יתחדש לו מדע כלל. כי ידיעתו שפלוני הוא עתה נעדר וימצא בעת הפלוני ויתמיד נמצא זמן כך ואחר כך יעדר, וכשימצא האיש ההוא כמו שקדמה הידיעה בו לא נוספה שם ידיעה ולא התחדש מה שלא היה נודע אצלו אבל התחדש מה שהיה ידוע מקודם שנתחדש כפי מה שנמצא: והתחייב לפי זאת האמונה שיהיה המדע נתלה בהעדרים ויקיף במה שאין לו תכלה, והאמננו זה ואמרנו כי העדרים אשר קדמה בידיעתו המצאתם והוא יכול להמציאם, לא ימנע התלות הידיעה בהם אמנם מה שלא ימצא כלל הוא העדר הגמור בחוק ידיעתו אשר לא תתלה ידיעתו בו כמו שלא תתלה ידיעתנו אנחנו במה שהוא נעדר אצלנו. ואמנם ההקפה במה שאין תכלית לו יש בה ספק, ונטה קצת בעלי העיון

---

197 תהלים צד י

198 תהלים צד יא

199 מלכים-ב יז ט

200 יחזקאל ח יב

201 צפניה א יב

לאמור שהידיעה נתלית במין ומתפשטת על שאר אישי המין בעניין אחד, וזהו דעת כל בעל תורה כפי מה שיביא אליו הכרח העיון. אמנם הפילוסופים פסקו הדבר ואמרו שלא תתלה ידיעתו בהעדר ולא תקיף ידיעה במה שאין לו תכלית, ואחר שלא יתחדש לו מדע מן השקר שידע דבר מן המתחדשים ולא ידע אם כן אלא הדבר הקים אשר לא ישתנה. וקצתם נתחדש לו ספק אחר ואמר שאפילו הדברים הקיימים, אילו ידעם היו לו דעות רבות כי ברב הידועים ירבו הדעות. כי לכל ידוע דעה מיוחדת בו, אם כן לא ידע כי אם עצמו:

ואשר אומר אותו אני הוא שסיבת כל מה שנכשלו בו כולם הוא, שימם בין ידיעתנו וידיעתו יתברך יחס ותעין כל כת בעניינים נמנעים בידיעתנו ותחשוב שהוא מחויב בידיעתו או יסופק עליו העניין. וצריך שנרבה להוכיח הפילוסופים על זאת השאלה יותר מכל אדם שהם בארו במופת שעצמו יתברך אין ריבוי בו ולא תואר לו חוץ לעצמו אבל עצמו מדעו ומדעו עצמו, והם הם אשר בארו במופת ששכלנו וידיעתנו מקצרות להשיג אמיתת עצמו כפי מה שהיא כמו שבארנו, ואיך יחשבו שישיגו ידיעתו, וידיעתו אינה דבר חוץ לעצמו אבל הקיצור בעצמו אשר קצרו ידי שכלינו מהשיג עצמו הוא הקיצור מהשגת ידיעתו בדברים איך הם ואין זה ידיעה ממין ידיעתנו שנקיש עליה אבל הוא עניין נבדל כל הבדל. וכמו שיש עצמות מחויבת המציאות מאתה התחייב כל נמצא לפי דעתם או היא הפועלת כל אשר זולתה אחר ההעדר לפי דעתנו כן נאמר שהעצמות ההיא משגת כל אשר זולתה לא יעלם ממנה דבר בשום צד מכל מה שהמציאה, ואין שיתוף בין ידיעתנו וידיעתו כמו שאין שיתוף בין עצמנו ועצמו. ואמנם הטעה הנה שיתוף שם הידיעה כי השיתוף הוא בשם לבד וההבדל באמיתתו, מפני זה יתחייבו ההרחקות. כי נחשוב שהעניינים המחויבים לידיעתנו מחויבים לידיעתו:

וממה שהתבאר לי גם כן מפסוקי **התורה** שידיעתו יתברך במציאות אפשר אחד שעתיד להיות לא תוציא האפשר ההוא מטבע האפשר כלל אבל טבע האפשר עומד עמו ושאין הידיעה במה שיתחדש מן האפשריים מחיבת היותם בהכרח על אחד משני האפשריים, זאת גם כן פינה מפנות תורת משה אין ספק בה כלל, ולולא זה לא אמר - ועשית[202] מעקה לגגך, וכן אמרו - פן[203] ימות במלחמה ואיש אחר יקחנה, וכן נתינת התורות והמצווה והאזהרה שבה, אל זה השורש והוא שידיעתו במה שיהיה לא יוציא הדבר האפשר ההוא מטבעו. וזהו המסופק הגדול לפי השגת דעתנו הקצרה: והתבונן בכמה דברים נבדל מדעו ממדענו לפי דעת כל בעל תורה. תחילת זה בהיות המדע **האחד** יאות וישווה לידיעות רבות מתחלפות במינים, **והשני** בהתלות במה שלא נמצא, **והשלישי** בהתלות במה שאין תכלית לו, **והרביעי** בהיות מדעו

---

[202] דברים כב ח

[203] דברים כ ז

לא ישתנה בהשיג המחודשים ונראה שידיעת הדבר העתיד להימצא אינה הידיעה בו שכבר נמצא אבל הנה, תוספת אחת והיא אשר היה בכח שב בפועל, והחמישי לפי דעת תורתנו בהיותו יתברך לא תברר ידיעתו יתברך אחד משני אפשריים, ואף על פי שכבר ידע יתברך אחרית אחד מהם על דרך יחוד וברור. ואם כן אני תמה באי זה דבר דמתה ידיעתנו לידיעתו לפי דעת מי שיאמין המדע תואר נוסף, והאם יש הנה אלא השיתוף בשם לבד, אמנם לפי דעתנו אשר נאמר שאין דעתו דבר נוסף על עצמו באמת התחייב הבדל ידיעתו לידיעתנו, ההבדל העצמי הזה כהבדל עצם השמים לעצם הארץ, כבר בארו הנביאים זה אמרו - כי[204] לא מחשבותי מחשבותיכם ולא דרכיכם דרכי נאום הוי"ה, כי[205] גבהו שמים מארץ כן גבהו דרכי מדרכיכם ומחשבותי ממחשבותיכם: וכלל העניין אשר אומר אותו בקצרה כי כמו שלא נשיג אמיתת עצמו ועם כל זה ידענו שמציאותו שלמה מכל מציאות ולא יתערב עמה לא חיסרון ולא שינוי ולא הפעלות כלל, כן עם היותנו בלתי יודעים אמיתת ידיעתו מפני שהיא עצמו נדע שהוא לא ישיג פעם ויסבול פעם אחרת, רצוני לומר שלא יתחדש לו מדע כלל ולא יתרבה ולא יגיע מדעו לתכלית ולא יעלם ממנו דבר מן הנמצאות כולם, ולא תבטל ידיעתו אותם טבעיים, אבל האפשר נשאר עם טבע האפשרות, וכל מה שיראה בכלל אלה הדברים מסתירה הוא לפי בחינת מדענו אשר לא ישתתף עם מדעו כי אם בשם לבד. וכן הכוונה תאמר על מה שנכוננהו אנחנו ועל מה שיאמר שהוא יתברך כוון אליו בשיתוף וכן ההשגחה נאמרת בשיתוף על מה שנשגיח אנחנו עליו, ועל מה שיאמר שהוא יתברך ישגיח עליו. והאמת אם כן שעניין הידיעה ועניין הכונה ועניין ההשגחה המיוחסות אלינו, בלתי עניין המיוחסות אליו. וכשיילקחו שתי ההשגחות, או שתי הידיעות, או שתי הכוונות, על שיקבצם עניין אחד יבואו הספקות הנזכרות וכשיודע שכל מה שייוחס עלינו נבדל מכל מה שייוחס עליו, יתבאר האמת. וכבר הגיד ההבדל בין אלה המיוחסים אליו ובין המיוחסים אלינו באמרו **ולא דרכיכם דרכי** כמו שקדם לנו זכרו:

פרק כא

הפרש גדול יש בין ידיעת העושה במה שעשה וידיעת זולתו בעשוי ההוא, והוא שהדבר העשוי אם נעשה נאות לידיעת עושהו יהיה מעשה עושהו אם כן למה שעשה נמשך לידיעתו, ואולם שאר בני אדם המתבוננים בעשוי ההוא וידעוהו ידיעה מקפת, תהיה ידיעתם נמשכת אחר העשוי. והמשל בו שהאומן שעשה זה הארון אשר יתנועעו בו משקלים לנזילת המים ויורו על מה שעבר מן היום או הלילה מן השעות, כל מה שיגר בו מן המים ושינוי

[204] ישעיהו נה ח

[205] ישעיהו נה ט

הצעת הגרתם וכל חוט שימשך וכל גרגר שנמשך הכל מושג ידוע אצל העושה אותם, ולא ידע התנועות ההם מפני התבוננו בתנועות המתחדשות עתה אבל העניין בהפך והוא שהתנועות ההם המתחדשות אמנם התחדשו כפי הסכמת ידיעתו. ולא כן הוא המתבונן בכלי ההוא, אבל המתבונן כל אשר יראה תנועה אחת, תתחדש לו ידיעה וכל אשר ירבה להתבונן, יתוספו ידיעותיו ויתחדשו לו ראשון ראשון עד שילמד מהם וידע כל הכלי. ואילו שערתם שתנועות הכלי ההוא אין להם תכלית לא יוכל המתבונן להקיף בהם ידיעה לעולם. ואי אפשר למתבונן גם כן שידע תנועה מן התנועות ההם קודם התחדשה, שאינו יודע מה שידע אלא ממה שיתחדש:

וכן העניין בכל הנמצא ויחוסו אל ידיעתנו וידיעתו יתברך, והוא שאנחנו אמנם נדע כל מה שנדע מפני ההסתכלות בנמצאות ומפני זה לא נוכל לדעת מה שעתיד להיות ולא מה שאין תכלית לו וידיעותינו מתחדשות מתרבות כפי הדברים אשר מהם תושג ידיעתם, והוא יתברך אינו כן, רצוני לומר שלא ידע הדברים מצידם עד שיפול הריבוי וההתחדשות אבל הדברים ההם נמשכים אחרי ידיעתו הקודמת המיישבת אותם כפי מה שהם עליו, אם מציאות נבדל או מציאות איש בעל חומר קים או מציאות בעל חומר משתנה האישים נמשך אחר סדר לא יפסיד ולא ישתנה. ומפני זה לא יהיה אצלו יתברך ריבוי ידיעות ולא התחדשות ושינוי ידיעה שהוא בדעתו אמיתת עצמו אשר לא תשתנה ידע כל מה שיתחייב לפעולותיו כולם. והיותנו משתדלים לדעת איך הוא זה כאילו השתדלנו שנהיה אנחנו הוא והשגתנו השגתו. ואם כן הראוי למאמת המודה על האמת שיאמין שהוא יתברך לא יעלם ממנו דבר כלל, אבל הכל גלוי לידיעתו אשר היא עצמו ושהמין ההוא מן ההשגה, מן השקר שנדעהו אנחנו כלל. ולו ידענו איך הוא היה לנו השכל ההוא אשר יושג בו זה המין מן ההשגה, וזה דבר שלא ימצא במציאות אלא לו יתברך והוא עצמו. והבן זה שאני אומר שהוא מופלא מאד ודעת אמיתי כשימשך אחריו ולא ימצא בו דבר מן הטעות ולא מן **ההטעאה** ולא ישיגוהו הרחקות ולא ייוחס בו אל האלוה יתברך חיסרון, שאלה העניינים הנכבדים העצומים לא ימצא מופת עליהם כלל לא לפי דעתנו אנחנו קהל אנשי התורה, ולא לפי דעת הפילוסופים לפי רוב התחלפם והתחלקם בזאת השאלה. וכל השאלות אשר אין מופת עליהם צריך שימשך אדם בהם אחר הדלת הזאת אשר נמשכנו אנחנו אחריה בזאת השאלה, רוני לומר שאלת ידיעת האלוה בכל אשר זולתו. והבינהו:

פרק כב

עניין איוב הנפלא הוא מכת מה שאנחנו בו, רצוני לומר שהוא משל לבאר דעות בני אדם בהשגחה. וכבר ידעת ביאורם ומאמר קצתם - איוב[206] לא

[206] גמרא בבא בתרא טו ע"א

היה ולא נברא אלא משל היה. ואשר חשבו **שהיה ונברא** ושהוא עניין שארע, לא ידעו לא זמן ולא מקום, אלא קצת **החכמים** אמרו שהיה **בימי האבות** וקצתם אמרו שהיה **בימי משה** וקצתם אמרו שהיה **בימי דוד** וקצתם אמרו שהיה **מן עולי בבל** וזה ממה שיחזק מאמר מי שאמר **לא היה ולא נברא**. סוף דבר **בין היה בין לא היה** בכמו ענינו הנמצא תמיד נבוכו כל המעיינים מבני אדם, עד שנאמר בידיעת האלוה ובהשגחתו מה שכבר זכרתי לך, רצוני לומר היות האיש התם השלם הישר במעשיו הירא מאד מן החטאים, יחולו בו רעות גדולות ותכופות בממונו ובניו וגופו ללא חטא יחייב העניין ההוא. ולפי שתי הדעות רצוני לומר אם **היה** או **לא היה**, הדברים ההם אשר בפתיחת הספר, רצוני לומר מאמר **השטן** ומאמר האלוה אל **השטן** ומסור איוב בידו, כל זה משל בלא ספק לכל בעל דעת. אלא שהוא משל לא כשאר המשלים כולם אבל משל שנתלו בו פליאות ודברים[207] שהם כבשונו של עולם. והתבארו בו ספקות גדולות ונגלו ממנו אמיתות שאין למעלה מהם. ואני אזכר לך מה שאפשר לזכרו ואזכר לך דברי **החכמים** המעוררים אותי לכל שהבינותי מן המשל ההוא הגדול:

ותחילת מה שתסתכל בו אמרו - איש[208] היה בארץ עוץ, הביא שם משתתף והוא **עוץ** שהוא שם איש - את[209] עוץ בכורו, והוא צווי בעצה ובהנהגה - עוצו[210] עצה, וכאילו יאמר לך הסתכל בזה המשל והתבונן בו והעלה בידך ענייניו והבינם וראה הדעת האמיתית מה היא. ואחר כן זכר **שבני האלוקים** באו להתיצב על הוי"ה, ובא **השטן** בתוכם ובכללם, כי לא אמר **ויבאו בני האלקים והשטן להתיצב על הוי"ה**, שאז היה נראה שמציאות הכל על יחס אחד ועל ערך אחד, אבל אמר - ויבואו[211] בני האלוקים להתיצב על הוי"ה ויבוא גם השטן בתוכם, וכיוצא בזה המאמר לא נאמר אלא במי שבא בלתי מכוון ולא מבוקש לעצמו אבל כאשר באו מי שכון בואם, בא זה בתוך הבאים. ואחר כן זכר שזה השטן הוא משוטט בארץ ומתהלך בה ואין בינו ובין העליונים יחס כלל, ואין לו שם מהלכים הוא אמרו - משוט[212] בארץ ומהתהלך בך, כלומר שוטו והתהלכו לא היה רק בארץ. ואחר כן זכר שזה התם והישר ניתן ונמסר ביד **השטן** הזה ושכל מה שחל עליו מן המכות והמקרים בממונו ובבניו ובגופו היה סבתו **השטן**: וכאשר ישב זה העניין התחיל להציע דברי בעלי העיון בזאת הגזרה וזכר דעת אחת ויחסה לאיוב ודעות אחרות לחבריו. ואני אשמיע אותם אחר כן בביאור, רצוני לומר הדעות ההם אשר בעבורם הפליגו לחשוב רעה בזה העניין אשר היה כל

---

[207] גמרא חגיגה יג ע"א

[208] איוב א א

[209] בראשית כב כא

[210] ישעיהו ח י

[211] איוב א ו

[212] איוב א ז

מורה חלק ג' נבוכים

סבתו **השטן** וחשבו כולם איוב וחבריו שהאלוה יתברך עושה אותו בעצמו, ולא באמצעות **השטן**. והנפלא שבזה העניין הוא שלא תאר איוב בחכמה ולא אמר **איש חכם** או **מבין** או **משכיל** אבל תארו במעלות מידות ויושר פעולות, שאילו היה **חכם** לא היה מסופק עליו ענינו, כמו שיתבאר אחר זה: ועוד שנזכרו מקריו על ערך דעות בני אדם, כי מבני אדם מי שלא ייבהל ולא ייסוב לבבו לאבדת הממון ויהיה נקל בעיניו אבל ירעידהו דבר מות הבנים וימיתהו מדאגה, ומבני אדם גם כן מי שיסבול ולא ילאה אפילו לאבדת הבנים, ואולם סבול המכאובים אין יכולת למרגיש עליו. וכל בני אדם רצוני לומר ההמון, אמנם יגדילו האלוה בלשונותם ויתארוהו יתברך ביושר ובגמילות החסד בעת הצלחתם ושלוותם, או בעת צער שיוכלו לסבלו אבל כשיבואו אלו הצרות הנזכרות **באיוב** מהם מי שיכפור ויאמין מעוט הסדר במציאות כולו באבוד ממונו, ומהם מי שיישאר על אמונת היושר והסדר אפילו עם צער אבדת הממון אבל כשיינגע באבדת הבנים לא יסבול, ומהם מי שיסבול ולא תתבלבל עליו אמונתו אפילו עם אבדת הבנים, אבל עם מכאובי הגוף אין אחד מהם שיסבול אלא יתלונן ויצעק חמס, אם בלבבו או בלשונו:

וראה אמרו ב**בני האלוקים**, ***להתיצב על הוי"ה***, בפעם ראשונה ושניה, אבל **השטן** ואף על פי שבא בכללם ובתוכם בפעם ראשונה ושניה, לא אמר בו בראשונה ***להתיצב*** ובשנייה **אמר ויבוא גם השטן בתוכם *להתיצב* על הוי"ה**. והבן זה העניין והסתכל מה מאד נפלא וראה איך עלו בידי אלו העניינים כדמות נבואה והוא שעניין ***להתיצב על הוי"ה***, מורה על היותם נמצאים מוכרחים במצותו לעשות מה שירצהו, תבין זה ממאמר זכריה **בארבע מרכבות יוצאות**, אמר - ויען[213] המלאך ויאמר אלי אלה ארבע רוחות השמים יוצאות מהתיצב על אדון כל הארץ, ומבואר הוא שאין יחס **בני האלוקים** ויחס **השטן** במציאות יחס אחד, אבל **בני האלוקים** יותר קיימים, ויותר מתמידים והוא גם כן יש לו חלק אחד במציאות למטה מהם: ומנפלאות זה המשל גם כן שהוא כאשר זכר שוט **השטן** בארץ בלבד ועשותו המעשים ההם באר שהוא נמנע מלשלוט על הנפש ושניתן לו שלטון על אלו הדברים הארציים כולם ונבדל בינו ובין הנפש, והוא אמרו - אך[214] את נפשו שמור. וכבר ביארתי לך שיתוף שם **נפש** בלשוננו ושהוא נופל על הדבר הנשאר מן האדם אחר המוות, והוא הדבר אשר אין **לשטן** שלטון עליו: ואחר זכרי מה שזכרתי, שמע זה המאמר המועיל אשר זכרוהו **החכמים** שראויים להקרא **חכמים** באמת אשר באר כל מסופק וגילה כל מכוסה והראה רוב **סתרי תורה** והוא אמרם **בתלמוד** - אמר[215] רבי שמעון

---

213 זכריה ו ה

214 איוב ב ו

215 גמרא בבא בתרא טז ע"א

בן לקיש הוא שטן הוא יצר הרע הוא מלאך המוות, כבר באר כל מה שזכרנוהו ביאור שלא יסופק על בעל שכל. וכבר התבאר לך שעניין אחד בעצמו יכונה בשלושת השמות האלה ושכל הפעולות המיוחסות לכל אחד מאלו השלושה הם כולם פועל דבר אחד. וכן אעוד אמרו **חכמי המשנה** הקדמונים - תנא[216] יורד ומתעה עולה ומשטין נוטל רשות ונוטל נשמה. הנה כבר התבאר לך שאשר ראה דוד **במראה הנבואה** בעת המגפה - וחרבו[217] שלופה בידו נטויה על ירושלים, לא הראהו זה אלא להורות על עניין העניין ההוא בעצמו הוא הנאמר עליו גם כן **במראה הנבואה** בחק מרי בני יהושע **הכהן הגדול** - והשטן[218] עומד על ימינו לשטנו, ואחר כן באר רחקו מאתו יתברך באמרו - יגער[219] הוי"ה בך השטן ויגער הוי"ה בך הבוחר בירושלים, והוא אשר ראה בלעם גם כן **במראה הנבואה, בדרך** באמרו לו - הנה[220] אנוכי יצאתי לשטן: ודע ש**שטן** נגזר מגזרת - שטה[221] מעליו ועבור, רצוני לומר שהוא מעניין הנטייה וסור מן הדבר, ומפני שהוא המטה מדרך האמת בלא ספק ויורנו בדרך הטעות והשגגה ועל העניין ההוא בעצמו גם כן נאמר - כי[222] יצר לב האדם רע מנעוריו. וכבר ידעת פרסום זה הדעת בתורתנו, רצוני לומר **יצר טוב ויצר רע** ואמרם - בשני[223] יצריך. וכבר אמרו **שיצר הרע** יתחדש בבן אדם בעת לדתו - לפתח[224] חטאת רובץ, וכמו שאמרה התורה **מנעוריו**, ו**שיצר טוב** אמנם ימצא לו אחר שלמות שכלו, ולזה אמרו נקרא **יצר הרע, מלך גדול**, ונקרא **יצר טוב, ילד מסכן וחכם**, במשל הנשוא לגוף בן האדם והתחלף כוחותיו באמרו - עיר[225] קטנה ואנשים בה מעט וגו'. כל אלו הדברים נמצאים כתובים להם ז"ל מפורסמים. ואחר שבארו לנו **שיצר הרע** הוא **השטן** והוא **מלאך** בלא ספק, רצוני לומר שהוא גם כן יקרא **מלאך** מפני שהוא בתוך **בני האלוקים**, יהיה גם כן **יצר טוב, מלאך** באמת, אם כן זה העניין המפורסם בדברי החכמים ז"ל שכל אדם נלוו אליו **שני מלאכים** אחד מימינו ואחד משמאלו, הם **יצר טוב ויצר רע**, ובביאור אמרו ז"ל ב**גמרא שבת** בשני המלאכים האלה אמרו - אחד[226] טוב ואחד רע. וראה כמה גילה לנו זה המאמר מפליאות וכמה הסיר מדמיונות בלתי אמיתיות:

---

216 גמרא בבא בתרא טז ע"א

217 דברי הימים-א כא טז

218 זכריה ג א

219 זכריה ג ב

220 במדבר כב לב

221 משלי ד טו

222 בראשית ח כא

223 ברכות ט ה

224 בראשית ד ז

225 קהלת ט יד

226 גמרא שבת קיט ע"ב

ואיני רואה את עצמי אלא שכבר ביארתי ופרשתי עניין איוב עד אחריתו ותכליתו. אבל אני רוצה לבאר לך הדעת המיוחס לכל אחד מחבריו, מהו בראיות לקטתים מדברי כל אחד מהם. ולא תביט לזולת זה מן המאמרים אשר חייבם סדר הדברים כמו שביארתי לך בראש זה המאמר:

פרק כג

כאשר הונח זה העניין של איוב, תחילת מה שארע היה העניין המוסכם עליו מן החמישה, רצוני לומר איוב וחבריו - שכל מה שחל באיוב ידוע אצלו יתברך ושהאלוה הביא עליו אלו המכות. וכולם מסכימים גם כן שהוא אין לפניו עולה ולא ייוחס לו חמס. תמצא אלו העניינים גם כן בדברי איוב הרבה. וכשתתבונן בדברי החמישה בעניין מחלוקתם, כמעט שתמצא הדברים שאמרם האחד מהם אמרום כולם. ונכפלו העניינים ונתערבו. ונכנס בתוכם ספור איוב חוזק מכאובו וצרותיו עם רוב ישרו וסיפור צדקתו ונדיבות טבעיו וטוב פעליו. וכן נכנס בדברי חבריו לו הערה על הסבל ונחמות ודבריו לשכח צערו וכי ראוי לו לשתוק ושלא ישלח רסן לשונו כאיש שיריב עם איש אבל ייכנע למשפטי האלוה וישתוק. והוא אומר שחוזק המכאובים מנעהו לסבול ולהתיישב ולומר מה שראוי. וחבריו כולם גם כן הסכימו שכל עושה רע ייענש וכשתראה רשע ואיש מרי בהצלחה, דע כי באחריתו ייהפך עליו העניין וימות הוא ויחולו בו ובביתו ובזרעו צרות וכשתראה עובד האלוה ברעה, אי אפשר מבלתי שירפא האלוה מחץ מכתו. זה העניין תמצאהו נכפל בדברי אליפז ובלדד וצופר, ושלשתם מסכימים על זה הדעת. ואין זה המכוון בזה העניין כולו אבל המכוון במה שנבדל בו כל אחד מהם וידיעת דעתו בזה העניין, והוא חול הגדול שבמכאובים והחזק שבהם בתם שבאנשים ובישר שבהם בתכלית היושר: והיה דעת איוב בו שזה העניין ראיה על השוות הצדיק והרשע אצלו יתברך על דרך בזיון במין האדם, והוא אמרו בכלל דבריו - אחת[227] היא על כן אמרתי תם ורשע הוא מכלה, אם[228] שוט ימית פתאום למיסת נקיים ילעג, יאמר כי כשיבוא השוט פתאום וימית כל מי שיפגוש וישאהו, **למיסת נקיים ילעג**. ואחר כן היזק זה הדעת באמרו - זה[229] ימות בעצם תומו כולו שלאנן ושלו, עטיניו מלאו חלב וגו', וזה ימות בנפש מרה ולא אכל בטובה, יחד על עפר ישכבו ורימה תכסה עליהם. וכן התחיל להביא ראיה בטוב עניני אנשי הרשע והצלחתם והרחיב המאמר בזה מאד ואמר - ואם[230] זכרתי ונבהלתי ואחז בשרי פלצות, מדוע רשעים יחיו עתקו גם גברו חיל, זרעם נכון לפניהם וגו'. ואחר ספרו

[227] איוב ט כב
[228] איוב ט כג
[229] איוב כא כג-כו
[230] איוב כא ו-ח

זאת ההצלחה התחיל לומר לחולקים עליו אם העניין הוא כמו שתחשבו שבני זה הכופר המצליח ימותון אחריו וימחה זכרם, מה יזיק לזה המצליח מה שיחול באנשי ביתו אחריו, אמר - כי[231] מה חפצו בביתו אחריו ומספר חדשיו חוצצו. ואחר כן התחיל לבאר שאין תקוה אחר המוות, אם כן לא נשארה תוחלת אלא שזה עזיבה ושכחה. והתחיל להפלא איך לא עזב עיקר בריאת בן אדם וברא אותו ועזב הנהגתו, ואמר - הלא[232] כחלב תתיכני וכגבינה תקפיאני וגו', זאת היא אחת מן הדעות הנאמרות בהשגחה ואשר האמינוה קצת המעיינים. וכבר ידעת מאמר **החכמים** שזה הדעת של איוב הוא בתכלית הרע אמרו - עפרא[233] בפומיה דאיוב, ואמרו - ביקש[234] איוב להפוך את הקערה על פיה, ואמרו גם כן עליו - התחיל[235] מחרף ומגדף. אבל אמרו יתברך לאליפז ורעיו - כי[236] לא דברתם אלי נכונה כעבדי איוב, אמרו **החכמים** בהתנצלות מן הדברים ההם - אין[237] אדם נתפש על צערו, רצונו לומר שלא נחשב חטאו לחוזק מכאוביו. וזה המין מן הדברים אינו מעניין זה המשל. ואמנם סיבת זה מה שאבאר לך עתה והוא שובו מזה הדעת אשר הוא בתכלית הטעות, והביאו מופת על טעותו בו. ואמנם שזהו העולה על הדעת והנראה ממנו תחילה וכל שכן למי שיחולו עליו המכות ויודע בעצמו שלא חטא זה מה שאין מחלוקת בו, ולזה יוחס זה הדעת לאיוב. אלא שהוא אמר כל מה שאמר כל עוד שלא הייתה לו חכמה ולא ידע האלוה אלא בקבלה כמו שידעוהו המון אנשי התורות. אבל כשידע האלוה ידיעה אמיתית הודה שההצלחה האמיתית אשר היא ידיעת האלוה היא מוכנת בלא ספק לכל מי שידעהו, ולא תערבבה על האדם צרה מאלו הצרות כולם. ואמנם היה איוב מדמה שאלו שיחשבו הצלוות הם התכלית, כבריאות והעושר והבנים, כל עוד שהיה יודע האלוה על דרך העיון, ומפני זה היה במבוכות ההם ואמר המאמרים ההם. וזהו עניין אמרו - לשמע[238] אוזן שמעתיך ועתה עיני ראתך, על כן אמאס וניחמתי על עפר ואפר. כוונת הדברים כפי העניין על כן אמאס כל אשר הייתי מתאוה ונחמתי על היותי בתוך עפר ואפר, כמו שהוצע ענינו - והוא[239] יושב בתוך האפר. ומפני זה המאמר האחרון המורה על ההשגה האמיתית, נאמר בו אחר כן **כי לא דברתם אלי נכונה כעבדי איוב:**

[231] איוב כא כא
[232] איוב י י
[233] גמרא בבא בתרא טז ע"א
[234] גמרא בבא בתרא טז ע"א
[235] נידה לא א
[236] איוב מב ז
[237] גמרא בבא בתרא טז ע"ב
[238] איוב מב ה-ו
[239] איוב ב ח

ואמנם דעת אליפז בזה המאורע הוא גם כן אחת מן הדעות הנאמרות בהשגחה וזה שהוא אמר שכל מה שחל באיוב היה חולו על צד הדין כי היו לו חטאים, היה ראוי בגללם למה שחל בו, והוא אמרו לאיוב - הלא[240] רעתך רבה ואין קץ לעונותיך. אחר כן התחיל לומר לאיוב שזה שאתה חושב אותו ונשען עליו מיושר הפעולות וללכת בדרכים המעולים, אינו עניין מחייב שתהיה שלם אצל האלוה, עד שלא תענש - הן[241] בעבדיו לא יאמין ובמלאכיו ישים תהלה, אף שוכני בתי חומר אשר בעפר יסודם. ולא סר אליפז מלכת בזה הדרך, רצוני לומר האמינו כל מה שישיג האדם שהוא במשפט וחסרונותינו כולם אשר נתחייב בעבורם העונש תעלם ממנו השגתם ואפני התחייבנו העונש בעבורם:

אבל דעת בלדד השוחי בזאת השאלה היא, אמונת התמורה והגמול. וזה שהוא אמר לאיוב שאלו הקורות העצומות אם אתה נקי ואין לך חטא סבתם, הגדיל הגמול ושתומר לך הטובה שבתמורות וזה כולו, טוב לך לרבות הטובה אשר תשיג אליה בעולם הבא, והוא אמרו לאיוב - אם[242] זך וישר אתה כי עתה יעיר עליך ושילם נות צדקך, והיה ראשיתך מצער ואחריתך ישגה מאד. וכבר ידעת גם כן פרסום זה הדעת בעניין ההשגחה. וכבר בארנוהו:

ואמנם דעת צופר הנעמתי הוא דעת מי שרואה שהכל נמשך לרצון לבד, ולא יבוקש לפעולותיו סיבה כלל ולא יאמר למה עשה זה, ומפני זה לא יבוקש דרך היושר ולא גזרת חכמה בכל מה שיעשהו האלוה שעצמתו ואמיתתו מחייבים שיעשה מה שירצה ויד שכלנו תקצר מתעלומות חכמתו אשר מדינה וממשפטה יעשה מה שירצה לא לסיבה אחרת, והוא אמרו לאיוב - מי[243] יתן אלוה דבר ויפתח שפתיו עמך, ויגד לך תעלומות חכמה, כי כפלים לתושיה החקר אלוה תמצא אם עד תכלית שדי תמצא:

ועתה ראה והתבונן איך הוצע העניין אשר בלבל בני אדם והביאם לדעות אשר הקדמנו לפרשם בהשגחת האלוה בנבראים ונזכר כל מה שחיבתהו החלוקה ויוחס העניין ההוא לאחר מן הנודעים בעולם בחשיבות, אם היה משל או אמרוהו אמת, אם היה עניין שארע. ויהיה הדעת המיוחס לאיוב הולך על דעת אריסטו ודעת אליפז הולך על דעת תורתנו ודעת בלדד הולך על דעת **המעותזילה** ודעת צופר על דעת **האשעריה**. ואלו היו הדעות הקדומות בהשגחה: ואחר כן התחדש דעת אחר והוא המיוחס לאליהוא, ולזה שובח אצלם ונזכר שהוא קטן מהם בשנים וגדול בחכמה והתחיל לכהות ולגעור באיוב וליחס לו הסכלות בהגדילו ובהרחיקו איך באו עליו הצרות

240 איוב כב ה
241 איוב ד יח-יט
242 איוב ח ו-ז
243 איוב יא ה-ז

והוא עושה טוב והאריך לשבח פעולותיו וכן אמר על שלושת רעיו שנפסד דעתם בהשגחה על רוב זקנתם. ואמר דברים וחידות נפלאות - כשיתבונן בדבריו המתבונן יתמה ויחשוב שלא אמר דבר נוסף על מה שאמר אליפז ובלדד וצופר אבל השיב עניני דבריהם במילות אחרות והוסיף בביאורם. כי הוא לא יצא מעניין הכיהוי והגערה באיוב ותאר האלוה ביושר וספר נפלאותיו במציאות, ושהוא יתברך לא ירגיש בעבודת העובד ולא במרד המורד והמורה, ואלו העניינים כולם כבר אמרום חבריו אבל עם ההסתכלות הטוב יתבאר לך העניין הנוסף אשר הביא והוא היה המכוון ולא קדם העניין ההוא לזולתו מהם, ואחר כן אמר עמו כל מה שאמרוהו, כמו שהם כולם **איוב ושלושת רעיו** ישיב כל אחד מהם העניין אשר זכרו האחרים כמו שזכרתי לך, וזה להעלים העניין המיוחד בדעת כל אחד עד שיהיה הנראה להמון שדעת כולם דעת אחד מוסכם עליו ואין העניין כן. והעניין אשר הוסיפו אליהוא ולא זכרו אחד מהם הוא, אשר המשילו בהלצת מלאך ואמר, שהעניין המפורסם הידוע שהאדם יחלה עד שיגיע אל שערי מות ויתייאשו ממנו, ואם יהיה לו מלאך שיליץ ויעתיר בעדו, אי זה מלאך שיהיה, תוקבל הלצתו ועתירתו ויקום מכשלונו וינצל החולה ההוא וישוב לענייניו הטובים, אבל לא יהיה זה תדיר ולא יהיה שם העתרה והלצה מדובקת לנצח אבל פעמים, שלוש, אמר - אם[244] יש עליו מלאך מליץ וגו', וכאשר סיפר עניני הנחלץ מחליו ושמחתו בשובו אל שלמות הבריאות, אמר - הן[245] כל אלה יפעל אל פעמים שלוש עם גבר. זה העניין בארו אליהוא לבדו והוסיף גם כן מה שאמר לפני זה העניין בתאר איכות הנבואה, באמרו - כי[246] באחת ידבר אל ובשתים לא ישורנה, בחלום חזיון לילה בנפול תרדמה על אנשים. ואחר כן התחיל לחזק זה הדעת ולבאר דרכו בסיפור עניינים טבעיים רבים, כספרו הרעם והברק והמטר ונשיבת הרוחות, וערב עמהם עניינים רבים מעניני בעלי חיים, רצוני לומר בוא המגפה, באמרו - רגע[247] ימותו וחצות לילה וגו', והיות המלחמות העצומות באמרו - ירוע[248] כבירים לא חקר ויעמד אחרים תחתם, והרבה מאלו העניינים: וכן תמצא זאת הנבואה אשר באה לאיוב אשר התבאר לו ממנה טעותו בכל מה שדימה, ולא סר בה מספר עניינים טבעיים אם סיפור אותות עליונות או טבעיים ממיני בעלי חיים לא דבר אחר, ואשר זכר שם מסיפור **שחקים ושמים וכסיל וכימה** לעניין מעשיהם באויר הקרוב לנו, והייתה הערתו כולה אליו ממה שתחת גלגל הירח. וכן עוד התעורר אליהוא ממיני בעלי חיים אמר - מלפנו[249] מבהמות

[244] איוב לג כג
[245] איוב לג כט
[246] איוב לג יד-טו
[247] איוב לד כ
[248] איוב לד כד
[249] איוב לה יא

ארץ ומעוף השמים יחכמנו. ורוב מה שהאריך בדיבור ההוא היה בתאר **לויתן** אשר כלל סגולות גשמיות מפוזרות בבעל החיים ההולך והשוחה והמעופף. כל אלה העניינים הייתה הכונה בהם שאלו העניינים הטבעיים הנמצאים בעולם ההויה וההפסד, לא יגיעו דעותינו להשיג איכות התחדשם ולא לציור מציאות, זה הכח הטבעי בהם איך התחלתו, ואינם דבר שידמה למה שנעשה אנחנו ואיך נשתדל שתהיה הנהגתו יתברך להם והשגחתו בהם דומה להנהגתנו מה שננהיג או להשגחתנו במה שנשגיח בו, אבל הראוי לעמוד אצל זה השיעור ולהאמין שהוא יתברך לא תעלם ממנו תעלומה, כמו שאמר אליהוא שם - כי[250] עיניו על דרכי איש וכל צעדיו, יראה אין חושך ואין צלמות להסתר שם פועלי און. אמנם אין עניין השגחתו כעניין השגחתנו ולא עניין הנהגתו לברואיו כעניין הנהגתנו למה שננהיג ולא יקבצם גדר אחד - כמו שיחשב כל נבוך ואין ביניהם שיתוף כי אם בשם לבד. כמו שלא תדמה פעולתנו לפעולתו ולא יקבצם גדר אחד. וכהבדלות הפעולות הטבעיות מן הפעולות המלאכותיות כן הוא הבדל ההנהגה האלוקית וההשגחה והכונה האלוקית לעניינים ההם הטבעיים מהנהגתנו והשגחתנו וכוונתנו האנושית למה שננהיג אותו ונשגיח עליו ונכון אליו: זאת הייתה כוונת ספר איוב כולו, רצוני לומר לתת זאת הפינה באמונה ולהעיר שילמדו הראיה מן העניינים הטבעיים, עד שלא תטעה ותבקש בדמיונך שתהיה ידיעתו כידיעתנו או כוונתו והשגחתו והנהגתו ככוונתנו והשגחתנו והנהגתנו. וכשידע האדם זה יקל עליו כל מקרה ולא יוסיפו לו המקרים ספקות על האלוה ואם ידע או לא ידע ואם ישגיח או יעזוב, אבל יוסיף עליו אהבה כמו שאמר בסוף זאת הנבואה - על[251] כן אמאס ונחמתי על עפר ואפר, וכמו שאמרו ז"ל - עושים[252] מאהבה ושמחים ביסורין: ואתה כשתסתכל בכל מה שאמרתיו ההסתכלות שצריך להסתכל בו בזה המאמר ותעין כל עניני **ספר איוב** זה יתבאר לך העניין ותמצאני שכבר כללתי ותפסתי כל ענייניו לא ימלט ממנו דבר אלא מה שבא בסדר הדברים והמשך המשל, כמו שביארתי לך פעמים בזה המאמר:

פרק כד

עניין **הנסיון** גם כן מסופק מאוד והוא הגדול שבמסופקי התורה, וה**תורה** זכרה אותו בששה מקומות, כמו שאבאר לך בזה הפרק: ואמנם מה שהוא מפורסם לבני אדם מעניין **הנסיון** והוא שיביא האלוה מכות ומקרים באיש מבלתי שיקדם לו חטא כדי להרבות שכרו - זאת פינה לא הוזכרה ב**תורה** בלשון מבואר כלל ואין ב**תורה** מה שיראה פשוטו זה העניין אלא מקום אחד

[250] איוב לד כא-כב
[251] איוב מב ו
[252] גמרא שבת פח ב

מן הששה מקומות, והנה אבאר אחר זה ענינו. אבל פנת התורה הפך זה הדעת הוא אמרו יתברך - אל[253] אמונה ואין עול.

ולא כל **החכמים** גם כן רואים זה הדעת ההמוני, שהם כבר אמרו - אין[254] מיתה בלא חטא ואין יסורין בלא עון. וזה הדעת הוא אשר צריך שיאמינהו כל בן תורה בעל שכל, לא שייחס העול לאלוה חלילה לו ממנו, כדי שיקבע בלבו זכות ראובן מהעול ושלמותו ושלא התחייב מה שחל עליו: אמנם הנראה מה**נסיונות** הנזכרות ב**תורה** במקומות ההם, שהם כבר באו בעניין הניסיון והבחינה עד שידוע שיעור אמונת האיש ההוא, או האומה ההיא, או יכולת עבודתו. וזה העניין הוא המסופק הגדול, וכל שכן עניין **העקדה** אשר לא ידעה בלתי האלוה והם שניהם, ונאמר לו - כי[255] עתה ידעתי כי ירא אלוקים אתה, וכן אמרו - כי[256] מנסה הוי"ה אלוקיכם אתכם לדעת הישכם אוהבים את הוי"ה וגו', וכן אמרו - לדעת[257] את אשר בלבבך וגו'. והנני מתיר לך כל אלו הספקות:

דע כי כל **נסיון** שבא **בתורה** אין כוונתו וענינו אלא שידעו בני אדם מה שצריך להם לעשותו, ומה שראוי להאמינו. וכאילו עניין **הניסיון** שיעשה מעשה אחד אין הכונה, גוף המעשה ההוא אבל הכונה שיהיה משל שילמדו ממנו וילכו אחריו. ואמרו **לדעת הישכם אוהבים** אין פרושו, שידע האלוה זה. כי הוא כבר ידעו אלא הוא כאומרו - לדעת[258] כי אני הוי"ה מקדשכם, אשר ענינו שידעו האומות כן אמר כי כשיקום מתפאר בנבואה ותראו אותותיו המביאות לחשוב אמת בדבריו, דעו שהוא עניין שרצהו האלוה להודיע באומות שיעור האמינכם באמיתת תורתו יתברך והשגתכם אמיתתו ושאינכם נפתים להסתת מסית ולא תפסיד אמונתכם באלוה, למען יכון אליה כל מבקש אמת ויבקש מן האמונות מה שהוא קים זה הקיום אשר לא יביטו עמו לעשיית מופת מפני שהיא קריאה אל הנמנעות, כי לא יועיל עשית המופת רק לאומר האפשר, כמו שבארנו **במשנה תורה**.......

ואחר שהתבאר שעניין **לדעת** הנה הוא, שידעו בני אדם כן אמרו **במן** - למען[259] ענותך לנסותך לדעת את אשר בלבבך התשמור מצותיו אם לא. ענינו לדעת האומות זה ושיתפרסם בעולם שמי שניתן לעבודתו יתברך, יכלכלהו מאשר לא יחשוב. ועל זה העניין בעצמו נאמר **במן** בתחילת רדתו - למען[260] אנסנו הילך בתורתי אם לא. רוצה בו שיבחון בזה כל בוחן ויראה

[253] דברים לב ד
[254] גמרא שבת נה א
[255] בראשית כב יב
[256] דברים יג ד
[257] דברים ח ב
[258] שמות לא יג
[259] דברים ח ב
[260] שמות טז ד

אם המסר לעבודתו מועיל ומספיק או אינו מספיק, אמנם אמרו גם כן **במן** פעם שלישית - המאכילך[261] מן במדבר אשר לא ידעון אבותיך למען ענותך ולמען נסותך להטיבך באחריתך, הוא מביא לחשוב שפעמים יענה האלוה איש להרבות שכרו, ואין אמיתת העניין כך, אבל עניין אלו הדברים אחד משני עניינים האחד מהם הוא העניין הנכפל **במן** במאמר הראשון והשני, והוא להודע אם המסר לאלוה מספיק בכלכלה ומניח מן העמל והטורח אם אין, או יהיה עניין **נסותך** מאמרו - לא[262] נסתה כף רגלה וגו', כאילו הוא אומר שהוא יתברך הקדים להרגילכם הטורח במדבר, להרבות טובתכם כשתכנסו לארץ, וזה אמת. **כי היציאה מן הטורח אל המנוחה יותר ערבה מההתמדה על המנוחה**. וידוע שלולא טרחם ועמלם במדבר לא היו יכולים לכבוש הארץ, ולא להילחם ביושביה, כבר אמרה **התורה** זה - כי[263] אמר אלוקים פן ינחם העם בראותם מלחמה ושבו מצרימה ויסב אלוקים את העם דרך המדבר ים סוף, כי המנוחה תסיר הגבורה וצוק הפרנסה והעמל יתנו הגבורה, והיא **הטובה** אשר באה בזה העניין **באחריתם**: ואמנם אמרו - כי[264] לבעבור נסות אתכם בא האלוקים, הוא העניין בעצמו הנאמר ב**משנה תורה** ב**מתנבא בשם עבודה זרה** - כי[265] מנסה הוי"ה אלוקיכם אתכם. אשר כבר בארנו ענינו. כן הנה ב**מעמד הר סיני** אמר להם אל תיראו שזה המראה הגדול אשר ראיתם לא היה רק שיגיע לכם האמת בראות העין בעבור שכשינסה הוי"ה אלוקיכם אתכם בנביא שקר, אומר סתירת מה ששמעתם אותו, להודיע שיעור אמונתכם, תעמדו על אמונתכם ולא תמעד אישורכם, ואילו הייתי בא אליכם שליח ואומר אליכם מה שנאמר לי ולא תשמעוהו היה אפשר שתחשבו לאמת מה שבפי זולתי כשיבוא לכם בסתירת מה שאגיד אותו לכם, לולא ששמעתם אותו בזה המראה:

ואמנם עניין אברהם אבינו ע"ה ב**עקדה** כלל שני עניינים גדולים הם מפינות התורה העניין האחד הוא, להודיע אותנו גבול **אהבת** האלוה יתברך **ויראתו** עד היכן היא מגעת. וצווה בזה העניין אשר לא ידמה לו לא נתינת ממון ולא נתינת נפש אבל הוא מופלג מכל מה שאפשר שיבוא במציאות ממה שלא ידומה שטבע בני אדם יטה עליו. והוא שיהיה איש עקר בתכלית הכוסף לילד ובעל עושר גדול ואיש נכבד ובוחר שתישאר מזרעו אומה, ונולד לו בן אחר הייאוש איך יהיה חשקו בו ואהבתו אותו אבל ליראתו האלוה יתברך ולאהבתו לקים מצוותו בז לוולד האהוב ההוא והניח כל מה שקווה בו והסכים לשחוט אותו אחר מהלך ימים כי אילו היה רוצה לעשותו לשעתו בבוא המצווה אליו היה פעולת בהלה בבלתי הסתכלות, ואמנם עשותו זה

[261] דברים ח טז
[262] דברים כח נו
[263] שמות יג יז
[264] שמות כ טז
[265] דברים יג ד

אחר ימים מעת בא המצווה אליו היה מעשה במחשבה ובהסתכלות אמיתי ובחינת חק מצוותו יתברך ואהבתו ויראתו. ואין צריך להשגיח בעניין אחר ולא לעורר הפעלות כלל כי **אברהם אבינו** לא מיהר לשחוט יצחק לפחדו מהאלוה שיהרגהו או ירושהו אבל כדי שיתפרסם לבני אדם מה ראוי לעשותו בשביל אהבת האלוה יתברך ויראתו, לא לתקוות גמול ולא לפחד עונש, כמו שבארנו במקומות רבים. ואמר המלאך לו - כי[266] עתה ידעתי כי ירא אלוקים אתה, רצונו לומר שבזה המעשה אשר בו תקרא **ירא אלוקים** גמור ידעו כל בני אדם גבול יראת הוי"ה מה הוא: ודע שכבר חיזק זה העניין **בתורה** ובארו וזכר שתכלית **התורה** כולה בכל מה שכללה אותו ממצות עשה וממצות לא תעשה ומיעודים וסיפורים אמנם הוא דבר אחד והוא, יראת האלוהי"ת והוא אמרו - אם[267] לא תשמור לעשות את כל דברי התורה הזאת הכתובים בספר הזה ליראה את השם הנכבד והנורא הזה וגו'. זה אחד משני העניינים המכוונים **בעקדה**:

והעניין השני, להודיע אותנו איך יאמינו הנביאים באמת מה שיבואם מאת האלוה בנבואה. שלא יחשוב החושב בעבור שהוא **בחלום ובמראה**, כמו שבארנו, ובאמצעות הכח המדמה שפעמים לא יהיה מה שישמעוהו או מה שיומשל להם אמת או יתערב בו קצת ספק, ורצה להודיענו שכל מה שיראה הנביא **במראה הנבואה** הוא אמת יציב אצל הנביא לא יסופק בדבר ממנו אצלו כלל ודינו אצלו כדין העניינים הנמצאים כולם המושגים בחושים או בשכל. והראיה על זה הסכם אברהם לשחוט - בנו[268] יחידו אשר אהב. כמו שצווה - ואף על פי שהייתה המצווה ההיא **בחלום** או **במראה**, ולו היו הנביאים מסופקים בחלום של נבואה או היה אצלם ספק במה שישיגוהו **במראה הנבואה** לא היו מסכימים לעשות מה שימאנהו הטבע ולא היה הוא מוצא בנפשו לעשות זה המעשה הגדול **מספק**: ובאמת היה ראוי שיהיה זה העניין על יד אברהם וביצחק, רצוני לומר **העקדה**, כי **אברהם אבינו** הוא אשר התחיל להודיע היחוד ולקיים הנבואה ולהשאיר זה הדעת אחריו תמיד ולמשוך בני אדם אליו אמר - כי[269] ידעתיו למען אשר יצוה את בניו ואת ביתו אחריו ושמרו דרך הוי"ה לעשות צדקה ומשפט. וכמו שנמשכו אחר דעותיו האמתיות המועילות הנשמעות ממנו כן צריך שימשכו אחר הדעות הנלקחות מפעולותיו וכל שכן זאת הפעולה אשר אמת בה פנת אמיתת הנבואה והודיענו בה תכלית **יראת הוי"ה ואהבתו** להיכן היא מגעת:

כן צריך שנבין עניני **הנסיונות**, לא שהאלוה יתברך ירצה לבחון אדם ולנסותו עד שידע מה שלא היה יודעו קודם, חלילה לו חלילה ממה שידמוהו

[266] בראשית כב יב

[267] דברים כח נח

[268] בראשית כב ב

[269] בראשית יח יט

הסכלים הפתאים ברוע מחשבתם ודע זה:

פרק כה

הפעולות יחלקו לפי בחינת תכליתם לארבעה חלקים, אם פעולת הבל, או פעולת שחוק, או פעולת ריק, או פעולה טובה. אמנם הפעולה אשר יאמר לה ריק היא הפעולה שיכון בה פועלה תכלית אחת ולא תגיע התכלית ההיא כי ימנעוה מונעים, שאתה תשמע בני אדם יאמרו הרבה פעמים - **טרחת לריק**. למי שטרח לבקש איש ולא ימצאהו או טרח במהלך ולא הרויח בסחורתו, ויאמר גם כן **השתדלותנו וטרחנו בזה החולה היו לריק**, כשלא ירפא. וכן כל הפועלות אשר יבוקש בהם תכליות ולא יגיעו התכליות ההם. ופעולת ההבל היא הפעולה אשר לא יכוון בה תכלית כלל, כמו שיתעסקו בידם קצת בני אדם שהם חושבים וכפעולות המשוגעים והנבהלים. ופעולת השחוק היא הפעולה אשר יכון בה תכלית פחות, רצוני לומר שיכון בה עניין בלתי הכרחי ולא מועיל תועלת גדולה כמי שירקוד לא לכוונת התעמלות או מי שיעשה מעשים שתכליתם לשחוק מהם, יאמר שזאת הפעולה שחוק בלא ספק. וזה יתחלף כפי כוונת הפועלים ושלמותם כי יש דברים רבים שהם הכרחיים או תועלתם גדולה אצל אנשים ואצל אחרים לא יצטרכו כלל כהתעמלות הגוף, כפי התחלף מיניו אשר הוא הכרחי להתמיד הבריאות על מה שצריך, אצל מי שידע חכמת הרפואות, וככתיבה שתועלתה גדולה אצל אנשי החכמה. כי אשר יעשה פעולות ההתעמלות להתמיד בו הבריאות כשחוק בכדור או התאבקות או משיכת הידיים או עצירת הנשימה, או פעולות יכון בהם הכתיבה כעשיית הקולמוס ועשית הניר, יהיה אצל אנשים סכלים פעולת שחוק ואצל החכמים אינו פעולת שחוק. והפעולה הטובה היא הפעולה אשר עשאה הפועל לכוונת תכלית נכבדת, רצוני לומר הכרחית או מועילה ותגיע התכלית ההיא: וזאת חלוקה שיראה לי שאין לחלוק עליה בדבר. והוא שכל פועל פעולה אחת, אפשר שיכון בה תכלית ואפשר שלא יכון, וכל תכלית מכוונת, פעמים תהיה נכבדת ופעמים תהיה פחותה ופעמים תגיע ופעמים לא תגיע. זהו מה שתגזרהו החלוקה בהכרח:

ואחר בארי זה אומר שאי אפשר לבעל שכל לאמור שדבר מפעולות האלוה ריק או הבל או שחוק. אמנם לפי דעתנו אנחנו וגם לפי דעת כל נמשך אחר תורת **משה רבנו** פעולותיו כולם הם טובות מאד, אמר - וירא[270] אלוקים את כל אשר עשה והנה טוב מאד. וכל מה שעשאהו יתברך בגלל דבר המעשה ההוא הוא הכרחי במציאות הדבר ההוא המכון או מועיל מאד. והמשל בו מזון בעל חיים הכרחי בעמידתו ומציאות העיניים מועיל לו מאד, בהשארו ולא כיון במזון אלא השאר בעל החיים קצת זמן ולא כוון בחושים אלא התועלות המגיעות לבעלי חיים בהשגותם. וכן הוא גם כן דעת

[270] בראשית א לא

הפילוסופים, שאין בעניינים הטבעיים כולם דבר על צד ההבל, רצוני לומר שכל מה שאינו מלאכותי הם כולם פעולות שבוקש בהם תכלית אחת אין הפרש בין שנדע התכלית ההיא או לא נדע. אמנם זאת הכת מאנשי העיון אשר חשבו שהאלוה לא יעשה דבר בגלל דבר ואין סיבות ולא מסובבים אבל פעולותיו כולם לפי הרצון ולא יבוקש להם תכלית ולא יאמר למה עשה זה, אבל יעשה מה שירצה ואין זה נמשך אחר חכמה, יהיו פעולות האלוה יתברך אצל אלו נכנסות בחלק ההבל וגם יותר פחותות מפעולות ההבל, כי המתעסק בהבל לא יכון תכלית והוא נבהל בלתי יודע מה שעושה והאלוה אצל אלו, יודע במה שיעשה ומכון אליו ללא תכלית כלל ולא לצד תועלת: אך שיהיה בפעולותיו יתברך דבר על צד השחוק, שקרותו גלויה בתחילת המחשבה, ולא תביט לשיגעון מי שחשב שהקוף נברא לשחוק ממנו בני אדם. והמביא לזה כולו הסכלות בטבע ההויה וההפסד ושכחת העיקר והוא שהכונה כולה, להמציא כל מה שאפשר מציאותו כפי מה שתראה אותו, ואמנם חילוף זה לא גזרה אותו חכמתו כלל, אם כן הוא נמנע בבחינת היות העניינים נמשכים אחר גזרת חכמתו: אמנם אלו האומרים שפעולות האלוה כולם לא כיון בהם תכלית כלל הביאם לזה הכרח והוא בחינת כלל המציאות לפי דעתם שהם אומרים מה תכלית מציאות העולם בכללו, ועל כרחם יאמרו כמאמר כל מי שיאמר בחידוש העולם שכן רצה האלוה לא לעילה אחרת, וימשיכו זה בחלקי העולם כולו עד שלא יודו שנקב המחיצה הענבית ובהירות הקרניים הוא מפני עבור הרוח הרואה עד שישיג מה שישיג אבל לא ישימו זה סיבה בראות כלל ולא נוקבה זאת המחיצה ולא הושמה אשר עליה בהירה מפני הראות, אבל כן רצה האלוה אף על פי שהיה הראות אפשר בחילוף זה. וכבר נמצאו אצלנו קצת פסוקים שמשמעם בתחילת העיון זה העניין כאמרו - כל[271] אשר חפץ הוי"ה עשה וגו', וכאמרו - ונפשך[272] אותה ויעש, וכאמרו - ומי[273] יאמר לו מה תעשה. ועניין אלו הפסוקים וכיוצא בהם הוא שהדברים אשר ירצם האלוה יעשו בהכרח ואין שם מונע ימנע מהעשות רצונו [אלא שהוא יתברך לא ירצה אלא אפשר ולא כל אפשר - אלא מה שגזרה חכמתו להיות כך]. וכן הפועל הטוב בתכלית הטובה שירצה האלוה לעשותו לא יבדיל בינו ובינו מונע ואין חושך. וזה הוא דעת כל בעל דת ודעת הפילוסופים גם כן וכן הוא דעתנו אנחנו. שעם מה שנאמינהו שהעולם מחודש רוב חכמינו ויודעינו לא יאמינו שזה ברצון לבד לא בזולתו, אבל יאמרו שחכמתו יתברך אשר תבצר ממנו השגתה חיבה מציאות זה העולם בכללו בהכרח כאשר נמצא והחכמה היא בעצמה אשר לא תשתנה חיבה ההעדר קודם שנמצא העולם. תמצא זה העניין נזכר

[271] תהלים קלה ו
[272] איוב כג יג
[273] קהלת ח ד

ל**חכמים** הרבה בפרוש - את[274] הכל עשה יפה בעתו. וזה כולו לברוח ממה שצריך לברוח ממנו, והוא שיעשה הפועל פעולה ולא יכון בה תכלית כלל. וכן אמונת המון חכמי תורתנו וכזה בארו נביאינו והוא, שחלקי הפעולות הטבעיות כולם מתוקנות מסודרות נקשרות קצתם בקצתם וכולם סיבות ומסובבות ואין מהם דבר להבל ולא לשחוק ולא לריק אבל פעולות חכמה גדולה כמו שאמר - מה[275] רבו מעשיך הוי"ה כולם בחכמה עשית, ונאמר - וכל[276] מעשהו באמונה, ונאמר - הוי"ה[277] בחכמה יסד ארץ וגו'. וזה נמשך הרבה אין צריך שיאמן חילופו. והעיון הפילוסופי יגזור כן שאין שם דבר הבל ולא דבר שחוק ולא דבר בטלה בכל פעולות הטבע, כל שכן בטבע הגלגלים שהם יותר מתוקנים ומסודרים כפי מעלת החומר שלהם:

ודע שרוב הספקות המביאות למבוכה בבקשת תכלית מציאות העולם בכללו או תכלית כל חלק מחלקיו אמנם שרשם, טעות האדם בעצמו ודמותו שהמציאות כולו בגללו לבד והסכלות בטבע זה החומר השפל וסכלות המכון הראשון, והוא המציא כל מה שאפשר מציאותו כי המציאות טוב בלא ספק. ומפני הטעות ההוא וסכלות שני העניינים האלה יתחדשו הספקות והמבוכה עד שידמו שקצת פעולות האלוה יתברך שחוק וקצתם הבל וקצתם ריק. ודע שאשר סבלו זאת ההרחקה עד שהיו פעולות האלוה יתברך אצלם כפעולות ההבל אשר לא יכון בהם תכלית כלל אמנם ברחו משום אותם נמשכות אחר חכמה שלא יביא אל המאמר בקדמות העולם וסגרו השעה בזה. וכבר הודעתיך דעת תורתנו בזה העניין והוא שראוי להאמינו שאין הרחקה באמרנו שכל אלו הפעולות, מציאותם והעדרם נמשך אחר חכמתו יתברך ואנחנו נסכול הרבה מאפני החכמה בפעולותיו. ועל זה הדעת יוסדה **תורת משה רבנו** כולה - בו התחילה - וירא[278] אלוקים את כל אשר עשה והנה טוב מאד, ובו השלימה - הצור[279] תמים פעלו וגו', ודעהו. וכשתחקור זה הדעת והדעת הפילוסופי בהסתכל כל הפרקים הקודמים בזה המאמר הנתלים בזה העניין לא תמצא ביניהם מחלוקת כלל בדבר מחלקי המציאות כולם ולא תמצא מחלוקת אלא במה שבארנוהו מקדמות העולם אצלם וחידושו אצלנו. והבן זה:

פרק כו

כמו שחלקו אנשי העיון מבעלי התורה, אם מעשיו יתברך נמשכים אחר חכמה או אחר רצון לבד, לא לבקשת תכלית כלל, כן חלקו זאת המחלוקת

[274] קהלת ג יא
[275] תהלים קד כד
[276] תהלים לג ד
[277] משלי ג יט
[278] בראשית א לא
[279] דברים לב ד

בעצמה במה שנתן לנו מן המצוות. שיש מי שלא יבקש לזה סיבה כלל ויאמר שהתורות כולם נמשכות אחר הרצון לבד, ויש מי שיאמר שכל מצוה ואזהרה מהם נמשכת אחר החכמה והמכוון בה, תכלית אחת ושהמצוות כולם יש להם סיבה ומפני התועלת צווה בהם. והיות לכולם עילה אלא שאנחנו נסכול עילת קצתם ולא נדע אפני החכמה בהם, הוא דעתנו כולנו ההמון והסגולות. וכתובי התורה מבוארים בזה - חוקים[280] ומשפטים צדיקים, משפטי[281] הוי"ה אמת צדקו יחדיו. ואלו שנקראים **חוקים** כשעטנז ובשר בחלב ושעיר המשתלח, אשר כתבו עליהם החכמים ז"ל ואמרו - דברים[282] שחקקתי לך ואין לך רשות להרהר בהם והשטן מקטרג עליהן ואומות העולם משיבים עליהן, לא יאמין המון **החכמים** שהם עניינים שאין להם סיבה כלל ולא בוקש להם תכלית, כי זה יביא לפעולות הבל כמו שזכרנו, אבל יאמין המון **החכמים** שיש להם עילה, רצוני לומר תכלית מועילה על כל פנים אלא שנעלמה ממנו אם לקיצור דעותינו או לחסרון חכמתנו. כל **המצוות** אם כן יש להם אצלם סיבה, רצוני לומר כי למצווה ההיא או לאזהרה יש תכלית מועילה מהם מה שהתבאר לנו צד התועלת בהם. כאזהרה מן הרציחה ומן הגניבה ומהם מה שלא התבארה תועלתם כמו שהתבאר בנזכרים כאיסור **הערלה** **וכלאי הכרם**. והם אשר תועלתם מבוארת אצל ההמון יקראו **משפטים** ואלו שאין תועלתם מבוארת אצל ההמון יקראו **חוקים**. ויאמרו תמיד - כי[283] לא דבר רק הוא, ואם ריק הוא **מכם**, רצונו לומר שאין נתינת אלו המצוות דבר ריק שאין תכלית מועילה לו ואם יראה לכם בדבר מן המצות שענינו כן החיסרון הוא מהשגתכם. וכבר ידעת הדבר המפורסם אצלנו ששלמה ידע סיבות המצוות כולן מלבד **פרה אדומה**, וכן אמרם שהאלוה העלים סיבות **המצוות** שלא יזלזלו בהם כמו שארע לשלמה בשלש **מצוות** אשר התבארה עילתם, ועל זה העיקר נמשכו כל דבריהם וכתובי הספרים יורו עליו: אלא שאני מצאתי דבר לחכמים ז"ל בבראשית רבה יראה ממנו בתחילת מחשבה שקצת **המצוות** אין להם עילה אלא המצוה בהם לבד ולא כיון בהם תכלית אחר ולא תועלת נמצאת, והוא אמרם שם - וכי[284] מה אכפת לו להקדוש ברוך הוא בין מי שהוא שוחט מן הצוואר למי שהוא שוחט מן העורף, הוה אומר לא נתנו המצוות אלא לצרוף בהן את הבריות, שנאמר - אמרת[285] הוי"ה צרופה. ועם היות המאמר הזה נפלא מאד שלא ימצא לו דומה בדבריהם פרשתי אני בו פרוש תשמעהו עתה - עד שלא נצא מסדר דבריהם כולם ולא נפרד מהשורש המוסכם עליו והוא היות כל

[280] דברים ד ח

[281] תהלים יט י

[282] במדבר רבה יט א-ח

[283] דברים לב מז

[284] בראשית רבה מד א

[285] תהלים יח לא

המצוות בוקש בהם תכלית מועילה במציאות - כי[286] לא דבר ריק הוא, ואמר - לא[287] אמרתי לזרע יעקב תוהו בקשוני אני הוי"ה דובר צדק מגיד מישרים. ואשר צריך שיאמינהו כל מי שדעתו שלמה בזה העניין הוא מה שאספרהו וזה שכלל **המצווה** יש לה סיבה בהכרח ומפני תועלת אחת צווה בה אבל חלקיה הם אשר נאמר בהם שהם למצווה לבד. והמשל בו שהריגת בעלי החיים לצורך המזון הטוב מבוארת התועלת כמו שאנחנו עתידים לבאר, אמנם היותה בשחיטה לא בנחירה ובפסיקת הושט והגרגרת במקום מיוחד אלו וכיוצא בהם **לצרוף בהן את הבריות**. וכן יתבאר לך ממשלם **שוחט מן הצוואר לשוחט מן העורף**. וזכרתי לך זה המשל מפני שבא בדבריהם ז"ל - **שוחט מן הצוואר לשוחט מן העורף**. אבל אמיתת הדבר היא כי כאשר הביא ההכרח לאכילת בעלי חיים כוון למיתה הקלה עם קלות המעשה - שאי אפשר הכאת הצוואר אלא בסיף וכיוצא בו והשחיטה אפשר בכל דבר, ולברור מיתה קלה התנו חידוד הסכין.

ואשר ראוי להמשיל באמת מעניין החלקים הוא הקרבן, כי המצווה בהקרבת הקרבן יש לה תועלת גדולה מבוארת, כמו שאני עתיד לבאר, אבל היות הקרבן האחד **כבש** והאחד **איל** והיות מספרם מספר מיוחד זה אי אפשר לתת לו עילה כלל. וכל מי שמטריד עצמו לתת סיבה לדבר מאלו החלקים הוא בעיני משתגע שגעון ארוך ואינו מסיר בזה הרחקה אך מוסיף הרחקות. ומי שידמה שאלו יש להם סיבה הוא רחוק מן האמת כמי שידמה ש**המצווה** כולה היא ללא תועלת נמצאת: ודע שהחכמה חיבה - ואם תרצה אמור שהצורך מביא, להיות שם חלקים שאין להם סיבה וכאילו הוא דבר נמנע בחוק התורה שלא יהיה בה דבר מזה הכת. ואופן ההימנעות בו, שאמרך למה היה **כבש** ולא היה **איל**, השאלה ההיא בעצמה הייתה מתחיבת אילו נאמר **איל** מקום **כבש** שאי אפשר מבלתי מין אחד, וכן אמרך למה היו **שבעה כבשים** ולא היו **שמונה**, כן היו שואלים אם אמר **שמונה** או **עשרה** או **עשרים** שאי אפשר מבלתי מספר בהכרח. וכאילו ידמה זה לטבע האפשר אשר אי אפשר מבלתי היות אחד מן האפשריים ואין ראוי לשאול: למה היה זה האפשר ולא היה זולתו מן האפשריים, כי זאת השאלה תתחייב אילו היה בנמצא האפשר האחר מקום זה. ודע זה העניין והבינהו ואשר אמרו בו תמיד מהיות לכל מצוה סיבה ואשר ידע מהם שלמה הוא תועלת **המצווה** בכלל לא חקירת כל חלקיה: ואחר שהעניין כן אני רואה לחלק **השש מאות ושלוש עשרה מצוות** לכללים רבים ויהיה כל כלל כולל **מצוות** רבות שהם ממין אחד או קרובים בעניינם, ואגיד לך סיבת כל כלל מהם ואראה תועלתו אשר אין ספק בה ולא מדיחה, ואחר כך אשוב לכל **מצוה** בפני עצמה מה**מצוות** ההם אשר יכללם הכלל ההוא ואבאר לך סבתה עד שלא יישאר

[286] גמרא ירושלמי פאה פ"א ה"א
[287] ישעיהו מה יט

מהם רק קצת **מצוות** מעטות מאד הם אשר לא התבארו לי סיבבתם עד היום. וכן התבאר לי גם כן קצת חלקי **מצוות** ותנאי קצתם ממה שאפשר לתת סבתו. והנה תשמע אחר כך כל זה: ואי אפשר לי לבאר לך אלו הסיבות כולם אלא אחר שאקדים לך פרקים רבים אכלול בהם הקדמות מועילות שהם הצעות לעניין זה אשר כיוונתיו, והם אלו הפרקים אשר אתחיל בהם עתה:

פרק כז

כוונת כלל התורה, שני דברים והם תיקון הנפש ותיקון הגוף: אמנם תיקון הנפש הוא שינתנו להמון דעות אמתיות כפי יכולתם. ומפני זה יהיה קצתם בפרוש וקצתם במשל שאין בטבע ההמון לסבול העניין ההוא כפי מה שהוא: אמנם תיקון הגוף יהיה בתיקון עניני מחיתם קצתם עם קצתם וזה העניין ישלם בשני דברים האחד מהם - להסיר החמס מביניהם, והוא שלא יעשה כל איש מבני אדם הישר בעיניו וברצונו וביכולתו אבל יעשה כל אחד מהם מה שבו תועלת הכל, והשני ללמד כל איש מבני אדם מדות מועילות בחברה עד שיסודר עניין המדינה: ודע ששתי הכוונות האלה, האחת מהם בלא ספק קודמת במעלה והיא **תיקון הנפש**, רצוני לומר נתינת הדעות האמיתיות, והשנית קודמת בטבע ובזמן, רצוני לומר תיקון הגוף והוא הנהגת המדינה ותיקון עניני אנשיה כפי היכולת. וזאת השנית היא הצריכה יותר תחילה והיא אשר הפליג לדקדק בה ולדקדק בחלקיה כולם מפני שאין יכולת להגיע אל הכונה הראשונה אלא אחר שיגיעו אל השנית הזאת. והוא שכבר התבאר במופת שהאדם יש לו שתי שלמויות שלמות ראשון והוא שלמות הגוף ושלמות אחרון והוא שלמות הנפש. ושלמותו הראשון הוא, שיהיה בריא על הטוב שבענייניו הגשמיים, וזה לא יתכן אלא במצאו צרכיו בכל עת אשר יבקשם והם מזונותיו ושאר הנהגת גופו כדירה והמרחץ וזולתם. וזה לא ישלם לאיש אחד לבדו כלל ואי אפשר להגיע כל אדם אל זה השיעור אלא בקבוץ המדיני כמו שנודע כבר שהאדם מדיני בטבע:

ושלמותו האחרון הוא שיהיה משכיל בפועל, רצוני לומר שיהיה לו שכל בפועל - והוא שידע כל מה שבכח האדם לדעתו מכל הנמצאות כפי שלמותו האחרון. ומבואר שהוא זה השלמות האחרון אין בו מעשים ולא מדות ואמנם הוא דעות לבד כבר הביא אליהם העיון וחיבה אותם החקירה.

ומבואר הוא גם כן שזה השלמות האחרון הנכבד אי אפשר להגיע אליו אלא אחר הגיע השלמות הראשון. כי האדם אי אפשר לו שיציר מושכל ואפילו למדוהו אליו, כל שכן שיתעורר לו מעצמו בעוד שיש לו כאב או רעב חזק או צמא או חום או קור חזק. אבל אחר הגיע השלמות הראשון אפשר להגיע אל השלמות האחרון אשר הוא הנכבד בלא ספק והוא סיבת החיים המתמידים, לא זולתו: והתורה האמיתית אשר בארנו שהיא אחת ושאין זולתה והיא תורת **משה רבנו** אמנם באה לתת לנו שתי השלמויות יחד,

רצוני לומר תיקון עניני בני אדם קצתם עם קצתם בהסיר העול ובקנות המידות הטובות המעולות עד שתתכן עמידת אנשי הארץ והתמדתם על סדר אחד להגיע כל אחד מהם אל שלמותו הראשון, ותיקון האמונות ונתינת דעות אמתיות באשר יגיע השלמות האחרון. וככר כתבה **התורה** שתי השלמויות והגידה אליהו שתכלית אלו התורות כולם להגיע אליהם, אמר - ויצוונו[288] הוי"ה לעשות את כל החוקים האלה ליראה את הוי"ה אלוקינו לטוב לנו כל הימים לחיותנו כהיום הזה. והקדים הנה השלמות האחרון לפי מעלתו, כמו שבארנו שהוא התכלית האחרון. והוא אמרו **לטוב לנו כל הימים**. הנה ידעת אמרם זיכרונם לברכה בפרוש אמרו יתברך - למען[289] ייטב לך והארכת ימים, אמרו - **למען**[290] **ייטב לך** לעולם שכולו טוב **והארכת ימים** לעולם שכולו ארוך. כן אמרו הנה **לטוב לנו כל הימים**, הכוונה העניין ההוא בעצמו, רצוני לומר להגיע אל **עולם שכולו טוב וארוך**. והוא העמידה המתמדת ואמרו **לחיותנו כהיום הזה** הוא זאת העמידה הגשמית הראשונה, הנמשכת קצת זמן אשר לא תשלם מסודרת אלא בקיבוץ המדיני, כמו שבארנו:

פרק כח

ממה שצריך שתתעורר עליו, הוא שתדע שהדעות האמתיות אשר בהם יגיע השלמות האחרון אמנם נתנה התורה מהם תכליתם וצוותה להאמין בהם בכלל והוא, מציאות האלוה יתברך ויחודו, וידיעתו, ויכולתו, ורצונו, וקדמותו, אלו כולם תכליות אחרונות לא יתבארו בפרט ובמוגבלות אלא אחר ידיעת דעות רבות. ועוד צוותה התורה להאמין קצת אמונות שאמונתם הכרחית בתיקון עניני המדינה, כאמונתנו שהוא יתברך ייחר אפו במי שימרהו, ולזה ראוי שייראו ויפחדו ממרות בו. ואמנם שאר הדעות האמתיות בכלל זה המציאות אשר הם החכמות העיוניות כולם, כפי רוב מיניהם אשר בהם יתאמתו הדעות ההם אשר הם התכלית האחרון אף על פי שלא צוותה התורה עליהם בפרוש כמו שצוותה על הראשונות צוותה עליהם בכלל, והוא אמרו - לאהבה[291] את הוי"ה. וכבר ידעת מה שבא מחוזק המצווה **באהבה** - בכל[292] לבבך ובכל נפשך ובכל מאודך. וכבר בארנו במשנה תורה שזאת **האהבה** לא תתכן אלא בהשגת המציאות כולו כפי מה שהוא ובחינת חכמתו בו, ובארנו גם כן שם הערת החכמים ז"ל, על זה העניין:

והעולה בידינו מכל מה שהקדמנוהו עתה בזה עניין הוא - שכל **מצוה**, אין הפרש בין שתהיה מצות עשה או מצות לא תעשה, שיהיה ענינה להסיר

288 דברים ו כד

289 דברים כב ז

290 גמרא קידושין לט ע"ב

291 דברים יא יג

292 דברים ו ה

העול או להעיר על מדה טובה מביאה לטוב החברה או נתינת דעת אמיתי שראוי להאמינו אם לפי העניין בעצמו או בהיותו הכרחי בהסיר העול או בלימוד מדות טובות שה**מצווה** ההיא מבוארת העילה גלוית התועלת ואין ב**מצוות** ההם לשאול תכליתם. כי לא נבוך אדם כלל ולא שאל למה נצטוינו שהאלוה אחד, או למה הוזהרנו מרציחה וגנבה או מן הנקמה וגאולת הדם, או למה נצטווינו באהבת קצתנו אל קצתנו, אבל אשר נבוכו בהם בני אדם ונחלקו הדעות עד שיאמר קצתם שאין בהם תועלת כלל אלא מצוה לבד ואמרו אחרים שיש להם תועלת ונעלמה ממנו והם ה**מצוות** אשר לא יראה מפשוטם תועלת באחד משלושת העניינים אשר זכרנו, רצוני לומר שלא יתנו דעת מן הדעות האמיתיות ולא ילמדו מדה טובה ולא ירחיקו העול אבל הנראה מעניינם, שאין מבוא ל**מצוות** ההם לא בתיקון הנפש בנתינת אמונה ולא בתיקון הגוף בנתינת דרכים וסדרים מועילים בהנהגת המדינה או הנהגת הבית, כאזהרה מ**שטענז** ו**כלאים** ו**בשר בחלב** והמצווה ב**כיסוי הדם** ו**עגלה ערופה** ו**פטר חמור** וכיוצא בהם: והנני עתיד להשמיעך ביאורי לכולם ונתינת סיבתם האמתיות המבוארות במופת מלבד חלקים ו**מצוות** מועטות, כמו שזכרתי לך. ואבאר שכל אלו וכיוצא בהם אי אפשר מבלתי שיהיה להם מבוא באחד מן השלושה עניינים אם תיקון אמונה או תיקון עניני המדינה אשר לא יושלם כי אם בשני דברים בהסיר העול ובלימוד מדות טובות: והבן מה שאמרנוהו באמונות, כי לפעמים שתתן ה**מצווה** אמונה אמיתית היא המכוונת לא לזולת זה כאמונת היחוד וקדמות האלוה ושאינו גוף, ופעמים תהיה האמונה ההיא הכרחית להסיר העול או לקנות מדות טובות, כאמונה שהוא יתברך ייחר אפו על מי שיעשוק כמו שאמר - וחרה[293] אפי והרגתי וגו', וכאמונה שהוא יתברך ישמע צעקת העשוק או המאונה מיד - והיה[294] כי יצעק אלי ושמעתיו כי חנון אני:

פרק כט

ידוע ש**אברהם אבינו** ע"ה גדל באמונת **הצאבה** ודעתם שאין אלוה רק הכוכבים. וכשאודיעך בפרק הזה ספריהם הנמצאים עתה בידינו אשר נעתקו ללשון הערב ודברי הימים שלהם הקדומים ואגלה לך דעתה מהם ועניניהם יתבאר לך אמרם בביאור שהכוכבים הם האלוהות ושהשמש הוא האלוה הגדול. וכן אמרו עוד ששאר הכוכבים החמישה, אלוהו"ת אבל שני המאורים הם יותר גדולים. ותמצאם אומרים בביאור שהשמש הוא אשר ינהיג העולם העליון והשפל בזה הלשון אמרוהו: ותמצאם שזכרו בספרים ההם ודברי הימים שלהם עניין אברהם אבינו ואמרו בזה הלשון ואמנם אברהם שגדל **בכותא** כשחלק עם ההמון ואמר שיש שם עושה בלתי השמש

---

[293] שמות כב כג
[294] שמות כב כו

טענו עליו בכך וכך, וזכרו בטענותיהם מה שהוא מבואר נגלה מפעולות השמש במציאות ואמר להם, רצונם לומר אברהם צדקתם הוא כגרזן ביד החוצב בו. ואחר כן זכרו קצת מטענותיו עליהם. וסוף העניין ההוא זכרו שהמלך שם אותו בבית הכלא ושהוא התמיד לטעון עליהם ימים רבים והוא בבית כלאו. ואחר כן פחד המלך שיפסיד עליו ממלכתו וישיב בני אדם מאמונתם ויגרשו המלך לקצה המזרח אחר שלקח כל אשר לו.

תמצא זה העניין מבואר כן בספר הנקרא **העבודה הנבטית**. ולא זכרו מה שבא בספרינו הצודקים ולא מה שבא אליו מן הנבואה מפני שהם מכזיבים אותו לחלקו על דעתם הרע. ואין ספק אצלי שהוא ע"ה כאשר חלק על דעת בני אדם כולם שהיו מקלקלים ומגנים ומבזים אותו התועים ההם, וכאשר סבל הכל בעבור האלוה, וכן הדין לעשות לכבודו נאמר לו - ואברכה[295] מברכיך ומקללך אאור ונברכו בך כל משפחות האדמה. והיה אחרית ענינו מה שנראהו היום מהסכים רוב אנשי העולם להגדילו ולהתברך בו, עד שיתייחס אליו מי שאינו מזרעו, ואין חולק עליו ולא מי שיסבול מעלתו אלא שארית האומה ההיא השפלה אשר נשארו בקצוות הארץ ככופרי התורך בקצה הצפון וההודיים בקצה הדרום, כי אלו הם שארית אומת **הצאבה**, כי היא הייתה אומה שמלאה כל הארץ: ותכלית מה שהגיע אליו עיון מי שהתפלסף בזמנים ההם שידמה שהאלוה רוח הגלגל ושהגלגל והכוכבים הם הגוף והאלוה יתברך רוחו כבר זכר זה **אבובכר בן אלצאיג** בפרוש ספר השמע.

ולזה האמינו **הצאבה** כולם קדמות העולם שהשמים אצלם הם האלוה: וחשבו ש**אדם** הראשון איש נולד מזכר ונקבה כשאר בני אדם, אלא שהם מגדילים אותו ואומרים שהוא נביא שליח הלבנה ושהוא קרא לעבודת הלבנה, שיש לו חיבורים בעבודת האדמה. וכן אמרו **הצאבה** שנוח עובד אדמה היה ושלא היה רוצה בעבודת הצלמים, ולזה תמצא **הצאבה** כולם מגנים נח ויאמרו שלא עבד צלם כלל. וכן זכרו בספריהם שהוכה והושם בבית הסוהר מפני שהיה עובד האלוה, וספרו מענינו מה שספרו. וחשבו ששת חלק על דעת אדם אביו בעבודת הירח. ויכזבו כזבים מביאים לשחוק מורים על הסרון דעת גדול ועל היותם רחוקים מן הפילוסופיה מאד ושהיו בתכלית הסכלות. אמרו על אדם כי כאשר יצא מאקלים השמש הקרוב להורו. ונכנס באקלים בבל הביא עמו פליאות, מהן אילן של זהב צומח בעל עלים וסעיפים ואילן של אבן כך והביא עלה של אילן לח שלא ישרפהו האש והגיד על אילן שמסך על עשרת אלפים איש ארכו כקומת אדם והביא עמו שני עלים, כל עלה היו מתכסים בו שני אנשים ויגידו מאלו ההבלים פלאות. ואני תמה על אנשים שיחשבו שהעולם קדמון ויאמינו עם זה מציאות אלו הנמנעות בטבע למי שידע העיון הטבעי. וכוונתם בזיכרון אדם וכל מה

---

[295] בראשית יב ג

שמיחסים אליו היא לחזק דעתם בקדמות העולם, עד שימשך אחר זה שהכוכבים והגלגלים הם האלוה: וכאשר יצא **עמודו של עולם** והתבאר לו שיש אלוה נפרד לא גוף ולא כח בגוף ושכל אלו הגלגלים והכוכבים, מעשיו והבין שקרות ההבלים ההם אשר גדל עליהם התחיל לסתור אמונתם ולזיף דעותם ופרסם כנגדם וקרא - בשם[296] הוי"ה א"ל עולם, קריאה שכוללת מציאות האלוה והתחדש העולם מאתו:

ולפי הדעות ההם **הצאביות** העמידו הצלמים לכוכבים צלמי הזהב לשמש וצלמי הכסף לירח וחילקו המוצאים והאקלימים לכוכבים ואמרו שהאקלים הפלוני, אלוקיו הכוכב הפלוני, ובנו ההיכלות ושמו בהם הצלמים, וחשבו שכוחות הכוכבים שופעות על הצלמים ההם וידברו הצלמים ההם ויבינו וישכילו וישימו בני אדם להנבא ויודיעו לבני אדם תועלותם. וכן אמרו באילנות אשר הם מחלק הכוכבים ההם כשיתייחד האילן ההוא לכוכב ההוא, ויטעוהו לשמו ויעשה לו ובו כך וכך תשפע רוחניות הכוכב ההוא על האילן ההוא, ותדבר עם בני אדם על דרך נבואה וינבאו ותדבר עמם בעת השנה, תמצא זה כולו כתוב בספריהם אשר אעירך עליהם. ואלו היו **נביאי הבעל ונביאי האשרה** הנזכרים אצלנו אשר התחזקו בלבם אלו הדעות, עד - שעזבו[297] את הוי"ה, וקראו - הבעל[298] עננו, כל זה לפרסום הדעות ההם והתפשט הסכלות והרבה השיגעון בעולם, אז בזה המין מן הדמיונות ונולדו בהם דעות והיה מהם - מעונן[299] ומנחש ומכשף, וחובר חבר ושואל אוב וידעוני ודורש אל המתים:

וכבר בארנו בחיבורנו הגדול **משנה תורה** ש**אברהם אבינו** ע"ה התחיל לסתור אלו הדעות בטענות וקריאה חלושה בפיוס בני אדם ומשוך לבבם לעבודת האלוה בהיטיבו להם. עד שבא אדון הנביאים והשלים הכוונה וציווה להרוג הכופרים ההם, ומחות זכרם ולשרשם מארץ החיים - מזבחותיהם[300] תתוצון וגו', ומנע מהמשך אחר דרכיהם ואמר - ולא[301] תלכו בחוקות הגוי וגו'. וכבר ידעת מלשון התורה במקומות רבים שהכוונה הראשונה מן התורה כולה הייתה, להסיר **עבודה זרה** ומחות זכרה וכל הנתלה בה וגם לזכרה וכל מה שמביא לדבר ממעשיה **כאוב** וה**ידעוני** וה**העברה באש** ו**קוסם ומעונן ומנחש ומכשף וחובר חבר ודורש אל המתים** ולהזהיר מהדמות בדבר ממעשיהם אלו וכל שכן להמשך אחריהם. ואמר **בתורה** בפרוש שכל מה שחשבוהו עבודה לאלוקיהם והתקרבות

296 בראשית כא לג
297 ישעיהו א ד
298 מלכים-א יח כו
299 דברים יח י-יא
300 שופטים ב ב
301 ויקרא יח ג

מורה נבוכים חלק ג'

אליהם הוא הדבר המתועב הנמאס אצל האלוה, והוא אמרו - כי[302] כל תועבת הוי"ה אשר שנא עשו לאלוקיהם. ואתה תמצאם זוכרים בספריהם אשר אני עתיד להודיעך אותם שהם היו מקריבים לשמש אלקיהם הגדול, שבעה עטלפים, ושבעה עכברים, ושבעה שרצים אחרים, בקצת העניינים ויספיק באלו **תואבה** לטבעיים האנושיים. אם כן כל **המצוות** שבאו באזהרה **מעבודה זרה** וכל הנתלה בה, וכל המביא אליה, או המיוחס לה, הם מבוארות התועלות מפני שהם כולם, להציל מן הדעות הרעות המטרידות מכל מה שיועיל בשתי השלמויות בענייני השיגעון ההם אשר גדלו עליהם אבותינו וזקנינו - בעבר[303] הנהר ישבו אבותיכם מעולם תרח אבי אברהם ואבי נחור ויעבדו אלקים אחרים, והם אשר אמרו הנביאים הצודקים בהם - ואחרי[304] התוהו אשר לא יועילו הלכו. ומה גדלה תועלת כל **מצוה** שתצילנו מזאת הטעות הגדולה ותשיבנו אל האמונה האמיתית והיא שיש אלוה בורא כל אלה והוא שצריך שיעבד ויאהב ויירא, לא הם הנחשב בהם שהם אלוהות ושזה האלוה האמיתי לא יצטרך בקרוב אליו, והגיע אל רצונו לדבר שיש בו טורח כלל רק **אהבתו ויראתו** לא דבר אחר והם, התכלית בעבודה כמו שאני עתיד לבאר - ועתה[305] ישראל מה הוי"ה אלוקיך שואל מעמך וגו'. והנה אשלים זה העניין אחר זה:

ואשוב אל כוונתי עתה ואומר שהרבה מן התורות באר לי עניינם והודיעני סבתם עמדי על אמונות **הצאבה** ודעותם ומעשיהם ועבודתם כמו שתשמע כשאבאר עילת **המצוות** ההם אשר יחשב בהם שאין סיבה להם. ואני אזכר לך ספרים אשר יתבאר לך מהם כל מה שידעתיו אני מאמונות **הצאבה** ודעותם עד שתדע באמת אמיתת מה שאומר לך בנתינת סיבת אלו התורות: הספר הגדול בזה, ספר העבודה הנבטית העתקת **אבן וחשיה**. ואני עתיד להודיעך בפרק יבוא למה שמו **הצאבה** אמונותיהם כתובות עם עבודת האדמה. וזה הספר מלא שגעונות **עובדי עבודה זרה** וממה שנפשות ההמון נוטות אליו ונקשרות בו, רצוני לומר עשית הטליסמאות והורדת הרוחניות והכישוף והשדים והמזיקים השוכנים במדברות, וגולגל גם כן בספר ההוא שיגעונות עצומות ישחקו מהם אנשי השכל, חשבו בהם לדקדק ולטעון במופתים המבוארים אשר ידעו בהם כל אנשי העולם שיש אלוה שופט על כל בני העולם כמו שאמר - למען[306] תדע כי להוי"ה הארץ, ואמר - כי[307] אני הוי"ה בקרב הארץ".

וסופר על **אדם הראשון** שהוא זכר בספרו שבהודו אילן אחד, כשילקחו

---

302 דברים יב לא

303 יהושע כד ב

304 שמואל-א יב כא

305 דברים י יב

306 שמות ט כט

307 שמות ח יח

סעיפיו וישליכו הסעיף בארץ יהיה רומש מתנועע כרמישת הנחשים, ושיש אילן שרשו בצורת אדם ישמע לו קול גדול ויצא ממנו הדיבור דבר דבר, ושעשב שיתארו כך וכך, כשייקח אדם מעליו וישימהו בבית הצוואר שלו, יעלם מבני אדם, ולא יראו אנה יכנס ומאנה יצא, וכשיקטירו ממנו תחת השמים, ישמעו בני אדם באוויר הסמוך לנו צליל וקולות נוראות, כל עוד שהעשן ההוא עולה. וכיוצא באלו ההבלים הרבה יביאם בעניין ספור בנפלאות הצמחים וסגולות עבודת הקרקע עד שיטען במופתים ויביא לחשוב שהם ישלמו בתחבולות: ומהבלי הספר ההוא שאילן **האמלוי** מן **האשרות** ההם אשר היו עושים אותם כמו שהודעתיך, זכר שעמד האילן בנינוה שנים עשר אלף שנה, ושהיה לו ריב עם **היברוח** כי רצה לקחת מקומו, ושהאיש שהיה מתנבא מכח אילן **האמלוי** נפסקה ממנו נבואתו זמן, וכאשר שמהוו להנבא אחר הזמן ההוא, הגיד לו שהיה טרוד בדין עם **היברוח** וצווהו שיכתוב **לכלדיים** שישפטו ביניהם, ויאמרו אי זה מהם הוא הטוב בכישופיהם ויותר פעולה, אם **האמלוי** או **היברוח**, וההבל ההוא הארוך אשר תבין ממנו כשתעמוד עליו דעות אנשי הזמן ההוא וחכמותם מה היו. אלה היו **חכימי בבל** הרמוז אליהם בימים ההם החשוכים כי אלה היו אמונתם אשר גדלו עליהם. ולולא זה השיעור אשר התפרסם עתה באומות מאמונת מציאות האלוה, היו ימותינו באלו הזמנים יותר חשוכים מן הימים ההם אלא בעניינים אחרים. ואשוב אל כוונתי: ובספר ההוא סופר על איש **מנביאי עבודה זרה** שהיה שמו **תמוז** קרא מלך לעבוד השבעה כוכבים והשנים עשר מזלות, והרגו המלך ההוא הרג משונה. וזכר שליל מותו התקבצו הצלמים מקצות הארץ אל ההיכל אשר בבבל, אל צלם הזהב הגדול אשר הוא צלם השמש, והיה הצלם ההוא נתלה בין השמים והארץ, ונפל באמצע ההיכל, והצלמים כולם סביבו, והתחיל לאנות על **תמוז** ולהגיד מה שקרהו, והצלמים כולם בוכים ומקוננים כל הלילה וכעלות השחר עפו הצלמים ושבו להיכליהם בכנפות הארץ, והיה זה מנהג מתמיד בתחילת יום מחודש **תמוז** יקוננו ויבכו על תמוז ויספדו עליו הנשים ויאנו. והתבונן וראה איך היו דעות בני אדם בזמנים ההם ועניין **תמוז** זה קדמון מאד **בצאבה**. ומזה הספר תעמוד על רוב שגעון **הצאבה** ומעשיהם וחגיהם: ואמנם העניין ההוא אשר ספרוהו מעניין **אדם** ו**הנחש** ו**עץ הדעת טוב ורע** והרמז ללבוש מה שלא היה דרך ללבשו, הזהר מאד שלא תטרף דעתך ויעלה בלבבך שמה שאמרוהו היה כלל עניין שארע לאדם ולא לזולתו, ולא היה עניין נמצא כלל. ובמעט התבוננות יתבאר לך שקרותם בכל מה שזכרוהו בהבל ההוא ויתבאר לך שהוא עניין שבדוהו אחר **התורה** כאשר התפרסמה ה'תורה' באומות ושמעו פשוטו של מעשה בראשית ולקחוהו כולו לפי פשוטו, ועשו העניין ההוא כדי שישמעהו הפתי ויפותה ויחשוב שהעולם קדמון ושהעניין ההוא המסופר ב**תורה** כן ארע כמו שגזרו.

אף על פי שכיוצא בך אין צריך הערה על זה, כי כבר עלו בידך מן החכמות

מה שימנע שכלך מהתלות בו הבלי **הצאבה** ושיגעונות הכשדיים **והכלדיים** והעירומים מכל חכמה שהיא חכמה באמת, אלא שאני הזהרתי מזה לשמור זולתך כי הרבה יטה ההמון להאמין ההבלים:

ומן הספרים ההם ספר **האסטימכס** לאריסטו [וחלילה לו ממעשיותו וחס] וכן ספרי **הטליסמאות** אשר מהם ספר טומטום, וספר **הסרב** וספר מעלות הגלגל והצורות העולות בכל מעלה, מהם וספר מיוחס גם כן לאריסטו בטליסמאות, וספר מיוחס ל**הרמס** וספר **יצחק הצאבי** בטעון בעבור דת **הצאבה** וספרו הגדול בנימוסי **הצאבה** ופרטי דתם וחגיהם וקרבניהם ותפילותיהם וזולתו מעניני אמונתם, אלו כולם אשר זכרתי לך הם **ספרי עבודה זרה** אשר נעתקו ללשון הערבי אין ספק שהם חלק קטן מאד ממה שלא נעתק ולא נמצא גם כן אך אבד ברוב השנים. ואלו אשר הם נמצאים היום אצלנו יכללו רוב דעות **הצאבה** ומעשיהם המפורסם קצתם היום בעולם - רצוני לומר בניין ההיכלות ועשות הצורות מן המתכות והאבנים בהם ובניין המזבחות והקריב עליהם זבחים או מיני מאכל ולחוג חגים ולהתקבץ לתפילות ולמיני עבודות בהיכלות ההם, וישימו בהם מקומות מכובדים מאד יקראו אותם היכל הצורות השכליות, ולעשות הצורות - על[308] ההרים הרמים וגו', ולהגדיל **האשרות** ההם ולהקים **המצבות** וזולתם ממה שתעמוד עליו מאלו הספרים אשר עוררתיך עליהם: וידיעת הדעות ההם והמעשים ההם היא שער גדול מאד בנתינת עילת ה'מצוות' כי תורתנו כולה שרשה וקטבה אשר עליו תסוב הוא, למחות הדעות ההם מן הלבבות וזכרם מן המציאות. למחותם מן הלבבות אמר - פן[309] יפתה לבבכם וגו', אשר[310] לבבו פונה היום וגו', ולמחותם מן המציאות אמר - מזבחותיהם[311] נתצתם... ואשריהם תגדעון וגו', ואבדתם את שמם מן המקום ההוא. ונכפלו שני העניינים האלה במקומות רבים, והוא היה הכונה הראשונה הכוללת לכל התורה כולה, כמו שהודיעו אותנו זיכרונם לברכה בפרושם המקובל לאמרו יתברך - את[312] כל אשר צוה הוי"ה אליכם ביד משה, אמרו - הא[313] למדת שכל המודה בעבודה זרה כופר בכל התורה כולה וכל הכופר בעבודה זרה מודה בכל התורה כולה, והבן זה:

פרק ל

כשנסתכל בדעות ההם הקדומות העלולות יתבאר לך שהעניין המפורסם היה אצל בני אדם כולם, שבעבודת הכוכבים תתיישב האדמה וישמנו

---

308 דברים יב ב

309 דברים יא טז

310 דברים כט יז

311 דברים יב ג

312 יהושע א יג

313 ספרי דברים פיסקא נד

הארצות. והיו חכמיהם ופרושיהם ויראי החטא מהם מוכיחים בני אדם ומודיעים אותם שעבודת האדמה אשר בה עמידת מציאות האדם אמנם תשלם ותבוא כרצון בני אדם כשיעבדו השמש והכוכבים וכשירגיזו אותם במריהם יצדו הערים ויחרבו. אמרו בספרים ההם שלהם שמאדים קצף על המדברות ועל הבתות ומפני זה נעדרו המים והאילנות וישכנו בהם המזיקים. והיו מגדילים עובדי האדמה והאיכרים מאד מפני שהם מתעסקים בישוב העולם אשר הוא מרצון הכוכבים והוא חפצם. ועילת הגדיל **עובדי עבודה זרה** לבקר אמנם הוא מפני תועלתם בעבודת האדמה, עד שאמרו שאין מותר לשחטם מפני שקבצו הכח וטוב ההמשך אחר רצון בני אדם בעבודת האדמה ואמנם עשו זה ונכנעו לאדם עם כחם לרצון האלוהות בעבודתם בעבודת האדמה. וכאשר התפרסמו אלו הדעות מאד חברו עבודות **עבודה זרה** בעבודת האדמה להיות עבודת האדמה עניין הכרחי בקיום האדם ורוב בעלי החיים. והיו **כמרי עבודה זרה** ההם דורשים לבני אדם בעת הקבצם בהיכלות והיו מיישבים בדעתם שבאלו העבודות ירד המטר ועץ השדה ייתן פריו ותשמן הארץ ותתיישב. הסתכל מה שאמרוהו בספר העבודה הנבטיה כשדברו בו על הכרם, תמצא זה הלשון מדברי **הצאבה** אמרו החכמים הקדמונים והנביאים צוו גם כן וחייבו שינגנו באלו הכלים במועדים לפני הצלמים, ואמרו (והם הצודקים) שהאלוהות ייטב להם זה ושהם יגמלו עושיו גמול טוב, והרבו בזה המעשה מייעודי הטוב מאד, ומן היעוד הטוב עליו, והארכת הימים והסר המחלה ושמור מן המומים הגדולים ונתינת הארץ יבולה ועץ השדה פריו לשובע. עד הנה לשון דברי **הצאבה**: וכאשר התפרסמו אלו העניינים עד שנחשבו אמת ורצה האלוה יתברך לרוב רחמיו עלינו למחות זה הטעות מדעותינו ולהסיר העמל מגופותינו בבטל המעשים ההם המטריחים אשר אין בם מועיל ונתן לנו תורתו על ידי **משה רבנו** הגיד לנו משמו יתברך שאם יעבדו אלו הכוכבים והגופות, תהיה עבודתם סיבה להפסק המטר ותשם הארץ ולא תצמיח דבר ופרי העץ יבול ויבואו המקרים הרעים לעיתים והמומים לגופות ויקצרו הימים. ואלו הם ענייני - **דברי**[314] הברית אשר כרת הוי"ה וגו'. ואתה תמצא זה העניין נכפל בכל **התורה**, רצוני לומר שיתחייב מעבודת הכוכבים הפסק המטר. וחורבן הארץ והפסד העיתים וחליי הגוף וקוצר הימים, ויתחיב מהנחת עבודתם ושוב לעשובת האלוה, ירידת המטר ודשנות הארץ ותיקון העיתים ובריאות הגוף ואורך הימים, הפך מה שהיו דורשים אותו **עובדי עבודה זרה** לבני אדם עד שיעבדום. כי עיקר התורה להסיר הדעת ההוא ולמחות זכרו, כמו שבארנו:

פרק לא

מבני אדם אנשים שיכבד עליהם נתינת סיבה למצווה מן המצוות והטוב

[314] דברים כח סט

אצלם - שלא יושכל למצווה ולאזהרה עניין כלל. ואשר יביאם אל זה הוא חלי שימצאוהו בנפשם ולא יוכלו להגות בו ולא ידעו לומר אותו. והוא שהם יחשבו שאם היו אלו התורות מועילות בזה המציאות ומפני כך וכך נצטוינו בהם ויהיו כאילו באו ממחשבת והסתכלות בעל שכל, אמנם כאשר יהיה דבר שלא יושכל לו עניין כלל ולא יביא לתועלת יהיה בלא ספק מאת האלוה כי לא תביא מחשבת אנוש לדבר מזה. וכאילו אלו חלושי הדעות, היה האדם אצלם יותר שלם מעושהו כי האדם הוא אשר יאמר ויעשה מה שמביא לתכלית אחת והאלוה לא יעשה כן אבל יצונו לעשות מה שלא יועילנו עשותו ויזהירנו מעשות מה שלא יזיקנו עשותו. חלילה לו חלילה, אבל העניין בהפך זה, והכונה כולה להועילנו, כמו שבארנו מאמרו - לטוב[315] לנו כל הימים לחיותנו כהיום הזה, ואמר - אשר[316] ישמעון את כל החוקים האלה ואמרו רק עם חכם ונבון הגוי הגדול הזה, כבר באר שאפילו **החוקים** כולם יורו אל כל הגויים שהם **בחכמה ותבונה** ואם היה עניין שלא תודע לו סיבה ולא יביא תועלת ולא ידחה נזק למה יאמר במאמינו או בעושהו שהוא **חכם ונבון** וגדל המעלה ויפלאו מזה האומות: אבל העניין כמו שזכרנו בלא ספק והוא שכל **מצוה** מאלו **השש מאות ושלוש עשרה מצוות** היא לנתינת דעת אמיתי או להסיר דעת רע או לנתינת סדר ישר או להסיר עול או להתלמד במידות טובות או להזהיר ממידות רעות, הכל נתלה בשלשה דברים, בדעות ובמידות ובמעשי ההנהגה המדינית. ואשר חייב שלא נמנה המאמרים כי המאמרים אשר זרזה התורה לאמרם או הזהירה מהם, מה שהוא מכלל המעשים המדיניים ומהם ללמד דעת אמיתי ומהם ללמד מדות. ומפני זה הספיק לנו באלו השלשה עניינים בנתינת סיבה בכל מצוה מן המצוות:

פרק לב

כשתתבונן בפעולות האלוקיות, רצוני לומר הפעולות הטבעיות, יתבאר לך מהם ערמת האלוה וחכמתו בבריאת בעל החיים, והדרגת תנועות האיברים ושכנותם קצתם לקצתם, וכן יתבאר לך חכמתו ותחבולתו בהדרגת עניני כלל האיש עניין אחר עניין. והמשל בהדרגת הנהגותיו ושכנות האיברים, המוח מה שלפניו רך מאד, ואשר מאחוריו קשה יותר, וחוט השדרה יותר קשה ממנו, וכל מה שיתפשט יתקשה, והעצבים הם כלי החוש והתנועה. והנה העצבים אשר הצטרף אליהם בהשגת החושים לבד או בתנועה קטנה שאין בה רק טורח מעט כתנועת העפעפיים והלחי נולדו מן המוח, והעצבים אשר הוצרך אליהם לתנועת האיברים יצאו מחוט השדרה, וכאשר אי אפשר לעצבים מפני רכותם ואפילו היוצאים מחוט השדרה להניע הפרקים, עשה האלוה יתברך תחבולה שיצאו בעצב חוטים ונמלאו החוטים ההם בשר ושבו

---

[315] דברים ו כד

[316] דברים ד ו

עורק, אחר כן יצא העצב מקצה העורק וכבר החל להתקשות להתערב עמו מן החבל חתיכות קשות וישוב מיתר, וידבק המיתר באיבה ויוחסר בו אז יוכל העצב להניע האיברים על זאת ההדרגה. ואמנם זכרתי לך זה המשל האחד, להיותו הנגלה שבפליאות אשר התבארו בספר תועלות האיברים אשר הם כולם מבוארות גלויות למי שהסתכל בהם בשכל זך. וכן הערים האלוה ועשה תחבולה בכל איש מאישי בעלי היונקים להיותו כשיולד בתכלית הרכות ולא יוכל להזון במזון יבש, הוכנו לו השדים להוליד החלב כדי שיזון במזון לח קרוב ממזג איבריו, עד שיתגנבו ויתקשו איביריו ראשון ראשון בהדרגה:

וכמו זאת ההנהגה בעצמה מן המנהיג ההוא יתברך באו דברים רבים בתורתנו, והוא שאי אפשר לצאת מן ההפך אל ההפך פתאום, ולזה אי אפשר לפי טבע האדם שיניח כל מה שהרגיל בו פתאום. וכאשר שלח האלוה **משה רבנו** לתתנו - ממלכת[317] כהנים וגוי קדוש, בידיעתו יתברך כמו שבאר, ואמר - אתה[318] הראת לדעת וגו', וידעת[319] היום והשבות אל לבבך וגו', ולהינתן לעבודתו, כמו שאמר - ולעבדו[320] בכל לבבכם, ואמר - ועבדתם[321] את הוי"ה אלוקיכם, ואמר - ואותו[322] תעבודו, והיה המנהג המפורסם בעולם כולו שהיו אז רגילים בו והעבודה הכוללת אשר גדלו עליה להקריב מיני בעלי חיים בהיכלות ההם אשר היו מעמידים בהם הצלמים, ולהשתחוות להם ולקטר לפניהם והעבודים והפרושים היו אז האנשים הנתונים לעבודת ההיכלות, ההם העשויים לכוכבים כמו שבארנו, לא גזרה חכמתו יתברך ותחבולתו המבוארת בכל בריאותיו שיצוונו להניח מיני העבודות ההם כולם ולעזבם ולבטלם, כי אז היה זה מה שלא יעלה בלב לקבלו כפי טבע האדם שהוא נוטה תמיד למורגל, והיה דומה אז כאילו יבוא נביא בזמננו זה שיקרא לעבודת האלוה, ויאמר האלוה צווה אתכם שלא תתפללו אליו, ולא תצומו, ולא תבקשו תשועתו בעת צרה, אבל תהיה עבודתכם מחשבה מבלתי מעשה:

ומפני זה השאיר יתברך מיני העבודות ההם והעתיקם מהיותם לנבראים ולעניינים דמיוניים שאין אמיתות להם לשמו יתברך וצונו לעשותם לו יתברך. וצוונו לבנות היכל לו - ועשו[323] לי מקדש, ושיהיה המזבח לשמו - מזבח[324] אדמה תעשה לי, ושיהיה הקרבן לו - אדם[325] כי יקריב מכם קרבן

---

[317] שמות יט ו

[318] דברים ד לה

[319] דברים ד לט

[320] דברים יא יג

[321] שמות כג כה

[322] דברים יג ה

[323] שמות כה ח

[324] שמות כ כ

[325] ויקרא א ב

להוי"ה, ושישתחוו לו ושיקטירוהו לפניו. והזהיר מעשות דבר מאלו המעשים לזולתו - זובח[326] לאלוקים יחרם וגו', כי[327] לא תשתחוה לאל אחר. והפריש **כהנים** לבית **המקדש** ואמר - וכהנו[328] לי, וחייב שייוחדו להם מתנות על כל פנים שיספיקו להם מפני שהם עסוקים בבית ובקרבנותיו והם מתנות **הלוים** ו**הכהנים**. והגיע בזאת הערמה האלוקית שנמחוה זכר **עבודה זרה**, והתקימה הפינה הגדולה האמיתית באמונתו והיא מציאות האלוה ואחדותו, ולא יברחו הנפשות וישתוממו בבטל העבודות אשר הורגלו ולא נודעו עבודתו זולתם: ואני יודע שנפשך תברח מזה העניין בהכרח בתחילת מחשבה ויכבד עליך ותשאלני בליבך ותאמר לי איך יבואו מצוות ואזהרות ופעולות עצומות ומבוארות מאד והושם להם זמנים, והם כולם בלתי מכוונות לעצמם אבל הם מפני דבר אחר כאילו הם תחבולה שעשה העלוה לנו להגיע אל כוונתו הראשונה, ואי זה מונע היה אצלו יתברך לצוות לנו כוונתו הראשונה וייתן בנו יכולת לקבלה ולא היה צורך לאלו אשר חשבת שהם על צד הכונה השנייה, שמע תשובתי אשר תסיר מלבך זה החלי ותגלה לך אמיתת מה שעוררתיך עליו. והוא שכבר בא **בתורה** כמו זה העניין בשווה והוא אמרו - ולא[329] נחם אלוקים דרך ארץ פלישתים כי קרוב הוא וגו', ויסב[330] אלוקים את העם דרך המדבר ים סוף. וכמו שהסב האלוה אותם מן הדרך הישרה אשר הייתה מכוונת תחלה מפני יראת מה שלא היו גופותם יכולים לסבלו לפי הטבע אל דרך אחרת עד שתגיע הכונה הראשונה, כן צווה בזאת המצווה אשר זכרנו מפני יראת מה שאין יכולת לנפש לקבלו לפי הטבע שתגיע הכונה הראשונה והיא השגתו יתברך והנחת **עבודה זרה**. כי כמו שאין בטבע האדם שיגדל על מלאכת עבדות בחומר ובלבנים והדומה להם ואחר כן ירחץ ידיו לשעתו מלכלוכם וילחם עם **ילידי הענק** פתאום כן אין בטבעו שיגדל על מינים רבים מן העבודות ומעשים מורגלים שכבר נטו אליהם הנפשות עד ששבו כמושכל ראשון ויניחם כולם פתאום. וכמו שהיה מחכמת האלוה להסב אותם במדבר עד שילמדו גבורה, כמו שנודע שההליכה במדבר ומעוט הנאות הגוף מרחיצה וסיכה וכיוצא בהם יולידו הגבורה והפכם יוליד רוך לב, ונולדו גם כן אנשים שלא הרגילו בשפלות ובעבדות וכל זה היה במצות אלוקיות על ידי משה רבינו - על[331] פי הוי"ה יחנו ועל פי הוי"ה יסעו, את - משמרת[332] הוי"ה שמרו על פי הוי"ה ביד משה, כן בא זה החלק מן התורה בתחבולה אלוקית עד שיישארו עם מין

326 שמות כב יט
327 שמות לד יד
328 שמות כח מא
329 שמות יג יז
330 שמות יג יח
331 במדבר ט יח
332 במדבר ט כג

המעשה המורגל כדי שתעלה בידם האמונה אשר היא הכונה הראשונה. ושאלתך - אי זה מונע היה לאלוה מצוותנו כוונתו הראשונה וייתן לנו יכולת לקבלה, תחייב זאת השאלה השנית ויאמר לך ואי זה מונע היה לאלוה שינחם **דרך ארץ פלישתים** וייתן להם יכולת להילחם ולא היה צריך לזה הסיבוב - בעמוד[333] הענן יומם ועמוד האש לילה, וכן תחייב שאלה שלישית, על סיבת היעודים הטובים אשר יעד על שמירת המצוות והיעודים הרעים אשר יעד על העברות ויאמר לך אחר שכוונת האלוה הראשונה ורצונו היה שנאמין זאת התורה ונעשה ככל הכתוב בה למה לא נתן לנו יכולת לקבלה ולעשותה תמיד ולא היה עושה לנו תחבולה להיטיב לנו אם נעבדהו ולהנקם ממנו אם נמרהו, ולעשות הטובות ההם כולם והנקמות ההם כולם, כי זאת גם כן תחבולה שעשה האלוה לנו עד שיגיע ממנו אל כוונתו הראשונה, ואי זה מונע היה אצלו לתת רצון במעשי העבודה אשר רצה וריחוק העברות אשר מאסם טבע מוטבע בנו: והתשובה על אלו השאלות השלש וכל מה שהוא ממינם - תשובה אחת כוללת והיא שהאותות כולם אף על פי שהם שינוי טבע איש אחד מאישי הנמצאות אך טבע בני אדם לא ישנהו האלוה כלל על צד המופת. ומפני זה השורש הגדול אמר - מי[334] יתן והיה לבבם זה להם וגו', ומפני זה באה המצווה והאזהרה והגמול והעונש. וכבר בארנו זאת הפינה במופתיה במקומות רבים מחיבורינו. ולא אמרתי זה מפני שאני מאמין ששינוי טבע כל אחד מבני אדם קשה עליו יתברך אך הוא אפשר ונופל תחת היכולת אלא שהוא לא רצה כלל לעשות זה ולא ירצהו לעולם כפי הפינות התוריות, ואילו היה מרצונו לשנות טבע כל איש מבני אדם למה שירצהו יתברך מן האיש ההוא היה בטל שליחות הנביאים ונתינת התורה כולה:

ואשוב אל כוונתי ואומר כי כאשר היה זה המין מן העבודה - רצוני לומר **הקרבנות** על צד הכונה השנייה והצעקה והתפלה וכיוצא בהם ממעשי העבודות יותר קרובות אל הכונה הראשונה והכרחיות בהגיע אליה, שם בין שני המינים הפרש גדול והוא שזה המין מן העבודה, רצוני לומר הקרבת הקרבנות, אף על פי שהוא לשמו יתברך לא חויב עלינו כמו שהיה בתחילה, רצוני לומר שנקריב בכל מקום ובכל זמן ולא שנעשה היכל באשר יזדמן ושיקריב מי שיזדמן - החפץ[335] ימלא ידו, אבל נאסר כל זה עלינו והושם בית אחד - אל[336] המקום אשר יבחר הוי"ה, ואין מקריבים בזולתו - פן[337] תעלה עולותיך בכל מקום אשר תראה, ולא יהיה **כהן** אלא זרע מיוחד, כל זה העניין למעט זה המין מן העבודות ושלא יהיה ממנו אלא מה שלא גזרה

---

333 שמות יג כב
334 דברים ה כה
335 מלכים-א יג לג
336 דברים יב ה
337 דברים יב יג

חכמתו להניחו לגמרי. אבל התפילה והתחינה היא מותרת בכל מקום וכל מי שיזדמן. וכן הציצית, ברך והמזוזה והתפילין וזולתם מן העבודות הדומות להם:

ובעבור זה העניין אשר גיליתי לך נמצא הרבה בספרי הנביאים שמוכיחים בני אדם על רוב השתדלותם והתחזקם להביא הקרבנות ובואר לכם שאינם מכוונים לעצמם כונה צריכה מאד ושהאלוה אינו צריך להם, אמר שמואל - החפץ[338] להוי"ה בעולות וזבחים כשמוע בקול הוי"ה וגו', ואמר ישעיהו - למה[339] לי רוב זבחיכם יאמר הוי"ה וגו', ואמר ירמיהו - כי[340] לא דברתי את אבותיכם ולא צויתים ביום הוציאי אותם מארץ מצרים על דברי עולה וזבח, כי[341] אם את הדבר הזה צויתי אותם לאמר שמעו בקולי והייתי לכם לאלוקים ואתם תהיו לי לעם. וכבר הוקשה זה המאמר בעיני כל מי שראיתי דברים או שמעתים ואמר איך יאמר ירמיה על האלוה שלא צוונו **בדברי עולה וזבח** ורוב **המצוות** באו בזה, אמנם כוונת המאמר הוא מה שביארתי לך וזה שהוא אמר שהכוונה הראשונה אמנם היא שתשיגוני ולא תעבדו זולתי **והייתי לכם לאלוקים ואתם תהיו לי לעם**, וזאת המצווה בהקרבה וכיון אל הבית אמנם הייתה בעבור שתעלה בידיכם זאת הפינה ובעבורה העתקתי אלו העבודות לשמי עד שימחה שם **עבודה זרה** ותתקיים פנת ייחודי, ובאתם אתם ובטלתם התכלית ההיא והתחזקתם במה שנעשה בעבודה והוא, שאתם ספקתם במציאותי - כחשו[342] בהוי"ה ויאמרו לא הוא, ועבדתם **עבודה זרה** - וקטר[343] לבעל הלוך אחרי אלוקים אחרים... ובאתם אתם ובטלתם התכלית ההיא והתחזקתם כמה שנעשה בעבורה, ובאתם אל הבית וגו', ונשארתם מכונים אל **היכל הוי"ה** ומקריבים הקרבנות אשר לא היו מכוונים אל **היכל הוי"ה** ומקריבים הקרבנות אשר לא היו מכוונים כמה ראשונה: ולי בפרוש זה **הפסוק** פנים אחרים והוא מביא העניין בעצמו אשר זכרנוהו והוא שכבר התבאר בכתוב ובקבלה יחד שתחילת מצוה שנצטוינו בה לא היו בה **דברי עולה וזבח** כלל ואין צריך שתטריד כלל שכלך **בפסח מצרים** כי היא הייתה לסיבה מבוארת גלויה, כמו שאני עתיד לבאר, ועוד שהמצוה הייתה **בארץ מצרים** והמצוה הרמוז אליה בזה **הפסוק** ואמר **ביום הוציאי אותם מארץ מצרים**, כי תחילת **צווי** שבא אחר יציאת מצרים, הוא מה שנצטוינו בו במרה, והוא אמרו לנו שם - אם[344] שמעו תשמע לקול הוי"ה אלוקיך וגו',

338 שמואל-א טו כב
339 ישעיהו א יא
340 ירמיהו ז כב
341 ירמיהו ז כג
342 ירמיהו ה יב
343 ירמיהו ז ט
344 שמות טו כו

שם[345] שם לו חוק ומשפט ושם נסהו, ובאה הקבלה האמיתית - שבת, ודינין, במרה אפקוד. **והחוק** הרמוז אליו הוא **השבת** **והמשפט** הוא **הדינים** והוא הסרת העול. וזאת היא הכונה הראשונה כמו שבארנו, רצוני לומר אמונת הדעות האמיתיות והוא חידוש העולם. וכבר ידעת שעיקר מצות שבת אמנם היא, לחזק זאת הפינה ולקימה, כמו שבארנו בזה המאמר. והכונה עוד עם אמיתת הדעות, להסיר העול מבני אדם. הנה כבר התבאר לך שהמצווה הראשונה לא היו בה **דברי עולה וזבח** אחר שהם על צד הכונה השנית כמו שזכרנו:

וזה העניין בעצמו אשר אמרו ירמיה הוא אשר נאמר בתהילים על צד ההוכחה לאומה כולה בסכלה אז הכונה הראשונה ולא הייתה מבדלת בינה ובין הכונה השנית. אמר - שמעה[346] עמי ואדברה ישראל ואעידה בך אלוקים אלוקיך אנוכי, לא על זבחיך אוכיחך ועולותיך לנגדי תמיד, לא אקח מביתך פר ממכלאותיך עתודים. וכל מקום שנכפל זה העניין, זאת היא הכונה בו. והבינהו מאד והסתכל בו:

פרק לג

מכלל כוונות התורה השלמה גם כן, להרחיק התאוות ולבוז בהם ולמעטם בכל יכולת, ושלא יכון בהם אלא ההכרחי. וכבר ידעת שרוב תאוות ההמון ושילוחם אמנם הוא בהרבות במאכל ובמשתה ובמשגל. וזהו המבטל משלמות האדם האחרון המזיק לו, גם כן בשלמותו הראשון המפסיד לרוב עניני אנשי המדינה והנהגת הבית. כי בנמשך אחר התאווה לבד כמו שיעשו הסכלים יבטלו התשוקות העיוניות ויפסיד הגוף, ויאבד האדם קודם זמנו הטבעי וירבו האנחות והדאגות ותתרבה הקנאה והשנאה והמלחמות לקחת מה שביד זולתו. והמביא לכל זה היות הסכל משים ההנאה לבד תכלית מכוונת לעצמה. ולזה עשה האלוה יתברך תחבולה בתתו לנו מצוות שיבטלו זאת התכלית וירחיקו מחשוב בה בכל צד ומנע מכל מה שמביא לרוב תאוה ולהנאה לבד, וזה כוונה גדולה מכוונות זאת התורה. הלא תסתכל דברי **התורה** איך שצוותה להרוג מי שנראה מענינו שהוא מרבה בבקשת הנאת המאכל והמשתה, והוא - בן[347] סורר ומורה, והוא אמרו - זולל[348] וסובא, וצווה לרגום אותו באבנים ולמהר לבערו מן העולם, קודם שיגדל ענינו וימית רבים, ויפסיד עניני אנשים טובים ברוב תאוותו:

וכן מכלל כוונות התורה הרכות ושיהיה אדם נשמע לחבריו ושלא יהיה קשה בלתי נשמע לחבריו אך יהיה עושה רצון חבריו ועונה אותם ונשמע אליהם

---

345 שמות טו כה

346 תהלים נ ז-ט

347 דברים כא יח

348 דברים כא כ

מורה חלק ג' נבוכים

לחפצם ושב אל רצונם. כבר ידעת מצוותו יתברך - ומלתם[349] את ערלת לבבכם וערפכם לא תקשו עוד, הסכת[350] ושמע ישראל, אם[351] תאבו ושמעתם, ונאמר במי שנשמע לקבל מה שצריך לקבלו - ושמענו[352] ועשינו, ונאמר בו על צד המשל - משכני[353] אחריך נרוצה:

וכן מכוונות התורה הטהרה והקדושה, רצוני לומר בזה הרחקת המשגל ולהשמר ממנו ולמעטו בכל אשר יוכל כמו שאני עתיד לבאר. וכשצווה יתברך לקדש האומה לקבל **התורה** ואמר - וקדשתם[354] היום ומחר, אמר - אל[355] תגשו אל אשה, הנה באר ש**הקדושה** היא הרחקת המשגל. כמו שבאר גם כן שהנחת שתית היין **קדושה** באמרו בנזיר - קדוש[356] יהיה. ולשון ספרא - והתקדשתם[357] והייתם קדושים זו קדושת מצוות. וכמו שקראה **התורה** ועשית הדברים המגונים **טומאה** כמו שאבאר:

אמנם ניקוי הבגדים ורחיצת הגוף וניקוי הזעה והלכלוכים הוא גם כן מכונות זאת התורה, אך אחר טהרת המעשים וטהרת הלב מן הדעות הטמאות והמידות הטמאות. אמנם שיספיק לאדם ניקוי הנראה ברחיצה וטהרת הבגדים לבד עם רוב התאווה בתענוגים והשילוח במאכלים ובמשגל הוא בתכלית הגנות, אמר - ישעיהו בזה המתקדשים[358] והמטהרים אל הגנות אחר אחת בתוך אוכלי בשר החזיר וגו', יאמר שהם יטהרו ויתקדשו במקומות המגולים והמפורסמים ואחר כן יתייחדו בחדרים ותוך בתיהם במרים וחטאתם בהשתלחם לאכול האסורים **החזיר והשקץ והעכבר**, ושמא הוא רומז באמרו **אחר אחת בתוך** להתייחד במשגל האסור. והעולה מן המאמר שנגליהם מנוקים אבל בתוכם הם עם תאוותם והנאות גופותם. ואין זה כוונת התורה. אבל הכוונה הראשונה למעט התאווה ולנקות הנגלה אחר ניקוי הנסתר, וכבר העיר שלמה על מי שיכוון אל רחיצת הגוף וטהרת הבגדים והמעשים מלוכלכים והמידות רעות, אמר - דור[359] טהור בעיניו ומצואתו לא רוחץ, דור מה רמו עיניו ועפעפיו ינשאו. וכשתסתכל גם כן באלו הכוונות אשר זכרנו בזה הפרק, יתבארו לך סיבות מצוות רבות היו סיבותיהם נסכלות קודם ידיעת אלו הכוונות, כמו שאבאר אחר זה:

---

349 דברים י טז
350 דברים כז ט
351 ישעיהו א יט
352 דברים ה כג
353 שיר השירים א ד
354 שמות יט י
355 שמות יט טו
356 במדבר ו ה
357 ויקרא יא מד
358 ישעיהו סו יז
359 משלי ל יב-יג

פרק לד

מה שצריך שתדעו גם כן, שהתורה לא תביט לדבר הזר, ולא תהיה התורה כפי העניין המועט, אבל כל מה שירצה ללמדו מדעת או מידה או מעשה מועיל אמנם יכון בו העניינים שהם על הרוב ולא יביט לעניין הנמצא מעט ולא להיזק שיבוא לאחד מבני אדם מפני השיעור ההוא וההנהגה ההיא התוריית. כי התורה היא עניין אלוקי, ועליך לבחון העניינים הטבעיים אשר התועלות ההם הכוללות הנמצאות בה יש בכללם ויתחייב מהם נזקים פרטיים כמו שהתבאר מדברינו ודברי זולתנו. ולפי זאת הבחינה גם כן אין לתמוה מהיות כוונת התורה לא תשלם בכל איש ואיש אבל יתחייב בהכרח מציאות אנשים לא תשלימם ההנהגה ההיא התוריית, כי הצורות הטבעיות המיניות לא יתנו כל מה שראוי בכל איש ואיש כי הכל מא"ל אחד ופועל אחד - נתנו[360] מרועה אחד. וחילוף זה נמנע, וכבר בארנו שלנמנע טבע קים לא ישתנה לעולם. ולפי זאת הבחינה גם כן אי אפשר שיהיו התורות נתונות לפי עניני האנשים והזמנים המתחלפים כדמות הרפואה אשר רפואת כל איש מיוחדת לפי מזגו הנמצא בשעתו, אבל צריך שתהיה ההנהגה התוריית מוחלטת כוללת לכל, ואף על פי שהיא ראויה לקצת אנשים ולאחרים אינה ראויה כי אילו הייתה לפי האנשים היה נופל ההפסד בכל - ונתת[361] דברים לשיעורין. ומפני זה אין ראוי שיקשרו העניינים המכוונים כוונה ראשונה מן התורה לא בזמן ולא במקום אבל יהיה החוקים והמשפטים מוחלטים סתם וכוללים כמו שאמר יתברך - הקהל[362] חוקה אחת לכם. ואמנם יכוון בהם התקנות הכוללות על הרוב, כמו שבארנו:

ואחר הקדימי אלו ההקדמות אתחיל לבאר מה שכיונתי לבארו:

פרק לה

ראיתי לחלק **המצוות** לפי זאת הכונה אל ארבעה עשר כללים:

<u>הכלל הראשון</u> כולל **המצוות** אשר הם דעות שרשיות והם אשר ספרנום **בהלכות יסודי התורה**. ומן הכלל הזה עוד **התשובה** **והתעניות** כמו שאבאר. ולא יאמר בנתינת הדעות האמיתיות והמועילות באמונת התורה מה תועלתם, כמו שבארנו:

<u>הכלל השני</u> כולל **המצוות** הנתלות באיסור **עבודה זרה** והם אשר מנינו אותם **בהלכות עבודה זרה**. ודע ש**כלאי בגדים וערלה וכלאי הכרם** הם גם כן מזה הכלל, כמו שיתבאר. וסיבת זה הכלל גם כן ידועה מפני שהוא לאמת הדעות האמתיות ולהשאירם לנצח בהמון:

<u>הכלל השלישי</u> כולל **המצוות** התלויות בתיקון המידות, והם אשר ספרנום

---

[360] גמרא חגיגה ג ע"ב

[361] גמרא מגילה יח ע"ב

[362] במדבר טו טו

בהלכות דעות. וידוע שבטוב המידות תשלם חברת בני אדם וקיבוציהם אשר הוא הכרחי לסידור עניני בני אדם:

הכלל הרביעי כולל **המצוות** התלויות בצדקות, ובהלואות, ובמתנות, ומה שנמשך עמהם **כערכים** וה**חרמים** ודיני המלוה, וה**עבדים**, וכל המצוות אשר נמנו **בספר זרעים** מלבד **הכלאים** וה**ערלה**. וסיבת אלו כולם מבוארת כי תועלתם חוזרת על הכל חלילה כי העשיר היום, הוא או זרעו יהיה עני למחר והעני היום, הוא או בנו יהיה עשיר למחר:

הכלל החמישי כולל **המצוות** התלויות במניעת העול והחמס והם אשר כלל אותם **ספר נזיקין** מחיבורנו. ותועלת זה הכלל מבוארת:

הכלל הששי כולל **המצוות** התלויות בדיני ממונות **כדין גנב וגזלן ודין עדים זוממין** ורוב מה שספרנום **בספר שופטים**. ותועלת כל אלו מבוארת, שאם לא ייענש החוטא והחומס לא יסתלק נזק בשום פנים ולא יסתלק חושב להרע. ולא כשטות החושבים שהנחת דיני התשלומים היא חמלה על בני אדם אבל היא אכזריות גמורה והפסד סדר המדינה. אבל החמלה היא מה שציוה בו יתברך - שופטים[363] ושוטרים תתן לך בכל שעריך:

הכלל השביעי כולל דיני ממון התלויים בעסקי בני אדם קצתם עם קצתם כהלואה, והשכירות, והפקדונות, והמקח, והממכר, וכיוצא באלו וירושות מזה הכת. והם **המצוות** אשר ספרנום **בספר קנין ומשפטים**. ותועלת זה הכלל מבוארת כי זה ההשתתפות בממון הכרחי לבני אדם בכל מדינה ואי אפשר בלא נתינת דרכי יושר באלו העסקים ולשערם שיעור מועיל:

הכלל השמיני כולל **מצוות** הימים הידועים, רצוני לומר **שבתות וימים טובים** והם אשר ספרנום **בספר זמנים**. והתורה בארה עילת כל יום מהם וזכרה סיבתו ושהוא, להגיע אל דעת אמיתי או למנוחת גוף או לשניהם יחד, כמו שאני עתיד לבאר:

הכלל התשיעי כולל שאר העבודות הכוללות המעשיות כתפילה **וקריאת שמע** ושאר מה שספרנום **בספר אהבה** מלבד **המילה**. ותועלת זה הכלל מבוארת שהוא כולו מעשים שמחזקים הדעות באהבת האלוה ומה שצריך שיאמן בו ושייוחס אליו:

הכלל העשירי כולל **המצוות** התלויות **במקדש** וכליו ומשרתיו והם **המצוות** אשר ספרנום **בספר עבודה**. וכבר קדם לנו זיכרון תועלת זה הכלל:

הכלל העשתי עשר כולל **המצוות** התלויות **בקרבנות** והם רוב **המצוות** אשר ספרנום **בספר עבודה וספר קרבנות**. וכבר קדם לנו זיכרון תועלת המצווה **בקרבנות** בכלל ואיך היה הכרחי בזמן ההוא:

הכלל השני עשר כולל **המצוות** התלויות **בטומאות** ו**בטהרות** והכונה בכולם בכלל להתרחק מהכנס למקדש כדי שיהיה לו בנפש גדולה ויהיו יראים ופוחדים ממנו, כמו שאני עתיד לבאר:

---

[363] דברים טז יח

הכלל השלושה עשר כולל **המצוות** התלויות באיסור מאכלים ומה שנתלה בהם והם **המצוות** אשר הזכרנום ב**הלכות מאכלות אסורות ונדרים ונזירות** מזה הכלל. והכונה בכל זה, לפסוק רוב התאוות והשילוח בבקשת הערב ולשום תאות המאכל והמשתה תכלית, כמו שבארנו בפתיחת **אבות** מפרוש **המשנה**:

הכלל הארבעה עשר כולל **המצוות** הנתלות באיסור קצת הביאות, והם אשר ספרנום ב**ספר נשים והלכות איסורי ביאה, וכלאי בהמה** מזה הכלל. והכונה באלו גם כן למעט המשגל ולמעט מותר תאוות הביאה בכל אשר יוכל ולא יעשה זה התכלית כמעשה הסכלים, כמו שבארנו בפרוש **מסכת אבות**, והמילה גם כן מזה הכלל:

וכבר נודע ש**המצוות** כולם יחלקו לשני חלקים **עברות שבין אדם לחברו, ועברות שבין אדם למקום**. ואשר **בין אדם לחברו**, מאלו הכללים אשר חלקנום וספרנום הם - הכלל החמישי והששי והשביעי וקצת השלישי, ושאר הכללים הם **בין אדם למקום**. והוא שכל **מצוה** בין שתהיה עשה או לא תעשה ויהיה הכונה בה, ללמד מדה טובה או דעת או תיקון מעשים שהם מיוחדים לאדם עצמו וישלימוהו, הם יקראו אותה **שבין אדם למקום** ואף על פי שעל דרך האמת יביאו לעניינים **שבין אדם לחברו** אך אחר אמצעות דברים רבים ובבחינות הכוללות ואינם באים לניזוק אחרים מתחלה, והבן זה:

ואחר שהגדתי סיבות אלו הכללים אשוב למצות כל כלל מהם מצוה מצווה ממה שיחשב שאין תועלת בה או שהיה דין שלא יושכל כלל ואבאר עילתה ומקום תועלתה, מלבד המעט אשר לא השגתי הכונה בהם עד היום:

פרק לו

המצוות אשר כלל אותם הכלל הראשון והם הדעות אשר ספרנום ב**הלכות יסודי התורה** סיבת כולם מבוארת הסתכל בהם אחת אחת תמצא אמיתת הדעת ההוא ושהוא עניין מופתי. וכן כל מה שבא מן הזירוז והאזהרה ללמוד וללמד, מבואר התועלת כי אם לא תהיה שם חכמה, לא יהיה שם מעשה טוב ולא דעת אמיתי. וכיבוד חכמי התורה גם כן מבואר התועלת שאם לא יהיו גדולים בעיני בני אדם ומכובדים לא ישמעו אל דבריהם במה שיישירו אליו מן הדעות והמעשים, ובכלל זאת **המצוה** גם כן, להתנהג בבושת ובענווה, רצוני לומר אמרו - מפני[364] שיבה תקום: ומזה הכלל גם כן המצווה אשר צוונו להישבע בשמו, והוזהרנו מהשבע לשקר או לשווא, כל זה מבואר העילה שזה כבוד לו יתברך ואלה הם מעשים מביאים להאמין גדולתו: וכן המצווה אשר צוונו לצעוק אליו יתברך בעת צרה, רצוני לומר אמרו -

[364] ויקרא יט לב

והרעותם[365] בחצוצרות, היא מזה הכלל מפני שהיא פעולה שיתחזק בה הדעת האמיתי והוא שהאלוה יתברך משיג עניינינו ובידו לתקנם, אם נעבדהו ולהפסידם אם נמרהו, לא שנאמין שזה מקרה ודבר שארע, וזהו עניין אמרו - ואם[366] תלכו עמי קרי, רצונו לומר שאני כשאביא לכם אלו הצרות לענוש אתכם אם תחשבו בהם שהם מקרה אוסיף לכם מן המקרה ההוא (כפי מחשבתכם) יותר חזק ויותר קשה, והוא עניין אמרו - והלכתם[367] עמי בקרי והלכתי עמכם בחמת קרי. כי האמינם שהוא במקרה, ממה שמחייב התמדתם על דעותם הרעות ועל מעשי העול ולא ישובו מהם, כמו שאמר - הכיתה[368] אותם ולא חלו. ולכן צוונו להתפלל אליו ולהתחנן לו ולצעוק לפניו בעת צרה: ומבואר הוא שה**תשובה** גם כן מזה הכלל, רצוני לומר מן הדעות אשר לא יסודר מציאות אנשי התורה אלא בהאמין אותם, שאי אפשר לשום אדם שלא יחטא ויפשע אם שיסבול בדעת שיבחרהו, או מידה והיא בלתי נבחרת באמת, או לתגבורת תאוה או כעס, ולו האמין האדם שלא יוכל לתקן זה המעות לעולם היה מתמיד על טעותו, ואפשר שהיה מוסיף במריו אחר שלא נשארה לו תחבולה, אך עם אמונת התשובה יתקן וישוב לטוב שבעניינים ויותר שלם ממה שהיה קודם שיחטא. ולזה רבו המעשים המקיימים זה הדעת האמיתי המועיל מאד, רצוני לומר ה**וידויין** וה**קרבנות** על השגגות וכן על קצת הזדונות וה**תעניות**. והעניין הכולל לתשובה מכל חטא, לסור ממנו. זאת היא תכלית זה הדעת. ואלו כולם, תועלתם מבוארת:

פרק לז

המצוות אשר כלל אותם הכלל השני הם **המצוות** כולם אשר ספרנום **בהלכות עבודה זרה**. ומבואר הוא שהם כולם - להציל מטעות **עבודה זרה** ומדעות אחרות בלתי אמתיות התגלגלו עם **עבודה זרה כמעונן ומנחש ומכשף וחובר חבר ושואל אוב** וזולתם מן הכת שלהם. וכשתקרא כל הספרים אשר זכרתי לך יתבאר לך שהכשוף אשר תשמע אותו הוא פעולות שהיו עושים אותם **הצאבה** הכשדיים והכלדיים, ויותר היה במצריים ובכנעניים היו מביאים לחשוב בהם או היו חושבים שהם יעשו מעשים נפלאים במציאות אם לאיש אחד או לאנשי מדינה. והמעשים ההם אשר יעשו אותם המכשפים אין ההיקש נותן אותם ולא יאמין השכל שהם יחייבו דבר כלל כמו שיכונו לקבץ צמח ידוע בעת ידוע או יילקח מן הדבר הפלוני מספר פלוני ומכך מספר כך. והוא שער גדול מאד, ואני אכללהו לך בשלשה

---

[365] במדבר י ט
[366] ויקרא כו כא
[367] ויקרא כו כח
[368] ירמיהו ה ג

מינים. **האחד** מהם מה שנתלה בדבר מן הנמצאות צמח או בעל חיים או מוצא, **והשני** מה שנתלה בהגבלת זמן שיעשו בו המעשים ההם, **והשלישי** פעולות אנושיות שיעשו כריקוד או טיפוח או הצווחה או השחוק או הדילוג על רגל אחת או שישכב על הארץ פרקדן או לשרוף דבר או לעשן בעישון ידוע או דברים ידובר בהם מובנים או בלתי מובנים, אלו הם מיני מעשי הכישוף: ויש פעולות כישוף שלא ישלמו אלא בכל אלו הפעולות, כאמרם ילקח כך וכך עלים מן הצמח הפלוני וייקחם בהיות הירח במעלה הפלונית בעת שהוא ביתד מזרח או זולתו מן היתדות, ויילקח מקרני הבהמה הפלונית או מזעתה, או משערה, או מדמה שיעור כך והשמש בחצי השמים דרך משל או במקום מוגבל, ויילקח מן המוצא הפלוני או ממוצאים רבים ויתך במולד כך והכוכבים על ערך כך, אחר כן תדבר ותאמר כך ואתה תעשן בעלים ההם וכיוצא בהם לצורה ההיא **המותכל** ויארע כך. ויש פעולות כישוף יחשבו חושבים שהם ישלמו באחד מן המינים ההם. ורוב מעשי הכישוף האלה יתנו בהם שיהיו העושות נשים על כל פנים, כמו שתמצא שזכרו בהוצאת המים שעשר נשים בתולות ילבשו חלי ובגדים אדומים וירקדו דוחקות אחת חברתה הולכות לפנים ושבות לאחור וירמזו לשמש, והשלמת הפועל ההוא הארוך עד שיצאו המים לפי מחשבתם:

וכן זוכרים שארבע נשים תשכבנה על גבן ותגבהנה רגליהן מפוסקות ויאמרו כך ויעשו כך והם על זאת ההצעה המגונה, ויסור הברד היורד על המקום ההוא. והרבה מאלו ההבלים והשיגעונות לא תמצאם כלל שיתנו בפעולתם אלא נשים. ואי אפשר לפעולות הכישוף כולם מבלתי הבטה בעניין הכוכבים, רצוני לומר שהם יחשבו שזה הצמח מחלק הכוכב הפלוני, וכן כל בעל חיים וכל מוצא ייחסוהו לכוכב. וכן יחשבו שהפעולות ההם אשר בעשותם אותם יעשה להם הכישוף הם מיני עבודות לכוכב ההוא וירצהו הפועל ההוא או המאמר ההוא או העישון ולזה יעשה לנו מה שנרצה:

ואחר זאת ההקדמה אשר תתבאר לך מקריאת ספריהם הנמצאים עתה בידינו שכבר הודעתים לך שמע דברי. אחרי שכוונת התורה כולה וקטבה אשר עליו תסוב הוא הסרת **עבודה זרה** ומחות זכרה ושלא יחשב בכוכב מן הכוכבים שהוא מזיק או מועיל בדבר מאלו העניינים הנמצאים לבני אדם שזה הדעת הוא המביא לעבדם התחייב שייהרג כל מכשף, כי המכשף הוא **עובד עבודה זרה** בלא ספק אבל בדרכים מיוחדים זרים בלתי דרכי עבודת ההמון לאלוהות ההם. ולהיות הפעולות ההם כולם אמנם הותנה ברובם שיעשום הנשים אמר - מכשפה[369] לא תחיה, ועוד לחמלת בני אדם בטבע להרוג הנשים. ולזה באר גם כן ב**עבודה זרה** לבד - איש[370] או אשה, וכפל ואמר - את האיש... או את האשה, מה שלא בא כמו זה לא ב**חילול שבת**

[369] שמות כב יז

[370] דברים כט יז

ולא בזולתו, וסיבת זה רוב החמלה עליהם בטבע. וכאשר היו המכשפים חושבים בכישופיהם שהם עושים מעשה ושהם בפעולות ההם מגרשים החיות הרעות מן העיירות כאריות והנחשים וכיוצא בהם, ויחשבו גם כן שהם בכישופיהם ידחו מיני נזקים מצמח האדמה, כמו שתמצא להם פעולות שיחשבו שהם ימנעו רדת הברד ופעולות יהרגו התולעת מן הכרמים עד שלא תפסידם [וכבר האריכו בהריגת תולעת הכרמים, רצוני לומר **הצאבה בדרכי האמורי** ההם הנזכרים בספר העבודה הנבטיה], וכן יחשבו שיש להם פעולות ימנעו נפילת עלי האילן ונשירת הפרי, מפני אלו העניינים המפורסמים אז כלל בדברי הברית שבעבודת **עבודה זרה** ומעשי הכשוף ההם אשר תחשבו שירחיקו מכם, אלו הנזקים בהם יחולו הצרות ההם בכם אמר - והשלחתי[371] בכם את חית השדה ושכלה אתכם, ואמר - ושן[372] בהמות אשלח בם עם חמת זוחלי עפר, ואמר - פרי[373] אדמתך יירש הצלצל, ואמר - כרמים[374] תטע ועבדת ויין לא תשתה ולא תאגור כי תאכלנו התולעת, ואמר - זיתים[375] יהיו לך בכל גבולך ושמן לא תסוך כי ישל זיתיך. עיקר העניין שכל מה שהתחכמו בו **עובדי עבודה זרה** לחזק עבודתה ולהעמידה לעד ומביא בני אדם לחשוב שהם דוחים נזקים ידועים ומביאים תועלות מיוחדות, כלל בדברי הברית ואמר שבעבודתה ימנעו התועלות ויחולו הצרות ההם. הנה התבאר לך אתה המעיין למה כוונה התורה לאותם פרטי **הקללות** וה**ברכות** הנכללות **בדברי הברית** וייחדתם מזולתם. ודע שיעור זאת התועלת הגדולה גם כן:

ולהרחיק מכל מעשי הכשוף הזהיר מעשות דבר מחוקותיהם ואפילו במה שנתלה במעשי עבודת האדמה והמרעה וכיוצא בהם, רצוני לומר כל מה שיאמר שהוא מועיל ממה שלא יגזור אותו העיון הטבעי אבל נוהג לפי דעתם כמנהג הסגולות והכוחות המיוחדות, והוא אמרו - ולא[376] תלכו בחוקות הגוי, והם אשר יקראום זיכרונם לברכה - **דרכי האמורי** מפני שהם סעיפי מעשי המכשפים שהם דברים לא יגזרם הקש טבעי אך הם מושכים למעשי הכישוף אשר הם נסמכים לענייני הכוכבים בהכרח ויתגלגל העניין להגדיל הכוכבים ולעבדם, ואמרו בפרוש - כל[377] שיש לו משום רפואה אין בו משום דרכי האמורי, רוצים בזה שכל מה שיגזרהו העיון הטבעי הוא מותר וזולתו אסור. ולכן כאשר נאמר -אילן[378] שהוא משיר פרותיו טוענו באבנים וסוקרו

371 ויקרא כו כב
372 דברים לב כד
373 דברים כח מב
374 דברים כח לט
375 דברים כח מ
376 ויקרא כ כג
377 גמרא שבת סז ע"א
378 גמרא חולין עז ע"ב

בסקרא, הוקשה על זה המעשה - בשלמא **טוענו באבנים** כי היכי דליכחוש חיליה אלא **סוקרו בסיקרא** וגו', הנה התבאר שסקירה בסקרא וכל מה שדומה לזה ממה שלא יגזרהו ההקש אסור לעשותו **משום דרכי האמורי**. וכן אמרו **בשליא של מקודשין תקבר** אמרו - אין[379] תולין אותה באילן ואין קוברין אותה בפרשת דרכים מפני דרכי האמורי, ועל זה תעשה הקש. ואל יקשה עליך מה שהתירו מהם **כמסמר**[380] **הצלוב ושן השועל** כי הדברים ההם בזמן ההוא היו חושבים בהם שהוציא אותם הניסיון והיו **משום רפואה** והולכים על דרך תלות העשב שקורין בערבי **פאוניא** על הנכפה ונתינת צואת הכלבים על מורסות הגרון והעישון בחומץ מרקשית למורסות המכות הקשות, כי כל מה שנתאמת נסיונו כאלו אף על פי שלא יגזרהו ההיקש הוא מותר לעשותו מפני שהוא **משום רפואה** ונוהג מנהג שלשול הסממנים המשלשים. והעלה בידך אלו הנפלאות ממאמרי זה אתה המעיין ושמרם - כי[381] לוית חן הם לראשך וענקים לגרגרותיך:

והנה בארנו בחיבורנו הגדול שהקפת **פאת ראש ופאת זקן** אסור מפני שהוא תיקון **כמרי עבודה זרה**. והיא הסיבה גם כן לאיסור **השטענז** כי כן היה תיקון הכמרים גם כן היו מקבצים בין הצומח ובעל החיים בלבוש אחד והיה חותם אחד מן המוצאים בידו, תמצא זה כתוב בספריהם: והיא הסיבה גם כן באמרו - לא[382] יהיה כלי גבר על אשה ולא ילבש גבר שמלת אשה, תמצאהו בספר טומטום יצווה שילבש האיש בגד אישה צבוע כשיעמוד בכוכב נוגה ותלבש האישה השריון וכלי המלחמה בעמדה למאדים. ובו גם כן אצלי סיבה אחרת והיא, שזה הפועל מעורר התאווה ומביא למיני זנות:

ואמנם איסור ההנאה **בעבודה זרה** מבואר מאד שפעמים ייקחה לשבור אותה וישאירה ותהיה לו **למוקש**, ואפילו אם שברה ויצקה או מכרה **לגוי** נאסרו דמיה בהנאה. וסיבתו כי הרבה פעמים יחשבו ההמון העניינים המקריים סיבות עצמיות כמו שתמצא רוב בני אדם אומרים שאחר ששכן פלוני בזה הבית או קנה זאת הבהמה או זה הכלי העשיר והוסיף ממונו וכי היו מבורכים לו. וכן היה אפשר שיקרה לאיש אחד שתצליח סחורתו וירבה ממונו מן הדמים ההם ויחשבהו לסיבה ושברכת דמי הצורה ההיא הנמכרת גרמה לו זה ויאמין בה מכאן שכוונת התורה כולה הפך האמונה ההיא, כמו שהתבאר מכל דברי **התורה**. וזאת היא הסיבה בעצמה באיסור הנאת **צפוי נעבד ותקרובות עבודה זרה** וכליה כדי שננצל מן המחשבה ההיא, כי הייתה אמונתם בהם בזמנים ההם גדולה מאד עד שהיו חושבים שיחיו וימיתו ושכל טוב ורע מהם, רצוני לומר מן הכוכבים. ומפני זה עשתה התורה חיזוקים

---

379 גמרא חולין עז ע"א

380 משנה שבת ו י

381 משלי א ט

382 דברים כב ה

מורה נבוכים חלק ג'

להסיר הדעת ההוא בברית ועדים ושבועות חמורות ובאלות הנזכרות והזהר להישמר לקחת דבר ממנה ולהנות בה. והודיענו יתברך שאם יתערב מדמיה שום דבר עם ממון אדם, יאבד הדבר ההוא כל הממון ההוא ויכלהו והוא אמרו - ולא[383] תביא תועבה אל ביתך והיית חרם כמוהו וגו', כל שכן שאין להאמין שיש בה ברכה. וכשתעיין בכל **המצוות** שבאו ב**עבודה זרה** אחת אחת תמצא סבתם מבוארת. והיא להסיר הדעות הרעות ולהתרחק מהם עד הקצה האחרון:

וממה שנתעורר עליו הוא שנותני הדעות השקריות שאין עיקר להם ולא הועיל בם יערימו ויעשו תחבולה לחזק אמונתם באמרם לבני אדם שמי שלא יעשה הפעולה ההיא המחזקת לאמונה ההיא והמקיימת אותה לנצח, תחול עליו המכה הפלונית, ואפשר שתארע המכה ההיא במקרה יום אחד לאדם אחד ויכון אל הפעולה ההיא וימשך אחר הדעת ההוא. וידוע מטבע בני אדם בכלל שרוב פחדם ויראתם היא מאבדת הממון והבנים, ולזה פרסמו עובדי האש בזמנים ההם שכל מי שלא - יעביר[384] בנו ובתו באש, ימותו בניו ואין ספק שמפני זאת ההרחקה מיהר כל אחד לעשותו לרוב חמלתו ופחדתו על הבן ולמיעוט הפעולה וקלותה, שאין שם אלא להעבירו על האש, וכל שכן בהיותו עניין הבנים הקטנים מסור לנשים וידוע מהירות האמין הנשים לכל דבר וחולשת שכלם בכלל. ומפני זה עמדה התורה כנגד זאת הפעולה מאד ועשתה בה מין החיזוקים מה שלא עשתה בשאר מיני **עבודה זרה** - למען[385] טמא את מקדשי ולחלל את שם קדשי. ואחר כן הגיד הנאמן מפי האלוה יתברך ואמר שזה העניין אשר יעשוהו להחיות הולד במעשה ההוא יאבד האלוה עושהו ויכרית זרעו, אמר - ושמתי[386] אני את פני באיש ההוא ובמשפחתו וגו'. ודע שרושם הפעולה ההיא נשאר עד היום לפרסומו בעולם. הלא תראה המיילדות ייקחו הנערים הקטנים בחיתול וישימו עישון בלתי טוב הריח על האש ויניעו הנער ההוא על העישון, ההוא שעל האש וזה מין מן **ההעברה באש** בלא ספק אין מותר לעשותו. והסתכל רוע ערמת נותן זה הדעת איך השאירו וקיימו בזה הדמיון עד שעמדה כנגדו התורה אלפי שנים, ולא נמחה זכרו ועומד רישומו:

וכן עשו **עובדי עבודה זרה** בענייני הממון, ושמו לחוק שיהיה אילן אחד לנעבד והוא **האשרה** תלקח תבואתה יקריבו קצתה ויאכלו שאריתה בבית **עבודה זרה**, כמו שבארו בדיני **האשרה**. וכן שמו לחוק שראשית פרי כל אילן שפריו נאכל יעשה בו כן רצוני לומר, שיקריבו קצתו ויאכלו קצתו בבית **עבודה זרה**. ופרסמו גם כן שאי זה אילן שלא יעשה כן בראשית פריו

---

383 דברים ז כו

384 דברים יח י

385 ויקרא כ ג

386 ויקרא כ ה

ייבש האילן ההוא, או ישל פריו, או תמעט תבואתו, או תארע לו מכה, כמו שפרסמו שכל ולד שלא יעבירו אותו באש ימות, ולפחד בני אדם על ממונם מהרו גם כן לזה. ועמדה התורה כנגד זה הדעת ואמר יתברך בשרפת כל מה שיוציא האילן העושה פרי לשלושת השנים, כי קצתם יתנו פרי אחר שנה, וקצתם יתנו תחילת תבואתם אחר שנתיים, וקצתם אחר שלש וזהו הרוב למי שייטע כדרך שבני אדם נוטעים באחד מן השלושה דרכים המפורסמים, והם - **נטיעה והברכה והרכבה**, ולא תביט למי שיזרע גרעין או עצם, שהתורה לא תתלה החוקים אלא בדרכים שהם על הרוב, ורוב מה שתאחר **הנטיעה** תחילת תבואתה **בארץ ישראל** הוא לשלש שנים. ויעד לנו יתברך אשר באבד זאת התבואה הראשונה והשחתתה תרבה תבואת האילן אמר - להוסיף[387] לכם תבואתו. וצוה באכילת **נטע רבעי** - לפני[388] הוי"ה, תחת שהיו אוכלים **ערלה** בבית **עבודה זרה**, כמו שבארנו:

וממה שזכרוהו גם כן עובדי **עבודה זרה** הקדמונים בעבודה הנביטיה שהם היו מעפשים דברים שזכרום וישמרו בהם בוא השמש במעלה ידועה, ומעשי כישוף רבים, וחשבו שהדבר ההוא יהיה מזומן ביד כל אחד, וכשייטע אדם אילן עושה פרי יזרה סביבו או במקומו מן הדבר ההוא המעופש, וימהר להצמיח האילן ולתת פריו מהרה יותר מן הנהוג. וזכרו שזה עניין נפלא מאד ונוהג מנהג הטליסמאות ושהוא, עניין יותר נפלא מכל מיני הכישוף כולם במהר יציאת פרי כל עץ עושה פרי. וכבר ביארתי לך והודעתיך בריחת התורה ממעשי הכישוף כולם ולזה אסרה התורה כל פרי שייתן האילן בשלש שנים מיום נטיעתו, ואין צריך אם כן למהר נתינת פרים לפי מה שהיו חושבים - ואחר שלש שנים יוציאו רוב האילנות הנותנים פרי, פרים בארץ ישראל לפי מנהג טבעם ולא יצטרך למעשה הכישוף ההוא המפורסם אצלם אז. והבן אלו הנפלאות גם כן:

ומן הדעות המפורסמות בזמנים ההם אשר השאירום **הצאבה** שהם אמרו בהרכבת האילן באילן אחר כשיעשה במולד כן ויעושן בכך וכך ויאמר עליו כך וכך בשעת ההרכבה יבוא מן המורכב ההוא דבר שיחשבו שהוא מועיל תועלות גדולות, המפורסם מכל מה שזכרוהו הוא מה שזכרו בתחילת ספר העבודה הנבטית בהרכבת הזית באתרוג, והאמת אצלי **שספר רפואות** שגנז[389] חזקיהו מזה הכת היה בלא ספק. וכן זכרו עוד שבעת הרכבת מין במין זולתו, צריך שיהיה החוטר אשר ירצה להרכיבו ביד נערה יפה, ואיש ישגלנה משגל מגונה, שזכרוהו ובעת חיבורם על זה הדרך תרכיב האישה הנטע באילן. ואין ספק שזה היה מפורסם ולא היה שם מי שלא היה עושה כן וכל שכן למה שהתחבר אליו מהנאת המשגל עם התוחלת בתועלות ההם.

---

[387] ויקרא יט כה

[388] דברים יט יז

[389] גמרא פסחים נו ע"א

ומפני זה נאסרו **הכלאים**, רצוני **לומר הרכבת אילן באילן** בעבור שנתרחק מסיבות **עבודה זרה ומתועבות** משגליהם היוצאים מדרך הטבע. ומפני **הרכבת אילן** נאסר לקבץ אי זה שני מיני **זרעים** שיהיו ואפילו לסמכם זה לזה. אתה תמצא כשתסתכל בפרוש זאת **המצוה** -הרכבת[390] אילן לוקין עליה מן התורה בכל מקום, מפני שהיא עיקר האזהרה **וכלאי זרעים** כלומר סמכם זה לזה, לא נאסר רק **בארץ ישראל**: וכן זכרו בביאור בספר העבודה ההוא כי מנהגם היה לזרוע שיעורה וחרצן יחד, וחשבו שלא יהיה הכרם טוב אלא בזה. ולכן אסרה התורה **כלאי הכרם** וצוותה לשרוף הכל, כי **חוקות הגויים** כולם אשר היו חושבים שהם כוחות וסגולות, ואפילו דבר שלא יהיה בו ריח **עבודה זרה** נאסר כמו שבארנו באמרם - אין[391] תולין אותה באילן וגו'. ונאסרו **חוקותיהם** כולם אשר יקראו **דרכי האמורי** למה שנמשך אליהם **מעבודה זרה**. כשתסתכל מנהגיהם בעבודתם תמצא מיני עבודה יפנו בהם לכוכבים ומינים יפנו בהם לשני המאורים הגדולים, והרבה פעמים יבחרו מולדי מזלות לזריעה ועישונים והקפים יקיף אותם הנוטע או הזורע, מהם מי שיקיף חמש הקפות לחמש הכוכבים המשרתים מלבד שני המאורים. ומהם מי שיקיף שבע הקפות לשבעת המשרתים אשר שני המאורים בכללם ויחשבו שאלו כולם, כוחות וסגולות מועילות מאד בעבודת האדמה להביא בני אדם לעבודת הכוכבים. ונאסרו **חוקות הגוים** ההם כולם בכלל ואמר - ולא[392] תלכו בחוקות הגוי וגו', ומה שהיה בהם יותר מפורסם ויותר פשוט או היה בו ביאור במין **עבודה זרה** יחד בו האיסור כ**ערלה וכלאים וכלאי הכרם**. והתמה אצלי מאמר רבי יאשיה ב**כלאי הכרם** והוא **הלכה** - עד[393] שיזרע חטה ושיעורה וחרצן במפולת יד, אין ספק אצלי שראה עיקר העניין ההוא מ**דרכי האמורי**: הנה כבר התבאר לך בביאור אין ספק בו שאיסור **שעטנז וערלה וכלאים** הוא מפני **עבודה זרה** ושאיסור **חוקותיהם** הרמוז אליו הוא למה שנמשך עליו **מעבודה זרה** - כמו שבארנו:

פרק לח

המצוות שכלל אותם הכלל השלישי הם אשר ספרנום ב**הלכות דעות** ותועלת כולם מבוארת מפני שהם כולם מדות, שבהם יתוקן עניין חברת בני אדם וזה מבואר בעניין שלא אצטרך להאריך בו: ודע שבקצת **המצוות** גם כן מה שהכוונה בו, לקנות מדה טובה ואף על פי שהם קצת מעשים ויחשב בהם שהם גזרת הכתוב, ללא תכלית ואנחנו נבארם אחת אחת במקומותם. ואמנם אלו אשר ספרנום ב**הלכות דעות** הנה התבאר בכולם בפרוש

390 משנה ערלה ג ט

391 משנה חולין ד ז

392 ויקרא כ כג

393 גמרא בכורות נד א

שהכוונה בהם, קונות המנות הנכבדות ההם:

פרק לט

המצוות אשר כללם הכלל הרביעי הם מה שכלל אותם **ספר זרעים** מחיבורנו - מלבד **הכלאים** וכן **דין ערכים וחרמים** וכן **המצוות** אשר ספרנום **בהלכות מלוה ולוה** ואשר ספרנום **בהלכות עבדים**. ואלו **המצוות** כולם כשתסתכל בהם אחת אחת תמצאם גלויי התועלת כחמלת העניים והדלים ולעזור האביונים בפנים חלוקים ושלא יציק לצירך ולא יענה לב איש חלוש בעניינו כאלמנה ויתום וכיוצא בהם: אמנם **מתנות עניים** עניינם מבואר. גם כן עניין **התרומות** **והמעשרות** כבר באר סיבתם - כי[394] אין לו חלק ונחלה עמך, וכבר ידעת סיבת זה כדי שיהיה זה **השבט** כולו מיוחד לעבודת האלוה ולידיעת התורה, ולא יתעסק לא בחרישה ולא בזריעה רק יהיה לאלוה לבד כמו שאמר - יורו[395] משפטיך ליעקב ותורתך לישראל. ותמצא דברי **התורה** במקומות רבים - הלוי[396] והגר והיתום והאלמנה, ימנה אותו תמיד בכלל **העניים** בעבור שאין לו קנין: אבל **מעשר שני** צווה להוציאו במזון לבד **בירושלים** להיות מביא בהכרח לעשות ממנו צדקה, מפני שלא היה יכול להוציאו רק במאכל ובמשתה ויקל על האדם להפרישו ראשון ראשון ויביא ההתקבץ במקום אחד להתחזק האחווה והאהבה בין בני אדם חוזק רב: אבל **נטע רבעי** עם מה שיש בו מריח **עבודה זרה** להתלותו **בערלה**, כמו שזכרנו. הוא נוהג מנהג **התרומה** **והחלה** **והביכורים** **וראשית הגז** שהוא ליתן ראשית כל דבר לאלוה, לחזק מידת הנדיבות ולמעט תאוות המאכל וקניות הממון. וכן זה העניין בעצמו בלקיחת הכהן **זרוע ולחיים וקיבה**, **שלחיים** מראשית הגוף בעל החיים **והזרוע** הוא הימין והוא תחילת מה שיסתעף מן הגוף, גם כן **וקיבה** ראשית בני המעיים כולם: אבל **מקרא ביכורים** יש בו מידת ענוה גם כן שהוא לוקח סל על כתפיו ומודיע חסדי האלוה וגמולותיו להודיע לבני אדם, שמעבודת האלוה הוא שיזכור עיתות צרתו ועניני מצוקותיו כשירחיב לו האלוה. וזאת הכונה חיזקה אותה **התורה** במקומות רבים - וזכרת[397] כי עבד היית וגו', מפני שפחד מן המידות המפורסמות לכל מי שגדל בעושר ונחת - רצוני לומר הבעיטה והגאוה ועזיבת הדעות האמיתיות - פן[398] תאכל ושבעת ובתים וגו', ואמר - וישמן[399] ישורון ויבעט וגו', ומפני זאת היראה צווה **במקרא בכורים** בכל שנה לפניו יתברך ולפני שכינתו. וכבר ידעת גם כן חיזוק התורה לזכור

---

394 דברים יד כט
395 דברים לג י
396 דברים טז יד
397 דברים ה יד
398 דברים ח יב
399 דברים לב טו

המכות שחלו על המצריים תמיד - למען[400] תזכור את יום צאתך וגו', ואמר - ולמען[401] תספר באזני בנך וגו'. ובדין היה לעשות כן בזה העניין מפני שהם עניינים שמאמתים הנבואה והגמול והעונש. אם כן כל **מצוה** שמביאה לזיכרון דבר מן הנפלאות או להתמיד האמונה ההיא, כבר נודע תועלתה.

ובביאור אמר ב**בכור אדם ובבכור בהמה** - ויהי[402] כי הקשה פרעה לשלחנו וגו', על כן אני זובח להוי"ה וגו'. ואמנם היות זה מיוחד **בבקר ובצאן וחמור** הוא מבואר מאד שאלו הם הבהמות הביתיות שמגדלים אותם בני אדם, והם נמצאים ברוב המקומות וכל שכן בארץ ישראל וכל שכן אצל **ישראל** שאנחנו כולם רועים אבותינו ואבות אבותינו - רועי[403] צאן היו עבדיך וגו'. אמנם הסוסים והגמלים אינם נמצאים אצל הרועים על הרוב ולא בכל מקום הסתכל בשלל מדין לא תמצא בו מבעלי החיים, רק **בקר וצאן וחמור**, כי מין החמור לבד הוא הכרחי לבני אדם כולם וכל שכן למי שיש לו עסק בשדות וביעריים - ויהי[404] לי שור וחמור, אך הגמלים והסוסים אינם נמצאים על הרוב אלא ליחידים ובקצת מקומות. אמנם **עריפת פטר חמור** הוא להיות זה מביא לפדותו בהכרח ולזה נאמר - מצות[405] פדיה קודמת למצות עריפה:

ואמנם כל **המצוות** אשר ספרנום ב**הלכות שמיטה ויובל** מהם לחמלה על בני אדם והרחבה לבני אדם כולם כמו שאמר - ואכלו[406] אביוני עמך ויתרם תאכל חית השדה וגו', ושתוסיף הארץ תבואתה ותתחזק בעמדה שמוטה, ומהם חנינה בעבדים ועניים, רצוני לומר **השמטת כספים והשמטת עבדים**, ומהם עיון בתיקון הפרנסה והכלכלה על ההתמדה והוא היות הארץ כולה שמורה לבעלים אי אפשר בה מכירה לצמיתות - והארץ[407] לא תמכר לצמיתות, ויישאר ממון האדם שמור עליו ועל יורשיו. הנה זכרתי סיבת כל מה שכולל אותו **ספר זרעים** מחיבורנו. מלבד **כלאי בהמה** - ויתבאר טעמו:

וכן **המצוות** אשר ספרנום ב**הלכות ערכים וחרמים** כולם הולכים על דרך הצדקות מהם מה שהוא ל**כהנים** ומהם, מה שהוא לבדק הבית. ובכולם גם כן יגיע לאדם מידת הנדיבות ושיבוז האדם לממון לכבוד האלוה ולא יקפוץ יד, כי רוב ההפסד הבא במדינות בין בני אדם אמנם הוא מפני החריצות על הממון והרבות ממנו ורוב התאוה להוסיף נכסים וכבוד: וכן כל המצות אשר ספרנום בהלכות מלוה ולוה תשתכל בהן אחת אחת, תמצאם כולם חמלה

---

400 דברים טז ג
401 שמות י ב
402 שמות יג טו
403 בראשית מז ג
404 בראשית לב ו
405 משנה בכורות א ז
406 שמות כג יא
407 ויקרא כה כג

על האביונים ורחמנות וחנינה עליהם ושלא תתבטל תועלת הכרחית במזון, ר"ל שלא יחבל רחיים ורכב:

וכן כל **המצוות** אשר ספרנום ב**הלכות עבדים** כולם חמלה רחמנות וחנינה לאביונים. ומרוב הרחמנות יציאת **עבד כנעני** חפשי בחסרון אחד מאיבריו שלא יתחברו בו העבדות והביטול ואפילו בהפלת שן כל שכן על זולתה מהאיברים ואין מותר גם כן להכותו אלא בשוט או בקנה וכיוצא בו, כמו שבארנו ב**משנה תורה** ועם זה כשירבה להכותו עד שימיתהו ייהרג עליו כשאר בני אדם. ואמרו לא[408] תסגיר עבד אל אדוניו, עם היותו רחמנות יש בזאת המצווה תועלת גדולה והיא שנתנהג בזאת המידה הנכבדת והוא שנעזור מי שייעזר בנו ונשמרהו ולא נסגירהו ביד מי שברח ממני. ולא די שתעזור מי שייעזר בך, אלא שאתה חייב לעיין בתיקוניו ותיטיב לו ולא תכאיב לבבו בדברים והוא אמרו יתברך - עמך[409] ישב בקרבך... באחד שעריך בטוב לו לא תוננו. ועוד שחייב זה הדין בפחות שבבני אדם והוא העבד, כל שכן אם ייעזר בך איש נכבד שראוי לך לעשות מה שראוי לו. ונגד זה העניין, שהעובר המעול כשייעזר בנו לא ייעזר ולא ירוחם ולא יחסרו ממנו דין כלל, ואפילו בא להיעזר בנכבד שבדברים והגדול שבהם, והוא אמרו - מעם[410] מזבחי תקחנו למות, הנה זה בא להיעזר באלוה יתברך ונתלה במה שהוא מיוחס לשמו, ולא עזרו אבל צווה להסגירו ביד בעל דין אשר ברח מלפניו, כל שכן מי שבא להושע באיש מבני אדם שאין צריך להושיעו ולא לרחם עליו שהרחמנות על העבריינים, אכזריות היא על כל הברואים. אלו הם המידות השוות בלא ספק אשר הם מכלל **חוקים ומשפטים צדיקים**, ולא כמידות הסכלים אשר יחשבו למעלות שישובח האיש בהם על עזרו ושמרו מי שיזדמן עושק או עשוק כמו שהוא מפורסם בדבריהם ושיריהם:

אם כן כל **מצוה** שבאה בזה הכלל מבוארת העילה גלוית התועלת:

פרק מ

המצוות אשר כללם הכלל החמישי הם אשר ספרנום ב**ספר נזיקים** והם כולם בהסרת העול ומנוע ההיזק. ולרוב האזהרה על מניעת ההיזק חייב האדם בכל נזק שיבוא מממונו או מסיבת פעולתו ממה שאפשר לו לשמרו מהזיק, ולכן חייבנו בנזקים שיבואו מבהמותינו עד שנשמרם, וכן **אש ובורי** מפני שהם ממעשה האדם ואפשר לו לשמרם עד שלא יבוא מהם נזק. וכללו אלו הדינים מן היושר מה שאעיר עליו וזה לשון ששן[411] ורגל ברשות הרבים

[408] דברים כג טז

[409] דברים כג יז

[410] שמות כא יד

[411] גמרא בבא קמא כ ע"א

פטור, שהוא עניין שאי אפשר לשמרו ומה שיבוא מהם מנזק גם כן שם, הוא מעט, ומי ששם דבר **ברשות הרבים** הוא שפשע בנפשו ונתן ממונו לאיבוד, ואמנם יהיה חייב **על השן והרגל בשדה הניזק**. אמנם הזק **הקרן** והדומה לו אשר אפשר לשמרו בכל מקום ואי אפשר להולכים **ברשות הרבים** להישמר מן הנזק ההוא דינו בכל מקום אחד, ויש בו הפרש בין **תם למועד** שאם יהיה המעשה ממי שלא הורגל בו יתחייב **חצי נזק** ואם יהיה מעשה הנזק ממי שנמשך עליו ונודע בו יתחייב **נזק שלם**: ושם דמי **העבד** בכלל חצי דמי בן חורין בכלל, שאתה תמצא **ערכי אדם**. המרובה שבהם **ששים שקלים ודמי עבד** - כסף[412] שלושים שקלים: והיות הבהמה נהרגת כשתהרוג אדם אינו לקחת דין ממנה כמו שירחיקו עלינו הצדוקים אבל הוא לקחת הדין מבעליה, ומפני זה נאסר להנות מבשרה כדי שיפליג בעל הבהמה לשמרה וידע שאם תהרוג גדול או קטן בן חורין או עבד יפסיד מדמיה על כל פניו ואם תהיה **מועדת** יתחייב **כופר** מוסף על אבדת דמיה. והיא הסיבה בעצמה בהריגת **הבהמה הנרבעת** שיזהר בעל הבהמה בה וישמרה כשמרו אנשי ביתו שלא תעלם מעיניו, שחמלת בני אדם על ממונם כחמלתם על נפשם וקצת בני אדם יגדיל ממונו על נפשו אמנם להשוות ביניהם הוא על הרוב - ולקחת[413] אותנו לעבדים ואת חמורינו:

וממה שכלל אותו זה הכלל עוד הוא הריגת **הרודף** וזה הדין, רצוני לומר שייהרג מי שישתדל לעשות החטא קודם שיעשהו אינו מותר כלל אלא בשני המינים האלו והוא **רודף אחר חברו להרגו**, **ורודף אחר ערות אדם לגלותה** להיות עול שאי אפשר לתקן מעוותו אחר היותו. אמנם **שאר העברות** אשר בהם **מיתת בית דין** **כעבודה זרה** **ושבת** אשר לא יזיק בהם לזולתו אבל הם דעותיו, לא ייהרג בהם על המחשבה עד שיעשה.

וכבר נודע שאיסור **התאוה** מפני **החמידה**, **והחמידה** מפני **הגזל** כבר בארוהו זיכרונם לברכה:

ואמנם **השב האבדה** העניין בו מבואר שעם היותו מידה מעולה בתיקון העניינים הוא גם כן ממה שתועלתו חוזרת חלילה, שאם לא יחזיר אבדת זולתו לא יחזירו לו אבדתו, כמו שאתה אם לא תכבד הוריך לא יכבדוך בניך, וכמו זה הרבה:

ואמנם היות **רוצח בשגגה**, **גולה** הוא להשקיט נפש **גואל הדם** עד שלא יראה מי שבאה תקלה הזאת על ידו. ותלה חזרתו במות האיש אשר הוא הנכבד שבבני אדם והאהוב לכל **ישראל** שבזה תנוח דעת הגואל אשר נהרג קרובו, שזה עניין טבעי לאדם כל מי שתקרהו צרה כשתבוא גם כן לזולתו כיוצא בה או גדולה ממנה ימצא נחמה בזה על מקרהו, ואין במקרי מות בני אדם אצלינו יותר גדול ממיתת **כהן גדול**:

---

412 ויקרא כז ד

413 בראשית מג יח

ואמנם **עגלה ערופה** תועלתה מבוארת, כי המביא אותה היא **העיר הקרובה אל החלל**, ועל הרוב ההורג הוא ממנה וזקני העיר ההיא מעידים עליהם האלוה שהם לא התרשלו בתיקון הדרכים ובשמירתם ולתייר כל שואל דרך, כמו שבא הפרוש בדברי רז"ל, ולא נהרג זה מפני ששכחנו התיקונים הכוללים ואנחנו לא נדע מי הרגו. ואי אפשר על הרוב עם החקירה ויציאת הזקנים והעומדים ולקיחת העגלה שלא ירבו דברי בני אדם ואולי בפרסום העניין יודע ההורג ויאמר מי שידעו או שמע ענינו או הורוהו על זה אמתלאות פלוני הוא ההורג כי אחר שיאמר אדם ואפילו **אישה** או **שפחה** פלוני הרגו, לא **תערף העגלה**. וכבר נודע שמי שידע ההורג וישתוק ממנו והם העידו האלוה על עצמם שלא ידעוהו יהיה בזה עזות גדולה ואשם גדול, אם כן אפילו אישה אם תדעהו תאמר. ואחר שיודע הגיעה התועלת שאם לא יהרגוהו **בין דין** המלך יהרגהו שיש לו להרוג באמתלאות ובדמי, ואם לא יהרגהו המלך **גואל הדם** יהרגהו ויערים עד שיתנכל אליו להורגו. הנה כבר התבאר שתועלת **עגלה ערופה** היא לפרסם ההורג. וחיזק זה העניין בהיותו המקום אשר **תערף בו העגלה**, לא[414] יעבד בו ולא יזרע לעולם' שבעל הארץ ההיא יעשה כל תחבולה ויחקור עד שיודע ההורג כדי שלא **תערף העגלה** ולא תאסר ארצו עליו **לעולם**:

פרק מא

המצוות אשר כלל אותם הכלל השישי הם לקחת הדין מן החוטא ותועלתם בכלל ידועה וכבר זכרנוה. ואמנם פרטיהם ודין כל חלק שבא בהם שמע אותם: שם עונש כל חוטא לזולתו בכלל, שיעשה בו כמו שעשה בשווה אם הזיק בגוף ייִנזק בגופו ואם הזיק בממון יינזק בממונו. ויש לבעל הממון למחול ולהקל. אמנם ההורג לבד לחוזק חטאתו אין מקילים לו כלל - ולא[415] יילקח ממנו כופר ולארץ לא יכופר לדם אשר שופך בה כי אם בדם שופכו. ומפני זה אילו חיה הנהרג שעה אחת או ימים והוא מדבר ושכלו טוב ויאמר **הניחו הורגי הנה מחלתי וסלחתי לו** אין שומעים לו אבל נפש בנפש בהכרח בהשוות הקטן לגדול, והעבד לבן חורין, והחכם לסכל, שאין בכל חטאות האדם יותר גדול מזה. ומי שחיסר איבר יחוסר איבר - כאשר[416] יתן מום באדם כן ינתן בו. [ולא תטריד רעיונך בהיותנו עונשים הנה בממון כי הכונה עתה לתת סיבת הפסוקים ולא סיבת דברי התלמוד. ועם כל זה יש לי במה שאמר בו התלמוד דעת ישמע פנים בפנים]. והמכות אשר אי אפשר לעשות כיוצא בם בשווה דינם בתשלומים - רק[417] שבתו יתן ורפוא ירפא: ומי

---

[414] דברים כא ד

[415] במדבר לה לג

[416] ויקרא כד כ

[417] שמות כא יט

שהזיק בממון יינזק בממונו כשיעור ההוא בשווה - אשר[418] ירשיעון אלוקים ישלם שנים לרעהו, רצונו לומר הדבר אשר לקח ויילקח ממנו, כיוצא בו ודע כי כל אשר יהיה מן העברה והחטא יותר נמצא ויותר קרוב להעשות ראוי שיהיה ענשו יותר קשה כדי ישמנעו ממנו, והעניין שאינו נמצא רק מעט ענשו יותר קל. ומפני זה היו תשלומי גונב צאן כפל תשלומי שאר **המטלטלין** רצוני לומר **תשלומי ארבעה** ובתנאי שהוציאם מתחת ידו במכר או ששחטם, מפני שגנבתם היא על הרוב תמיד להיותם בשדות ואי אפשר לשמרם כמו ששומרים הדברים שבתוך המדינה, ומפני זה מדרך הגונבים אותם שימהרו למכרם עד שלא יודעו אותם או לשחוט אותם בעבור שתשתנה צורתם. ומפני זה היה עונש העניין הנמצא יותר גדול. ותשלומי גנבת הבקר הוסיף בו אחד מפני שגנבתם קלה יותר כי הצאן ירעו מקובצים ואפשר לרועה לשמרם ויותר מה שאפשר לגנבם הוא בלילה, אמנם הבקר ירעו מפוזרים מאד, כבר נזכר בספר העבודה הנבטית, ואי אפשר לרועה לשמרם ותרבה בהם הגנבה:

וכן **דין עדים זוממין** שיעשה בהם מה שחשבו לעשותו בשווה אם חשבו להרוג יהרגו, אם חשבו להכות יוכו, אם חשבו לחייב ממון יחויבו ממון בשווה. הכונה בכל זה להשוות העונש והעבירה וזה עניין המשפטים **צדיקים** גם כן: ואמנם היות **הגזלן** לא יחויב לשלם דבר נוסף על צד הקנס, ש**החומש** אינו רק **לכפרה** על שבועת השקר אבל על גזלתו אינו מוסיף כלום, הוא מפני מיעוט מציאות הגזל שנזק הגנבה יותר נמצא מן הגזל, שהגנבה אפשר בכל מקום והגזל אי אפשר בתוך המדינה כי אם בקושי. ועוד שהגניבה אפשר בדברים הגלויים ובדברים המוצנעים ונשמרים והגזל אי אפשר אלא בנגלה, ואפשר לאדם להישמר מן הגזלן ולעמוד כנגדו ואי אפשר כן עם הגנב. ועוד שהגזלן ידוע ויבוקש וישתדלו להוציא מידו מה שלקח והגנב אינו ידוע. מפני אלו הסיבות כולם חייבו **הגנב קנס** ולא חייבו **הגזלן** קנס:

הקדמה. דע שגודל העונש וחיזוק צערו או קטנותו וקלות סבלו יהיה בבחינת ארבעה דברים.

<u>הראשון</u> - גודל החטא שהפעולות שיבוא מהם הפסד גדול, ענשם גדול והמעשים שהפסדם מועט ענשם מועט.

<u>והשני</u> - רוב המצאו שהדבר שהוא נמצא יותר, ראוי שימנע בעונש חזק אמנם מה שימצא מעט, מעט מן העונש עם מעוט המצאו מספיק במניעתו.

<u>והשלישי</u> - רוב ההסתה בדבר שהעניין שהאדם נסת בו יותר להיות התאווה מביאה אליו מאד או לרב ההרגל או שיש בהנחתו צער גדול, בידוע שלא ימנע ממנו אלא על יראת דבר גדול.

---

[418] שמות כב ח

והרביעי - קלות עשות המעשה ההוא בהסתר ובהעלם. בעניין שלא ירגיש בו זולתו, כי מניעת זאת אי אפשר אלא ביראת עונש גדול וחזק:

ואחר זאת ההקדמה דע, שסדר העונש בדברי **התורה** ארבע מעלות מעלת חיוב מיתת **בית דין**, ומעלת חיוב **כרת** עם האמונה שזה החטא מן החטאים הגדולים, ומעלת חיוב מלקות והוא ההכאה ברצועה, ולא יאמן בחטא ההוא שהוא מן החטאים הגדולים, אבל הוא **לאו** לבד או **מיתה בידי שמים**, ומעלת לא תעשה שאין בה מלקות, והיא כל **לאו שאין בו מעשה** חוץ **מנשבע**, בעבור מה שהוא חייב להאמינו מהגדלת האלוה יתברך, **וממר** שלא יביא זה לבזות **בקרבנות** המיוחסות לו יתברך, **ומקלל חברו בשם** להיות הזק הקללה להמון יותר גדול מהיזק שנופל בגוף. וזולת אלו **מלאוין שאין בהם מעשה** ההפסד שבא מאתם הוא מעט, ואי אפשר גם כן להישמר ממנו מפני שהם דברים לבד, ואילו היה בהם מלקות לא היה נמלט אדם מהכאת גבו כל השנה, ולא תצויר בהם **ההתראה** גם כן. ובמספר ההכאות גם כן יש חכמה מפני שיש לתכליתם קצבה ולאנשים אין קצבה, כי לא יכו כל איש אלא בשיעור סבלו ותכלית ההכאה ארבעים ואפילו סובל מאה:

אמנם חיוב **מיתת בית דין** לא תמצא אותו בדבר מן המאכלות האסורות מפני שאין בהם הפסד גדול, ואין האדם ניסת בהם מאד כאשר הם נסתיים בהנאת המשגל. ובקצת המאכלות - **כרת בדם** לרוב תאוותם וזריזותם לאכלו בזמן ההוא למין ממיני **עבודה זרה** כמו שהתבאר בטומטום, ומפני זה בא בו זה החיזוק הגדול, וכן בחלב יש בו **כרת** למה שיהנו בו בני אדם - וכבר כיבד בו **הקרבן** להגדילו, וכן **הכרת בחמץ בפסח ואוכל ביום הצום** למה שיש בו מן הצער ולמה שמביא אליו מן האמונה שהם מעשים יחזקו דעות שהם פינות התורה, רצוני לומר **יציאת מצרים** ונפלאותיה ואמונת **התשובה** - כי[419] ביום הזה יכפר וגו', וכן חויב **כרת בנותר ופיגול ולטמא שאכל קודש** כמו שחויב באכילת החלב הכונה, להגדיל עניין **הקרבן** כמו שיתבאר:

אבל **מיתת בית דין** תמצאה בעניינים הגדולים אם בהפסד אמונה או בחטא גדול, רצוני לומר **בעבודה זרה וגילוי עריות ושפיכות דמים** וכל מה שמביא לזה, **ובשבת** להיותו מקיים אמונת חידוש העולם, ובנביא השקר **וזקן ממרה**, לרב ההפסד הבא מהם, **ומכה אביו ואמו ומקלל אביו ואמו**, לרב העזות שיש בו והיותו מפסיד סדר הבית אשר הוא החלק הראשון מן המדינה. אבל **בן סורר ומורה** הוא בעבור מה שיגיע אליו מענינו מפני שהוא עתיד להרוג על כל פנים, **וגונב נפש**, מפני שהוא מביא אותו להריגה וכן **הבא במחתרת**, אמנם הכניס עצמו להרוג, כמו שבארו זיכרונם לברכה. ואלו השלשה, רצוני לומר **בן סורר ומורה וגונב נפש ומכרו והבא במחתרת** בידוע שהם שופכי דמים בסוף. לא תמצא **מיתת בית דין**, בדבר

[419] ויקרא טז ל

אחר אלא באלו הדברים הגדולים. ולא כל **העריות במיתת בית דין** אלא מה הוא מהם יותר קל להעשות ויותר נמצא ויותר מגונה ומכוער ומה שהאדם ניסת אליו. יותר, ומה שאינו כן הוא **בכרת** לבד. ולא כל מיני **עבודה זרה** גם כן **במיתת בית דין** אלא עיקרי עבודתה כהתפלל לה **ומתנבא בשמה ומעביר באש ואוב וידעוני ומכשף**:

ומבואר הוא שאחר שאי אפשר מבלתי ענשים ומשפטים שאי אפשר אם כן מבלתי העמיד שופטים מפוזרים בכל עיר ועיר ואי אפשר מבלתי עדים ואי אפשר מבלתי מלך שיפחדו וייראו ממנו וימנע במינים רבים מן המניעה ויחזק יד השופטים ויסמוך אותם: הנה ביארתי סיבות כל **המצוות** אשר ספרנום ב**ספר שופטים**. וצריך שנתעורר על מעט מהם שנזכרו שם לפי עניין זה המאמר. מזה מה שנתלה **בזקן ממרא**:

אומר כי כאשר ידע האלוה יתברך שמשפטי זאת התורה יצטרכו בכל זמן לפי התחלף המקומות והחידושים, ולפי הנראה מן העניינים להוסיף על קצתם ולגרוע מקצתם הזהיר מן התוספת ומן המגרעת ואמר - לא[420] תוסף עליו ולא תגרע ממנו, כי היה זה מביא להפסד סדרי התורה ולהאמין בה שאינה מאת האלוה. והותר גם כן לחכמי כל דור, רצוני לומר **בית דין הגדול** לעשות סייגים כדי לקיים משפטי התורה האלו בעניינים שיחדשום לשמור התורה וישאירו הסיגים ההם לנצח, כמו שאמרו - ועשו[421] סייג לתורה. וכן הותר להם גם כן לבטל קצת מעשי התורה ולהתיר קצת הנזהר ממנו לפי עניין אחד ולפי מאורע אחד אבל לא יעמידוהו לדורות כמו שבארנו בסדר **פרוש המשנה בהוראת שעה**. ובזאת ההנהגה תתמיד התורה האחת ויתנהג כל זמן ובכל מאורע כפי הצריך לו. ולו היה זה העיון החלקי נמסר לכל אחד מן החכמים היו בני אדם נפסדים לרב המחלוקת והסתברות הדעות, והזהיר יתברך שלא יעשו זה שאר החכמים אלא **בית דין הגדול** לבד וציווה להרוג מי שיחלוק עליהם שאם יחלוק עליהם כל מעין, בטלה הכונה המכוונת ובטלה התועלת:

ודע שמעשה העברות יחלק לארבעה חלקים האחד מהם - **האנוס**. השני - **השוגג**. השלישי – **המזיד**. הרביעי - **עושה ביד רמה**: אמנם **האנוס** כבר נאמר בו שלא ייענש ואין עליו חטא כלל, אמר יתברך - ולנערה[422] לא תעשה דבר אין לנערה חטא מות: ואמנם **השוגג** יש בו חטא כי אילו הפליג להתיישב ולהיזהר, לא באה **שגגה** לידו, אלא שלא ייענש כלל ואמנם **צריך כפרה** ומפני זה **מביא קרבן**. וחילקה **התורה** בו בין **יחיד הדיוט** ל**מלך** או **כהן גדול** או מורה הלכה. ולמדנו מזה שכל עושה או מורה הלכה לפי הסתכלותו אם לא יהיה **בית דין הגדול** או **כהן גדול** הוא מכת **המזיד** ואינו

---

420 דברים יג א

421 משנה פרקי אבות א א

422 דברים כב כו

נמנה בכלל **השוגגים**, ומפני זה ייהרג **זקן ממרא** ואף על פי שעשה והורה לפי ראות עיניו. **אבל בית דין הגדול** יש להם להורות כפי ראות עיניהם ואם טעו **נעשו שוגגים** כמו שאמר יתברך - ואם[423] כל עדת ישראל ישגו וגו'. ומפני זה העיקר אמרו רבותינו ז"ל - שגגת[424] תלמוד עולה זדון, רצונו לומר כי המקצר בחכמה ויורה ויעשה כפי קיצורו אמנם הוא **כמזיד** שאין דין מי שאכל חתיכת חלב הכליות והוא חושב שהוא חלב האליה כמי שאכל חתיכת חלב הכליות והוא יודע שחלב הכליות הוא אלא שאינו יודע שחלב הכליות הוא מן החלב האסור שזה אף על פי שמקריב קרבן הוא **קרוב למזיד**. זה אם הוא עושה מעשה לבד אבל המורה הלכה לפי השתדלותו, הוא **מזיד** בלי ספק שלא ניצל הכתוב בחטא ההוראה בטענת שגגה אלא **לבית דין הגדול** לבד:

אבל **המזיד** יתחייב הדין הכתוב או **מיתת בית דין** או **מלקות** או **מכת מרדות**, **על לאוין שאין לוקין עליהן** או חיוב ממון. אבל **העברות** ההם שהשווה בהם בין **שוגג למזיד** הוא לרוב המצאם בקלות להיותם דברים בעלמא שאין בהם מעשה, רצוני לומר **שבועת העדות ושבועת הפקדון**. וכן **שפחה חרופה** יקל ענינה לרוב מציאותה מפני שהיא משולחת בהפקר שאינה לא שפחה גמורה ולא בת חורין גמורה ולא אשת איש גמורה, כמו שבארה הקבלה בפרוש זאת **המצווה**:

אבל '**עושה ביד רמה**' הוא ה'**מזיד**' שיעז פניו ויעבור בפרהסיה שזה אינו עובר לתאבון לבד ולא לעשות מה שמנעה התורה לעשותו לרוע מידותיו לבד אבל לחלוק על התורה ולעמוד כנגדה - ומפני זה אמר בו - את[425] הוי"ה הוא מגדף, והוא ייהרג בלא ספק. ולא יעשה זה אלא מי שעלה בליבו דעת אחר לחלוק בו על התורה, ומפני זה בא הפרוש המקובל - בעבודה[426] זרה הכתוב מדבר, מפני שהוא חולק על פינות התורה כי לא עבד אדם כוכב כלל אלא מי שהאמין בו הקדמות כמו שבארנו בחיבורינו פעמים. וכן הוא הדין אצלי בכל עבירה שיראה ממנה סתירת התורה או המחלוקת כנגדה. ואפילו אכל אדם מ**ישראל**, **בשר בחלב** או **לבש שעטנז** או הקיף **פאת ראש** לביזיון התורה מפני דעת שיתבאר ממנו שאינו מאמין שזאת התורה אמת הוא אצלי הנאמר עליו - את[427] הוי"ה הוא מגדף, וייהרג מיתת כפירה לא מיתת עונש **כאנשי עיר הנידחת** שיהרגו מיתת כופרים לא מיתת עונש ולזה ממונם בשריפה ואינו ליורשיהם **כשאר הרוגי בין דין**. וכן אני אומר בעדה **מישראל** שזדו לעבור על אי זו **מצוה** שתהיה **ועשו ביד רמה** יהרגו כולם,

---

423 ויקרא ד יג
424 משנה פרקי אבות ד יג
425 במדבר טו ל
426 ספרי על במדבר טו כז
427 במדבר טו ל

וראיה לדבר עניין **בני ראובן ובני גד** שבא בהם - ויאמרו[428] כל העדה לעלות עליהם לצבא, ואחר כן בואר להם בשעת **ההתראה** שהם כבר כפרו בהסכימם על **העברה** ההיא וכפרו בתורה כולה - והוא אמרם להם - לשוב[429] היום מאחרי הוי"ה, והשיבו הם גם כן - אם[430] במרד וגו'. והעלה בידך אלו העיקרים גם כן בעונשים:

וממה שכלל אותו גם כן **ספר שופטים** למחות את **זרע עמלק** שכמו שייענש האדם האחד ראוי שתענש המשפחה האחת, או האומה האחת, בעבור שישמעו שאר המשפחות וייראו, ולא ירגילו בהפסד, כי יאמרו שמא יעשה בנו מה שנעשה בבני פלוני, עד שאם יולד בהם איש רע מפסיד אשר לא יחוש לרעת נפשו ולא יסתכל ברע שיעשהו לא ימצא עוזר ממשפחתו שיעזרהו על רעותיו שירצה לעשותם. ועמלק אשר התחיל להילחם בסיף, אמר למחות זכרו בסיף, ועמון ומואב שעשו מה שעשו דרך כלות וגרמו הזק בערמה נענשו להרחיקם מן החיתון ושיתרחק האדם מאהבתם לא דבר אחר. כל אלו העניינים שיעור אלוקי לעונש, שלא יהיה בו לא תוספת ולא חסרון אלא כמו שבאר יתברך - כדי[431] רשעתו:

וממה שכלל אותו זה הספר, **התקנת יד ויתד**. כי מכוונות זאת התורה כמו שהודעתיך הניקיון, והזהר מן הלכלוכים והמאוסים ושלא יהיה האדם כבהמות. ובזאת **המצווה** גם כן חיזוק האמנת הנלחמים באלו המעשים **שהשכינה** שורה בתוכם, כמו שאמר בסיבת זה - כי[432] הוי"ה אלוקיך מתהלך בקרב מחניך. וגילגל עניין אחר ואמר - ולא[433] יראה בך ערות דבר ושב מאחריך, להזהיר ולהפחיד ממה שהוא ידוע מזנות אנשי החיל במחנה כשיארך עמדם חוץ לבתיהם. וציונו יתברך בפעולות שיזכירו אותנו **שהשכינה** שורה בתוכינו כדי שננצל מן המעשים ההם, ואמר - והיה[434] מחניך קדוש ולא יהיה בך ערות דבר וגו', עד **שבעל קרי** צווה להוציאו מן המחנה עד **שיעריב שמשו, ואחר יבוא אל המחנה** עד שיהיה בלב כל אדם שהמחנה **כמקדש הוי"ה** ושאינו כמחנות **הגויים** להפסד ולעברות והזיק זולתם ולקחת ממונם לא לדבר אחר, אבל כוונתנו אנחנו, הישיר בני אדם לעבודת האלוה וסדר ענייניהם. וכבר הודעתיך שאני אמנם אתן סיבת הנראה מן הכתוב:

וממה שכלל אותו גם כן זה הספר **דין יפת תואר**. וידעת אומרם - לא[435]

---

428 על פי - יהושע כב יב

429 יהושע כב טז

430 יהושע כב כב

431 דברים כה ב

432 דברים כג טו

433 דברים כג טו

434 דברים כג טו

435 גמרא קידושין כא ע"ב

דברה תורה אלא כנגד היצר. ועם זה יש בכלל זאת **המצווה** מן המידות הטובות שצריך שיתנהגו בהם החשובים מה שאעיר עליו. והוא שאף על פי ש**גבר יצרו עליו** ולא יוכל לסבול ולכוף את יצרו צריך שייחדנה במקום נסתר, והוא אמרו - אל[436] תוך ביתך, ואין מותר לו **שיחלצנה במלחמה** כמו שבארו שם שאים מותר לבעלה פעם שניה עד שינוח אבלה ותשקוט דאגתה, ואין מונעים אותה מהתאבל ומן הבכי, ולא מהמנע מן הרחיצה, כמו שכתוב - ובכתה[437] את אביה ואת אמה וגו', כי לבעלי האבל מנוחה מבכים ועורר אבלם, עד שיחלשו כוחותיהם הגופניים, מסבול המקרה ההוא הנפשי כשם שלבעלי השמחה, מנוחה במיני השחוק. ומפני זה חמלה התורה עליה ושמה רשות בידה מכל זה עד שתלאה מן הבכי ומן האבל. וכבר ידעת שהוא בעלה **בגויותה**. וכן כל השלושים יום שתחזיק בתורתה בפרהסיה ואפילו ב**עבודה זרה** ולא יחלקו עליה באמונה כל הזמן ההוא. ועם זה אם לא ישיבנה אל חוקי התורה לא תמכר ולא יעבד בה. הנה שמרה התורה קרבת המשגל ואף על פי שהיא בקצת מרי, רצוני לומר היותה אז **גויה** ועם זה אמר - לא[438] תתעמר בה תחת אשר עניתה. הנה התבאר מה שבאלה **המצוות** מן המידות הטובות והתבארו סיבות כל **מצוות** זה הספר:

<u>**פרק מב**</u>

ה'מצוות' אשר כלל אותם הכלל השביעי והם דיני ממונות אשר ספרנום בקצת **ספר משפטים** וקצת **ספר קנין** וסיבתם מבוארת. וזה - שהם שיעור משפטי יושר בעסקים הנהוגים בין בני אדם בהכרח ושיעזרו העוסקים זה את זה להועיל כל אחד את חברו לא שיכון האחד משני העוסקים לרבות חלקו בכל ושיהיה הוא המרוויח מכל צד: תחילת זה - שלא יהיה שם אונאה במכר אלא הרוח הנהוג הידוע, והניח תנאים שיתקיים בהם המכר והזהיר אפילו מאונאת דברים כמו שנודע: ואחר כך **דין ארבעה שומרים**, ואופן היושר בו מבואר והוא ש**שומר חינם** שאין תועלת לו כלל בזה העניין, ואמנם הוא גומל חסד הוא **פטור** מן הכל, וכל נזק שיארע בו הוא מכיס בעל הממון, **ושואל** שהתועלת כולה שלו, ובעל הממון הוא הגומל אותו **חייב בכל**, וכל הנזקים המתחדשים הם מכיס ה**שואל**. אבל **נושא שכר והשוכר** כל אחד משניהם, רצוני לומר ה**שומר ובעל הממון**, משתתפים בתועלת ולזה נחלקו הנזקים בין שניהם ומה שיביא מהנזק מפני מיעוט השמירה הוא מכיס ה**שומר** והוא **גנבה ואבדה** כי ה**גנבה** וה**אבדה** באה מפני שלא שמר שמירה מעולה, והנזקים שאין תחבולה למנעם והם **שבורה ושבויה ומתה** שהם **אנסין** הם מכיס בעל הממון: ואחר כן הפליג בחמלת השכיר לעניו

---

436 דברים כא יב
437 דברים כא יג
438 דברים כא יד

ואמר למהר שכרו ושלא יונו אותו בדבר מדינו, רצוני לומר שינתן לו כפי עבודתו. ומן הרחמנות עליו, שלא ימנע ואפילו הבהמה מלאכול ממה שהם עושים בו מן המזונות כפי משפטי זאת המצווה: ומדיני ממונות גם כן, הירושות והם מידה מעולה, רצוני לומר שלא ימנע האדם טוב ממי שהוא ראוי לו, ואחר שהוא הולך למות שלא יקנא ביורשיו ולא יפזר ממונו, אבל יניחהו למי שהוא יותר ראוי לו מכל בני אדם, והוא הקרוב לו יותר - לשארו[439] הקרוב אליו ממשפחתו. וכבר באר שהבן קודם ואחר כך הבת ואחר כך האח ואחר כך אחי האב כמו שהוא ידוע. ויבכר הגדול שבבניו מפני שאהבתו קודמת, ולא ימשך אחר תאוותו - לא[440] יוכל לבכר את בן האהובה וגו', וזאת המידה תשמרה ותחזקה זאת התורה הישרה מאד, רצוני לומר נשיאת פני הקרובים והיטב להם, כמו שאמר הנביא - ועוכר[441] שארו אכזרי, ודברי ה**תורה** בצדקות - לאחיך[442] לעניך וגו', והחכמים ז"ל משבחים מאד מידת האדם שיהיה **מקרב את קרוביו ונושא את בת אחותו**: וכבר הודיעתנו ה**תורה** בזאת המידה הפלגה גדולה מאד והיא שהאדם צריך לישא פנים לקרוביו ולקרב מאד כל מי שיש לו עמו אחוה. ואפילו חטא לו וחמסו ואפילו היה הקרוב ההוא בתכלית ההפסד אי אפשר לו מבלתי שישא פנים לקרובו אמר יתברך - לא[443] תתעב אדומי כי אחיך הוא. וכן כל מי שהצטרכת אליו יום אחד וכל מי שקבלת ממנו תועלת ומצאתו בעת צרה, ואף על פי שהרע לך אחר כן צריך שתיזכר לו מה שקדם, אמר יתברך - לא[444] תתעב מצרי כי גר היית בארצו, וכבר התפרסם רוב מה ש**הרעו לנו מצרים** אחר כן, ראה כמה מידות טובות למדנו מאלו ה**מצוות** ושני אלו אינם, מזה הכלל השביעי, אבל מפני נשיאת פני הקרובים בירושות התגלגל באנו המאמר למצרי ואדומי:

פרק מ"ג

ה**מצוות** אשר כלל אותם הכלל השמיני הם אשר ספרנום ב**ספר זמנים** וסיבת כולם מבוארת בתורה מלבד מעט: אמנם עניין השבת טעמו מפורסם ואין צריך לביאור. כבר נודע מה שבו מהמנוחה, עד שיהיה שביעית חיי האדם בהנאה ובמנוחה מן העמל והטורח שלא ימלט ממנו קטון וגדול, עם מה שמתמיד ומקים הדעת הנכבד מאד לדורות והוא האמונה בחידוש העולם: ועניין **צום כפור** גם כן סיבתו מבוארת שהוא נותן דעת ה**תשובה** והוא היום שירד בו אדון הנביאים ב**לוחות שניות** ובשרם בסליחת חטאם

---

[439] במדבר כז יא
[440] דברים כא טז
[441] משלי יא יז
[442] דברים טו יא
[443] דברים כג ח
[444] דברים כג ח

הגדול, והיה היום ההוא לנצח יום תשובה ועבודה גמורה. ולזה נאסרה בו כל הנאה גשמית וכל טורח בתועלת הגוף, רצוני לומר המלאכות ואין עושים בו רק **הווידויים** שיודה בחטאיו וישוב מהם:

אבל **הימים הטובים** הם כולם לשמחה ולקיבוצים שיש בהם הנאה שבני אדם צריכים אליהם ברוב, ויש מהם תועלת גם כן בעניין האהבה שצריך שתהיה בין בני אדם בקיבוצים המדיניים. ויחוד הימים ההם יש לו סיבה:

פסח ענינו מפורסם והיותו שבעה ימים, מפני שהיקף השבעה ימים, הוא הקף בינוני בין היום השמשי והחודש הירחי, וכבר ידעת שלזה ההיקף מבוא גדול בעניינים הטבעיים וכן הוא עוד בעניינים התוריים, כי התורה תדמה בטבע תמיד ותשלים העניינים הטבעיים על צד אחד כי הטבע אינו בעל מחשבה והסתכלות והתורה, שיעור והנהגת האלוה שחנן השכל לכל בעל שכל. ואין זה כוונת הפרק ונשוב למה שאנחנו עתה בו:

ושבועות הוא יום **מתן תורה**, ולהגדיל היום ההוא ימנו הימים מן המועד הראשון אליו, כמי שממתין בוא הנאמן שבאוהביו שהוא מונה היום וגם השעות. וזאת היא סיבת **ספירת העומר** מיום צאתם ממצרים עד יום **מתן תורה** שהוא היה הכונה והתכלית ביציאתם, כאמרו - ואביא[445] אתכם אלי. ולא היה המראה הגדול ההוא אלא יום אחד, כן זכרונו בכל שנה יום אחד. אבל אכילת **מצה** אילו היה יום אחד לא היינו מרגישים בו ולא היה מתבאר ענינו כי הרבה פעמים יאכל האדם מין אחד מן המאכלים שני ימים או שלושה, ואמנם יתבאר ענינו ויתפרסם בהתמיד אכילתו הקף שלם:

כן **ראש השנה** יום אחד מפני שהוא יום תשובה והערת בני אדם משכחתם, ומפני זה יתקע בו ב**שופר** כמו שבארנו ב**משנה תורה** וכאילו הוא הצעה ופתיחה ליום **הצום** כמו שהוא מפורסם בקבלת האומה מעניין **עשרת ימים שמראה השנה ועד יום הכפורים**:

אמנם **סוכות** אשר הכונה בו הששון והשמחה, הוא שבעת ימים כדי שיתפרסם העניין. והיותו בזה הפרק הנה בארה **התורה** סיבתו - **באספך**[446] את מעשיך מן השדה, רצוני לומר עת המנוחה והפנאי מן העסקים ההכרחיים. וכבר זכר אריסטו במאמר התשיעי מספר המידות שכן היה העניין המפורסם באומות מקדם, אמר בזה הלשון הקרבנות הקדומים והקיבוצים היו אחרי אסוף התבואות והפרות כאילו היו קרבנות מפני הרווחה, זהו לשונו. ועוד שישיבת **הסוכה** בעת ההיא אפשר לסבלה אין חום גדול ולא מטר מצער:

ושני המועדים האלה, רצוני לומר **סוכות ופסח** מלמדים דעות ומדות. אמנם הדעת ב**פסח** הזכרת **אותות מצרים** והתמדתה לדורות, אמנם הדעת ב**סוכות** להתמיד זכר **אותות המדבר** לדורות. אמנם המידות הם שיהיה האדם זוכר

[445] שמות יט ד

[446] שמות כג טז

ימי הרעה בימי הטובה בעבור שירבה להודות לאלוה ושילמד מדת ענוה ושפלות ויאכל **מצה ומרור בפסח** לזכור מה שארע לנו, וכן יצא מן הבתים לשכון בסוכות כמו שיעשו השרויים בצער שוכני המדברות, לזכור שכן היה עניינו בתחילה - כי[447] בסוכות הושבתי את בני ישראל וגו'. ונעתקנו מן העניין ההוא לשכון בבתים המצוירים במקום הטוב שבארץ והשמן שבה בחסד האלוה ובייעודיו לאבותינו, בעבור שהיו אנשים שלמים בדעותם ומדותם, רצוני לומר **אברהם יצחק ויעקב** שזה גם כן הוא ממה שהתורה תלויה עליו, רצוני לומר שכל טוב שהיטיב האלוה לנו וייטיב, אמנם הוא **בזכות אבות** מפני ששמרו[448] דרך הוי"ה לעשות צדקה ומשפט: אבל צאתנו **מסוכות** למועד שני, רצוני לומר **שמיני עצרת** - הוא להשלים בו מן השמחות מה שאי אפשר לעשותו **בסוכות**, אלא בבתים הרחבים ובבניינים: אמנם **ארבעת מינים שבלולב** כבר זכרו זיכרונם לברכה בו קצת סיבה על צד **הדרשות** שדרכם ידוע למי שהבין דבריהם, וזה שהם אצלם כדמות מליצת השיר לא שהדבר ההוא הוא עניין הפסוק ההוא. ונחלקו בני אדם **בדרשות** לשני חלקים, החלק האחד ידמה שהם אמרום על צד ביאור עניין הפסוק ההוא, והחלק השני יבזה אותם ויחשבם לשחוק, אחר שהוא מבואר נגלה שאין זה עניין הפסוק, והחלק הראשון נלחם ונתגבר לאמת **הדרשות** לפי מחשבתו ולשמרם ויחשוב שהם עניין הפסוק שמשפט **הדרשות** כמשפט הדינים המקובלים. ולא הבינה אחת משני הכתות שהם על צד מליצות השיר אשר לא יסופק עניינם על בעל שכל. והתפרסם הדרך ההוא והיו עושים אותו הכל כמה שיעשו המשוררים מזמורי השיר. אמרו רז"ל - תני[449] בר קפרא ויתד[450] תהיה לך על אזנך, אל תקרא **אזנך** אלא **אָזְנֶךָ** מלמד שאם ישמע אדם דבר מגונה ייתן אצבעו בתוך אזנו. ואני תמה אם זה **התנא** אצל אלו הסכלים כן יחשוב בפרוש זה הפסוק ושזאת היא כוונת זאת **המצוה** ושה**יתד** הוא האצבע ו**אזנך** הוא האזנים. איני חושב שאחד ממי ששכלם שלם יחשב זה, אבל היא מליצת שיר נאה מאד הזהיר בה על מידה טובה, והיא כמו שאסור לומר דבר מגונה כן אסור לשמעו, וסמך זה לפסוק על צד המשל השיר. וכן כל מה שיאמר בדרשות **אל תקרי כך אלא כך**, זהו ענינו. וכבר יצאתי מן הכונה אלא שהיא תועלת יצטרך אליה כל בעל שכל מאנשי התורה והרבנים. ואשוב אל סדר דברינו: והנראה לי ב**ארבעת מינין שבלולב** שהם שמחה בצאתם מן **המדבר** אשר היה - לא[451] מקום זרע ותאנה וגפן ורימון ומים אין לשתות, אל מקום האילנות נותני הפרי והנהרות. ולקח לזיכרון זה הנאה שבפרות והטוב שבריחו והיפה שבעלים והטוב שבעשבים

[447] ויקרא כג מג
[448] בראשית יח יט
[449] גמרא כתובות ה ע"א
[450] דברים כג יד
[451] במדבר כ ה

גם כן, רצוני לומר **ערבי נחל**. ואלו **הארבעת מינין** הם אשר קבצו שלשת הדברים האלה, האחד מהם רוב מציאותם **בארץ ישראל** בעת ההיא והיה כל אדם יכול למצאם, והעניין השני טוב מראם ורעננותם ויש מהם טובים בריחם **אתרוג והדס** אבל **לולב וערבה** אין להם ריח לא טוב ולא רע, והעניין השלישי עמדם על לחותם ורעננותם בשבעה ימים. מה שאי אפשר זה באפרסקים וברימונים ובאספרגל ובאגס וכיוצא בהם:

פרק מד

המצוות אשר כלל אותם הכלל התשיעי הם **המצוות** אשר ספרנום **בספר אהבה** וסיבת כולם מבוארת, רצוני לומר שכוונת העבודות ההם זיכרון האלוה תמיד ואהבתו ויראתו ושמירת **המצוות** כולם, ושיאמן באלוה יתברך מה שהוא הכרחי לכל בעל דת שיאמינהו והם התפילה ו**קריאת שמע** ו**ברכת המזון** ומה שנדבק בהם ו**ברכת כהנים** ותפילין ומזוזה וציצית, וקניות **ספר תורה** וקרות בו לעיתים. כל אלה מעשים שילמדו דעות מועילות, והכל מבואר נגלה אינו צריך לדבר אחר מפני שהוא כפל דברים לא דבר אחר:

פרק מה

המצוות אשר כלל אותם הכלל העשירי הם אשר ספרנום ב**הלכות בית הבחירה** ו**הלכות כלי המקדש והעבודים בו** ו**הלכות ביאת המקדש**, וכבר הגדנו תועלת זה הכלל על דרך כלל: וידוע ש**עובדי עבודה זרה** היו מכוונים לבנות היכליהם ולהעמיד צלמיהם במקום הגבוה שימצא שם - על[452] ההרים הרמים, ולזה בחר אברהם אבינו ע"ה **הר המוריה** בהיותו הגבוה שבהרים, אשר שם ופרסם שם יחוד האלוה. ויחד המערב ש**קודש הקודשים** במערב והוא עניין אמרם - שכינה[453] במערב, ובארו רבותינו ז"ל בגמרא יומא[454] שאברהם אבינו יחד המערב, רצוני לומר **בית קודש הקודשים**. וסיבת זה אצלי שמפני שהיה הדעת המפורסם אז בעולם, עבודת השמש ושהוא האלוה אין ספק שבני אדם היו כולם פונים למזרח, ומפני זה פנה אברהם אבינו למערב ב**הר המוריה**, רצוני לומר ב**מקדש**, עד שישים אחוריו לשמש. הלא תראה **ישראל** בעת כפרם ושובם לדעות הקודמות הרעות ההם מה עשו - אחוריהם[455] אל היכל הוי"ה ופניהם קדמה והמה משתחויתם קדמה לשמש, והבן זאת הפליאה. ואין ספק אצלי גם כן שהמקום אשר ייחדו אברהם בנבואה היה ידוע אצל **משה רבינו** ואצל רבים שאברהם בנבואה היה ידוע אצל משה רבינו ואצל רבים שאברהם צווה אותם שיהיה זה בית עבודה,

---

[452] דברים יב ב
[453] גמרא בבא בתרא כה ע"א
[454] גמרא יומא כח ע"ב
[455] יחזקאל ח טז

מורה חלק ג' נבוכים

כמו שבאר המתרגם ואמר - ופלח וצלי אברהם תמן באתרא ההוא ואמר קדם הוי"ה הכא יהון פלחין דריא וגו'. ואשר לא התבאר **בתורה** ולא נזכר בפרט אבל רמז אליו ואמר - אשר[456] יבחר הוי"ה וגו', יש בו אצלי שלש חכמות. **האחת** מהן שלא יחזיקו בו האומות וילחמו עליו מלחמה חזקה, כשידעו שזה המקום מן הארץ הוא תכלית התורה. **והשנית** שלא יפסידוהו מי שהוא בידם עתה וישחיתוהו בכל יכולתם. **והשלישית** והיא החזקה שבהם שלא יבקש כל **שבט** היותו **בנחלתו** ולמשל בו והיה נופל עליו מן המחלוקת והקטטה כמו שנפל בבקשת הכהונה ולזה באה המצווה שלא יבנה **בית הבחירה** אלא אחר **הקמת מלך** עד שתהיה המצווה לאחד ותסתלק המחלוקת, כמו שבארנו ב**ספר שופטים**:

וידוע שהאנשים ההם היו בונים היכלות לכוכבים והיו משימים בהיכל ההוא הצורה שהיו מסכימים לעבדה, רצוני לומר צורה מיוחסת לכוכב אחד או לחלק מגלגל. וצוונו אנחנו שנבנה היכל לו יתברך ונשים בו **הארון** שיש בו **שני לוחות** שבהם אנכי ולא יהיה לך. וכבר נודע שפנת אמונת הנבואה קודמת לאמונת התורה שאם אין נביא אין תורה, והנביא לא תבואהו הנבואה רק באמצעות **המלאך** - ויקרא[457] מלאך הוי"ה, ויאמר[458] לה מלאך הוי"ה, וזה הרבה מלספור עד שמשה רבינו תחילת נבואתו הייתה **במלאך** - וירא[459] אליו מלאך הוי"ה בלבת אש. הנה התבאר שאמונת מציאות המלאכים קודמת לאמונת הנבואה ואמונת הנבואה קודמת לאמונת התורה. וכאשר סכלו אנשי **הצאבה** מציאות האלוה יתברך, ויתברך וחשבו שהנמצא הקדום אשר לא ישיגהו העדר כלל הוא הגלגל וכוכביו, ושכוחות שופעות ממנו על הצלמים וקצת האילנות, רצוני לומר **האשרות**, חשבו שהצלמים והאילנות הם אשר ישימו דברי הנבואה בפי הנביאים וידברו עמם בחזון ויודיעו אותם מה שיועיל ומה שיזיק. כמו שביארתי לך מדעתם **בנביאי הבעל ונביאי האשרה**. וכאשר התבאר האמת לחכמים ונודע במופת שיש נמצא שאינו גוף ולא כח בגוף הוא הא"ל האמיתי, ושהוא אחד ושיש גם כן נמצאות אחרות נבדלות שאינם גופות והם ששפע עליהם טובו ואורו יתברך, והם המלאכים כמו שבארנו, ואלו הנמצאות כולם הם זולת הגלגל וכוכביו, ונודע באמת שהמלאכים ההם הם אשר ישימו דבר אמת בפי הנביאים לא הצלמים **והאשרות**. הנה התבאר במה שהקדמנוהו שאמונת מציאות המלאכים נמשכת אחר אמונת מציאות האלוה ובה תתכן הנבואה והתורה. ולחיזוק אמונת זאת הפינה צווה האלוה יתברך לעשות על הארון צורת **שני מלאכים** לקיים מציאות המלאכים באמונת ההמון אשר הוא דעת אמיתי שני לאמונת

---

[456] במדבר טז ה

[457] בראשית כב טו

[458] בראשית טז יא

[459] שמות ג ב

מציאות האלוה, והוא התחלה לנבואה ולתורה ומבטל **עבודה זרה** כמו שבארנו. ואילו הייתה צורה אחת - רצוני לומר **כרוב אחד** היה בו הטעאה שהיו חושבים שהיא צורת האל הנעבד כמו שהיו עושים **עובדי עבודה זרה** או שהמלאך, הוא איש אחד גם כן והיה זה מביא לקצת שניות, וכאשר עשה **שני כרובים** עם ביאור - הוי"ה[460] אלוקינו הוי"ה אחד, התבאר קיום הדעת במציאות המלאכים ושהם רבים והיה העניין בטוח מתעות בהם בני אדם שיחשבו שהם אלוה אחר שהאלוה אחד והוא ברא אלו הרבים:

ואחר כן הושמה **מנורה** לפניו לכבוד ולתפארת לבית, כי הבית שדולק בו הנר תמיד הנסתר בפרוכת יש לו בנפש מעלה גדולה. וכבר ידעת חיזוק התורה באמונת גדולת **המקדש** ויראתו עד שיגיע לאדם מדת הענוה והחמלה ורכות הלבב כשיראהו ואמר - ומקדשי[461] תיראו, וסמכו **בשמירת שבת** לחזק **יראת המקדש**:

והצורך **למזבח הקטורת** ומזבח העולה וכליהם מבואר. אבל **השולחן** והיות עליו הלחם תמיד, לא אדע בו סיבה ואינו יודע לאי זה דיבה אייחס אותו עד היום:

אבל האזהרה מהיות אבני **המזבח** גזית כבר ידעת הסיבה שנתנו בה באמרם - אינו[462] דין שיונף המקצר על המאריך, וזה טוב על צד הדרשות כמו שזכרנו. והסיבה בו מבוארת, וזה **שעובדי עבודה זרה** היו בונים מזבחותיהם באבני גזית והזהיר מהדמות בהם ושיהיה **המזבח** מאדמה, לברוח מההידמות בהם אמר - מזבח[463] אדמה תעשה לי, ואם אי אפשר לעשותו מבלתי אבנים יהיו בצורתם הטבעית לא יחצבו. כמו שהזהיר מאבן משכית ומנטוע כל עץ **אצל המזבח**, והכונה כולה אחת והיא שלא נעבוד האלוה כדמות עבודותם החלוקות אשר היו עושים אותם לנעבדיהם. ועל זה העניין הזהיר בכלל ואמר - איכה[464] יעבדו הגוים האלה את אלוקיהם ואעשה כן גם אני, רצוני לומר שלא יעשו כן לאלוה לסיבה אשר אמר - כי[465] כל תועבת הוי"ה אשר שנא עשו לאלוקיהם וגו':

וכבר ידעת פרסום עבודת **פעור** בזמנים ההם אשר הייתה בגלוי הערוה - ומפני זה ציווה **הכוהנים** לעשות מכנסים - לכסות[466] בשר ערוה, בעת **העבודה** ושלא יעלה **למזבח** עם כל זה במעלות - אשר[467] לא תגלה ערותך עליו:

---

[460] דברים ו ד
[461] ויקרא יט ל
[462] גמרא מדות לו ע"א
[463] שמות כ כ
[464] דברים יב ל
[465] דברים יב לא
[466] שמות כח מב
[467] שמות כ כב

ואמנם היות **השמירה** והסיבוב סביב ל**מקדש** תמיד הוא, לכבד אותו ולפארו ושלא יהרסו הסכלים גם כן והטמאים אליו ולא בעת האנינות וכל מי שלא רחץ גופו כמו שיתבאר. ומכלל הדברים המביאים להגדיל ה**מקדש** ולפארו עד שיגיע לנו **יראה** ממנו, שלא יבוא לא שיכור ולא טמא ולא מי שלא רחץ ראשו, רצוני לומר **פרוע ראש וקרוע בגדים** ושכל עובד **יקדש ידיו ורגליו**:

ולהגדיל הבית עוד הגדיל מעלת עובדיו ונבדלו **הכהנים והלוים** וציווה להלביש **הכוהנים** בגדים נאים ומלבושים יפים וטובים - בגדי[468] קודש לכבוד ולתפארת, ושלא ישמש בעבודה **בעל מום** ולא בעל מום לבד אלא הכעורים גם כן **פוסלים** בכהנים, כמו שהתבארה בתלמוד זאת המצווה, מפני שההמון לא יגדל אדם אצלם בצורתו האמיתית אלא בשלמות איבריו ויפי בגדיו, והמכוון שתהיה לבית גדולה ותפארת אצל הכל.

אבל **בן לוי** שאינו מקריב ואין חושבים עליו שהוא מכפר עוונות כמו שבא בכהנים - וכיפר[469] עליו, וכיפר[470] עליה אך הכונה בו, אמירת השיר לבד הוא **נפסל בקול** כי המכון גם כן **בשיר** להפעל הנפש בדברים ההם ולא יפעלו הנפשות רק לקולות ולניגונים הערבים ועם כלי השיר גם כן כמו שהיה העניין במקדש תמיד.

ואפילו הכהנים גם כן הכשרים העומדים במקדש מוזהרים משבת בו ומהכנס אל ההיכל בכל עת ומהכנס ל**קודש הקדשים** כלל אלא **כהן גדול ביום הכיפורים** - ארבע פעמים ולא יותר. כל זה - להגדיל ה**מקדש**:

וכאשר היו שוחטים במקום המקודש בהמות רבות בכל יום ומחתכים בו הבשר ושורפים ורוחצים בו הקרב והכרעים אין ספק שאילו היו מניחים אותו על זה העניין היה ריחו כריח מקומות הבשר, מפני זה צווה ל**הקטיר** בו **הקטורת** שתי פעמים בכל יום **בבוקר ובין הערבים** להיטיב ריחו וריח בגדי כל העובד בו, כבר ידעתם אמרם - מיריחו[471] היו מריחין ריח הקטורת. וזה גם כן ממה שמעמיד **יראת המקדש**, אבל אם לא היה לו ריח טוב כל שכן אם היה לו שכנגדו היה מביא בלב האדם הפך ההגדלה, כי הנפש תתרחב מאד לריח הטוב ותטה אליו ותתרחק מן הריח הרע ותברח ממנו.

אבל **שמן המשחה** יש בו שתי תועלות להיטיב ריח מה שימשח בו ולהאמין גדולת הדבר הנמשח וקדושתו והיותו נבדל לטובה משאר מינו, אדם יהיה או בגד או כלי הכל שב ליראת ה**מקדש** שהיא סיבה ל**יראת הוי"ה**, מפני התחדש ההפעלות בנפש האדם בעת שיכנס אליו וירכו הלבבות הקשים וייכנעו. אשר התחכם האלוה כל זה ההתחכמות **בעצות מרחוק** לרככם

468 שמות כח ב

469 במדבר ו יא

470 ויקרא יב ז

471 משנה תמיד ג ח

ולהכניעם בעת שיבואו אל הבית כדי שיקבלו מצוות האלוה המישירות וייראוהו, כמו שבאר לנו בלשון התורה ואמר - ואכלת[472] לפני הוי"ה אלוקיך במקום אשר יבחר לשכן שמו שם מעשר דגנך תירושך ויצהרך ובכורות בקרך וצאנך, למען תלמד ליראה את הוי"ה אלוקיך כל הימים. הנה התבערה לך התכלית המכוונת בכל אלו הפעולות מה היא. ואמנם סיבת האזהרה מעשות **כשמן המשחה** **והקטורת** מבוארת מאד כדי שלא יריחו הריח ההוא אלא שם ויהיה אז ההפעלות ממנו יותר, ושלא יחשבו גם כן שכל מי שימשח בזה או בכיוצא בו יהיה נכבד ויתחדשו בעבור זה הפסדים גדולים ומחלקות:

אמנם היות הארון נישא בכתף לא על העגלות, אופני ההגדלה בו מבוארים ושלא תפסיד לו תכונה וצורה ואפילו בהוציא **הבדים** מן **הטבעות**. וכן לא תפסיד צורת **האפוד** **והחושן** ואפילו בהסיר האחד מן האחר ושתתוקן מלאת **הבגדים** כולם באריגה מבלתי חיתוך עד שלא תפסיד צורת האריגה.

וכן הזהיר כל אדם מעובדי **המקדש** שלא יתעסק במלאכת חברו, כי המלאכות והעסקים המסורים לרבים אם לא ייוחד כל איש למלאכה מיוחדת ייפול ההתרשלות והעצלה מן הכל: ומבואר הוא שזאת ההדרגה במקומות אשר נתנו ל**הר הבית** דינים ול**חיל** דינים ול**עזרת נשים** דינים בפני עצמם ול**עזרה** דינים אחרים וכן עד **קודש הקדשים** שזה כולו תוספת הגדלה ונתינת **יראה יתירה** בלב כל מכון אליו:

הנה כבר זכרנו סיבות חלקי זה הכלל כולו:

פרק מו

המצוות אשר כלל אותם הכלל העשתי עשר הם אשר ספרנום בשאר **ספר עבודה** ו**בספר קרבנות**. וכבר זכרנו תועלתם בכלל, ועתה אתחיל לתת טעם כל אחת ואחת לפי השגתי:

ואומר כבר אמרה התורה כפי מה שפרש אונקלוס שהמצרים היו עובדים מזל טלה, ומפני זה היו אוסרים לשחוט הצאן והיו מואסים רועי צאן, אמר - הן[473] נזבח את תועבת מצרים, ואמר - כי[474] תועבת מצרים כל רועה צאן: וכן היו כיתות מן **הצאבה** עובדים לשדים והיו חושבים שהם ישובו בצורת העזים, ולזה היו קוראים לשדים **שעירים** וכבר התפשט הדעת הזה מאד בימי משה רבינו - ולא[475] יזבחו עוד את זבחיהם לשעירים וגו'. ולזה היו אוסרים הכיתות ההם גם כן אכילת העיזים, אכל שחיטת הבקר כמעט שהיו מואסים אותו רוב **עובדי עבודה זרה** וכולם היו מגדילים זה המין מאד.

---

472 דברים יב א-ז

473 שמות ח כב

474 בראשית מו לד

475 ויקרא יז ז

ולזה תמצא אנשי הודו עד היום לא ישחטו הבקר כלל ואפילו בארצות אשר ישחטו שאר **מיני בעלי חיים**. ובעבור שימחה זכר אלו הדעות אשר אינם אמיתיות צוינו להקריב אלו השלושה מינים לבד מן הבהמה - מן[476] הבקר ומן הצאן תקריבו את קרבנכם, עד שיהיה המעשה אשר חשבוהו תכלית המרי בו יתקרבו אל האלוה ובמעשה ההוא יכופרו העוונות. וכן מרפאים הדעות הרעות אשר הם חוליי הנפש האנושית בהפך אשר בקצה האחר.
ומפני זאת הכונה בעצמה צוינו לשחוט **כבש הפסח** ולהזות דמו **במצרים** על השערים מחוץ לנקות עצמנו מן הדעות ההם ולפרסם שכנגדם, ולהביא להאמין שהמעשה אשר תחשבו בו שהוא סיבה ממיתה הוא המציל מן המוות - ופסח[477] הוי"ה על הפתח ולא יתן המשחית לבוא אל בתיכם לנגוף, גמול פרסום העבודה בעשות כל מה שהיו מרחיקים אותו **עובדי עבודה זרה**.
זהו הטעם בבחירת השלושה מינים האלה לבד לקרבן, מחובר אל היות אלו השלושה מינים גם כן נמצאים מאד ולא כמעשה **עובדי עבודה זרה** שהיו מקריבים האריות והדובים והבהמות המדבריות כמו שזכר בטומטום:
ומפני שרוב בני האדם לא היו יכולים להקריב **בהמה** צווה להקריב קרבן גם כן ממין העוף מן הנמצא בארץ ישראל, יותר ומן הנאה והקל למצאו, והם **תורים ובני יונה**. ומי שלא תמצא ידו די העוף יקריב לחם עשוי באי זה מין שיהיה ממעשה הלחם המפורסם בזמנים ההם אם **מאפה תנור** או **מאפה מחבת** או **מאפה מרחשת**, ומי שיכבד עליו הלחם האפוי יקריב סולת, וזה כולו למי שירצה. ואחר כן באר לנו שזה המין מן העבודה, רצוני לומר הקרבנות, אם לא נעשהו כלל אין חטא עלינו כלל, אמר - כי[478] תחדל לנדור לא יהיה בך חטא: ומפני ש**עובדי עבודה זרה** לא היו מקריבים לחם אלא שאור והיו בוחרים להקריב העניינים המתוקים ומלחלחים קרבניהם בדבש, כמו שהוא מפורסם בספרים אשר סיפרתי לך, וכן לא תמצא בדבר מקרבנותם מלח, מפני זה הזהיר האלוה מהקריב - כל[479] שאור וכל דבש, וציווה בהתמדת המלח
- על[480] כל קרבנך תקריב מלח: וציווה להיות הקרבנות כולם **תמימים** על הטוב שבענייניהם, שלא יבוא להקל **בקרבן** ולבזות במה שיקריבו לשמו יתברך, כמו שאמר - הקריבהו[481] נא לפחתך הירצך או הישא פניך, ולזה הטעם גם כן הזהיר מהקריב מה שלא ישלמו לו שבעת ימים להיותו חסר במינו והיותו נמאס מפני שהוא כנפל. והוא הטעם באיסור - **אתנן**[482] **זונה**

476 ויקרא א ב
477 שמות יב כג
478 דברים כג כג
479 ויקרא ב יא
480 ויקרא ב יג
481 מלאכי א ח
482 דברים כג יט

ומחיר כלב לפחיתות שניהם. והוא הטעם בהקרבת הגדול מן התורים ואפרוחי יונים כי זהו הטוב שבהם מפני שהגדול שביונים אין בו ערבות. והוא הטעם בהיות ה**מנחות** בלולות בשמן ומן הסולת כי זה השלם והערב. ונבחרה הלבונה לטוב ריח עשנה במקומות אשר בהם ריח הבשר הנשרף: ומפני הגדלת הקרבן ושלא יהיה נמאס ונבזה ציווה להפשיט ה**עולה** ולרחוץ הקרב והכרעים אף על פי שכולם נשרפים. ותמצא זאת הכונה ישמרה תמיד ויזהיר ממנה - באמרכם[483] שולחן הוי"ה מגואל הוא וניבו נבזה אכלו. והוא הטעם גם כן שלא יאכל הקרבן **ערל** ולא **טמא**, ולא יאכל אחר שנטמא ולא יאכל **לאחר זמנו** ולא כשיחשב עליו מחשבה רעה, ושיאכל במקום מיוחד. אבל ה**עולה** שהיא כולה להוי"ה לא תאכל כלל. ומה שיקריב בשביל החטא, והוא ה**חטאת** וה**אשם** יאכל **בעזרה** וביום שחיטתו ולילו לבד. אבל ה**שלמים** אשר הם למטה מהם, והם **קדשים קלים** יאכלו בכל ירושלים לבד ויאכלו ממחרת היום לא אחר כך, מפני שאחר כך יקבלו זהמה ויפסידו:

ומפני הגדלת ה**קרבן** וכל מה שהוא מיוחד לשמו יתברך חייב עלינו שכל מי **שנהנה מן ההקדש**, **מעל** וצריך **כפרה ותוספת חומש** אף על פי שהוא **שוגג**: וכן אין מותרת **עבודה בקדשים** ולא **גיזתם** מפני הגדלת ה**קרבן**. ועל צד הסיג חויב דין ה**תמורה** כי אילו היה מותר להמר הרע בטוב היה ממר הטוב ברע ויאמר שזה יותר טוב על כן נגזר בו - והיה[484] הוא ותמורתו יהיה קודש, אבל מה שצוונו בו מהיות הפודה דבר **מקדשיו**, **מוסיף חומש** טעמו מבואר כי - אדם[485] קרוב אצל עצמו, וטבעו לעולם לנטות אל הכלות ולחוס על ממונות ולא היה מדקדק בדמי ה**קודש** ולא היה מראה אותו בכל הצריך עד שיעמוד על אמיתת דמיו, על כן חייבו להוסיף עד שיימכר לזולתו בשוויו, כל זה כדי שלא יבזוהו מה שנקרא בשמו יתברך ומה שיתקרב אליו בו: אבל טעם שרפת **מנחת כהן** מפני שכל כהן יש לו להקריב קרבנו בעצמו ויהיה אם כן מביא **מנחה** ואוכל אותה הוא בעצמו וכאילו לא עשה דבר, כי כל **מנחת יחיד** לא היה קרב ממנה אלא **לבונתה וקומץ** ולא די מיעוט זה הקרבן אלא שיאכלנו מי שהביאו ולא יראה אם כן עבודה כלל, מפני זה היא נשרפת:

אמנם החוקים המיוחדים ב**פסח** והוא שיאכל **צלי אש** לבד ו**בבית אחד** ועצם[486] לא תשברו בו, כל אלו טעמם מבואר כי כמו שהמצה מפני החיפזון כן הצלי מפני החיפזון שלא היה שם פנאי לעשות תבשיל ולתקן מאכלים, ואפילו להתאחר לשבור עצמותיו ולהוציא מה שבהם נאסר - כי כבר זכר עיקר העניין בכל אלה והוא אמרו - ואכלתם[487] אותו בחפזון, ואין עם החפזון

---

483 מלאכי א ז

484 ויקרא כז י

485 גמרא סנהדרין ט ע"ב

486 שמות יב מו

487 שמות יב יא

פנאי לשבר עצמות ולא לשלוח ממנו מבית לבית ולהמתין השליח עד שישוב, שאלו כולם מעשי ההתרשלות והפנאי. והכונה הייתה להאות החפזון והמהירות כדי שלא יתאחר אחד מהם ולא יוכל לצאת עם המון העם ויוכלו להזיקו ולהתנכל לו. וצווה לעשות העניינים ההם לנצח לזיכרון איך היה העניין, כמו שאמר - ושמרת[488] את החוקה הזאת למועדה מימים ימימה. אבל היותו - אינו[489] נאכל אלא למנוייו, הוא לזרז ללקחו ושלא ישען כל אחד על קרובו ועל אוהבו ועל מי שנזדמן ולא ירגיש בו מתחילת הזמן, ואמנם היותו אסור ל**ערלים** כבר בארוהו החכמים ז"ל שאמרו הם בטלו **מצות מילה** כשארך עמדם במצרים להדמות למצריים, וכאשר צווה במצות **הפסח** והותנה בו שלא ישחט אלא אחר **מילת עצמו ובניו ובני ביתו** ואז - יקרב[490] לעשותו, מלו כולם והיה **דם מילה** מתערב ב**דם הפסח** לרוב הנמולים כמו שזכרו, ואל זה רמז באמרו - מתבוססת[491] בדמיך, דם[492] הפסח ודם המילה:

ודע - כי הדם היה טמא מאד בעיני **הצאבה** ועם זה היו אוכלים אותו מפני שהיו חושבים שהוא מזו השדים וכשאכל אותו מי שאכלו כבר השתתף עם השדים. ויבואוהו ויודיעוהו העתידות כמו שידמו ההמון ממעשי השדים. והיו שם אנשים שהיה קשה בעיניהם אכילת הדם כי הוא דבר שימאסהו טבע האדם והיו שוחטים בהמה ומקבלים דמה בכלי או בחפירה ואוכלים בשר השחיטה ההיא סביב דמה, והיו מדמים במעשה ההוא שהשדים יאכלו הדם אשר הוא מזונם והם יאכלו הבשר, ובזה תהיה האהבה והאחווה והרעות להם בעבור שאכלו כולם על שולחן אחד ובמושב אחד, ויבואו להם השדים ההם לפי מחשבתם בחלום ויגידו להם העתידות ויועילו להם. אלו כולם דעות שהיו נמשכים אחריהם בזמנים ההם ובוחרים אותם והיו מפורסמות לא היה ספק לאחד מן ההמון באמיתתם. ובאה התורה השלמה ליודעיה, להסיר אלו החלים הנאמנים ואסרה אכילת הדם, ועשתה חיזוק באיסורו כמו שעשתה ב**עבודה זרה** בשווה, אמר יתברך -ונתתי[493] פני בנפש האוכלת את הדם וגו', כמו שאמר ב**נותן מזרעו למולך** - ושמתי[494] אני את פני באיש ההוא ובמשפחתו וגו'. ולא בא זה הלשון ב**מצוה** שלישית מלבד **עבודה זרה** ו**אכילת דם** שאכילתו הייתה מביאה למין ממיני **עבודה זרה** והיא עבודת השדים. וטיהרה הדם ושמה אותו מטהר מי שיגע בו - והזית[495]

---

488 שמות יג י

489 משנה זבחים ה ח

490 שמות יב מח

491 יחזקאל טז ו

492 מכילתא דרבי ישמעאל, בא

493 ויקרא יז י

494 ויקרא כ ה

495 שמות כט כא

על אהרן ועל בגדיו וגו' וקדש הוא ובגדיו. וצוותה להזותו על **המזבח** ושמה העבודה כולה, לשפכו שם לא לאספו ואמר - ואני[496] נתתיו לכם על המזבח לכפר, ושם ישפך כמו שאמר - ואת[497] כל הדם ישפוך, ואמר - ודם[498] זבחיך ישפך על מזבח הוי"ה אלוקיך. וציווה לשפוך דם כל בהמה שתשחט אף על פי שאינה **קרבן** אמר - על[499] הארץ תשפכנו כמים. ואחר כן הזהיר מלהתקבץ סביבו ולאכול שם ואמר - לא[500] תאכלו על הדם. וכאשר התמיד מרים ונמשכו אחרי המפורסם אשר גדלו עליו מהתחבר אל השדים באכלם סביב הדם ציווה יתברך שלא יאכל **בשר תאוה במדבר** כלל אבל יהיה הכל **שלמים**, ובאר לנו סיבתו כדי שישפך הדם על המזבח ולא יתקבצו סביבו, ואמר - למען[501] אשר יביאו בני ישראל וגו', ולא[502] יזבחו עוד את זבחיהם לשעירים וגו'. אבל נשאר עניין **החיה** ו**העוף** מפני שלא יבוא קרבן **מחיה** כלל ולא יקרב **עוף** שלמים, וציווה יתברך אחר זה שכל **חיה ועוף** שמותר לאכלם כשישחט יכוסה דמו בעפר, עד שלא יתקבצו עליו לאכול סבביו. ונשלמה הכונה **להפר האחווה** בין מי שאחזם שד באמת ובין שדיהם: ודע שזמן זאת האמונה היה קרוב לימי משה רבינו, והיו בני אדם נמשכים אחריה מאד ונסתיים בה, תמצא זה כתוב בשירת האזינו - יזבחו[503] לשדים לא אלוה אלוקים לא ידעום וגו', וכבר בארו **החכמים** עניין אמרו **לא אלוקי** אמרו שהם לא פסקו מעבודת דברים נמצאים עד שעבדו דמיונות, לשון **ספרי** - לא דין שהם עובדים חמה ולבנה כוכבים ומזלות אלא שעבדו בבואה שלהם, **ובבואה** הוא שם הצל: ונשוב אל מה שאנחנו בו, דע שלא נאסר **בשר תאוה** אלא במדבר לבד. כי מן הדעות ההם המפורסמות שהשדים שוכנים במדברות ושם ידברו ויראו ואמנם במדינות ובישוב אינם נראים, עד שמי שירצה מאנשי המדינות לעשות דבר מאלו השיגעונות יצא מן המדינה ליערות ולמקומות שאינם מיושבים. ולזה הותר **בשר תאוה** אחר שנכנסו לארץ. ועוד שתגבורת החלי ההוא תמעט בלא ספק וימעטו הנמשכים אחר הדעות ההם גם כן. ועוד שהיה כבד מאד קרוב לנמנע ויבוא כל מי שירצה לאכול **בשר בהמה** ל**ירושלים** ומפני אלו הטעמים לא אסר **בשר תאוה** אלא במדבר:

ודע שכל מה שהיה החטא יותר גדול היה קרבנו ממין פחות יותר. ומפני זה היה **שגגת עבודה זרה**, **שעירה** לבד ושאר **חטאת יחיד**, **כשבה** או **שעירה**

---

496 ויקרא יז יא

497 ויקרא ד ז

498 דברים יב כז

499 דברים יב טז

500 ויקרא יט כו

501 ויקרא יז ה

502 ויקרא יז ז

503 דברים לב יז

מורה חלק ג' נבוכים

כי הנקבה היא פחותה מן הזכר מן כל מין, ואין חטא יותר גדול מ**עבודה זרה** ואין חלק מין יותר פחות מ**שעירה**. ולהגדיל מעלת המלך היה **קרבן שגגתו**, **שעיר**. אבל כהן גדול וצבור אין **שגגתם** מעשה חמור אך היא הוראה, ומפני זה הובדל קרבנם ב**פרים** ובעבודה זרה ב**שעירים**. וכאשר היו החטאים שמקריבים בעבורם **אשם** למטה מן החטאים שמקריבים בעבורם **חטאת** היה **קרבן אשם** איל או כבש מן הצאן, עלה מינו וחלק מינו בהיותו זכר מן הצאן. הלא תראה העולה מפני שהיא כולה כליל עלה חלק מינה ולא תהיה אלא זכר. ולפי זאת הכונה חיסר הנוי והריח הטוב מ**מנחת חוטא ומנחת שוטה** מפני שהיא גם כן לחשד חטא, והזהיר מהקריבה ב**שמן ולבונה** חיסר ממנה זה הנוי להיות מביאה בלתי טוב ונאה במעשיו וכאילו יעירהו זה לתשובה ושיאמר לו לגנות מעשיך היה קרבנך יותר חסר מכולם. **והשוטה** שמעשיה יותר מגונים מן **השוגג** היה קרבנה מחומר יותר פחות שהוא **קמח שיעורים**. כבר נמשכו טעמי אלו החלקים כולם על סדר ועניינם נפלא מאד:

וכבר זכרו ה**חכמים** טעם היות הקרבן ביום השמיני של מלואים - עגל[504] בן בקר לחטאת, **לכפר על מעשה העגל**. וכן **חטאתו של יום הכפורים** - פר[505] בן בקר לחטאת, **לכפר על מעשה העגל**. ולפי זה העניין אשר זכרוהו יראה לי שהטעם בהיות ה**חטאות** כולם ליחיד ולציבור שעירים, רצוני לומר שעירי הרגלים, ושעירי ראשי חדשים, ושעירי יום הכיפורים, ושעירי עבודה זרה, סיבת כל אלו אצלי היות רוב מרים וחטאתם אז בהקריבם ל**שעירים** כמו שבאר הכתוב - ולא[506] יזבחו עוד את זבחיהם לשעירים אשר הם זונים אחריהם. אבל החכמים ז"ל שמו טעם היות **כפרת צבור** לעולם בשעירים, בעבור שחטא **עדת ישראל** כולה היה בשעיר עיזים רמז למכירת **יוסף הצדיק** שנאמר בעניינו - וישחטו[507] שעיר עיזים וגו'. ולא יהיה זה הטעם חלוש בעיניך כי כוונת כל אלו הפעולות ליישב בנפש כל חוטא וכל איש מרי שצריך לזכור ולהזכיר חטאו תמיד, כמו שאמר - וחטאתי[508] נגדי תמיד, ושצריך כפרה על החטא ההוא הוא וזרעו וזרע זרעו בעבודה שתהיה ממין המרי ההוא, ארצה בזה שאם יהיה המרי בממון יפזר ממונו בעבודה, ואם יהיה המרי בהנאות גופו ייגע גופו ויטריחהו בעבודת העינוי והצום ולקום בלילות, ואם יהיה המרי במידה מן המידות יעמוד כנגדה בהפך המידה ההיא, כמו שבארנו ב**הלכות דעות** וזולתם, ואם יהיה המרי בעיון, רצוני לומר שיאמין דעת בלתי אמיתי לקוצר יד שכלו והתרשלו מן החקירה וההתייחד לעיון, יעמוד כנגדו בפנות מחשבתו מכל דבר בענייני העולם רק

---

504 ויקרא ט ב
505 במדבר ח ח
506 ויקרא יז ז
507 בראשית לז לא
508 תהלים נא ה

במושכל לבד ודקדק במה שצריך שיאמן באמת כאמרו - ויפת[509] בסתר ליבי ותשק ידי לפי, והוא משל על ההפסק והעמידה אצל הספק, כמו שבארנו בתחילת זה המאמר. כמו שתראה מה שנעשה באהרן כאשר נכשל **במעשה העגל** היה קרבנו וקרבן כל מי שקם מזרעו תחתיו **פר ועגל**, וכאשר היה המרי **בשעיר עיזים** הייתה העבודה בשעיר עיזים. וכאשר יתיישבו אלו העניינים בנפש יהיה מביא בלא ספק להיות המרי קשה בעיני האדם ויזהר ממנו, עד שלא יכשל אדם בו ויצטרך לכפרה ארוכה וטורח ואפשר שלא תשלם הכפרה, וישמר האדם בעבור זה מן החטא מתחילת העניין ויברח ממנו, וזאת תועלת מבוארת מאד. והעלה בידך זאת הכונה גם כן:

והנה ראיתי להעירך הנה על כעניין נפלא מאד ואף על פי שפשוטו יראה שאינו מעניין המאמר - והוא אמרו **בשעיר חטאת ראש חודש** לבד - חטאת[510] להוי"ה, מה שלא נאמר **בשעירי הרגלים** כולם ולא בזולתם מן **החטאות**. וטעמו מבואר אצלי מאד והוא שאלו **הקרבנות** אשר יקריבום הציבור לפרקים, רצוני לומר **המוספים** הם כולם **עולות**, ובכל יום ויום מהם **שעיר עיזים לחטאת** והוא היה נאכל אבל **העולות** כולם נשרפות ולזה באר בהם - אשה[511] להוי"ה, ולא אמר **חטאת להוי"ה** ולא **שלמים להוי"ה** מפני שהיו נאכלים עד שהחטאות שהיו נשרפות לא היו ראויים שיאמר בהם **אשה להוי"ה** כמו שאבאר טעמו בזה הפרק ולזה לא יצויר שיאמר בשעירים **חטאת להוי"ה**. בהיותם נאכלים לא נשרפים כולם. וכאשר חשש שידמו **בשעיר ראש חודש** שהוא קרבן ללבנה כמו שהיו עושים המצריים מהקריב ללבנה בראשי החדשים, באר בו שזה למצות האלוה לא ללבנה. ואין לחוש זה החשש בשעירי הרגלים ולא בזולתם אחר שהימים ההם אינם ראשי חדשים ואין להם סימן טבעי יבדילם, אבל התורה נתנה אותם בהסכמה, אבל ראשי החדשים של לבנה אינם מהנחת התורה והאומות היו מקריבים בהם לירח כמו שהיו מקריבים לשמש בעת זריחתו ובעת בואו במעלות ידועות. כמו שהתפרסם בספרים ההם. ומפני זה חידש הלשון בזה השעיר ונאמר בו **להוי"ה** להסיר המחשבות ההם הנתלות בלבבות ההם החולים חליים נאמנים. ודע זאת הפליאה גם כן: ודע שכל **חטאת** שיאמן בו שהוא מכפר חטאים גדולים או חטא גדול כמו **חטאת העלם** וכיוצא בו הם נשרפים כולם **מחוץ למחנה** לא על המזבח, כי לא יישרף על המזבח אלא העולה והדומה לה, ומפני זה נקרא - מזבח[512] העולה, כי שרפת העולה **ריח ניחוח**, וכן כל אזכרה **ריח ניחוח** וכן הוא בלא ספק - מפני שהוא להסיר דעות **עבודה זרה** כמו שבארנו. אמנם שרפת אלו **החטאות** הכונה בהם שזה

---

[509] איוב לא כז

[510] ויקרא טז ט

[511] ויקרא כג ח

[512] שמות כ כ-כב

החטא כבר נמחה זכרו, ונעדר כמו שנעדר זה הגוף הנשרף, ולא נשאר מן המעשה ההוא זכר, כמו שלא נשאר לזה החטאת זכר אבל אבד בשרפה, ואין עשנם **ריח ניחוח להוי"ה** אבל הפכו, רצוני לומר עשן נמאס ונתעב - ומפני זה נשרפים כולם **מחוץ למחנה**. הלא תראה **מנחת שוטה** מה נאמר בה - מנחת[513] זיכרון מזכרת עון, לא שהיא דבר מרצה: וכאשר היה **שעיר המשתלח** לכפרת חטאים גדולים כולם עד שאין **חטאת ציבור** שיכפר מה שהוא מכפר וכאילו הוא נושא כל החטאים, מפני זה לא נרצה לזביחה ולא לשריפה ולא להקרבה כלל אלא הרחיקו תכלית ההרחקה ויושלך **לארץ גזרה**, רצוני לומר שאין בה ישוב. ואין ספק לאדם שהחטאים אינם משאות שייעתקו מגב איש אחד לגב איש אחר, אבל אלו המעשים כולם משלים להביא מורא בנפש עד שתתפעל לתשובה, כלומר שכל מה שקדם ממעשינו נקינו מהם והשלכנום אחרי גוינו והרחקנום תכלית ההרחקה:

אבל הקרבת היין אני נבוך בו עד היום איך ציווה להקריבו וכבר היו **עובדי עבודה זרה** מקריבים אותו, ולא נראה לי בו טעם אבל זולתי נתן לי בו טעם שאמר כי הטוב שבדברים לכח התאווה אשר מבועה הכבד הוא הבשר, והטוב שבדברים לכח החיוני אשר מבועו הלב הוא היין, וכן הכח אשר מבועו המוח והוא הנפשי, יערב לו הניגון בכלים, ומפני זה התקרב כל כח אל האלוה בנאהב שבדברים לו והיה הקרבן הבשר והיין ושמע קול, רצוני לומר השיר:

וטעם תועלת החג הוא ידוע, למה שיגיע לאדם מן הקיבוץ ההוא מהתחדש התורה בהפעלות ההוא והתאהב בני אדם וחברם קצתם אל קצתם, וכל שכן **מצות הקהל** אשר טעמה מפורש - למען[514] ישמעו וגו'. וכן **דמי מעשר שני**, להוציאם שם כמו שבארנו. וכן **נטע רבעי** **ומעשה בהמה** יהיה שם אם כן בשר **המעשר** ויין **נטע רבעי** **ומעות מעשר שני** כדי להרבות המזונות שם. ולא הותר למכור דבר מאלו ולא לאחרו מזמן לזמן אלא המו שאמר יתברך - שנה[515] בשנה וגו'. ועל כרחו יעשה בהם צדקה, וכבר הזהיר על הצדקה במועדים ואמר - ושמחת[516] בחגך אתה ובנך ובתך וגו' והגר והיתום והאלמנה, הנה זכרנו טעם פרטי זה הכלל וחלקים רבים מהם:

פרק מז

המצוות אשר כלל אותם הכלל השנים עשר והם אשר ספרנום **בספר טהרה** ואף על פי שכבר זכרנו תועלתם בכלל אני מוסיף עליהם ביאור ואתן טעם הכלל כראוי ואחר כן אתן טעם מה שהתבאר לי טעמו מפרטיו: ואומר שזאת

---

513 במדבר ה טו

514 דברים לא יב

515 דברים טו כ

516 דברים טז יד

תורת האלוה אשר נצטווה בה **משה רבינו** והתייחסה אליו לא באה רק להקל העבודות והטריחים. וכל מה שאפשר שתדמה בקצתם שיש בו צער או טורח גדול אינו רק מפני שאינך יודע המנהגים ההם והדעות הנמצאות בימים ההם. ראה ההפרש אשר בין שישרוף האדם את בנו לעבודת אלוקיו ובין שישרוף בן יונה לעבודת אלוקינו. כתוב בתורה - כי[517] גם את בניהם ואת בנותיהם ישרפו באש לאלוקיהם, זאת הייתה עבודתם לאלוקיהם, ומעבודותינו בכיוצא בזה לשרוף בן יונה או מלא כף סולת. ולפי זה העניין הוכיח האלוה אומתנו בעת מרותה - עמי[518] מה עשיתי לך ומה הלאתיך ענה בי, ונאמר עוד בזה העניין - המדבר[519] הייתי לישראל אם ארץ מאפליה מדוע אמרו עמי רדנו וגו', רצונו לומר אי זו מצות טורח הייתה להם בזאת התורה עד שיצאו מכללה, וכבר קראנו האלוה יתברך ואמר - מה[520] מצאו אבותיכם בי עול כי רחקו מעלי וגו'. כוונת אלו הפסוקים כולם עניין אחד: זאת היא הקדמה גדולה לא תסור משכלך. ואחריה אומר כבר בארנו שהכוונה כולה הייתה ב**מקדש** להתחדש בו התפעלות לבא אליו ושייראו ויפחד כאמרו - ומקדשי[521] תיראו. וכל דבר נכבד כשיתמיד האדם לראותו יחסר מה בנפש ממנו וימעט מה שהיה מגיע בגללו מן ההתפעלות. כבר העירו החכמים ז"ל על זה העניין ואמרו שאין טוב להיכנס ל**מקדש** בכל עת שירצה, וסמכו זה לאמרו - הוקר[522] רגליך מבית רעך פן ישבעך ושנאך. ומפני שהייתה זאת הכוונה הזהיר האלוה יתברך ה**טמאים** מהכנס ל**מקדש** עם רוב מיני ה**טומאות** עד שכמעט לא תמצא אדם טהור רק מעטים כי אם ינצל ממגע **נבלה** לא ינצל ממגע אחד מ**שמונה שרצים** הנופלים תמיד בבתים ובמאכלים ובמשקים והרבה פעמים ירמסם האדם דרך הליכתו, ואם ינצל מזה לא ינצל ממגע **נדה** או **זב** או **מצורע** או **משכבן**, ואם ינצל מאלו לא ינצל מ**שכיבת אשתו** או **מקרי**. ואפילו הטהר מאלו ה**טומאות** לא הותר לו להיכנס ל**מקדש** עד **שיעריב שמשו** ולא הותר לו להיכנס בלילה ל**מקדש** כמו שהתבאר במידות ובתמיד ובלילה ההוא ישכב עם אשתו על הרוב או תתחדש לו סיבה מסיבות ה**טומאה** וישכים ביומו כאתמולו: ויהיה זה כולו סיבה להתרחק מן ה**מקדש** ושלא ידרכו בו בכל עת. וכבר ידעת אמרם - אין[523] אדם נכנס לעזרה לעבודה אפילו טהור עד שהוא טובל. ובאלו הפעולות תתמיד ה**יראה** ויגיע ההפעלות המביא לכניעה המכוונת.

וכל אשר תהיה ה**טומאה** יותר נמצאת תהיה הטהרה ממנה יותר כבדה וזמנה

---

[517] דברים יב לא

[518] מיכה ו ג

[519] ירמיהו ב לא

[520] ירמיהו ב ה

[521] ויקרא יט ל

[522] משלי כה יז

[523] גמרא יומא ל ע"א

יותר ארוך. וההתאהל עם המתים וכל שכן הקרובים והשכנים היא יותר נמצאת מכל **טומאה** ואין לה טהרה אלא עם **אפר פרה** עם רוחק מציאותה ואחר שבעת ימים, ו**הזיבות** ו**הנידות** יותר ממגע **טמא** מפני זה צריכים **שבעת ימים** ואשר יגע בהם יום אחד, לא תשלם טהרת **זב וזבה ויולדת** אלא ב**קרבן** מפני שהוא מעט מציאות מן **הנדות**, ואלו כולם גם כן דברים מכוערים נמאסים, רצוני לומר **נדה וזב וזבה ומצורע ומת ונבלה ושרץ ושכבת זרע**. ועלו בידינו מאלה המשפטים תועלות גדולות ורבות. אחת מהם - להתרחק מן הכיעור והמאוס, והשנייה - שמירת ה**מקדש** והשלישית - לישא פנים למנהג המפורסם, כי היה מטורח **הצאבה** הגדול בעניין הטומאה מה שתשמעהו עתה. והרביעית - להקל הטורח ההוא מעל האדם ושלא ימנעהו עניין ה**טומאה** וה**טהרה** מעסק מעסקיו. כי זאת המצווה של **טומאה וטהרה** אינה נתלית רק **במקדש וקדשיו** לא בזולתם - בכל[524] קודש לא תגע ואל המקדש לא תבוא, אבל לזולתם אין חטא עליו אם יישאר **טמא** כל אשר ירצה ויאכל **חולין טמאין** כמו שירצה. והמפורסם מדעת **הצאבה** עד זמננו זה בארצות המזרח, רצוני לומר שארית המגוסי ש**הנדה** תהיה בבית בפני עצמה וישרפו המקומות אשר תלך עליהם ומי שמדבר עמה יטמא ואפילו אם עבר רוח על הנדה ועל הטהור יטמא. ראה כמה בין זה ובין אמרנו - כל[525] מלאכות שהאשה עושה לבעלה נדה עושה לבעלה חוץ מרחיצת פניו וגו', ולא יאסר ממנה רק בעילתה כל ימי טומאתה. ומן המפורסם שבדעותם עד שמננו זה, שכל מה שיבדל מן הגוף משער או צפורן או דם הוא טמא, ומפני זה כל ספר אצלם טמא מפני שהוא נוגע בדם ובשער וכל מעביר תער על בשרו יטבול במים חיים. וכיוצא באלו הטרחים אצלם רבים מאד. אבל אנחנו אין לנו **טומאה וטהרה** אלא ל**קודש** ול**מקדש**: אמנם אמרו יתברך - והתקדשתם[526] והייתם קדושים כי קדוש אני, אינו בעניין **טומאה וטהרה** כלל לשון ספרא **זו קדושת מצוות**. וכן מה שאמר **קדושים תהיו** - אמרו **זו קדושת מצוות**. ומפני זה קרא העבירה על **המצוות** גם כן **טומאה** - אמר באבות **המצוות** ועיקריהם שהם **עבודה זרה וגילוי עריות ושפיכות דמים** - אמר בעבודה זרה - כי[527] מזרעו נתן למולך למען טמא את מקדשי, ובגילוי עריות - אל[528] תטמאו בכל אלה וגו', ובשפיכות דמים - ולא[529] תטמאו את הארץ וגו'. הנה התבאר שמלת **טומאה** נאמרת בשיתוף על שלושה עניינים נאמרת על מרות האדם ועברו על המצווה בו ממעשה או דעת, ועל הזיהומים

---

524 ויקרא יב ד

525 רמב"ם הלכות אישות כ"א ח

526 ויקרא יא מד

527 ויקרא כ ג

528 ויקרא יח כד

529 ויקרא יח כד

ועל הלכלוכים - טמאתה[530] בשוליה, ועל אלו העניינים המדומים, רצוני לומר מגע דבר פלוני או משא דבר פלוני או לשאת דבר פלוני על כתפיו, ועל זה המין האחרון אמרו - אין[531] דברי תורה מקבלין טומאה. וכן **הקדושה** נאמרת בשיתוף על שלושת עניינים שכנגד אלו השלושה: ומפני שאי אפשר להיטהר **מטומאת מת** אלא אחר שבעת ימים ובמציאות **אפר הפרה** גם כן והיו **הכהנים** צריכים תמיד להיכנס אל **המקדש** להקריב והזהיר כל **כהן מטומאת מת** לבד רק להכרח גדול אשר יכבד ענינו על הטבעיים, רצוני לומר להימנע מקרוב אל האבות ואל הבנים ואל האחים ולעמוד עמהם ולנגוע בהם. ולרב הצורך להיות **כהן גדול** במקדש תמיד לאמרו - והיה[532] על מצחו תמיד, הוזהר מ**לטמא למת** כל עיקר ואפילו לאלו הקרובים הלא תראה איך זאת האזהרה אינה כוללת הנשים - **בני אהרן ולא בנות אהרן**, מפני שאין הנשים צריכות בהבקרבה. ומפני שאי אפשר שלא ישגה אדם מישראל ויכנס למקדש טמא, או יאכל קדשים והוא טמא, או אפשר שיעשה זה **במזיד** כמו שיעשו הרשעים והעברות הגדולות והם **מזידים** צווה מפני זה להקריב **קרבנות** שיכפרו על טומאת מקדש וקדשיו, קצתם לזדון וקצתם לשגגה לפי מיניהם, והם שעירי הרגלים ושעירי ראשי חדשים ושעיר המשתלח, כמו שהתבאר במקומו, כדי שלא יעלה בלב **המזיד** שלא עשה רעה גדולה כשטימא מקדש הוי"ה, רק ידע שנתכפר לו בשעיר אמר - ולא[533] ימותו בטומאתם ואמר - ונשא[534] אהרן את עון הקדשים וגו'. ונכפל זה העניין הרבה:

אבל **טומאת צרעת** כבר בארנו ענינה והחכמים ז"ל גם כן בארוהו והודיעונו אותו. והעיקר המוסכם עליו שהוא עונש על **לשון הרע** ושהשינוי ההוא יתחיל בכתלים, ואם עשה תשובה הוא המכוון ואם עמד במריו, יתפשט השינוי ההוא לכלי מטתו וכלי ביתו, ואם עמד במריו יתפשט אל בגדיו ואחר כך לגופו. וזהו מופת מקובל באומה כמו **מי שוטה**. ותועלת זאת האמונה מבוארת, מצורף אל היות הצרעת מתדבקת וכל בני אדם מואסים אותה ובדלים ממנה וכמעט שהוא בטבע. אך היות טהרתה ב-עץ[535] ארז ואזוב ושני תולעת ושתי צפרים, כבר נודע טעמו **במדרשות** ואמנם אינו נאות בכוונתנו ואני לא ידעתי עד היום טעם אחד מהם ולא טעם **עץ ארז ואזוב ושני תולעת** ב**פרה אדומה**, וכן **אגודת אזוב** שמזים בה דם **הפסח** איני מוצא דבר שאסמוך עליו ביחוד אלה המינים:

וטעם קרוא פרה אדומה **חטאת** הוא מפני שהיא משלמת טהרת **טמא מת**

---

[530] איכה א ט

[531] גמרא ברכות כב א

[532] שמות כח לח

[533] ויקרא טו לא

[534] שמות כח לח

[535] במדבר יט ו

להיכנס למקדש אחר כך כוונת העניין שהוא אחר שנטמא **למת** נאסר עליו להיכנס ל**מקדש** ולאכול קדשים **לעולם**, לולא זאת הפרה שנשאה זה החטא כציץ שהוא מרצה על הטומאה, וכשעירים הנשרפים. ומפני זה היה ה**עוסק בפרה ובשעירים הנשרפים** - מטמא[536] בגדים, כשעיר המשתלח אשר יאמן בו כי מרוב מה שנשא מן העוונות הוא מטמא מי שנגע בו:

הנה כבר זכרנו מזה הכלל טעמי מה שידענו לתת בו טעם כפי מה שנראה לנו:

<u>פרק מח</u>

המצוות אשר כלל אותם הכלל השלושה עשר הם אשר ספרנום **בהלכות מאכלות אסורות**, **ובהלכות שחיטה** ו**בהלכות נדרים ונזירות**. וכבר בארנו בזה המאמר ובפרוש **אבות** תועלת זה הכלל ביאור גמור בדברים רחבים מאד. ועוד נוסיף עליו ביאור בזיכרון פרטי המצוות המנויות שם:

ואומר כי כל מה שאסרתו התורה עלינו מן המאכלים מזונם מגונה. ואין בכל מה שנאסר עלינו מה שיסופק שאין הזק בו רק החזיר והחלב, ואין העניין כן כי החזיר יותר לח ממה שצריך ורב הפסולת והמותרות ורוב מה שמאסתו התורה לרוב לכלוכו ומזונו בדברים הנמאסים. וכבר ידעת הקפדת התורה על ראית הלכלוכים ואפילו בשדות במחנה, כל שכן בתוך המדינה. ואילו הייתה מותרת אכילת החזיר היו השווקים עם הבתים יותר מלוכלכים מ**בית הכסא** כמו שתראה ארצות הצרפתים היום. כבר ידעת אמרם - פי[537] **חזיר** כצואה עוברת דמי:

וכן חלב הקרב משביע ומפסיד העיכול ומוליד דם קר מדובק, ושריפתו הייתה יותר ראויה מאכילתו. וכן הדם והנבלה קשים להתעכל ומזונם רע וידוע ש**הטרפה** - תחילת[538] נבלה היא:

ודע שאילו הסימנים, רצוני לומר העלאת גרה ושסיעת פרסה בבהמות, וסנפיר וקשקשת בדגים, אין מציאותם סיבת ההיתר ולא העדרם סיבת האיסור ואמנם הם סימן יודע בו המין המשובח מן המין המגונה:

וטעם **גיד הנשה** כתוב:

ואמנם טעם **אבר מן החי** הוא היותו מקנה ומלמד אכזריות. ועוד שכן היו עושים אז מלכי **הגוים**, וגם ל**עבודה זרה** היו עושים כן, רצוני לומר שהיו חותכים מן הבהמה אבר ידוע ואוכלים אותו:

ואמנם איסור **בשר בחלב** עם היותו מזון עב מאד בלא ספק ומוליד מלוי רב אין רחוק אצלי שיש בו ריח **עבודה זרה** אולי כך היו אוכלים בעבודה מעבודותיה או בחג מחגיהם. וממה שמחזק זה אצלי - זכור התורה אותו שני

---

[536] משנה זבים ה ט

[537] גמרא ברכות כה ע"א

[538] גמרא חולין עב ע"ב

פעמים תחילת מה שציותה עליו עם מצות החג - שלש[539] פעמים בשנה וגו', כאילו אמר בעת חגכם ובואכם לבית הוי"ה אלוקי"ך, לא תבשל מה שתבשל שם על דרך פלוני כמו שהיו הם עושים. זהו הטעם החזק אצלי בעניין איסורו, ואמנם לא ראיתי זה כתוב במה שראיתי מספרי **הצאבה:**

ואמנם מצות שחיטת בהמה היא הכרחית מפני שהמזון הטבעי לבני אדם, הוא מן הזרעים הצומחים בארץ, ומבשר בעלי חיים, והטוב שבבשר הוא מה שהותר לנו לאכלו וזה מה שלא יסופק בו רופא. וכאשר הביא הכרח טוב המזון להריגת בעלי חיים כונה התורה לקלה שבמיתות ואסרה שיענה אותם בשחיטה רעה ולא יחתוך מהם אבר - כמו שבארנו:

וכן אסר לשחוט **אותו ואת בנו ביום אחד** להישמר ולהרחיק לשחוט משניהם הבן לעיני האם כי צער בעלי חיים בזה גדול מאד אין הפרש בין צער האדם עליו וצער שאר בעלי חיים כי אהבת האם ורחמיה על הולד אינו נמשך אחר השכל רק אחר פועל הכח המדמה הנמצא ברוב בעלי חיים כמו שנמצא באדם. והיה זה הדין מיוחד **בשור ושה** מפני שהם מותר לנו אכילתם מן הביתיות הנהוג לאכלם והם אשר תכיר מהם האם מן הולד:

וזה הטעם גם כן **בשילוח הקן** כי הביצים אשר שכבה האם עליהם והאפרוחים הצריכים לאימם על הרוב אינם ראויים לאכילה וכשישלח האם ותלך לה לא תצטער בראות לקיחת הבנים. ועל הרוב יהיה סיבה להניח הכל כי מה שהיה לוקח ברוב הפעמים אינו ראוי לאכילה: ואם אלו הצערים הנפשיים חסר התורה עליהם בבהמות ובעופות כל שכן בבני האדם כולם. ולא תקשה עלי באמרם זיכרונם לברכה - האומר[540] על קן צפור יגיעו רחמיך וגו', כי הוא לפי אחת משני הדעות אשר זכרנום, רצוני לומר דעת מי שחושב שאין טעם לתורה אלא הרצון לבד ואנחנו נמשכנו אחר הדעת השני:

וכבר זכרנו ביאור התורה לטעם **כיסוי הדם** והיותו מיוחד **בחיה טהורה ועוף טהור:**

ועם מה שצוותה התורה מאיסור המאכלים האסורים צוותהו גם כן **בנדרי איסר**. והוא כי כשיאמר אדם **זה הלחם אסור עלי או זה הבשר אסור עלי** נאסר עליו לאכלו. כל זה להרגיל לקנות מידת ההסתפקות ולחסום תאוות המאכל והמשתה, אמרו - נדרים[541] סיג לפרישות. ומפני שהנשים ממהרות לכעוס לקלות הפעלותם וחולשת נפשם, אילו היה עניין שבועותיהם ברשותם היה בזה צער גדול בבית ומחלוקת והפסד סדר בהיות זה המין מן המזון מותר לאיש ואסור לאשה וזה אסור על הבת ומותר לאם, ומפני זה סמך העניין לבעל הבית בכל מה שנתלה בו. הלא תראה שמי שהיא ברשות

---

539 דברים טז טז

540 משנה ברכות ה ג

541 משנה פרקי אבות ג יג

עצמה ואינה נמשכת אחר בעל הבית להנהיגה, דינה כדין האנשים בנדרים, רצוני לומר מי שאין לה בעל ומי שאין לה אב או מי **שבגרה**:

וטעם **הנזירות** מבואר מאד והוא הפרישות מן היין אשר הפסיד הראשונים והאחרונים **רבים ועצומים כל הרוגיו** - וגם[542] אלה ביין שגו וגו'. ובא מדין **הנזירות** מה שתראה מאיסור - כל[543] אשר יצא מגפן היין, להרחקה יתרה עד שיספיק לאדם ממנו הדבר הצריך כי הנשמר ממנו נקרא **קדוש** והושם במדרגת **כהן גדול בקדושה** עד **שלא יטמא** אפילו **לאביו ולאימו** כמוהו זאת הגדולה, מפני שפרש מן היין:

<u>פרק מט</u>

המצוות אשר כלל אותם הכלל הארבעה עשר הם אשר ספרנום **בספר נשים והלכות איסורי ביאה וכלאי בהמה**, **ומצות מילה** מזה הכלל. וכבר הקדמנו להגיד תכלית כוונת זה הכלל ועתה אחל לבאר פרטיו:

ואומר מן הידוע כי צריך אדם לאוהבים כל ימיו, כבר באר זה אריסטו במאמר התשיעי מספר המידות אם בעת בריאותו והצלחתו ייהנה בחברתם, ובעת צרתו יצטרך אליהם, ובזקנתו וחולשת גופו ייעזר בהם. וזאת האהבה נמצאת בבנים יותר ויותר גדולה וכן בקרובים. ולא תשלם האהבה והאחווה והעזר בקרובים רק ביחסים, עד שהמשפחה האחת כשיקבצה אבי אב אחד ואפילו אבי אב רחוק יהיה ביניהם, בעבורו אהבה ועזר קצתם לקצתם, וחמלת קצתם על קצתם, אשר היא אחת מכוונות התורה הגדולות: ומפני זה נאסרה **הקדשה** למה שיש בה מהפסד היחס והיות הנולד ממנה נוכרי לבני אדם כולם, לא ידע לעצמו קרוב ולא יכירהו אחד מקרוביו, וזהו הרע שבעניינים לא ולאביו. ועניין אחר גדול בטעם איסור **הקדשה** והוא מניעת רב תאוות המשגל והתמדתו כי בהתחלף גופי **הקדשות** תוסיף התאווה, כי לא יתעורר האדם לגוף אחד שהרגיל בו תמיד כהתעוררו לגופות מתחדשות חלוקות הצורות והעניינים. ובאיסור **הקדשה** תועלת גדולה מאד והיא מניעת הקטטות כי אילו הייתה **הקדשה** מותרת היו באים אל אישה אחת אנשים רבים בעת אחת, לפי המקרה ולא היו נמלטים מהמחלוקת וברוב הפעמים היו הורגים זה את זה או היו הורגים אותה, כעניין הנודע מאז - ובית[544] זונה יתגודדו, ולמנוע אלו הרעות העצומות ולהביא התועלת הכוללת והיא ידיעת היחסים נאסרה **הקדשה והקדש**: ולא נמצא צד התר למשגל רק ביחד אישה, ולישא אותה במפורסם, כי אילו היה די ביחוד לבד היו רוב בני אדם מביאים **קדשה** לבתיהם זמן אחד מוסכם בין שניהם ויאמר שהיא אשתו. ומפני זה צווה לעשות מעשה אחד שייחדה אליו בו והוא הארוסין,

---

542 ישעיהו כח ז

543 במדבר ו ד

544 ירמיהו ה ז

ושיפרסם הדבר והוא **הנישואין** - ויקח[545] בועז עשרה אנשים וגו': ופעמים שלא יהיה ביניהם הסכמת אהבה ושלום ולא יסודר עניין ביתם, והותר לו לגרשה. ואילו הייתה מתגרשת בדיבור לבד או בהוציאה מביתו הייתה האישה מחזרת אחר פשיעה ויוצאת ואומרת כי גרושה היא, או כשתזנה עם אדם תאמר היא והנואף שכבר נתגרשה. ולזה נצטוינו שלא יתכן לגרש רק בספר שיעיד עליו - וכתב[546] לה ספר כריתות וגו': ומפני שחשד הזנות והספקות הנופלות בו על האישה רבות מאד, נצטווינו בדיני **סוטה** אשר העניין ההוא מביא לכל אישה בעולה שתשמור עצמה בתכלית השימור, כדי שלא יחלה לב בעלה עליה, מפני פחד **מי סוטה**. שאף רוב הנקיות הבטוחות בעצמן היו פודות עצמן מן המעשה ההוא אשר יעשה בה בכל ממונן, ואף המוות טוב מן הבושת הגדול ההוא, והוא פריעת ראש האישה וסתירת שערה וקריעת בגדיה עד שיתגלה לבה, והקפתה בכל המקדש לעיני הכל נשים ואנשים ובפני **בית דין הגדול**. וימנעו מפני זה הפחד חליים גדולים ומפסידים סדר בתים רבים:

ומפני שכל **נערה בתולה** עומדת להינשא לכל מי שיזדמן לא חייב המפתה אותה רק שינשאנה כי הוא הטוב לה בלא ספק ויותר רופא מחצה משישאנה זולתו. ואם לא תרצה בו היא או אביה יתן המוהר. והוסיף בעונש **האונס** - לא[547] יוכל שלחה כל ימיו:

ואמנם טעם **היבום** כתוב כי היה מנהג קדום קודם **מתן תורה** והשאירתו התורה. וציותה לעשות **החליצה** מפני שהמעשים ההם היו מגונים במנהגי הזמנים ההם ואולי יברח מן הגנות ההיא **וייבם** מבואר הוא זה **בתורה** - ככה[548] יעשה לאיש וגו', ונקרא שמו בישראל וגו': ואפשר ללמוד ממעשה יהודה מידה חשובה ויושר במשפט וזה מאמרו - תקח[549] לה פן נהיה לבוז הנה שלחתי הגדי הזה. וביאור זה שבעילת **הקדשה** קודם **מתן תורה** היה כבעילת האדם אשתו אחר **מתן תורה**, רצוני לומר שהיה מעשה מותר לא היה אדם מרחיק אותו כלל, ונתינת השכר המותנה עליו **לקדשה** אז כנתינת **כתובת אישה** לה, עתה בעת הגרושין, רצוני לומר שהוא דין מדיני האישה שחייב עליו לתתו. ומאמר יהודה **פן**[550] **נהיה לבוז** מלמד אותנו שענייני המשגל כולם, אפילו המותר מהם הוא בושת עלינו לדבר בו וראוי לשתוק ממנו ולהסתירו ואפילו אם יגרום הפסד ממון, כמו שתראה יהודה עשה באמרו טוב שנפסיד ויישאר לה מה שבידה, ושנתפרסם לבקש ונוסיף בושת זאת היא המידה הטובה, אשר למדנו מן העניין ההוא. ואמנם היושר אשר

---

545 רות ד ב
546 דברים כד א
547 דברים כב כט
548 דברים כה ט-י
549 בראשית לח כג
550 בראשית לח כג

מורה נבוכים חלק ג'

למדנו ממנו הוא, אמרו לנקות עצמו מגזלתה ושהוא לא שינה ולא ביטל מה שהסכים עמה עליו - הנה[551] שלחתי הגדי הזה וגו', אין ספק שהגדי ההוא היה טוב במינו מאד ומפני זה רמז אליו ואמר **הזה**. וזהו היושר אשר ירשו מאברהם יצחק ויעקב שלא ישנה אדם בדיבורו ולא יחליף תנאו ושייתן לכל איש חוקי משלם, ושאין הפרש בין מה שיהיה בידו ממון חבירו על דרך הלוואה, או על דרך פקדון, או על אי זה צד שיתחייב לו משכירות, או זולתו ושכתובת כל אישה, כדין שכר כל שכיר, ואין הפרש בין **כובש שכר שכיר** ומי שיכבוש חוק אשתו ואין הפרש בין עושק שכיר או מתעולל עליו להוציאו מבלי שכירות או שיעשה כן עם אשתו עד שיוציאנה מבלי מוהר:

הלא תסתכל ברוב יושר אלו החוקים[552] ומשפטים צדיקים, איך שפטו ב**מוציא שם רע** והוא כי אין ספק כי זה האיש הרע לא אהב אשתו אשר **הוציא עליה שם רע** ולא מצאה חן בעיניו, ואילו היה רוצה לגרשה כדין כל מגרש אשתו לא היה לו מונע מזה אך היה מתחייב לתת לה חוקה הראוי לה, ושם לה **עלילות דברים** כדי להפטר ממה בלא תשלומים והוציא עליה דיבה ודבר שקר, להחזיק בחוקה שיש לה עליו והוא **חמישים כסף** כי זהו **מוהר הבתולות** הקצוב **בתורה**, ומפני זה גזר עליו יתברך לשלם - מאה[553] כסף, נמשך אחר העיקר - אשר[554] ירשיעון אלוקים ישלם שנים לרעהו, וכ**דין עדים זוממים** כמו שבארנו - כן זה ה**מוציא שם רע** חשב להפסידה החמישים הראויים לה, עליו ישלם מאה, זהו ענשו של שהיה כובש חוקה הראוי לה, והשתדלו להחזיק בו. והיה ענשו על שפיחת מעלתה והוציא עליה קול הזנות, שהיו פוחתים מעלתו כשהכוהו בשוט כאמרו - ויסרו[555] אותו. והיה עונש על בחירתו התאווה ובקשו ההנאה לבד, שנתחייב להחזיק בה עולמית - לא[556] יוכל שלחה כל ימיו, כי לא הביאו אל כל זה רק היותה כעורה בעיניו: כן ירפאו המידות הרעות כשיהיה רופאם המצוה האלוקית, לא יסורו לך אפני היושר המובארים גלויים בכל דיני זאת התורה עם ההסתכלות הטוב. הסתכל איך השווה בין דין **מוציא שם רע** אשר חשב להחזיק בחוק הראוי עליו לתתו ובין דין **הגנב** שלקח ממון חבירו, ושם דין **עד זומם** אשר זמם להזיק ואף על פי שלא בה ההיזק כדין מי שהזיק וחמס, רצוני לומר **גנב ומוציא שם רע**, הדין בשלשתם - תורה[557] אחת ומשפט אחד. הפלא מאד מתוכן משפטי האלוה יתברך כמו שתתמה מתוכן מעשיו

---

551 בראשית לח כג

552 דברים ד ח

553 דברים כב יט

554 שמות כב ח

555 דברים כא יח

556 דברים כב כט

557 במדבר טו טז

אמר - הצור[558] תמים פעלו כי כל דרכיו משפט, יאמר כי כמו שמעשיו בתכלית השלמות כן משפטיו בתכלית היושר. אבל דעותינו קצרי יד מלהשיג שלמות כל מעשיו ויושר כל משפטיו, וכמו שנשיג קצת נפלאות מעשיו באברי בעלי חיים ותנועות הגלגלים כן נשיג יושר קצת משפטיו, ואשר יעלם ממנו משני המינים יחד הוא יותר מן הנגלה לנו הרבה מאד. ואשוב אל כוונת הפרק:

ואמנם איסור **העריות** העניין בכולם שב למעט המשגל ולמאוס בו ושלא ירצה ממנו כי אם מעט מזער. אמנם איסור **זכר** ואיסור **בהמה** מבואר מאד אחר שהעניין הטבעי נמאס להעשות רק לצורך כל שכן העניין היוצא חוץ לטבע ולבקש ההנאה לבד.

וה**עריות** מן הנקבות כולם יקבצם עניין אחד, והעניין ההוא הוא שכל אחת מהן נמצאה על הרוב עם האיש שנאסרה עליו תמיד בביתו והיא ממהרת לשמוע לו לעשות רצונו וקרובה להמצא אליו לא יטרח להזמינה ואי אפשר לשופט להרחיק על אדם כשימצאו אלו עמו, ואילו היה דין **הערוה** כדין **הפנויה**, רצוני לומר שיהיה מותר לישא אותה ושלא יהיה בה מן האיסור רק שאינה אשתו, היו רוב בני אדם בכישלון זנותם תמיד, וכאשר נאסרה בעילתן כל עיקר ונמנעו לנו מניעה גדולה, רצוני לומר **במיתת בית דין ובכרת** ושאין שם שום צד התר על בעילתם, יש לבטוח בזה שלא יכון האדם אליהם ושלא יהרהר בהם כלל: והיות **הערוה** ממהרת וקרובה להמצא כאשר זכרנו, מבואר מאד וזה כי האדם כשיהיה לו אישה מן הידוע שאמה, וזקנתה, ובתה, ובת בתה, ואחותה, נמצאות עמו ברוב העיתים על הרוב ושהבעל פוגש בהם תמיד בצאתו ובבואו ובעשותו מלאכתו, וכן האישה הרבה פעמים תעמוד עם אחי בעלה, ואביו, ובנו. וכן מציאות האדם על הרוב עם אחיותיו, ודודותיו, ואשת דודו, והיותו גדל עמהם הוא מבואר מאד, ואלו הם כל **העריות של שאר בשר**. זהו אחד מן העניינים אשר בעבורם נאסר **שאר בשר**: ואמנם העניין השני הוא אצלי להזהיר במידת הבושת. כי היות זה המעשה בין השורש והענף עזות גדולה מאד, רצוני לומר לבעול האם או הבת, נאסר על השורש והענף שיבעל אחד מהם את חברו. ואין הפרש בין שיבעל השורש או הענף או שיתקבצו שורש וענף בבעילת גוף שלישי, רצוני לומר שיתגלה גוף אחד גילוי משגל לשורש וענף. ומפני זה נאסר לקבץ בין אישה ואמה ולבעול אשת האב ואשת הבן, שאלו כולם הם גילוי ערות גוף אחד לערות שורש וענף:

והאחים כשורש וענף, וכאשר נאסרה האחות נאסרה גם כן אחות האישה ואשת האח, שהוא התקבץ שני אישים שהם כשורש וענף בבעילת גוף שלישי, וכאשר החמיר באיסור קיבוץ האחים ושם אותם כשורש וענף וגם כגוף אחד אסר מפני זה בעילת אחות האם, גם כן שהיא במקום האם ואחות

---

[558] דברים לב ד

האב שהיא במקום האב, וכמו שלא נאסרה בת אחי האב, ולא בת אחות האב, כן לא נאסרה בת האח, ולא בת האחות, ההיקש אחד. ואמנם היות אחי האב מותר באשת בן אחיו והיות בן האח אסור באשת אחי אביו, הוא מבואר לפי הטעם הראשון כי בן האח נמצא על הרוב בבתי אחי אביו ושייכותו עם אשת אחי אביו כשייכותו באשת אחיו. ואמנם אחי האב אינו נמצא כן בבית בן אחיו, ואין שייכות לאחי האב עם אשת בן אחיו. הלא תראה שהאב בצבור שהוא שייך עם אשת בנו כשיכות בנו באשתו, היו שני האיסורים שווים **ובמיתה אחת:**

וטעם איסור בעילת **נדה ואשת איש** מבואר אין צריך לו טעם:

וכבר ידעת שאסור לנו להנות **בערוה** על אי זה צד שיהיה ואפילו בראית העין והוא שיכוון להנות כמו שבארנו **בהלכות איסורי ביאה**. ושם בארנו שאין מותר בתורתנו להרהר במשגל כלל, וגם לעורר הקשי כלל, ושהאדם כשיתקשה מבלתי כונה ראוי לו שישיב רעיונו למחשבה אחרת ויסתכל בדבר אחר עד שיסור הקשי. אמרו החכמים ז"ל במוסריהם המשלימים החסידים - אם[559] פגע בך מנול זה משכהו לבית המדרש, אם ברזל הוא נימוח, ואם אבן הוא מתפוצץ, הלא[560] כה דברי כאש נאום הוי"ה כפטיש יפוצץ סלע, הוא אומר לבנו דרך מוסר כשתתקשה ותכאב לך **לבית המדרש** ותקרא וללוק ושאל וישאלוך יסור ממך הכאב ההוא בלי ספק. ותמה מאמרו **מנוול זה** כי זה באמת **נוול** גדול הוא. ואין המוסר הזה מצד התורה לבד כי העניין הזה גם כן אצל הפילוסופים, כבר הודעתיך דברי אריסטו בלשונו אמר זה החוש אשר הוא חרפה לנו, רצונו לומר חוש המישוש המביא לבחור המאכל והמשגל, והוא קורא בספריו האנשים הבוחרים המשגל ואכילת מיני התבשילים הפחותים, וירחיב פה, ויאריך לשון, בגנותם ובפחיתותם ויתלוצץ עליהם, תמצא זה **בספר המידות** אשר לו ו**בספר ההגדה והסיפור**. ולפי זאת המידה החשובה אשר ראוי לכוון אליה ולהחזיק בה הזהירו החכמים ז"ל מהסתכל בבהמה ועוף **בשעה שמזדקקין זה לזה**. וזהו הטעם אצלי באיסור **כלאי בהמה** כי בידוע שלא יתעורר איש ממין אחד לבעול איש ממין אחר, על הרוב אם לא ירכיבוהו עליו בידיים, כמו שתראה אלו הפחותים מולידי הפרדות עושים תמיד, ומאסה התורה שישפיל איש **מישראל** מעלתו לזה המעשה למה שבו מן הפחיתות והעזות ושיתעסק בדברים שמאסה התורה לזכרם כל שכן לעמוד עליהם ולעשותם רק בעת הצורך, ואין צורך לזאת ההרכבה. ויראה לי כי טעם איסור קיבוץ שני מינים באי זה מעשה שיהיה אינו רק להרחיק מהרכבת שני מינים, רצוני לומר - לא[561] תחרוש בשור ובחמור יחדיו, כי אם יקבץ בין שניהם פעמים ירכיב

[559] גמרא קידושין ל ע"ב
[560] ירמיהו כג כט
[561] דברים כב י

אחד מהם על חברו. והראיה על זה, היות הדין הזה כולל לזולת **שור וחמור** אחד[562] שור וחמור ואחד, כל שני מינין, אלא שדיבר הכתוב בהוה:

וכן **המילה** אצלי אחד מטעמיה למעט המשגל ולהחליש זה האבר, כפי היכולת עד שימעט במעשה הזה. וכבר חשבו שזאת המילה היא השלמת חסרון יצירה, ומצא כל חולק מקום לחלוק ולומר איך יהיו הדברים הטבעיים חסרים עד שיצטרכו להשלמה מחוץ, עם מה שהתבאר מתועלת העור ההוא לאבר ההוא ולא נתנה **מצוה** זו להשלים חסרון הבריאה רק להשלים חסרון המידות. והנזק ההוא הגופני המגיע לאבר ההוא, הוא המכוון אשר לא יפסיד בו דבר מן הפעולות שבהם עמידת האיש ולא תבטל בעבורה ההולדה אבל תחסר בו התאווה היתרה על הצורך. והיות המילה מחלשת כח הקושי ופעמיים שתחבר ההנאה הוא דבר שאין ספר בו, כי האבר כשישפך דמו ויוסר מכסהו מתחילת בריאתו ייחלש בלי ספק. ובביאור אמרו החכמים ז"ל - הנבעלת[563] מן הערל קשה לפרוש. זהו החזק בטעמי **המילה** אצלי. ומי היה מתחיל בזה המעשה, אברהם אשר נודע מיראת חטאו מה שזכרו החכמים ז"ל באמרו - הנה[564] נא ידעתי כי אשה יפת מראה את:

ויש **במילה** עוד עניין אחד צריך מאד והוא שיהיה לאנשי זאת האמונה כולם, רצוני לומר מאמיני **יחוד השם**, אות אחד גשמי שיקבצם ולא יוכל מי שאינו מהם לומר שהוא מהם והוא נוכרי, כי פעמים יעשה האדם כן כדי להגיע את תועלת או כדי להתנכל אל אנשי זה הדת, אך זה הפועל לא יעשהו אדם בו או בבניו רק מתוך אמונה אמיתית, כי אין זה שרט בשוק או כווייה בזרוע, אבל עניין שיהיה קשה מאד מאד. וידוע גם כן רוב האהבה והעזר הנמצא באנשים שהם כולם בסימן אחד, ושהוא על צורת ברית. וכן זאת **המילה** היא הברית אשר כרת **אברהם אבינו** על אמונת **יחוד השם**. וכן כל מי שימול יכנס **בברית אברהם** להאמין היחוד - להיות[565] לך לאלוקים ולזרעך אחריך. וזה גם כן עניין חזק כראשון בטעם **המילה** ואפשר שהוא יותר חזק מן הראשון:

ושלמות זאת התורה וקיומה לא תשלם כי אם **במילה** בהיותה בימי הקטנות, ויש בזה שלש חכמות. **הראשונה**, שאילו הונח הקטן עד שיגדל אפשר שלא היה עושה. **והשנית**, שלא יכאב ככאב הגדול לרכות עורו וחולשת דמיונו כי הגדול יפחד וירעד מן העניין שידמה היותו קודם היותו. **והשלישית**, שהקטן יבוזו לו יולדיו בעת לדתו שלא התחזקה עדין הצורה הדמיונית המביאה לאהוב אותו יולדיו, כי הצורה הדמיונית ההיא נוספת תמיד בראיה והיא גדלה עם גדולתו ואחר כן תתחיל להתחסר ולהמחות גם כן, רצוני

[562] משנה בבא קמא ה ז
[563] בראשית רבה פ יא
[564] בראשית יב יא
[565] בראשית יז ז

לומר הצורה הדמיונית. כי אין אהבת האב והאם את הבן בעת לדתו, כאהבתם אותו והוא בן שנה, ולא אהבת בן שנה כאהבת בן שש, ואילו הונח שנתיים ושלוש, היה זה מביא לבטל המילה לחמלת האב ואהבתו אותו. אבל סמוך ללידתו הצורה ההיא הדמיונית חלושה מאד, וכל שכן אצל האב אשר הוא מצוה בזאת **המצוה**. והיות **המילה** בשמיני הוא מפני שכל בעל חיים כשיולד הוא חלוש מאד בתכלית לחותו וכאילו הוא עדין בבטן עד סוף שבעה ימים ואז ימנה מרואי אויר העולם. הלא תראה כי גם בבהמות שמר זה העניין - שבעת[566] ימים יהיה עם אמו וגו', כאילו קודם זה הוא נפל. וכן האדם אחר שהשלים שבעה ימול, והיה העניין קצוב - ולא[567] נתת דבריך לשיעורין:

וממה שכלל אותו גם כן זה הכלל האזהרה מהפסיד כלי המשגל מכל זכר מבעלי החיים, נמשך אחר עיקר - חוקים[568] ומשפטים צדיקים, רצוני לומר שישווה אדם הדברים כולם לא ירבה במשגל כאשר אמרנו, ולא יבטל גם כן לגמרי אבל ציווה ואמר - פרו[569] ורבו, כן הכלי הזה ייחלש **במילה** ולא יעקר בחיתוך אבל יונח העניין הטבעי על טבעו וישמר מן התוספת. והזהיר מליישא **פצוע דכא וכרות שפכה** ישראלית מפני שהיא בעילה נפסדת ולבטלה, והנישואים ההם יהיו **מכשול** לה ולתובעיה וזה מבואר מאד:

ולהתרחק מ**עריות** אסר לבעול **ממזר** בת ישראל, להודיע הנואף והנואפת שאם יעשו יפסידו בזרעם הפסד שאין לו תקנה לעולם. ולפחיתות בני הזנונים גם כן תמיד בכל לשון ובכל אומה פאר **זרע ישראל** מהתערב בהם **ממזרים**. ולמעלת **הכהנים** נאסרה להם **זונה וגרושה וחללה**, וכהן גדול אשר הוא הנכבד שבכהנים נאסרה עליו אפילו **אלמנה** ואפילו **בעולה**, וזה כולו טעמו מבואר. ואם נאסר התערב ממזרים - בקהל[570] הוי"ה, כל שכן **עבדים ושפחות**. ואיסור חיתון **הגוים** כבר נכתב טעמו בתורה - ולקחת[571] מבנותיו לבניך וגו':

וכל מה שנעלם טעמו מרוב **החוקים** אינו רק להרחיק מ**עבודה זרה**. ואלו הפרטים אשר נעלם ממני טעמם ולא ידעתי תועלתם, הוא מפני שאין הדברים הנשמעים כדברים הנראים לעין, ובעבור זה אין זה השיעור אשר ידעתי אני מדעות **הצאבה** ממה ששמעתיו מן הספרים כמו שידע אותו מי שראה מעשיהם הגלויים, וכל שכן בהשתקע הדעות ההם מהיום אלפים שנה והמחות שמם. ואילו ידענו פרטי המעשים ההם ושמענו חלקי אותם הדעות, היה מתבאר לנו הטעם ואופני החכמה בחלקי מעשה ה**קרבנות** ו**הטומאות**

---

566 ויקרא כב כז

567 לפי הגמרא מגילה יח ב

568 דברים ד ח

569 בראשית א כח

570 דברים כג ג

571 שמות לד טז

וזולתם ממה שלא ידעתי טעמו. אבל אין לי ספק בזה כי הכל היה למחות הדעות ההם הבלתי אמתיות מלב האדם ולבטל המעשים ההם שאין בם מועיל אשר כילו הימים **בתוהו והבל** וביטלו הדעות ההם, מחשבת האדם מחקור ציור מושכל ומעשות מעשה מועיל כאשר בארו לנו נביאינו ואמרו - אחרי[572] התוהו אשר לא יועילו הלכו, ואמר ירמיהו - אך[573] שקר נחלו אבותינו הבל ואין בם מועיל. הסתכל כמה גדול זה ההפסד ואם הוא דבר שצריך האדם להשתדל בכל יכולתו להסירו אם לא ורוב **המצוות** כמו שבארנו, אינם רק להסיר הדעות ההם ולהקל הטורחים הגדולים הכבדים והעמל והצער שהיו עושים האנשים ההם לעבודת אלוקיהם. וכל מצות עשה או לא תעשה שיעלם ממך טעמה אינה רק רפואת חלי מן החליים, ההם אשר לא הונחינו לדעתם היום. ישתבח האלוה על זה זהו מה שיאמינהו מי שיש לו **שלמות** וידע אמיתת מאמר האלוה יתברך - לא[574] אמרתי לזרע יעקב תהו בקשוני":

הנה זכרתי פרטי המצוות כולם אשר כלל אותם זה הכלל והעירותי על טעמם, ולא נשאר מהם דבר שלא נתתי בו טעם רק חלקים מעטים, ואף על פי שעל דרך האמת כבר נתתי גם בהם טעם. יקל לאיש תבונה להוציאו מכח דברינו:

פרק נ'

יש כאן דברים שהם **סתרי תורה** גם כן כבר נכשלו בהם רבים וצריך לבארם והם אלו הסיפורים אשר סופרו בתורה אשר יחשבו רבים שאין תועלת בזכרם, כספרו הסתעף המשפחות מן נוח ושמותם ומקומותם וכן - בני[575] שעיר החורי, וסיפור - המלכים[576] אשר מלכו בארץ אדום, וכיוצא בהם. וכבר ידעת אמרם **שמנשה הרשע** לא היה מרבה מושבותיו הפחותים רק בדקדוקי אלו המקומות אמרו - היה[577] יושב ודורש בהגדות של דופי היה אומר לא היה לו למשה לכתוב אלא - **ואחות**[578] **לוטן תמנע** וגו'. ואני אודיעך כלל אחד ואשוב אחר כן אל הפרטים כאשר עשיתי בטעמי **המצוות**:

דע כי כל סיפור שתמצאהו כתוב **בתורה** הוא לתועלת הכרחית בתורה אם לאמת דעת שהוא פינה מפינות התורה או לתיקון מעשה מן המעשים עד שלא יהיה בין בני אדם עול וחמס, ואני אסדר לך זה:

כאשר הייתה פינת התורה, שהעולם מחודש ואשר נברא תחילה היה איש

---

572 שמואל-א יב כא

573 ירמיהו טז יט

574 ישעיהו מה יט

575 בראשית לו כ

576 בראשית לו לא

577 גמרא סנהדרין צט ע"ב

578 בראשית לו כב

מורה נבוכים חלק ג'

אחד ממין האדם והוא אדם הראשון, ולא היה ביאורך הזמן אשר מאדם עד **משה רבינו** רק אלפים וחמש מאות שנה בקרוב, ואילו בא להם זה הסיפור לבד היה האדם מסופק בדבר, כי נמצאו אז בני האדם מפוזרים בקצוות הארץ כולה ומשפחות חלוקות ולשונות חלוקות רחוקות מאד, והוסר הספק הזה ביחסם כולם וזיכרון הסתעפם, וזכור שמות המפורסמים מהם פלוני בן פלוני ושנותיהם, ולהגיד מקום שכנם, והטעם המביא התפזרם בקצות הארץ והטעם המביא להחלק ללשונותם ושמתחלה היו במקום אחד ושפה אחת לכולם כי כן ראוי להיותם בני איש אחד. וכן עניין סיפור **המבול** וסיפור סדום ועמורה ללמוד מהם ראיה על הדעת האמיתי והוא - אך[579] פרי לצדיק אך יש אלוקים שופטים בארץ.

וכן סיפור **מלחמת** תשעת המלכים, להודיע המופת בניצוח אברהם באנשים מתי מספר ואין מלך עליהם ארבעה מלכים גדולים, ועוד הודיענו איך חם לבבו על קרובו בעבור שגדל על אמונתו ומסר נפשו לסכנת המלחמה כדי להצילו, והודיענו גם כן בהסתפקותו ושובע נפשו והיותו בז לממון ומתפאר בטוב המידות והוא אמרו - אם[580] מחוט ועד שרוך נעל וגו':

אמנם סיפור משפחות **בני שעיר** ויחסם בפרט הוא מפני **מצוה אחת**. והוא - שהאלוה יתברך ציוה למחות **זרע עמלק** לבד, ועמלק אמנם היה **בן אליפז** מן **תמנע אחות לוטן**, אך שאר **בני עשו** לא ציווה להורגם, וכבר נתחתן עשו עם **בני שעיר** כמו שהתבאר בכתוב והוליד מהם ומלך עליהם ונתערב זרעו בזרעם ושבו ארצות שעיר כולם והמשפחות ההם מיוחסות למשפחה הגוברת אשר הם **בני עשו** וכל שכן זרע עמלק, כי הוא היה הגיבור שבהם. ואילו לא התבארו היחסים ההם ופרטיהם היו כולם נהרגים בפשיעה, לכן באר הכתוב משפחותיהם ואמר שאלו תראו אותם בשעיר ומלכות עמלק אינם כולם **בני עמלק** אבל הם בני פלוני ובני פלוני ונתייחס לעמלק, להיות אימם מעמלק. זה כולו יושר מאלוה עד שלא תיהרג משפחה בתוך משפחה אחרת, כי **הגזרה** לא הייתה רק על זרע עמלק. וכבר בארנו אופני החכמה בזה:

וטעם ספרו המלכים[581] אשר מלכו בארץ אדום, כי מכלל **המצוות** - לא[582] תוכל לתת עליך איש נכרי אשר לא אחיך הוא, ואלו המלכים אשר זכר אין אחד מהם מאדום, הלא תראה שהוא מיחס אותם ומיחס ארצותם פלוני ממקום פלוני ופלוני מפלוני. והקרוב אצלי שהיו מנהגיהם ועניניהם מפורסמים, רצוני לומר עניני **המלכים** ההם אשר לאדום ושהם הכניעו **בני עשו** והשפילום, והזכירם האלוה בהם כאילו אמר בחנו באחיכם **בני עשו**

---

579 תהלים נח יב

580 בראשית יד כג

581 בראשית לו לא

582 דברים יז טו

שהיו מלכיהם פלוני ופלוני ומעשיהם היו מפורסמים כי לא המליכה אומה איש שאינו מיחסה שלא ציער אותה צער גדול או קטן: סוף דבר כמו שאמרתי לך מרחוק דעות **הצאבה** ממנו היום כן דברי הימים ההם נעלמו ממנו היום, ואילו ידענום וידענו המקרים אשר קרו בימים ההם היה מתבאר לנו בפרט טעם רוב מה שנזכר **בתורה**:

וממה שצריך שתדעהו כי אין בחינת הסיפורים הנכתבים כבחינת העניינים הנראים כי בעניינים הנראים, פרטים מביאים לדברים צריכים מאד אי אפשר לזכרם רק באריכות, וכשיתבונן באדם בסיפורים ההם יחשוב שיש בהם אריכות או כפל דברים, ואילו היה רואה מה שסופר היה יודע צורך מה שנאמר. ומפני זה כשתראה **בתורה** סיפורים בזולת המצווה ותחשוב שהסיפור ההוא אין צורך לזכרו או שיש בו אריכות, אינו רק להיותך בלתי רואה הפרטים המביאים לזכור מה שנזכר: ומזה סדר זכר **המסעות** יראה מפשוטו של עניין שזכר מה שאין תועלת בו כלל, ומפני זאת המחשבה העולה על הלב אמר - ויכתוב[583] משה את מוצאיהם למסעיהם על פי הוי"ה. ומקום הצורך אליו גדול מאד מפני שכל המופתים אינם אמיתיים רק למי שראם, אך לעתיד ישוב זכרם סיפור ואפשר שיכזיבם השומע. וידוע שאי אפשר להיות וגם לא יצויר שיהיה מופת עומד קים לדורות לבני אדם כולם. וממופתי התורה ומן הגדולים שבהם, עמוד ישראל **במדבר** ארבעים שנה, והמצא בו **המן** בכל יום, והמדבר ההוא כמו שזכר הכתוב - נחש[584] שרף ועקרב וצמאון אשר אין מים, והם מקומות רחוקים מאד מן הישוב בלתי טבעיים לאדם - לא[585] מקום זרע ותאנה וגפן ורימון וגו', ואמר בהם גם כן - ארץ[586] לא עבר בה איש וגו', וכתוב **בתורה** - לחם[587] לא אכלתם ויין ושכר לא שתיתם וגו', ואלו כולם מופתים גדולים גלויים נראים. וכאשר ידע האלוה יתברך שאפשר לפקפק באלו המופתים בעתיד כמו שמפקפקים בשאר הסיפורים ויחשב שעמידתם הייתה במדבר קרוב מן הישוב, שאפשר לאדם לעמוד בו כאלו המדברות ששוכנים בהם הערביים היום, או שהם מקומות שאפשר לחרוש בהם ולזרוע ולקצור או להזון באחד הצמחים, אשר היו שם או שמטבע **המן** לרדת במקומות ההם תמיד, או שיש במקומות ההם בארות מים, מפני זה הסיר המחשבות ההם כולם וחיזק עניני אלו המופתים כולם בביאור המסעות ההם, שיראו אותם הבאים וידעו גודל המופת בעמוד מין האדם במקומות ההם ארבעים שנה:

ולזה הטעם בעצמו החרים יהושע מי שיבנה יריחו **לעולם** להיות המופת ההוא קיים עומד, כי כל מי שיראה החומה ההיא שקועה בארץ, יתבאר לו

---

[583] במדבר לג ב

[584] דברים ח טו

[585] במדבר כ ה

[586] ירמיהו ב ו

[587] דברים כט ה

שאין זה תכונות בניין שנהרס, אבל נשקע במופת: וכן אמרו - על[588] פי הוי"ה יחנו ועל פי הוי"ה יסעו, היה מספיק בסיפור. ויעלה בלב האדם מתחילת מחשבה כי כל מה שבא אחריו בזה העניין הוא הערכת דברים אין צריך, רצוני לומר אמרו: ובהאריך[589] הענן וגו', ויש אשר יהיה הענן וגו', או יומים וגו', ואני אודיעך טעם אלו הפרטים כולם. וטעמם הוא לחזק העניין ההוא לסלק בו מה שהיו האומות חושבים אז ומה שיחשבו עד היום **שישראל** תעו בדרך ולא ידעו אנה ילכו כאמרו - נבוכים[590] הם בארץ. וכן קוראים אותו הערביים עד היום, רצוני לומר **המדבר** ההוא קוראים אותו מדבר התעיה ויחשבו שישראל תעו ולא ידעו הדרך. והתחיל הכתוב לבאר ולחזק כי המסעות ההם שהיו בלתי מסודרות, ושובם בקצתם פעמים והיות זמן עמידתם בכל מסע חלוק זה מזה, עד שהיה מעמדם במסע אחד שמונה עשרה שנה, ובמסע אחד יום אחד, ובאחר לילה אחד, הכל בשיעור אלוקי. ולא היה זה תעיה בדרך רק לפי העלות **עמוד הענן** ומפני זה פרט הפרטים ההם כולם. וכבר בארה התורה. כי הדרך ההוא קרוב וידוע וסלול, רצוני לומר הדרך אשר בין חורב אשר באו אליו בכוונה כמו שציווה האלוה יתברך - תעבדון[591] את האלוקים על ההר הזה, ובין קדש ברנע אשר היא התחלת הישוב כמו שבא בכתוב - והנה[592] אנחנו בקדש עיר קצה גבולך, והדרך ההוא מהלך אחד עשר יום כאמרו - אחד[593] עשר יום מחורב דרך הר שעיר עד קדש ברנע, ואין זה מה שאפשר לתעות בו ארבעים שנה, אבל טעם העיכוב הוא מה שכתוב בתורה: וכן כל עניין שיעלם ממך טעם זכרו יש לו סיבה חזקה, והנהיג העניין כולו על העיקר אשר העירונו זיכרונם לברכה עליו - כי[594] לא דבר ריק הוא מכם, ואם ריק הוא מכם הוא:

פרק נא

זה הפרק אשר נזכרהו עתה אינו כולל תוספת עניין, על מה שכללו אותו פרקי זה המאמר ואינו רק כדמות חתימה עם ביאור עבודת משיג האמיתיות המיוחדות באלוה יתברך, אחר השגתו אי זה דבר הוא והישירו להגיע אל העבודה ההיא, אשר היא התכלית אשר יגיע אליה האדם והודיעו איך תהיה ההשגחה בו בעולם הזה עד שייעתק אל **צרור החיים**:
ואני פותח הדברים בזה הפרק במשל שאשאהו לך. ואומר כי המלך הוא בהיכלו ואנשיו כולם קצתם אנשי המדינה וקצתם חוץ למדינה, ואלו אשר

---

[588] במדבר ט יח
[589] במדבר ט יט
[590] שמות יד ג
[591] שמות ג יב
[592] במדבר כ טז
[593] דברים א ב
[594] גמרא הירושלמי פאה פ"א ה"א

במדינה מהם מי שאחוריו אל בית המלך ומגמת פניו בדרך אחרת ומהם מי שרוצה ללכת אל בית המלך ומגמתו אליו ומבקש לבקר בהיכלו ולעמוד לפניו אלא שעד היום לא ראה פני חומת הבית כלל, ומן הרוצים לבוא אל הבית, מהם שהגיע אליו והוא מתהלך סביבו מבקש למצוא השער ומהם מי שנכנס בשער והוא הולך בפרוזדור ומהם מי שהגיע עד שנכנס אל תוך הבית והוא עם המלך במקום אחד שהוא בית המלך, ולא בהגיעו אל תוך הבית יראה המלך או ידבר עמו אבל אחר הגיעו אל תוך הבית אי אפשר לו מבלתי שישתדל השתדלות אחרת ואז יעמוד לפני המלך, ויראהו מרחוק או מקרוב, או ישמע דבר המלך או ידבר עמו: והנני מפרש לך זה המשל אשר חדשתי לך, ואומר אמנם אשר הם חוץ למדינה הם כל איש מבני אדם שאין לו אמונת דת, לא מדרך עיון, ולא מדרך קבלה, כקצות התורן המשוטטים בצפון והכושיים המשוטטים בדרום, והדומים להם, מאשר אתנו באקלימים האלה. ודין אלו כדין בעלי חיים שאינם מדברים ואינם אצלי במדרגת בני אדם ומדרגתם בנמצאות למטה ממדרגת האדם, ולמעלה ממדרגת הקוף, אחר שהגיע להם תמונת האדם ותארו והכרה יותר מהכרת הקוף:

ואשר הם במדינה אלא שאחוריהם אל בית המלך הם בעלי אמונה ועיון אלא שעלו בידם דעות בלתי אמיתיות, אם מטעות גדול שנפל בידם בעת עיונם או שקבלו ממי שהטעם והם לעולם מפני הדעות ההם כל אשר ילכו, יוסיפו רוחק מבית המלך. ואלו יותר רעים מן הראשונים הרבה ואלו הם אשר יביא הצורך בקצת העיתים להירגם ולמחות זכר דעותם, שלא יתעו זולתם:

והרוצים לבוא אל בית המלך ולהיכנס אצלו אלא שלא ראו בית המלך כלל, הם המון אנשי התורה רצוני לומר **עמי הארץ העוסקים במצוות**: והמגיעים אל הבית ההולכים סביבו הם התלמודיים אשר הם מאמינים דעות אמיתיות מצד הקבלה, ולומדים מעשי העבודות, ולא הרגילו בעיון שרשי התורה ולא חקרו כלל לאמת אמונה: ואשר הכניסו עצמם לעין בעקרי הדת כבר נכנסו לפרוזדור, ובני אדם שם חלוקי המדרגות בלא ספק: אבל מי שהגיע לדעת מופת כל מה שנמצא עליו מופת וידע מן העניינים האלוקיים אמיתת כל מה שאפשר שתועד אמיתתו, ויקרב לאמיתת מה שאי אפשר בו רק להתקרב אל אמיתתו, כבר הגיע עם המלך בתוך הבית:

ודע בני שאתה כל עוד שתתעסק בחכמות הלימודים ובמלאכת ההגיון אתה מכת המתהלכים סביב הבית לבקש השער - כמו שאמרו זכרונם לברכה על צד המשל - עדין[595] בן זומא מבחוץ. וכשתבין העניינים הטבעיים כבר נכנסת בפרוזדור הבית וכשתשלים הטבעיות ותבין האלוקיות כבר נכנסת עם המלך אל החצר הפנימית ואתה עמו בבית אחד, וזאת היא מדרגת החכמים והם חלוקי השלמות. אבל מי שישים כל מחשבתו אחר שלמותו באלוקיות והוא נוטה כולו אל האלוה יתברך והוא מפנה מחשבתו מזולתו, וישים פעולות

[595] גמרא חגיגה טו א

שכלו כולם בבחינת הנמצאות ללמוד מהם ראיה על האלוה יתברך לדעת הנהגתו, אותם על אי זה צד אפשר שתהיה הם אשר באו אל בית המלך וזאת היא מדרגת הנביאים. יש מהם מי שהגיע מרוב השגתו ופנותו מחשבתו מכל דבר זולתי האלוה יתברך עד שנאמר בו - ויהי[596] שם עם הוי"ה, וישאל ויענה וידבר וידובר עמו במעמד ההוא המקודש, ומרוב שמחתו במה שהשיג - לחם[597] לא אכל ומים לא שתה, כי התחזק השכל עד שנתבטל כל כח עב שבגוף, רצוני לומר מיני חוש המישוש. ויש מן הנביאים מי שיראה לבד ויש מהם מי שיראה מקרוב ומהם מי שיראה מרחוק כאמרו - מרחוק[598] הוי"ה נראה לי. וכבר הקדמנו לדבר במדרגות הנבואה: ונשוב אל כעניין הפרק והוא, להזהיר שישים האדם מחשבתו באלוה לבדו, אחר שהגיע על ידיעתו כמו שבארנו, וזאת היא העבודה המיוחדת במשיגי האמיתות וכל אשר יוסיפו לחשוב בו ולעמוד אצלו, תוסיף עבודתם. אבל מי שיחשוב באלוה וירבה לזכרו מבלי חכמה אבל הוא נמשך אחר קצת דמיון לבד או נמשך אחר אמונה שמסרה לו זולתו, הוא אצלי עם היותו חוץ לבית ורחוק ממנו בלתי זוכר האלוה באמת ולא חושב בו, כי הדבר ההוא אשר בדמיונו ואשר יזכור בפיו, אינו נאוה לנמצא כלל אבל הוא דבר בדוי שבדהו דמיונו, כמו שבארנו בדברינו על התארים. ואמנם ראוי להתחיל בזה המין מן העבודה אחר הציור השכלי, והיה כאשר תשיג האלוה ומעשיו כפי מה שישכלהו השכל אחר כן תתחיל להמסר אליו ותשתדל להתקרב לו ותחזק הדיבוק אשר בינך ובינו, והוא השכל אמר - אתה[599] הראת לדעת כי הוי"ה וגו', ואמר - וידעת[600] היום והשבות אל לבבך וגו', ואמר - דעו[601] כי הוי"ה הוא אלוקים. והנה בארה **התורה** כי זאת העבודה האחרונה אשר העירונו עליה בזה הפרק, לא תהיה אלא אחר ההשגה אמר - לאהבה[602] את הוי"ה אלוקיכם ולעבדו בכל לבבכם ובכל נפשכם. והנה בארנו פעמים רבות כי האהבה היא כפי ההשגה ואחר **האהבה** תהיה העבודה ההיא אשר כבר העירו זיכרונם לברכה עליה ואמרו - זו[603] עבודה שבלב, והיא אצלי שישים האדם כל מחשבתו במושכל הראשון ולהתבודד בזה כפי היכולת. ולזה תמצא דוד ע"ה שצווה שלמה בנו והזהירו מאד בשני העניינים האלה, רצוני לומר להסתכל בהשגתו ולהשתדל בעבודתו אחר ההשגה אמר - ואתה[604] שלמה בני דע את

---

[596] שמות לד כח

[597] שמות לד כח

[598] ירמיהו לא ב

[599] דברים ד לה

[600] דברים ד לט

[601] תהלים ק ג

[602] דברים יא יג

[603] גמרא תענית ב ע"ב

[604] דברי הימים-א כח ט

אלוקי אביך ועבדהו וגו' אם תדרשנו - ימצא לך וגו'. והאזהרה לעולם היא על ההשגות השכליות לא על הדמיונות, כי המחשבה בדמיונות לא תיקרא **דעה** ואמנם תקרא **העולה על רוחכם**. הנה התבאר כי הכונה אחר ההשגה היא להימסר אליו ולהשים המחשבה השכלית בחשקו תמיד, וזה ישלם על הרוב בבדידות ובהתפרדות. ומפני זה ירבה כל חסיד להיפרד ולהתבודד ולא יתחבר עם אדם רק לצורך הכרחי:

הערה. הלא ביארתי לך שזה השכל אשר שפע עלינו מהאלוה יתברך הוא הדיבוק אשר בינינו ובינו. והרשות נתונה לך אם תרצה לחזק הדיבוק הזה תעשה, ואם תרצה להחלישו מעט מעט עד שתפסקהו תעשה. ולא יתחזק זה הדיבוק רק בהשתמשך בו באהבת האלוה ושתהיה כוונתך אליה כמו שבארנו, וחולשתו תהיה בשומך מחשבתך בדבר זולתו. ודע שאתה ולו היית החכם שבבני אדם באמיתת החכמה האלוקית כשתפנה מחשבתך למאכל צריך, או לעסק צריך, כבר פסקת הדיבוק ההוא אשר בינך ובין האלוה יתברך, ואינך עמו, אז וכן הוא אינו עמך, כי היחס ההוא אשר בינך ובינו כבר נפסק בפועל בעת ההיא. ומפני זה היו מקפידים החסידים על השעות שהיו בטלים בהם מלחשוב באלוה, והזהירו ממנו ואמרו - אל[605] תפנו אל מדעתכם, ואמר דוד - שויתי[606] הוי"ה לנגדי תמיד כי מימיני בל אמוט, הוא אומר איני מפנה מחשבתי ממנו וכאילו הוא יד ימיני אשר לא ישכחה האדם כהרף עין לקלות תנועתה, ומפני זה לא אמוט כלומר לא אפול:

ודע שמעשי העבודות האלו כולם כקריאת **התורה** והתפילה ועשות שאר **המצוות** אין תכלית כוונתם, רק להתלמד להתעסק במצוות האלוה יתברך, ולהפנות מעסקי העולם וכאילו אתה התעסקת בו יתברך ובטלת מכל דבר זולתו. אבל אם תתפלל בהנעת שפתיך ופניך אל הכותל, ואתה חושב במקחך וממכרך ותקרא **התורה** בלשונך וליבך בבניין ביתך מבלי בחינה במה שתקראהו, וכן כל אשר תעשה **מצוה** תעשנה באבריך, כמי שיחפור חפירה בקרקע או יחטוב עצים מן היער מבלי בחינת עניין המעשה ההוא לא מי שציווה לעשותו ולא מה תכלית כוונתו לא תחשוב שהגעת לתכלית. אבל תהיה אז קרוב ממי שנאמר בהם - קרוב[607] אתה בפיהם ורחוק מכליותיהם:

ומכאן אתחיל להישירך אל תכוונת ההרגל והלימוד עד שתגיע לזאת התכלית הגדולה.

תחילת מה שתתחיל לעשות, שתפנה מחשבתך מכל דבר כשתקרא **קריאת שמע** ותתפלל ולא יספיק לך מן הכונה בקריאת שמע בפסוק ראשון, ובתפילה בברכה ראשונה. וכשתרגיל על זה ויתחזק בידך שנים רבות תתחיל אחר כך כל אשר תקרא בתורה ותשמענה שתשים כל לבבך וכל

---

[605] רש"י על הגמרא שבת קמט ע"א

[606] תהלים טז ח

[607] ירמיהו יב ב

נפשך להבין מה שתשמע או שתקרא. וכשיתחזק זה בידך גם כן זמן אחד תרגיל עצמך להיות מחשבתך לעולם פנויה בכל מה שתקראהו משאר דברי הנביאים, עד הברכות כולם, תכון בהם מה שתהגה בו ולבחון ענינו. וכשיזדככו לך אלו העבודות ותהיה מחשבתך בהם בעת שתעשם נקיה מן המחשבה בדבר מעניני העולם הזהר אחר כן מהטריד מחשבתך בצרכיך או במותרי מאכלך. וסוף דבר תשים מחשבתך **במילי דעלמא** בעת אכלך או בעת שתיתך או בעת היותך במרחץ או בעת ספרך עם אשתך ועם בניך הקטנים או בעת ספרך עם המון בני אדם, אלו זמנים רבים ורחבים המצאתים לך לחשוב בהם בכל מה שתצטרך אליו מעניני הממון והנהגת הבית ותקנת הגוף. ואמנם בעת מעשה העבודות התוריות לא תטריד מחשבתך אלא במה שאתה עושה כמו שבארנו.

אבל בעת שתהיה לבדך מבלתי אחר ובעת הקיצך על מיטתך הזהר מאד מלשום מחשבתך בעיתים הנכבדים ההם בדבר אחר אלא בעבודה ההיא השכלית והיא, להתקרב אל האלוה ולעמוד לפניו על הדרך האמיתית אשר הודעתיך, לא על דרך ההתפעלויות הדמיוניות. זאת התכלית אצלי אפשר להגיע אליה מי שיכין עצמו לה מאנשי החכמה בזה הדרך מן ההרגל:

אבל בהגיע איש מבני אדם מהשגת האמתיות ושמחתו במה שהשיג לעניין שיהיה בו מספר עם בני אדם ומתעסק בצרכי גופו ושכלו כולו בעת ההיא יהיה עם האלוה יתברך והוא לפניו תמיד בליבו ואף על פי שגופו עם בני אדם על הדרך שנאמר במשלים השיריים אשר נשאו לאלו העניינים - אני[608] ישנה ולבי ער קול דודי דופק וגו', זאת המדרגה איני אומר שהיא מדרגת כל הנביאים רק אומר שהיא מדרגת **משה רבנו** ע"ה הנאמר עליו - ונגש[609] משה לבדו אל הוי"ה והם לא יגשו, ונאמר בו - ויהי[610] שם עם הוי"ה, ונאמר לו - ואתה[611] פה עמוד עמדי, כמו שבארנו מעניני אלו הפסוקים. וזאת גם כן מדרגת ה**אבות** אשר הגיעה קרבתם אל האלוה יתברך עד שנודע שמו בהם לעולם - אלוקי[612] אברהם אלוקי יצחק ואלוקי יעקב... זה שמי לעולם. והגיע מהתאחר דעתם בהשגתו שכרת עם כל אחד מהם ברית קיימת - וזכרתי[613] את בריתי יעקב וגו'. כי אלו הארבעה, רצוני לומר ה**אבות** ו**משה רבנו** התבאר בהם מן ההתאחדות באלוה, רצוני לומר השגתו ואהבתו מה שהעיד עליו הכתוב, וכן השגחת האלוה בהם ובזרעם אחריהם גדולה, והיו עם זה מתעסקים בהנהגת בני אדם והרבות ממון ומשתדלים במקנה ובכבוד, והוא אצלי ראיה שהם כשהיו עושים המעשים ההם לא היו עושים אותם רק

---

[608] שיר השירים ה ב

[609] שמות כד ב

[610] שמות לד כח

[611] דברים ה כז

[612] שמות ג טו

[613] ויקרא כו מב

באבריהם לבד, וליבותם ודעותם לא יסורו מלפני האלוה. ויראה לי כי אשר חייב היות אלו הארבעה עומדים על תכלית זה השלמות אצל האלוה והשגחתו עליהם מתמדת, ואפילו בעת התעסקם להרבות הממון, רצוני לומר בעת המרעה ועבודת האדמה והנהגת הבית, היה מפני שתכלית כוונתם הייתה בכל המעשים ההם, להתקרב אל האלוה קרבה גדולה. כי תכלית כוונתם כל ימי חייהם להמציא אומה שתדע האלוה ותעבדהו - כי[614] ידעתיו למען אשר יצוה וגו', הנה התבאר לך כי כוונת כל השתדלותם הייתה לפרסם **יחוד השם** בעולם ולהישיר בני אדם לאהבתו. ומפני זה זכו לזאת המדרגה כי העסקים ההם היו עבודה גדולה גמורה. ואין זאת מדרגה שיחשוב כיוצא בי להישיר להגיע אליה. אבל המדרגה ההיא אשר קדם זכרה לפני זאת אפשר להשתדל להגיע אליה בהרגל ההוא אשר זכרנוהו. ואל האלוה נשא תחינה ותפילה להסיר ולהרחיק המונעים המבדילים בינינו ובינו, ואף על פי שרוב המונעים ההם הם מאיתנו, כמו שבארנו בפרקי זה המאמר - עונותיכם[615] היו מבדילים ביניכם לבין אלוקיכם:

והנה נגלה אלי עיון נפלא מאד יסורו בו ספקות ויתגלו בו סודות אלוקיות. והוא שאנחנו כבר בארנו בפרקי ההשגחה כי כפי שיעור שכל כל בעל שכל תהיה ההשגחה בו, והאיש השלם בהשגתו אשר לא יסור שכלו מהאלוה תמיד תהיה ההשגחה בו תמיד והאיש שלם ההשגה אשר תפנה מחשבתו מהאלוה קצת עתים תהיה ההשגחה בו, בעת חשבו באלוה לבד ותסור ההשגחה ממנו בעת עסקו, ולא תסור ממנו אז כסורה ממי שלא ישכיל כלל אבל תמעט ההשגחה ההיא אחר שאין לאיש ההוא השלם בהשגתו בעת עסקו שכל בפועל ואמנם הוא אז משיג בכח קרוב והוא דומה בעת ההיא לסופר המהיר בשעה שאינו כותב. ויהיה מי שלא השכיל האלוה כל עיקר כמי שהוא בחושך ולא ראה אור כלל - כמו שבארנו באמרו -ורשעים[616] בחושך ידמו, ואשר השיג וכוונתו כולה על מושכלו, כמו שהוא ביאור השמש הבהיר, ואשר השיג הוא מתעסק, דומה בעת עסקו למי שהוא ביום המעונן שלא תאיר בו השמש מפני העב המבדיל בינה ובינו:

ומפני זה יראה לי כי כל מי שתמצאהו רעה מרעות העולם מן הנביאים או מן החסידים השלמים, לא מצאהו הרע ההוא רק בעת השכחה ההיא, ולפי אורך השכחה ההיא או פחיתות העניין אשר התעסק בו יהיה עוצם הרעה. ואחר שהעניין כן כבר סר הספק הגדול אשר הביא הפילוסופים לשלול השגחת האלוה מכל איש ואיש מבני אדם, ולהשוות ביניהם ובין אישי מיני שאר בעלי חיים, והייתה ראיתם על זה מצוא החסידים והטובים רעות גדולות. והתבאר הסוד בזה ואפילו לפי דעתם. ותהיה השגחת האלוה יתברך

[614] בראשית יח יט
[615] ישעיהו נט ב
[616] שמואל-א ב ט

מתמדת במי שהגיע לו השפע ההוא המזומן לכל מי שישתדל להגיע אליו, ועם הפינות מחשבת האדם והשיגו האלוה יתברך בדרכים האמיתיים, ושמחתו במה שהשיג, אי אפשר שיקרא אז לאז ההוא מין ממיני הרעות, כי הוא עם האלוה והאלוה עמו. אבל בהסיר מחשבתו מהאלוה אשר הוא אז נבדל מהאלוה, והאלוה נבדל ממנו והוא אז מזומן לכל רע, שאפשר שימצאהו כי העניין המביא ההשגחה ולהימלט מים, המקרה הוא השפע ההוא השכלי. וכבר נבדל קצת העיתים מן החסיד ההוא הטוב או לא הגיע כלל לחסר ההוא הרע, ולזה ארע לשניהם מה שארע: והנה התאמתה אצלי זאת האמונה גם כן מדברי **התורה**, אמר יתברך - והסתרתי[617] פני מהם והיה לאכול ומצאוהו רעות רבות וצרות ואמר ביום ההוא הלא על כי אין אלוקי בקרבי מצאוני הרעות האלה. ומבואר הוא ש**הסתרת הפנים** הזאת אנחנו סיבתה ואנחנו עושים זה המסך המבדיל בינינו ובינו, והוא אמרו - ואנכי[618] הסתר אסתיר פני ביום ההוא על כל הרעה אשר עשה, ואין ספק כי דין היחיד כדין הציבור. הנה התבאר לך כי הסיבה בהיות איש מבני אדם מופקר למקרה ויהיה מזומן לאכל כבהמות, הוא היותו נבדל מהאלוה, אבל מי ש**אלוקיו בקרבו** לא יגע בו רע כל עיקר אמר יתברך - אל[619] תירא כי אתך אני אל תשתע כי אני אלוקיך וגו', ואמר - כי[620] תעבור במים אתך אני ובנהרות לא ישטפוך וגו', ופרושו - כי תעבור במים ואני אתך, הנהרות לא ישטפוך. כי כל מי שהכין עצמו עד ששפע עליו השכל ההוא תדבק בו ההשגחה וימנעו ממנו הרעות כולם, אמר - הוי"ה[621] לי לא אירא מה יעשה לי אדם, ואמר - הסכן[622] נא עמו ושלם, יאמר פנה אליו ותשלם מכל רע:

התבונן בשיר[623] של פגעים, ותראה שהוא מספר ההשגחה ההיא הגדולה והמחסה והשמירה מכל הרעות הגופניות הכוללות והמיוחדות באיש אחד, זולתי שאר בני אדם לא מה שהוא נמשך מהם אחר טבע המציאות, ולא מה שהוא מהם מצער בני אדם אמר - כי[624] הוא יצילך מפח יקוש מדבר הוות, באברתו[625] יסך לך ותחת כנפיו תחסה צינה וסוחרה אמיתו, לא[626] תירא מפחד לילה מחץ יעוף יומם, מדבר[627] באופל יהלוך מקטב ישוד צהרים. והגיע לסיפור השמירה מצער בני אדם שאמר שאתה אילו יקרה שתעבור

---

[617] דברים לא יז
[618] דברים לא יח
[619] ישעיהו מא י
[620] ישעיהו מג ב
[621] תהלים קיח ו
[622] איוב כב כא
[623] תהלים פרק צא
[624] תהלים צא ג
[625] תהלים צא ד
[626] תהלים צא ה
[627] תהלים צא ו

במלחמת חרב פושטת. ואתה על דרכך עד שיהרגו אלף הרוגים משמאלך ועשרת אלפים מימינך, לא יגע בך רע בשום פנים אלא שתראה ותביט משפט האלוה ושילומו לרשעים ההם שנהרגו, ואתה בשלום והוא אמרו - יפול[628] מצדך אלף ורבבה מימינך אליך לא יגש, רק[629] בעיניך תביט ושילמת רשעים תראה, וסמך לו מה שסמך מן ההגנה והמחסה. ואחר כן נתן טעם לזאת השמירה הגדולה ואמר כי הסיבה בזאת השמירה הגדולה באיש הזה - כי[630] בי חשק ואפלטהו אשגבהו כי ידע שמי, וכבר בארנו בפרקים הקודמים שעניין **ידיעת השם** הוא השגתו וכאילו אמר זאת השמירה באיש הזה היא בעבור שידעני וחשק בי אחר כן. וכבר ידעת ההפרש שבין אוהב וחושק כי הפלגת האהבה עד שלא תישאר מחשבה בדבר אחר אלא באהוב ההוא, היא החשק:

וכבר בארו הפילוסופים כי הכוחות הגופניות בימי הבחרות ימנעו רוב מעלות המידות וכל שכן זאת המחשבה הזכה העולה ביד האדם משלמות המושכלות המביאות לחשקו יתברך. כי מן השקר שתעלה ביד האדם עם רטיטת הלחות הגופניות כי כל אשר יחלשו כוחות הגוף ותכבה אש התאוות, יחזק השכל וירבה אורו ותזך השגתו וישמח במה שהשיג עד שכשיבוא האיש השלם בימים ויקרב למות תוסיף ההשגה ההיא תוספת עצומה, ותרבה השמחה בהשגה ההיא והחשק למושג עד שתיפרד הנפש מן הגוף אז בעת ההנאה ההיא: ועל זה העניין רמזו החכמים במות משה אהרן ומרים **ששלשתם מתו בנשיקה**, ואמרו שאמרו - וימת[631] שם משה עבד הוי"ה בארץ מואב על פי הוי"ה, מלמד שמת בנשיקה, וכן נאמר באהרן - על[632] פי הוי"ה וימת שם, וכן אמרו במרים - אף[633] היא בנשיקה מתה אבל לא זכר בה **על פי הוי"ה** להיותה אישה, ואין טוב לזכור זה המשל בה, הכונה בשלשתם שמתו בעניין הנאת ההשגה ההיא מרוב החשק. ונמשכו החכמים ז"ל בזה המאמר על דרך מליצת השיר המפורסמת שתקרא שם ההשגה המגעת עם חיזוק חשק האלוה יתברך **נשיקה** כאמרו - ישקני[634] מנשיקות פיהו וגו'. וזה המין מן המיתה אשר הוא ההמלט מן המוות, על דרך האמת לא זכרו החכמים ז"ל שהגיע רק למשה ואהרן ומרים, אבל שאר הנביאים והחסידים הם למטה מזה אך כולם תחזק השגת שכלם עם המוות, כמו שנאמר - והלך[635] לפניך צדקך כבוד הוי"ה יאספך, ויישאר השכל ההוא

628 תהלים צא ז
629 תהלים צא ח
630 תהלים צא יד
631 דברים לד ה
632 במדבר לג לח
633 גמרא מועד קטן כח א
634 שיר השירים א ב
635 ישעיהו נח ח

אחר כן לנצח, על עניין אחד כי כבר הוסר המונע אשר היה מבדיל בינו ובין מושכלו בקצת העיתים ויעמוד בהנאה הגדולה ההיא אשר אינה ממין הנאות הגוף, כמו שבארנו בחיבורינו ובאר זולתנו לפנינו:

ושים ליבך להבין זה הפרק והשתדל בכל יכולתך להרבות העיתים ההם אשר אתה בהם עם האלוה, או שאתה משתדל להגיע אליו ולמעט העיתים ההם אשר אתה בהם עם זולתו ובלתי משתדל להתקרב אליו. ובזאת ההישרה די לפי כוונת זה המאמר:

פרק נב

אין ישיבת האדם ותנועתו ועסקיו והוא לבדו בביתו כישיבתו ותנועתו ועסקיו והוא לפני מלך גדול, ולא דיבורו והרחבת פיו כרצונו והוא עם אנשי ביתו וקרוביו כדיבורו במושב המלך. ומפני זה מי שיבחר בשלמות האנושי ושיהיה איש **האלוקים** באמת ייעור משנתו וידע שהמלך הגדול המחופף עליו, והדבק עמו תמיד, הוא גדול מכל מלך בשר ודם, ואילו היה דוד ושלמה, והמלך ההוא הדבק המחופף הוא השכל השופע עלינו שהוא הדיבוק אשר בינינו ובין האלוה יתברך. וכמו שאנחנו השגנוהו ביאור ההוא אשר השפיע עלינו כאמרו - ביאורך[636] נראה אור, כן ביאור ההוא בעצמו הוא משקיף עלינו ובעבורו הוא תמיד עמנו משקיף ורואה - אם[637] יסתר איש במסתרים ואני לא אראנו, והבן זה מאד:

ודע כי כאשר ידעו זה השלמים הגיע אליהם מן היראה והכניעה ופחד האלוה, ויראתו ובשתם ממנו בדרכים אמיתיים לא דמיוניים, מה ששם צפונותיהם עם נשותיהם, ובבית המרחץ כנגליהם עם שאר בני אדם, כמו שתמצא מנהג חכמינו המפורסמים עם נשותיהם - מגלה[638] טפח ומכסה טפח, ואמרו גם כן - אי[639] זה הוא צנוע כל הנפנה בלילה כדרך שנפנה ביום. וכבר ידעת הזהירם ***מלכת בקומה זקופה*** משום - מלא[640] כל הארץ כבודו, ליישב בלב בני אדם באלו המעשים כולם העניין אשר זכרתי לך והוא שאנחנו תמיד בין ידי האלוה יתברך, ולפני שכינתו נלך ונשוב. וגדולי חכמינו ז"ל היו נמנעים מלגלות ראשם להיות **השכינה** מחופפת על האדם ומסוככת אותו. וכן היו ממעטים בדבריהם לזאת הכונה, וכבר בארנו מה שראוי לבארו במיעוט הדברים **באבות** - כי[641] האלוקים בשמים ואתה על הארץ על כן יהיו דבריך מעטים:

---

636 תהלים לו י

637 ירמיהו כג כד

638 גמרא נדרים כ ע"ב

639 גמרא ברכות סב ע"א

640 ישעיהו ו ג

641 קהלת ה א

וזה העניין אשר העירותיך עליו הוא הכוונה ממעשי התורה כולם, כי בפרטים ההם המעשיים כולם ובעשותם תמיד, תגיע רגילות ליחידים החסידים עד שישלמו השלמות האנושי, ויפחדו מהאלוה וייראו ממנו, וידעו מי עמהם ויעשו אחר כך מה שראוי. כבר באר האלוה יתברך כי תכלית מעשי התורה כולה הוא להגיע אל האדם זה ההפעלות, אשר כבר בארנו במופת בזה הפרק למי שידע האמיתיות אמיתת חיוב ההגעה אליו, רצוני לומר יראתו יתברך ולפחד מדברו אמר - אם[642] לא תשמור לעשות את כל דברי התורה הזאת הכתובים בספר הזה ליראה את השם הנכבד והנורא הזה את הוי"ה אלוקיך. התבונן איך באר לך כי הכונה הייתה מכל דברי התורה הזאת תכלית אחת והיא - **ליראה את השם וגו'**. והיות זאת התכלית מגעת במעשים תדעהו מאמרו בזה הפסוק **אם לא תשמור לעשות**, הנה התבאר שהיא מן המעשים שהם **עשה** ו**לא תעשה**. אבל הדעות אשר למדתנו **התורה** והם השגת מציאותו יתברך ואחדותו, הדעות ההם ילמדונו **האהבה** כאשר בארנו פעמים. וכבר ידעת רוב האזהרה שהזהירה **התורה** על **האהבה** - בכל[643] לבבך ובכל נפשך ובכל מאודך, כי שתי התכליות והם - **האהבה והיראה** יגיעו בשני הדברים האהבה תגיע בדעות התורה הכוללות השגת מציאות האלוה יתברך על אמיתתה, והיראה תגיע בכל מעשי התורה כמו שבארנו. והבן זה הביאור:

פרק נג

זה הפרק כולל פרוש עניני שלשה שמות שהוצרכנו לפרשם והם - **חסד ומשפט וצדקה**:

וכבר בארנו בפרוש **אבות** שחסד ענינו הפלגה באי זה דבר שמפליגים בו, ושמשו בו בהפלגת גמילות הטוב יותר. וידוע שגמילות הטוב כולל שני עניינים האחד מהם לגמול טוב מי שאין חוק עליך כלל והשני להיטיב למי שראוי לטובה יותר ממה שהוא ראוי. ורוב שימוש ספרי הנבואה במילת **חסד** הוא בהטבה למי שאין לו חוק עליך כלל. ומפני זה כל טובה שתגיע מאתו יתברך תקרא **חסד** אמר - חסדי[644] הוי"ה אזכיר. ובעבור זה המציאות כולו, רצוני לומר המצאת האלוה יתברך אותו, הוא **חסד** אמר - עולם[645] חסד יבנה, ענינו **בניין העולם חסד הוא**. ואמר יתברך בסיפור מדותיו - ורב[646] חסד: ומלת **צדקה** היא נגזרת **מצדק** והוא היושר והיושר הוא להגיע כל בעל חוק לחוקו ולתת לכל נמצא מן הנמצאות כפי הראוי לו. ולפי העניין הראשון לא יקראו בספרי הנבואה החוקים שאתה חייב בהם לזולתך

---

[642] דברים כח נח
[643] דברים ו ה
[644] ישעיהו סג ז
[645] תהלים פט ג
[646] שמות לד ו

כשתשלימם **צדקה**, כי כשתפרע לשכיר שכרו או תפרע חובך לא יקרא זה צדקה. אבל החוקים הראויים עליך לזולתך מפני מעלת המידות כרפואת מחץ כל מחוץ יקרא **צדקה** ומפני זה אמר בהשבת המשכון - ולך[647] תהיה צדקה, כי כשתלך בדרך מעלות המידות כבר עשית צדק לנפשך המשכלת כי שילמת לה חוקה. ומפני הקרא כל מעלת מידות **צדקה** אמר - והאמין[648] בהוי"ה ויחשבה לו צדקה, רצוני לומר מעלת האמונה, וכן אמרו משה רבינו ע"ה - וצדקה[649] תהיה לנו, כי נשמור לעשות וגו':

אבל מלת **משפט** היא לשון במה שראוי על הנדון, יהיה זה חסד או נקמה: כבר התבאר שחסד נופל על גמילות חסד גמור, וצדקה על כל טובה שתעשה אותה מפני מעלת מידות להשלים בה נפשך, ומשפט פעמים שתהיה תולדתו נקמה ופעמים שתהיה טוב:

וכבר בארנו בהרחקת התארים כי כל תואר שיתואר בו האלוה יתברך בספרי הנביאים הוא תואר מעשי, והיה לפי המציאו הכל נקרא **חסיד**, ולפי רחמיו על העניים, רצוני לומר הנהגתו בעלי חיים בכוחותיהם, יקרא **צדיק**, ולפי מה שיתחדש בעולם מן הטובות המצטרפות ומן הרעות הגדולות המצטרפות אשר חייב אותם הדין הנמשך אחר החכמה יקרא **שופט**. והנה נכתבו ב**תורה** אלו השלושה שמות - השופט[650] כל הארץ, צדיק[651] וישר הוא, ורב[652] חסד:

וכוונתנו הייתה בפרש עניני אלו השמות, הצעה לפרק הבא אחר זה:

פרק נד

שם **חכמה** נופל בלשון העברי על ארבעה דברים, הוא נופל על השגת האמיתות אשר תכלית כוונתם השגתו יתברך, אמר - והחכמה[653] מאין תמצא וגו', ואמר - אם[654] תבקשנה ככסף וגו', וזה הרבה. ונופל על ידיעת המלאכות איזו מלאכה שתהיה - וכל[655] חכם לב בכם, וכל[656] אשה חכמת לב. ונופל על קנות מעלות המידות - וזקניו[657] יחכם, בישישים[658] חכמה, כי הדבר שיקנה האדם בזקנה לבד הוא ההכנה לקבל מעלות המידות. ונופל על הערמה

---

[647] דברים כד יג
[648] בראשית טו ו
[649] דברים ו כה
[650] בראשית יח כה
[651] דברים לב ד
[652] שמות לד ו
[653] איוב כח יב
[654] משלי ב ד
[655] שמות לה י
[656] שמות לה כה
[657] תהלים קה כב
[658] איוב יב יב

והתחבולה - הבה⁶⁵⁹ נתחכמה לו, ולפי זה העניין אמר - ויקח⁶⁶⁰ משם אשה חכמה, רצונו לומר בעלת ערמה ותחבולה, ומזה העניין - חכמים⁶⁶¹ המה להרע, ואפשר שיהיה עניין **חכמה** בלשון העברי מורה על הערמה ושימוש המחשבה. ופעמים תהיה הערמה ההיא וההתחכמות לקנות מעלות שכליות או לקנות מעלות מדות או ללמוד מלאכת מעשה או תהיה ברעות ובמידות מגונות. הנה התבאר ש**חכם** יאמר לבעל המעלות השכליות, ולבעל מעלות המידות, ולכל בעל מלאכת מעשה, ולבעל תחבולות במעשים מגונים וברעות:

ולפי זה הביאור יהיה החכם בכל התורה על אמיתתה נקרא **חכם** משני פנים מצד מה שכללה התורה מהמעלות השכליות ומצד מה שכללה ממעלות המידות. אלא מפני היות השכליות אשר בתורה מקובלות בלתי מבוארות בדרכי העיון נמצא בספרי הנביאים ודברי ה**חכמים** שמשימים ידיעת התורה מין אחד והחכמה הגמורה מין אחר, החכמה ההיא הגמורה היא אשר התבאר בה במופת, מה שלמדנוהו מן התורה על דרך הקבלה מן השכליות ההם. וכל מה שתמצא בספרים מהגדלת החכמה וחשיבותה ומיעוט קוניה - לא⁶⁶² רבים יחכמו, והחכמה⁶⁶³ מאין תמצא וגו', וכיוצא באלו הפסוקים הרבה, כולם יורו על החכמה ההיא אשר תלמדנו המופת על דעות התורה. אמנם בדברי החכמים ז"ל הוא גם כן הרבה מאד, רצוני לומר שגם הם משימים ידיעת התורה מין אחד וישימו החכמה מין אחר, אמרו זיכרונם לברכה על **משה רבנו** - אב⁶⁶⁴ בחכמה אב בתורה אב בנביאים, ובא בשלמה - ויחכם⁶⁶⁵ מכל האדם, אמרו - ולא ממשה, כי הוא רוצה באמרו **מכל האדם** מכל אנשי דורו, ומפני זה תמצא שהוא זוכר - הימן⁶⁶⁶ וכלכול ודרדע בני מחול, החכמים המפורסמים אז:

וזכרו החכמים ז"ל גם כן שהאדם נתבע בידיעת התורה, תחילה ואחר כך הוא נתבע בחכמה ואחר כך הוא נתבע במה שראוי עליו מתלמודה של תורה, רצוני לומר להוציא ממנו מה שראוי לעשות. וכן ראוי שיהיה הסדר שיודעו הדעות ההם תחילה על דרך קבלה, ואחר כך יתבארו במופת ואחר כך ידוקדקו המעשים המטיבים דרכי האדם. וזה לשונם זיכרונם לברכה בהיות האדם נתבע על אלו העניינים השלשה על הסדר הזה, אמרו - כשאדם⁶⁶⁷

---

⁶⁵⁹ שמות א י
⁶⁶⁰ שמואל-ב יד ב
⁶⁶¹ ירמיהו ד כב
⁶⁶² איוב לב ט
⁶⁶³ איוב כח יב
⁶⁶⁴ גמרא מגילה יג ע"א
⁶⁶⁵ מלכים-א ה יא
⁶⁶⁶ מלכים-א ה יא
⁶⁶⁷ על פי גמרא שבת לא ע"א

נכנס לדין תחילה אומרים לו קבעת עתים לתורה, פלפלת בחכמה, הבינות דבר מתוך דבר, הנה התבאר לך שידיעת התורה אצלם מין אחד והחכמה מין אחר והוא לאמת דעות **התורה** בעיון האמיתי:

ואחר מה שהצענוהו לך שמע מה שאומר כבר בארו הפילוסופים הקדומים והאחרונים שהשמליות הנמצאות לאדם ארבעה מינים: הראשון, והוא הפחות שבהם והוא אשר עליו יכלו ימיהם אנשי העולם הוא שלמות הקנין, רצוני לומר מה שימצא לאדם מממון ובגדים וכלים ועבדים וקרקעות וכיוצא באלו, ושיהיה האדם מלך גדול, הוא מזה המין ושלמות שאין דבקות בינו ובין האיש ההוא כלל אבל הוא יחס אחד רוב הנאתו דמיון גמור, רצוני לומר שזה ביתי וזה עבדי וזה הממון שלי ואלו הם גדודי וצבאי, וכשיבחון גופו ימצא הכל חוצה לו וכל אחד מאלו הקניינים הוא מה שהוא נמצא בפני עצמו, ומפני זה כשיעדר היחס ההוא ישכים האיש ההוא אשר היה מלך גדול, אין הפרש בינו ובין הפחות שבבני אדם מבלתי שישתנה דבר מהדברים ההם אשר היו מיוחסים אליו. ובארו הפילוסופים כי מי שישים השתדלותו וטרחו לזה המין מן השלמות, לא טרח רק לדמיון גמור והוא דבר שאין לו קימא, ואפילו יתקיים בידו הקנין ההוא כל ימי חייו, לא יהיה לו בעצמו שום שלמות:

והמין השני יש לו התלות בטבע האדם יותר מן הראשון והוא שלמות תבנית הגוף ותכוונתו וצורתו, רצוני לומר שיהיה מזג האיש ההוא בתכלית השווי ואבריו נערכים חזקים כראוי. וזה המין גם כן מן השלמות אין לעשותו תכלית כוונה, מפני שהוא שלמות גופני ואין הוא לאדם מאשר הוא אדם אבל מאשר הוא בעל חיים, וישתתף בזה עם הפחות שבבעלי חיים גם כן. ואילו הגיע כח אחד מבני האדם עד התכלית האחרון, לא ישיג לכח פרד אחד חזק כל שכן כח אריה, או כח פיל. ותכלית זה השלמות כמו שזכרנו, שיישא משא כבד או ישבור עצם עב וכיוצא בזה ממה שאין תועלת גופנית גדולה בו אך תועלת נפשית נעדרת מזה המין:

והמין השלישי הוא שלמות בטבע האדם יותר מן השני והוא, שלמות מעלות המידות והוא שיהיו מידות האיש ההוא על תכלית מעלתם. ורוב **המצוות** אינם רק להגיע אל זה המין מן השלמות. וזה המין מן השלמות גם כן איננו רק הצעה לזולתו ואינו תכלית כונה בעצמו. כי המידות כולם אינם רק בין האדם ובין זולתו וכאילו זה השלמות במידותיו הוכן בו לתועלת בני אדם ושב כלי לזולתו. שאם תעלה בליבך שאחד מבני אדם עומד לבדו ואין לו עסק עם אדם, נמצאו כל מידותיו הטובות עומדות בטלות אין צריך להם ולא ישלימוהו בדבר ואמנם יצטרך אליהם ויקבל תועלתם עם זולתו:

והמין הרביעי הוא השלמות האנושי האמיתי והוא, הגיע לאדם המעלות השכליות, רצוני לומר ציור המושכלות ללמוד מהם דעות אמתיות באלוקיות. וזאת היא התכלית האחרונה והיא משלמת האדם שלמות אמיתי, והיא לו לבדו ובעבורה יזכה לקיום הנצחי, ובה האדם אדם. ובחון כל

שלמות מן השלש שלמויות הקודמות, תמצאם לזולתך לא לך, ואם אי אפשר לפי המפורסם מבלעדי היותם גם כך הם לך ולזולתך, אבל זה השלמות האחרון הוא לך לבדך אין לאחר עמך בו שיתוף כלל - יהיו[668] לך לבדך וגו'. ומפני זה ראוי לך שתהיה השתדלותך להגיע אל זה הנשאר לך ולא תטרח ולא תיגע לאחרים, אתה השוכח נפשך עד ששחר לובן פניה במשול הכוחות הגופניות עליה, כמו שנאמר בראש המשלים השיריים הם הנשואים לזה העניין, אמר - בני[669] אמי ניחרו בי שמוני נוטרה את הכרמים כרמי שלי לא נטרתי, ובזה העניין בעצמו אמר - פן[670] תתן לאחרים הודך ושנותך לאכזרי: הנה בארו לנו הנביאים גם הם אלו העניינים בעצמם ופרשו אותם לנו כמו שפרשום הפילוסופים. ואמרו לנו בפרוש שאין שלמות הקנין ולא שלמות בריאות הגוף ולא שלמות המידות, שלמות שראוי להתפאר ולהתהלל בו ולא לבקש אותו, ושהשלמות שראוי להתהלל ולבקשו הוא ידיעת האלוה יתברך שהיא החכמה האמיתית. אמר ירמיהו באלו השלמיות הארבע - כה[671] אמר הוי"ה אל יתהלל חכם בחכמתו ואל יתהלל הגיבור בגבורתו אל יתהלל עשיר בעשרו, כי אם בזאת יתהלל המתהלל השכל וידוע אותי. הסתכל איך לקחם כפי סדרם אצל ההמון כי השלמות הגדול אצלם **עשיר בעשרו**, ואחריו **גיבור בגבורתו**, ואחריו **חכם בחכמתו**, רצוני לומר בעל המידות הטובות כי האיש ההוא גם כן גדול בעיני ההמון אשר להם נאמרו הדברים, ומפני זה סדרם על הסדר הזה:

וכבר השיגו החכמים ז"ל מזה הפסוק אלו העניינים בעצמם אשר זכרנום ובארו לנו מה שביארתי לך בזה הפרק והוא ש**החכמה** הנאמרת סתם בכל מקום והיא התכלית היא השגתו יתברך ושאלו הקניינים שיקנם האדם שישימם סגולתו ויחשבם שלמות אינם שלמות, ושמעשי התורה כולם, רצוני לומר מיני העבודות. וכן המידות המועילות לבני אדם כולם בעסקיהם קצתם עם קצתם, כל זה אין לדמותו אל התכלית האחרון ולא ישווה בו אבל הם הצעות בגלל זה התכלית: ושמע דבריהם באלו העניינים בלשונם והוא **בבראשית רבה**, שם נאמר כתוב[672] אחד אומר - וכל[673] חפצים לא ישוו בה, וכתוב אחר אומר - וכל[674] חפציך לא ישוו בה, **חפצים** אלו מצוות ומעשים טובים, **חפציך** אלו אבנים טובות ומרגליות, חפצים וחפציך **לא ישוו בה**, אלא - כי[675] אם בזאת יתהלל המתהלל השכל וידוע אותי. ראה קוצר זה

[668] משלי ה יז

[669] שיר השירים א ו

[670] משלי ה ט

[671] ירמיהו ט כב-כג

[672] בראשית רבה לה ג

[673] משלי ח יא

[674] משלי ג טו

[675] ירמיהו ט כג

המאמר ושלמות אומרו ואיך לא חיסר דבר מכל מה שאמרנוהו והארכנו בביאורו ובהצעותיו:

ואחר שזכרנו זה הפסוק ומה שכלל מן העניינים הנפלאים וזכרנו דברי החכמים ז"ל עליו נשלים כל מה שהוא כולל. וזה שלא הספיק לו בזה הפסוק לבאר שהשגתו יתברך לבד היא הנכבדות שבשלמות, כי אילו הייתה זאת כוונתו היה אומר **כי אם בזאת יתהלל המתהלל השכל וידוע אותי**, והיה פוסק דבריו או היה אומר - השכל וידוע אות כי אני אחד, או היה אומר - כי אין לי תמונה, או - כי אין כמוני, ומה שדומה לזה, אבל אמר שאין להתהלל רק בהשגתי ובידיעת דרכי ותארי, רצוני לומר פעולותיו כמו שבארנו באמרו - הודיעני[676] נא את דרכיך וגו'. ובאר לנו בזה הפסוק שהפעולות ההם שראוי שיודעו ויעשה כהם הם - **חסד ומשפט וצדקה:** והוסיף עניין אחר צריך מאד והוא אמרו **בארץ** אשר הוא קוטב התורה, ולא כמחשבת ההורסים שחשבו שהשגחתו יתברך כלתה אצל גלגל הירח ושהארץ, ומה שבה נעזב - עזב[677] הוי"ה את הארץ, אינו רק כמו שבאר לנו על יד אדון כל החכמים - כי[678] להוי"ה הארץ, יאמר שהשגחתו גם כן בארץ כפי מה שהיא כמו שהשגיח בשמים כפי מה שהם והוא אמרו - כי[679] אני הוי"ה עושה חסד משפט וצדקה בארץ. ואחר כן השלים העניין ואמר - כי[680] באלה חפצתי נאום הוי"ה, רצונו לומר שכוונתי שיצא מכם **חסד וצדקה ומשפט בארץ**, כמו שבארנו ב**שלש עשרה מידות** כי הכוונה להדמות בהם ושנלך על דרכם. אם כן הכונה אשר זכרה בזה הפסוק היא ביאורו ששלמות האדם אשר בו יתהלל באמת הוא, להגיע אל השגת האלוה כפי היכולת ולדעת השגחתו בברואיו בהמציאו אותם והנהיגו אותם איך היא וללכת אחרי ההשגה ההיא בדרכים שיתכוון בהם תמיד לעשות **חסד צדקה ומשפט**, להדמות בפעולות האלוה, כמו שבארנו פעמים בזה המאמר:

זהו מה שראיתי לשומו בזה המאמר ממה שאחשוב שהוא מועיל מאד לכיוצא בך. ואני מקווה עליך שאם ההסתכלות הטוב תשיג כל העניינים שכללתי בו בעזרת האלוה יתברך: והוא יזכנו ו**כל ישראל חברים** למה שיעד לנו. אז[681] תפקחנה עיני עורים ואזני חרשים תפתחנה. העם[682] ההולכים בחושך ראו אור גדול יושבי בארץ צלמות אור נגה עליהם, אמן: קרוב מאד האל לכל קורא אם באמת יקרא ולא ישעה נמצא לכל דורש יבקשהו אם יהלך נכחו ולא יתעה:

---

676 שמות לג יג

677 יחזקאל ח יב

678 תהילים כד א

679 ירמיהו ט כג

680 ירמיהו ט כג

681 ישעיהו לה ה

682 ישעיהו ט א

נשלם החלק השלישי בעזרת האלוה

ובהישלמו
נשלם מורה הנבוכים